'98 北京统计年鉴

BEIJING STATISTICAL YEARBOOK

北京市统计局编

Compiled by

Beijing Municipal Statistical Bureau

中国统计出版社

China Statistical Publishing House

中国农业
Agricultural Bank

行长　李占臣

中国农业银行北京市分行于1984年5月4日恢复建制，至今已逐步建设成为分支机构遍布城乡，资金势力雄厚，服务功能齐全，经营范围广泛的国有商业银行。

北京农行所辖21个支行，190个分理处，357个储蓄所（柜），共有员工6400人，其中大部分是经济、金融、会计、财税、法律、电脑等领域的高素质的人才。

多年的大量投入使北京农行已建成现代化的计算机网络体系。目前，全市220个储蓄所、150个对公机构入网运行，实现了居民储蓄和对公业务的通存通兑。北京农行坚持以客户为中心的服务原则，改革了旧有的业务运作方式，为社会各界提供崭新的、高效的、全能的银行服务。办理人民币、外币存款、贷款、结算；办理票据贴现；代理发行金融债券；代发行、代理兑付、销售政府债券；买卖政府债券；代理收付款项及代理保险业务；以及中国人民银行批准的其他业务。另外北京农行还有110个营业机构开办了电子汇兑，无论是单位还是居民个人汇往全国各地的款项24小时即可到帐低用，而且汇费低廉。

▲ 加强网点建设。

▲ 推行柜员制。

▲ 金穗使用卡在全市得到普及。

▲ 加大电子化力度，电子汇兑全国联网24小时到帐。

▲ 开展业务咨询宣传活动。

银行北京市分行

f Beijing Branch of china

金融体制改革的不断深入，为北京
;行的发展注入了勃勃生机，1997年，
全行稳健经营，严格管理，各项业务都
取得了长足发展。到年末，各项存款达
到305.38亿元；贷款达到217.02亿元
利润5.24亿元。

北京是首都，是世人瞩目的国际化
大都市。北京农行将凭借天时、地利、
人和的有利条件，继续围绕“外树形象、
拼服务、抢市场、争份额；内抓管理、
上水平、保安全、争效益”的基本工作
方针，发挥资金和人才的整体优势，一
如既往地为首都经济服务，为广大人民
服务，不断扩大与国内外金融界和企业
的界的交往与合作。

▲支持农业科技进步。

▲支持民迎高科技企业健康发展

▲支持大中型企业出口创汇。

▲积极支持乡镇骨干企业。

地址：北京市崇文区水道子胡同15号
邮编：100062

客户开展中间业务。

▼加强干部职工队伍建设。

北京中铁建筑工程公司

北京中铁建—

北京中铁建筑工程公司是一家具有一级资质的国有大型建筑企业。公司有各类工程技术管理人员1000余人，其中，中高级技术人员305人，经济技术力量雄厚，年完成合同金额在15亿元以上。

公司近年来在京内外先后承建了华侨大厦、华南大厦、西单购物中心、信达大厦、北京翠宫饭店、国宾花园、成都海外交流中心、珠海海湾大酒店等一大批国内有影响的工程。工程合格率100%，优良率连续五年达80%以上，并有多项工程获得国家级、市级、部级优质工程奖。为国家的经济建设作出了积极的贡献。97年公司荣获铁道部火车头奖杯。

公司可承接各类大中型工业与民用建设项目的建筑施工及设备安装，并具有较强的工程总承包能力。

珠海海湾大酒店（五星级饭店）
建筑面积27416平米，地上十四层。

北京翠宫饭店（五星级饭店）
总建筑面积64686平米，
地下三层，地上十五层。

西单购物中心（华威大厦）
总建筑面积70000平米，
地下三层，地上十一层。

筑工程公司

成都海外交流中心。
总建筑面积89214平米，地下三层，
地上四十层，檐稿140米。

华侨大厦（五星级饭店）
建筑面积42500平米，地下二层，
地上十层。

信达大厦（中国建设银行总部）
总建筑面积80000平米，地下四层，
地上二十二层，檐高102米。

北京供电局

北京供电局是电力部中国华北电力集团公司的直属供电企业，是集电网运行管理、电力销售、用电管理、电力工程设计施工、物资供应、路灯管理、科研教育、多中经营于一体的特大型企业，现有职工一万余人，企业资产原值63亿元。

从1888年清朝宫廷办电开始，北京有电已有110年的历史。

新中国成立后，特别是改革开发以来，首都电网蓬勃发展，供用电事业蒸蒸日上。1997年底首都电网已拥有电站213座；容量1996万千伏安（35千伏及以上）；架空输电线路5819公里（35千伏及以上）；电缆260公里（35千伏以上）；共向北京地区供电264亿千瓦时；地区最大负荷468.2万千瓦。

北京供电局为适应社会主义市场经济发展的需要，将不断更新观念，解放思想，努力开拓电力市场，坚持以深化改革为动力，以安全生产为基层，以提高经济效益为中心，以优质服务为宗旨，以最大限度满足社会用电需要为目标，为首都建设和发展作出新的贡献。

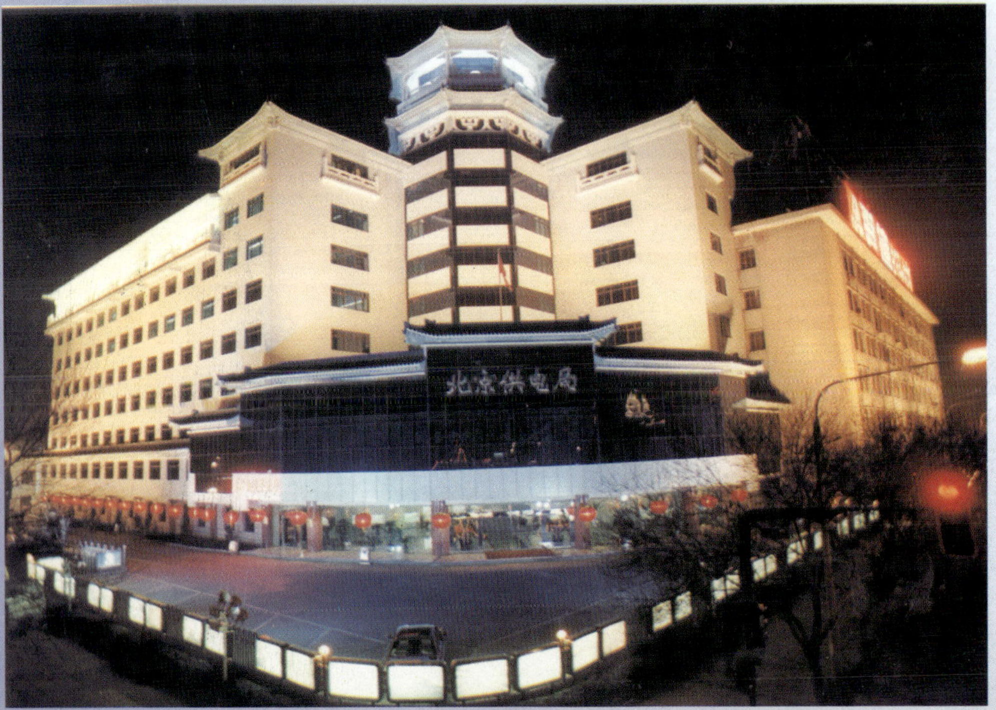

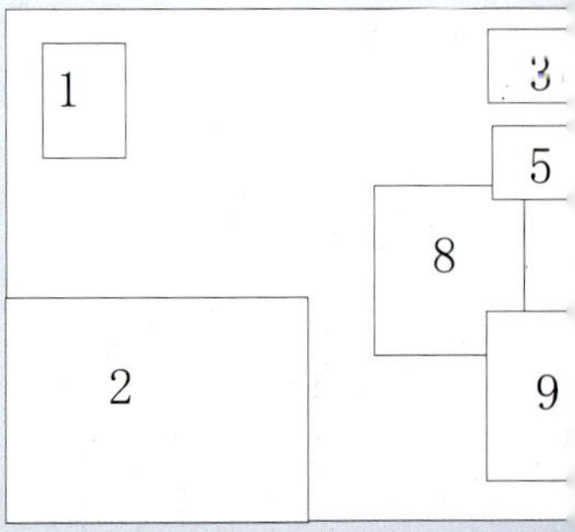

2、北京供电局生产调度大楼，这里是北京地区电力带动调度中心、电网通信中心、负荷控制中心、信息中心。

3、北京供电局调度自动化系统，采用了具有国际先进水平的计算机网络技术和超大显示设备，为电网调度提供了宏观的、实时的、灵活的调度手段，调度可在30平方米的大屏幕上监视电网运行状态。

4、运行子中的三座500千伏变电阻和昌平—安定—房山“U”行电网为首都提供50%以上的电力。这是房山500千伏变电站。

5、供电局主控室。

6、供电局10 千伏开关室。

7、 北京供电局局长张一士陪同贾庆林市长视察北京供电局安全生产工作。

8、环绕失去的110千伏电力电缆隧道。

9、新东安市场配套的全封闭地下110千伏变电站。图为站内安装的组合电器。

4
6

北京中建

总经理：韩元富

中建二局三公司是具有国家一级施工资质的大型建筑企业。为1991年“全国先进施工企业”，1996年通过IS09002质量保证体系认证，1997年被授于“五一劳动奖状”，中国建行北京支行企业资信AAA级95年，96年，97年连续三年跻身“中建十强”之列。

公司于1952年在上海组建，南征北战，承建了长春第一汽车制造厂，富拉尔基第一重型机器厂，德阳第二重型机器厂、航天部系统的061 062国防工程，湖南岳阳化工总厂等一大批国家重点工程。1976年，公司奉调参加震后新唐山的恢复建设，先后承建解放军255医院、唐山新区热电厂、唐山机车车辆厂、唐山新区八个住宅小区，建筑面积近100万平方米。

1983年，公司领先一步，积极开拓外埠建筑市场，形成了现在以“京、沪、粤、闽、唐”等地为主战场，施工力量辐射七省三市的良好经营格局。城建了北京城乡贸易中兴、翠微小区、亚运会水球馆、羽排球馆、上海森茂大厦、华能联合大厦、京银大厦、深圳庐山大厦、鑫辉中心、汕头华能电厂、唐山凤凰大厦、石家庄中山大厦、海南石化大厦等大型工程。获鲁班奖两项，省部级优质工程奖18项。参与建设了当时亚洲第一，世界第四的深圳地王商业中心工程（383.95米）我国获国际大奖的大亚湾核电站工程和侯机楼单体面积最大的厦门高崎国际机场工程。四十年来，公司共完成各类大中型工业与民用建设工程1000余项，其中地方和国家重点工程200项。为国家建设作出巨大贡献。

上海浦东大厦 华能联合大厦 京银大厦

广东汕头华能电厂

二局三公司

四十年的奋斗历程是企业迅速发展的历程，更是公司树立企业精神的“铸魂”历程。目前，公司拥有全国同行业领先的管理优势和技术优势，有雄厚的人才实力和经济实力。固定资产原值达1.4亿元，各类管理人员2007人，教授级高级工程师1人，高级专业技术职称45人，中级专业技术职称384人，年综合生产能力15亿元以上。

本公司原与国内外各界人士精诚合作，坚持用“一流的管理、一流的技术、一流的质量，一流的速度和一流的服务”为造福人类和促进社会不断发展作贡献。

党委书记：张金鳌

深圳庐山花园

北京城乡贸易中心

北京市人才

主任　韩光耀

北京市人才服务中心的前身为1984年6月21日成立的北京市人才交流服务中心。1993年9月，经市委、市政府批准的北京市人才服务交流中心扩建为北京市人才服务中心，成为具有人才交流、开发、评价、保障、储备等综合功能的社会化服务机构。

北京市人才服务中心是深化人事制度改革的产物，它在人才资源配置从统包统配的模式向发挥人才市场的基础性作用的模式转换的历史性变革中茁壮成长，开辟和发展了为人才市场服务的各项事业。

中心成立以后，先后举办了春秋季大型人才交流洽谈会28场、中小型人才洽谈交流会403场，累积为116万人（次）求职个人和31495家（次）用人单位提供了双向选择机会。1992年11月8日在劳动人民文化宫进一步开办了“北京人才市场”作为全市常设的人才交流场所。并设人才介绍所、人才招聘活动服务中心和168人才信息服务台。93年7月起人才市场实现了计算机储存、检索人才信息，与城近郊区建立了计算机信息网络系统，实现了人才职业介绍的一体化服务。

人才正门

为了充分发挥科技人员的作用，提高人才的素质，中心从1984年下半年组织外语人才兼职服务，举办各类培训班已累计培训44800人。有财会、法律、经济法、经济管理等也有三资企业中方高级管理人才、人事干部、高级财会人员培训班，还有人事干部培训。另外组织三资企业中方高级管理人员分批赴美国、日本、德国培训考察，开阔了眼界，增进了国际企业间的交流与合作。

1986年7月中心成立了离退休人才服务部为开发老年人才资源服务。1988年经市政府批准进一步扩建为“北京离退休人才开发中心”，先后独立的社团法人。已先后为4万名老年人介绍了新的工作，为老年人提供了老有所为机会。

老年人才一角

人才档案库

市场服务中心

招聘现场

1998年3月，中心开辟了管理流动人员人事档案的业务，接受单位和个人委托管理人事档案，办理流动人员因私出国的政审手续。这是全国成立最早规模最大的人事档案库。作为建立职工能进能出新机制的组成部分，市人才中心承担了聘任合同签证工作以及待业保险金的收集、管理、发放和管理待业人员、促进待业人员再就业的工作。为了加强人事宣传和人才市场的信息传播工作中心，在1986—1987年曾创办了《北京人才周报》1995年中心再次创办《北京人才市场报》，受到社会欢迎。为了扩大人才市场宣传力度，1994年起，中心与北京电视台合办了《人才红娘》专题节目（现改为《人才与择业》），1996年2月与北京人民广播电台经济台合办了《人才大市场》专题节目已成为广播电台的重点专栏。

十三年来，中心在发展各项业务的同时，加强了内部建设。1988年中心实行了专业技术职务聘任制，1989年中心实行岗位责任制，1990年建立了党总支，1991年实行工资总额包干内部分配制，1994年起成为自收自支的事业单位，1995年建立了党委，1996年，《北京人才市场报》率先实行了全民聘用制。中心92—96年连续被评为北京市精神文明先进单位。

社会主义市场经济在加速发展，要求与之相配套的社会主义市场也要加速发展。国家人事部部长宋德福提出："我们能否争取在2000年之前，在党中央、国务院的领导下，在全国范围内初步建设成职能完善、机制健全、法规配套、指导及时、服务周到的人才市场体系，使各类人才能够合理流动、合理配置、合理使用，为国家的繁荣作出积极贡献"。这也是北京市人才服务中心努力实现的目标。

招聘现场

招聘现场

招聘现场

乘风破浪争一流一

董事长：佟永贵

北京城建集团有限责任公司是首都建设大军中一支朝气蓬勃、锐意进取的劲旅。这支平均年龄为38岁的队伍，在其十五年的改革历史中，创下了可赞可叹的光荣业绩。1995年底被评为"中国的脊梁—国有企业500强"1997年被国务院列为全国120家大型企业集团试点单位之一。辉煌的业绩，换来的是责任与信赖。

北京城建集团共有215家法人企业，其中有8家一级建筑施工公司，有国家一级资质的道桥、设备安装、地铁地基、装修装饰专业公司，有城建设计研究院和城建工程研究院。集团现拥有总资产79亿元，职工29000多人。北京城建集团是以建筑业为主，集地铁、深基础、高速公路的施工和房地产开发、商贸、工业、物业经营、旅游餐饮、外经外贸等多元经营为一体的大型综合性企业集团。

北京城建集团的主要经济指标逐年增长，特别是1993年以来，产值每年以40%的增长速度，全员劳动生产率每年增长33%，国有资产保值增值率每年以110%的速度递增，职工人均收入每年增长20%。

北京新东安市场

北京西站地铁大厅（获国家鲁班奖工程）

北京国谊宾馆友谊厅

北京城建集团

北京城建集团坚持“立足北京，积极开拓外埠和国外市场”的经营方针，奉行“创建精美工程，提供满意服务”的质量方针。到1997年底，集团已有20多家主要从事设计、施工、工业生产的企业分别通过ISO9001和ISO9002标准质量体系认证，有12项工程被评为国家鲁班奖、优质工程银奖等称号，有67项工程被评为优质工程金杯、银杯奖，还有27项科技成果达到国际先进水平。今天城建集团正按照“三化四跨”的发展战略阔步前进。

成绩和荣誉属于过去，城建人奉行的是，面向未来，永争一流。

北京电视台直播中心（获国家鲁班奖工程）

济德高速公路

中国人民解放军总后勤部工程总队

中国人民解放军总后勤部工程总队的前身是军委直属工程公司，组建于1953年。1987年底，在部队精简整编时集体就地转业。

四十多年来，**总后工程总队**依靠丰富的施工经验、先进的施工技术和科学的管理手段为国家和军队的工程建设作出了突出贡献。**九十年代以来**先后承建了中央军委办公楼、国家行政学院、国家卫生部国家民族事务委员会办公楼、军事医学生命科研楼、军事医学图书馆、亚运会丰台体育中心、解放军总医院医疗楼、海军装备研究论证中心、空军空中管制中心、北京制药厂、上海第二军医大学图书馆、西安第四军医大学医疗楼等一大批在军内外、京内外有影响的大中型建设项目，累计完成竣工面积400多万平方米，显示了在工业与民用建筑领域中雄厚的施工实力和先进的技术水平。

总后工程总队是一业为主，多元经营的国家工程施工总承包一级企业。具有土木建筑、设备安装、机械化施工、高级室内外装饰装修、混凝土构件生产、建筑设计、培训教育、建材生产经营等专业施工和多元化经营能力。

军事医学生命科研楼
北京市优质样板工程，
获市优“长城杯奖”。
1997年11月被授予国家“鲁班奖”。

总后工程总队实施以科技为先导、以质量求发展的战略，创出了一大批名优工程。九十年代以来，先后获北京市优质工程奖、市优工程“金杯奖”、“银杯奖”和“长城杯奖”，军队优质工程奖，国家住宅工程样板奖、国优工程“银质奖”、“鲁班奖”和“特别鲁班奖”等省、市、部和国家级以上优质工程24项，获区县级优质工程251项；61个工地荣获“北京市文明安全工地”称号。1996年，总队通过了中国质量管理协会ISO9002质量保证体系认证，各项管理工作逐步实现程序化、规范化、标准化。

总后工程总队通过不懈的努力，已经跻身于全国先进建筑安装骨干施工企业的行列，1990年以来，先后获“全国施工企业管理优秀奖”、“全国先进施工企业”、“全国优秀施工企业”、“全国优秀企业（金马奖）”、“全国工程建设管理先进单位”、“全国实施用户满意工程先进单位”、“全国用户满意企业”等荣誉称号。连续七年被北京市评为“重合同、守信誉先进单位”。

总后工程总队将以崭新的面貌和现代企业的英姿，迎接新世纪的到来！

国家行政学院
1997年8月被评为北京市优质工程

北京建工集团总公司
（北京长城工程总公司）

北京建工集团，成立于1953年，是我国北方最大的建筑安装企业集团。

建工集团由250余家企业组成，系跨行业、跨地区经营的大型企业集团；拥有员工60000人，年竣工能力达170万至180万平方米。建工集团在房地产开发经营、建筑工程承发包、建筑科研、建筑设计、土建施工、设备安装、机械制造构配件生产、设备材料配套供应和经销，以及出版、教育、医疗、商业服务也等方面拥有雄厚实力。拥有中华人民共和国经贸部批准的对外工程承包权和经贸权。1995年，中华人民共和国国家统计局等权威单位公布“中国的脊梁”----国企500强建工集团荣列224位；集团总公司被国家建设部确认为工程总承包一级资质和房地产开发一级企业。

建工集团作为首都建设的骨干力量，40年来共完成各类大中型建筑近6000余万平方米。包括50年代“十大建筑”中的人民大会堂、中国革命历史博物馆、北京工人体育场等；六、七十年代建设的首都体育馆、北京饭店新楼、毛主席纪念堂等大型建筑；八十年代建筑的北京图书馆新馆、国际饭店、长城饭店、中央彩电中心等“八十年代新十大建筑”以及超高层的京城大厦等现代化、高标准大型建筑；在十一届亚运会工程建设中，建工集团承担了包括主会场、游泳馆、国际会议中心、五洲大酒店、中央电视台发射塔等共计50万平方米的建筑任务。建工集团承建了所有的外国驻华使馆及大两的科研、医疗、教育、服务设施。特别是在九十年代，建工集团承建了西客站、恒基中心、阳光广场等特大型工程。

建工集团在建设首都服务全社会的同时，大力开拓国际市场。1994年建工集团成为中国500家最大服务企业国际经济技术合作业第10位。

北京建工集团恪守质量第一，用户至上，信守合同，竭诚服务的宗旨，愿与海内外各界朋友共创美好未来。

名　　称：北京建工集团总公司
涉外名称：北京长城工程公司
法人代表：张兴　总经理：乐志远
地址：北京市西城区南礼士路19号
电　　话：（010）68010683
（010）68013311--203，227
传　　真：（010）68018218
邮　　编：100045

北京城建集团总公司混凝土公司

北京市城建集團砼公司是生產商品砼的專業公司，一級資質企業，主要產品有C10－C50普通砼，C60－C80D的高强，高性能，S35以上的高抗滲自防水砼，耐高温（1600°C）砼，防輻射（r射綫）砼，輕骨料砼，免振搗自密實砼，大體積砼等。下設四個分公司，分布在北京各區。商品砼總設計生產能力爲85萬立方米，是北京市子拌砼行業的骨干企業，年創產值3億元。擁有攪拌運輸罐車90臺，泵送設備20臺以及水泥罐車，鏟車，自卸和翻門卡車等大型機械30多臺。現有職工600人，其中管理人員120人，工程技術人員60人。

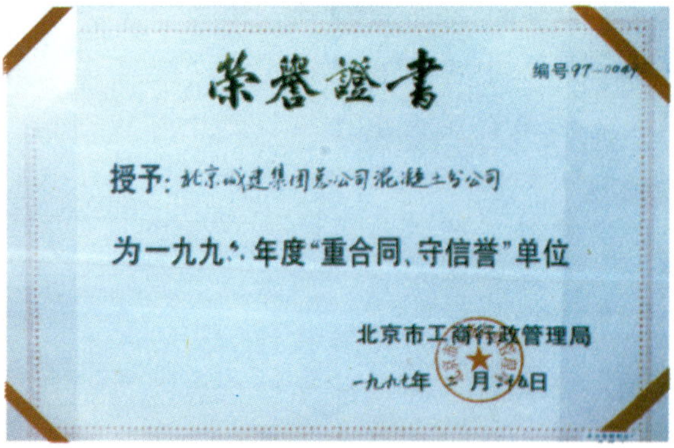

《C80高性能砼施工技術》，《磨細礦渣配制高性能砼（含自密實砼）的研制與與應用》通過專家鑒定，認爲達到國内領先水平，并被建設部例爲國家重點科技成果推廣項目，先后成功地應用于静安中心大厦和首都國際機場等重點工程。

北京城建天宁消防有限责任公司

总经理高级工程师　袁佑民

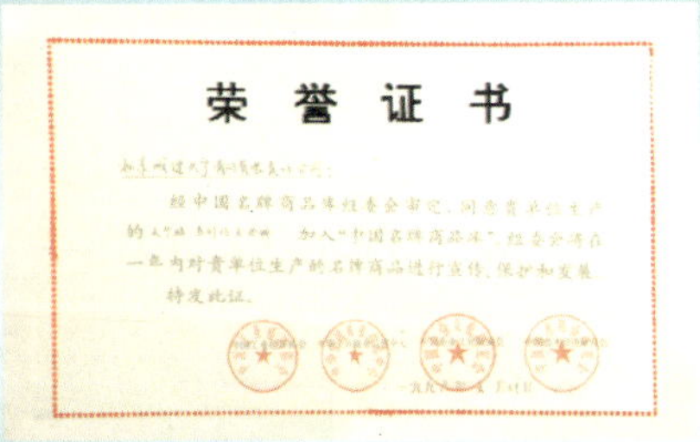

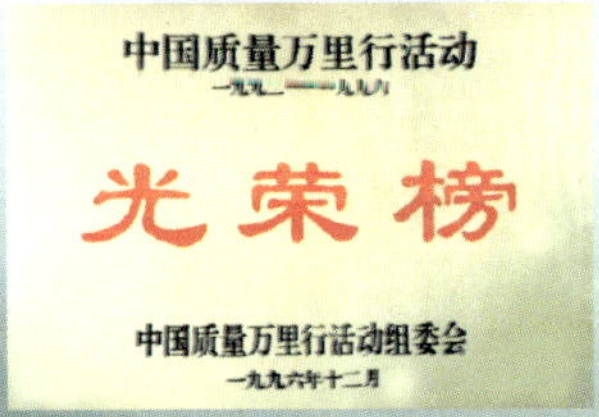

北京城建天宁消防有限责任公司创建于1985年是国内首家从事消防建筑防火材料的研究、开发、生产，并承担施工的集科、工、贸为一体的股份制企业。近年来，公司不断引进人才和技术，又开辟了火灾自动报警系统设计、安装等工程业务。通过[illegible]年多的发展，公司拥有国内一流的质量检测系统[illegible]50多名大学本科以上从事化工、建材、自动控制[illegible]子技术、机械、建筑等专业的高、中级技术人才[illegible]有资产2000多万元，年生产各类防火涂料能力在[illegible]000吨以上，成为国内消防产品行业的骨干企业。

十多年来，我公司相继开发出多种系列的消防[illegible]品，填补了多项国内空白。这些产品获得了国家[illegible]技进步奖，被审定为国家级新产品和北京市高新[illegible]术产品，UL、BS、JIS等国际标准的检测，产品质[illegible]达到了国际先进水平。钢结构涂料的应用工程还[illegible]受了长达3小时的意外实际火灾的考验。我公司历[illegible]来都被北京市消防局评为消防产品质量管理先进[illegible]位。天宁牌防火涂料被评为国家名牌产品。

天宁牌系列消防产品包括有:1.TN-LS钢结构防火涂料；2.TN-LB钢结构膨胀防火涂料；3.TN-L60[illegible]木结构防火涂料；4.TN-106预应力混凝土防火涂料；5.[illegible]防火堵料；6.FD-II无机防火堵料[illegible]木材[illegible]阻燃剂；9.SG系列消火栓箱；10.[illegible]产品；11.自动喷洒系列产品。

十[illegible]了一支经验丰富，作风过硬的施工队伍，承担了北京中国国际贸易中心、亚运会工程、深圳地王大厦、上海金茂大厦、上海森贸大厦、上海新金桥大厦、大连森贸大厦、厦门九州大厦、天津电视塔、南京电视塔、北京中央电视塔、北京西客站、首都机场新航站大楼、中国工商行办公楼等几百项国家重点工程施工。我公司目前为国家消防工程施工一级企业。可承担各类消防工程设计、施工、安装、调试和保修服务，同时也代理销售欧美一些著名厂家的消防产品。

天宁公司的宗旨是：用一流的质量、求得用户的信赖，只要用天宁的产品，就保障用户天天安宁

智能东方卡——浦发进万家
上海浦东发展银行北京分行

上海浦东发展银行北京分行安外支行是经中国人民银行北京分行批准，于1997年9月成立的，是上海浦东发展银行北京分行的附属机构。

上海浦东发展银行北京分行安外支行具有新型商业银行的经营机构和服务特色，积极谋求社会性、盈利性、安全性、和流动性的统一，以先进的结算手段和经营观念，为广人客户提供高效新型的全方位金融服务。

上海浦东发展银行北京分行安外支行将努力奉行上海浦东发展银行北京分行的宗旨，运用商业银行灵活多样的信用方式，为首都北京的经济建设与发展服务。

由浦发北京分行在北京地区推出的东方卡，是集电脑芯片和磁条于一体的智能型信用卡，比普通磁条信用卡具有更先进、更方便的特点：

更先进——东方卡是北京地区首张IC智能信用卡，内含电脑芯片及3K内存容量，人称装在票夹里的计算机，又称“电子钱包”。具有可信用透支、能个人质押贷款、一卡多帐户等特点。

更安全——东方卡中心片的高技术性能和可靠的安全系数，有效地杜绝了信用卡的伪造，使客户的信息和资金得到了严密的保护。

更方便——东方卡将本外币、定活期的储蓄，个储种、币种之间的转帐，以及外币兑换和商户消费集中于一张卡片之中；购物消费不用出示身份证，不用查找“黑名单”，不用银行授权，不用核对签名，常年使用，无需换卡；商户POS可脱离计算机单独使用，无需电话机。

上海浦东发展银行北京分行安外支行
地址：北京市东城区安外大街288号
电话：68427275　邮编：100841

中国建设银行北京分行

中国建设银行发展部是1997年3月成立的新部门，向社会提供代收付等金融中介服务。其服务的项目有；一、代收长市合一电话费；二、代收移动电话费；三、代收寻呼费；四、代办保险费；五、代收水电费；六、代理希望工程捐款；七、代办行政罚没款；八、代收私家车养路费征稽.

龙卡：中国建设银行发行使用卡是向广大企事业单位和消费者提供全功能、高品位、安全方便、快捷的信用支付工具。

建设银行自1990年发行第一张龙卡后，目前一在全国大中型城市均开办了信用卡使用业务，全国已发行龙卡1088万张，特约商户4万余家。北京市发行龙卡12张，现有特约商户2400多家，安装ATM自动柜员机200台，使龙卡更加贴近生活，服务于公众。目前北京发行龙卡的品种有：万事通普通卡、万事达彩照卡、VISA普通卡、VISA彩照卡、转帐卡、储蓄卡、英特龙卡。龙卡具有以下功能：

一、消费购物功能；二、转帐结算功能；三、储蓄功能；四、通存通兑；五、自动存取功能；六、消费信贷功能；

龙卡的附属功能：

二、代发工资；二、代收各种费用；三、优惠购物；四、信用卡综合保险；

自动归员机：可提供取款、查询、更改密码、存款等多种功能，安全方便。24小时服务，故颇受大众的欢迎。

建设银行北京分行目前已在全市各大商场、饭店、繁华街道、储蓄网点等ATM自动柜员机75台，其中联网机132台。我行将不断开发其功能，更好地为各界服务。

中国建设银行北京分行

地址：北京市宣武区马连道北路甲1

电话：63263399传真：6326530

北京市丰台区农村信用合作联社

1997年，丰台区农村信用联社谱写了发展史上的46个春秋。

目前，丰台区农村信用联社拥有：一个营业部、六个信用社、十九个分社、五十多个储蓄所，近八十多个营业网点遍布全区城乡。

在全区信用社600余名职工中，具有大专以上学历的56人，中专（高中）以上学历435人，取得专业技术职称的367人，其中高级经济师1人，中级经济师74人。

1996年末，丰台区农村信用联社的各项存款余额达到38.1亿元，是84年末的28.4倍，各项贷款余额12.3亿元，是84年末的34.7倍。丰台区信用联社始终坚持“以经营为中心，以效益为目标”的指导思想，依靠优质、高效、快捷的金融服务，有力地促进了两个文明建设，取得了社会效益与经济效益双丰收，自身综合实力日益壮大。

回顾过去，建国初期的一九五一年，北京市第一家农村信用社就诞生在丰台区小井村。最初阶段，是一村一个信用社，与生产队（农业生产合作社）合属办公，人员也来自农村社员，业务由人民银行帮助指导。由于经济的不断发展。信用社逐步壮大。1979年，以乡为单位成立单独核算的农村信用社，下设分社，分社在管辖储蓄所。建社以来，农村信用社始终坚持农村经济发展的主要力量。

1984年以来，丰台区农村信用社归农业银行管理，在各级银行及地方党政领导下，经过信用社全体干部职工的共同努力，得到了长足发展。

尤其是1996年10月，伴随着农村金融体制的改革，农村信用社与农业银行脱离行政隶属关系后，丰台区农村信用联社独立地矗立于农村经济舞台，坚持“自主经营、自负盈亏、自担风险、自我约束”的经营方针，在建立农村合作金融机构机制，走合作道路的进程中，迈出了坚实的步伐。

展望未来，我们坚信：丰台区农村信用联社的干部职工在上级的正确领导下，在地方党政领导的关心指导下，在社会各界的大力支持下，依靠资金实力雄厚、网点分布密集、服务功能齐全业务范围广泛的自身优势，必将与您携手并肩，共同跨入充满希望的二十一世纪。

北京邮政中心局

印刷品分拣人员每日分拣印刷品达50万余件。

北京邮政中心局正式成立于1993年3月20日，现拥有4000多名员工，12万平方米场地，固定资产总值达17008万元，下设信函分拣处、包刷分拣处、邮件转运处、邮件运输处、汽车运输处、西站干线运输处等六个生产处和十七个职能部室。

西站干线运输品员工以“为押运员服务是为全网服务精神”力争不合格邮件不出手。

北京邮政中心局承担着进出和经转北京的信函、包裹、印刷品、报纸、期刊等各类邮件的分拣、封发、运输任务，日均分拣信函400万封，包裹3万余件，印刷品50万余件，日揭发处理总包邮袋10万袋（捆），是北京邮政通信的咽喉要地，其建设规模、技术设备水平、业务处理能力均居全国先进水平，在全国邮政网中有举足轻重的地位。

建局五年来，北京邮政中心局全体员工始终遵循着“人民邮政为人民”的宗旨，弘扬“以邮为家，爱局如家，邮件以生命，时限抵万金”的企业精神，以“捧心敬业，传邮为民”的主人翁责任感，不断开拓进取，为跨入全国邮政运输先进行列而努力奋斗着。

信函分拣人员每日分拣处信函400万封左右，年底高峰期日均分拣信函达600万封以上

汽车运输处担负着22条长途邮路的拉运任务，并负责市内邮件运输及局站间盘驳工作，现已连续九年安全行使无事故。

万声通讯

万声通讯实业公司是一家全国性的专业通讯公司，经邮电部批准，从事邮电放开业务，长期以来致力于无线通讯领域内各类业务的开发，经营和服务。自94年10月建网以来，万声寻呼网独家在全国联网城市使用特殊网号（后四位为1111），重点覆盖了长江三角洲，珠江三角洲，环渤海经济热点城市。随着业务不断拓展，万声寻呼网将成为以高技术为基础，高质量服务为宗旨，规模产业化为标准的全国寻呼业一流企业。

总经理：任炳衡

北京 天津 上海 大连 沈阳 青岛 济南 南京 无锡 绍兴 广州 深圳 苏州 嘉兴 杭州 宁波 常州 珠海 湛江 长沙 潍坊 大庆 唐山 台州 哈尔滨 洛阳 重庆 长春 武汉 郑州 成都 汕头

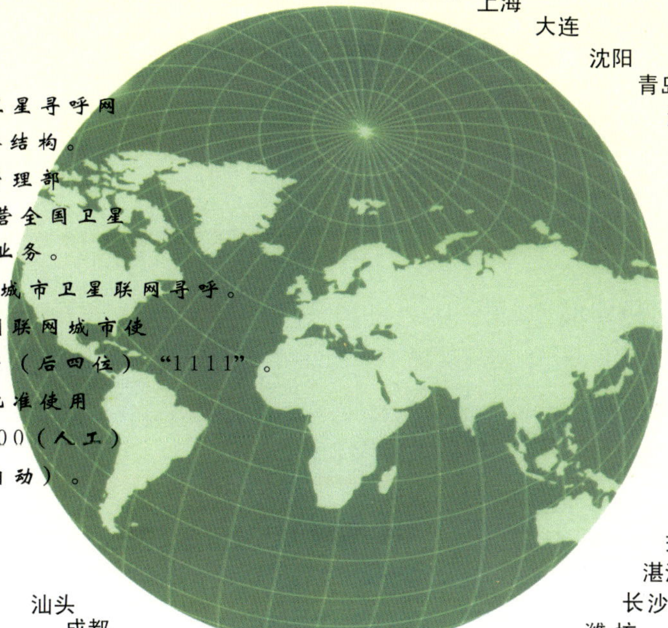

万声公司大事记：

1993年 创先构思全国卫星寻呼网模式及网络结构。

1994年 首获邮电行业管理部门批准经营全国卫星寻呼联网业务。

1994年 首先开通国内七城市卫星联网寻呼。

1994年汕头 独家在全国联网城市使用特殊网号（后四位）“1111”。

1997年 首批获邮电部批准使用特服号95900（人工）95901（自动）。

全国漫游

无偿服务

邮局代收服务费

股票机功能

覆盖无盲区

近期开通漫游城市：
包头 呼和浩特
乌鲁木齐 西安
昆明 贵州 太原
厦门 保定 石家庄

无需换号　无需换机　无需打长途

发展中的

北京无线通信局是邮电部北京市电信管理局主管无线通信的企业，是我国国际通信出口局之一，是国家通信网的重要组成部分，根据业务性质该局下设移动通信局、机动通信局、卫星通信局、微波通信局、短波通信局、国际传输局和营业部等七个专业单位。

北京无线通信局最早起步于短波通信。在五十至七十年代的时间里，作为当时的国际、国内通信的主要手段，在我国历史上留下闪光的一页。现仍然担负者重要的海洋、气象、广播等重要通信任务。微波通信市无线局另一重要业务，从五十年代末六十年代初起步，至今具有五条大的干线电路。北京5微波站是全国微波通信干线的中心站，微波网已辐射全国通达26个省市自治区。

北京国际卫星通信地球站于1973年入网运行。现有国际卫星天线5付**A**标准站。开通的国际电路已达六千多条。同时已具备了国际通信、卫星测控和时分多址基准三大功能，成为亚洲最大的地球站，也是世界三大站之一。

北京国内地球站于1985年投入运行是国内卫星通信的中央站，担任国内电视广播任务并通过国内卫星和租星同时向国内传送6套电视节目，还可提供电话、传真、数据电路和出租专线电路业务。此外，还利用亚星一号，开通了甚小口径卫星**VSAT**业务。

北京无线通信

八十年代中期，北京无线通信局又开拓了移动通信业务。1985年在北京建立了一个公众“126”寻呼台，目前已拥有用户10万户，由该局开办的两个数字寻呼台和一个汉字寻呼台拥有45万户的容量，成为北京市最大的，而且是唯一的公众寻呼台。

随着业务的范围不断扩大，北京无限通信局已从一个传输业发展成为一个经营传输型企业，年邮电业务总量已达30亿元，年业务收入也从二至三千万升到二十几个亿。

“九五”期间，北京无线通信局将进一步提高技术装备水平和业务水平，永远坚持“人民邮电为人民”的宗旨，为实现我国跨世纪的战略目标而努力奋斗。

腾飞中的

国务院总理邹家华在联通（GSM）网开通仪式上通过中国联通数字移动电话网与上海市政府领导话。

中国联合通信有限公司是经国务院批准，我国第二家经营电信基本业务和增值业务的全国大型国有电信企业。江泽民主席为联通的题词是：“办好联通公司，发展电信事业，为现代化建设服务”。李鹏总理的题词是：“发展通信，有益探索”。中国联通公司成立是我国电信体制改革的重大举措，最近国务院领导再一次指出：实践证明国务院成立联通公司，对电信改革是正确的，有利于我国电信事业的发展。

中国联通网是向社会提供电信服务的公用通信网，是国家公用通信网的有机组成部分。中国联通已建成GSM130数字移动电话网与中国电信GSM139数字移动电话网都是国家公众网，两网采用的都是先进的全球数字移动蜂窝通信系统（即GSM）体制。根据国务院要求，两网互联互通、自动接续、公平计价共享电信资源。由于两网实行互联互通，因此联通网与邮电网的用户可以互相拨叫，凡邮电网可以通达的国际、国内长途区域、国家（地区），联通网都可以拨叫。中国联通与中国电信即合作又竞争，主要是合作，共同向社会提供公众电信服务。中国联通公司的出现，结束了我国电信基本业务独家经营的局面，使广大用户有了自主选择电信服务的权利。

中国联通北京分公司是中国联通公司在北京的分支机构承担中国联通在北京地区的电信建设和业务发展（包括移动通信、市内电话、长途电话、数字通信等）。目前，中国联通公司北京分公司已建成了容量达10万门数字移动电话网，并将尽快扩容至20万门。网络覆盖了整个市区、城近郊区及远郊区县、重要旅游景区和高速公路。

中国联通
CHINA UNICOM
国家公众数字移动电话网

目前，中国联通130国家公众数字移动电话的漫游城市有：北京、天津、上海、重庆、武汉、广州、哈尔滨、石家庄、杭州、西安、福州、长沙、深圳、青岛、烟台、厦门、宁波、南通、无锡、大连、泉州、成都等。今年国内漫游城市计划将正加到一百个城市，此外还开通香港等十几个国家和地区的国际漫游。

北京130网覆盖了四环以内市区、城近郊区和顺义、大兴、密云、怀柔、昌平、通县、房山、门头沟、平谷、延庆等远郊区县以及京通快速路、机场高速路、部分京石、八达岭、京津塘高速路和十三陵、八达岭、康熙草原、雁栖湖、红螺寺、大兴森林公园、香山、圆明园等主要旅游景点。

中国联通 北京分公司

新建的联通北京分公司移动电话交换中心
采用先进的D—900数字交换系统。

连接上海、广州、大庆、西安各城市的
先进卫星通信系统。

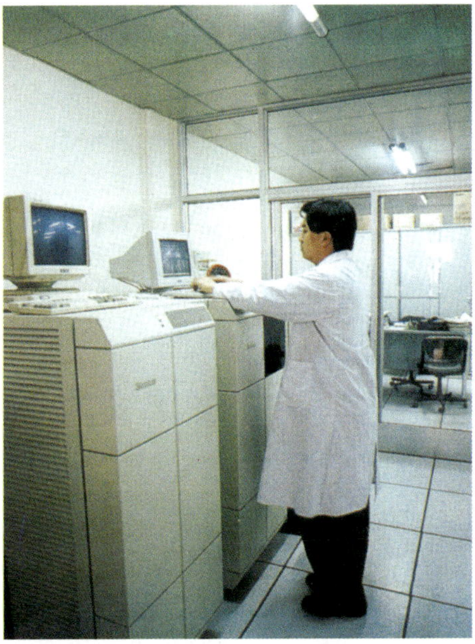

采用先进的全自动计费系统，使计费做到安全、准确。

联通北京分公司宽敞明亮的销售大厅。

与用户共享电信改革成果
让移动电话进入寻常百姓家

北京联通营业厅地址：

西直门营业厅：西城区西直门南大街人民医院南20米

咨询热线：68354733 68354732 传真：68354781

营业部：68354761

广安门营业厅地址：宣武区南滨河路33号华亨大厦一层（南）

咨询热线：63478656 1301111111 传真：63478657

营业部：63478641

投热线：68354753 64068944

BUCC 北京北优计算机系统有限公司

BEIJING BEIYOU COMPUTER SYSTEM CO., LTD.

北京北优计算机系统有限公司，简称北优公司（BUCC），是北京兆维电子（集团）有限责任公司和美国著名计算机UNISYS合资经营企业。兆维电子集团是我国“一五”期间重点工程之一，是我国第一家研制生产电子计算机（1958年）、自动电话交换机（1957年）年和自动柜员机（1994年）的大型企业，其研制生产电子计算机为我国的两弹实验、卫星上天和弹发射等国防现代化建设和国民经济各领域的发展作出过不可磨灭的历史功勋；是目前我国北方最大集通信、计算机产品开发、生产、销售和服务于一体的现代化通信信息设备生产基地。UNISYS（优利）系统公司是世界著名的信息技术公司，是开放系统（OPEN SYSTEM）和客户机/服务器（CLIENT/SERVER）技术总体解决方案供应商。其解决方案广泛应用于金融服务、运输、政府、保健、电信和商业机构等事务密集的领域。UNISYS的解决方案在以下领域发挥着作用：

- 全球100多个国家60，000名客户
- 全球25大银行中的23家
- 全球1.600余家政府机构
- 全球140家航空公司
- 全球35家最大的电信公司

UNISYS公司在全球拥有4万多名员工，50多个科研生产基地，年销售额100多亿美元。

北优公司成立于1995年7月。一直以来，公司始终以发展民族信息技术产业为己任，不仅注重引进国外资金，更着重学习国外先进的工业生产技术和管理经验，同时也不断锐意改革开拓进取，在UNISYS公司AQUANTAPC和服务器的基础上，还自行开发了具有国内先进的水平BUCC（北优）品牌PC机和PC服务器，产品符合ISO9000国际标准，并且获得国家认可颁发的生产许可证。

北优公司还与UNISYS密切合作，在系统集成和网络建设方面取得不凡业绩。北优员工的敬业爱业精神和UNISYS公司的先进系统解决方案紧密结合在一起，已在金融、邮电、医疗卫生机构、这个机关等行业领域建立起了适合各行业规范的网络运行系统，实现了数据自动交换和信息的实时查询。

北优公司已建立起了一个完整的市场销售和服务体系，在全国设有7个办事处，各省市都有产品代理商和授权维护中心。NUISYS公司在中国的维修总中心，北优公司拥有十分雄厚的维修实力稳定的技术队伍，能为用户提供可靠、及时、全方位的售后服务。

北优公司自始至终以提供用户高品质的产品和技术服务为经营理念；以薄利多销，真诚保护代理商利益为经营策略；以基于国际化标准，形成工艺先进的规模化生产基地，建立完善的售后服务体系为发展策略；以市场需求为牵引；以科研开发为主导；以规模经营为方向以发展民族信息技术产业贡献力量为目标。

98年4月25日，是兆维电子集团与北优公司联手合作推出的兆维品牌商用和家用电脑全面上市，凭借兆维在计算机行业40年的生产经验，在IT业界这快丰碑上，兆维电脑的名字永远不会磨灭。

地址： 北京朝陽區酒仙橋路14號

郵編： 100016

電話： 86-10-64354650，64361155-2895，2824

傳真； 86-10-64386755

北京商品交易所

随着中国经济体制改革的深入发展和市场经济体系的逐步建立，期货市场以其特有的发展价格，规避风险的功能，成为市场经济建设中的新生力量。在北京市政府的积极倡导和大力支持下，北京商品交易所于1993年11月应运而生。她座落在北京风景秀丽，金融商贸业云集的亚运村，1993年11月18日开业，同年12月15日正式交易，是1994年国务院首批批准的试点期货交易所之一，也是北京市唯一一家期货交易所。截至到1997年底，北京商品交易所共有会员270多家，遍及全国20多个省，市，自治区。

北京商品交易所在过去四年的发展过程中，承蒙社会各界，各理事单位和会员单位的鼎立支持，现已成长为目前亚洲规模最大的综合性期货交易所之一，其严格的规范化管理和完善的风险控制系统得到国内外同行的普遍关注和政府监管机构的首肯。北商所拥有2000平方米的交易大厅，1400个交易台和分布在外省，市、的10个远程交易站。主要上市品种是绿豆、玉米、花生仁、胶合板、进口烟片胶、纯碱、聚丙烯和铜。北京商品交易所的交易、结算、交易信息发布等都是通过计算机网络系统来完成的。自开业以来，北京商品交易所发展迅速。1994年和1995年交易量在国内交易所中居首位。此外，北商所还十分重视国际间的交往与合作，已与一批著名的国际期货交易所建立了友好的合作关系，并成为协调国际期货期权事务的全球性期货业协会（FIA）的首家中国会员。

北京商品交易所立足现在，放眼未来，将继续遵循公开，公平，公正的原则，按照国际惯例运作，努力把规范化管理和交易规模推向新的水平。

香港证监会主席梁定邦，香港期货交易所主席黄钢城一行访问北京商品交易所。（从左至右依次为BCE总裁武小强，BCE理事长乔刚，香港证监会主席梁定邦，香港期货交易所主席黄钢城，香港证监会副主席吴伟骢，香港期交所前任主席梁家齐。）

交易大厅

（2000平方米，400个交易台和分布在外省，市的9个远程交易站点，现有280多家会员。）

地址：北京朝阳区北辰东路8号辰运大厦
邮编：100101
电话：86-10-64926688，86-10-6492694
传真：86-10-64933183
/http：//bcewww.cnfm.co.cn：8080/

北京华融

公司领导班子成员

北京华融综合投资公司成立于1992年，注册资金为五千元人民币。公司主要从事房地产开发与商品房销售，为国内外企、事业单位及经济实体办理投资业务，并提供有关技术咨询和信息服务，兴办高新技术产业及工、商、贸易实体，承担了建筑施工及运输设备的租赁等项目业务。

座落在世界公园的特别特历险城

公司是北京金融街的主要开发商和发展商之一。目前主要投资开发的项目有：北京金融街国际企业大厦、B区4号地、B区5号地、三里河大厦、清河镇住宅小区、德外五路通北郊大市场等项目。

五年多来，公司发展迅速，总资产规模达三亿元人民币。目前公司总部

公司露天停车场

综合投资公司

设有总经理办公室、企业部等综合管理部门，业务部门包括：房地产一部、二部、汽车租赁部、期货部等。有全资、合资、联营、参股企业近二十个，与近二十个省市地区建立了业务联系，并在加拿大、爱莎尼亚等地设立了海外窗口。

公司的宗旨是：贯彻改革开放方针，按照国家产业政策和北京市经济发展战略发挥合作各方优势，在国内外资本市场融措资金，不断壮大公司实力，为合作各方谋求利益，为社会经济发展做贡献。

黄山华融百草宾馆

直属，全资企业成员

北京华融经济发展公司
廊坊开发区华融新型燃料公司
北京市华融广告公司
北京市西城区路路通出租汽车公司
北京华融装饰工程公司
北京华融机电设备销售中心

地址：北京市西城区百万庄人街8号
电话：68332211—5574
传真：68330274 邮编：100037

控股，参股主要企业

北京华融实业股份有限公司
北京市金融街建设开发公司
北京明华置业有限公司
北京建信实业股份有限公司
北京惠泰国际投资顾问管理有限公司
加拿大—中汇国际有限公司
北京市西城区投资咨询服务公司
北京市华铜贸易公司
北京顺华机制砖厂

国际企业大厦

展现明亮效果　还以纯真色彩

Wally

大屏幕投影显示系统指挥调度监控演示集成

DMD方式：

SONY VPD-S1800QM

高亮度输出　1800ANSI（独有便于叠加设计）
分辨率　848×600
行频　15～65KHz

POWER 5gv Projector

高亮度输出　5000 ANSI
分辨率　1024×768
行频　15～90KHz

CRT方式：

SONY VPH-G70QM/D50QM

亮度输出240ANSI/160ANSI（最新8寸高亮度光学藕合电磁聚焦管/7寸静态聚焦显象管）
分辨率　700电视线
RGB　1700×1200像素/1280×1024
行频　15-110 KHz/15-64 KHz
RGB带宽　120 MHz/75 MHz

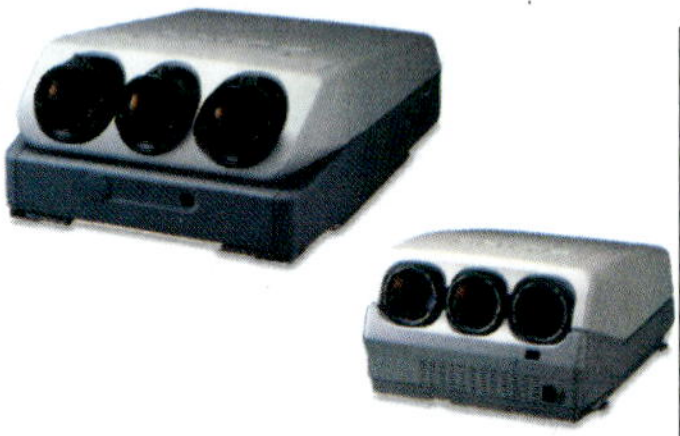

LCD方式：

SONY VPL-X600QM

亮度　600ANSI
分辨率　750电视线
RGB　1024×768

FUJITSU LPF-4200

亮度　650ANSI
分辨率　750电视线
RGB　1024×768

SONY CPJ-D500

亮度　100 ANSI
分辨率　600电视线
RGB　832×624
重量　3.5kg

SONY VID-P100/P50

展现　三维物体、纸张、图片、正负片
高质量图象　420电视线/450电视线
快速自动聚焦，自动光圈控制，自动白平衡
10倍变焦/12倍变焦
环境摄像功能

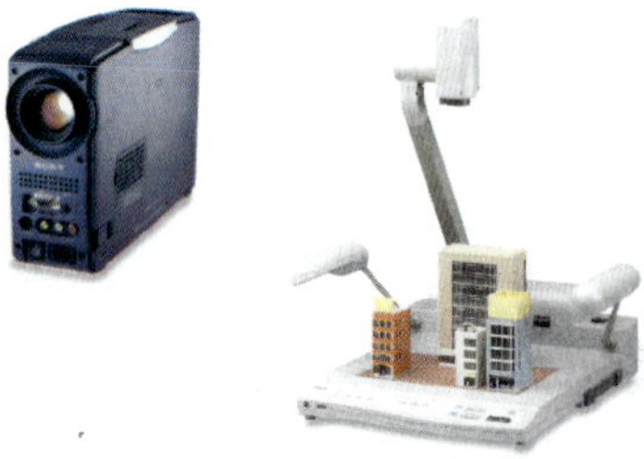

PDP方式：

FUJITSU PDS4203

分辨率　852×480
行频　15.7～60KHz
厚度　15cm
屏幕大小 42英寸　16:9宽屏幕
可接收 VIDEO NTSC PAL　RGB

北京华利电子有限公司

地址：北京海淀区双榆树西里街14号
电话：(010)62543678 62579216 62545245
邮编：100086 传真：62545246
http://www.bjwally.com.cn
E-mail:wl@bjwally.com.cn

上海华利分公司	电话：(021)64708215 64708473	传真：(021)64708216
天津华利分公司	电话：(022)26287163	传真：(022)26287163
成都华利分公司	电话：(028)5582575	传真：(028)5573797
长沙华利分公司	电话：(0731)2259873 4448929	传真：(0731)4448929
深圳华利分公司	电话：(0755)3794062 3796022	传真：(0755)3796035
太原华利分公司	电话：(0351)7027124	传真：(0351)7027124

北京国安电器总公司

BEIJINGGUOANDIANELECTYICAL COMPANY

北京国安电器总公司创建于**1988年6月**，系中信国安总公司下属全资子公司，肩负着中信公司开展通信业务的光荣使命。

国安电器置身于市场经济的大潮中，植根于信息产业的沃土，充分发挥人才，资金和技术优势，致力于拓展以通信业为核心的主体业务，在卫星通信、移动通信、金融资讯、有线电视、计算机网络系统诸领域，以其先进设备，合理的价位和优质的服务迅速占领市场，成绩卓著。同时公司还涉足海陆运输、房地产开发、医疗仪器研制等业务领域，取得了良好的经济效益和社会效益。

国安电器的经营活动以北京为中心，辐射全国，在天津、武汉、长沙、西安、沈阳、青岛、张家港、连云港、郑州等地均设立了分支机构，并先后与日本、台湾等国家和地区的公司组建了合资企业。

面向二十一世纪，国安电器总公司的努力方向和奋斗目标是，本着中信“遵纪守法、作风正派、实事求是、开拓创新、谦虚谨慎团结互助、勤勉奋发、雷厉风行”的精神，继续以通信、信息业为核心，牢固树立科学的经营观念，把电器公司建设成为一个势力雄厚、技术一流、跨地区跨行业的高科技产业集团。

所属北京世华国际金融信息有限公司主机房一瞥。

主机房

北京证券有

北京证券有限责任公司是经中国人民银行总行批准成立的专业性证券经营机构。它是由北京证券有限公司和北京财政证券公司合并重组并增资扩股而成的。北京证券有限公司的前身是1988年4月27日成立的北京市证券公司。北京财政证券公司是1993年由北京市财政局出资设立的国债中介机构。合并后的北京证券有限责任公司由北京市财政局、北京国际电力开发投资公司等十七家实力雄厚的股东单位组成，注册资 本为8.5亿元人民币。公司设总经理办公室 、人事培训部、财务会计部、资金计划部、投资银行部、国债部、证券投资部、机构管理部、资产管理部、研究发展部、电脑工程部和综合行政部共12个部门，并在京、津、沪、深设有十家证券营业部。公司的宗旨是：坚持社义市场经济原则，遵守国家的法律法规，执行国家经济、金融、证券方针、政策。促进证券市场发展，促进现代企业制度的建立，为筹资者、投资者提供优质、高效、安全的服务。重信誉，讲效益，广泛合作，开拓创新，创造良好的经济效益和社会效益。目前公司主要经营业务有：发行和代理发行有价证券；自营业和买卖各种有价值证券；有价证券的代保管、鉴证和过户；代理还本付息、分红派息等权益分派业务；证券抵押融资业务；基金和资产管理业务；企业重组、收购与兼并业务；投资咨询、财务顾问业务；期货经纪和金融期货自营业务；外币证券业务及中国人民银行批准的其他业务。北京证券交易有限公司是中国证券业协会的常务理事成员，上海证券交易所、深圳证券交易所以及北京证券交易中心、天津证券交易中心和武汉证券交易中心的会员。是全国首批获得主承销资格的十家证券公司之一。公司作为国债一级自营商，在国债、

限责任公司

企业债券的发行等方面也具有丰富的经验。目前，公司有员工218人，其中博士、硕士19人，大专以上学历的员工占全体员的66%。公司汇集了一批证卷、金融、法律、财务、经济管理以及工业行业相关专业的高素质、高层次的人才。随着业务的发展还将有一大批有经验、有专长的人才加入我公司的行列中，为我公司的发展打下竖实的人才基础。在过去几年的沿革历史中，北京证券主承销或参与承销股票35只，95、96年的证券交易额达619亿元。发行国债及其它债券14只，对北京市的国债发行工作做出了重大贡献。北京证券有限责任公司面对证券市场发展形势和机遇，励精图治，深化改革，确定了以经济效益为主的目标管理体制，在组织机构、人员配置、目标管理、分配手段等方面进行了一系列的改革与调整。在今后的业务发展中，公司将凭借雄厚的资金实力，良好的业务水平，高素质的专业人才和优质、高效、讲信誉的服务，积极发展和开拓各项新的业务，为客户提供迅捷、完善的服务，不断提高服务质量和综合实力，以较高的经济效益和良好的信誉确立公司在证券界的地位。公司将积极开展国际承销、国际融资等业务，开拓国际市场，最终成为具有国际水准的证券公司。

董事长　卢克群　　总经理　成燕红女士

北京证券
BEIJING SECURITES

北京证券有限责任公司　地址：北京市西城区德胜门外东滨河路B11号　电话：010-62057972　邮编：100011

北京市市场开

葡萄苑商住楼效果图

葡萄苑简介

葡萄苑小区位于阜石路与玉泉路交汇处的东南角，昆明湖水恰于此地相汇于护城河，右依田村山，成就水山相间之风水宝地。

小区占地面积65000平方米，总建筑面积为150000平方米，绿化率为50%，东距航天桥4公里，南临玉泉路，交通便利，小区位置优越，地形独特，规模较大，人性化设计，人性化管理，唯葡萄苑拥有。

居室设计新颖、实用，参考同纬度发达国家流行风格，通体无暗间，预留洗衣机位，空调及管线位，本着实用超前性原则，用电采用10安培设计，双电话线入室，间间均设接口。厅、室功能严格划分，在充分保证居家私密性的同时，又使居室与客厅、餐厅、门厅紧密相连，整体设计简洁明快，空间利用率高，显示出大方得体的风格，充满现代气息。

城市的繁华和文明，近郊的开阔及清幽，京西的人文与地理，葡萄苑一一体现。

葡萄苑的底蕴，葡萄苑的理想，是二十一世纪人的追求。

温馨、浪漫，现代的葡萄苑住宅小区，有待您的热情，您的参与。

投资葡萄苑是您的契机和英明，入住葡萄苑是您的佳选与追求。

指引您一条归家的路

美的使者—

在历史悠久的北京城，东城如一株玫瑰绽放在古老的大地上，而东城区园林局就是这美的使者。

1997年，正值十五大胜利召开及香港回归伟大祖国之际，东城区园林局在区委区政府的领导下，坚持贯彻市政府提出的“巩固、完善、提高、发展”的八字方针，超额完成种植任务，并完成了对青年湖公园北门景区、地坛公园，南馆公园部分景区的绿化改造工程，改造后的青年湖公园北门及东岸景区环境清新，景色宜人。积极配合落实区委区政府部署的“五个一”工程，完成了崇雍大街，东华门及交道口和北京站等地的绿化规划设计工作。97年林局落实的区政府关于抓13个花园式单位的绿化改造方案成效显著，其中有12个单位已与市园林局的联合验收年内完成了垂直绿化景点建设十处，使垂直绿化成为东城区的一接香港回归和十五大召开，东城区园林局全体干部和群众团结一心，对工体北路和潘家进行了绿地改造，收到了良好的效益。

东城区园林局立意创新，保证工程质量，为迎接国庆48周年在北京站地区摆放的大辉煌”就得到了市领导和各界同行的肯定，并成为北京街头的一大景观。

在区委区政府的领导和支持下，东城区园林局成功地举办了第十二届地坛春节文化人达100余万人，97年，东城区园林局投资十万余元，与北京林业大学合办园林大专班，部和专业技术人员顺利地通过了各门课程的考试并全部结业，还聘请了人事部人事与人选教授做了为期两天的人才战略培训讲座，有80余名各级领导和专业技术人员参加了培名专家教授陈俊愉、孟兆祯、孙攸翔和张启翔几位博生导师讲授“北京园林的发展”“培”“中国园林设计风格与特点”和“我国花卉产业的发展和今后的发展战略”专题讲局计算机互连网络的实施与开通，是现代化办公手段的一次飞跃。

东城区园林局还非常重视企业文化建设，局“绿色之声”合唱团多次获得市区的表成为东城区艺术团分团。

在迎接建国五十周年到来之际，东城区园林局在区委区政府的领导下，将以崭新的一世纪。

—东城区园林局

1　贾庆林、孟学农、范远谋等市领导和东城区园林局局长朱宪一到地坛庙会和首都群众一起欢度新春佳节。

2．纺织楼门前绿化工程　地址：东二环路　96年改造，96年竣工。

3　水上世界南区的大型水滑梯　青年湖公园水上世界以水质清洁，设施先进著称。水中碧波荡漾，并设有各种波道、曲道、速降滑道及儿童双龙水滑梯共十四条。

4　儿童嬉水池　水上世界专门设有水清且浅的儿童嬉水池，内有大象滑梯、花蘑菇水帘、小木屋、大猩猩等多种儿童水上游艺设施，使孩子们玩得格外开心。

5　少年宫门前绿化工程　地址：东二环路　91年建。

6　地坛公园　新改建的小区，成为游人休闲、娱乐、健身的场所。

7　97年12月5日，北京第十二届地坛春节文化庙会在一派喜庆、祥和的节日气氛中拉开帷幕。

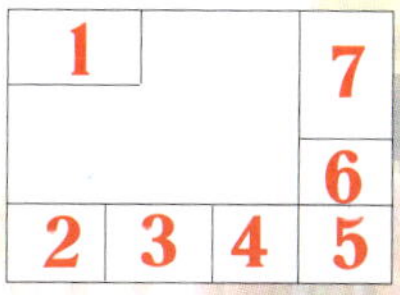

城区园
首绿委
。为迎
要路段
“走向
接待游
技干
斤宋桂
青了著
菊花栽
现了全
动，已
向二十

北京市西城园林局区

北京市西城区园林市政管理局成立于1987年（前身为西城区园林绿化管理处和西城区市政工程管理处），为全民事业单位。现有职工380余名。主要职责是负责辖内环境绿化、树木养护、道路维护、公园管理及绿化市政执法。

多年来，西城区园林市政局从抓局队两级领导班子思想、组织、作风建设入手，坚持两个文民一起抓。园林绿化和市政道路工程坚持高标准、高质量，为全区环境质量的改善和经济发展做出突出贡献。

今年，全区植树13万株，铺草坪4万平方米，扩大绿化面积6.055公顷，维护道路3.3万平方“西单一条街”便道铺装6.14平方米。

今年完成的主要工程有：

1、建成月坛奇石馆。该馆广收天下名石百余种一千余品，大到十几吨，小到手握，争齐斗艳，琳琅满目，另人叫绝。

2、居住区与庭院绿化再创佳绩。今年又有11个单位被首都绿化委员会评为花园式或垂直绿化先进单位。

3、大打垂直绿化之战。根据市领导指示，在车公庄大街、月坛北街、二环路、人定湖公园等更新栏杆补植草坪、栽植垂直绿化植物数万株，形成了新的绿化景观。

截止到今年底，全区树木存活量180万株，公共绿化地277.26公顷，绿化覆盖率达26.89%，人均绿地9.67平方米。花园式或绿化单位164个。

1987年建马甸片林，面积5.1公顷；1992年建成西便门绿地，面积4.7公顷；1993年完成广电部西滨河居住上区绿化工程，被评为花园式小区；1994年完成马甸裕中西里居住小区绿化工程，绿化面积3.6公顷，被建设部授予全国环境优美示范小区；1995年完成露园小区绿化工程，绿化面积.2.7公顷，获北京市绿化优秀设计奖、施工奖；1996年完成人定湖公园改造工程，这是我市第一个欧式风格的区域性园林，在两次市长拉练检查中，均获好评。

西城区是北京对外交往的窗口，党和国家机关所在地，

崛起中的北京力迈学校

北京力迈学校是由北京市教育局1995年7月31日正式批准成立的，在北京地区是建校较晚的一所民办学校。同年9月3日开学，仅有学生103人，教职工48人。时过两年，学生已发展到800多人，教职工170多人。

力迈学校实行专家办学。敢峰校长（本名方玄初）是北京石景山学校首任校长和主要创始人之一。敢峰不愧为敢峰，一创办力迈学校就提出“立志攀登21世纪基础教育的高峰”他主要通过一段时间的探索与奋斗，“使力迈学校成为一所现代一流的、在海外有重要影响的基础教育学府，出人才苗子，出经验，出新的教育思想，出教育家。为了实现邓小平“教育要面向现代化，面向世界，面向未来”的教育思想和国家教育方针进行重构基础教育的改革实验。

在教学体系上，力迈学校将语文和外语教学的重心下移使小学二年级学生识字2000个，在此基础上提前读写，加快学习进程，使学生初中毕业语文便基本“过关”；从幼儿园和小学低年级开设外语，高中阶段英语基本“过关”。同时从小加强自然科学的启蒙教育和艺术熏陶教育，循序进行人文科学和自然科学的教学，到高中实行文理分科。

为落实“重构基础教育”的构思，力迈学校从1995年秋季建校的那一天起，便在当年招收的小学一年级一班（现为三（1）班）开始了小学语文、英语和数学的教改实验。并命名为“实验之星”。1996年秋伊始，力迈学校迎来了来自全国16个省市自治区的16名高一新同学。他们全部是由各省驻京办委托各地教育部门从家境贫寒而品学兼优的在本地区考上重点高中的选拔出来，到力迈学校接受免费教育。

1996年8月，在红军长征胜利60周年之际，力迈学校同江西革命老区井冈山、瑞金、永新等地学校举办了“手拉手，共同迈向21世纪”的联谊活动。同时，力迈学校已经和加拿大的一所学校结成兄弟学校。

力迈学校每周一早晨迎着初生的太阳，向着五星红旗庄严宣誓：“勤奋好学，自强不息，振兴中华，矢志不移”！

朝阳明珠

南磨房位于北京市东南的城乡结合部，西临东三环，规划中的四环将贯穿全乡。区域面积十平方公里，现有农业人口四千多人，居民四万人。93年8月正式成立了南磨房地区办事处，两块牌子，一套人马，同时行驶两种管理职能。下设四大公司，四个村委会，25个居（家）委会。

92年初，在市区领导支持下，我们结合本乡实际，大胆尝试，改革了延用33年之久的“三级所有，队为基础”的旧体制，实行一级所有的乡级专业管理化，集中全乡的人力、物力、财力，调整了产业结构，实现了全乡生产要素的合理配置。体制的变革促进了生产力的解放和发展。91年全乡经济总收入只有1.68亿元，92年实行乡管理的当年就达到了2.3亿元。95年乡级经济总收入11.2亿元，突破了10亿元大观。1996年，我乡完成总收入13.3亿元，实现利润9015万元，上缴税金2613万元，集体积累3525万元，集体投资总额达11.2亿元，几项主要经济指标在全乡农村各乡中排名第一，在全市14个区县的251个乡镇中名列前茅。

全乡的工业实现了规模经营，亚南节能技术设备有限责任公司、振兴纸箱厂、华东汽车配件厂是工业公司的三大骨干企业，其中取得突出效益的华东汽车配件厂95年销售收入达1.6亿元，9年达1.7亿元，是北京市百强乡镇企业，是全国最佳综合效益乡企业。

——南磨房

建筑公司仅用四年时间就从原来的几个农民建筑队发展到现在拥有4000多名职工。下属四个处，十个工程队的大型建筑公司。95年晋升为国家一级企业，96年一次通过了ISO9002国际质量体系认证。

运输公司目前已形成了一个以汽运为中心，集汽贸、汽配、汽运、汽修、机电、驾校为一体的跨地区经营的运输集团——和众集团。95年营业收入2.6亿元，96年达3.4亿元，在全区的乡镇第三产业中作为唯一的一家超亿元企业而名列榜首。

1997年，我乡投资3500万元兴建了东郊农副产品批发市场，这是我乡继1996年投资一亿元进行“九五”计划发展项目之后的又一大项目。从97年3月2日拆迁80户居民上楼到5月1日市场主体竣工，前后不到两个月时间，充分体现了“团结拼搏，务实求效，不畏艰难，奋进争先”的南磨房精神。

地址：中国北京朝阳区西大望路甲29号
电话：67712233　传真：67712233-404
邮编：100022

北京市朝阳区

我国住房制度的改革工作，自78年党的十一届三中全会提出，至尽已有十几个年头，这十几年来，随着我国从计划经济体制向市场经济体制的转变，住房有逐步走向市场，特别是朱熔基总理提出从98 年7月1日起取消福利分房，这就完全改变了过去一直实行的住房福利分配制度。就有关住住房资金的一些问题，我们特意采访了朝阳区住房资金管理中心主任刘毅

一、问：住房公积金包括几种？

答：住房公积金包括三种。一种是个人住房公积金，一种是单位住房基金，一种是由财政局划拨的政府住房基金，所有这些基金都是专款专用，只能用于职工购买自住房。

二、问：住房公积金的重大意义在哪？

答：住房公积金的重大意义在于有利于职工家庭提高积蓄住房资金，增加购买自住房，修建自住房或支付家庭房租超过家庭收入的5%部分能力，同时也有利于筹集见方资金，加快住宅建设。有利于吸收一部分消费资金转向住房建设的投入，为住房建设的发展提供稳定的资金来源。

三、问：住房公积金贷款对象及条件？

答：凡在北京市购买自住房的，同时在北京市住房资金管理中心系统中存有住房公积金交存人和汇款单位的离退休职工

住房资金管理中心

——访北京市住房资金管理中心朝阳分中心

均可提出购建自住房屋的贷款，及夫妻双方有一方单位为其建立了住房公积金的职工，均可以申请贷款买房。贷款人必须具有北京市城镇常住户口或有效居留身份，具有稳定的职业收入，有偿还贷款本息的能力，有购买住房的合同或有关证明文件和住房资金管理中心系统认定的担保方式。

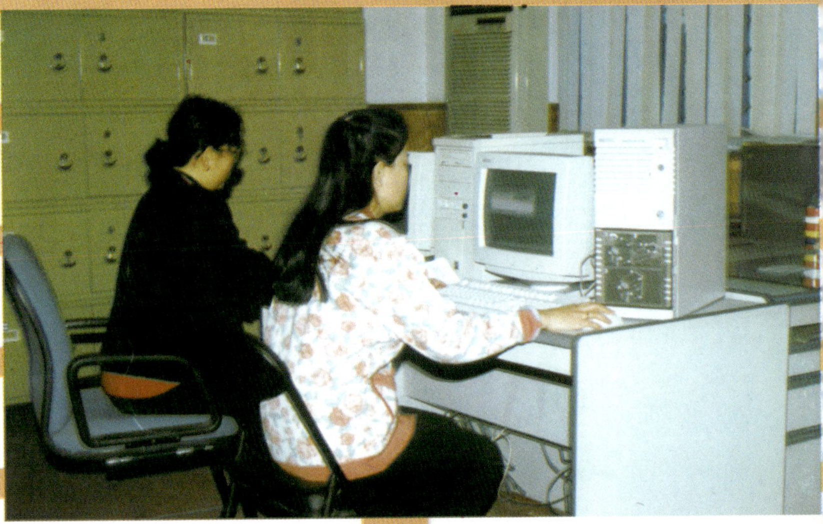

四、问：个人如何申请公积金贷款买房？

答：只要单位建立了个人公积金并按时交纳了住房公积金的职工就可申请贷款。届时，职工要带上与房地产公司签定的购买合同和单位出具的同意贷款证明到所建公积金的区或市住房资金管理中心系统的分中心提出申请，申请贷款需要由单位或其他担保，也可以向保险公司购买贷款担保。贷款的最高限额为30万元。

五、问：哪些单位及个人应建立住房基金？

答：按规定，行政单位，事业单位，国有企业，外国独资企业，三资企业，合资企业，个体经营者，都应建立住房基金及职工住房公积金。目前，北京75%的企事业单位已建立了住房基金或职工住房公积金。

住房公积金制度是我国住房制度改革的重要内容，它的实施与推广将有助于城镇住房工作的深化改革，拉近了老百姓与住房之间的距离。回忆过去，展望未来，我们预祝这项利国利民的伟大事业在社会的大力支持下能得到健康发展。

BISC 北京国际交换系统有限公司

北京国际交换系统有限公司（BISC / 国际交换）成立于90 年11月16 日，由北京市综合投资公司，国营北京有线电总厂 ，北京市电信管理局和德国西门子公司合资经营。

国际交换公司现有员工近 1，5 0 0人，主要从事E W S D局用程控数字交换机及其配套设备的开发，设计，生产， 销售及售后服务。国际交换公司是西门子公司在海外最大的E W S D生产服务基地。公司成立至今，E W S D程控数字交换机在全国合同订量1，8 0 0万端口，网上运行量超过1，400万端口，遍布2 8 个省，自治区，直辖市，成为国内公共通信网中少数几种功能先进，质量稳定的机型之一。

1997年1月15日，国家主席江泽民，国务院副总理吴邦国等国家领导人视察北京国际交换系统有限公司。

国际交换公司自1992年起连续荣获：

中国500家最大工业企业。

中国500家最大外商投资企业。

电子行业百强企业。

北京市最佳经济效益工业企业。

北京市经济百强企业。

北京市十佳外商投资企业，等等。

随着我国经济腾飞，国际交换公司将继续紧随世界通信技术发展的步伐，以一流的产品，一流的服务，一流的信誉为我国的通信建设事业的发展和国内外客户的需求贡献全力！

EWSD模块在线测试。

全自动表面贴装（SMT）生产线。

公司地址：北京市朝阳区酒仙桥路
邮政编码：100016
公司电话：64363132 64346
公司传真：64363123 64367

编 辑 说 明

1.《北京统计年鉴》是一部按年连续出版的大型统计资料书。本书通过大量的统计数据，真实地记录了北京市一年来社会经济和科技等各方面的发展变化情况，是国内外各界人士了解北京认识北京的重要资料工具书。

2.《北京统计年鉴——1998》在保持原有风格的基础上，做了较大调整：为配合北京对外开放满足外国人在京投资和了解北京的需要，1998 年年鉴推出全部中英文对照版；为增强图书版统计年鉴的功能，满足各方面读者的爱好和习惯，紧跟当今电子信息化的步伐，研制了电子版统计年鉴，不仅有制图和快速查询的功能，而且通过转换键实现中英文切换。内容上增加了改革开放以来 20 年主要指标的历史资料，各种企业的排序资料以及新核算体系的资料。为了便于读者查阅，每个细目编排了主要指标提要和主要指标解释。

3. 年鉴全书分为二部分统计公报和统计图表，第一部分登载了北京市 1997 年国民经济和社会发展统计公报，北京市第一次全国基本单位普查公报，北京市第一次农业普查快速汇总结果公报及北京市 1997 年外来人口普查公报；第二部分分综合，人口，劳动力和工资，固定资产投资及房地产，农业和农村经济，工业，能源、原材料消费和库存，建筑业，交通运输、邮电通信业，批发零售贸易及餐饮业，对外经济贸易、旅游业，金融、保险，物价，教育，卫生、体育，城市公用事业，人民生活，社会福利、政法及其他，区县资料等 20 个细目。另外，还在附录部分中分列了北京市改革开放 20 年的主要经济数据，各类市场情况，开发区情况和香港澳门资料等。

4. 本年鉴的资料来源大部分来自年度统计报表，部分来自抽样调查；香港、澳门资料来自国家统计局。

5. 本年鉴对以前发表的统计资料重新进行了核实，相应地调整了部分数据。读者在使用历史数据时，如数据有出入，请以本年鉴为准。

6.1997 年 10 月北京市行政区划中通县改为通州区，本年鉴未作调整，请读者使用时注意。

7. 本年鉴采用的国民经济行业分类是按照中华人民共和国国家标准《国民经济行业分类和代码》划分的；经济类型是按照 1992 年 10 月 20 日国家统计局、国家工商行政管理局颁布的《关于经济类型划分的暂行规定》划分的；使用的度量衡单位均采用国际统一的标准计量单位。

8. 本年鉴使用的符号说明："…"表示数据不足该表最小单位数；"空格"表示该项指标数据不详或没有数据；"#"表示其中项。

Preface

1. Beijing Statistical Yearbook is a regular large – scale statistical reference book published yearly. With a vast amount of statistical data, the book can keep you abreast of new developments in Beijing on various aspects, including society, science and technology, etc. It is really an important and efficient reference book for people of various circles in and outside China to know and understand Beijing.

2. Based on the original style, Beijing Statistical Yearbook 1998 is a radical revision of its predecessor.

· To support the opening to outside of Beijing and meet the foreigners' needs for their business and investment in Beijing, Beijing Statistical Yearbook 1998 is published in complete Chinese – English edition.

· To meet various interests and habits of users and reinforce the functions of the yearbook, Beijing Statistical Yearbook 1998 has its electronic edition published simultaneously, With additional functions like charting, quick search, shift between Chinese and English in search by Shift key, etc.

· The content is enriched by additions on the historical data of main indicators in the resent two decades, various company lists in orders and the new data related to the new accounting system.

· For the convenience of consulting, outline and explanatory of main indicators are added to every chapter.

3. The yearbook has two parts: Statistical Communique and Statistical Graph, The first part consists of Statistical Communique on 1997 Economic and Social Development of Beijing, Communique on the First Basic Units Census in Beijing, Communique on Summary Results of the First Agricultural Census in Beijing, Communique on the 1997 Non – local Population Census in Beijing; The second part consists of all the 20 chapters concerning General survey, Population, Labor Force and Wages, Investment in Fixed Assets and Real Estate, Agriculture and Rural Economy, Industry, Energy, Materials Consumption and Storage, Construction, Transportation, Posts and Communications, Wholesale, Retail and Catering, Foreign Trade and Tourism, Finance and Insurance, Price, Education and Culture, Health and Sports, Municipal Public Utilities, People's Livelihood, Social Welfare, Law and Others, General Survey of Districts and Counties, etc. You can find also in the second part as the content of appendix that the main economic data of the past two decades, conditions of various markets and Beijing Development Zone, data of HongKong and Macao, etc.

4. Most of the data in this yearbook sources are from annual statistical reports, a small part sources from sample survey, data of Hong Kong and Macao from State Statistical Bureau.

5. Some of the published data are changed in this yearbook according to our checking, therefore, date in this yearbook are reliable whenever you find different data in other publications.

6. Your attention please on that the Tong County in this yearbook has been changed to Tongzhou Districts according to the new administrative divisions of October 1997.

7. The classification of national economy in this yearbook is in line with state standard Classification and Code of National Economy by Sector of the People's Republic of China. The classification of ownership is in line with The Temporary Provisions on Classification of Owenrship issued by State Statistical Bureau and State Administrative Bureau for Industry and Commerce. The units of weights and measures adopted in the yearbook are all international standard units of weights and measures.

8. Special symbols in this yearbook: "..." indicates the amount is too small to be recorded in the table; "blank space" indicates missing case; " # " indicates an item (indicator) among the previous one.

《北京统计年鉴》编辑委员会

Editorial Board and Staff

目　　录

CONTENTS

文章选编

ARTICLES

统计图表

STATISTICAL GRAPH AND CHART

综　　合

GENERAL SURVEY

人　口

POPULATION

农业及农村经济

AGRICULTURE AND RURAL ECONOMY

工　业

INDUSTRY

卫生、体育

HEALTH AND SPORTS

城市公用事业

URBAN PUBLIC UTILITIES

区县资料

STATISTICS FOR DISTRICTS AND COUNTIES

附　　录
APPENDIX

IMPORTANT DOCUMENTS
文章选编

1997年国民经济和社会发展统计公报
1998年2月20日

1997年是实施“九五”计划的第二年，全市人民在市委、市政府的领导下，认真贯彻落实中央关于北京市工作的一系列重要指示和对经济工作“稳中求进”的指导方针，积极推进“两个转变”，不断加大改革和结构调整力度，全市国民经济在上年成功实现“软着陆”的基础上，继续保持“高增长，低通胀”的良好发展态势，市级财力增加，居民收入稳步增长，科技、教育等各项社会事业全面进步，为1998年的经济和社会发展打下了良好的基础。当前工作中的问题，主要表现为：经济结构性矛盾突出，部分企业生产经营困难，下岗和失业人员增加，一些群众生活困难，城市基础设施建设和城市管理还存在不足，社会治安状况尚未根本好转等。

一、综　合

国民经济继续保持“高增长，低通胀”的良好发展态势。1997年全市实现国内生产总值1807.45亿元，按可比价格计算，比上年增长9.5%。完成了年初市人代会通过的9%的经济发展目标，比上年经济增长率提升了0.3个百分点，实现了“稳中求进”的要求。在经济适度快速发展的同时，物价指数涨幅持续回落。商品零售价格指数和居民消费价格指数涨幅分别为3.8%和5.3%，双双低于经济增长率，国民经济运行开始步入了“高增长，低通胀”的良性循环。

全市经济发展继续保持“三二一”的增长格局。三次产业占国内生产总值的比重分别为53.8%、41.5%和4.7%，第三产业继续保持领先增长。

投资和消费需求增长对经济发展保持了一定拉力。全社会固定资产投资比上年增长8.9%，扣除投资价格指数影响，实际增长6.0%；社会消费品零售额增长13.8%，扣除零售价格指数影响，实际增长9.6%。固定资产投资率保持较高水平，为52.8%左右；消费率基本稳定，为36.7%左右。这是首都经济持续快速增长的重要动因。

宏观经济效益有所改善。全市人均国内生产总值达到16689元，按可比价格计算，比上年增长8.5%，是1980年的3.82倍。折合美元，全市人均国内生产总值为2018美元，比上年增长10.9%。全市经济正处于快速增长和结构调整升级的活跃时期。全社会劳动生产率为27477元/人，比上年增长11.9%。其中，第一产业11872元/人，增长2.3%；第二产业32870元/人，增长23.3%；第三产业27158元/人，增长2%。地方财政收入连续三年保持20%以上的增长。全年实现财政收入209.9亿元，比上年增长25.5%，超额完成全年预算11.3%。

各项改革继续深化。在农村制定落实了延长土地承包期的政策，将有力调动农民投资农业生产的积极性。现代企业制度试点工作取得初步成果，138户试点企业中，有110家进行了公司制改造，培育了一批有较强市场竞争能力的企业集团；股份制改造快速推进，全年新增各类股份制企业5000家左右，累计达到4万家；一大批国有小企业通过各种形式的改革增强了发展活力。利用资本市场直接融资实现重大突破。市属企业上市发行新股9只，募集资金71.9亿元。特别是北京控股有限公司在香港的成功上市，为运用国际资本市场融资积累了经验；北京西单商场集团和友谊商业集团合并，对上市公司资产重组进行了有益的尝试；积极探索基础设施建设和经营的新方法，京通快速路股权转让的前期准备工作已经完成，可望筹集资金20多亿元；第九水厂一期工程经营权转让试点运作顺利。社会保障制度逐渐完善，全市地方养老保险统筹、大病医疗统筹和失业保险统筹覆盖面达到全国领先水平。

二、第三产业

第三产业继续成为促进经济发展的增长点。全年实现增加值达到971.7亿元，比上年增长11.4%，高出国内生产总值增幅1.9个百分点；占国内生产总值的比重为53.8%，比上年提高1.3个百分点；对全市经济增长的贡献率达63.9%。特别是邮电、金融保险等产业的商品化进程加快，成为带动第三产业增长的主要力量。

（一）交通运输、邮电通信业

全年交通运输、邮电通信业实现增加值129.74亿元，比上年增长8.5%。

交通运输能力不断提高。全市以提高市内交通运输能力为重点，建立了以公共交通网络为主体的交通体系。同时，加快对外交通的建设。特别是公路运输增长较快，运量已分别占客货运量的47.0%和86.0%。

各种运输方式运量如下：

	单位	1997年	1997年为1996年%
货物发送量			
铁路	万吨	4747.0	105.4
公路	万吨	29360.0	100.9
民航	万吨	19.4	
其中：国际航空公司	万吨	19.1	114.4
旅客发送量			

铁路	万人次	4812.8	102.0
公路	万人次	4902.0	114.0
民航	万人次	707.4	
其中:国际航空公司	万人次	653.4	97.8

邮电通信业发展突飞猛进。全年完成邮电业务总量92.8亿元，比上年增长27.3%；邮政网运行效率提高，全年发送函件5.5亿件，其中，速递邮件466万件，增长12.8%。通信能力不断增强，数据通信网建设取得成效，开通了国内智能网，公众多媒体通信网已完成北京图书馆、国家信息中心等多家国家级信息库和社会信息库上网。年末本地公众电话交换机总容量达到390万门，比上年增长27.5%。电信业务稳步增长，其中计算机互联网络用户，数字数据网用户增长迅速，新增本地电话用户55.5万户，移动电话用户31万户。年末全市电话普及率38.5部/百人，其中市区电话普及率55.9部/百人。

(二) 国内贸易业

全年国内贸易业实现增加值209.16亿元，比上年增长11.6%。

消费品市场繁荣活跃。全年消费品零售额首次突破千亿元，达到1051.5亿元，比上年增长13.8%，扣除物价上涨因素，实际增长9.6%。从消费结构看：

	单位	1997年	1997年为1996年%
吃的商品	亿元	389.7	104.8
穿的商品	亿元	140.6	106.0
用的商品	亿元	492.1	122.5
烧的商品	亿元	29.1	168.6

便民利民商业不断发展。年末，全市城乡各类集贸市场986个，生产资料市场89个。以超市便民连锁店为主的连锁企业实现零售额约80亿元，占全市社会消费品零售额7.6%，比上年提高3.3个百分点。已建立的285家国有定点菜店运行良好，经营品种丰富，方便了广大居民购买。全年新增国营早点网点125个，市粮食局还推出了150辆早点快餐车，深受群众欢迎。

(三) 金融保险业

金融形势基本平稳。金融机构继续贯彻中央“适度从紧”的货币政策，大力支持北京市的经济发展，创造了比较宽松的资金环境。全市金融机构存款余额5228亿元，比年初增加862.8亿元，增量比上年增长2.3%。全市贷款余额2720.7亿元，比年初增加508亿元，增长37.1%。贷款结构有所调整，中长期贷款增加。当年新增中长期贷款139.7亿元，比上年增长3.2倍；其中基建和技改贷款分别增加49.9亿元和85.1亿元，分别比上年增长3倍和3.4倍。新增短期贷款335.3亿元，增长16.5%。

金融市场健康发展，证券市场交易额增长明显回落。自1996年6月份国家对证券市场实施整顿后，证券业发展趋于稳定。全年证券交易机构交易额7934.4亿元，比上年增长52.75%，增幅比上半年回落64.2个百分点。股票交易额3900.9亿元，增长34.5%，比上半年回落107.28个百分点。

保险业快速发展。全年完成国内外保险业务收入82.2亿元，比上年增长1.3倍，其中，人寿保险业发展迅猛，全年实现保费收入61.7亿元，增长2.6倍。全年保险理赔总额14.1亿元，增长59.9%；综合赔付率17.2%，比上年降低14.9个百分点。

(四) 房地产业

房地产业逐渐走出调整期，市场销售见旺。全年房地产开发完成投资323.4亿元，比上年下降1.5%，降幅有所减缓。房地产施工面积2832.1万平方米，基本与上年持平。其中住宅1570万平方米，比上年增长3.2%；竣工面积673.8万平方米，比上年增长1.6%，其中住宅483.3万平方米，比上年增长2.7%。销售市场见旺，全年销售商品房270.3万平方米（建筑面积），增长25.5%，其中销售商品住宅241.9万平方米，比上年增长32.1%。到年末房地产空置面积286.8万平方米，比上年末增加72.0万平方米，其中住宅空置242.3万平方米，比上年末增加62.7万平方米。

(五) 科教文卫体事业

全市认真贯彻科教兴国战略，发挥首都优势，加快科技成果转化。全市地方财政支出中科技三项费和科学事业费支出5.1亿元，比上年增长20.0%。到年末，科技进步对经济的贡献率达到43.1%，高于全国平均水平。技术市场健康发展。全市技术市场签定合同成交总金额50亿元，其中，技术交易额为40亿元。全市申请专利6125项，授权3453项。

各项教育事业全面发展。全市教育积极改革办学管理体制，全面推进应试教育向素质教育的转变，全年财政用于教育的事业费支出36.1亿元，比上年增长22.2%。向社会输送各类高等教育人才5万人，中等专业技术人才1.9万人；招收研究生1.4万人，本科生和大专生5.7万人，中等专业教育3.6万人，普通教育31.8万人。成人教育从学历教育向学历教育和岗位再教育双向发展，全年招生10.7万人，毕业10.2万人。

文化、新闻和出版事业取得新成绩，一批文化产业项目实施进展顺利，“五个一工程”取得丰硕成果。全市广播人口覆盖率达到98.45%，电视人口覆盖率达到99.15%，有线电视网已发展用户170万户。

医疗卫生条件继续改善。全市共有医疗卫生机构6577个，比上年增加107个；拥有医院床位6.2万张，平均每千人拥有医院床位从上年的6.02张提高到6.06张，拥有卫生技术人员11.9万人，平均每千人拥有卫生技术人员10.99人，医疗费用改革初步实现了“总量控制、结构调整”的目标。

《全民健身计划纲要》广泛实施，群众健身运动蓬勃开展，竞技体育水平显著提高，全年北京市运动员在国内、国际重大比赛中获得奖牌157.5块，取得较好成绩。

三、第二产业

第二产业在调整中稳步发展。全年实现增加值750.75亿元，比上年增长8.3%，占国内生产总值的比重达41.5%，对全市经济增长的贡献率为35.3%。

（一）工　业

工业结构调整步伐加快，生产发展呈现生机。全市把加快国有企业的改革与发展，作为经济工作的重中之重。确定了“分批、分片、分块”工业调整方案及政策，促进了调整工作的顺利进行，全市有15户企业被兼并，8户破产。“两城一街”和汽车工业整合发展取得进展，电子城已具有一定规模；纺织一条街建设加快；实施大集团战略的工作力度加大，成立了燕化、北京棉纺、输变电设备等企业集团，企业组织结构进一步得到优化。全市工业实现增加值594亿元，增长8.7%；其中乡及乡以上工业完成增加值545.6亿元，增长11.5%。

高新技术产业成为全市工业经济增长的支撑点。仅北京市新技术产业开发试验区完成工业总产值就达232.21亿元（不变价），比上年增长28.3%，占全市工业比重达15.98%，对全市工业的贡献率达35.8%。

国有经济仍居主导地位。全市国有经济（国有及国有控股）完成工业增加值378.4亿元，占全市工业比重为69.4%；其中国有工业完成299.8亿元，增长11.9%。集体经济生产平稳，实现增加值60.5亿元，基本与上年持平。“三资”工业蓬勃发展，实现增加值153.5亿元，增长15.5%。

工业经济效益稳步回升。自1997年二季度以来，全市工业经济效益逐步好转。全年实现利润21.1亿元，比上年增长8.4%，其中国有工业实现利润13.5亿元，比上年增长63.5%，高于全市增幅55.1个百分点。实现利税107.3亿元，增长13.0%，其中国有工业实现利税73.4亿元，比上年增长22.0%，高于全市增幅9个百分点。。全市工业综合指数为88.18%，比上年提高1.21个百分点；资产保值增值率和增加值率分别比上年提高7.26和0.47个百分点。资产负债率59.15%，比上年降低0.52个百分点。全市产销衔接状况良好。从一季度的94.3%逐季上升，全年达到97.69%，提高了3.3个百分点。

主要产品产量

产品名称	单位	1997年	1997年为1996年%
生铁	万吨	916	113.4
钢	万吨	801	100.9
成品钢材	万吨	653	100.6
原煤	万吨	991	97.2
发电量	亿千瓦小时	146.4	102.2
化肥(折纯)	万吨	12.2	105.9
水泥	万吨	663	106.3
乙烯	万吨	58	100.7
越野汽车	万辆	4.7	73.2
微型计算机	万部	1.2	268.7
彩电	万部	38.6	123.6
程控交换机	万线	389.9	120.2
房间空调器	万台	2.7	51.3
白酒	万吨	8.3	89.6
啤酒	万吨	114.3	123.0
无酒精饮料	万吨	25.2	134.1

（二）建筑业

全市建筑业实现增加值156.75亿元，比上年增长6.3%。

建筑业规模有所扩大。全市房屋建筑施工面积5811.85万平方米，比上年增长3.2%；竣工面积1595.15万平方米，增长5.1%。全市建筑企业施工工程投标承包面达到70%，比上年提高8个百分点；其中国有企业达到78%。全市完成建筑业总产值530亿元，增长13.2%；其中外埠施工产值比上年增长13.9%。全市完成国外施工产值6.5亿元，比上年增长1倍。工程质量进一步提高。全市工程优良品率达43%，比上年提高3.7个百分点；其中，国有企业为56%，提高4.3个百分点。

技术和动力装备水平提高。年末，全市四级以上的建筑企业达1300家，其中二级以上企业430家，占33.1%。技术装备率达到6000元/人，动力装备率达到4.2千瓦/人，分别比上年提高7.3%和7.7%；全员劳动生产率达65000元/人，增长14%。

四、第一产业

全市进一步加快农业改革步伐，完善农业保护政策，同时多渠道筹集资金，加快中低产田改造，加快农田水利基础设施建设，坚持科技兴农，积极发展现代农业，引进和推广先进适用的农业技术和装备。全年第一产业实现增加值85亿元，比上年增长1%，占国内生产总值的比重为4.7%。

农业生产基本保持稳定。在耕地面积减少2.3万亩的情况下，通过农业种植结构调整和农业产业化的发展，同时克服自然灾害等不利影响，粮食总产量保持与上年持平，主要副食品生产保证了首都市场的供应。

主要农副产品产量

	单位	1997年	1997年为1996年%
粮食总产量	万吨	237.5	100.0
蔬菜总产量	万吨	410.3	101.8
肉类总产量	万吨	39.6	103.7
鲜蛋总产量	万吨	23.8	96.4
牛奶总产量	万吨	22.2	105.7
淡水鱼总产量	万吨	7.7	98.7
出栏猪	万头	353.0	99.4

农业现代化稳定在较高水平。全年农用化肥施用量59.6万吨，每公顷耕地化肥施用量1742.6千克。全市农村机械总动力达到433.2万千瓦；农用载重汽车2.1万辆。

五、固定资产投资与城市建设

投资总量稳定增长，投资结构发生变化。全社会固定资产投资总额为954.7亿元，增长8.9%，增幅比上年提高4.7个百分点。三次产业的投资比重由上年的0.4%:21.2%:78.4%变为0.2%:22.5%:77.3%，一、三产业比重有所下降，第二产业比重上升，其中工业行业投资完成194.1亿元，比上年增长16%。

	1997年	1997年为1996年%
全社会固定资产投资额(亿元)	954.7	108.9
按经济类型分		
国有经济	623.2	115.1
集体经济	54.5	96.5
个人	4.0	83.3
其他	273.0	99.7
按建设性质分		
基本建设	374.2	119.2
更新改造	191.7	114.0
房地产开发	323.4	98.5
其他	65.4	97.9

基础设施投资力度加强。全市完成基础设施投资221.3亿元，比上年增长17.2%；占全市投资比重为24.4%，比上年提高1.5个百分点。其中邮政电信投资继续快速增长，全年用于邮政电信业的投资达到64.9亿元，比上年增长39.9%，占全市基础设施投资的比重达到29.3%，极大促进了邮政电信的发展。

城市道路建设日新月异。全市交通运输道路建设总投资53.2亿元。年末，全市道路总长度达到3700公里，道路面积3900万平方米，分别比上年末增长1%和2.4%。建成了八达岭高速公路京昌段；完成了崇外大街、阜外大街、白颐路、北苑路等改扩建工程；继一期地铁和复西线通车后，西八线预计1999年建成通车。

公共交通能力增强。全年用于公共交通的投资10.7亿元。年末，全市公交运营车辆达到7293辆，比上年末增加465辆；线路总长度超过8000公里，增加700公里。全年新辟公共电汽车线路24条，调整延长线路31条。

城市公共交通共运送乘客43.4亿人次，其中公共电汽车运送乘客32.5亿人次，占74.9%；地铁4.4亿人次，占10.5%；出租汽车6.5亿人次，占15%。

城市公用事业成绩显著。全市用于电、热、气、水的投资80.8亿元，增长35.1%。投资近30亿元、日输气能力100万立方米的陕北天燃气进京管线工程已于1997年9月底达到接收条件，全年新增天然气用户超过5万户。投资23亿元的高碑店热电厂供热管网工程已经投产。截止年底，全市集中供热采暖面积突破8000万平方米。全市用于园林绿化、环境保护、环境卫生的投资4.7亿元，增长20.3%。全市城近郊区公共绿地面积4256公顷，人均占有公共绿地7.2平方米；城市绿化覆盖率33.4%，比上年提高了0.6个百分点。城市垃圾处理能力有所增强，北神树和安定两座垃圾填埋场97年正式投入使用，马家楼和小武基垃圾转运站、南宫垃圾堆肥厂主体部分已基本完成，开始试运行。工业污染实行了“总量控制，限制达标”的措施，全市工业废气、废水、废物处理率分别达到92.1%、88.1%和76.2%，为首都城市环境进一步改善创造了条件。

六、对外开放

利用外资质量提高，实际利用外资规模扩大。全市新批三资企业790家，协议外资金额25.27亿美元，比上年增长12.7%；项目平均规模由上年的232万美元提高到354.9万美元，增长53%。实际利用外资创较高水平，达到25.9亿美元，增长14.8%。

对外贸易平稳发展，出口结构有所改善。据海关统计，全年进出口总额57.76亿美元，比上年增长4%。其中，出口总值24.65亿美元，比上年增长3.2%。出口商品中初级产品比上年下降5%。

	单位	1997年	1997年为1996年%
出口总值	亿美元	24.65	103.2
按国际贸易标准分			
初级产品	亿美元	2.0	95.0
工业制成品	亿美元	22.65	104.0
按经济类型分			

国有	亿美元	12.64	89.9
集体	亿美元	0.44	120.4
三资	亿美元	11.57	122.5

对外承包工程和劳务合作取得新进展。全市对外承包工程劳务、设计咨询项目、新签定合同额、全年完成营业额均比上年有较大增长。到年末，在外劳务合作工作人员为3000多人。

旅游规模不断扩大。国际旅游业健康发展。全年接待海外旅游者229.8万人次，比上年增长5.0%。全年旅游外汇收入22.5亿美元，基本与上年持平。随着人民生活水平的不断提高，来京旅游的国内游客达到8221万人次，增长7%；旅游收入391.3亿元，增长9%。全市宾馆饭店客房出租率为59%。

七、开发区

各类开发区建设发展加快，已成为全市经济新的增长点。全市各类开发区、试验区和区县工业小区新招商企业222家，累计达8954家，其中，新投产企业289家，累计达7239家。共实现增加值170.8亿元，比上年增长31.8%，占全市国内生产总值的比重为9.5%，对全市经济增长的贡献率达21.5%。区内新技术企业继续以较快速度发展，其中北京市新技术产业开发试验区认证新技术企业5806家，实现增加值130.6亿元，占“三区”经济的76.5%，形成了167家企业集团，联想、四通、北大方正等十余家企业集团已形成跨国经营公司。

八、物价

通货膨胀得到有效抑制，物价涨幅明显回落。由于宏观经济调控政策得到贯彻落实，市场供需矛盾的缓解，“买方市场”的形成，以及价格管理调控得当，物价指数上涨幅度进一步回落，实现了零售价格涨幅和消费价格涨幅双双低于经济增长率。

商品零售价格指数(以上年为100)	103.8
食品类	101.7
饮料烟酒类	105.6
服装鞋帽类	103.1
纺织品类	102.2
中西药品类	105.2
化装品类	103.1
书报杂志类	118.0
文化体育用品类	100.7
日用品类	109.6
家用电器类	99.1
首饰类	99.0
燃料类	156.9
建筑装潢材料类	106.9
机电产品类	93.5
居民消费价格指数	105.3

九、人口与就业

自然增长比较平稳。据人口抽样调查统计，人口自然增长率为1.89‰，比上年下降0.79个千分点。全市现有常住人口1240万人（在京居住半年以上人口），比上年下降1.5%。据公安部门统计，全市年末户籍人口为1086万人。

人口老龄化程度加深。据人口抽样调查统计，60岁以上人口已占调查人口的14%，比上年高0.9个百分点，比人口老龄化标准高4个百分点。

全市再就业工程与社会保障制度改革取得新进展。市政府积极妥善安置失业和下岗待工人员，全年下岗职工17万人，有13.7万人得到安置分流。当年安置分流率达80.6%。城镇登记失业人数累计7.72万人，当年安置4.43万人，城镇登记失业率0.73%。社会保障体系进一步完善，全市养老保险统筹的覆盖面达到82.4%；大病医疗统筹覆盖面达到73%；失业保险统筹覆盖面为84.3%。对保持社会稳定起到了积极作用。

十、人民生活

城乡人民收入明显提高，生活质量进一步改善。全市职工平均工资11000元，比上年增长14.8%，扣除价格因素影响，实际增长9.1%。城镇居民人均可支配收入7813.1元，比上年增长13.5%，扣除价格因素，实际增长7.8%。人均消费性支出6531.8元，其中文化娱乐支出增长32.1%，教育支出增长20.1%，食品支出增长6.9%。农民人均纯收入3762元，比上年实际增长5.1%；人均生活费支出2795元，其中文化娱乐及服务支出增长13.1%，食品支出增长1.2%。

城乡居民储蓄继续增加。到年末，城乡居民储蓄存款余额达1975.3亿元，比年初增加261.5亿元。其中城镇居民储蓄存款余额达1770.9亿元，比年初增加235.7亿元；农民储蓄存款余额达204.4亿元，比年初增加25.8亿元。

居民居住条件得到改善。全市住宅竣工面积995.4万平方米，比上年增长22.59%，危旧房改造完成110万平方米，安居工程完成60万平方米。城镇居民人均使用面积达到14平方米，比上年增加0.2平方米，农民人均生活用房面积27.4平方米，比年初增加1.7平方米。

公报注释和主要指标解释

1. 本公报数据为初步统计数。

2. 本公报中所涉及的增加值指标和全社会劳动生产率，绝对数均按当年价格计算，增长速度均按可比价格计算。

3. 交通运输中的铁路运输指北京铁路分局范围。

4. 养老保险统筹、大病医疗统筹、失业保险统筹覆盖面三个指标的统计口径为市劳动部门管理口径。

5. 全社会劳动生产率＝国内生产总值/全市从业人员平均人数

6. 固定资产投资率：一定时期内全市固定资产形成总额占同期全市国内生产总值（按支出法计算）的比重。

固定资产投资率＝固定资产形成总额/国内生产总值（100%）

7. 消费率：一定时期内全市总消费（包括居民消费和社会消费）占同期全市国内生产总值（按支出法计算）的比重。

消费率＝总消费/国内生产总值（按支出法计算）（100%）

8. 可支配收入：指居民家庭在支付个人所得税之后，所余下的实际收入。

STATISTICAL COMMUNIQUE ON THE 1997 NATIONAL ECONOMIC AND SOCIAL DEVELOPMENT OF THE CITY OF BEIJING

February 12, 1998

1997 was the second year when the "9th Five – Year Plan" was implemented. Under the leadership of the municipal party committee and government, the people of the city conscientiously followed a series of important instructions of the central government on Beijing's work and adhered to its guiding policy of "Steady Progress" in economic work, actively promoted the "Two Transformations," continuously intensified reform and structural adjustments. On the basis of the successful "Soft Landing" in the previous year, the national economy continued to keep a good tendency of "High growth and Low Inflation." The city's fiscal income increased, residents' income rose steadily, all social causes such as science, technology and education made overall progress, laying a good foundation for economic and social development in 1998. The following problems exist in present work: the structural contradiction in the economy is serious, some enterprises face difficulty in production and management, the number of laid – off and unemployed people is increasing, some people have difficulty in their life, the city's infrastructure construction and municipal administration are still inefficient, and social security has not turned for the better fundamentally.

I. Summary

The national economy continued to keep a good tendency of "High Growth and Low Inflation." According to primary statistics, the city's Gross Domestic Product (GDP) accomplished in 1997 was 180.745 billion yuan, a growth of 9.5 percent over the previous year at comparable prices, the economic development rate of 9 percent set by the municipal people's congress at the beginning of the year had been accomplished and the economic growth rate increased 0.3 percent over the previous year and the demand of "Steady Progress" had been realized. The scale of price index rise continued to fall while the economy developed at a rationally moderate speed. The scales of the commodity retail price index and resident consumer price index rise were 3.8 percent and 5.3 percent respectively, both lower than the economic growth rate. The national economy began to witness a good situation of "High Growth and Low Inflation."

The service sector continued to contribute the most, industry the second most and agriculture the third most to the city's economic development. They accounted for 53.8 percent, 41.5 percent and 4.7 percent of the city's GDP respectively, and the service sector continued to keep the lead in the growth rate.

Investment and increase of consumption demand kept a certain pull on economic development. The city's total investment in fixed assets increased 8.9 percent over the previous year. Eliminating the influence of retail price index, the actual growth grate was 9.6 percent. The proportion of investment in fixed assets kept a higher level of 52.8 percent or so and the proportion of consumption was basically stable and about 36.7 percent. These were the important factors with which the capital's economy kept rapid growth.

Macroeconomic efficiency improved moderately. The city's per capita GDP amounted to 16,689 yuan, up 8.5 percent over the previous year at comparable prices, 3.82

times more than in 1980. In terms of US dollars, the city's per capita GDP was 2,018 US dollars, up 10.9 percent over the previous year. The city's economy was in the active period of rapid growth and structural adjustment and upgrading. The total social production rate was 27,477 yuan per capita, up 11.9 percent. Of which, the production rate in agriculture was 11,872 yuan per capita, up 2.3 percent; industry 32,870 yuan per capita, up 23.3 percent; and the service sector 27,158 yuan per capita, up 2 percent. The city's revenue kept the growth rate of 20 percent for three consecutive years. The fiscal income accomplished during the year was 20.99 billion yuan, up 25.5 percent over the previous year, exceeding 11.3 percent of the budget of the year.

Reform in all aspects continued to deepen. In the countryside, the policy of extending the land contract deadline was formulated, which would promote farmers' activity of investment in agricultural production. The experimental work of the modern enterprise system made primary achievements: modification of the corporate system was accomplished in 110 of 138 experimental enterprises, and a batch of enterprise groups with market competence were built up; modification of the share - holding system was promoted rapidly: about 5,000 enterprises with various types of share - holding systems were newly established through the year, the numbers in aggregate reached 40,000; the vigor of development in many small - sized State - owned enterprises was strengthened through various types of reform. Big breakthroughs were made in funding - raising directly through the capital market. Enterprises affiliated to the city issued 9 new shares and raised funds totalling 7.19 billion yuan on the stock market. The Beijing Share - holding Co. Ltd., which went public successfully in the Hong Kong stock market, accumulated experience for fund - raising through the international capital market; the merger of the Beijing Xidan Market Group and the Friendship Commercial Group was a good experiment on share - holding company's reorganization in assets; new methods on construction and management of infrastructure were explored actively. The preparative work of the Jingtong Highway's stock transfer at the earlier stage had been completed and was anticipated to raise funds for more than 2 billion yuan; the experiment of the transfer of the management right on the first engineering stage of the No.9 Water Factory operated smoothly; the social insurance system was gradually improved, and the city's planning on the pension scheme, serious sick and health care and unemployment reached China's advanced level.

II. Service Sector

The service sector continued to become the growth point promoting economic development. The added value of the whole year reached 97.17 billion yuan, up 11.4 percent over the previous year and 1.9 percent more than GDP; the share of the service sector in the GDP was 53.8 percent and increased 1.3 percent over 1996, the proportion of contribution to the city's economic growth reached 63.9 percent. Especially the commercialization of industries such as post and telecommunications, finance and insurance etc. was accelerated and became the driving force behind the development of the service sector..

(1) Transportation and Post and Telecommunications

In 1997, the transportation and post and telecommunications sector accomplished added value 12.974 billion yuan, up 8.5 percent over the previous year.

The transport capacity increased gradually. With the focus of improving urban transport capacity, the city established the transport system mainly on the basis of the public transport network, and meanwhile accelerated construction of foreign transportation. Road transportation in particular had a rapid growth, and 47 percent of the passengers and 86 percent of cargo were handled by road.

The following was the performance of various means of transportation:

	Unit	1997	1997 as a Percentage to 1996
Volume of cargo shipped			
Railway	10,000 tons	4,470.0	105.4
Road	ditto	29,360.0	100.9
Plane	ditto	19.4	
of which:			
International airline	ditto	19.1	114.4
Volume of passengers transported			
Railway	10,000 person - time	4,812.8	102.0
Road	ditto	4,902.0	114.0
Plane	ditto	707.4	
Of which:			
International airline	ditto	653.4	97.8

Post and telecommunications developed rapidly. The total business volume accomplished in 1997 was 9.28 billion yuan, up 27.3 percent over the previous year; the operative efficiency of the post network improved and 550 million letters were handled through the year. Of which, the express mail was 4.66 million, up 12.8 percent. the communication capacity was strengthened continuously and construction of the digital communication network made great progress, and the domestic intelligence network opened. For the public multi - media communication network, many data bases and social data bases at the national level, such as the National Library of China and the State Information Centre, had been connected with networks. By the end of the year, the total capacity of local public telephone exchanges reached 3.9 million gates, up 27.5 percent over the previous year. The turnover of communication rose steadily. Of which, the number of subscribers of computer networks and data networks increased rapidly, and the number of subscribers of newly installed local telephones was 555 , 000 and mobile telephone 310, 000. By the end of the year, every 100 residents owned 38.5 telephone sets, of which, 55.9 sets were in urban districts.

(2) Domestic Trade

In 1997, the domestic trade increased 11.6 percent over 1996 with an added value of 20.916 billion yuan.

The year 1997 also saw a prosperous market with retailed sales volume surpassing 100 billion yuan for the first time and up 13.8 percent to reach 105.15 billion yuan. After deducting the element of inflation, sales actually rose 9.6 percent. The following was the structure of consumption:

	UNIT	1997	1997 as a Percentage to 1996
Food	billion yuan	389.7	104.8
Clothes	ditto	140.6	106.0
Daily use	ditto	492.1	122.5
Fuel	ditto	29.1	168.6

The commerce convenient to residents developed gradually. By the end of the year, there were 986 various trade markets and 89 production materials markets in urban and rural districts of the city. Retail sales of chain stores based mainly on chain stores aimed at making life convenient to people were about 8 billion yuan, accounting for 7.6 percent of the city's retail sales of social consumer goods, up 3.3 percent over the previous year. The 285 State - owned vegetable stores at fixed locations which had been launched operated smoothly with a rich variety of vegetables and made life convenient to the public. In 1997, 125 new State - owned commercial networks serving breakfast opened in the city and 150 fast - food installs serving breakfast were put into use by the Beijing Municipal Bureau of Cereals and were acclaimed by residents.

(3) Finance and Insurance

The financial situation was basically stable. The financial institutions continued to follow the "Moderate Tight" monetary policy proposed by the central government, which greatly supported Beijing's economic development and created a more relaxed fund - raising environment. Savings in the financial institutions totalled 522.8 billion yuan, increased 86.28 billion yuan over the beginning of the year. The increase of savings was 2.3 percent more than the previous year. Net loans were 272.07 billion yuan, increased 37.1 percent to 50.8 billion yuan over the beginning of the year. The structure of loans was readjusted to increase mid - term and long - term loans. The newly increased mid - term and long - term loans were 13.97 billion yuan, up 3.2 times over the previous year; of which, loans for infrastructure construction and technical modification increased 4.99 and 8.51 billion yuan respectively, up 3 and 3.4 times over the previous year. The newly added short - term loans were 33.53 billion yuan, up 16.5 percent. The currency withdrawn from circulation in 1997 was 1.9 billion yuan, down 47.8 percent.

The financial market developed healthily and the increase in the turnover of securities market transactions fell obviously. Since the government's rectification on the securities market in June 1996, development of securities business tended to be stable. The sum of securities institutions transactions reached 793.44 billion yuan, up 52.75 percent over the previous year. The rise in sum reduced 64.2 percent than the first half of the year. The turnover on the stock exchange reached 390.09 billion yuan, up 34.5 percent at lower 107.28 percent over the first half of the year.

Insurance business developed rapidly. The income earned at home and abroad in 1997 was 8.22 billion yuan, 1.3 times more than the previous year. Of which, life insurance developed quickly, the total premium received in 1997 was 6.17 billion yuan, up 2.6 times. The total sum from compensation was 1.41 billion yuan, up 59.9 percent. And the rate of comprehensive compensation was 17.2 percent, 14.9 percent down over the previous year.

(4) Real Estate

Real estate gradually bid farewell to the adjustment period and the market was thriving. Investment in the development of real estate was 32.34 billion yuan, down 1.5 percent over the previous year, and the tendency of further decline in the investment of the development of real estate stopped.

The construction area of the real estate sector in 1997 was 28.321 million square meters, almost keeping the same level of the previous year. Of which, the housing area was 15.70 million square meters, up 3.2 percent over the previous year; the completed area was 67.38 million square meters, up 1.6 percent over the previous year. Of which, 4.833 million square meters were residential buildings, up 2.7 percent. Sales on the real estate market were hot. The total sales areas of completed houses were 2.703 million square meters (construction area), up 25.5 percent. Of which, the sales areas of completed houses was 2.419 million square meters, up 32.1 percent. By the end of 1997, the unused housing area was 2.868 million square meters, up 720,000 square meters over the end of the previous year, of which, the unused houses 2.423 million square meters, up 627,000 meters over the same time of the previous year.

(5) Science, Education, Culture, Public Health and Sports

The city conscientiously followed the strategy of vitalizing the country with science and education, developed the capital's advantages and accelerated the transformation of science and technology into marketable products. The city's expenditure on the three fees of science, technology and administrative expenses in science totalled 510 million yuan, up 20 percent over the previous year. By the end of the year, the contribution ratio of scientific progress to the economy reached 43.1 percent, higher than the average level of the country. The technological market developed healthily. The total sum of transactions clinched in the city's technology market was 5 billion yuan. Of which, that of technological transaction was 4 billion yuan. In the city, 6,125 items applied for patents and 3,453 items had been patented.

Education developed in an all - round way. The city actively reformed the administrative system of school operation, promoted the transfer from examination - oriented education to quality - improvement - oriented education. The administrative expenditure on education was 3.61 billion yuan, up 22.2 percent. 50,000 college students and 19,000 graduates from ordinary specialized secondary schools entered society. 14,000 students for the master's degree, 57,000 students for ordinary higher education, 36,000 students for ordinary specialized secondary education and 318,000 students for ordinary secondary schools were enrolled. The adult higher education developed from record education to both record education and on - the - spot training education, and 107,000 students were enrolled and 102,000 students graduated.

Culture, news and publishing made new achievements. A batch of projects of the cultural sector operated smoothly. The "Five One Projects" reaped bumper harvests. The city's broadcast covered 98.45 percent of the population, television reached 99.15 percent, and cable television network 1.7 million families.

Conditions for medical care and public health further improved. The city owned 6,577 facilities of medical care and public health, up 107 over the previous year. The hospitals had 62,000 sick beds, the number of sick beds per 1,000 persons increased from 6.02 in 1996 to 6.06 in 1997. There were 119,000 technological personnel and 10.99 per 1,000 person. Reform on medical charges basically realized the purpose of "Control in Total Amount and Adjustment in Structure."

The planning for National Physical Exercises had been widely implemented, the project of national physical exercises developed vigorously, and the level of sports had improved obviously. Last year, Beijing's athletes won 157.5 medals in domestic and international sporting events and made excellent achievements.

III. Industry

Industry developed steadily in the process of adjustment. The added value rose in 1997 to 75.075 billion yuan, up 8.3 percent over the previous year, accounting for 41.5 percent of GDP. Its contribution ratio to the city's economic growth was 35.3 percent.

(1) Industry

The pace of the structural adjustment of industry accelerated and the production development witnessed vigor. The State - owned enterprise's reform and development played the most important role in Beijing's economy. The planning and policy of "Different Process" on industrial adjustment were set to promote the smooth operation of adjustment. In the city, 15 enterprises were annexed and 8 enterprises went bankrupt. The "Two Districts and One Street" and the merger of the automobile industry made progress; and the Electronic City had been established at certain scale and the construction of the Textile Street was accelerated. Implementation of the strategy of big groups was intensified. Enterprise groups such as Yanhua, Beijing Textile, were established, and the organization structure of enterprises was further improved. The added value of industry rose 8.7 percent to 59.4 billion yuan, of which, township and township - level enterprises accounted for 54.56 billion yuan, 11.5 percent more than in 1996.

The flourishing of high - tech enterprises had laid a good foundation for the formation of the new economic growth point. Just for the Beijing New Technology Development and Experimental Zone, its total industrial output value rose 28.3 percent over 1996 to 23.221 billion yuan (fixed price), accounting for 15.98 percent of the city's industry, and the contribution ratio to the city's industry reached 35.8 percent.

State - owned enterprises still played an important role. The added value of State - owned enterprises or Stated - owned share - holding enterprises accomplished 37.84 billion yuan, accounting for 69.4 percent of the city's industry; of which, State - owned enterprises rose 11.9 percent to 29.98 billion yuan; the production of the collective economy operated smoothly and it realized an added value of 6.05 billion yuan, keeping the same level of the previous year. Foreign - funded enterprises developed prosperously realizing 15.35 billion yuan in added value, 15.5 percent more than in 1996.

The economic efficiency of industry increased steadily. Since the second quarter of 1997, the city's economic efficiency of industry gradually improved. The profit earned was 2.11 billion yuan, up 8.4 percent. Of which, the profit earned by State - owned industry was 1.35 billion yuan, up 63.5 percent over the previous year and 55.1 percent higher than the average growth of the city.

The tax paid and profit earned were 10.73 billion yuan, up 13 percent. Of which, that by the State - owned industry was 7.34 billion yuan, up 22 percent over the previous year and 9 percent higher than the average growth of the city. The complex index of the city's industry was 88.18 percent and increased 1.21 percent than the previous year; the capital's value guarantee growth rate and growth value increased 7.26 and 0.47 percent respectively over the previous year. The liabilities ratio of assets dropped 0.52 percent over the previous year to 59.15 percent. The city almost had a balance in production and demand, rising gradually to 97.69 percent from 94.3 percent in the first quarter, up 3.3 percentage points.

Output of Major Industrial Products

Name of Products	Unit	1997	1997 as a Percentage to 1996
Pigiron	10,000 tons	916	113.4
Steel	ditto	801	100.9
Steel products	ditto	653	100.6
Coal	ditto	991	97.2
Electricity output	100 million kilowatt hour	146.4	102.2
Fertilizer	10,000 tons	12.2	105.9
Cement	ditto	663	106.3
Ethylene	ditto	58	100.7
Vehicle	10,000 pcs	4.7	73.2
Computer	10,000 sets	1.2	268.7
Color TV	ditto	38.6	123.6
Telephone switchboard	ditto	389.9	120.2
Air - conditioner	ditto	2.7	51.3
Wine	10,000 tons	8.3	89.6
Beer	ditto	114.3	123.0
Soft drinks	ditto	25.2	134.1

(2) Construction

In 1997, the city's construction sector accomplished added value 15.675 billion yuan, up 6.3 percent over the previous year.

The construction sector was further expanded. The city's housing space under construction was 58.1185 million square meters, up 3.2 percent over the previous year; and housing construction completed was 15.9515 million square meters, up 5.1 percent. The construction tendering contract in the city's construction enterprises covered 70 percent, up 8 percent over the previous year; of which, that in State - owned enterprise reached 78 percent. The total output value of the city's construction sector rose 13.2 percent to 53 billion yuan; of which, the output value outside Beijing increased 13.9 percent over the previous year. The output value of construction abroad was 650 million yuan, double the 1996 figure. The quality of construction further improved. The ratio of excellence projects in the city's construction sector reached 43 percent, 3.7 percent higher than the previous year. Fifty - six per cent of the projects of State - owned enterprise were excellent.

The level of technology and power equipment

improved. By the end of 1997, the construction enterprises above grade 4 reached 1,300, of which 430 were above grade 2, accounting for 33.1 percent. The ratio of technical equipment reached 6,000 yuan per person and the ratio of power equipment 4.2 kilowatts per person, up 7.3 percent and 7.7 percent over the previous year respectively; and overall production reached 65,000 yuan per person, up 14 percent.

IV. Agriculture

The pace of the city's agricultural reform was further accelerated and protective policy on agriculture improved. Meanwhile, the city raised funds through various channels, accelerated the modification of fields with medium and low yields and construction of water conservancy facilities, persisted in vitalizing agriculture with science and technology, actively developed modern agriculture, and introduced and promoted advanced and adaptable agricultural technology and equipment. In 1997, agriculture saw its added value up 1 percent to 8.5 billion yuan, accounting for 4.7 percent of the GDP.

The agricultural production was basically stable. When the area of arable land decreased 23,000 mu, the total grain output, through the adjustment of the planting structure and development of agricultural industrialization as well as the elimination of the unfavorable impact resulting from natural disasters, kept the same level of the previous year. The production of major agricultural and by - products guaranteed the demand of the capital market.

Out put of Major Agricultural Products and By - products

	Unit	1997	1997 as a Percentage to 1996
Grain	10,000 tons	237.5	100.0
Vegetable	ditto	410.3	101.8
Meat	ditto	39.6	103.7
Fresh eggs	ditto	23.8	96.4
Milk	ditto	22.2	105.7
Fresh - water fish	ditto	7.7	98.7
Pigs slaughtered	10,000 pcs	353.0	99.4

Agricultural modernization maintained a higher level. In the whole year, 596,000 tons of chemical fertilizers for agriculture were put into use and 1,742.6 kg of chemical fertilizer were applied to each hectare of land. The total power of the city's farm machinery reached 4.332 million kilowatts; and the total number of its heady - duty trucks reached 21,000.

V. Investment in Fixed Assets and Urban Planning

The total investment grew steadily and the investment structure was changed. The city's total investment in fixed assets was 95.47 billion yuan, up 8.9 percent and was a 4.7 percentage point rise in relation to 1996. The investment proportion of agriculture, industry and the service sector changed from 0.4 percent, 21.2 percent and 78.4 percent in 1996 to 0.2 percent, 22.5 percent and 77.3 percent in 1997. The proportion of agriculture and the service sector was reduced a little and that of industry rose, of which, investment in industry accomplished 19.41 billion yuan, up 16 percent over the previous year.

	1997	1997 as a Percentage to 1996
Total investment in fixed assets	954.7	108.9
Divided by economic type		
State - owned	623.2	115.1
Collective	54.5	96.5
Private	4.0	83.3
Others	273.0	99.7
Divided by construction		
Capital construction	374.2	119.2
Modification	191.7	114.0
Real estate development	323.4	98.5
Others	65.4	97.9

Investment in infrastructure was intensified. The city's investment in infrastructure was 22.13 billion yuan, up 17.2 percent over the previous year, accounting for 24.4 percent of the city's investment, a 1.5 percentage point increase over 1996. Of which, investment in post and telecommunications continued to develop rapidly to 6.49 billion yuan, up 39.9 percent, accounting for 29.3 percent of the city's investment in infrastructure and promoting development of post and telecommunications greatly.

The city's road construction changed with each passing day. The total investment in transport and road construction was 5.32 billion yuan. By the end of 1997, the total length of the city's roads reached 3,700 km and the total area of roads reached 39 million square meters, up 1 percent and 2.4 percent over the end of 1996 respectively. Construction of the Jingchang section of the Badaling Highway was completed, the extension projects of Youwai Ave., Chongwai Ave., Fuwai Ave., Baiyi Road and Beiyuan Road etc. had been completed. Following the opening of the first - stage subway and the Fuxi Line, the Xiba Line is expected to open to traffic in 1999.

The capacity of public transport was intensified. Investment in public transport in 1997 was 1.07 billion yuan. By the end of the year, vehicles for public transport reached 7,293, up 465 over the end of 1996. The total length of transportation lines exceeded 8,000 km, up 700 km. During the year, 24 new public transportation lines were put into use and 31 were adjusted and extended. The number of passengers transported was 4.34 billion, of which, 3.25 billion were transported by buses and trolley-buses, accounting for 74.9 percent of the passengers; 440 million were transported by subways, accounting for 10.5 percent of the passengers; 650 million were transported by taxis accounting for 15 percent of the passengers.

The city's public utilities sector made great achievements. Investment in electricity, heat, gas and water was 8.08 billion yuan, up 35.1 percent. The project to build pipes to transport northern Shaanxi Province's natural gas to Beijing, which had an investment of nearly 3 billion yuan and had a daily transport capacity of 1 million cubic meters, reached the condition of acceptance by the end of Sept. 1997 and supplied gas to over 50,000 families. The project of heat-supply pipe network of the Gaobeidian Heat and Power Plant, with an investment totalling 2.3 billion yuan, had been put into use. By the end of the year, the city's concentrated heat-supply area exceeded 80 million square meters. Investment in afforestation, environmental protection and sanitation was 470 million yuan, up 20.3 percent. The afforested area in public places of urban districts covered 4,256 hectors, 7.2 square meters per person; 33.4 percent of the city was covered by greenery, up 0.6 percent over the previous year. The city's capacity of waste treatment improved. Both the Beishenshu and the Anding Garbage Treatment Plants were formally put into use in 1997. The Majialou and the Xiaowuji Garbage Transship Stations and the main part of the Nangong Garbage Fertilizer Heap Plant had been basically completed and began test run. Measures of "Control in Total Number, Limitation and Reaching Standards" were taken for industrial contamination. The city's treatment ratio of waste gas, water and materials was 92.1 percent, 88.1 percent and 76.2 percent respectively, creating condition for further improvement of the capital's urban environment.

VI. Opening to the Outside World

The quality of using foreign capital was improved and the actual use of foreign capital expanded. The city approved 790 new foreign-funded projects with pledged foreign investment totalling 2.527 billion US dollars, up 12.7 percent overthe previous year. The average scale of projects increased from 2.32 million US dollars in 1996 to 3.549 million US dollars, up 53 percent. The actual use of foreign capital reached a higher level of 2.59 billion US dollars, up 14 percent.

Foreign trade developed steadily and export structure improved. According to statistics from the Customs, the total import and export in 1997 was 5.776 billion US dollars, or up 4 percent. Of which, the total export rose 3.2 percent over the previous year to 2.465 billion US dollars. Primary products in exported commodities saw a 5 percentage point fall in relation to 1996.

	Unit	1997	1997 as a Percentage to 1996
Total export output	100 million US dollars	24.64	103.2
Divided by international trade standards			
Primary products	ditto	2.0	95.0
Finished industrial products	ditto	22.65	104.0
Divided by economic type			
State-owned	ditto	12.64	89.9
Collective	ditto	0.44	120.4
Foreign-funded	ditto	11.57	122.5

Foreign-contracted construction projects and labor service collaboration made new progress. The consultancy projects on labor service and design in foreign-contracted construction, the amount involved in newly-signed contracts, and the turnover realized increased greatly. By the end of the year, there were more than 3,000 workers in foreign countries.

Tourism continued to be expanded and international tourism developed healthily. The number of foreign tourists for 1997 was 2.298 million, up 5 percent over 1996. Earnings in foreign exchange reached 2.25 billion US dollars, keeping the same level as the previous year. With gradual improvement of people's living standards, the number of domestic tourist to Beijing reached 82.21 million, up 7 percent; tourism revenue, 39.13 billion yuan, up 9 percent. The occupancy rate of the city's hotels was 59 percent.

VII. Development Zones

The pace of construction of all kinds of development

zones was accelerated and development zones had become the new growth point of the city's economy. During the year, 222 new enterprises landed in the city's development zones, experimental zones and industrial zones at the level of districts and counties, bringing the total number of enterprises in these zones to 8,954. Two hundred and eighty – nine new enterprises went into operation during the year, bringing the total number of new enterprises to 7,239. The added value realized rose 31.8 percent to 17.08 billion yuan, accounting for 9.5 percent of Beijing's GDP, and contribution ratio to the city's economic growth reached 21.5 percent. New technological enterprises in the zones continued to develop at a faster speed, of which, 5,806 new technological enterprises were approved by the Beijing New Technology Development and Experimental Zone, the added value was 13.06 billion yuan, accounting for 76.5 percent of the economy in the "Three Zones."167 enterprise groups were established. More than 10 enterprise groups such as Legend, Stone and Peking University Corporation, had expanded into transnational corporations.

VIII. Prices

Inflation was controlled efficiently and prices fell remarkably. Due to the implementation of a moderately tight macroeconomic adjustment policy, the ease in the contradiction between supply and demand in the market, the establishment of the buyer's market, moderate control on price administration and further fall of the price index, both the retail price index and the consumer price index were lower than the economic growth rate.

Commodity retail price index (taking the previous year as 100)	103.8
Foodstuffs	101.7
Soft drinks and alcohol	105.6
Clothing, shoes and caps	103.1
Textiles	102.2
Chinese and Western medicine	105.2
Cosmetics	103.1
Books, newspaper and magazines	118.0
Cultural and sports articles	100.7
Daily use	109.6
House appliance	99.1
Jewels	99.0
Fuel	156.9
Construction decoration materials	106.9
Machinery and electric products	93.5
Resident consumer price index (%)	105.3

IX. Population and Employment

The natural growth of the city's population was stable. According to the sample population survey, the natural growth rate of the population was 1.89 per thousand, down 0.79 thousand point over the previous year. The resident population was 12.4 million (population living in Beijing for more than six months), down 1.5 percent over the previous year. According to statistics from the public security department, the registered population was 10.86 million by the end of 1997.

The city faced the worsing problem of aging population. According to the sample population survey, population over 60 years old had accounted for 14 percent of the population surveyed, 0.9 percent rise over the previous year and 4 percent higher than the standards of aging population.

New progress was made in the re – employment project and the reform of the social insurance system. The unemployed and laid – off people were handled by the municipal government properly, and 137,000 of the 170,000 laid – off people in the year were handled The rearrangement ratio in 1997 was 80.6 percent. The registered unemployment rate in urban districts was 0.73 percent. The social insurance system further improved. The city's planning on the pension scheme, serious sick and health care and unemployment reached 82.4 percent, 73 percent and 84.3 percent respectively, playing an active role for social stabilization.

X. People's Life

The income of urban and rural residents increased obviously and the living quality was further upgraded. The annual per capita wage of the city's employees was 11,000 yuan, up 14.8 percent over the previous year. Eliminating the price factor, the actual growth was 9.1 percent. The annual per capita income at urban and township households' own disposal was 13.5 percent up to 7,813.1 yuan. Having eliminated the price factor, the actual growth was 7.8 percent. The annual per capita expenditure was 6,531.8 yuan, of which, expenditure on culture and recreation increased 32.1 percent, education 20.1 percent and foodstuffs 6.9 percent. The net per capita income of rural households was 3,762 yuan, up 5.1 percent. And the annual expenditure was 2,795 yuan, of which, expenditure on culture, recreation and service increased 13.1 percent and foodstuffs 1.2 percent.

The savings of the urban and rural residents continued to grow. By the end of 1997, their savings reached 197.53

billion yuan, or 26.15 billion yuan more than the beginning of the year. Of which, 177.09 billion yuan were savings of urban and township residents, and increased 23.57 billion yuan from the beginning of the year; 20.44 billion yuan belonged to the rural residents, increasing 2.58 billion yuan as compared to the beginning of the year.

The residents' housing conditions witnessed further improvements. The city's housing area completed was 9.954 million square meters, up 22.59 percent over the previous year, of which, 1.1 million square meters for the modification of ramshackled houses and 600,000 square meters for the comfortable housing projects. The per capita housing space in the urban area reached 14 square meters and increased 0.2 square meter over the previous year, and the per capita housing space in the rural area 27.4 square meters, up 1.7 square meters compared with the beginning of the year.

Notes:

1. All data in this communique are primary statistical data.
2. Added value index, overall production rate and absolute value involved in this communique are calculated according to the price of the year, and
3. Railway transport in the transportation sector refers to the Beijing Subbureau of Railways.
4. Statistical data on the three indexes —— planning on the pension scheme, serious sick and health care and unemployment —— are from the relevant labour department.
5. Overall production rate = Gross Domestic Product (GDP) divides the average number of the city's employees.
6. Rate of investment in fixed assets means the proportion of the city's total amount of fixed assets to the city's GDP (calculated according to the expenditure method) during a certain period of time. That is:
Rate of investment in assets = Total amount of fixed assets divides GDP
7. Rate of consumption means the proportion of the city's total consumption (including residential and social consumption) to the city's GDP (calculated according to the expenditure method) during a certain period of time.
That is: Rate of consumption = Total consumption divides GDP (calculated according to the expenditure) times 100%
8. Income at one's disposal means households' actual income after payment of individual income tax.

北京市第一次全国基本单位普查公报

根据《国务院关于开展第一次全国基本单位普查的通知》的要求，我市以1996年12月31日为标准时点进行了第一次基本单位普查。本次普查的范围为我市行政区域内除农户和个体经济以外的所有法人单位和产业活动单位。现将普查结果公布如下：

截止1996年12月31日，全市共有各级各类单位120028个，其中符合独立核算标准的法人单位98908个；法人单位所属的符合单独核算标准的产业活动单位21120个，全市从业人员633.5万人；在法人单位中，有92711个法人单位只位于一个地点（场所）并主要只从事一种社会经济活动；有6197个法人单位，或是从事跨行业的多种社会经济活动，或是在不同地点从事一种社会经济活动。

产业结构

根据北京城市发展的总体规划，改革开放以来大力发展了适合北京特点的行业和产业，逐步形成了门类比较齐全，产业顺序依次为"三、二、一"的经济结构。1996年末全市各类法人单位98908个，其中：第一产业法人单位934个，占法人单位总数的0.9%，第二产业法人单位27349个，占27.7%；第三产业法人单位70625个，占71.4%。从法人单位的行业分布看，单位集中的行业是：制造业、批发零售贸易餐饮业、社会服务业和机关团体，分别占法人单位总数的23.2%、28.4%、14.5%和11.4%。

从全市从业人员产业分布情况看，第一产业6.5万人，占全市从业人员比重的1.1%；第二产业310.6万人，占49.0%；第三产业316.4万人，占49.9%。从业人员集中的行业是制造业、建筑业、批发零售贸易餐饮业和社会服务业，分别占从业人员总数的32.5%、14.5%、12.6%和8.9%。

单位从业人员行业分布情况

行业门类	法人单位（个）	所占比重（%）	产业活动单位（个）	所占比重（%）	从业人员（人）	所占比重（%）
总　计	98908	100.0	27317	100.0	6335343	100.0
农林牧渔	1692	1.7	961	3.5	84987	1.3
采　掘	663	0.7	113	0.4	76098	1.2
制　造	22906	23.2	3011	11.0	2057794	32.5
电煤水的生产和供应	97	0.1	31	0.1	54826	0.9
建　筑	3682	3.7	1154	4.2	917135	14.5
地质勘察水力管理	270	0.3	59	0.2	19884	0.3
交通运输仓储邮电通信	1374	1.4	1255	4.6	235772	3.7
批发零售餐饮	28131	28.4	11094	40.6	799200	12.6
金融保险	1074	1.1	1843	6.8	105920	1.7
房地产	1053	1.1	208	0.8	73048	1.2
社会服务	14355	14.5	3365	12.3	562402	8.9
卫生体育社会福利	1059	1.1	163	0.6	140251	2.2
教育文化艺术广播电影电视	4022	4.1	2224	8.2	423559	6.7
科学研究综合技术服务	5811	5.8	385	1.4	324930	5.1
国家机关政党机关社会团体	11326	11.4	1206	4.4	370308	5.8
其　他	1393	1.4	245	0.9	89229	1.4

经济类型结构

公有制经济为主体，多种经济成份共同发展的格局已经形成，全市共有公有制企业法人单位（包括国有企业和集体企业）63041个，占企业法人总数的79.6%；从业人员429.5万人，占企业从业人员总数的85.3%；全年营业收入6772.5亿元，占83.9%。

"三资"经济规模迅速扩大，领域不断拓宽。全市共有开业"三资"企业法人单位5466个，占企业法人单位总数的6.9%；从业人员42.2万人，占全市8.4%；全年营业收入744.5亿元；占全市9.2%。

从企业法人单位实收资本的构成看，公有制经济占主体地位。国家资本占71.7%；集体资本占6.2%；法人资本占10.2%；个人资本占5.4%；外商资本占6.5%。

公有制实现形式出现多样化，股份制经济、联营经济有所发展，分别占企业法人单位总数的6.9%和1.3%。

企业法人单位经济类型分布

经济类型	单位数（个）	从业人员（万人）	营业收入（亿元）
总　计	79198	503.7	8075.7
其中：			
国有经济	21341	261.0	5085.9
集体经济	41700	168.5	1686.6
联营经济	1008	6.3	138.5
股份制经济	5432	19.3	367.8
中外合资经济	2220	23.1	467.3
中外合作经济	274	2.1	27.8
外商独资经济	1068	2.5	38.1
与港澳台合资经济	1378	12.9	193.3
与港澳台合作经济	120	0.6	6.0
港澳台独资经济	406	1.0	12.0

隶属关系结构

1996年末，隶属于中央的法人单位13182个，占总数的13.3%；市属法人单位16183个，占16.4%；区县属法人单位19240个，占19.4%；街道、乡镇属法人单位13235个，占13.4%；居、村委会属法人单位21257个，占21.5%；隶属于其他的法人单位15811个，占16%。

地域分布

从法人单位的地理分布看，法人单位主要集中在近郊区，占单位总数的44.3%；城区占25.9%；远郊区县占29.8%。

从法人单位在各区县的分布看：法人单位数居前五位的地区分别是：海淀区、朝阳区、丰台区、西城区和东城区。这五个区的法人单位数占全市法人单位总数的58.4%。

从法人单位的产业地域分布看：第一产业单位城近郊区占33.9%，远郊区县占66.1%；第二产业单位城近郊区占51.4%，远郊区县占48.6%；第三产业单位城近郊区占78%，远郊区县占22%。

法人单位地域分布

单位：个

地域	单位数	第一产业单位	第二产业单位	第三产业单位
总计	98908	934	27348	70626
城区小计	25650	3	3239	22408
东城	7333		793	6540
西城	8985	3	979	8003
崇文	3547		668	2879
宣武	5785		799	4986
近郊区小计	43797	314	10816	32667
朝阳	15849	77	4589	11183
丰台	9207	94	2687	6426
石景山	2355	6	554	1795
海淀	16386	137	2986	13263
远郊区县合计	29461	617	13293	15551
门头沟	2066	30	788	1248
房山	3963	78	1850	2035
昌平	3766	65	1666	2035
顺义	3286	205	1620	1461
通县	4677	49	2420	2208
大兴	4194	74	2041	2079
平谷	1927	45	851	1031
怀柔	1928	26	816	1086
密云	1789	21	677	1091
延庆	1865	24	564	1277

法人单位地理位置分布的特点是，农业单位主要集中在四环路以外，占农业单位总数的93.6%。工业单位集中在三环路以外，占工业单位总数的85.3%。批发零售贸易餐饮业、服务业单位分布均衡，网点遍布城乡。

企业单位情况

1996年末我市企业法人单位79198个，占法人单位总数的80.1%，从业人员503.7万人，占79.5%。其中工业法人单位占29.9%；农业法人单位占1.2%；建筑业法人单位占4.6%，交通运输邮电业法人单位占0.9%；批发．零售贸易及餐饮业法人单位占35.4%；服务业法人单位占28%。

工业企业。近年来北京市大力调整工业结构和布局，积极发展适合首都特点的工业。1996年末全市工业法人单位23667个，从业人员218.9万人，全年营业收入2145.8亿元。其中，支柱和高新技术产业比较集中的行业发展状况为：电子通信设备业法人单位829个，从业人员10.4万人，营业收入193.3亿元；交通运输设备业法人单位1731个，从业人员18.4万人，营业收入197.4亿元；医药制造业法人单位226个，从业人员3.3万人，营业收入33.3亿元；电器机械及器材制造业法人单位1159个，从业人员10万人，营业收入62.9亿元；仪器仪表及文化办公用机械制造业法人单位510个，从业人员4.3万人，营业收入79.9亿元。这五个行业的法人单位数，从业人员和营业收入分别占全市工业企业总数的18.8%、21.2%和19%。

建筑业企业。1996年末全市建筑业法人单位3682个，从业人员91.7万人，全年营业收入551.7亿元。其中：资质等级在四级以上的建筑施工企业法人单位1741个。

交通运输仓储邮电企业。1996年末全市交通运输仓储邮电业法人单位1374个，从业人员23.6万人。全年营业收入400亿元。

批发零售贸易、餐饮业。北京作为特大型中心城市，商业占有极其重要的地位，是全市重点发展的行业。1996年末全市批发零售贸易餐饮业法人单位28131个，产业活动单位11074个，从业人员79.9万人。全年批发零售贸易业商品销售额3045.3亿元，全年餐饮业营业收入42.5亿元。批发零售贸易业、餐饮业营业网点共45004个。

从企业规模结构看，大、中、小型企业所占比重分别为1.0%、3.6%和95.4%。

企业规模结构表（一）

	单位数比重%	大型企业占的比重%	中型企业占的比重%	小型企业占的比重%
总计	100.0	1.0	3.6	95.4
工业企业	100.0	0.9	1.3	97.8
建筑业企业	100.0	2.7	2.9	94.4
交通运输企业	100.0	1.1	2.7	96.2

批发零售贸易、餐饮业	100.0	0.8	5.6	93.6

大中型企业由于资本有机构成较高、人均劳效明显高于小型企业，在经济总量中仍占主导地位。大中型企业创造的营业收入比重明显高于小型企业。

企业规模结构表（二）

	单位数比重%	从业人员比重%	营业收入比重%
总　计	100.0	100.0	100.0
大型企业	1.0	31.2	46.0
中型企业	3.6	11.7	15.3
小型企业	95.4	57.1	38.7

从企业营业状态看，截止到1996年底，停业法人企业1983个，占企业法人总数的2.5%。在停业企业中工业企业872个，占停业法人企业的44%；批发零售贸易业及餐饮业企业768个，占停业法人企业的38.7%。

建国以来，北京的经济建设取得了辉煌的成就，特别是十一届三中全会以来北京贯彻执行“改革、开放、搞活”的方针，各行各业发生了巨大的变化。适应首都经济发展的企业不断建立。1996年末我市企业法人单位79198个，比1978年末的5244个，增加73954个，增长14.1倍。企业单位数增加较多的是科学研究和综合技术服务业、社会服务业、房地产业及批发零售贸易餐饮业等。

企业单位数　　单位：个

行　业	1978年末	1996年末	增长（倍）
总　计	5244	79198	14.1
农、林、牧、渔业	223	1244	4.6
采掘业	55	663	11.1
制造业	2106	22907	9.9
电力、煤气及水的生产和供应业	21	97	3.6
建筑业	232	3682	14.9
地质勘察业、水力管理业	11	61	4.5
交通运输、仓储及邮电通信业	150	1324	7.8
批发和零售贸易、餐饮业	1641	28131	16.1
金融、保险业	325	1044	2.2
房地产业	27	857	30.7
社会服务业	344	13427	38.0
卫生、体育和社会福利业	17	150	7.8
教育、文化艺术及广播电影电视业	29	454	14.7
科学研究和综合技术服务业	43	4836	111.5
其他行业	20	321	15.0

行政事业单位

文化教育科研事业蓬勃发展。在科研领域，全市已形成了学科门类齐全、研究领域广阔，有雄厚研究力量的自然科学、技术科学、情报科学和社会科学的科研体系，在经济社会发展中发挥了极为重要的作用。1996年末全市科学研究业法人单位590个，产业活动单位70个，从业人员15.1万人。自然科学研究机构法人单位309个，产业活动单位50个，从业人员10.6万人。社会科学研究机构法人单位103个，产业活动单位1个，从业人员0.8万人。其他科学研究机构法人单位178个，产业活动单位19个，从业人员3.7万人。

北京作为全国教育最发达的地区，随着经济发展和教育改革的深入，教育事业迅速发展，形成了与社会主义现代化建设协调发展的，由高等教育、中等教育、初等教育、职业技术教育、成人教育、幼儿教育和特殊教育等组成的完整的教育体系。1996年末全市教育业法人单位3043个，从业人员34.6万人。高等教育法人单位247个，从业人员11.9万人。中等教育法人单位1171个，从业人员11.5万人。初等教育法人单位870个，产业活动单位1702个，其中：小学校2543个，初等教育从业人员8.1万人。学前教育法人单位362个，从业人员1.3万人。特殊教育法人单位17个，从业人员0.1万人。其他教育法人单位376个，从业人员1.7万人。文化艺术业法人单位899个，从业人员6.6万人。广播电影电视业法人单位171个，从业人员1.8万人。

COMMUNIQUE ON THE FIRST BASIC UNITS CENSUS IN BEIJING

According to the state council's instruction on the first nation – wide basic units census, the first basic units census in Beijing was undertaken with the reference time on December 31, 1996. The census covered all institutional units and establishments within the city engaged in social and economic activities except the agricultural households and self – employed laborers.

The summarized data are as follows:

On December 31, 1996, the number of various units in the whole city totaled to 120028, among them, 98908 were institutional units with independent accounting systems, of which, 21120 were establishments. The city's employment totaled to 6335 thousand. Among the institutional units, 92711 units were engaged in one kind of social economy activity at one site, and the other 6197 units were engaged in more than one social economic activity or at more than one site.

Sector structure

According to the municipal overall development plan, as the sectors and industries fit for Beijing developed vigorously, the completed sectors structure has gradually formed with the order of "tertiary, secondary, primary". At the end of 1996, institutional units totaled to 98908, among them, 934 were in the primary industries, accounting for 0.9%; 27349 were in secondary industry, accounting for 27.7%; 70625 in tertiary industry, accounting for 71.4%. Viewing from sectors, the institutional units mainly engaged in manufacturing, wholesale and retail and catering service, social services, government organizations and institutions, accounted for 23.2%, 28.4%, 14.5% and 11.4% respectively.

Regarding the employment distribution, 65 thousand in the primary industries, account for 1.1%; 3106 thousand in secondary, account for 49%; and 3164 thousand in tertiary industry, account for 49.9%. Employment in manufacturing, wholesale and retail and catering service, social services, government organizations and institutions account for 32.5%, 14.5%, 12.6% and 8.9% respectively (see table 1).

Table 1. Employees in Basic Units Classified by Sector

Sector	Number of institutional units	Proportion (%)	Number of establishments	Proportion (%)	Number of employed persons	Proportion (%)
Total	98908	100	27317	100	6335343	100
Farming forestry, animal	1692	1.7	961	3.5	84987	1.3
Mining & quarrying	663	0.7	113	0.4	79098	1.2
Manufacturing	22906	23.2	3011	11.0	2057794	32.5
Electricity, gas, water production & supply	97	0.1	31	0.1	54826	0.9
Construction	3682	3.7	1154	4.2	917135	14.5
Geological prospection & conservancy	270	0.3	59	0.2	19884	0.3
Transport, storage, communications	1374	1.4	1255	4.6	235772	3.7
Wholesale, retail and catering service	28131	28.4	11094	40.6	799200	12.6
Finacial intermediation & insurance	1074	1.1	1843	6.8	105920	1.7
Real estates	1053	1.1	208	0.8	73048	1.2
Social services	14355	14.5	3365	12.3	562402	8.9
Health care, sports & social welfare	1059	1.1	163	0.6	140251	2.2
Education, culture, arts, radio, film & television	4022	4.1	2224	8.2	423559	6.7
Scientific research & tolytechnical service	5811	5.8	385	1.4	324930	5.1
Government, party & social organizations and community administrative agencies	11326	11.4	1206	4.4	370308	5.8
Other sectors	1393	1.4	245	0.9	89229	1.4

The ownership structure

The economic pattern with public ownership as the principal part and other economic ownership sharing the development has formed.

Of the total institutional units, 63041 are public owned (state - owned and collective - owned), accounting for 79.6%; of the total employees, 4295 thousand in public owned units, accounting for 85.3%; of the total annual business income, 677.25 billion from public owned units, accounting for 83.9%.

The scale of "foreign invested ventures" grew rapidly, and its field was further extended. The number of corporations invested by foreign entrepreneurs, entrepreneurs from Hong Kong、Macao and Taiwan totaled to 5466, accounting for 6.9% of the total; the employees were 422 thousand, accounting for 8.4% of the total; the annual business income was 74.45 billion, accounting for 9.2% of the total.

Viewing from the capital structure of the institutional unit, state - owned capital accounting for 71.7%, collective - owned capital accounting for 6.2%, institutional capital accounting for 10.2%, individual capital accounting for 5.4%, and foreign capital accounting for 6.5%.

The form of public ownership was diversified, share holding economy and joint owned economy have developed steadily, and accounted for 6.9% and 1.3% of the total respectively (see table 2).

Table 2. Corporations Classified by Types of Ownership

Ownership	Number of corporations	Employed Persons (10 thousand)	Business income (0.1 billon yuan)
Total	79198	503.7	8075.7
of which			
State - owned economy	21341	261	5085.9
Collective - owned economy	41700	168.5	1686.6
Joint owned economy	1008	6.3	138.5
Share holding	5432	19.3	367.8
Joint ventures between chiness and foreign	2220	23.1	467.3
Co - operative enterprise between chiness and foreign	274	2.1	27.8
Enterprises funded sole by foreign	1068	2.5	38.1
Joint venture funded by entrepreneurs from Hongkong, Macao and Taiwan	1378	12.9	193.3
Co - operative enterprise funded by entrepreneurs from Hongkong, Macao and Taiwan	120	0.6	6.0
Enterprise funded sole by entrepreneurs from Hongkong, Macao and Taiwan	406	1.0	12.0

Structure of Administration Level

By the end of 1996, 13182 institutional units subordinated to central government, accounting for 13.3% of the total; 16183 institutional units subordinated to municipal government, accounting for 16.4%; 19240 institutional units subordinated to districts and counties, accounting for 1.5%; 13235 institutional units subordinated to residential district, town and township, accounting for 13.4%; 21257 institutional units subordinated to neighborhood committee and village committee, accounting for 21.5%; and others were 15811, accounting for 16%.

Geographical distribution

Regarding geographical distribution, institutional units are concentrated mainly near - suburbs, and account for 44.3% of the total; urban and out - suburbs account for 25.9% and 29.8% respectively.

Regarding the distribution of the institutional units among the districts and counties, the top - five districts with most institutional units are: Haitian、Chaoyang 、Fengtai 、Xicheng and Dongcheng, in total accounted for 58.4% of the total number of the whole city.

Regarding geographical distribution of industry, for the primary industry, 33.9% in urban and near - suburbs, 66.1% in out - suburbs districts and counties; for the secondary industry, 51.4% in urban and near - suburbs, 48.6% in out - suburbs districts and counties; for the tertiary industry, 78% in urban and near - suburbs, 22% in out - suburbs districts and counties.

The overall location features of institutional units is that, agricultural institutional units are distributed mainly outside of the fourth - ring road, account for 93.6% of the total agricultural units; industrial institutional units are distributed mainly outside of the third - ring road, account for 85.3% of the total industrial units; wholesale, retail, trade and catering and social services were distributed evenly and their networks and shops spread all over the city (see table 3).

Table3. Geographical Distribution of Institutional Units

Number

	Number of units	Primary industry	Secondary industry	Tertiary industry
Total	98908	934	27348	70626
Urban district	25650	3	3239	22408
Dongcheng	7333		793	6540
Xicheng	8985	3	979	8003
Chongwen	3547		668	2879
Xuanwu	5785		799	4986
Near - suburbs	43797	314	10816	32667
Chaoyang	15849	77	4589	11183
Fengtai	9207	94	2687	6426
Shijingshan	2355	6	554	1795
Haidian	16386	137	2986	13263
Outer suburbs & counties	29461	617	13293	15551
Mentougou	2066	30	788	1248
Fangshan	3963	78	1850	2035
Changping	3766	65	1666	2035
Shunyi	3286	205	1620	1461
Tongxian	4677	49	2420	2208
Daxing	4194	74	2041	2079
Pinggu	1927	45	851	1031
Huairou	1928	26	816	1086
Miyun	1789	21	677	1091
Yanqing	1865	24	564	1277

General situations of enterprises

By the end of 1996, the number of enterprises totaled to 79198, accounted for 80.1% of the total institutional units, the employees totaled to 5037 thousand, account for 79.5% . Of the total enterprises, industry accounted for 29.9%; agriculture accounted for 1.2%; construction accounted for 4.6%; transport and telecommunication, wholesale、retail、trade and catering and social service accounted for 0.9%, 35.4% and 28% respectively.

Industrial enterprises: In resent years, great efforts have been paid on the improvement of industrial structure and production distribution, and sectors fitting in well with capital's characteristics have developed rapidly. By the end of 1996, the city's industrial institutional units totaled to 23667, the employment were 2189 thousand, and the annual business income was 214.58 billion yuan.

Regarding pillar and high - tech industries, the institutional units of electronic and telecommunication equipment were 829, employees were 104 thousand and annual business income was 19.33 billion yuan; the institutional units of transportation equipment were 1731, employment 184 thousand and income 19.74 billion yuan; the institutional units of medical and pharmaceutical products were 226, employment 33 thousand and income 3.33 billion yuan; the institutional units of electric equipment and machinery were 1159, employment 100 thousand and income 6.29 billion yuan; the institutional units of instrument, meters, cultural and office machinery were 510, employment 43 thousand and income 7.99 billion yuan; the institutional units, employment and business income of the above five sectors in total accounted for 18, 8%、21.2%、and 19% of the total of institutional units respectively.

Construction enterprises: By the end of 1996, the number of city's construction institutional units totaled to 3682, the employment 917 thousand and annual business income 55.17 billion yuan, of which, the number of construction enterprises with grade 4 and above totaled to 1741.

Transport、storage 、posts and telecommunications: By the end of 1996, the number of the city's transport、storage、posts and telecommunications institutional units total to 1374, the employment 236 thousand and annual business income 40 billion.

Wholesale、retail、trade and catering services: Beijing is an extra large central city, commerce plays an extreme important role in the city's economy, commerce has a priority for development. By the end of 1996, the number of wholesale, retail, trade and catering institutional unit was 28131, operating units 11074, the employment 799 thousand. Annual sales of wholesale, retail, trade were 304.53 billion yuan, annual income of catering trade was 4.25 billion yuan. Outlets of wholesale, retail, trade and catering totaled to 45004.

Viewing from size of enterprises, the large, medium and small enterprises account for 1%、3.6% and 95.4% respectively (see table 4).

Table 4. Composition of Enterprises by Size

	Number of enterprises proportion (%)	Proportion of lare - size enterprises (%)	Proportion of medium - size enterprises (%)	Proportion of small - size enterprises (%)
Total	100	1.0	3.6	95.4
Industry	100	0.9	1.3	97.8
Construction	100	2.7	2.9	94.4
Transportation	100	1.1	2.7	96.2

Wholesale, retail and catering	100	0.8	5.6	93.6

Due to high level of organic composition of capital, and higher labor productivity per capita, large and medium enterprises continued to keep the leadership position in the economy. The business income from large and medium enterprises was much more than that from small enterprises (see table 5).

Table 5. Compositions of Enterprises by Operating Size

	Number of enterprises (%)	Employed persons proportion (%)	Business income proprtion (%)
Total	100	100	100
Large - sized enterprises	1.0	31.2	46.0
Medium - sized enterprises	3.6	11.7	15.3
Small - sized enterprises	95.4	57.1	38.7

Regarding operating condition, by the end of 1996, the number of defunct enterprises was 1983, account for 2.5% in the total enterprises. Of which, industry enterprises were 872, account for 44% of total defunct enterprises; wholesale, retail, trade and catering were 768, account for 38.7%.

The Beijing ' s economy has undergone a series of brilliant achievements since 1949, especially the resent two decades. Guiding by the policy "reform、open、invigorate", new enterprises and new sectors grew rapidly.

By the end of 1996, the number of city ' s enterprises was 79198, increased 73954 over that of 1978, up 14.1 times over the 1978. Most of the increased enterprises are engaged in scientific research and polytechnic service, social service, real estates and wholesale、retail、trade and catering (see table 6).

Table 6. Number of Corporations

Number

	At the end of 1978	At the end of 1996	1996 times of 1978
Total	5244	79198	14.1
Farming forestry, animal husbandry & fishery	223	1244	11.1
Mining & quarrying	55	663	11.1
Manufacturing	2106	22907	9.9
Electricity, gas and water production & supply	21	97	3.6
Contruction	232	3682	14.9
Geological prospecting & conservancy	11	61	4.5
Transport, storage & communications	150	1324	7.8
Wholesale, retail and catering	1641	28131	16.1
Finacial intermediation & insurance	325	1044	2.2
Real estates	27	857	30.7
Social services	344	13427	38.0
Health care, sports & social welfare	17	150	7.8
Education, culture, atrs radio, film & television	29	454	14.7
Scientific research & tolytechnical service	43	4836	111.05
Other sectors	20	321	15.0

Institutions

Due to rigorous development in the fields of culture, education and science, a complete system of scientific research on natural science, technology, information and social science has formed. The various research forces with plenty of expertise have been playing very important roles in social and economic development of the city.

By the end of 1996, the number of scientific research institutions was 590, establishment 70, employment 151thousand. Among them, 309 institutions, 50 establishments, 106 thousand employees were in natural science; 103 institutions, 1 establishment, 8 thousand employees were in social science; 178 institutions, 19establishments, 37 thousand employees were in other science research.

Beijing is the most developed region in education all over country. With the economic development, educational reform and growth, the overall educational system was established, which included higher education, secondary education, primary education, vocational secondary education, adult education, kindergarten and special education.

By the end of 1996, the total number of city ' s educational institutions was 3043, employees 346 thousand. Among them, 247 institutions, 119 thousand employees were for higher education; 1171 institutions, 115 thousand employees were for secondary education; 870 institutions, 2543 primary schools, 1702establishments, 81 thousand employees were for primary education; 362 institutions, 13 thousand employees were for kindergarten;

17 institutions, 1 thousand employees were for special education; 376 institutions, 17 thousand employees were for other education. The number of institutions for culture and art was 899, employees 66 thousand. The number of institutions for broadcasting, television station and film was 171, employees 18 thousand.

北京市第一次农业普查快速汇总结果公报

根据国务院决定，北京市自1994年开始，经过三年认真准备，于1997年1月正式开展了第一次农业普查。在北京市政府和全国农业普查办公室的领导下，各级农业普查机构精心组织，广大普查工作人员辛勤努力，已顺利完成了前期准备、入户登记、质量检查、手工汇总和大规模的数据处理等阶段的工作。普查取得了大量的、可贵的反映京郊农村情况的第一手数据资料，事后质量抽查和主要数据分析评估的结果表明，农业普查的数据是科学的、可信的。全市农业普查工作实现了市政府提出的“高标准、高质量”的目标要求，取得了圆满成功。

1994年以来，全市农业普查做了大量扎实有效的工作。主要有：1. 成立了北京市农业普查领导机构—北京市农业普查协调联席会，并建立了一套完备的组织网络和工作网络，市、区县、乡镇、行政村层层组建了农业普查机构及其办公室。2. 进行了各个层面的农业普查试点，1995年上半年，在通州区三个乡镇组织开展了国家级综合试点；1996年初在区县、乡镇和村三级进行了扩大试点，通过普查试点，达到了总结经验，锻练队伍，完善方案的目的。3. 全市按统一的条件，选调和配备了5万名普查员、普查指导员和工作人员，以一级带一级的方式进行培训，组成了一支身体好、素质高、业务强的农普调查队伍。4.1997年1月（注1），开展了农业普查的登记工作，普查工作人员对全市103.5万农户、4156个行政村级单位、257个乡镇、5542个农业生产经营单位和19742个非农乡镇企业进行现场调查。5.1997年3月份完成了112个主要指标数据的快速汇总和评估工作，10月份完成了农业普查数据处理工作，对103.5万张农村住户调查表，首次采用了先进的光电录入技术，并取得了成功。

北京市第一次农业普查，摸清了农业和农村经济的家底，填补了基础性数据的空白，为党和政府掌握农业和农村经济的实际情况，制定和完善农业、农村发展战略储备了大量的基础性数据，对促进全市农业、农村以至整个国民经济的发展具有重要的现实意义和深远的历史意义。

现将普查主要数据公布如下：

一、农村住户及从业人员

改革开放以来，北京市农村经济发生了巨大的变化，随着产业结构的调整，农村住户和从业人员的结构也出现了很大的变动。

1. 农村生产经营户为103.5万户

1996年末，全市从事生产经营活动的农村住户为103.5万户（不包括“五保户”及“非生产经营户”），家庭人口379.6万人。近郊区19.4万户，68.9万人，远郊区县84.1万户，310.7万人。按乡镇的地势划分，平原71.9万户，265.0万人；丘陵17.1万户，63.7万人；山区14.5万户，50.9万人。在家庭人口中，男性190.8万人，女性188.8万人，男女性别比为101:100。

2. 以农业为主要收入来源的农户占三分之一

随着农村经济全面发展，农村住户的收入来源有了较大的变化。在103.5万个农村住户中，其收入主要来源于农业的有34.2万户，占33%；主要来源于非农业的有69.3万户，占67%。

由于平原和丘陵地区经济发展快于山区，以非农业收入为主要经济来源的农户比重，明显高于山区（见表1）。

表1　农村住户收入主要来源按地势分

单位：户、%

	合计	平原	丘陵	山区
合计	1035284	718614	170985	145685
农业	341975	233477	45101	63397
非农业	693309	485137	125884	82288
占农村生产经营户的比重	100.0	100.0	100.0	100.0
农业	33.0	32.5	26.4	43.5
非农业	67.0	67.5	73.6	56.5

在有农业收入的农村住户中，以种植业为主要收入的居多，占90.7%，畜牧业为主要收入的占5.4%，林业为主要收入的占3.1%，渔业为主要收入的占0.8%。

3. 从事农业生产的人员占39%

农村住户中从业人员为219.1万人，占家庭人口总数的57.7%。平均每个农户有从业人员2.1人。在从事的行业中（见表2），从事农业的人员85.9万人，占39.2%，从事非农业的人员133.2万人，占60.8%。

表 2　从业人员的行业分布情况

	数量（万人）	比重（%）
合　　计	219.1	100.0
一、农　业	85.9	39.2
1. 种植业	72.3	33.0
2. 畜牧业	5.2	2.4
3. 林　业	2.1	1.0
4. 渔　业	0.9	0.4
5. 农业服务业	5.4	2.4
二、工　业	54.3	24.8
三、建筑业	13.5	6.2
四、交通运输业	16.3	7.4
五、批零贸易、餐饮业	14.8	6.7
六、其　它	34.3	15.7

4. 从业人员在本地就业的占 99.8%

京郊农民从业地区以本乡镇为主，从业人员中，在本乡镇范围内就业的有 166 万人，占从业人员总数的 75.8%；在本乡镇以外本区县以内就业的有 38.1 万人，占 17.4%；在本区县以外本市范围内就业的有 14.6 万人，占 6.6%；在外省市就业的仅有 0.4 万人，占 0.2%。

二、农业生产经营单位

改革开放以来，非农村住户的农业生产经营单位出现了多种经济成份竞相发展的局面。1996 年末，全市农业生产经营单位 5542 个，其中国有 476 个，集体 4461 个，两者占总量的 89.1%，联营单位 213 个，占 3.8%，私营、个体单位 373 个，占 6.7%，外商及港澳台单位 19 个，占 0.4%。从经营类别看，经营种植业为主的单位有 3306 个，占 59.6%，畜牧业为主的单位有 1463 个，占 26.4%，林业为主的单位有 364 个，占 6.6%，渔业为主的单位有 409 个，占 7.4%。

全市农业生产经营单位平均从业人员为 24.71 人，虽然人员较少，但经营的农业用地面积和畜牧业数量则较多（见表 3）。

表 3　农业生产经营单位经营规模

	数　量	平均每个单位
从业人员（人）	136935	24.71
耕地面积（公顷）	83878	15.13
园地面积（公顷）	16063	2.90
渔业养殖面积（公顷）	4723	0.87
牲畜年末存栏（头）	62706	11.31
其中：奶牛（头）	45933	8.29
猪年末存栏数（头）	1528765	276

三、农业用地

农业普查的农业用地是在 1993 年土地详查的基础上，依据每年的土地变更调查，以行政村为单位进行调查登记的。1996 年末，全市实有农业用地面积 1097200 公顷（1645.8 万亩）。其中，耕地面积 343933 公顷（515.9 万亩），园地面积 99334 公顷（149 万亩），林地面积 632200 公顷（948.3 万亩），牧草地面积 4200 公顷（6.3 万亩），渔业养殖面积 17533 公顷（26.3 万亩）（见表 4）。不容忽视的是 1993 – 1996 年期间，全市耕地面积减少速度过快，与 1993 年土地详查的耕地面积 408267 公顷（612.4 万亩）相比，到 1996 年末净减少耕地面积 64333 公顷（96.5 万亩），其中农业内部结构调整占用耕地 35733 公顷（53.6 万亩），占减少耕地的 54.1%，非农业建设项目占用耕地 23933 公顷（35.9 万亩），占减少耕地的 36.3%。因此，严格管理和保护耕地仍是一项重要和长期的任务。

表 4　农业用地面积按地势分

单位：公顷

	合　计	平　原	丘　陵	山　区
总　　计	1097200	399980	135098	562122
耕　地	343933	274629	40239	29065
园　地	99334	40411	24653	34270
林　地	632200	69167	67194	495839
牧草地	4200	313	1105	2782
渔业养殖	17533	15460	1907	166

四、农业机械化

全市农业机械化水平进一步提高。1996 年末，乡镇级及以上单位拥有大中型拖拉机 996 台，小型拖拉机 521 台，拖拉机配套农具 2028 部；行政村级单位拥有大中型拖拉机 10137 台，小型拖拉机 37218 台，拖拉机配套农具 22247 部；农业生产经营单位拥有大中型拖拉机 2712 台，小型拖拉机 2174 台，拖拉机配套农具 4620 部。其它主要农业机械（联合收割机、机动脱粒机、农用汽车）共有 7.1 万台（辆）。按 343933 公顷（515.9 万亩）耕地计算，平均每 25 公顷（380 亩）耕地拥有一台大中型拖拉机和三台小型拖拉机。农村住户机耕面积 146852 公顷（220.3 万亩），占耕地面积的 76.3%，农业生产经营单位机耕面积 79667 公顷（119.5 万亩），占耕地面积的 95%。

五、行政村级（注 2）社区环境和乡镇（注 3）基础设施建设

全市行政村级单位的居民生活和生存环境质量达到了较高的水平。行政村级单位已全部通电，99.5%的村通公路，98.6%村通邮，99.2%村能够接收电视节目，92.3%的村通电话，96.7%的村不存在饮水困难问题，54.3%的村生活用燃料为煤炭和燃气。

乡镇级的基础设施建设已具有一定规模。乡镇共有供水站 499 个，火车站 80 个，邮电所 195 个，电话装机量 22.5 万部，其中程控电话 20.5 万部，占 91%；

在文化、教育、卫生、体育等方面，有各类文化站197个，图书馆58个，影剧院41个，中小学校1671所，其中中学342所，职业技术学校101个，体育场馆12个，幼儿园、托儿所361个，医院、卫生院273个，福利院、敬老院222个，广播站233个，公园79个。各类基础设施在两个文明建设中，发挥着巨大作用。

六、非农乡镇企业

乡镇企业已成为农村经济的重要支柱和国民经济的重要组成部分。1996年末，全市乡镇企业总个数为24203个，其中非农乡镇企业的总个数为19742个，在非农企业中，乡镇办4886个，占24.8%，村办13372个，占67.7%，联户办和户办1484个，占7.5%。乡镇办和村办的企业占总数的92.5%。非农乡镇企业从业人员78.6万人，平均每个企业为40人。从行业类别看，工业企业最多，为12997个，占65.8%，批零贸易餐饮业为3634个，建筑业1367个，分别占18.4%和6.9%，交通运输业、社会服务业和其他第三产业，分别为423个，952个和369个。

从企业的经营收入情况看，年经营收入50万元以下的企业有10897个，占企业总数的55.2%；收入50－100万元企业有2945个，占14.9%；收入100－500万元的企业有4373个，占22.2%；收入500－1000万元的企业有897个，占4.5%；收入1000万－1亿元的企业618个，占3.1%；1亿元以上的企业有12个；占0.1%。

七、农村镇区规模及其社会经济状况

改革开放以来，农村小城镇有了很大的发展，并具一定规模，农村城市化水平不断提高。1996年末，全市91个镇的镇区平均占地面积为4.9平方公里，平均人口3762人，镇区非农业人口的比重为31.2%；镇区企业4203个，从业总人数为12.7万人（见表5)。从企业经济类型看，集体企业占企业总数的38.7%，而从业人员占总数的73.2%。从企业的行业构成看（见表6)，工业与建筑业企业个数占29.9%，但是吸纳劳动力占全部从业人数的84.3%；交通运输、批零贸易餐饮业和其它第三产业占的比重较小。

表5　镇区企业经济类型

	企业（个）	比重（%）	从业人数（人）	比重（%）
合　计	4203	100.0	126834	100.0
国　有	216	5.1	17006	13.4
集　体	1627	38.7	92842	73.2
私　营	2179	51.8	5595	4.4
联　营	75	1.8	3987	3.1
外　商	85	2.0	5420	4.3
港澳台	21	0.6	1984	1.6

表6　镇区企业行业构成

	企业（个）	比重（%）	从业人数（人）	比重（%）
合　计	4203	100.0	126834	100.0
工　业	1089	25.9	79665	62.8
建筑业	168	4.0	27348	21.5
交通运输业	379	9.0	2143	1.7
批零贸易餐饮业	1189	28.3	7843	6.2
其它业	1378	32.8	9835	7.8

注(1) 普查指标分为时点指标和时期指标。时点指标的标准时间是1996年12月31日；时期指标的标准时期是1996年1月1日到1996年12月31日。

(2)“行政村级单位”是指设置村民委员会的行政村和有农村住户的居委会。

(3)“乡镇”是指行政建制的乡镇，但不包括区县政府所在地的镇和地区办事处。

COMMUNIQUE ON SUMMARY RESULTS OF THE FIRST AGRICULTURAL CENSUS IN BEIJING

According to the state council's decision, the first agricultural census in Beijing has been prepared since1994 and was formally conducted in January 1997. Under the leadership of municipal government and national agricultural census office, with the careful organization of the agricultural census agencies at various level, and great efforts of thousands of census working staff, the works on the stages of preparation, interviewing, quality check, summary and large scale data processing have been smoothly completed. A great deal of the first hand valuable data about rural area of Beijing was collected through the agricultural census, and the afterwards quality check sampling and appraisal of major indicators showed that the data is rational and reliable. With the realization of the objective of "high standard and high quality" required by municipal government, the census has achieved complete success.

A huge amount of sound and effective works have been done by agricultural census agencies at all levels since 1994:

1. The Municipal Association of Agricultural Census, as the Beijing municipal leadership institute, was set up. With agencies and offices of the census at various levels, city, district and county, town and township as well as administrative villages established, a complete set of organizational and working network was formed.

2. Pilot census at various levels and regions was executed. In the first half of 1995, the municipal agricultural census office organized a comprehensive pilot census in three town and townships of Tongzhou. In the early of 1996, the pilot census was extended in three levels: district and county, town and township, administrative village. Through the pilot census, the census staff got more working experiences and the census program was improved.

3. According to the requirements of the municipal agricultural census office, 50 thousand of enumerators, supervisors and census working staff were recruited and trained level by level, which formed a agricultural census team with good health, high quality and excellent expertise.

4. In January 1997, the field enumeration started in Beijing, which involved 1035 thousand rural households, 4156 administrative villages, 257 towns and townships, 5542 agricultural operating units and 19742 non - agricultural town and township enterprises.

5. To March 1997, the works on quick consolidation and evaluation of 112 main indicators were completed, and to October 1997, all the data processing work was finished. For the data entry of 1035 thousand questionnaires of rural households, the optical character readers techniques were first adopted and achieved success.

Through the first agricultural census, we made clear of the general situation of agriculture and rural economy in Beijing, filled out the blank of basic data. The collected data are helpful for the party and government to get more understanding of the agriculture and rural economy, to make and improve development strategy for agriculture and countryside. Undoubtedly, the census has valuable practical and profound historic significance regarding its accelerating of the development of the city's agriculture and countryside as well as the whole economy.

The summary results are presented as follows:

Ⅰ. Rural households and employed persons

Since the reform and opening to outside, great changes have been taken place in the city's rural economy. With the changes of industrial structure, the structure of rural households and rural employed persons is much different from that of before.

1. The number of rural production households was 1035 thousand

At the end of 1996, according to the summary results for the census, the number of rural households engaged in production activities in Beijing was 1035 thousand (not include "five - guarantees rural households" and "rural non - production households") and the total family members was 3796 thousand.

Among which, 194 thousand households was in suburbs with family members 689 thousand; 841 thousand households was in out suburbs counties with family members 3107 thousand. Viewing from the physical feature of place, 719 thousand households was in plain with family members 2650 thousand; 171 thousand households was in hills with family members 637 thousand; 145 thousand household was in mountain with family members 509 thousand.

In the total of the family members, 1908 thousand was male, 1889 thousand was female, the ratio of male to female was 101:100.

2. Rural households with income mainly from agriculture account for 1/3

With the all - around development of rural economy, the income source of rural households changed a lot. In the 1035 thousand rural households, the households with income mainly from agriculture was 342 thousand, account for 33% of total households, the other 693 thousand households with income mainly from non - agriculture, account for 67%.

As the economy in plain and hilly areas developed faster than that of mountain area, the proportion of rural households with income mainly from non - agriculture was higher than that of mountain area (see table 1).

Table 1. Rural Household's Income Grouped by Topography

households

	Total	Plain	Hill	Mountain
Total	1035284	718614	170985	145685
Agriculture	341975	233477	45101	63397
Non - agriculture	693309	485137	125884	82288

Proportion to rural households engaged in production activities	100	100	100	100
Agriculture	33	32.5	26.4	43.5
Non - agriculture	67	67.5	73.6	56.5

For the households with income from agriculture, the households with income mainly from crop planting were the most, account for 90.7%; those with livestock and animal husbandry as main income source account for 5.4%; those with forestry as main income source account for 3.1% and those with fisheries as main income source account for 0.8%.

3. **Rural employed persons in agriculture account for** 39%.

Rural employed persons was 2191 thousand, take 57.7% of total members of households. The average employed persons per rural households were 2.1 (see table 2), among which, persons engaged in agriculture production were 859 thousand, account for 39.2%; persons engaged in non - agriculture business were 1332 thousand, account for 60.8%.

Table 2. Industrial Structure of Rural Employed Persons

(10 000 Persons)

	Number	Proportion
Total	219.1	100.0
一、Agriculture	85.9	39.2
1. Farming	72.3	33.0
2. Animal husbandry	5.2	2.4
3. Forestry	2.1	1.0
4. Fishery	0.9	0.4
5. Agriculture service	5.4	2.4
二、Industry	54.3	24.8
三、Construction	13.5	6.2
四、Transportation	16.3	7.4
五、Wholesale, retail and catering service	14.8	6.7
六、Other industries	34.3	15.7

4. **Rural employed persons working in the local areas accounted for** 99.8%.

The job locations are mainly in home town or township. 1660 thousand of the rural employed persons are working in their home town or township, account for 75.8%; 381 thousand employed persons are out of their own townships and within their district or county, account for 17.4%; 146 thousand employed persons are out of their district or county but within Beijing, account for 6.6%; only 4 thousand employed persons are working out of Beijing, account for 0.2%.

Ⅱ. Agricultural operating units

Since reform and open - door policy were adopted, non - household agricultural operating units with various ownership have experienced a fast growth period. At the end of 1996, total agricultural operating units in Beijing were 5542. Among the total units, state owned 476, collective owned 4461, both account for 89.1%; joint units were 213, account for 3.8%; private and individual units were 373, account for 6.7%, foreign, Hong Kong, Taiwan and Macao units were 19, account for 0.4%. Viewing from the business types, 3306 units run business mainly in crop planting, account for the 59.6%; 1463 units run business mainly in livestock and animal husbandry, account for the 26.4%; 364 units run business mainly in forestry, account for 6.6% and 409 units run business mainly in fisheries, account for the 7.4%.

The average employed persons in the agricultural units was 24.71. Although With a smaller size in personnel, many of them have a larger size in land area or amount of livestock (see table 3)

Table 3. Operational Size of Non - household Agricultural Units in Beijing

	Number or Quantity	Each Holding
Person employed	136935	24.71
Cultivated land (ha.)	83878	15.13
Garder - plot area (ha.)	16063	2.90
Surface for fisheries and culturing (ha.)	4723	0.87
Animals in inventory at the year end	62706	11.31
of which: cow	45933	8.29
Pigs in inventory at the year end	1528765	276.00

Ⅲ. Farmland

The data of farmland was acquired by record of every administrative village, based on data of land survey in1993 and was modified each year.

At the end of 1996, the actual area of farmland was 1097200 hectare, among which, cultivated land was 343933 hectare, garden - plot was 99334 hectare, forest was 632200 hectare, grassland was 632200 hectare and surface for fisheries and aquaculture was 17533 hectare (see table 4).

More attention should be pay on the fact that the city's cultivated lands decreased too rapidly in the period from 1993 to 1996. By the end of 1996, the areas decrease 64333 hectare from 408267 hectare of 1993. Thus, it's an important task in long term to control and protect cultivated land.

Table 4. Farmland Grouped by Topography

hectare

	Total	Plain	Hill	Mountain
Total	1097200	399980	135098	562122
Cultivated land	343933	274629	40239	29065
Garden – plot	99334	40411	24653	34270
Forest area	632200	69167	67194	495839
Grassland	4200	313	1105	2782
Surface for fisheries and culturing	17533	15460	1907	166

Ⅳ. **Agriculture machinery**

The level of the city's agriculture mechanization has been promoted. At the end of 1996, there were 996 sets large and medium – sized tractors, 521 small – sized tractors and 2028 implements for tractors in the units of town or township and above; there were 10137 sets large and medium – sized tractors, 37218 small – sized tractors and 22247 implements for tractors in administrative village; there were 2712 sets large and medium – sized tractors, 2174 small – sized tractors and 4620 implements for tractors in agricultural operating units. There was 71000 sets of other main agriculture machinery (include combines, motored threshers and agriculture transportation vehicles). Based on the 343933 cultivated area, there are 1 large medium – sized tractor and 3 small – sized tractors on average per 25 cultivated area. The area ploughed by tractors of rural households was 146852, account for 76.3% of their total cultivated area. The area ploughed by tractors of agricultural operating units was 79667, account for 95% of their total cultivated area.

Ⅴ. **Community surroundings of administrative village and infrastructure facilities of town or township**

The living and surroundings quality of residents in administrative villages have come to the higher level. The electricity is available in all villages; 99.5% of villages have highway passing by; 98.6% of villages have post services in; 99.2% of villages can receive TV program; 92.3% of villages can reached by telephone; 96.6% of villages have no difficulties in drinking water; coal and gas were used for fuel in 54.3% villages.

The infrastructure facility of town and township has taken shape on a certain scale. The infrastructure facilities in the town and township are as following:

499 water supply stations, 80 railway stations, 195 post offices, 225 thousand telephones (205 thousand controlled by computer, account for of 91%). Regarding culture, education, health and physical training, there are 197 cultural stations, 58 libraries, 41 cinemas, 1671 primary and middle schools, among which, 342 middle schools, 101 vocational schools, 12 physical stadiums, 361 kindergartens, 273 hospitals and clinics, 222 welfare institutes, 233 broadcasting stations and 79 parks. The various infrastructure facilities contributed great to the two civilization constructions.

Ⅵ. **Non – agriculture township and town enterprises**

Town and township enterprises have become a strong force and important component in the national economy. At end of 1996, the total number of town and township enterprises was 24203. The number of non – agriculture enterprises was 19742, among which, 4886 were run by town and township, account for 24.8% of the total; 13372 were run by village, account for 62.7%; 1484 were run by household unions and individual household, account for 7.5%. Rural enterprises run by town, township and village account for 92.5% of the city's total. The non – agriculture employees in town and township were 786,000, the average of employees in each enterprise was 40.

Viewing from sectors, industry was the largest sector in quantity with total enterprises12997, account for 65.8% of the total; 3634 in sectors of wholesale、retail、trade and catering, account for 18.4%; 1367 in construction, account for 6.9%; 423 in transportation, 952 in social service and 369 in other tertiary industries.

View from enterprise's income scale, 10897 enterprises have annual business income less than 0.5 million yuan, accounting for 55.2% of the total; 2945 enterprises have annual business income more than 0.5 million yuan but less than 1 million yuan, accounting for 14.9%; 4373 enterprises have annual business income more than 1 million yuan but less than 5 million yuan, accounting for 22.2%; 897 enterprises have annual business income more than 5 million yuan but less than 10 million yuan, accounting for 4.5%; 618 enterprises have annual business income more than 10 million yuan but less than 0.1 billion yuan, accounting for 3.1%; 12 enterprises with annual business income more than 0.1 billion yuan, accounting for 0.1%.

Ⅶ. **Size of town districts and their social –**

economic condition

Since the reform and open - door policy were adopted, the rural small towns have been developed rapidly. The town districts showed a significant size with the urbanizing of the rural area. At the end of 1996, the average area covered of the total 91 town districts was 4.9 square kilometers, and the average population was 3762. The proportion of non - agriculture in the total population was 31.2%. There were 4203 enterprises in town districts, with 127 thousand employees (see table 5). Viewing from ownership of enterprises, collective enterprises account for 38.7% of the total number of enterprises, with employees account for 73.2%.

Viewing from sectors (see table 6), industry and construction account for 29.9% of total number of enterprises, with employees account for 84.3% of the total persons engaged in the enterprises. Only a small percentage of the enterprises are in transportation, wholesale、retail、trade and other tertiary industry sectors.

Table 5. Ownership of Enterprises in the Town Districts

	Number of enterprises	Proportion (%)	Persons engaged	Proportion (%)
Total	4230	100	126834	100
State	216	5.1	17006	13.4
Collective	1627	38.7	92842	73.2
Private	2179	51.8	5595	4.4
Jointly operated	75	1.8	3987	3.1
Foreign invested	85	2.0	5420	4.3
Hongkong, Macao and Taiwan invested	21	0.6	1984	1.6

Table 6. Sectors of Enterprises in the Town Districts

	Number of enterprises	Proportion (%)	Persons engaged	Proportion (%)
Total	4203	100	126834	100
Industry	1089	25.9	79665	62.8
Construction	168	4.0	27348	21.5
Transportation	379	9.0	2143	1.7
Wholesale, retail and catering service	1189	28.3	7843	6.2
Other industries	1378	32.8	9835	7.8

北京市1997年外来人口普查公报

为掌握北京市外来人口的数量、分布及构成，加强对外来人口的管理、调控与服务，北京市于1997年11月1日在全市范围内进行了外来人口普查。现将普查结果公布如下：

一、外来人口总量

北京市外来人口普查在全市18个区县进行。普查对象是指在普查时点上，居住或停留在北京境内，但户口不在北京市的外来人口，其中包括在京的外籍和港澳台人员，不包括中国人民解放军和中国人民武装警察。

外来人口普查结果表明：北京市外来人口总量为285.9万人，其中：经入户调查登记的在京居住一天以上外来人口为229.9万人，提前清点的外来人口为12.5万人，1997年10月31日零时至24时经流量清点的流入市境的人口为43.5万人。

二、入户登记结果

1. 总人数。1997年11月1日零时在北京居住一天以上的外来人口为229.9万人，其中：男性152万人，点66.1%，女性77.9万人，占33.9%。有137.8万人生活在集体户中，75.5万人生活在自己组成的家庭中，16.6万人生活在本市居民的家庭中。

2. 地区分布。登记的229.9万外来人口中，181.4万人居住在城近郊八区，占78.9%；48.5万人居住在远郊十个区县，占21.1%。朝阳区外来人口最多，为53.7万人，占23.3%；海淀区为49.3万人，占21.5%；丰台区为31.5万人，占13.7%。

3. 年龄构成。0－14岁人口为15.5万人，占6.7%；15－59岁人口为210.1万人，占91.4%，其中184.5万人为15－39岁的青壮年人口；60岁及以上人口为4.3万人，仅占1.9%。外来人口的年龄构成较轻，平均年龄只有27.1岁，比本市人口的平均年龄年轻近8岁。

4. 在京状况。就业人口为181万人，占外来人口的78.7%，主要是务工经商人员，达180万人。非就业人口为48.9万人，其中：随亲家属、探亲访友的有29万人，来京联络、开会考察和学习培训的有14.3万人。

5. 来京时间。来京三个月以下的为59万人，占外来人口的25.7%；来京三个月至半年的为24.6万人，占10.7%；来京半年以上的为146.3万人，占63.6%，其中来京三年以上的为44.7万人，占外来人口的19.4%。

6.居住场所。91万人租住农民、居民或单位的房屋，占外来人口的39.6%；57.4万人住在单位提供的宿舍，占25%；46.6万人住在工作场所，占20.3%；19万人住在亲友房屋、旅馆中，占8.2%；其余人口住在雇主房屋、自购、自建房屋或医院等场所。

7.受教育程度。6岁及以上外来人口中，受过大专及以上教育的为15.5万人，占7.1%；受过高中教育的为29.4万人，占13.3%；受过初中教育的为131.1万人，占59.5%；受过小学教育的为37.3万人，占16.9%；不识字或识字很少的为7.1万人，占3.2%。

8.来源地构成。登记的外来人口来自全国各个省市，相对集中在河北、河南、安徽、四川、山东、江苏和浙江七个省，达169.5万人，占外省市来京人口的73.7%。其中：河北省来京人口最多，为57.3万人；河南省为30.9万人；安徽省为20万人；其余四个省均在10万－20万人之间。

三、提前清点结果

1997年10月30日零时对不便和不易登记的外来人口提前清点数量为12.5万人。其中：外籍和港澳台人员8.4万人；火车站内外滞留人员1.2万人；居无定所的2.2万人；其他0.7万人。

四、流量调查结果

1997年10月31日零时至24时进出北京市的人口流量为85.7万人，其中：流入人口43.5万人，流出人口42.2万人。在流入人口中，通过公路流入29.2万人，铁路流入12万人，航空流入2.3万人。

五、事后质量抽查

为验证外来人口普查数据质量，全市进行了事后质量抽查工作。经计算，1997年外来人口普查全市漏报率为4.07%。

北京市外来人口普查领导小组办公室

一九九八年四月十日

COMMUNIQUE ON THE 1997 NON - LOCAL POPULATION CENSUS IN BEIJING

In order to master the amount, distribution and structure of non - local population in Beijing, enhance the administration and service for non - local population, the city - wide non - local population census was conducted on November 1, 1997.

The main results are as follows:

Ⅰ. The amount of non - local population

The non - local population census was conducted in 18 districts and counties of Beijing. The non - local population is defined as the population without Beijing residence cards but lived or stayed in Beijing on point of reference time, including foreign people and people from Hong Kong, Macao and Taiwan, but excluding military personnel and armed police.

The census results show that total amount of non - local population was 2859 thousand. Among them, as actually recorded, 2299 thousand lived in Beijing more than one day; 125 thousand were the non - local people counted in advance; 435 thousand moved in during time 0:00 to 24:00 of October 31, 1997.

Ⅱ. Summary of the records

(1) Total amount

On the 0:00 of November 1, 1997, 2299 thousand non - local people lived in Beijing more than one day, of which, 1520 thousand were male, accounting for 66.1%, 779 thousand were female, accounting for 33.9%. 1378 thousand lived individually; 755 thousand lived with their family; and 166 thousand lived with the local residents' family.

(2) Geographical distribution

In the total recorded 2299 thousand people, 1814 thousand lived in 8 urban and near - suburbs districts, accounted for 78.9%; other 485 thousand lived in10 outer - suburbs districts and counties, accounted for 21.1%. Chaoyang had the most non - local population of 537 thousand, accounted for 23.3%; Haidian was 493 thousand, accounted for 21.5%; Fengtai 315 thousand, accounted for 13.7%.

(3) Age structure

155 thousand at age below 14, accounted for 6.7% of the total; 2101 thousand at age 15 to 59, accounted for 91.4%, of which, 1845 thousand at age 15 to 39; 43 thousand at age 60 and above, only accounted for 1.9%. The age structure of the non - local population was relative younger, average age was only 27.1, 8 years younger than that of the local population.

(4) Situation of non – local population

1810 thousand were employed, accounted for 78.7%, of which, most of them engaged in service and business and totaled to 1800 thousand; 489 thousand were not employed in Beijing, of which, 290 thousand were for family reunion or visiting kith and kin; other 143 thousand were for meeting or education and training.

(5) Stay time

590 thousand non – local people stayed in Beijing less than 3 months, accounted for 27.5% of the total; 246 thousand stayed between 3 and 6 months, accounted for 10.7%; 1463 thousand stayed more than 6 months, accounted for 63.6%, of which, 447 thousand stayed more than 3 years, accounted for 19.4%.

(6) Housing

91 thousand non – local people rented rooms of peasants, residents or units, accounted for 39.6%; 74 thousand lived in dormitory offered by employers, accounted for 25%; 466 thousand lived in workshop, accounted for 20.3%; 190 thousand dwelled relatives' residence or hotel, accounted for 8.2%; the rest lived in employer's rooms, self – owned residences or hospital rooms.

(7) Level of education

For non – local people with age 6 and above, 155 thousand received education of junior colleges or above, accounted for 7.1%; 294 thousand received education of senior secondary school, accounted for 13.3%, 1311 thousand received education of junior secondary school, accounted for 59.5%; 373 thousand received education of primary school, accounted for 10.9%; 71 thousand were illiterate and semi – illiterate, accounted for 3.2%.

(8) Sources of non – local population

The non – local people came from various provinces and cities all over the country. The sources relatively concentrated in seven provinces: Hebei, Henan, Anhui, Sichuan, Shandong, Jiangsu and Zhejiang. The non – local people from these seven provinces totaled to 1695 thousand, accounted for 73.7% of the total, of which, most from Hebei, totaled to 573 thousand; 309 thousand from Henan; 200 thousand from Anhui; 100 to 200 thousand from each of the other 4 province.

Ⅲ. The amount of non – local people counted in advance

Some of the non – local people were not easy to be counted on the reference time, which were counted in advance at 0:00 of October 30, 1997. The total amount of non – local people counted in advance was 125 thousand, of which, 84 thousand were foreign people or people from Hong Kong, Macao and Taiwan, 12 thousand were remaining in railway stations, 22 thousand lived without stable places, 7 thousand were the others.

Ⅳ. Flow of non – local population

From 0:00 to 24:00 of October 31, 1997, the total flow of population was 857 thousand. Of which, 435 thousand moved in Beijing, 422 thousand moved out. Among the total inflows, 292 thousand moved in by bus, 12 thousand by railway, 23 thousand by air.

Ⅴ. Result of Post – Enumeration Survey

In order to verify the quality of data collected by non – local population census, the afterwards sampling was employed and showed that the rate of missing records was 4.07%.

STATISTICAL CHART
统计图表

01

GENERAL SURVEY
综合

国内生产总值增速图

Increased of gross domestic product

单位：%　　　　(%)

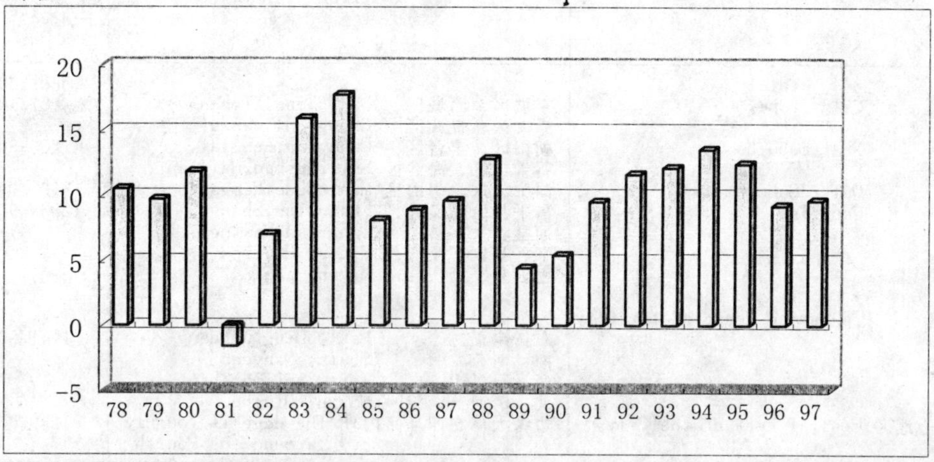

	1997	1978	1997年为1978年% 1997 as % of 1978
国内生产总值(亿元) Gross domestic product(100 million yuan)	1810.1	108.8	590.5
地方财政收入(亿元) Local financial revenue(100 million yuan)	209.9	50.5	415.6
地方财政支出(亿元) Local financial expenditure(100 million yuan)	262.2	20.4	1285.3

地方财政收入及支出情况

Local financial revenue and expenditure

单位:亿元　　　　100 million yuan

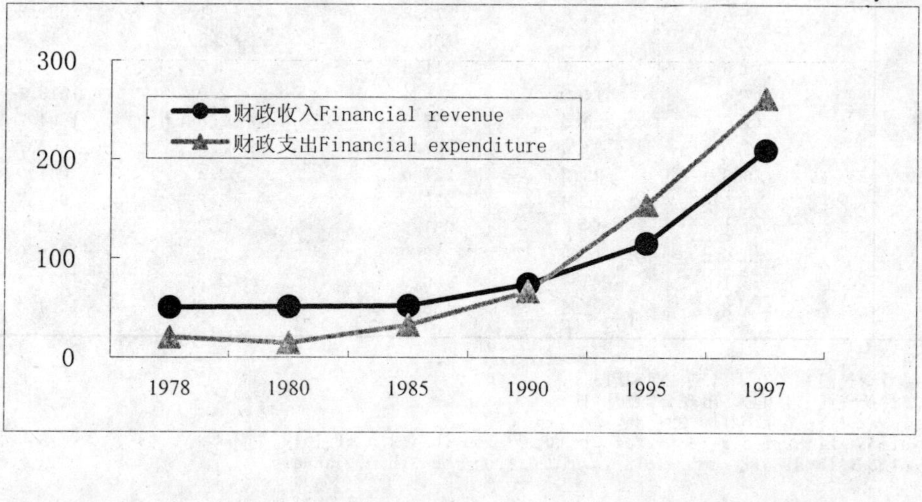

1-1 土 地 面 积
LAND AREA

项目 Item		范围 Scope		面积（平方公里）Area (sq. km)	比重（%）Proportion (%)
全市	**Total**			16807.80	100
城区	City Proper	东城区、西城区、崇文区、宣武区	Dongcheng, Xicheng, Chongwen, Xuanwu	87.10	0.52
近郊区	Near Suburbs	朝阳区、丰台区、石景山区、海淀区	Chaoyang, Fengtai, Shijingshan, Haidian	1282.80	7.63
远郊区	Outer Suburbs	门头沟区、房山区	Mentougou, Fangshan	3198.00	19.03
各县	Counties	昌平县、顺义县、通县、大兴县、平谷县、怀柔县、密云县、延庆县	Changping, Shunyi, Tongxian, Daxing, Pinggu, Huairou, Miyun, Yanqing	12239.90	72.82
规划市区	**Programmed Scope of the City**	东：定福庄 南：南苑 西：石景山 北：清河	East: Dingfuzhuang South: Nanyuan West: Shijingshan North: Qinghe	1041.00	6.19
市区中心地区	Central Part of the City	边缘大体在四环路内外	The edge is roughly around the Fourth ring road	289.75	1.72
建成区	Completed Part			488.13	2.90
三环路以内	Within The Third Ring Road			158.00	0.94

附：全市平原面积6390.3平方公里，占38%。山区面积10417.5平方公里，占62%。
Appendix: Area of plain is 6390.3sq.km,as 38% of total. Area of moutain is 10147.5sq.km,as 62% of total.
注：1.规划市区、市中心地区面积是1992年重新修订北京市城市总体规划后确定的数字。
2.建成区面积是市规划院根据1989年航空遥感照射资料重新计算的。
a) Figures on area of programmed scope of the city and central part of the city were in line with revised overall plan of Beijing in 1992.
b) Figure of completed part was recaculated according to data of air remote sensing irradiation by Beijing Planning Institution.

1-2 气 象
METEOROLOGY

月份 Month	降水量(毫米) Precitation (mm)	平均气温(℃) Average Tempreture (℃)	日照时数(时) Hours of Sunshine (hour)	平均风速(米/秒) Average Wind Speed (mile/second)	平均气压(百帕) Average Pressure (100 pa)	大风日数(日) Days of Strong Wind (day)
全年 Total	430.9	13.1	2596.5	2.5	1012.9	11
1	4.9	-3.8	178.8	2.1	1021.3	0
2	0.0	1.3	183.2	2.5	1019.7	1
3	10.6	8.7	211.3	2.7	1016.0	1
4	17.4	14.5	265.4	2.9	1013.1	2
5	41.5	20.0	257.9	2.8	1004.2	4
6	35.5	24.6	267.5	2.5	1002.7	0
7	139.8	28.2	227.0	2.3	1001.0	0
8	83.2	26.6	235.4	2.2	1003.0	0
9	44.1	18.6	231.6	2.3	1012.6	1
10	43.0	14.0	279.0	2.9	1016.0	0
11	2.1	5.4	120.9	2.3	1021.4	2
12	8.8	-1.5	138.5	2.2	1024.4	0

附：1.无霜期221天。
2.年极端最高气温38.2℃，出现日期7月13日。
3.年极端最低气温-14.0℃，出现日期1月7日。
a) Annual forst-free period is 221 days.
b) Aunnal utmost highest air tempreture is 38.2℃,on the 13th of July.
c) Aunnal utmost lowst air tempreture is -14.0℃,on the 7th of January.

1-3 行 政 区 划
ADMINISTRATIVE DIVISIONS

单位：个 (number)

地区 Region		镇 Town	乡 Township	街道办事处 Urban Sub-district Office	居民委员会 Neighborhood Committee	村民委员会 Village Committee
全 市	**Total**	108	132	124	5529	4348
城 区	**City Propers**			35	1521	
东城区	Dongcheng			10	412	
西城区	Xicheng			10	515	
崇文区	Chunwen			7	242	
宣武区	Xuanwu			8	352	
近郊区	**Near Suburbs**	1	35	68	3129	617
朝阳区	Chaoyang		19	26	1193	175
丰台区	Fengtai		6	15	670	350
石景山区	Shijingshan			10	243	12
海淀区	Haidian	1	10	17	1023	80
远郊区	**Outer Suburbs**	18	16	15	376	653
门头沟区	Mentougou	7	3	5	201	189
房山区	Fangshan	11	13	10	175	464
各 县	**Counties**	89	81	6	503	3078
昌平县	Changping	17	6		122	314
顺义县	Shunyi	17	4		30	426
通 县	Tongxian	8	12	6	149	475
大兴县	Daxing	9	18		49	551
平谷县	Pinggu	10	11		34	273
怀柔县	Huairou	8	13		31	287
密云县	Miyun	12	7		60	346
延庆县	Yanqing	8	10		28	406

1-4 全部法人单位数(按所在地分)
TOTAL INSTITUTIONAL UNITS(BY REGION)

单位：个 (unit)

地区 Region		合计 Total	中央单位 Central Entities	市属单位 City Entities	区县属单位 of District and County
全　市	**Total**	99397	13261	15748	19088
城　区	**City Proper**	26074	5015	5712	5269
东城区	Dongcheng	7182	1633	1505	1119
西城区	Xicheng	9270	2651	1752	1456
崇文区	Chunwen	3604	199	953	1595
宣武区	Xuanwu	6018	532	1502	1099
近郊区	**Near Suburbs**	43866	7192	8146	5617
朝阳区	Chaoyang	15586	1687	3826	1737
丰台区	Fengtai	9219	1066	1754	1085
石景山区	Shijingshan	2106	201	277	901
海淀区	Haidian	16955	4238	2290	1894
远郊区	**Outer Suburbs**	5996	244	302	1438
门头沟区	Mentougou	2078	58	100	699
房山区	Fangshan	3918	186	202	739
各　县	**Counties**	23461	810	1587	6764
昌平县	Changping	3807	152	452	966
顺义县	Shunyi	3248	69	119	951
通　县	Tongxian	4664	152	369	1170
大兴县	Daxing	4206	186	381	959
平谷县	Pinggu	1933	52	52	824
怀柔县	Huairou	1934	71	57	656
密云县	Miyun	1791	69	80	555
延庆县	Yanqing	1878	59	77	675

1-5 全部法人、产业活动单位数(按所在地分)
TOTAL INSTITUTIONAL UNITS AND ESTABLISHMENTS(BY REGION)

单位：个 (unit)

地区	Region	法人单位数 合计 Institutional Units	单产业法人 Singal Industry	多产业法人 Multiindusry	多产业法人单位的产业活动单位数 Establishments of Multi-sector Institutional Units
全市	**Total**	99397	93384	6013	26442
城区	**City Proper**	26074	24674	1400	6432
东城区	Dongcheng	7182	6846	336	1479
西城区	Xicheng	9270	8717	553	2771
崇文区	Chunwen	3604	3423	181	883
宣武区	Xuanwu	6018	5688	330	1299
近郊区	**Near Suburbs**	43866	41478	2388	10999
朝阳区	Chaoyang	15586	14512	1074	4662
丰台区	Fengtai	9219	8685	534	2659
石景山区	Shijingshan	2106	1957	149	770
海淀区	Haidian	16955	16324	631	2908
远郊区	**Outer Suburbs**	5996	5479	517	2253
门头沟区	Mentougou	2078	1827	251	982
房山区	Fangshan	3918	3652	266	1271
各县	**Counties**	23461	21753	1708	6688
昌平县	Changping	3807	3430	377	1568
顺义县	Shunyi	3248	3073	175	542
通县	Tongxian	4664	4395	269	1102
大兴县	Daxing	4206	3899	307	1156
平谷县	Pinggu	1933	1821	112	506
怀柔县	Huairou	1934	1813	121	438
密云县	Miyun	1791	1597	194	718
延庆县	Yanqing	1878	1725	153	658

注：多产业法人单位的产业活动单位因为有70个在外省市，18个区县合计为26372。

Note：Establishments of multi-sector institutional units of districts and counties totaled 28372 as 70 are in nonlocal.

1-6 全部法人、产业活动单位数
TOTAL INSTITUTIONAL UNITS AND ESTABLISHMENTS

单位：个 (unit)

项目	Item	法人单位数 合计 Institutional Units	单产业法人 Singal Sector	多产业法人 Multi-sector	多产业法人单位的产业活动单位数 Establishments of Multiindustrial Institutional Units
总　计	**Total**	99397	93384	6013	26442
按经济类型分	**Grouped by Ownership**				
# 国有经济	State-Owned	30463	27193	3270	14859
集体经济	Collective-Owned	41702	40050	1652	9988
联营经济	Joint Owned	1012	980	32	150
股份制经济	Share Holding	7045	6953	92	292
外商投资经济	Foreign Funded	3668	3615	53	160
中外合资经济	Joint Venture	2265	2221	44	126
中外合作经济	Cooperative	296	292	4	12
外商独资经济	Foreign Owned	1107	1102	5	22
港澳台投资经济	HongKong,Macao and Taiwan Funded	1960	1947	13	37
与港澳台合资经济	Joint Venture	1417	1407	10	28
与港澳台合作经济	Cooperative	123	123		2
港澳台独资经济	HongKong,Macao and Taiwan Owned	420	417	3	9
其他经济	Others	13547	12646	901	956
按单位类别分	**Grouped by Type of Units**				
农　业	Agriculture	916	819	97	744
工　业	Industry	23323	22476	847	3017
建筑业	Construction	3779	3514	265	1118
运输邮电业	Transportation,Posts and Telecommunications	697	603	94	955
批发零售贸易及餐饮业	Wholesale, Retail and Catering	28136	26543	1593	10716
服务业	Services	22681	21666	1015	5791
行政事业及其他	Administrative Units, Institutions and Others	19865	17763	2102	4101
按隶属关系分	**Grouped by Administrative Relationship**				
中央属	Central	13261	12430	831	3889
市　属	City	15748	14287	1461	5813
区　属	District	12324	11253	1071	5838
县　属	County	6764	5915	849	3336
街道属	Subdistrict	5126	4883	243	1691
镇　属	Town	2928	2804	124	848
乡　属	Township	4600	4397	203	937
居委会属	Neighbourhood Committee	4783	4341	442	1577
村委会属	Village Committee	16211	15628	583	1718
其他属	Others	17652	17446	206	795
按地理位置分	**Grouped by Geographic Position**				
二环路以内	Within the Second Ring Road	18232	17236	996	4518
二环路至三环路	the Second-third Ring Road	19334	18323	1011	4600
三环路至四环路	the Third-Fourth Ring Road	15863	15020	843	3522
四环路以外	Beyond the Fourth Ring Road	45968	42805	3163	13802
按建筑物拥有分	**Grouped by Ownership of Buildings**				
自　有	One' s Own	48800	44424	4376	16733
租　用	Rent	39337	38285	1052	7102
其　他	Others	11260	10675	585	2607
按企事业机关分	**Grouped by Charactor of Units**				
企业单位	Enterprises	79532	75621	3911	
事业单位	Institutions	8633	7609	1024	
机关单位	Organizations	2436	2225	211	
其他单位	Others	8796	7929	867	

1-7 企业法人单位数
ENTERPRISE INSTITUTIONAL UNITS

单位：个 (unit)

项目	Item	法人单位合计 Institutional Unit
总计	**Total**	79532
城区	**City Proper**	21240
东城区	Dongcheng	5732
西城区	Xicheng	7439
崇文区	Chunwen	2988
宣武区	Xuanwu	5081
近郊区	**Near Suburbs**	36994
朝阳区	Chaoyang	12874
丰台区	Fengtai	7938
石景山区	Shijingshan	1616
海淀区	Haidian	14566
远郊区	**Outer Suburbs**	4313
门头沟区	Mentougou	1429
房山区	Fangshan	2884
各县	**Counties**	16985
昌平县	Changping	2866
顺义县	Shunyi	2433
通县	Tongxian	3702
大兴县	Daxing	3217
平谷县	Pinggu	1295
怀柔县	Huairou	1294
密云县	Miyun	1069
延庆县	Yanqing	1109
按营业状况分	**Grouped by Business**	
营业	Going on	74625
停业	Closed	2282
筹建	Preparation	2008
当年撤销	Recall in this Year	9
其他	Others	608
按开业时间分	**Grouped by Set up Time**	
1949年以前	Before 1949	352
1950-1965		2305
1966-1979		2012
1980-1989		14844
1990年以后	After 1990	59533

项目	Item	法人单位合计 Institutional Unit
按经济类型分	**Grouped by Ownership**	
# 国有经济	State-Owned	20982
集体经济	Collective-Owned	40657
私营经济	Private Owned	3612
联营经济	Joint Owned	1004
股份制经济	Share Holding	7036
外商投资经济	Foreign Funded	3445
中外合资经济	Joint Venture	2260
中外合作经济	Cooperative	293
外商独资经济	Foreign Owned	892
港澳台投资经济	HongKong, Macao and Taiwan Funded	1941
与港澳台合资经济	Joint Venture	1412
与港澳台合作经济	Cooperative	123
港澳台独资经济	HongKong, Macao and Taiwan Owned	404
其他经济	Others	855
按地理位置分	**Grouped by Location**	
二环路以内	Within the Second Ring Road	14838
二环路至三环路	Between the Second-third Ring Road	15848
三环路至四环路	Between the Third-Fourth Ring Road	13551
四环路以外	Beyond the Fourth Ring Road the Three-Four Ring Road	35295
按建筑物拥有分	**Grouped by Ownership of Buildings**	
自有	One's Own	35059
租用	Rent	36738
其他	Others	7735
按企业规模分	**Grouped by Size**	
大型	Large	525
中型	Medium	1989
小型	Small	52630

注：筹建单位可以不填报开业时间，按企业规模分不包括农业、服务业企业。

Note: Units under preparation are permitted not to fill and submit their openning time, and data of size of enterprises exclude agriculture and service.

1-8 国民经济各行业法人和产业活动单位数(按行业分)

INSTITUTIONAL UNITS AND ESTABLISHMENTS(BY SECTOR)

单位：个 (unit)

行业	Sector	法人单位数 合计 Institutional Units	单产业法人 Singal Industry	多产业法人 Multiindusry	多产业法人单位的产业活动单位数 Establishments of Multiindustrial Institutional Units
合计	**Total**	99397	93384	6013	26442
农业	Agriculture	429	363	66	457
林业	Forestry	85	70	15	34
畜牧业	Animal Husbandry	425	394	31	239
渔业	Fishery	58	54	4	35
农、林、牧、渔服务业	FFAF Services	678	621	57	181
煤炭采选业	Coal Mining and Dressing	207	205	2	65
石油和天然气开采业	Petroluem and Natural Gas Extraction	2	2		
黑色金属矿采选业	Ferrous Metals Mining and Dressing	23	21	2	3
有色金属矿采选业	Nonferrous Metals Mining and Dressing	15	15		2
非金属矿采选业	Nonmetal Minerals Mining and Dressing	408	401	7	39
其他矿采选业	Other Minerals Mining and Dressing	5	5		
食品加工业	Food Processing	725	686	39	137
食品制造业	Food Making	787	754	33	134
饮料制造业	Beverage Production	283	275	8	26
烟草制造业	Tobacco Processing	4	4		
纺织业	Textile Industry	643	615	28	73
服装及其他纤维制品制造业	Garments and Other Fiber Products	1226	1180	46	168
皮革、毛皮、羽绒及其制品业	Leather,Furs,Down and Related Products	252	244	8	20
木材加工及竹、藤、棕、革制品业	Timber Processing,Bamboo, Cane,Palm Fiber and Straw Produts	309	305	4	43
家具制造业	Furniture Manufacturing	641	621	20	63
造纸及纸制品业	Papermaking and Paper Products	598	590	8	47
印刷业、记录媒介的复制	Printing and Record Medium Reproduced	1033	1001	32	108
文教体育用品制造业	Stationery,Education and Sports Goods	309	296	13	33
石油加工及炼焦业	Petroleum Processing and Coking Products	144	135	9	24
化学原料及化学制品制造业	Raw Chemical Materials and Chemical Products	1496	1462	34	144
医药制造业	Medical and Pharmaceutical Products	217	208	9	30
化学纤维制造业	Chemical Fibers	57	55	2	3

续表 1 continued

单位：个 (unit)

行业 Sector		法人单位数			多产业法人单位的产业活动单位数 Establishments of Multiindustrial Institutional Units
		合计 Institutional Units	单产业法人 Singal Industry	多产业法人 Multiindusry	
橡胶制品业	Rubber Products	162	154	8	15
塑料制品业	Plastic Products	901	873	28	116
非金属矿物制品业	Nonmetal Mineral Products	2132	2068	64	253
黑色金属冶炼及压延加工业	Smelting and Processing Ferrous Metals	123	113	10	38
有色金属冶炼及压延加工业	Smelting and Processing of Nonferrous Metals	208	199	9	16
金属制品业	Metal Products	2752	2677	75	279
普通机械制造业	Ordinary Machinery	1452	1394	58	173
专业设备制造业	Special Purpose Equipment	1127	1080	47	166
交通运输设备制造业	Transportation Equipment	1724	1631	93	382
武器弹药制造业	Weapons and Ammunition	8	4	4	4
电气机械及器材制造业	Electric Equipment and Machinery	1134	1081	53	134
电子及通信设备制造业	Electronic and Telecommunication	820	791	29	60
仪器仪表及文化办公用品机械制造业	Instruments,Meters,Cultural and Official Machinery	507	490	17	34
其他制造业	Other Manufacturing	795	754	41	154
电力、蒸汽、热水的生产和供应业	Electric Power,Steam, Hot Water Production and Supply	74	70	4	24
煤气生产和供应业	Gas Prudution and Supply	8	8		1
自来水的生产和供应业	Tap Water Production and Supply	12	9	3	5
土木工程建筑业	Civil Engineering	1693	1513	180	773
线路、管道和设备安装业安装业	Circuit,Pipelines and Equipment Installation	833	771	62	198
装修装饰业	Buildings Decoration	1253	1230	23	147
地质勘查业	Geological Prospecting	60	53	7	11
水利管理业	Water Conservancy	216	181	35	47
铁路运输业	Railway Transport	8	7	1	90
公路运输业	Highway Transport	551	490	61	229
管道运输业	Pipeline Transport	2	2	0	0
水上运输业	Water Way Transport	5	5		
航空运输业	Air Transport	19	17	2	4
交通运输辅助业	Transport Supporting and Auxiliary Services	390	369	21	104
其他交通运输业	Other Transport	11	11		2
仓储业	Storage	230	217	13	74
邮电通信业	Post and Telecommunition	115	85	30	632
食品、饮料、烟草和家庭用品批发业	Wholesale Trade of Food, Beverages,Tabacoo and Household Goods	6685	6230	455	1300

续表 2 continued

单位：个 (unit)

行业	Sector	法人单位数 合计 Institutional Units	单产业法人 Singal Industry	多产业法人 Multiindusry	多产业法人单位的产业活动单位数 Establishments of Multiindustrial Institutional Units
能源、材料和机械电子设备批发业	Wholesale Trade of Energy,Materials and Electronic Equipment	6406	6137	269	1182
其他批发业	Other Wholesale Trade	876	832	44	155
零售业	Retail Trade	11536	10807	729	6295
商业经纪与代理业	Commercial Brokerage and Agencies	63	59	4	12
餐饮业	Catering Services	2633	2537	96	1784
金融业	Banking	1001	668	333	1765
保险业	Insurance	33	20	13	16
房地产开发与经营业	Real Estate Development and Operation	609	566	43	112
房地产管理业	Real Estate Management	468	438	30	77
房地产代理与经纪业	Real Estate Brokerage and Agency	90	88	2	9
公共服务业	Public Services	1537	1448	89	341
居民服务业	Resident Services	1969	1853	116	1525
旅馆业	Hotels	1810	1717	93	670
租赁服务业	Leasing	382	370	12	87
旅游业	Tourism	307	298	9	40
娱乐服务业	Recreation	331	319	12	113
信息、咨询服务业	Information and Consultancy Services	5205	5145	60	236
计算机应用服务业	Computer Application Services	2073	2047	26	74
其他社会服务业	Other Social Services	1062	1013	49	182
卫　生	Health	724	693	31	96
体　育	Sports	99	93	6	21
社会福利保障业	Social Welfare	227	209	18	45
教　育	Education	2948	2415	533	2032
文化艺术业	Culture and Arts	923	847	76	134
广播电影电视业	Radio,Film,Television	175	158	17	47
科学研究业	Scientific Research	590	546	44	73
综合技术服务业	Polytechnical Services	5526	5414	112	309
国家机关	Government Organs	1762	1573	189	293
政党机关	Party Organs	118	115	3	
社会团体	Social Bodies	620	601	19	36
基层群众自治组织	Masses Autonomous Body	8796	7929	867	870
其他行业	Other Sectors	1429	1270	159	237

1-9 国民经济主要指标
MAJOR INDICTORS FOR NATIONAL ECONOMY

项目	Item	1997	1996	1997年为1996年% 1997 as % of 1996
人口	**Population**			
年底常住人口 (万人)	Year-end Permanent Residents (10000 persons)	1085.5	1077.7	100.7
劳动力	**Labor force (10000 persons)**			
从业人员 (万人)	Employment (10000 persons)	655.8	660.2	99.3
# 职工人数 (万人)	Staff and Workers (10000 persons)	465.3	460.6	101.0
国内生产总值 (亿元)	**Gross Domestic Product (100 million yuan)**	**1810.1**	**1615.7**	**109.6**
工农业总产值 (1990年不变价,亿元)	**Gross Output Value of Industry and Agriculture(at 1990 constant prices, 100 million yuan)**	**1751.1**	**1584.3**	**110.5**
全社会固定资产投资 (亿元)	**Total Investment in Fixed Asstes (100 million yuan)**	**961.2**	**876.9**	**109.6**
# 固定资产投资 (亿元)	Investment in Fixed Assets	582.1	497.4	117.0
# 基本建设投资(亿元)	Capital construction	374.3	313.8	119.3
更新改造投资(亿元)	Innocation	191.2	168.0	113.8
房地产开发投资 (亿元)	Real Estate Development	330.3	328.2	100.6
财政	**Finance**			
财政收入 (亿元)	Revenue (100 million yuan)	209.9	150.9	125.5
财政支出 (亿元)	Expenditures (100 million yuan)	262.2	187.4	124.1
物价	**Price Indices**			
居民消费价格总指数 (%)	Consumer Price Index (%)	105.3	111.6	
商品零售价格总指数 (%)	Retail Price Index (%)	103.8	107.3	
职工工资	**Wages of Staff and Workers**			
职工工资总额 (亿元)	Total Wages (100 million yuan)	514.8	442.4	116.4
职工平均工资 (元)	Average wage (yuan)	11019	9579	115.0
居民消费水平 (元)	**Per Capita Consumption (yuan)**	**4557**	**4208**	**105.5**
非农业居民 (元)	Non-Agricultural (yuan)	5524	5106	105.3
农业居民 (元)	Agricultural (yuan)	2661	2506	104.3
农村经济	**Rural Economy**			
农林牧渔业总产值 (1990年不变价,亿元)	Gross Output Value of Farming,Forestry,Animal Husbandry and Fishery (at 1990 constant prices, 100 million yuan)	90.4	89.6	100.9
乡镇集体企业数 (个)	Number of Township and Village Enterprises (unit)	16080	16893	95.2
乡镇企业从业人数 (万人)	Employment of Township and Village Enterprises (10000 persons)	78.2	85.6	91.4
乡镇企业总收入 (亿元)	Total Revenue of Township and Village Enterprises (100 million yuan)	542.8	509.3	106.6
工业	**Industry**			
工业总产值(1990年不变价,乡及乡以上,亿元)	Gross Output Value (at 1990 constant prices,at and above township level, 100 million yuan)	1475.6	1316.3	112.1
轻工业 (亿元)	Light Industry (100 million yuan)	449.3	402.9	111.5
重工业 (亿元)	Heavy Industry (100 million yuan)	1026.3	913.4	112.4
独立核算工业企业全员劳动生产率(按增加值计算,元/人)	Overall Labor Productivity of Enterprises with Independent System (according to added value, yuan/person)	28220	23445	120.4

注：本表的发展速度按可比口径计算。(续表同)

Note: Development Indices are caculated at constant prices.(the continued tables are the same)

续表 1 continued

项　　目 Item		1997	1996	1997年为 1996年% 1997 as % of 1996
独立核算工业企业主要财务指标	Major financial Indicators for Enterprises with Independent Accounting System			
固定资产原价　(亿元)	Original Value of Fixed Assets (100 million yuan)	1850.3	1632.0	113.4
利润和税金总额　(亿元)	Total Pre-tax Profits (100 million yuan)	140.5	122.5	114.7
运输邮电	**Transportation and Postal and Telecommunications**			
货物周转量　(亿吨公里)	Freight Ton-Kilometers (100 milliom ton-km)	312.74	317.48	98.5
铁路　(亿吨公里)	Railways	226.33	231.10	97.9
公路　(亿吨公里)	Highways	76.92	78.49	98.0
民航　(亿吨公里)	Civil Aviation	9.45	7.86	120.2
管道　(亿吨公里)	Pipelines	0.04	0.03	122.3
旅客周转量　(亿人公里)	Passenger-Kilometers (100 milliom passenger-km)	215.42	210.78	102.2
铁路　(亿人公里)	Railways	47.75	45.95	103.9
公路　(亿人公里)	Highways	26.12	25.05	104.3
民航　(亿人公里)	Civil Aviation	141.54	139.78	101.3
邮电业务总量 (1990年不变价,万元)	Business Volume of Post and Telecommunication Services(at 1990 constant prices,10000 yuan)	930136.7	729022.4	127.6
全市电话交换机总容量(万门)	Total Capacity of Telephone Exchanges (10000 lines)	546.4	442.6	123.5
#公众网电话交换机总容量	Public Network	390.4	306.0	127.6
商　业	**Commerce**			
社会消费品零售额 (亿元)	Total Retail Sales of Consumer Goods (100 million yuan)	1051.5	923.7	113.8
批发零售贸易业	Wholesale Retail	709.4	657.0	108.0
餐饮业	Catering Trade	72.5	68.4	106.0
其他	Others	269.6	190.2	141.7
商业、饮食业、服务业营业点 (万个)	Outlets of Commerce,Catering and Services (10000)	26.2	29.4	89.1
# 商业	Commerce	20.1	22.0	91.4
饮食业	Catering Trade	3.0	3.7	81.1
服务业	Services	3.2	3.7	86.5
对外经济贸易和旅游	**Foreign Trade and Tourism**			
进出口总额　(亿美元)	Total Import and Export(USD100 million)	57.8	53.9	107.1
进口额	Total Imports	33.1	33.1	100.2
出口额	Total Exports	24.7	20.9	118.2
新批三资企业数　(个)	Number of Foreign-funded Enterprises New Ratified (unit)	809	868	93.2

续表 2 continued

项　目	Item	1997	1996	1997年为1996年% 1997 as % of 1996
协议外资金额　（亿美元）	Total Amount of Foreign Capital in the Signed Agreements (USD 100 million)	18.5	17.9	103.4
实际利用外资　（亿美元）	Total Amount of Foreign Capital Actually Used (USD 100 million)	25.9	22.6	114.7
# 外商直接投资	Foreign Direct Investments	15.9	15.5	102.6
接待入境旅游人数（万人）	Number of International Tourists (10000 persons)	229.8	218.9	105.0
金融保险	**Banking and Insurance**			
银行贷款增加额　（亿元）	Adding Deposits of Banks (100 million yuan)	489.7	349.2	140.2
# 地方　（亿元）	Local (100 million yuan)		281.2	
城乡居民储蓄存款余额（亿元）	Saving Deposits of Urban and Rural Residents (100 million yuan)	1975.3	1707.0	115.7
城镇　（亿元）	Urban (100 million yuan)	1770.9	1528.4	115.9
农村　（亿元）	Rural (100 million yuan)	204.4	178.6	114.4
保险公司保险费收入	Premiums Income of Insurance Companies (100 million yuan)	84.6	43.2	195.8
教　育	**Education**			
毕业生数　（万人）	Number of Graduates (10000 persons)	46.2	43.5	106.2
研究生　（人）	Postgraduates (person)	8369	7181	116.5
高等学校　（万人）	Institutions of Higher Education (10000 persons)	5.0	4.6	108.7
中等专业技术学校（万人）	Specialized Technical Secondary School (10000 persons)	6.0	5.40	111.1
普通中学　（万人）	Regular Secondary School (10000 persons)	20.5	17.14	119.6
小学　（万人）	Primary Schools (10000 persons)	14.6	16.20	90.1
文　化	**Culture**			
公共图书馆藏书　（万册）	Collection of Public Libraries (10000 copies)	2789	2652.4	105.2
艺术剧团演出场次	Times of Performance of Art Troupes	8426	7615	110.7
科　技	**Science and Technology**			
科技人员　（万人）	Personnel (10000 persons)	113.7	113.0	100.6
卫　生	**Health**			
医院病床数　（万张）	Hospitals Beds (10000)	6.2	6.1	101.6
卫生技术人员数　（万人）	Medical Technical Personnel (10000 persons)	11.9	11.70	101.7
# 中西医生　（万人）	Traditional Chinses Medicine and Western Medicine Senior (10000 persons)	5.5	5.40	101.9
护师（士）　（万人）	Senior and Junior Nurses (10000 persons)	3.9	3.80	102.6
城市公用事业	**Urban Public Utilities**			
用电量　（亿千瓦时）	Electricity Consumption (100 million kwh)	263.6	244.4	107.9
自来水销售量　（亿吨）	Sales of Tap Water (100 million tons)	7.90	6.97	113.3
居民燃气用户　（万户）	Households of Access to Gas (10000)	235.9	227.6	103.6
城市公共交通客运量（亿人次）	Passengers Carried of City Public Transport (100 million person. times)	39.1	35.0	111.7
城市大型立交桥　（座）	Large Flyovers (unit)	140.0	133.0	105.3
城市绿化覆盖率　（%）	Coverage Rate of Urban Green Area(%)	34.22	33.24	102.9
城市居民人均住房使用面积（平方米）	Per Capita Using Space of Rooms of Urban Residents (sq. m)	14.36	13.82	103.9
农村居民人均住房使用面积（平方米）	Per Capita Using Space of Rooms of Rural Residents (sq. m)	27.39	25.74	106.4

1-10 国民经济主要指标比例关系
PERCENTAGE OF MAIN NATIONAL ECONOMIC INDICATORS

项目	Item	绝对值(万元) Value(10000 yuan) 1997	1996	构成(%) Composition(%) 1997	1996
全市从业人员(人)	**Total Employment (person)**	6558142	6602452	100	100
第一产业	Primary Industry	701056	725403	10.7	11.0
第二产业	Secondary Industry	2576202	2600740	39.3	39.4
第三产业	Tertiary Industry	3280884	3276309	50.0	49.6
国内生产总值	**Gross Domestic Products**	18100900	16157300	100	100
第一产业	Primary Industry	848500	834600	4.7	5.2
第二产业	Secondary Industry	7385600	6831400	40.8	42.3
第三产业	Tertiary Industry	9866800	8491300	54.5	52.5
固定资产投资	**Investment in Fixed Assets**	5820764	4974076	100	100
生产性	Production	3043271	2811594	52.28	56.52
非生产性	Non-Production	2777493	2162482	47.72	43.48
#住宅	Residence	932743	703538	15.88	14.14
固定资产投资拨贷款	**Allocations and Loans on Investment in Fixed Assets**	5875251	5035469	100	100
国家预算内投资	State Budgtary Appropriation	828522	731014	14.1	14.52
国内贷款	Domestic Loans	897504	710795	15.28	14.12
利用外资	Foreign Capital	512668	537977	8.73	10.68
债券	Bonds		9000		0.18
自筹资金	Self-raised Funds	3223577	2656820	54.87	52.76
#股票	Stocks	4507	13500	0.08	0.27
其他资金	Others Capital	412980	389863	7.03	7.74
工农业总产值(现价)	**Gross Output Value of Industry and Agriculture(at current price**	21346907	20222637	100	100
工业	Industry	19638338	18533430	92	91.65
农业	Agriture	1708569	1689207	8	8.35
工业总产值(现价)	**Gross Output Value of Industry (at current prices)**	19638338	18533430	100	100
轻工业	Light Indutry	6766574	6406885	34.46	34.57
重工业	Heavy Industry	12871764	12126545	65.54	65.43
农林牧渔业总产值(现价)	**Gross Output Value of Farming, Forestry, Animal Husbandry and Fishery(at current prices)**	1708569	1689207	100	100
种植业	Farming	869772	891491	50.91	52.78
林业	Forestry	28630	28313	1.68	1.68
牧业	Animal Husbandry	748049	710957	43.78	42.08
渔业	Fishery	62118	58446	3.64	3.46
货运量(万吨)	**Freight Traffic (10000 tons)**	32349.7	32905.6	100	100
铁路	Railways	2883.3	2850.8	8.91	8.66
公路	Highways	29360.0	29960.0	90.76	91.05
民航	Civil Aviation	19.0	17.0	0.06	0.05
管道	Pipelins	87.4	77.8	0.27	0.24
客运量(万人)	**Passenger Traffic (10000 persons)**	10383.8	9798.9	100	100
铁路	Railways	4828.8	4735.9	46.5	48.33
公路	Highways	4902.0	4395.0	47.2	44.85
民航	Civil Aviation	653	668	6.29	6.82
社会消费品零售总额	**Retail Sales of Consumer Goods**	10515342	9236637	100	100
批发零售贸易业	Wholesale and Retail Sales Trade	7094362	6570489	67.47	71.14
餐饮业	Catering Trade	724889	683827	6.29	7.41
制造业	Manufacturing	563239	380904	5.36	4.11
其他	Others	2132852	1601417	20.28	17.34
农民对非农民	Peasants Saling to Non-Peasants	1393255	1391553	13.25	15.06
地方财政收入相当于国内生产总值的比例	The Propotion of Local Financial Revenue in Gross Domestic Product			11.6	9.34
地方基建支出占地方财政收入的比例	The Propotion of Local Capital Construction Expenditures in Local Financial Revenue			11.9	11.56

1-11 按经济类型分国民经济主要指标比例关系
PERCENTAGE OF MAIN NATIONAL ECONOMIC INDICATORS BY TYPE OF ECONOMY

项目	Item	绝对值 Value 1997	绝对值 Value 1996	构成(%) Composition(%) 1997	构成(%) Composition(%) 1996
全市从业人员(人)	**Total Employment (person)**	6558142	6602452	100	100
国有	State-Owned	3546956	3550594	54.08	53.78
集体	Collective Owned	684998	686062	10.45	10.39
其他	Others	543489	492024	8.29	7.45
城镇个体	Urban Individuals	212088	228767	3.23	3.46
农村劳动者	Rural Labor Force	1570611	1645005	23.95	24.92
固定资产投资(万元)	**Investment in Fixed Assets (10000 yuan)**	5820764	4974076	100	100
国有	State-Owned	4734588	4035372	81.34	81.13
集体	Collective Owned	116452	102071	2	2.05
联营	Joint Owned	7942	11711	0.14	0.24
股份制	Share Holding	21284	65530	0.37	1.32
中外合资经营	Joint Venture	635980	634017	10.93	12.75
中外合作经营	Cooperative	103814	36324	1.78	0.73
外资	Foreign Enterprises	32239	23773	0.55	0.48
与港澳台合资经营	Overseas Chinese from HongKong, Macao and Taiwan Funded	78651	14969	1.35	0.30
与港澳台合作经营	Cooperative from HongKong, Macao and Taiwan	41291	39559	0.71	0.80
港澳台独资	HongKong, Macao and Taiwan Enterprises	26113	6754	0.45	0.14
其他经济	Others	9935	3996	0.17	0.06
工业总产值(乡及乡以上,现价万元)	**Gross Output Value of Industry (at township level and above, at current prices, 10000 yuan)**	17449786	16321725	100	100
国有	State-Owned	9600424	8870124	55.02	54.35
集体	Collective Owned	1797629	2773851	10.30	16.99
私营	Private	43561	52420	0.25	0.32
联营	Joint Owned	170423	154167	0.98	0.94
股份制	Share Holding	569737	212462	3.27	1.30
中外合资经营企业	Joint Venture	3879583	3038926	22.23	18.62
中外合作经营企业	Cooperative	127991	98836	0.73	0.61
外资企业	Foreign Enterprises	174277	122461	1	0.75
与港澳台合资经营	Overseas Chinese from HongKong, Macao and Taiwan Funded	959356	865349	5.5	5.30
与港澳台合作经营	Cooperative from HongKong, Macao and Taiwan	14849	16832	0.09	0.10
港澳台独资	HongKong, Macao and Taiwan Enterprises	104301	68408	0.60	0.42
其他经济	Others	7656	47892	0.04	0.30
建筑业总产值(万元)	**Gross Output Value of Construction (10000 yuan)**	5192362.8	4680760.5	100	100
国有	State-Owned	3509049.7	3181252.4	67.58	67.96
集体	Collective Owned	1277937.7	977811.3	24.61	26.38
私营	Private	2508.9	232.0	0.05	…
联营	Joint Owned	1713.4	1022.0	0.03	0.03
股份制	Share Holding	219971.6	124603.4	4.24	2.66
外商投资	Foreign Enterprises	115232.4	81932.2	2.22	1.75
港澳台投资经营	Overseas Chinese from HongKong, Macao and Taiwan Funded	65150.5	52062.0	1.25	1.11
其他经济	Others	798.6	1007.2	0.02	0.03
社会消费品零售额(万元)	**Retail Sales Consumer Goods (10000 yuan)**	10515342	9236637	100	100
国有	State-Owned	3688052	3148177	35.07	34.08
集体	Collective Owned	2478622	2417228	23.57	23.52
私营经济	Private	66570	44005	0.63	0.48
个体经济	Individuals	2364454	2417618	22.49	26.17
联营经济	Joint Owned	311815	239679	2.97	2.59
股份制经济	Share Holding	940565	703949	8.94	7.62
外商投资经济	Foreign Enterprises	377779	337611	3.59	3.66
港澳台投资经济	Overseas Chinese from HongKong, Macao and Taiwan Funded	144020	128174	1.37	1.39
其他经济	Others	143465	44588	1.36	0.48

1-12 北　京　一　日
A DAY IN BEIJING

项　目	Item	1997	1996
生产量	**Output**		
国内生产总值(当年价格)(万元)	Gross Domestic Product(at current prices) (10000 yuan)	49591.5	44266.6
工业总产值(当年价格)(万元)	Gross Output Value of Industry(at current prices) (10000 yuan)	53803.7	50776.5
原　煤　(吨)	Coal (ton)	27719.4	27773.4
发电量　(万千瓦时)	Electricity (10000 kwh)	4011.8	3878.2
钢　(吨)	Steel (ton)	21964.3	21773.6
农业总产值(当年价格)(万元)	Gross Output Value of Agriculture (at current prices) (10000 yuan)	4681.0	4628.0
建筑业总产值　(万元)	Gross Output Value of Construction (10000 yuan)	14349.8	12933.8
住宅建设竣工面积(万平方米)	Floor Space of Residence Completed (10000 sq. m)	2.73	2.38
货运量(包括管道)(万吨)	Freight Traffic(including pipelines) (10000 tons)	88.63	90.15
客运量　(万人)	Passenger Traffic (10000 persons)	28.45	26.85
社会消费品零售总额(万元)	Retail Sales of Consumer Goods (10000 yuan)	28809.2	26566.1
海关出口额　(万美元)	Exports (USD 10000)	675.4	644.7
财政收入　(万元)	Financial Revenue (10000 yuan)	5750.8	4134.3
旅游收入　(万美元)	Tourism Revenue (USD 10000)	615.9	617.0
消费量	**Consumption**		
粮　食　(吨)	Grain (ton)	9388.8	6295.4
猪　肉　(吨)	Pork (ton)	902.8	624.4
牛羊肉　(吨)	Beef and Mutton (ton)	413.1	235.7
鲜　蛋　(吨)	Fresh Eggs (ton)	341.5	245.5
水产品　(吨)	Aquatic Products (ton)	716.5	670.1
食用植物油　(吨)	Edible Vegetable Oil (ton)	1184.9	497.5
鲜　菜　(吨)	Fresh Vegetable (ton)	13242.0	11024.8
生活用水(自来水厂)(万吨)	Residential Use of Water (10000 tons)	153.3	137.8
其　他	**Others**		
市内公共交通客运量(万人次)	Urban Passenger Traffic (10000 person. times)	1071.7	958.5
接待旅游人数　(人)	Tourists Recieved (person)	6296	5997
邮寄函件　(万件)	Mail (10000)	150.3	158.6
拍发公众电报　(万份)	Telegrams (10000)	0.28	0.53
城乡居民储蓄存款(万元)	Saving Deposit of Urban and Rural Resident (10000 yuan)	7350.2	12412.3
出生人口　(人)	Birth Population (person)	208.2	214.6
死亡人口　(人)	Death Population (person)	183.4	182.9
结婚对数　(对)	Marriage (couple)	228.6	235.4
离婚对数　(对)	Divorce (couple)	61.0	56.7

1-13 平均每人主要社会经济活动
MAJOR ECONOMIC INDICATORS PER CAPITA

项目	Item	1997	1996	1997年为1996年% 1997 as % of 1996
国内生产总值(当年价格)	**Gross Domestic Product (at current prices) (yuan)**	16675.3	14992.4	110.8
工农业总产值(1990年不变价)	**Gross Output Value of Industry and Agriculture(at 1990 constant prices) (yuan)**	16131.7	14700.8	109.7
财政收入	**Financial Revenue (yuan)**	1933.7	1400.2	138.1
房屋建筑竣工面积	**Floor Space of Building Completed(sqm)**	1.49	1.41	105.7
# 住宅	Residence (sq.m)	0.92	0.81	113.6
工业	**Industry**			
工业总产值(1990年不变价)	Gross Output Value of Industry (at 1990 constant prices,yuan)	15298.7	13869.4	110.3
主要工业产品产量	Output of Major Products			
布	Cloth (meter)	23.2	20.96	110.7
电视机(百人)	Television(100 persons) (unit)	3.76	3.45	
原煤	Coal (kg)	932.1	940.6	109.0
发电量	Electricity (kwh)	1349	1313.5	102.7
钢	Steel (kg)	738.6	737.4	100.2
农业	**Agriculture**			
农业总产值(1990年不变价)	Gross Output Value of Agriculture (at 1990 constant prices,yuan)	825.4	931.3	88.6
主要农产品产量	Output of Major Products			
粮食	Grain (kg)	218.8	220.3	99.3
肉类	Meat (kg)	37.1	35.5	104.5
鲜蛋	Fresh Eggs (kg)	21.9	22.9	95.6
鲜菜	Fresh Vegetable (kg)	378.0	374.1	101.0
水产品	Aquatic Products (kg)	7.1	7.3	97.3
牛奶	Milk (kg)	20.4	19.5	104.6
干鲜果	Dry and Fresh Fruit (kg)	48.4	47.6	101.7
商业	**Commerce**			
社会消费品零售总额	Retail Sales of Consumer Goods(yuan)	9686.8	8997.5	107.7
# 吃的商品	Food (yuan)	3590.1	3832.8	93.7
穿的商品	Clothing (yuan)	1295.3	1317.9	98.3
用的商品	Daily Used Articles (yuan)	4533.4	3686.5	123.0
主要消费品零售量	Retail Sales of Major Consumer Goods in Quantity			
粮食	Grain (kg)	214.7	163.0	131.7
食用植物油	Edible Vegetable Oil (kg)	31.3	15.2	205.9
猪肉	Pork (kg)	28.9	17.5	165.1
鲜蛋	Fresh Eggs (kg)	11.5	8.2	140.2
水产品	Aquatic Products (kg)	24.0	22.4	107.1
棉布	Cotton Cloth (meter)	0.5	0.5	100.0
邮电	**Postal and Telecommunications**			
邮寄函件	Mail	50.5	53.7	94.0
城市公用事业	**Urban Public Utilities**			
日生活用水量	Daily Residential Use of Water (kg)	268.1	237.3	113.0
城市居民居住面积	Living Space of Urban Residence(sqm)	9.66	9.33	103.5
平均每千人拥有公共交通车辆	Possession of Public Traffic Vichles Per 1000 Persons (unit)	0.97	0.64	151.6
乘坐公共电汽车次数	Times of Ridingin Bus or Trolley	360.4	324.6	111.0
公共绿地面积	Public Green Areas (sq.m)	7.80	7.54	103.4
卫生	**Health**			
平均每千人拥有医生	Number of Doctors Per 1000 Persons	5.06	5.02	100.8
平均每千人拥有医院床位	Number of Beds Per 1000 Persons	6.06	6.02	100.7
人民生活	**Pepople's Livelihood**			
职工年平均工资	Annual Average Wage (yuan)	11019	9579	115.0
居民家庭生活费收入	Annual Living Income of Urban Residence (yuan)	7813.1	6885.48	113.5
农民家庭纯收入	Annual Net Income of Rural Residence (yuan)	3762.4	3580.16	105.1
城乡居民储蓄存款余额	Saving Deposit of Urban and Rural Residence (yuan)	2471.5	4203.9	57.8
城镇居民	Urban (yuan)	3355.4	5874.3	57.1
农村居民	Rural (yuan)	710.9	982.1	72.4

1-14 总 产 出
TOTAL OUTPUT

单位：万元 (10000 yuan)

项 目	Item	1997	1996	1997年为1996年% 1997 as % of 1996
总 计	**Total**	58391500	51332200	112.3
第一产业	Primary Industry	1708600	1689200	101.0
第二产业	Secondary Industry	28170000	26250700	111.1
工 业	Industry	22919600	21602600	111.8
建筑业	Construction	5250400	4648100	107.5
第三产业	Tertiary Industry	28512900	23392300	115.1
# 交通运输、仓储及邮电业	Transpirtation, Storage, Posts and Telecommunications	4053100	3501400	114.1
批发和零售贸易、餐饮业	Wholesale, Retail and Catering	3464700	2952700	111.5

注：绝对数按现价计算，发展速度按可比价格计算(下同)。
Note: The data in terms of value are calculated at current prices, while the related indices are calculated at comparable prices. (The following table is the same.)

1-15 国 内 生 产 总 值
GROSS DOMESTIC PRODUCT

单位：万元 (10000 yuan)

项 目	Item	1997	1996	1997年为1996年% 1997 as % of 1996	构 成(%) Compositon(%) 1997	1996
总 计	**Total**	18100900	16157300	109.6	100	100
第一产业	**Primary Industry**	848500	834600	101.0	4.7	5.2
第二产业	**Secondary Industry**	7385600	6831400	108.1	40.8	42.3
工 业	Industry	5883600	5414100	108.7	32.5	33.5
建筑业	Construction	1502000	1417300	105.1	8.3	8.8
第三产业	**Tertiary Industry**	9866800	8491300	111.8	54.5	52.5
农林牧渔服务业	FFAF Services	18700	17100	105.6	0.1	0.1
地质勘探业、水利管理业	Geological Prospecting and Water Conservancy	34000	48900	66.3	0.2	0.3
交通运输、仓储及邮电业	Transportation, Storage, Posts and Telecommunications	1357900	1137800	112.8	7.5	7.0
批发和零售贸易、餐饮业	Wholesale, Retail and Catering	2024500	1875900	105.2	11.2	11.6
金融保险业	Banking and Insurance	2468700	1815400	128.5	13.6	11.3
房地产业	Real Estate	412400	382700	106.4	2.3	2.4
社会服务业	Social Services	1224900	1153300	105.1	6.8	7.1
卫生、体育、社会福利事业	Health, Sports and Social Welfare	290600	274900	103.8	1.6	1.7
教育、文艺、广播电影电视事业	Education, Culture, Art, Radio, Film and Television	774900	631500	116.3	4.3	3.9
科学研究和综合技术服务业	Scientific Research and PolyTechnical Services	667100	613000	106.2	3.7	3.8
国家政党机关、社会团体	Government Organs, Party Organs and Social Bodies	490200	455600	105.6	2.7	2.8
其他	Others	102900	85200	116.4	0.6	0.5
人均国内生产总值(元)	**Per Capita Gross Domestic Products (yuan)**	16735	15044	108.8		

1-16 国内生产总值构成项目
COMPOSITION OF GROSS DOMESTIC PRODUCT

单位：万元 (10000 yuan)

项目	Item	增加值 Added Value	劳动者报酬 Remuneration for Labors	固定资产折旧 Depriciation of Fixed Asset	生产税净额 Net Taxes on Production	营业盈余 Operating Surplus
国内生产总值	**Gross Domestic Product**	18100900	8674600	3042500	3002500	3381300
第一产业	**Primary Industry**	848500	472400	69100	20000	287000
第二产业	**Secondary Industry**	7385600	4051700	1368800	1537800	427300
工业	Industry	5883600	3019500	1261400	1335600	267100
建筑业	Construction	1502000	1032200	107400	202200	160200
第三产业	**Tertiary Industry**	9866800	4150500	1604600	1444700	2667000
农林牧渔服务业	FFAF Services	18700	13900	3300	600	900
地质勘探业、水利管理业	Geological Prospecting and Water Conservancy	34000	17500	14500	1500	500
交通运输、仓储及邮电业	Transportation,Storage, Posts and Telecommu--nications	1357900	353400	422400	158800	423300
批发和零售贸易、餐饮业	Wholesale,Retail and Catering	2024500	1093400	221000	367300	342800
金融保险业	Banking and Insurance	2468700	204500	136300	520400	1607500
房地产业	Real Estate	412400	110800	164800	95200	41600
社会服务业	Social Services	1224900	803800	253600	122900	44600
卫生、体育、社会福利事业	Health,Sports and Social Welfare	290600	223600	39600	16300	11100
教育、文艺、广播电影电视事业	Education,Culture,Art, Radio,Film and Television	774900	507700	116900	52600	97700
科学研究和综合技术服务业	Scientific Research and PolyTechnical Services	667100	411400	123600	48700	83400
国家政党机关、社会团体	Government Organs, Party Organs and Social Bodies	490200	357800	90700	47400	-5700
其他	Others	102900	52700	17900	13000	19300

1-17 按支出法计算的国民生产总值
GROSS DOMESTIC PRODUCTS CACULATED WITH EXPENDITURE APPROACH

单位：万元 (10000 yuan)

项目	Item	1997	1996	1997年为1996年% 1997 as % of 1996
国民生产总值	**Gross National Product**	18713300	16788200	109.5
国内生产总值	**Gross Domestic Product**	18709300	16785200	109.5
总消费	Total Consumption	7033600	6178500	111.2
居民总消费	Residential Consumption	4928800	4519600	106.3
农业居民	Agricultural	972500	928900	102.8
非农业居民	Non-Agriculture	3956300	3590700	107.3
社会总消费	Social Consumptiom	2104800	1658900	122.9
总投资	Total Investment	12286500	11070600	108.7
固定资产形成总额	Completed Fixed Assets	10017300	9224800	106.5
库存增加	Changes in Inventories	2269200	1845800	117.3
货物和服务净出口	Net Export of Products and Servies	-610800	-463900	...
地区外净要素收入	**Net Revenue of Essential Factors from Outside Beijing**	4000	3000	125.0

1-18 居民总消费水平
CONSUMPTION LEVEL OF RESIDENTS

单位：元 (yuan)

项目	Item	1997	1996	1997年为1996年% 1997 as % of 1996
全市居民总消费水平	**Consumption Level of all Residents**	4557	4208	105.5
农业居民	Agricultural	2661	2506	104.3
非农业居民	Non-Agricultural	5524	5106	105.3
农业居民与非农业居民对比 (以农业居民为100)	**Ratio of Consumption of Agri-**cultural to Non-Agricultural (Agricutural=100)	1:2.1	1:2.0	

1-19 总消费
TOTAL CONSUMPTION

单位：万元 (10000 yuan)

项目	Item	1997	1996	1997年为1996年% 1997 as % of 1996
总　消　费	**Total**	7033600	6178500	111.2
居民消费	**Resident Consumption**	4928800	4519600	106.3
农业居民	Agricultural	972500	928900	102.8
自给性消费	Self-sufficiency	56400	64100	87.0
商品性消费	Commodity	596100	564800	103.7
文化生活及服务性消费	Culture and Services	192600	184900	102.8
住房及水电消费	Residence,Water and Electricity	127400	115100	108.7
# 住房消费	Residence	49600	48400	95.8
非农业居民	Non-Agricultural	3956300	3590700	107.3
商品性消费	Commodity	2769400	2675100	102.2
文化生活及服务性消费	Culture and Services	989100	736100	127.5
住房及水电消费	Residence,Water and Electricity	197800	179500	108.5
# 住房消费	Residence	98900	91200	106.2
社会消费	**Community Organization Consumption**	2104800	1658900	122.9

1-20 总　投　资
TOTAL INVESTMENT

单位：万元　　　　(10000 yuan)

项　目 Item		1997	1996	1997年为1996年% 1997 as % of 1996
总　投　资	**Total**	**12286500**	**11070600**	**108.7**
固定资产形成	**Fixed Assets Formation**	**10017300**	**9224800**	**106.5**
国有经济	State-Owned	6098500	5746600	105.2
集体经济	Collective Owned	495500	575300	85.6
其他经济	Others	3207200	2662500	115.9
城乡居民私人住房	Urban and Rural Individual Residence	216100	240400	87.2
城镇居民	Urban	93100	104400	86.2
农村居民	Rural	123000	136000	87.9
库存增加	**Changes in Inventories**	**2269200**	**1845800**	**117.3**
国有经济	State-Owned	899700	713800	120.8
集体经济	Collective Owned	695500	530300	125.5
其他经济	Others	674000	601700	108.0

1-21 主要社会经济效益指标
MAJOR ECONOMIC EFFICIENCY INDICATORS

项　目 Item		1997	1996
社会劳动生产率(当年价格)(元/人)	**Overall Labor Productivity(at current price) (yuan/person)**	**27601**	**24472**
第一产业　(元/人)	Primary Industry (yuan/person)	12103	11505
第二产业　(元/人)	Secondary Industry (yuan/person)	28669	26267
第三产业　(元/人)	Tertiary Industry (yuan/person)	30074	25917
每百元总投资新增国内生产总值　(元)	**Incremental GDP Per 100 yuan Investment (yuan)**	**15.8**	**19.9**
总产出中间投入率　(%)	**Intermediate Input/Total Output (%)**	**69.0**	**68.5**
第一产业　(%)	Primary Industry (%)	50.3	50.6
第二产业　(%)	Secondary Industry (%)	73.8	74.0
第三产业　(%)	Tertiary Industry (%)	65.4	63.7
国内生产总值中间投入率(%)	**Intermediate Input/GDP (%)**	**222.6**	**217.7**
第一产业　(%)	Primary Industry (%)	101.4	102.4
第二产业　(%)	Secondary Industry (%)	281.4	284.3
第三产业　(%)	Tertiary Industry (%)	189.0	175.5

1-22 1996 年资产负债表

单位：亿元

项目	Item	非金融部门 Non-banking 使用 Use	非金融部门 Non-banking 来源 Source	金融部门 Banking 使用 Use	金融部门 Banking 来源 Source
非金融资产	**Non-financial Assets**	5080.20		172.06	
固定资产	Fixed Assets	3138.84		97.81	
固定资产净值	Net Value	2543.13		87.66	
固定资产原值	Original Value	3625.20		109.19	
减：累计折旧	Substract: Accumulative Depreciation	1082.07		21.53	
在建工程	Projects under Construction	595.71		10.15	
固定资产清理	Liquidation Fixed Assets				
待处理固定资产净损失	Net Lossing of Fixed Assets Unsettled				
存货	Inventories	1704.93		18.91	
其他资产	Others	236.43		55.34	
金融资产与负债	**Financial Assets and Liabilities**	2351.80	3218.40	1771.08	4234.42
国内金融资产与负债	Domestic Financial Assets and Liabilities	2350.43	3089.66	1771.08	4234.42
通　货	Currency	42.22			255.00
存　款	Deposits	1986.47			3979.42
贷　款	Loans		1638.40	1737.51	
股票及其他股权	Stock and Other Stock Ownership	283.87	1449.66		
证　券(不含股票)	Securities(excluding stock)	37.87	1.60	33.57	
保险准备金	Premium Reserve				
其　他	Others				
国外金融资产与负债	Foreign Financial Assets and Libialities	1.37	128.74		
长期资本	Long-term Capital	1.37	128.74		
短期资本	Short-term Capital				
储备资产	**Reserves**				
资产负债差额	**Balance of Assets and Libialities**		4213.60		-2291.28

1996 BALANCE SHEET

(100 million yuan)

政府部门 Government		住户部门 Private		国外 Foreign		合计 Total	
使用 Use	来源 Source	使用 Use	来源 Source	使用 Use	来源 Source	使用 Use	来源 Source
922.31		**2876.09**				**9050.66**	
846.34		2811.91				6894.90	
670.25		2811.91				6112.95	
725.38		3718.14				8177.91	
55.13		906.23				2064.96	
176.09						781.95	
61.07		52.18				1837.09	
14.90		12.00				318.67	
1407.52	**980.90**	**2705.18**	**0.37**	**199.88**	**1.37**	**8435.46**	**8435.46**
1407.52	980.90	2705.18	0.37	71.14		8305.35	8305.35
4.18		208.60				255.00	255.00
285.98		1706.97				3979.42	3979.42
	98.74		0.37			1737.51	1737.51
1081.64		13.01		71.14		1449.66	1449.66
35.72	882.16	776.60				883.76	883.76
				128.74	1.37	130.11	130.11
				128.74	1.37	130.11	130.11
	1348.93		**5580.90**		**198.51**		**9050.66**

1-23 1996年国民经济总体帐户
OVERALL ACCOUNT OF NATIONAL ECONOMY OF 1996

1-23-1 生产帐户
PRODUCTION ACCOUNT

单位：亿元 (100 million yuan)

劳动者报酬	Remuneration for Labors	774.08	总产出	Total Output	5133.22
工资及工资性收入	Wages	737.45	减：中间消耗	Substract: Intermediate Consumption	3517.49
单位社会保险付款	Organization Insurance	36.63			
生产税净额	Net Taxes on Production	265.51			
生产税	Production Tax	291.38			
减：生产补贴	Substract: Production Subsidy	25.87			
亏损补贴	Lossing Subsidy	21.18			
价格补贴	Price Subsidy	4.69			
固定资产折旧	Depreciation of Fixed Assets	245.29			
营业盈余	Earnings Surplus	330.85			
增加值分配	**Distribution of Value Added**	1615.73	**增加值**	**Value Added**	1615.73

1-23-2 收入分配及支出帐户
INCOME DISTRIBUTION AND EXPENDITURE ACCOUNT

单位：亿元 (100 million yuan)

财产收入支付	Payment for Property Right	174.00	营业盈余	Earnings Surplus	330.85
利息支出	Interest	174.00	固定资产折旧	Depreciation of Fixed Asset	245.29
红利支出	Dividend Payment		财产收入	Property Income	258.47
土地租金支出	Land Rental		利息收入	Interest Income	182.14
其他支出	Other Expenditures		红利收入	Dividend Income	76.33
经常转移支出	Current Payment	300.00	土地租金收入	Land Rental Income	
收入税支出	Income Taxes	61.64	其他收入	Other Income	
财政经常性拨款支出	Fiscal Current Allocation	146.75	劳动者报酬	Remuneration for Labors	774.08
社会保险付款支出	Social Insurance Payment	36.63	工资及工资性收入	Wages	737.45
社会补助支出	Social Subsidy	1.41	单位社会保险付款	Organization Insurance	36.63
其他经常转移支出	Other Current Expenditure	53.57	生产税净额	Net Taxes on Production	265.51
可支配总收入	Total Disposable Income	1747.46	生产税	Production Tax	291.38
最终消费	Final Consumption	617.85	减：生产补贴	Substract: Production Subsidy	25.87
居民消费	Private Consumption	451.96	亏损补贴	Lossing Subsidy	21.18
政府消费	Government Consumption	165.89	价格补贴	Price Subsidy	4.69
总储蓄	Total Savings	1129.61	经常转移收入	Current Income	347.26
			收入税收入	Income Tax	61.64
			财政经常性拨款收入	Fiscal Current Allocation	146.75
			社会保险付款收入	Social Insurance Payment	36.63
			社会补助收入	Social Subsidy Income	1.41
			其他经常转移收入	Other Current Income	100.83
支出和总储蓄	**Expenditure and Total Savings**	2221.46	**收入**	**Income**	2221.46

1-23-3 资本帐户
CAPITAL ACCOUNT

单位：亿元 (100 million yuan)

固定资产形成总额	Fixed Asset Formation	922.48	总储蓄	Total Savings	1129.61
存货增加	Changes of Inventory	184.58	资本转移收入净额	Net Flow of Capital	
其他非金融资产获得减处置	Net Incremental Non-financial Assets		资本转移收入	Inflow of Capital	35.07
资金余缺	Surplus or Shortage of Capital	171.65	投资性补助收入	Investment-subsidy	35.07
统计误差	Statistical Error	-149.10	其他资本转移收入	Other Capital	
			减：资本转移支出	Substract: Capital-change Expenditure	35.07
			投资性补助支出	Investment-subsidy	35.07
			其他资本转移支出	Other Capital-change Expenditure	
资本运用	**Capital Use**	1129.61	**资本筹集**	**Capital Source**	1129.61

1-23-4 金 融 帐 户
BANKING ACCOUNT

单位：亿元 (100 million yuan)

国内金融交易	Domestic Banking Business	1737.75	国内金融交易	Domestic Banking Business	1353.02
通货	Currency	94.00	通货	Currency	
存款	Deposits	771.88	存款	Deposits	696.99
短期存款	Short-term	223.66	短期存款	Short-term	148.77
长期存款	Long-term	548.22	长期存款	Long-term	548.22
贷款	Loans	329.66	贷款	Loans	329.66
短期贷款	Short-term	266.91	短期贷款	Short-term	266.91
长期贷款	Long-term	62.75	长期贷款	Long-term	62.75
证券(不含股票)	Securities(excluding stock)	138.43	证券(不含股票)	Securities(excluding stock)	138.43
短期证券	Short-term		短期证券	Short-term	
长期证券	Long-term	138.43	长期证券	Long-term	138.43
股票及其他股权	Stock and Other Stock Ownership	12.67	股票及其他股权	Stock and Other Stock Ownership	12.67
保险准备金	Premium Reserve	-20.32	保险准备金	Premium Reserve	
其他金融资产	Other Financial Assets	411.43	其他负债	Other Liabilities	175.27
国际资本往来	International Capital Movement		国际资本往来	International Capital Movement	213.08
短期资本	Short-term		短期资本	Short-term	
长期资本	Long-term		长期资本	Long-term	213.08
国际储备资产	International Reserves		资金余缺	Surplus or Shortage of Capital	171.65
金融资产净增额	**Net Increase of Banking Capital**	1737.75	**负债净增额与资金余缺**	**Net Increase of Liability and Surplus or Shortage of Capital**	1737.75

1-23-5 期 末 资 产 负 债 帐 户
YEAR-END BALANCE ACCOUNT

单位：亿元 (100 million yuan)

非金融资产	Non-financial Assets	9050.66	负债	Liabilities	8434.09
固定资产	Fixed Assets	6894.90	国内金融资产	Domestic Financial Assets and Liabilities	8305.35
存货	Inventories	1837.09	通货	Currency	255.00
其他非金融资产	Others	318.67	存款	Deposits	3979.42
金融资产	Financial Assets	8235.58	短期存款	Short-term	1959.36
国内金融资产	Domestic Financial Assets and Liabilities	8234.21	长期存款	Long-term	2020.06
通货	Currency	255.00	贷款	Loans	1737.51
存款	Deposits	3979.42	短期贷款	Short-term	1345.19
短期存款	Short-term	1959.36	长期贷款	Long-term	392.32
长期存款	Long-term	2020.06	证券(不含股票)	Securities(excluding stock)	883.76
贷款	Loans	1737.51	短期证券	Short-term	176.41
短期贷款	Short-term	1345.19	长期证券	Long-term	707.35
长期贷款	Long-term	392.32	股票及其他股权	Stock and Other Stock Ownership	1449.66
证券(不含股票)	Securities(excluding stock)	883.76	保险准备金	Premium Reserve	
短期证券	Short-term	176.41	其他负债	Other Liabilities	
长期证券	Long-term	707.35	国外金融负债	Foreign Financial Liabilities	128.74
股票及其他股权	Stock and Other Stock Ownership	1378.52	短期负债	Short-term	128.74
保险准备金	Premium Reserve		长期负债	Long-term	
其他金融资产	Other Financial Assets				
国外金融资产	Foreign Financial Assets	1.37			
短期资本	Short-term Capital	1.37			
长期资本	Long-term Capital				
储备资产	Reserves		资产负债差额	Balance of Assets and Liabilities	8852.15
资 产	**Assets**	17286.24	**负债与资产负债差额**	**Liabilities and Balance of** Assets and Liabilities	17286.24

1-24 地方财政收入
LOCAL FINANCIAL REVENUE

项　　目 Item		绝对数（万元） Value(10000 yuan)		1997年为1996年% 1997 as % of 1996	构　成（%） Composition(%)	
		1997	1996		1997	1996
总　　计	**Total**	2099056	1509030	125.50	100	100
一般预算财政收入合计	**General Budgetary** Financial Revenue	1823161			86.86	
#工商税收类	Industrial and Commer-cial Taxes	2146081	1774797	120.92	102.24	117.61
# 增值税	Increased Value Tax	326680	295303	110.63	15.56	19.57
营业税	Operating Tax	975357	816129	119.51	46.47	54.08
个人所得税	Private Income Tax	287624	226699	126.87	13.70	15.02
城市维护建设税	City Maintenance Tax	127442	113592	112.19	6.07	7.53
固定资产投资方向调节税	Adjusting Tax of Investment in Fixed Assets	42577	30186	141.05	2.03	2.00
农牧业税和耕地占用税类	Tax for Farming and Animal Husbandry and Cultivated Land Ocupation	23652	18060	130.96	1.13	1.20
企业所得税类	Enterprise Income Tax	221613	237816	93.19	10.56	15.76
国有企业上缴利润类	Profits Turned over by Stste-owned Enterprises	-261	-49028	0.53	-0.01	-3.25
国有企业计划亏损补贴类	Lossing Subsidies of Planning of State-owned Enterprises	-632626	-592887	106.70	-30.14	-39.29
企业所得税退税类	Returned Tax of Income Tax of Enterprises	-33156	-17492	189.55	-1.58	-1.16
罚没收入、行政性收费收入类	Forfeit and Administrative Fee	61542	41613	147.89	2.93	2.76
基金收入合计	**Total Fund Income**	275895			13.14	

注：财政收入的发展速度按可比口径计算。

Note: The Indices of financial revenue are calculated at comparable prices.

1-25 地方财政支出
LOCAL FINANCIAL EXPENDITURE

项目	Item	绝对数（万元） Value(10000 yuan) 1997	1996	1997年为1996年% 1997 as % of 1996	构成（%） Composition(%) 1997	1996
总计	**Total**	2621984	1874472	124.10	100	100
一般预算财政支出	**General Budgetary** Financial Expenditure	2363940			90.16	
#基本建设支出类	Capital Construction	248948	216640	114.91	9.49	11.56
企业挖潜改造资金类	Innovation Funds of Enterprises	151722	134018	113.21	5.79	7.15
简易建筑费类	Simple Construction	1443	1152	125.26	0.06	0.06
地质勘探费类	Geological Prospecting	70	90	77.78		
科技三项费用类	Science and Technology Promotion	20216	16166	125.05	0.77	0.86
流动资金类	Circulating Funds	13798	5294	260.63	0.53	0.28
农林水气等部门事业费类	Agriculture,Forestry Water Conservancy and Meteorlogy	31793	26203	121.33	1.21	1.40
支援农村生产支出类	Supporting Agricultural Production	53245	36618	145.41	2.03	1.95
城市维护费类	City Maintanence	104397	65105	160.35	3.98	3.47
工业交通等部门的事业费类	Fees of Industrial and Transportation Departments	32262	23723	135.99	1.23	1.27
文教事业费类	Fees of Culture and Education	428888	349825	122.60	16.36	18.66
卫生经费类	Funds of Health	172012	137354	125.23	6.56	7.33
科学事业费类	Science	37386	29380	127.25	1.43	1.57
行政管理费类	Government Administration	113484	99744	113.78	4.33	5.32
公检法支出类	Public Security Agency,Procuratorial Agency and Court of Justice	164524	140251	117.31	6.27	7.48
抚恤和社会福利救济费类	Pensions and Relief Funds for Social Welfare	57448	45050	127.52	2.19	2.40
政策性补贴支出类	Policy Subsidies	139182	131393	105.93	5.31	7.01
基金支出合计	**Funds Expenditure**	258044			9.84	

注：财政支出发展速度按可比口径计算。

Note: The Indices of financial expenditure are calculated at comparable prices.

主要统计指标解释

国内生产总值　是按市场价格计算的国内生产总值的简称。它是一个国家（地区）所有常住单位在一定时期内生产活动的最终成果。国内生产总值有三种表现形式，即价值形态、收入形态和产品形态。从价值形态看，它是所有常住单位在一定时期内所生产的全部货物和服务价值超过同期投入的全部非固定资产货物和服务价值的差额，即所有常住单位的增加值之和；从收入形态看，它是所有常住单位在一定时期内所创造并分配给常住单位和非常住单位的初次分配收入之和；从产品形态看，它是最终使用的货物和服务减去进口货物和服务。在实际核算中，国内生产总值的三种表现形态表现为三种计算方法，即生产法、收入法和支出法。三种方法分别从不同的方面反映国内生产总值及其构成。

三次产业　根据社会生产活动历史发展的顺序对产业结构的划分，产品直接取自自然界的部门称为第一产业，对初级产品进行再加工的部门成为第二产业。为生产和消费提供各种服务的部门称为第三产业。它是世界上通用的产业结构分类，但各国的划分不尽一致。我国的三次产业划分是：

第一产业：农业（包括种植业、林业、牧业、副业和渔业）。

第二产业：工业（包括采掘工业、制造业、自来水、电力、蒸汽、热水、煤气）和建筑业。

第三产业：除第一、第二产业以外的其他各业。由于第三产业包括的行业多、范围广，根据我国的实际情况第三产业可分为两大部分：一是流通部分，二是服务部分。具体又可分为四个层次：

第一层次：流通部门，包括交通运输业、邮电通讯业、商业、饮食业、物资供销业和仓储业。

第二层次：为生产和生活服务的部门，包括金融、保险业、地质普查业、房地产业、公用事业，居民服务业，咨询服务业和综合技术服务业，农、林、牧、渔、水利服务业和水利业，公路、内河（湖）航道养护业等。

第三层次：为提高科学文化水平和居民素质服务的部门，包括教育、文化、广播电视，科学研究、卫生、体育和社会福利事业。

第四层次：为社会公共需要服务的部门，包括国家机关、社会团体，以及军队和警察等。

国有经济单位　指生产资料归国家所有的各种企业、事业单位，以及各级国家机关、人民团体等单位。

集体经济单位　指生产资料归公民集体所有的各种企业、事业单位。包括农村各种经济组织经营的农、林、牧、副、渔业，乡、村经营的企业、事业单位；城市、县、镇以及街道举办的集体经济性质的企业、事业单位。

私营经济单位　指生产资料归公民私人所有的单位。包括私营独资企业、私营合伙企业和私营有限责任公司。

联营经济单位 指不同所有制性质的企业之间或者企业、事业单位之间共同投资组成新的经济实体。包括紧密型联营企业，半紧密型联营企业和松散型联营企业。

股份制经济单位　指全部注册资本由全体股东共同出资，并以股份形式投资举办企业。主要包括股份有限公司和有限责任公司。

外商投资经济单位　指外国投资者根据中华人民共和国有关涉外经济的法律、法规，以合资、合作或独资的形式在中国大陆内开办企业。包括中外合资经营企业、中外合作经营企业和外资企业。

港、澳、台投资经济单位　指港、澳、台地区投资者参照中华人民共和国有关涉外经济的法律、法规，以合资、合作或独资的形式在大陆举办企业。包括合资经营企业、合作经营企业和独资企业。

支出法国内生产总值　指一个国家（或地区）所有常住单位在一定时期内用于最终消费、资本形成总额，以及货物和服务的净出口总额，它反映本期生产的国内生产总值的使用构成。

最终消费　指常住单位在一定时期内对于货物和服务的全部最终消费支出，也就是常住单位为满足物质、文化和精神生活的需要，从本国经济领土和国外购买的货物和服务的支出。它不包括非常住单位在本国经济领土内的消费支出。最终消费分为居民消费和政府消费。

（一）居民消费：指常住住户在一定时期内对于货物和服务的全部最终消费支出。居民关于货物的最终消费支出在货物的所有权发生变化时记录，关于服务的最终支出在服务提供的时候记录。居民消费支出按市场价格计算，即按居民支付的购买者价格计算，货物的购买价格是购买者取得交货所支付的价格，它包括购买者支付的运输和商业费用。居民支出除了直接以货币形式购买的货物和服务的消费支出外，还包括以其他方式获得的货物和服务的消费支出，即所谓的虚拟消费支出。居民虚拟消费支出包括如下几种类型：单位以实物报酬及实物转移的形式提供给劳动者的货物和服务；住户生产并由本住户消费了的货物和服务，其中自有住房服务；金融机构提供的金融媒介服务；保险公司提供的保险服务。

（二）政府消费　指政府部门为全社会提供的公共服务的消费支出和免费或以较低的价格向居民住户提供的货物和服务的净支出，前者等于政府服务的产出价值减去政府单位所获得的经营收入的价值，政府服务的产出价值等于它的经常性业务支出加上固定资产折旧；后者等于政府部门向居民住户提供的货物和服务的市场价值减去向居民住户收取的价值。

资本形成总额　指常住单位在一定时期内获得减去处置的固定资产和存货的净值，包括固定资产形成总额和存货增加两项。

（一）固定资产形成总额　指常住单位在一定时期内购置、转入和自产自用的固定资产价值，扣除固定资产的销售和转出后的价值 。可分为有形固定资产形成总额和无形固定资产形成总额。有形固定资产形成总额包括一定时期内完成的建筑工程、安装工程和设备工器具购置（减处置）价值，以及土地改良、新增役、种、奶、毛、娱乐用牲畜和新增经济林木价值。无形固定资产形成总额包括矿藏的勘探、计算机软件、娱乐和文学艺术品原件等获得减处置。

（二）存货增加　指常住单位在一定时期内存货实物量变动的市场价值即期末价值减期初价值的差额。存货增加可以是正值，也可以是负值，正值表示存货上升，负值表示存货下降。它包括生产单位购进的原材料、燃料和储备物资等存货，以及生产单位生产的产成品、在制品和半成品等存货等。

货物和服务净出口　指货物和服务出口减货物和服务进口的差额。出口包括常住单位向非常住单位出售或无偿转让的各种货物和服务的价值；进口包括常住单位从非常住单位购买或无偿得到的各种货物和服务的价值。由于服务活动的提供与使用同时发生，因此服务的进出口业务并不发生出入境现象，一般把常住单位从国外得到的服务作为进口，非常住单位从本国得到的服务作为出口。货物的出口和进口都按离岸价格计算。

净出口　指出口与进口的差额。出口包括常住单位向非常住单位出售或无偿转让的各种货物和服务的总值；进口包括常住单位从非常住单位购买或无偿得到的各种货物和服务的总值。由于服务活动提供与使用同时发生，因此服务的进出口业务并不发生出入境现象，应把常住单位从国外得到的服务作为进口，反之，非常住单位从我国得到的服务作为出口。

劳动者报酬　劳动者报酬是指劳动者因从事生产活动所获得的全部报酬。它包括劳动者获得的各种形式工资、奖金和津贴，既包括货币形式的，也包括实物形式的，它还包括劳动者所享受的公费医疗和医药卫生费、上下班交通补贴和单位支付的社会保险费等。单位支付的社会保险费，就是单位直接支付给负责社会保险的政府单位（一般指劳动部门）的社会保险金或为本单位职工离退休、发生死亡、伤残、医疗保险等而支付的保险费。对于个体经济来说，其所有者所获得的劳动报酬和经营利润不易区分，这两部分统一作为劳动者报酬处理。

生产税净额　指生产税减生产补贴后的差额。生产税指政府对生产单位生产、销售和从事经营活动以及因从事生产活动使用某些生产要素，如固定资产、土地、劳动力所征收的各种税、附加费和规费。具体包括销售税金及附加、增值税、管理费中开支的各种税、应交纳的养路费、排污费和水电费附加、烟酒专卖上缴政府的专项收入等。生产补贴与生产税相反，是政府对生产单位的单方面收入转移，因此视为负生产税处理，包括政策亏损补贴、粮食系统价格补贴、外贸企业出口退税收入等。

固定资产折旧　指一定时期内为弥补固定资产损耗按照核定的固定资产折旧率提取的固定资产折旧，或按国民经济核算统一规定的折旧率虚拟计算的固定资产折旧。它反映了固定资产在当期生产中的转移价值。各种类型企业和企业化管理的事业单位的固定资产折旧指实际计提并计入成本费用中的折旧费；不计提折旧的单位，如政府机关、非企业化管理的事业单位和居民住房的固定资产折旧则是按照统一规定的折旧率和固定资产原值计算的虚拟折旧。原则上，固定资产折旧应按固定资产的重置价值来计算，但是我国目前尚不具备对全社会固定资产进行重估价的基础，所以暂时只能采用上述方法来计算。

营业盈余　指常住单位创造的增加值扣除劳动者报酬、生产税净额和固定资产折旧后的余额。它相当于企业的经营利润加上生产补贴，但要扣除从利润中开支的工资和福利以及从税后利润中提取的公益金等。

Explanatory Notes On Main Statistical Indicators

Gross Domestic Product refers to gross domestic product calculated at market prices, which is the final products of all resident units in a country (or region) during a certain period of time. Gross domestic product is expressed in three different forms, i. e. value added, income, and products respectively. The form of value added refers to the total value of all products and services produced by all resident units during a certain period of time minus total value of input of non – fixed assets materials and services, or the summation of the value added by each of the resident units; the form of income refers to the total income created by each resident unit and distributed Primarily to all resident and non – resident units; the form of products refers to the total of final goods and services minus imports of goods and services. In the practice of national accounting, gross domestic product is calculated with three approaches, i. e. product approach, income approach, and expenditure approach respectively to reflect gross domestic product and its composition from different aspects.

Three Industries An industry structure classified according to the historical evolution of economic activity. Primary industry refers to extraction of natural resources ; secondary industry involves processing of primary products; and tertiary industry provides various kinds of services for production and consumption. The classification is universal although it varies to some extent form country to country. Each industry in China comprises:

Primary industry: Agriculture (including farming, forestry, animal husbandry, sideline production and fishery).

Secondary industry: Industry (including mining and quarrying, manufacturing , water supply, electricity generation and supply, steam, hot water, gas) and Construction .

Tertiary industry: all other industries not included in primary or secondary industry.

Due to the fact that tertiary industry involves in a large variety of industries in China, it is divided into two groups: circulation groups, and service groups and further into four levels:

The first level: Circulation department, including transportation, posts and telecommunications, commerce, catering, material distribution, and storage.

The second level: Service department providing production and consumption services, including banking, insurance, geological survey, real estates, public utilities, service for residents, consulting service, and comprehensive technical services, and service for agriculture, forestry, animal husbandry, fishery, water conservancy, and maintenance of roads and inland water ways, etc.

The third level: Service department for upgrading scientific, educational and cultural level of the people, including education , culture, broadcasting , television, scientific research, public health, sports, and social welfare, etc.

The fourth level: Department providing public goods, including government organs, social organizations, armies, and policemen.

State – owned Economic Units refer to various enterprises, institutions with assets owned by the state, and government organs at various levels, social organizations, etc.,

Collective – owned Economic Units refer to various enterprises and institutions with assets owned by collectives, including various rural economic organizations engaged in farming, forestry, animal husbandry, sideline production, and fishery, enterprises and institutions run by townships and villages; collective enterprises and institutions run by cities, counties, towns and subdistrict offices.

Private – owned Economic Units refer to economic units owned by individuals, including individual owned private enterprises, jointly owned private enterprises, and private owned companies, Ltd.

Joint Owned Units refer to economic entities jointly invested by enterprises of different types of ownership or by enterprises and institutions, and the partnership can be close, half close, or loose.

Share Holding Economic Units refer to enterprises established in the form of share holding and its registered capital invested by all its share holders, which mainly include companies limited by shares and companies with limited liabilities.

Foreign Owned Economic Units refer to enterprises established by foreigners within the territory of mainland China according to related economic laws and regulations of the People's Republic of China in forms of joint ventures, cooperative corporations, or exclusive ownership, including joint ventures, cooperative enterprises, and foreign enterprises.

Economic Units Funded by Hong Kong, Macao, and Taiwan refer to enterprises established by entrepreneurs from Hong Kong, Macao, and Taiwan within the territory of mainland China according to related economic laws and regulations of the People's Republic of China in forms of joint ventures, cooperative corporations and exclusive ownership, including joint ventures, cooperative enterprises, and exclusively invested enterprises.

GDP Calculated with Expenditure Approach refers to total expenditure on final consumption, total capital formation and net export of goods and services by resident units of a country in a certain period of time. It reflects the composition of GDP by its uses.

Final consumption refers to the total expenditure of resident units on final consumption of goods and services in a certain period, namely the expenditure of the resident units on goods and services from domestic economic territory and abroad to meet the needs of material, cultural and spiritual life. It excludes the consumption expenditure of non – resident units in the economic territory of the country. The final consumption is classified into private consumption and government consumption.

(1) Private consumption refers to the total expenditure of households on the final consumption of goods and services in a certain period of time. The expenditure of households on final consumption of goods is recorded when the change of the ownership of goods happens. The expanditure of residents on the final consumption of services is recorded when the services is provided. The expenditure of private consumption is calculated at market prices, namely the purchasers' prices which the households pay; the purchasers' prices of goods are the prices the households pay when they obtain the goods, including the transport and commercial expenses paid by the households. In addition to the expenditure on consumption of goods and services with cash, there are other expenditures on goods and services obtained in other ways, i. e. the so – called fictitious expenditure on consumption, is also included in the expenditure of private consumption. The fictitious expenditure of private consumption includes the following cases: (a) the goods and services provided to private by the units as remuneration or benefit; (b) consumption of self – produced goods and services, in which the services refer only to the services provided by the residential buildings owned by the households; (c) the financial intermediary services provided by the financial institutions; (d) the insurance services provided by the insurance companies.

(2) Government consumption refers to the expenditure on the consumption of the public services provided by the government to the whole society and the net expenditure on the goods and services provided by the government to the households free charge or at lower prices. The former equals to the actual output value of the government services minus the value of operating income obtained by the government department. (The output value of the government services equals to its current operating expenditure plus the depreciation of its fixed assets). The latter equals to the market value of the goods and services provided by the government to the households minus the value received by the government from the households.

Total Capital Formation refers to the net amount of that the fixed assets and inventory acquired minus those disposed, including the net incremental fixed assets and the net incremental inventory.

(1) Net incremental fixed assets refers to the value of fixed assets purchased, transferred in and self – produced by the resident units deducting the value of fixed assets sold and transferred out in a certain period. It can be classified into net incremental tangible assets and net incremental intangible assets. The net incremental tangible assets include the value of the construction projects, installation projects completed and the equipment, apparatus and instruments purchased as well as the value of land improved, the incremental value of draught animals, breeding stock, milk, wool and recreational animals and the economic forest in a certain period. The net incremental intangible assets includes the prospecting of minerals, the acquisition of computer softwares, the originals of recreational, literary and art works minus the disposal of them .

(2) Net incremental inventory refers to the market value of the change in inventory in a certain period, i. e, the difference of inventory value between the beginning and the end of the period . The net incremental inventory can be positive or negative. A positive value indicates the net increase in inventory while a negative value indicates the net decrease in inventory. The inventory includes the raw materials, fuels and reserve materials purchased by the production units as well as the inventory of finished products, semi – finished products, work – in – progress, etc.

Net Export of Goods and Services refers to the difference between the exports and the imports of goods and services. The exports include the value of various goods and services sold or voluntary transferred by the resident units to the non – resident units. The imports include the value of various goods and services purchased or gratuitously acquired by the resident units from the non – resident units. Because the provision and the use of services happen simultaneously, the import and export of services are not necessarily to cross the border of a country. The services received by the resident units from abroad are usually regarded as imports while the services received by non – resident units are usually regarded as exports . The exports and imports of goods are calculated at FOB.

Laborers' Remuneration refers to all the incomes earned by the laborers from their productive activities, which include wages, bonuses and allowances the laborers received in various forms, including incomes in money and in kind . It also includes the free medical services and the medicine subsidies provided to the laborers as well as traffic subsidies and social insurance fee paid by the laborers' working units for them. The social insurance fee paid by the laborers' working units refers to the social insurance fee paid directly by the working units to the government department (usually the department of labor)or the insurance fee paid by the enterprises and institutions for the retirement, death, and medical injury treatment of the staff and workers. For the individual economy, since the laborers' remuneration is not easily distinguished from the operating profit , both are treated as laborers' remuneration.

Net Taxes on Production refers to the difference between the taxes and the subsidies on production. The taxes on production refers to the various taxes, extra charges and fees levied on the production units on their production, sale and business activities as well as on some factors in production, such as fixed assets, land and labor force. In detail,, they include sales tax and extra charges, value added tax, various taxes paid from overhead, road toll, sewage charges, extra charges on water and electric power consumed, special revenue turned over to the government by the monopolized trade of tobacco and liquor, etc. In contrast to the taxes on production , the subsidies on production is an unilateral revenue transfer from the government to the production units and is therefore treated as the negative taxes on production. They include subsidies on the loss due to implementation of government policies, price subsidies to the grain institutions, foreign trade corporations' export rebates, etc.

Depreciation of Fixed Assets refers to the depreciation of fixed assets drawn in accordance with the stipulated depreciation rate for the purpose of compensating the wear loss of the fixed assets, or the depreciation of fixed assets calculated in a fictitious way in accordance with the stipulated unified depreciation rate in the national economic accounting system. It reflects the transferred value of the fixed assets in the production of the current period. The depreciation of fixed assets in various enterprises and institutions managed as enterprises refers to the depreciation expenses actually drawn and recorded as cost. In the units which do not draw the depreciation expenses, such as government organs, institutions not managed as enterprises as well as the houses of residents, the depreciation of fixed assets is the fictitious depreciation, which is calculated in accordance with the stipulated unified depreciation rate. In principle, the depreciation of fixed assets should be calculated on the basis of the re – purchased value of the fixed assets. However, it is not feasible to re – evaluate all the fixed assets in China. Therefore, the above – mentioned methods are temporarily adopted at present.

Operating Surplus refers to the net value of that the value added created by the resident units deducting the laborers' remuneration, net taxes on production and the depreciation of fixed assets. It is equivalent to the business profit of the enterprises plus subsidies on production , but the wages and welfare expenses paid from the profits and the public welfare fund drawn from the post – tax profits should be deducted.

02

POPULATION
人口

人口自然增长率
Natural growth rate of population

单位:‰ (‰)

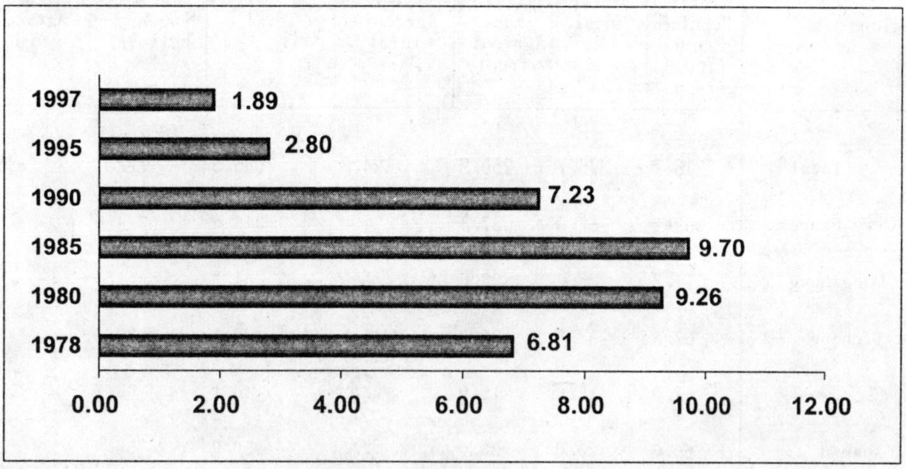

	1997	1978	1997年为1978年% 1997 as % of 1978
常住户籍人口数(万人) Permanent residents (10000 persons)	1085.5	849.7	127.8
人口密度(人/平方公里) Population density(person/sq.km)	644	506	127.3
人口自然增长率(‰) Natural growth rate of population(‰)	1.89	6.81	

常住人口构成（%）
Percentage of permanent residents(%)

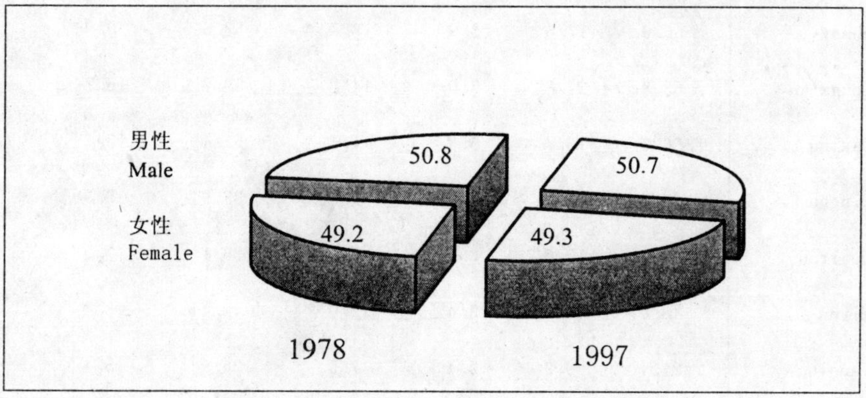

2-1 户数及人口数(户籍统计)

NUMBER OF HOUSEHOLDS AND POPULATION(REGISTERED STATISTICS)

地区 Region		总人口(万人) Total Population (10000 persons)	户数(万户) Households(10000 households)			常住人口(万人) Permanent Residents(10000 persons)			暂住人口(万人) Temporary Residents (10000 persons)
			合计 Total	非农业户 Non-Agricultrual	农业户 Agricultural	合计 Total	非农业户 Non-Agricultural	农业户 Agricultural	
全市	**Total**	**1216.7**	**375.7**	**250.9**	**124.8**	**1085.5**	**722.7**	**362.8**	**131.2**
城区	City Proper	269.1	87.8	87.8	...	244.6	244.6	...	24.5
东城区	Dongcheng	71.7	23.6	23.6	0	64.2	64.2	0	7.5
西城区	Xicheng	87.8	28.3	28.3	...	80.4	80.4	...	7.4
崇文区	Chongwen	47.0	15.9	15.9	...	43.1	43.1	...	3.9
宣武区	Xuanwu	62.6	20.0	20.0	...	56.9	56.9	...	5.7
近郊区	**Near Suburbs**	**482.1**	**135.0**	**114.7**	**20.3**	**401.6**	**351.2**	**50.4**	**80.5**
朝阳区	Chaoyang	170.6	50.8	42.3	8.5	142.7	122.5	20.2	27.9
丰台区	Fengtai	98.5	27.0	21.3	5.7	77.8	62.7	15.1	20.7
石景山区	Shijingshan	39.1	10.7	10.0	0.7	31.8	30.2	1.6	7.3
海淀区	Haidian	173.9	46.5	41.1	5.4	149.3	135.8	13.5	24.6
远郊区	**Outer Suburbs**	**105.1**	**33.2**	**13.8**	**19.4**	**98.3**	**40.7**	**57.6**	**6.8**
门头沟区	Mentougou	26.7	8.3	5.1	3.2	23.8	15.1	8.7	2.9
房山区	Fangshan	78.4	24.9	8.7	16.2	74.5	25.6	48.9	3.9
各县	**Counties**	**360.4**	**119.7**	**34.6**	**85.1**	**341.0**	**86.2**	**254.8**	**19.4**
昌平县	Changping	45.6	15.1	6.3	8.8	42.0	16.4	25.6	3.6
顺义县	Shunyi	56.6	17.6	3.9	13.7	53.6	9.9	43.7	3.0
通县	Tongxian	63.8	21.8	7.0	14.8	59.7	16.7	43.0	4.1
大兴县	Daxing	56.6	16.7	5.3	11.4	51.4	13.7	37.7	5.2
平谷县	Pinggu	39.7	13.2	3.3	9.9	38.9	8.3	30.6	0.8
怀柔县	Huairou	27.7	10.0	3.0	7.0	26.1	7.2	18.9	1.6
密云县	Miyun	43.0	15.4	3.4	12.0	42.4	8.6	33.8	0.6
延庆县	Yanqing	27.4	9.9	2.4	7.5	26.9	5.4	21.5	0.5

2-2 人 口 密 度(户籍统计)
POPULATION DENSITY(REGISTERED STATISTICS)

地 区	Region	常住人口 (万人) Permanent (10000 persons)	土地面积 (平方公里) Land Area (sq. km)	人口密度 (人/平方公里) Population Density (person/sq. km)
全 市	**Total**	1085.5	16807.8	644
城 区	**City Proper**	244.6	87.1	27797
市中心最稠密街道	The Densest Streets			
天坛街道	Tiantan Street	7.0	1.3	53468
椿树街道	Chunshu Street	5.1	1.0	51314
崇文门街道	Chongwenmen Street	5.0	1.1	45345
前门街道	Qianmen Street	4.8	1.1	43939
大栅栏街道	Dashanlan Street	5.5	1.3	42665
东 城 区	Dongcheng District	64.2	24.7	26000
西 城 区	Xicheng District	80.4	30.0	26803
崇 文 区	Chongwen District	43.1	15.9	27071
宣 武 区	Xuanwu District	56.9	16.5	32994
近 郊 区	**Near Suburbs**	401.6	1282.8	3123
朝 阳 区	Chaoyang	142.7	470.8	3032
丰 台 区	Fengtai	77.8	304.2	2556
石景山区	Shijingshan	31.8	81.8	3770
海 淀 区	Haidian	149.3	426.0	3505
远 郊 区	**Outer Suburbs**	98.3	3198.0	308
门头沟区	Mentougou	23.8	1331.3	179
房 山 区	Fangshan	74.5	1866.7	399
各 县	**Counties**	341.0	12239.9	279
昌 平 县	Changping	42.0	1430.0	294
顺 义 县	Shunyi	53.6	980.0	547
通 县	Tongxian	59.7	870.0	686
大 兴 县	Daxing	51.4	1012.0	508
平 谷 县	Pinggu	38.9	1075.0	362
怀 柔 县	Huairou	26.1	2557.3	102
密 云 县	Miyun	42.4	2335.6	182
延 庆 县	Yanqing	26.9	1980.0	136

2-3 常住人口性别构成及性别比(户籍统计)
SEX COMPOSITION AND SEX RATIO OF PERMANENT RESIDENTS (REGISTERED STATISTICS)

地区 Region		常住人口(万人) Permanent Residents (10000 persons)			性别比(女=100) Sex Ratio (female=100)
		合计 Total	男 Male	女 Female	
全市	**Total**	1085.5	550.4	535.1	102.9
城区	**City Proper**	244.6	123.7	120.9	102.3
东城区	Dongcheng	64.2	32.1	32.1	99.9
西城区	Xicheng	80.4	40.4	40.0	100.9
崇文区	Chongwen	43.1	21.6	21.5	100.4
宣武区	Xuanwu	56.9	29.6	27.3	108.6
近郊区	Near Suburbs	401.6	206.0	195.6	105.3
朝阳区	Chaoyang	142.7	72.8	69.9	104.1
丰台区	Fengtai	77.8	39.6	38.2	103.5
石景山区	Shijingshan	31.8	16.8	15.0	112.1
海淀区	Haidian	149.3	76.8	72.5	106.0
远郊区	**Outer Suburbs**	98.3	50.1	48.2	103.8
门头沟区	Mentougou	23.8	12.5	11.3	110.0
房山区	Fangshan	74.5	37.6	36.9	101.9
各县	**Counties**	341.0	170.6	170.4	100.2
昌平县	Changping	42.0	21.0	21.0	100.0
顺义县	Shunyi	53.6	26.4	27.2	97.3
通县	Tongxian	59.7	29.5	30.2	97.7
大兴县	Daxing	51.4	25.8	25.6	100.5
平谷县	Pinggu	38.9	19.5	19.4	100.6
怀柔县	Huairou	26.1	13.3	12.8	104.2
密云县	Miyun	42.4	21.4	21.0	102.1
延庆县	Yanqing	26.9	13.7	13.2	104.2

2-4 户籍人口自然变动人数(户籍统计)
NATURAL CHANGE OF REGISTERED POPULATION(REGISTERTED STATISTICS)

单位:人 (person)

地区 Region		出生人数 Number of Birth		死亡人数 Number of Death		自然增加人数 Number of Natrual Growth	
		1997	1996	1997	1996	1997	1996
全市	**Total**	75976	78329	66926	66762	9050	11567
城区	**City Proper**	11047	10571	15334	15594	-4287	-5023
东城区	Dongcheng	3059	2968	3942	3987	-883	-1019
西城区	Xicheng	3981	3797	5037	4653	-1056	-856
崇文区	Chunwen	1771	1597	2652	2705	-881	-1108
宣武区	Xuanwu	2236	2209	3703	4249	-1467	-2040
近郊区	**Near Suburbs**	24137	24101	20307	19531	3830	4570
朝阳区	Chaoyang	8625	8590	7925	7295	700	1295
丰台区	Fengtai	5118	5115	4148	4373	970	742
石景山区	Shijingshan	1796	1890	1655	1551	141	339
海淀区	Haidian	8598	8506	6579	6312	2019	2194
远郊区	**Outer Suburbs**	8382	8980	7109	6992	1273	1988
门头沟区	Mentougou	1875	2034	1906	1795	-31	239
房山区	Fangahan	6507	6946	5203	5197	1304	1749
各县	**Counties**	32410	34677	24176	24645	8234	10032
昌平县	Changping	3578	3491	3154	3019	424	472
顺义县	Shunyi	4522	4774	4041	4479	481	295
通县	Tongxian	4830	5280	4378	4303	452	977
大兴县	Daxing	4965	5408	3591	3444	1374	1964
平谷县	Pinggu	4540	4650	2582	2649	1958	2001
怀柔县	Huairou	2763	2843	1667	1800	1096	1043
密云县	Miyun	4478	4697	2932	2959	1546	1738
延庆县	Yanqing	2734	3534	1831	1992	903	1542

2-5 人 口 变 动(户籍统计)
POPULATION CHANGE(REGISTERED STATISTICS)

单位：人 (person)

项目	Item	1997	1996
自然变动	**Natural Change**		
自然增加	Natural Increase	9050	11567
非农业人口	Non-agricultural Population	4003	2403
农业人口	Agricultural Population	5047	9164
出生	Birth	75976	78329
非农业人口	Non-agricultural Population	40308	38402
农业人口	Agricultural Population	35668	39927
死亡	Death	66926	66762
非农业人口	Non-agricultural Population	36305	35999
农业人口	Agricultural Population	30621	30763
机械变动	**Non-natural Change**		
机械增加	Non-natural Increase	63206	60031
非农业人	Non-agricultural Population	57625	54414
农业人口	Agricultural Population	5581	5617
市外迁入	Move in from outside	105700	98558
非农业人口	Non-agricultural Population	96336	89133
农业人口	Agricultural Population	9364	9425
迁往市外	Move out	42494	38527
非农业人口	Non-agricultural Population	38711	34719
农业人口	Agricultural Population	3783	3808

2-6 1997年人口实际自然变动情况
ACTUAL NATURAL CHANGE OF POPULATION

项目	Item	常住人口 Permanent Residents
自然变动人数(人)	**Natural Change of Population** (person)	
出生人数	Number of Births	98835
死亡人数	Number of Deaths	75220
自然增加人数	Natural Increase of Population	23615
自然变动率(‰)	**Natural Growth Rate** (‰)	
出生率	Birth Rate	7.91
死亡率	Death Rate	6.02
自然增长率	Natural Growth Rate	1.89

注：本表“常住人口”栏中数字为1997年人口变动情况抽样调查推算数字。

Note: Data in column "Permanent Residents" are estimated through sample survey on population change in 1997.

2-7 家 庭 户 规 模(人口变动情况抽样调查资料)
FAMILY SIZE(DATA FROM SAMPLE SURVEY ON POPULATION CHANGE)

地区 Region		家庭总户数 Total Number of Households (户) (household)	家庭户规模所占比重(%) Percentage of Various Sized Family(%)				
			一人户 One Person	二人户 Two Persons	三人户 Three Persons	四人户 Four Persons	五人及以上户 Five Persons and Above
全 市	**Total**	**20984**	**7.91**	**18.36**	**44.62**	**17.52**	**11.59**
城 区	**City Proper**	**5369**	**11.98**	**22.43**	**42.99**	**13.48**	**9.12**
东城区	Dongcheng	1052	14.35	25.48	41.83	11.88	6.46
西城区	Xicheng	1939	9.80	22.85	43.06	13.10	11.19
崇文区	Chongwen	785	16.82	23.95	37.20	15.16	6.87
宣武区	Xuanwu	1593	10.67	19.15	46.52	14.19	9.47
近郊区	**Near Suburbs**	**9069**	**6.54**	**16.64**	**49.15**	**15.65**	**12.02**
朝阳区	Chaoyang	2765	7.70	16.53	49.98	14.90	10.89
丰台区	Fengtai	2002	7.24	16.03	55.79	13.69	7.25
石景山区	Shijingshan	1521	6.11	18.21	46.61	15.06	14.01
海淀区	Haidian	2781	5.11	16.33	44.91	18.12	15.53
远郊区	**Outer Suburbs**	**2028**	**7.35**	**20.66**	**43.15**	**21.84**	**7.00**
门头沟区	Mentougou	932	9.66	21.46	38.52	25.97	4.39
房山区	Fangshan	1096	5.38	19.98	47.08	18.34	9.22
各 县	**Counties**	**4518**	**6.06**	**15.96**	**38.16**	**24.15**	**15.67**
昌平县	Changping	1675	5.91	16.96	47.28	18.45	11.40
顺义县	Shunyi	929	5.71	15.07	33.80	27.13	18.29
通 县	Tongxian	681	6.02	13.07	33.19	27.31	20.41
大兴县	Daxing	182	5.49	8.79	19.78	36.81	29.13
平谷县	Pinggu	467	7.71	17.77	23.13	30.19	21.20
怀柔县	Huairou	98	14.29	15.31	36.73	18.37	15.30
密云县	Miyun	364	4.12	20.88	48.90	20.60	5.50
延庆县	Yanqing	122	4.92	14.75	27.87	35.25	17.21

2-8 年 龄 组 人 口 数(人口变动情况抽样调查资料)
POPULATION GROUP BY AGE(DATA FROM SAMPLE SURVEY ON POPULATION CHANGE)

项目	Item	1997年被抽样人口 Sample Data of 1997		1996年人口抽样调查各年龄组占总人口比重(%)
		抽样人口数(人) Number of Persons Sampled (person)	年龄组人口占总人口比重(%) Percentage (%)	Percentage in Year 1996 (%)
总计	**Total**	67664	100.0	100.0
# 法定婚龄 男(22岁以上)	Legal Marry Age: Male (age 22 and above)	25140	37.2	36.0
女(20岁以上)	Female (age 20 and above)	25810	38.1	38.4
育龄妇女(15-49岁)	Women of Child-bearing Age (age 15-49)	20044	29.6	30.1
不满周岁婴儿(0岁)	Below Age 1	532	0.8	0.8
学龄前儿童(1-6岁)	Age 1-6	3137	4.6	5.6
小学学龄组(7-12岁)	Age 7-12	5486	8.1	8.4
初中学龄组(13-15岁)	Age 13-15	3245	4.8	4.5
劳动年龄组	Of Labor Age	44048	65.1	64.4
男(16-59岁)	Male(age 16-59)	22927	33.9	32.7
女(16-54岁)	Female(age 16-54)	21121	31.2	31.7
超过劳动年龄组	Over Labor Age	11216	16.6	16.3
男(60岁以上)	Male(age 60 and above)	4595	6.8	6.5
女(55岁以上)	Female(age 55 and above)	6621	9.8	9.8

2-9 人口年龄构成及性别比(人口变动情况抽样调查资料)
AGE COMPOSITION AND SEX RATIO OF POPULATION(DATA FROM SAMPLE SURVEY ON POPULATION CHANGE)

年龄段 Age Group	抽样人口数(人) Number of Persons Sampled (person)			占抽样人口数的比重(%) Percentage(%)			性别比 Sex Ratio (女=100) (Male=100)
	合计 Total	男 Male	女 Female	合计 Total	男 Male	女 Female	
总计 Total	67664	33841	33823	100	50.01	49.99	100.05
0-4	2539	1337	1202	3.75	1.97	1.78	111.23
5-9	3829	1937	1892	5.66	2.86	2.80	102.38
10-14	4797	2432	2365	7.09	3.59	3.50	102.83
15-19	4947	2393	2554	7.31	3.54	3.77	93.70
20-24	3786	1890	1896	5.60	2.80	2.80	99.68
25-29	6463	3357	3106	9.55	4.96	4.59	108.08
30-34	6992	3583	3409	10.33	5.29	5.04	105.10
35-39	6594	3364	3230	9.75	4.98	4.77	104.15
40-44	6935	3453	3482	10.25	5.10	5.15	99.17
45-49	4780	2413	2367	7.06	3.56	3.50	101.94
50-54	3205	1506	1699	4.74	2.23	2.51	88.64
55-59	3307	1581	1726	4.89	2.34	2.55	91.60
60-64	3532	1762	1770	5.22	2.60	2.62	99.55
65-69	2515	1244	1271	3.72	1.84	1.88	97.88
70-74	1658	772	886	2.45	1.14	1.31	87.13
75-79	1027	495	532	1.52	0.73	0.79	93.05
80-84	497	213	284	0.73	0.31	0.42	75.00
85-89	198	85	113	0.29	0.13	0.16	75.22
90岁及以上 90 and above	63	24	39	0.09	0.04	0.05	61.54

2-10 劳动年龄人口抚养系数(人口变动抽样调查资料)
DEPENDENCY RATE(DATA FROM SAMPLE SURVEY ON POPULATION CHANGE)

单位：%　　(%)

地区 Region		总抚养系数 Total Dependency Ratio	抚养老年人口系数 Of The Old	抚养少儿人口系数 Of Children
全　市	**Total**	**33.88**	**11.79**	**22.09**
城　区	City Proper	37.60	17.39	20.21
近郊区	Near Suburbs	28.23	9.55	18.68
远郊区	Outer Suburbs	38.20	9.95	28.25
各　县	Counties	40.34	11.34	29.00

2-11 育龄妇女生育状况(人口变动情况抽样调查资料)
FERTILITY OF WOMEN OF CHILDBEARING AGE(DATA FROM SAMPLE SURVEY ON POPULATION CHANGE)

项目 Item		合计 Total	城区 City Proper	近郊区 Near Suburb	远郊区 OuterSuburb	各县 County
15-49岁平均育龄妇女人数(人)	Total Number of Women of Childbearing Age (age 15-49) (person)	19930				
出生婴儿孩次合计(人)	Total of Child Birth (person)	535	101	215	55	164
第一孩	the First Child	499	96	209	44	150
第二孩	the Second Child	35	5	6	11	13
第三孩及以上	the Third Child and above	1	0	0	0	1
出生婴儿孩次所占比重(%)	Percentage of Child Birth (%)	100.00	100.00	100.00	100.00	100.00
第一孩	the First Child	93.27	95.05	97.21	80.00	91.46
第二孩	the Second Child	6.54	4.95	2.79	20.00	7.93
第三孩及以上	the Third Child and above	0.19	0	0	0	0.61
育龄妇女生育率(‰)	Fertility Rate (‰)	26.84				

2-12 计划生育状况
FAMILY PLANNING

项目 Item		1997	1996	1997年比1996年增、减 1997 compared with 1996
全　市	**Total**			
计划生育状况	Birth Control			
计划内生育（人）	Within Plan (person)	80479	83966	-3487
计划生育率（%）	Planed Birth Rate (%)	98.91	99.25	-0.34
已婚有生育条件的育龄妇女人数（人）	Number of Women of Childbearing Age (person)	2284309	2244804	39505
实际采取节育措施人数（人）	Number of Women Controlled Birth (person)	2053266	2024332	28934
独生子女领证率（%）	Percentage of Women Who Have Certificate of The Only Child (%)	63.54	63.42	0.12
城　市	**City**			
计划生育率（%）	Planned Birth Rate (%)	99.76	99.88	-0.12
已婚有生育条件的育龄妇女人数（人）	Number of Women of Childbearing Age (person)	1391298	1349798	41500
实际采取节育措施人数（人）	Number of Women Controlled Birth (person)	1221489	1192451	29038
独生子女领证率（%）	Percentage of Women Who Have Certificate of The Only Child (%)	78.04	78.79	-0.75
农　村	**Rural**			
计划生育率（%）	Planned Birth Rate (%)	97.93	98.56	-0.63
已婚有生育条件的育龄妇女人数（人）	Number of Women of Childbearing Age (person)	893011	895006	-1995
实际采取节育措施人数（人）	Number of Women Controlled Birth (person)	831777	831881	-104
独生子女领证率（%）	Percentage of Women Who Have Certificate of The Only Child (%)	40.95	40.22	0.73

资料来源：北京市计划生育委员会。

Data source:Beijing Birth Control Committee.

2-13 外来人口户口所在地
RESIDENCE CARD LOCATION OF NONNATIVES

户口所在地	Residence Card Location	人口数（人） Population(person) 合计 Total	男 Male	女 Female	占总人口的百分比（%） Percentage in Total Population(%) 合计 Total	男 Male	女 Female
总　　计	**Total**	2299416	1519828	779588	100.0	66.1	33.9
天　津	Tianjin	16007	10676	5331	0.7	0.5	0.2
河　北	Hebei	572588	405852	166736	24.9	17.6	7.3
山　西	Shanxi	52938	32907	20031	2.3	1.4	0.9
内蒙古	Neimenggu	53785	31747	22038	2.3	1.4	0.9
辽　宁	Liaoning	42533	23705	18828	1.9	1.1	0.8
吉　林	Jilin	36540	18515	18025	1.6	0.8	0.8
黑龙江	Heilongjiang	62225	30856	31369	2.7	1.3	1.4
上　海	Shanghai	5366	3372	1994	0.2	0.1	0.1
江　苏	Jiangsu	151499	124408	27091	6.6	5.4	1.2
浙　江	Zhejiang	105231	59480	45751	4.6	2.6	2.0
安　徽	Anhui	199963	123935	76028	8.7	5.4	3.3
福　建	Fujian	37002	24168	12834	1.6	1.0	0.6
江　西	Jiangxi	33295	20736	12559	1.4	0.9	0.5
山　东	Shandong	173453	113432	60021	7.5	4.9	2.6
河　南	Henan	309307	206197	103110	13.5	9.0	4.5
湖　北	Hubei	86028	56681	29347	3.7	2.4	1.3
湖　南	Hunan	27348	15734	11614	1.2	0.7	0.5
广　东	Guangdong	22844	17455	5389	1.0	0.8	0.2
广　西	Guangxi	7220	4289	2931	0.3	0.2	0.1
海　南	Hainan	2048	1222	826	0.1	0.1	0.0
重　庆	Chongqing	12940	7693	5247	0.6	0.3	0.3
四　川	Sichuan	182501	120227	62274	7.9	5.2	2.7
贵　州	Guizhou	10733	6438	4295	0.5	0.3	0.2
云　南	Yunnan	4558	2443	2115	0.2	0.1	0.1
西　藏	Xizang	1318	751	567	0.1	0.1	0.0
陕　西	Shannxi	46154	30866	15288	2.0	1.3	0.7
甘　肃	Gansu	25010	14982	10028	1.1	0.7	0.4
青　海	Qinghai	3297	2002	1295	0.1	0.1	0.0
宁　夏	Ningxia	5235	3143	2092	0.2	0.1	0.1
新　疆	Xinjiang	10450	5916	4534	0.5	0.3	0.2

资料来源：北京市1997年外来人口普查资料。(以下各表同)

Source:1997 non-local population census of the city of Beijing.(the following tables are the same)

2-14 外来人口在京状况

单位：人

地 区	Region	合 计 Total	务工经商 in Work or Business	从事其它工作 Engaged in Other Work	暂无工作 Having No Job Currently	随亲家属 Family Members
全 市	**Total**	**2299416**	**1800656**	**9594**	**19440**	**254315**
城 区	**City Proper**	**368434**	**270450**	**2758**	**3462**	**33873**
东城区	Dongcheng	102815	74064	644	1192	10050
西城区	Xicheng	133940	99385	1401	1067	10390
崇文区	Chongwen	62538	45116	253	611	7537
宣武区	Xuanwu	69141	51885	460	592	5896
近郊区	**Near Suburbs**	**1445084**	**1140363**	**5010**	**11931**	**156516**
朝阳区	Chaoyang	537158	437369	1551	4360	57717
丰台区	Fengtai	314760	258569	935	2579	39015
石景山区	Shijingshan	99730	75091	453	1346	14928
海淀区	Haidian	493436	369334	2071	3646	44856
远郊区	**Outer Suburbs**	**105845**	**80754**	**311**	**819**	**20529**
门头沟区	Mentougou	39106	26688	92	373	10349
房山区	Fangshan	66739	54066	219	446	10180
各 县	**Counties**	**380053**	**309089**	**1515**	**3228**	**43397**
昌平县	Changping	97070	74360	318	720	10156
顺义县	Shunyi	72402	62579	279	634	7389
通 县	Tongxian	57251	47370	303	461	6732
大兴县	Daxing	84548	69320	280	721	10062
平谷县	Pinggu	15128	13592	18	119	1263
怀柔县	Huairou	27936	22203	129	320	2990
密云县	Miyun	15381	11996	83	138	2722
延庆县	Yanqing	10337	7669	105	115	2083

STATISTICS FOR NONNATIVES IN BEIJING

(person)

探亲访友 Visiting Relatives and Friends	因公出差 On Business Trip	学习培训 For Study and Training	旅游购物 Tourism and Purchasing	治病疗养 Under Treatment and Recuperation	旅途中转 Transfer During Trip	其他 Others
35296	**42235**	**100505**	**12434**	**17901**	**3883**	**3157**
8280	**21978**	**9553**	**8001**	**6947**	**2067**	**1065**
2407	7597	2659	1418	2324	415	45
3487	8609	4336	1707	2831	553	174
1280	2047	906	2335	1125	687	641
1106	3725	1652	2541	667	412	205
22757	**19554**	**71793**	**4310**	**9936**	**1732**	**1182**
6426	7848	17291	1241	2531	417	407
4012	2088	3571	1034	1656	879	422
1569	994	4123	206	877	64	79
10750	8624	46808	1829	4872	372	274
1162	**154**	**1635**	**11**	**127**	**8**	**335**
617	3	833	8	56		87
545	151	802	3	71	8	248
3097	**549**	**17524**	**112**	**891**	**76**	**575**
1063	96	10098	7	178		74
397	66	859	36	85		78
365	176	1225	34	421	15	149
598	54	3230	13	116	11	143
81	18	13		16		8
233	16	1970	12	34	8	21
156	121	45	9	22	42	47
204	2	84	1	19		55

2-15 外来人口的住所形式

单位：人

地 区	Region	合计 Total	租住房屋 Rent	自建房屋 Self-building	自购房屋 Purchase
全 市	**Total**	**2299416**	**910448**	**71374**	**15445**
城 区	**City Proper**	**368434**	**105494**	**2437**	**1186**
东城区	Dongcheng	102815	26479	815	419
西城区	Xicheng	133940	30494	411	265
崇文区	Chongwen	62538	27648	1047	323
宣武区	Xuanwu	69141	20873	164	179
近郊区	**Near Suburbs**	**1445084**	**645180**	**42879**	**3789**
朝阳区	Chaoyang	537158	230245	14181	1379
丰台区	Fengtai	314760	175740	9177	859
石景山区	Shijingshan	99730	50485	5410	509
海淀区	Haidian	493436	188710	14111	1042
远郊区	**Outer Suburbs**	**105845**	**39842**	**5199**	**1686**
门头沟区	Mentougou	39106	18220	1922	716
房山区	Fangshan	66739	21622	3277	970
各 县	**Counties**	**380053**	**119932**	**20859**	**8784**
昌平县	Changping	97070	30193	4134	1578
顺义县	Shunyi	72402	18651	4185	2055
通 县	Tongxian	57251	20371	2717	2232
大兴县	Daxing	84548	31653	4603	1233
平谷县	Pinggu	15128	2615	1466	308
怀柔县	Huairou	27936	8220	1290	635
密云县	Miyun	15381	4493	1664	256
延庆县	Yanqing	10337	3736	800	487

HOUSING OF NONNATIVES

(person)

单位宿舍 Living Quarters	工作场所 Working Place	雇主房屋 House of Employer	亲友房屋 House of Relatives	旅馆饭店 Hotels	医院病房 Ward of Hospital	其他 Others
573948	466177	58656	94412	95222	11396	2338
64813	97850	12563	32080	46882	4440	689
15373	29790	3914	10621	13772	1494	138
30782	35904	5301	12048	16879	1721	135
7839	11581	1542	4566	6698	997	297
10819	20575	1806	4845	9533	228	119
342175	279013	29721	49991	45067	6281	988
138162	110170	10134	15082	16213	1294	298
50415	54225	6208	9623	7215	918	380
21885	13285	1316	4174	2120	452	94
131713	101333	12063	21112	19519	3617	216
35091	15113	4656	3192	796	39	231
10355	4621	1170	1700	241	39	122
24736	10492	3486	1492	555		109
131869	74201	11716	9149	2477	636	430
35916	20034	2895	1521	595	99	105
27417	15454	2619	1551	324	90	56
17510	10095	1793	1483	513	399	138
24659	18198	1867	1992	266	6	71
8321	1314	661	300	132	8	3
10677	5454	896	637	91	16	20
5212	1975	669	704	383	14	11
2157	1677	316	961	173	4	26

2-16 外来人口年龄构成
AGE COMPOSITION OF NONNATIVES

年龄组 Age Group	人口数（人） Population(person)			占总人口的百分比（%） Percentage in Total Population(%)		
	合计 Total	男 Male	女 Female	合计 Total	男 Male	女 Female
总计 Total	**2299416**	**1519828**	**779588**	**100.0**	**66.1**	**33.9**
0—4	80629	44395	36234	3.5	1.9	1.6
5—9	49034	27889	21145	2.1	1.2	0.9
10—14	25057	13516	11541	1.1	0.6	0.5
15—19	333863	187443	146420	14.5	8.1	6.4
20—24	585298	373355	211943	25.5	16.3	9.2
25—29	471880	324195	147685	20.5	14.1	6.4
30—34	314181	227016	87165	13.7	9.9	3.8
35—39	139647	107926	31721	6.1	4.7	1.4
40—44	113189	88400	24789	4.9	3.8	1.1
45—49	71989	54410	17579	3.1	2.4	0.7
50—54	41807	29608	12199	1.8	1.3	0.5
55—59	29161	18437	10724	1.3	0.8	0.5
60—64	21139	12558	8581	0.9	0.5	0.4
65岁及以上 Above 65 years old	22542	10680	11862	1.0	0.5	0.5

2-17 外来人口的职业分布
VOCATION DISTRIBUTION OF NONNATIVES

职业	Vocation	人口数（人） Population(person)			占总人数的百分比（%） Percentage in Total Population(%)		
		合计 Total	男 Male	女 Famale	合计 Total	男 Male	女 Famale
总计	**Total**	**1810250**	**1300133**	**510117**	**100.0**	**71.8**	**28.2**
各类专业技术人员	Professional Technical Personnel	29573	20397	9176	1.6	1.1	0.5
国家机关，党群组织企事业单位负责人	Government Agencies,Party and Mass Organizations	5572	4385	1187	0.3	0.2	0.1
办事人员和有关人员	Office Worker and Related Personnel	55184	42772	12412	3.1	2.4	0.7
商业工作人员	Commerce	294718	182665	112053	16.3	10.1	6.2
废旧物资回收人员	Waste Recovery	17443	13775	3668	1.0	0.8	0.2
餐饮服务工作人员	Catering Trade	233783	122248	111535	12.9	6.7	6.2
修理服务工作人员	Repairs Services	42833	36951	5882	2.4	2.1	0.3
其他服务性工作人员	Other Services	255925	132501	123424	14.1	7.3	6.8
农林牧渔劳动者	Farming,Forestry,Aniaml Husbandry and Fishery	73660	47485	26175	4.1	2.6	1.5
工业劳动者	Industry	250660	168391	82269	13.8	9.3	4.5
建筑业劳动者	Construction	499367	484490	14877	27.6	26.8	0.8
运输业劳动者	Transportation	34635	32438	2197	1.9	1.8	0.1
不便分类的劳动者	No Classified Labors	16897	11635	5262	0.9	0.6	0.3

2-18 外来人口的受教育状况
EDUCATIONAL LEVEL OF NONNATIVES

受教育程度 Educational Level	人口数（人） Population(person)			占总人数的百分比（%） Percentage in Total Population(%)		
	合计 Total	男 Male	女 Famale	合计 Total	男 Male	女 Famale
总计 Total	**2203778**	**1466984**	**736794**	**100.0**	**66.6**	**33.4**
不识字或识字很少 Illiterate or Semi-Illiterate	70852	25579	45273	3.2	1.2	2.0
小学 Primary School	372705	225500	147205	16.9	10.2	6.7
初中 Junior Middle School	1310680	925181	385499	59.5	42.0	17.5
高中 Senior Middle School	294067	192755	101312	13.3	8.7	4.6
大学专科 Undergraduate	111437	67486	43951	5.1	3.1	2.0
大学本科及以上 College Level and Above	44037	30483	13554	2.0	1.4	0.6

2-19 外来人口的婚姻状况
MARRIAGE STATUS OF NONNATIVES

婚姻状况 Marriage Status	人口数（人） Population(person)			占总人数的百分比（%） Percentage in Total Population(%)		
	合计 Total	男 Male	女 Female	合计 Total	男 Male	女 Female
总计 Total	**2144696**	**1434028**	**710668**	**100.0**	**66.9**	**33.1**
未婚 Unmarried	902604	577362	325242	42.1	26.9	15.2
有配偶 Married	1221675	848269	373406	57.0	39.6	17.4
离婚 Divorced	5749	3530	2219	0.3	0.2	0.1
丧偶 Widowed	14668	4867	9801	0.6	0.2	0.4

2-20 外来人口在京最关心和希望解决的问题

单位：户

地区 Region		合计 Total	安全保障 Security Ensurance	居住困难 Housing Difficulty	稳定的经营场所 Stable Place of Operation
全　市	**Total**	**537700**	**123255**	**43502**	**43806**
城　区	**City Proper**	**89090**	**15875**	**7736**	**6617**
东城区	Dongcheng	25969	4133	2172	1580
西城区	Xicheng	30717	5092	3079	2187
崇文区	Chongwen	17026	4548	1355	1806
宣武区	Xuanwu	15378	2102	1130	1044
近郊区	**Near Suburbs**	**339362**	**88879**	**28383**	**28365**
朝阳区	Chaoyang	124626	35488	8635	9677
丰台区	Fengtai	76764	19860	5971	7111
石景山区	Shijingshan	28780	6239	2659	2125
海淀区	Haidian	109192	27292	11118	9452
远郊区	**Outer Suburbs**	**26512**	**4344**	**2917**	**2132**
门头沟区	Mentougou	10863	1910	1457	781
房山区	Fangshan	15649	2434	1460	1351
各　县	**Counties**	**82736**	**14157**	**4466**	**6692**
昌平县	Changping	17794	3665	1098	1011
顺义县	Shunyi	14819	2066	717	1055
通　县	Tongxian	14274	2402	811	1802
大兴县	Daxing	18616	3692	866	1822
平谷县	Pinggu	3297	655	175	191
怀柔县	Huairou	5957	802	408	416
密云县	Miyun	4465	568	248	209
延庆县	Yanqing	3514	307	143	186

MATTERS MOST CONCERNED FOR BYNONNATIVES

(household)

办证手续繁琐 Overloaded and Trivial Formalities of Going through Cards	子女上学难 Difficulty of Children Education	服务态度和质量 Service Attitude and Quality	受到尊重 be Respected	满意 Satisfied	其他 Others
46826	**17742**	**25136**	**74371**	**144395**	**18667**
5331	**3388**	**2642**	**13541**	**29859**	**4101**
1725	903	663	3945	9936	912
1577	1152	1328	5427	9229	1646
1001	730	372	2204	3871	1139
1028	603	279	1965	6823	404
27655	**10165**	**18253**	**43096**	**85561**	**9005**
8907	3176	6778	17734	32442	1789
8066	2280	3216	7684	18793	3783
1687	1133	692	2057	10944	1244
8995	3576	7567	15621	23382	2189
2873	**1514**	**1366**	**3426**	**6001**	**1939**
750	780	208	967	3219	791
2123	734	1158	2459	2782	1148
10967	**2675**	**2875**	**14308**	**22974**	**3622**
1638	645	513	3502	5330	392
2373	394	530	3274	3816	594
1711	372	640	2446	3224	866
1898	598	440	2299	5932	1069
904	50	29	690	596	7
742	218	539	1048	1398	386
894	318	139	621	1305	163
807	80	45	428	1373	145

2-21 外来人口的来京时间分布
PERIOD IN BEIJING OF NONNATIVES

来京时间 Period in Beijing		人口数（人） Population(person)			占总人口的百分比（%） Percentage in Total Population(%)		
		合计 Total	男 Male	女 Famale	合计 Total	男 Male	女 Famale
总　　计	**Total**	**2299416**	**1519828**	**779588**	**100.0**	**66.1**	**33.9**
三天及以下	Within Three Days	44649	32913	11736	1.9	1.4	0.5
四天至一个月以下	Four Days-One Month	260799	192212	68587	11.3	8.3	3.0
一个月至三个月以下	One Month-Three Months	284382	186074	98308	12.4	8.1	4.3
三个月至半年以下	Three Months-Half a Year	246619	167015	79604	10.7	7.3	3.4
半年至一年以下	Half a Year-One Year	516426	372553	143873	22.5	16.2	6.3
一年至三年以下	One Year-Three Years	499866	296282	203584	21.7	12.9	8.8
三年至五年以下	Three Years-Five Years	206567	124121	82446	9.0	5.4	3.6
五年及以上	Five Years and Above	240108	148658	91450	10.5	6.5	4.0

主要统计指标解释

人口数　指一定时点、一定地区范围内有生命的个人的总和。年度统计的年末人口数是指每年 12 月 31 日 24 时的人口数。

出生率　指在一定时期内（通常为一年）出生人数与同期平均人数（或期中之数）的比率，一般用千分率表示。计算公式：

$$出生率 = \frac{年出生人数}{年平均人数} \times 1000‰$$

出生人数是指活产，即脱离母体时（不管怀孕月数），有过呼吸或其他生命现象的活婴儿总和。

年平均人数是年初、年底人口数的平均数，也可用年中人口数代替。

死亡率　指在一定时期内（通常为一年）一定地区的死亡人数与同期平均人数（或期中人数）之比，一般用千分率表示。计算公式：

$$死亡率 = \frac{年死亡人数}{年平均人数} \times 1000‰$$

人口自然增长率　指在一定时期内（通常为一年）人口自然增加数（出生人数减死亡人数）与该时期内平均人数（或期中人数）之比，一般用千分率表示。计算公式：

$$人口自然增长率 = \frac{本年出生人数 - 本年死亡人数}{年平均人数} \times 1000‰$$

人口自然增长率 = 人口出生率 - 人口死亡率

外来人口　指 1997 年 11 月 1 日零时居住或停留在北京境内一天以上，但户口不在北京市的人口。

Explanatory Notes On Main Statistical Indicators

Total Population refers to the total number of people alive at a certain point of time within a given area. Year - end total population is that at 24:00 on 31st of December.

Birth Rate refers to the ratio of the number of births to the average population during a certion period of time (usually a year), which is often expressed in ‰. The following formula is used:

$$\text{Birth Rate} = \frac{\text{Number of Birth}}{\text{Average Population}} \times 1000‰$$

Number of Birth refers to live births, i. e. the births when babies had showed any vital phenomena regardless of the length of pregnancy.

Average Population is the average of population at the beginning of a year and that at the end of the year. Sometimes it is substituted for with the mid - year population.

Death Rate refers to the ratio of the number of deaths to the average population (or mid - year population) during a certain period of time (usually one year), which is often expressed in ‰. The following formula is used:

$$\text{Death Rate} = \frac{\text{Number of Deaths}}{\text{Average Population}} \times 1000‰$$

Natural Growth Rate of Population refers to the ratio of the natural increase in population (number of births minus number of deaths) in a certain period of time (usually a year) to the average population (or mid - year population) of the same period, which is often expressed in ‰. The following formulas are applied:

$$\text{Natural Growth Rate of Population} = \frac{\text{Number of Births} - \text{Number of Deaths}}{\text{Average Population}} \times 1000‰$$

Natural Growth Rate of Population = Birth Rate - Death Rate

Non - local Population is defined as the population without Beijing residence cards but lived or stayed in Beijing more than one day on 0:00 of November 1, 1997.

Explanatory Notes on Main Statistical Indicators

03

LABOUR FORCE AND WAGE
劳动力和工资

全市从业人员构成(%)
Percentage of employment (%)

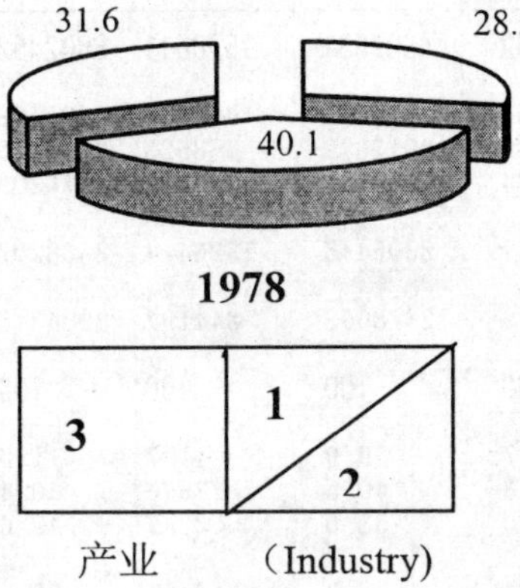

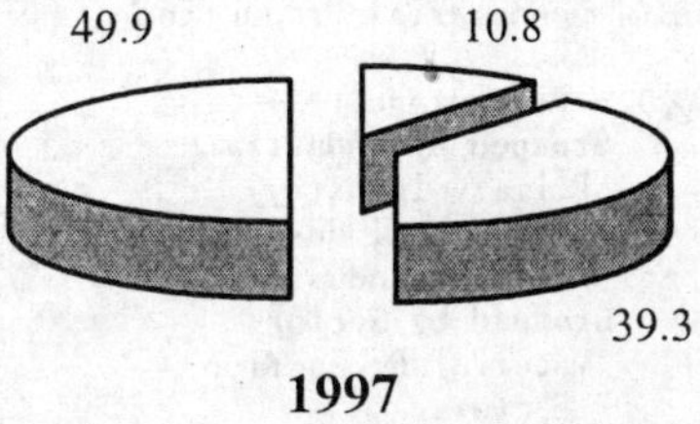

	1997	1978	1997年为1978年% 1997 as % of 1978
全市从业人员数(万人) Number of employment(10000 persons)	655.8	291.6	224.9
工资总额(亿元) Total wages of staff and workers(100 million yuan)	514.8	18.7	2752.9
平均工资(元) Average wage for staff and workers(yuan)	11019	673	1637.3

职工平均工资
Average wage for staff and workers

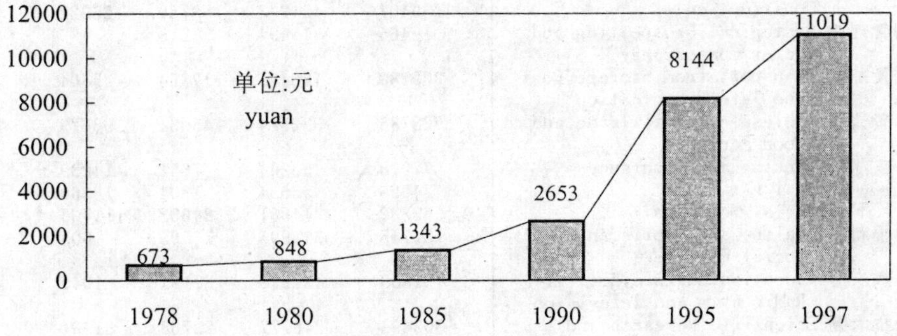

3-1 全 市 从 业 人 员(按产业、部类分)

EMPLOYMENT BY INDUSTRY AND SECTOR

项目	Item	1997 合计 Total	1997 城市 Urban	1997 农村 Rural	1996 合计 Total	1996 城市 Urban	1996 农村 Rural
人数(人)	**Number of Persons (person)**	6558142	4987531	1570611	6602452	4957447	1645005
按产业分	Grouped by Industry						
第一产业	Primary Industry	701056	45771	655285	725403	54003	671400
第二产业	Secondary Industry	2576202	2017679	558523	2600740	1996588	604152
第三产业	Tertiary Industry	3280884	2924081	356803	3276309	2906856	369453
按部类分	**Grouped by Sector**						
物质生产部门	Material Production Sectors	3631859	2305445	1326414	3668207	2283476	1384731
非物质生产部门	Nonmaterial Production	2922289	2678092	244197	2934245	2673971	260274
构成(%)	**Percentage (%)**	100	100	100	100	100	100
按产业分	**Grouped by Industry**						
第一产业	Primary Industry	10.7	0.9	41.7	11.0	1.1	40.8
第二产业	Secondary Industry	39.3	40.5	35.6	39.4	40.3	36.7
第三产业	Tertiary Industry	50.0	58.6	22.7	49.6	58.6	22.5
按部类分	**Grouped by Sector**						
物质生产部门	Material Production Sectors	55.4	46.3	84.5	55.6	46.1	84.2
非物质生产部门	Nonmaterial Production Sectors	44.6	53.7	15.5	44.4	53.9	15.8

3-2 全 市 从 业 人 员(按经济类型分)

EMPLOYMENT BY OWNERSHIP

单位：人 (person)

行业	Sector	合计 Total	国有经济 State-Owned	集体经济 Collective-Owned	其他经济 Others	城镇个体私营劳动者 Urban Individuals and Private Owned	农村劳动者 Rural Labors
总计	**Total**	6558142	3546956	684998	543489	212088	1570611
农、林、牧、渔业	Farming,Forestry,Animal Husbandry and Fishery	709959	48522	1052	4843	257	655285
采掘业	Excavation	47087	40282	378	128	92	6207
制造业	Manufacturing	1746719	849443	212089	226654	20863	437670
电力、煤气及水的生产和供应业	Electricity,Gas,Water Production and Supply	42989	41389	654	294		652
建筑业	Construction	739407	434793	159769	26922	3929	113994
地质勘查业水利管理业	Geological Prospecting and Water Conservancy	16465	15494	313			658
交通运输、仓储及邮电通信业	Transportation,Storage,Post and Telecommunication	329233	188471	17364	5504	5946	111948
批发和零售贸易餐饮业	Wholesale,Retail Trade and Food Services	928785	332774	145084	93679	149917	207331
金融、保险业	Banking and Insurance	77978	53284	7652	14239		2803
房地产业	Real Estate	74926	53684	1804	18360		1078
社会服务业	Social Services	563832	314831	84602	111406	24309	28684
卫生体育和社会福利业	Health Care,Sports and Social Welfare	137745	123995	13095	605		50
教育、文化艺术和广播电影电视业	Education,Culture,Art, Radio,Film and Television	431859	422919	7171	1049		720
科学研究和综合技术服务业	Scientific Research and Polytechnical Services	302693	246777	23768	31964		184
国家机关、政党机关和社会团体	Government Agencies,Party Agencies and Social Organizations	330900	330753	147			
其他行业	Others	77565	49545	10056	7842	6775	3347

3-3 城镇单位从业人员年末人数
YEAR-END EMPLOYMENT IN URBAN UNITS

单位：人 (person)

项目	Item	从业人员 Total Employees	职工人数 Staff and Workers	聘用留用的离退休人员 Reemployees of Retired	其他人员 Others
总计	**Total**	4775443	4653489	117960	3994
按经济类型分	**Grouped by Ownership**				
国有经济	State-Owned	3546956	3486553	60015	388
集体经济	Collective-Owned	684998	650206	34762	30
联营经济	Joint Owned	31787	30464	1322	1
股份制经济	Share Holding	192959	183558	9310	91
外商投资经济	Foreign Funded	211766	202297	7159	2310
港、澳、台投资经济	Hongkong,Macao and Taiwan Funded	101894	95730	5109	1055
其他经济	Others	5083	4681	283	119
按隶属关系分	**Grouped by Administrative Relation**				
# 中央	Central	1391949	1353397	37472	1080
地方	Local	3092896	3021429	69688	1779
按行业分	**Grouped by Sector**				
农、林、牧、渔业	Farming,Forestry,Animal Husbandry and Fishery	54443	54244	173	26
# 农业	Farming	19056	19011	38	7
采掘业	Excavation	40788	40719	69	
制造业	Manufacturing	1289418	1270767	17419	1232
电力、煤气及水的生产和供应业	Electricity,Gas,Water Production and Supply	42337	42123	214	
建筑业	Construction	621595	607954	13530	111
地质勘查业水利管理业	Geological Prospecting and Water Conservancy	15807	15700	107	
交通运输、仓储及邮电通信业	Transportation,Storage,Posts and Telecommunications Services	211375	209627	1712	36
# 交通运输业	Transportation	157974	157122	822	30
邮电通信业	Posts and Telecommunications Services	46573	45777	794	2
批发和零售贸易餐饮业	Wholesale, Retail and Catering	571916	554083	17454	379
# 批发业	Wholesale	249590	241041	8503	46
零售业	Retail	263074	255421	7565	88
餐饮业	Catering	57071	55492	1335	244
金融、保险业	Banking and Insurance	75290	73928	1247	115
房地产业	Real Estate	74065	68851	4997	217
社会服务业	Social Services	511987	484895	25944	1148
# 公共服务业	Public Services	163945	161071	2867	7
居民服务业	Residents Services	39256	34329	4885	42
旅馆业	Hotels	120213	112811	6897	505
卫生体育和社会福利业	Health Care,Sports and Social Welfare	137750	135412	2283	55
# 卫生	Health Care	124899	122886	2002	11
体育	Sports	8190	7982	194	14
教育、文化艺术和广播电影电视业	Education,Culture,Art, Radio,Film and Television	431454	421614	9525	315
教育	Education	342807	335765	6844	198
文化艺术业	Culture and Art	69231	67026	2138	67
广播电影电视业	Radio,Film and Television	19416	18823	543	50
科学研究和综合技术服务业	Scientific Research and Poly-technical Services	302720	286919	15590	211
科学研究业	Scientific Research	177639	172247	5384	8
综合技术服务业	Polytechnical Services	125081	114672	10206	203
国家机关、政党机关和社会团体	State Agencies, Party Agencies abd Social Organizations	330900	324848	6052	
其他行业	Others	63598	61805	1644	149

注：城镇单位从业人员年末人数与报国家统计局劳动工资年报口径一致，不含私营经济、个体经济和农村从业人员。

Note:Data in this table is in accordance to the annual bulletin of labors and wages reported to state statistical bureau,not include private,individual economy and rural employees.

3-4 职 工 人 数
NUMBER OF STAFF AND WORKERS

单位：人 (person)

项目	Item	1997	1996	1997年为1996年% 1997 as % of 1996
总计	**Total**	4653489	4605743	101.0
按经济类型分	**Grouped by Ownership**			
国有经济	State-Owned	3486553	3490496	99.9
集体经济	Collective-Owned	650206	647440	100.4
联营经济	Joint Owned	30464	32856	92.7
股份制经济	Share Holding	183558	140393	130.7
外商投资经济	Foreign Funded	202297	197311	102.5
港、澳、台投资经济	Hongkong,Macao and Taiwan Funded	95730	95270	100.5
其他经济	Others	4681	1977	236.8
按隶属关系分	**Grouped by Administrative Relation**			
# 中央	Central	1353397	1342447	100.8
地方	Local	3021429	3081279	98.1
按行业分	**Grouped by Sector**			
农、林、牧、渔业	Farming,Forestry,Animal Husbandry and Fishery	54244	53540	101.3
# 农业	Farming	19011	16405	115.9
采掘业	Excavation	40719	43019	94.7
制造业	Manufacturing	1270767	1327082	95.8
电力、煤气及水的生产和供应业	Electricity Power,Gas,Water Protion and Supply	42123	41855	100.6
建筑业	Construction	607954	521951	116.5
地质勘查业水利管理业	Geological Prospecting and Water Conservancy	15700	15718	99.9
交通运输、仓储及邮电通信业	Transportation,Storage,Posts and Telecommunications Services	209627	208027	100.8
# 交通运输业	Transportation	157122	163976	95.8
邮电通信业	Posts and Telecommunications Services	45777	37406	122.4
批发和零售贸易餐饮业	Wholesale, Retail and Catering	554083	581453	95.3
# 批发业	Wholesale	241041	255187	94.5
零售业	Retail	255421	266817	95.7
餐饮业	Catering	55492	57742	96.1
金融、保险业	Banking and Insurance	73928	67633	109.3
房地产业	Real Estate	68851	65262	105.5
社会服务业	Social Services	484895	457179	106.1
# 公共服务业	Public Services	161071	157245	102.4
居民服务业	Residents Services	34329	34905	98.3
旅馆业	Hotels	112811	111823	100.9
卫生体育和社会福利业	Health Care,Sports and Social Welfare	135412	135736	99.8
# 卫生	Health Care	122886	122824	100.1
体育	Sports	7982	8281	96.4
教育、文化艺术和广播电影电视业	Education,Culture,Art, Radio,Film and Television	421614	418492	100.7
教育	Education	335765	334709	100.3
文化艺术业	Culture and Art	67026	66472	100.8
广播电影电视业	Radio,Film and Television	18823	17311	108.7
科学研究和综合技术服务业	Scientific Research and Polytechnical Services	286919	278482	103.0
科学研究业	Scientific Research	172247	158788	108.5
综合技术服务业	Polytechnical Services	114672	119694	95.8
国家机关、政党机关和社会团体	State Agencies, Party Agencies and Social Organizations	324848	312263	104.0
其他行业	Others	61805	78051	79.2

3-5 职工人数增减情况(国有经济)
CHANGES IN NUMBER OF STAFF AND WORKERS(STATE-OWNED)

单位：人 (person)

项目	Item	1997 合计 Total	1997 #中央单位 Central	1997 #地方单位 Local	1996 合计 Total	1996 #中央单位 Central	1996 #地方单位 Local
净增人数	**Net Increase**	-73421	-7973	-63395	-102608	-28297	-76203
增加人数	**Number of Persons Increased**	255055	100508	150132	378204	141942	233047
从农村招收	Recruited from Rural Area	98615	42611	54173	147291	62134	84761
从城镇招收	Recruited from Urban Area	18166	6917	9957	22985	8390	13612
录用复员、退役、转业军人	Employment of Demobilized Soldier,Ex-soliders	1940	936	969	3652	1764	1780
录用大中专技校毕业生	Employment of Graduate	28518	11814	16484	58871	25165	33356
调入人数	Job Changes	83168	32121	50223	104693	32146	72107
# 市外调入	from Outside Beijing	3625	1124	1984	5419	3120	2076
其他	Others	24648	6109	18326	40712	12343	27431
减少人数	**Number of Persons Decreased**	328476	108481	213527	480812	170239	309250
离休退休退职	Retire and Quit	56004	15057	40861	75322	28001	47246
开除除名辞退	Discharge	51297	36204	14410	73288	44708	28148
终止解除合同	Contract Expiration	84133	19146	60443	132832	38827	93638
调出人数	Job Changes	103537	30070	72559	140109	38313	101461
# 调往市外	to Outside Beijing	7717	3234	4251	6227	4029	2049
其他	Others	33505	8004	25254	59261	20390	38757

3-6 城镇新增就业人数
INCREMENTAL IN URBAN AREAS

单位：人 (person)

项目	Item	1997	1996	1997年为1996年% 1997 as % of 1996
总计	**Total**	116373	128812	90.34
国有经济	State-Owned Economy	70585	74016	95.36
集体经济	Collective-Owned Economy	11900	14608	81.46
其他经济	Other	33888	30071	112.69
个体	Individuals	…	10117	

3-7 国民经济各行业职工人数(按隶属关系、经济类型分)

单位：人

行业	Sector	全市 Total	# 女职工 Female	比重(%) Propotion(%)
总计	**Total**	4653489	1809260	38.9
农、林、牧、渔业	**Farming, Forestry, Animal Husbandry and Fishery**	54244	19878	36.6
# 农、林、牧、渔服务业	# FFAF Services	8903	3067	34.4
采掘业	**Excavation**	40719	8143	20.0
制造业	**Manufacturing**	1270767	529038	41.6
食品加工业	Food Processing	26216	10446	39.8
食品制造业	Food Manufacturing	39762	20804	52.3
饮料制造业	Beverage Manufacturing	27516	10589	38.5
烟草制造业	Tobacco Processing	1069	470	44.0
纺织业	Textile Industry	69687	44740	64.2
服装及其他纤维制品制造业	Garments and Other Fiber Products	46557	35096	75.4
皮革、毛皮、羽绒及其制品业	Leather, Furs, Down and Related Products	12023	6926	57.6
木材加工及竹、藤、棕、革制品业	Timber Processing, Bamboo, Cane, Palm Fiber and Straw Produts	8918	3201	35.9
家具制造业	Furniture Manufacturing	10114	3332	32.9
造纸及纸制品业	Papermaking and Paper Products	13062	6155	47.1
印刷业、记录媒介的复制	Printing and Record Medium Reproduced	42862	21355	49.8
文教体育用品制造业	Stationery, Education and Sports Goods	12809	6559	51.2
石油加工及炼焦业	Petroleum Processing and Coking Products	50924	19301	37.9
化学原料及化学制品制造业	Raw Chemical Materials and Chemical Products	54560	21476	39.4
医药制造业	Medical and Pharmaceutical Products	25007	13096	52.4
化学纤维制造业	Chemical Fibers	8038	3947	49.1
橡胶制品业	Rubber Products	14983	6207	41.4
塑料制品业	Plastic Products	20756	9895	47.7
非金属矿物制品业	Nonmetal Mineral Products	72148	23437	32.5
黑色金属冶炼及压延加工业	Smelting and Pressing Ferrous Metals	170747	46042	27.0
有色金属冶炼及压延加工业	Smelting and Pressing of Non-ferrous Metals	6218	1913	30.8
金属制品业	Metal Products	40765	14751	36.2
普通机械制造业	Ordinary Machinery	76458	27315	35.7
专业设备制造业	Special Purpose Equipment	74594	26537	35.6
交通运输设备制造业	Transportation Equipment	128413	45635	35.5
武器弹药制造业	Weapons and Ammunition	13615	3950	29.0
电气机械及器材制造业	Electric Equipment and Machine	62262	28710	46.1
电子及通信设备制造业	Electronic and Telecommunication	83658	38577	46.1
仪器仪表及文化办公用机械制造业	Instruments, Meters, Cultural and Official Machinery	34123	15977	46.8
其他制造业	Other Manufacturing	22903	12599	55.0
电力、煤气及水的生产和供应业	**Electric Power, Gas and Water Production and Supply**	42123	14441	34.3
电力、蒸气、热水的生产和供应业	Electriic Power, Steam and Hot Water Production and Supply	28056	8916	31.8
煤气生产和供应业	Gas Production and Supply	8102	3121	38.5
自来水的生产和供应业	Water Production and Supply	5965	2404	40.3
建筑业	**Construction**	607954	88342	14.5
土木工程建筑业	Civil Engineering	503843	72373	14.4
线路、管道和设备安装业	Pipeline and Equipment Ins-Installation	77804	13259	17.0
建筑物的装修装饰业	Building Completion	26307	2710	10.3
地质勘查业、水利管理业	**Geological Prospecting and Water Conservancy**	15700	3270	20.8
地质勘查业	Geological Prospecting	5304	1292	24.4
水利管理业	Water Conservancy	10396	1978	19.0

NUMBER OF STAFF AND WORKERS BY SECTOR
(BY ADMINISTRATIVE RELATIONSHIP AND OWNERSHIP)

(person)

# 中 央 Central	# 地 方 Local	国有经济 State-Owned	# 中 央 Central	# 地 方 Local	集体经济 Collective-Owned	其他经济 Others
1353397	**3021429**	**3486553**	**1215511**	**2202224**	**650206**	**516730**
1373	**52828**	**48376**	**1183**	**47193**	**1041**	**4827**
1054	7841	8340	1042	7298	549	14
	40719	**40213**		**40213**	**378**	**128**
200410	**1036836**	**842311**	**174388**	**667777**	**206269**	**222187**
258	25414	19329	171	19158	636	6251
1679	33268	21545	205	21319	3113	15104
209	26335	14104	90	14014	1760	11652
85	984	1069	85	984		
143	69129	40638	58	40580	9134	19915
1714	39215	10651	1467	9184	15124	20782
89	11484	5126		5126	4220	2677
915	7534	3036	806	2230	5270	612
1007	7740	2350	539	1811	4836	2928
349	12378	7897	316	7581	2294	2871
25645	16346	33165	23970	9195	6413	3284
73	12041	7455	41	7414	3413	1941
48302	2340	49599	47551	2048	587	738
1499	52454	44658	353	44305	3293	6609
3231	21290	20509	3116	17393	1718	2780
13	7985	6780	13	6767	941	317
507	14415	10605	112	10493	3611	767
1296	18832	10866	442	10424	5493	4397
3447	67836	36928	2798	34130	24413	10807
104	70603	164341		164341	1480	4926
494	5694	5135	490	4625	676	407
2886	36699	18045	2066	15941	16325	6395
6627	68301	52048	3935	48113	12189	12221
21176	51601	52963	19919	33044	14369	7262
47070	79107	74404	40507	33830	19508	34501
13615		13615	13615			
3064	57862	39079	1335	37744	15013	8170
7582	72780	47885	5006	42879	11786	23987
6160	27095	22096	5348	16748	6049	5978
1171	20074	6390	34	6356	12605	3908
11797	**30326**	**41185**	**11241**	**29944**	**646**	**292**
11797	16259	27118	11241	15877	646	292
	8102	8102		8102		
	5965	5965		5965		
154998	**39077**	**429463**	**131679**	**240469**	**152454**	**26037**
119480	83890	374874	113782	205115	119528	9441
29510	44271	47375	14470	31750	24606	5823
6008	10916	7214	3427	3604	8320	10773
5276	**10411**	**15397**	**5267**	**10130**	**303**	
5042	249	5201	5033	168	103	
234	10162	10196	234	9962	200	

续表 1 continued

单位：人

行业 Sector		全市 Total	# 女职工 Female	比重（%） Propotion(%)
交通运输、仓储及邮电通信业	**Transportation,Storage,Posts and Telecommunications**	**209627**	**65046**	**31.0**
铁路运输业	Railway	71730	16698	23.3
公路运输业	Highway	37776	10877	28.8
管道运输业	Pipeline	69	19	27.5
航空运输业	Airway	11962	5041	42.1
交通运输辅助业	Transportation Subsidiary	35585	8947	25.1
仓储业	Storage	6728	2035	30.2
邮电通信业	Posts and Telecommunications	45777	21429	46.8
批发和零售贸易餐饮业	**Wholesale,Retail and Catering**	**554083**	**283465**	**51.2**
批发业	Wholesale	241041	98249	40.8
零售业	Retail	255421	153805	60.2
商业经纪与代理业	Commercial Management and Agency	2129	710	33.3
餐饮业	Catering	55492	30701	55.3
金融、保险业	Banking and Insurance	73928	37861	51.2
金融业	Banking	65875	33864	51.4
保险业	Insurance	8053	3997	49.6
房地产业	**Real Estate**	**68851**	**24731**	**35.9**
房地产开发与经营业	Real Estate Development	33083	11746	35.5
房地产管理业	Real Estate Management	34788	12570	36.1
房地产代理与经纪业	Real Estate Brokerage and Agency	980	415	42.3
社会服务业	**Social Services**	**484895**	**193558**	**39.9**
公共设施服务业	Public Utilities	161071	65321	40.6
# 市内公共交通业	Public Transportation in City	100836	42207	41.9
# 市内公共汽电车业	Public Bus and Trolleybus	57514	30954	53.8
园林绿化业	Gardens Afforest	18737	8165	43.6
环境卫生业	Environmental Sanitation	25220	9984	39.6
市政工程管理业	Municipal Engineering Management	8380	2315	27.6
居民服务业	Residential Services	34329	15706	45.8
旅馆业	Hotels	112811	59066	52.4
租赁服务业	Leasing	4532	1691	37.3
旅游业	Tourism	11870	4835	40.7
娱乐服务业	Recreation	8855	4487	50.7
信息、咨询服务业	Information and Consultancy Services	47408	17534	37.0
# 广告业	Advertisement	8590	3283	38.2
咨询服务业	Consultancy Services	5790	2608	45.0
计算机应用服务业	Computer Applicantion Services	36875	13768	37.3
其他社会服务业	Other Social Services	67144	11150	16.6
# 市场管理服务业	Market Management Services	6803	2798	41.1
卫生、体育和社会福利业	**Health Care,Sports and Social Welfare**	**135412**	**85866**	**63.4**
卫生	Health Care	122886	80336	65.4
体育	Sports	7982	3276	41.0
社会福利保障业	Social Welfare	4544	2254	49.6
教育、文化艺术及广播电影电视业	**Education,Culture and Arts, Radio, Film and Television**	**421614**	**222830**	**52.9**
教育	Education	335765	187605	55.9
高等教育	Higher Education	119361	52604	44.1
普通高等教育	Ordinary Higher Education	103692	45647	44.0
成人高等教育	Adult Higher Education	15669	6957	44.4

续表 2 continued

(person)

# 中 央 Central	# 地 方 Local	国有经济 State-Owned	# 中 央 Central	# 地 方 Local	集体经济 Collective-Owned	其他经济 Others
143627	**64100**	**187365**	**139453**	**47883**	**16827**	**5435**
71607	123	71730	71607	123		
2187	35391	24456	2010	22430	12943	377
69		69	69			
11822	129	11394	11265	129		568
15134	20043	31600	12263	19324	1404	2581
1421	5094	5526	1069	4457	810	392
41387	3320	42590	41170	1420	1670	1517
74107	**420076**	**326016**	**57468**	**264508**	**137363**	**90704**
49623	170537	162739	43288	117593	58199	20103
16335	211570	137638	10212	125940	68120	49663
1643	385	1979	1625	354		150
6506	37584	23660	2343	20621	11044	20788
70122	**2233**	**52566**	**51175**	**1345**	**7638**	**13724**
62069	2233	47732	46341	1345	7615	10528
8053		4834	4834		23	3196
7146	**56065**	**50978**	**3819**	**47090**	**1601**	**16272**
4828	25868	21976	1746	20161	528	10579
2274	29600	28553	2035	26518	937	5298
44	597	449	38	411	136	395
104241	**335237**	**305627**	**69005**	**231291**	**76965**	**102303**
6171	152192	145187	4314	140696	8534	7350
3235	96631	90683	1705	88804	5838	4315
	57514	57447		57447	67	
468	18117	17653	332	17321	257	827
	25132	23381		23381	701	1138
	8380	8349		8349	31	
4807	26446	15416	1845	13470	16541	2372
46563	57845	61648	28910	28092	9859	41304
924	2357	1155	328	808	1144	2233
6690	5022	9064	4854	4187	313	2493
1828	4858	1661	350	1311	902	6292
19743	13297	21448	15128	6003	8560	17400
3370	2233	2681	1675	963	2724	3185
1929	3494	2650	1367	1279	301	2839
6417	20496	11621	5287	6334	6346	18908
11098	52724	38427	7989	30390	24766	3951
135	6590	6323	112	6211	362	118
40820	**94523**	**122151**	**40525**	**81626**	**12726**	**535**
37434	85383	110155	37319	72836	12630	101
2865	5117	7595	2685	4910		387
521	4023	4401	521	3880	96	47
169198	**250872**	**414226**	**168509**	**245677**	**6457**	**931**
105200	229781	329910	105050	224860	5798	57
96838	22327	118975	96804	22171	377	9
86437	17130	103567	86437	17130	125	
10401	5197	15408	10367	5041	252	9

续表 3 continued

单位：人

行业 Sector		全市 Total	#女职工 Female	比重(%) Propotion(%)
中等教育	Secondary School Education	108680	61173	56.3
中等专业学校	Specialized Secondary Schools	14160	7031	49.7
普通中学	Regular Secondary Schools	74910	43963	58.7
农业、职业中学	Agricultural and Vacational Schools	11797	6712	56.9
技工学校	Technical Schools	3275	1392	42.5
成人中等学校	Adult Secondary Schools	4162	1949	46.8
工读学校	Schools for Juvenile Deliquents	376	126	33.5
初等教育	Primary Education	82152	57285	69.7
小学校	Primary Schools	82152	57285	69.7
学前教育	Preschool Education	12085	11039	91.3
特殊教育	Special Education	722	509	70.5
其他教育	Other Education	12765	4995	39.1
文化艺术业	Culture and Arts	67026	28111	41.9
艺术	Arts	10364	3922	37.8
出版	Publication	37354	15605	41.8
文物保护	Protection of Historical Relics	5080	2061	40.6
图书馆	Library	2808	1652	58.8
档案馆	Archives	1076	528	49.1
群众文化	Mass Culture	3676	1898	51.6
新闻	News	4093	1367	33.4
文化艺术经纪与代理业	Cultural Art Brokerage	133	49	36.8
其他文化艺术业	Other Cultural Art	2442	1029	42.1
广播电影电视业	Radio,Film and Television	18823	7114	37.8
广播	Radio	4993	2042	40.9
电影	Film	5960	2062	34.6
电视	Television	7870	3010	38.2
科学研究和综合技术服务	**Scientific Research and Polytechnical Services**	**286919**	**103916**	**36.2**
科学研究业	Scientific Research	172247	64769	37.6
自然科学研究	Natural Science Research	120234	45279	37.7
社会科学研究	Social Science Research	9706	3637	37.5
其他科学研究	Other Scientific Research	42307	15853	37.5
综合技术服务业	Polytechnical Services	114672	39147	34.1
气象	Atmospheric	2172	931	42.9
地震	Seismology	587	219	37.3
测绘	Surveying and Mapping	1227	500	40.7
技术监督	Technology Supervisor	5513	1913	34.7
海洋环境	Sea and Ocean Environments	333	111	33.3
环境保护	Environmental Protection	1547	524	33.9
技术推广和科技交流服务业	Technology Promotion and Exchange Services	8510	3217	37.8
工程设计业	Engineering Design	24376	9387	38.5
其他综合技术服务业	Other Polytechnical Services	70407	22345	31.7
国家机关、政党机关和社会团体	**Government Organs,Party Organs and Social Bodies**	324848	106500	32.8
国家机关	Government Organs	306914	100051	32.6
政党机关	Party Organs	8615	2577	29.9
社会团体	Social Bodies	9319	3872	41.5
其他行业	Other Sectors	61805	22375	36.2

续表 4 continued

(person)

# 中 央 Central	# 地 方 Local	国有经济 State-Owned	# 中 央 Central	# 地 方 Local	集体经济 Collective-Owned	其他经济 Others
3519	105058	107739	3464	104275	941	
1322	12838	13773	1322	12451	387	
1948	72859	74601	1893	72708	309	
	11797	11797		11797		
147	3128	3048	147	2901	227	
102	4060	4144	102	4042	18	
	376	376		376		
370	81488	81858	370	81488	294	
370	81488	81858	370	81488	294	
2190	9895	9649	2190	7459	2436	
	703	703		703	19	
2283	10310	10986	2222	8764	1731	48
50869	15576	65997	50528	15429	349	680
5843	4429	10133	5805	4328	89	142
34051	3204	37024	33816	3196	132	198
3154	1900	5062	3154	1882	18	
1797	1011	2808	1797	1011		
722	354	1076	722	354		
51	3625	3664	51	3613	12	
4059	34	4093	4059	34		
86	15	71	64	7	22	40
1106	1004	2066	1060	1004	76	300
13129	5515	18319	12931	5388	310	194
3917	1076	4986	3917	1069	7	
3873	1934	5708	3869	1839	128	124
5339	2505	7625	5145	2480	175	70
193582	**81753**	**237653**	**190231**	**46195**	**20063**	**29203**
150777	20461	171781	150726	20114	324	142
106036	13201	119843	106036	12866	249	142
8822	884	9706	8822	884		
35919	6376	42232	35868	6364	75	
42805	61292	65872	39505	26081	19739	29061
2062	110	2172	2062	110		
530	57	587	530	57		
1007	220	1227	1007	220		
3315	2181	5186	3153	2033	136	191
333		333	333			
301	1095	1024	301	723	354	169
1890	5910	5355	1532	3823	1299	856
19234	4731	21203	18170	3033	1430	743
14133	46988	28785	12417	16082	16520	102
152868	171403	324716	152741	171400	132	
140005	166337	306914	140005	166337		
5456	3159	8615	5456	3159		
7407	1907	9187	7280	1904	132	
23832	**34970**	**48310**	**18827**	**29483**	**9343**	**4152**

3-8 国民经济各行业职工人数(按职工类别分)

单位：人

行业	Sector	全市 Total	长期职工 Permanent Workers	临时职工 Temporary Workers
总计	**Total**	**4653489**	**3980386**	**673103**
农、林、牧、渔业	**Farming,Forestry,Animal Husbandry and Fishery**	**54244**	**47395**	**6849**
#农、林、牧、渔服务业	FFAF Services	8903	7928	975
采掘业	**Excavation**	**40719**	**39770**	**949**
制造业	**Manufacturing**	**1270767**	**1178785**	**91982**
食品加工业	Food Processing	26216	23365	2851
食品制造业	Food Manufacturing	39762	33581	6181
饮料制造业	Beverage Manufacturing	27516	23701	3815
烟草制造业	Tobacco Processing	1069	1047	22
纺织业	Textile Industry	69687	66288	3399
服装及其他纤维制品制造业	Garments and Other Fiber Products	46557	37100	9457
皮革、毛皮、羽绒及其制品业	Leather,Furs,Down and Related Products	12023	11546	477
木材加工及竹、藤、棕、革制品业	Timber Processing,Bamboo,Cane, Palm Fiber and Straw Produts	8918	7893	1025
家具制造业	Furniture Manufacturing	10114	6884	3230
造纸及纸制品业	Papermaking and Paper Products	13062	11996	1066
印刷业、记录媒介的复制	Printing and Record Medium Reproduced	42862	39454	3408
文教体育用品制造业	Stationery,Education and Sports Goods	12809	11377	1432
石油加工及炼焦业	Petroleum Processing and Coking Products	50924	50396	528
化学原料及化学制品制造业	Raw Chemicals Materials and Chemical Products	54560	51221	3339
医药制造业	Medical and Pharmaceutical Products	25007	23546	1461
化学纤维制造业	Chemical Fibers	8038	7842	196
橡胶制品业	Rubber Products	14983	13788	1195
塑料制品业	Plastic Products	20756	18036	2720
非金属矿物制品业	Nonmetal Mineral Products	72148	62745	9403
黑色金属冶炼及压延加工业	Smelting and Processing Ferrous Metals	170747	170183	564
有色金属冶炼及压延加工业	Smelting and Processing of Nonferrous Metals	6218	5941	277
金属制品业	Metal Products	40765	34239	6526
普通机械制造业	Ordinary Machinery	76458	72939	3519
专业设备制造业	Special Purpose Equipment	74594	70069	4525
交通运输设备制造业	Transportation Equipment Manufacturing	128413	123105	5308
武器弹药制造业	Weapons and Ammunition Manufacturing	13615	13565	50
电气机械及器材制造业	Electric Equipment and Machine	62262	58286	3976
电子及通信设备制造业	Electronic and Telecommunication	83658	77002	6656
仪器仪表及文化办公用品机械制造业	Instruments,Meters,Cultural and Official Machinery	34123	32164	1959
其他制造业	Other Manufacturing	22903	19486	3417
电力、煤气及水的生产和供应业	**Electricity,Gas and Water Production and Supply**	**42123**	**40102**	**2021**
电力、蒸气、热水的生产和供应业	Electriic Power, Steam and Hot Water Production and Supply	28056	26123	1933
煤气生产和供应业	Gas Production and Supply	8102	8102	
自来水的生产和供应业	Water Production and Supply	5965	5877	88
建筑业	**Construction**	**607954**	**387623**	**220331**
土木工程建筑业	Civil Engineering	503843	323545	180298
线路、管道和设备安装业	Pipeline and Equipment Installation	77804	54237	23567
建筑物的装修装饰业	Building Completion	26307	9841	16466
地质勘查业、水利管理业	**Geological Prospecting and Water Conservancy**	**15700**	**12137**	**3563**

STAFF AND WORKERS IN DEFERENT TRADES(BY TYPE OF STAFF AND WORKERS)

(person)

# 全市国有经济					
Total State-Owned Economy	长期职工 Permanent Workers	临时职工 Temporary Workers	# 地方国有经济 Local State-Owned Economy	长期职工 Permanent Workers	临时职工 Temporary Workers
3486553	3110562	375991	2202224	2017128	185096
48376	42132	6244	47193	41165	6028
8340	7492	848	7298	6566	732
40213	39607	606	40213	39607	606
842311	813415	28896	667777	643151	24626
19329	17773	1556	19158	17676	1482
21545	20292	1253	21319	20120	1199
14104	12609	1495	14014	12552	1462
1069	1047	22	984	977	7
40638	39954	684	40580	39914	666
10651	8927	1724	9184	7505	1679
5126	5083	43	5126	5083	43
3036	2895	141	2230	2089	141
2350	2081	269	1811	1663	148
7897	7742	155	7581	7516	65
33165	31132	2033	9195	8135	1060
7455	6945	510	7414	6916	498
49599	49598	1	2048	2048	
44658	43218	1440	44305	42956	1349
20509	19677	832	17393	16900	493
6780	6721	59	6767	6708	59
10605	10276	329	10493	10166	327
10866	10173	693	10424	9841	583
36928	33437	3491	34130	31217	2913
164341	164028	313	164341	164028	313
5135	4971	164	4625	4476	149
18045	15322	2723	15941	13626	2315
52048	50672	1376	48113	47006	1107
52963	51461	1502	33044	31795	1249
74404	72536	1868	33830	32415	1415
13615	13565	50			
39079	38178	901	37744	36911	833
47885	45647	2238	42879	40803	2076
22096	21680	416	16748	16368	380
6390	5775	615	6356	5741	615
41185	39252	1933	29944	28469	1475
27118	25273	1845	15877	14490	1387
8102	8102		8102	8102	
5965	5877	88	5965	5877	88
429463	313800	115663	240469	212859	27610
374874	269038	105836	205115	181259	23856
47375	41580	5795	31750	29459	2291
7214	3182	4032	3604	2141	1463
15397	11951	3446	10130	7117	3013

续表 1 continued

单位：人

行业	Sector	全市 Total	长期职工 Permanent Workers	临时职工 Temporary Workers
地质勘查业	Geological Prospecting	5304	4793	511
水利管理业	Water Conservancy	10396	7344	3052
交通运输、仓储及邮电通信业	**Transportation,Storage,Postal and and Telecommunications**	**209627**	**187225**	**22402**
铁路运输业	Railway	71730	71708	22
公路运输业	Highway	37776	34061	3715
管道运输业	Pipeline	69	69	
航空运输业	Airway	11962	10233	1729
交通运输辅助业	Transportation Subsidiary	35585	24415	11170
仓储业	Storage	6728	6117	611
邮电通信业	Posts and Telecommunications	45777	40622	5155
批发和零售贸易餐饮业	**Wholesale,Retail and Catering Services**	**554083**	**475965**	**78118**
批发业	Wholesale	241041	210573	30468
零售业	Retail	255421	228022	27399
商业经纪与代理业	Commercial Brokerage and Agency	2129	1906	223
餐饮业	Catering	55492	35464	20028
金融、保险业	**Banking and Insurance**	**73928**	**71240**	**2688**
金融业	Banking	65875	63656	2219
保险业	Insurance	8053	7584	469
房地产业	**Real Estate**	**68851**	**58037**	**10814**
房地产开发与经营业	Real Estate Development	33083	29216	3867
房地产管理业	Real Estate Management	34788	28038	6750
房地产代理与经纪业	Real Estate Brokerage and Agency	980	783	197
社会服务业	**Social Services**	**484895**	**375344**	**109551**
公共设施服务业	Public Services	161071	145799	15272
# 市内公共交通业	Public Transportation	100836	95825	5011
# 市内公共汽电车业	Public Bus and Trolleybus	57514	56891	623
园林绿化业	Gardens Afforest	18737	16114	2623
环境卫生业	Environmental Sanitation	25220	20304	4916
市政工程管理业	Municipal Engineering Management	8380	7484	896
居民服务业	Residential Services	34329	23776	10553
旅馆业	Hotels	112811	92427	20384
租赁服务业	Leasing	4532	3607	925
旅游业	Tourism	11870	10540	1330
娱乐服务业	Recreational	8855	5534	3321
信息、咨询服务业	Information and Consultancy Services	47408	37572	9836
# 广告业	Advertisement	8590	6621	1969
咨询服务业	Consultancy Services	5790	5193	597
计算机应用服务业	Computer Application Services	36875	31922	4953
其他社会服务业	Other Social Services	67144	24167	42977
# 市场管理服务业	Market Management Services	6803	6449	354
卫生、体育和社会福利业	**Health Care,Sports and Social Welfare**	**135412**	**123249**	**12163**
卫生	Health Care	122886	112615	10271
体育	Sports	7982	7079	903
社会福利保障业	Social Welfare	4544	3555	989
教育、文化艺术及广播电影电视业	**Education,Culture and Arts, Radio, Film and Television**	**421614**	**385933**	**35681**
教育	Education	335765	309363	26402
高等教育	Higher Education	119361	107507	11854
普通高等教育	Ordinary Higher Education	103692	93842	9850
成人高等教育	Adult Higher Education	15669	13665	2004

续表 2 continued

(person)

Total State-Owned Economy	# 全市国有经济 长期职工 Permanent Workers	临时职工 Temporary Workers	# 地方国有经济 Local State-Owned Economy	长期职工 Permanent Workers	临时职工 Temporary Workers
5201	4727	474	168	126	42
10196	7224	2972	9962	6991	2971
187365	**170304**	**17061**	**47883**	**35935**	**11948**
71730	71708	22	123	118	5
24456	22416	2040	22430	20557	1873
69	69				
11394	9772	1622	129	129	
31600	21487	10113	19324	10262	9062
5526	5186	340	4457	4283	174
42590	39666	2924	1420	586	834
326016	**294419**	**31597**	**264508**	**241225**	**23283**
162739	146909	15830	117593	106075	11518
137638	127135	10503	125940	117585	8355
1979	1800	179	354	294	60
23660	18575	5085	20621	17271	3350
52566	**51498**	**1068**	**1345**	**1311**	**34**
47732	46782	950	1345	1311	34
4834	4716	118			
50978	**44117**	**6861**	**47090**	**40825**	**6265**
21976	19686	2290	20161	18006	2155
28553	24008	4545	26518	22430	4088
449	423	26	411	389	22
305627	**249491**	**56136**	**231291**	**190868**	**40423**
145187	134654	10533	140696	131009	9687
90683	87943	2740	88804	86354	2450
57447	56841	606	57447	56841	606
17653	15231	2422	17321	14958	2363
23381	19674	3707	23381	19674	3707
8349	7458	891	8349	7458	891
15416	12952	2464	13470	11436	2034
61648	48061	13587	28092	23232	4860
1155	875	280	808	670	138
9064	7886	1178	4187	3547	640
1661	1109	552	1311	831	480
21448	17526	3922	6003	5100	903
2681	2195	486	963	762	201
2650	2443	207	1279	1141	138
11621	10355	1266	6334	5443	891
38427	16073	22354	30390	9600	20790
6323	6091	232	6211	5991	220
122151	**111505**	**10646**	**81626**	**74241**	**7385**
110155	101228	8927	72836	66702	6134
7595	6811	784	4910	4419	491
4401	3466	935	3880	3120	760
414226	**380221**	**34005**	**245677**	**228390**	**17287**
329910	304870	25040	224860	210396	14464
118975	107139	11836	22171	20175	1996
103567	93719	9848	17130	15590	1540
15408	13420	1988	5041	4585	456

续表 3 continued

单位：人

行业	Sector	全市 Total	长期职工 Permanent Workers	临时职工 Temporary Workers
中等教育	Secondary School Education	108680	102279	6401
中等专业学校	Specialized Secondary Schools	14160	12894	1266
普通中学	Regular Secondary Schools	74910	71626	3284
农业、职业中学	Agricultural and Vacational Schools	11797	10617	1180
技工学校	Technical Schools	3275	2869	406
成人中等学校	Adult Secondary Schools	4162	3910	252
工读学校	Schools for Juvenile Deliquents	376	363	13
初等教育	Primary Education	82152	77968	4184
小学校	Primary Schools	82152	77968	4184
学前教育	Preschool Education	12085	11206	879
特殊教育	Special Education	722	675	47
其他教育	Other Education	12765	9728	3037
文化艺术业	Culture and Arts	67026	61103	5923
艺术	Arts	10364	9473	891
出版	Publication	37354	34454	2900
文物保护	Protection of Historical Relics	5080	4290	790
图书馆	Library	2808	2646	162
档案馆	Archives	1076	989	87
群众文化	Mass Culture	3676	3281	395
新闻	News	4093	3778	315
文化艺术经纪与代理业	Cultural Art Brokerage Agencies	133	113	20
其他文化艺术业	Other Cultural Art	2442	2079	363
广播电影电视业	Radio,Film and Television	18823	15467	3356
广播	Radio	4993	4642	351
电影	Film	5960	5007	953
电视	Television	7870	5818	2052
科学研究和综合技术服务	**Scientific Research and Polytechnical Services**	**286919**	**261116**	**25803**
科学研究业	Scientific Research	172247	163705	8542
自然科学研究	Natural Science Research	120234	113979	6255
社会科学研究	Social Science Research	9706	9389	317
其他科学研究	Other Scientific Research	42307	40337	1970
综合技术服务业	Polytechnical Services	114672	97411	17261
气象	Atmospheric	2172	2067	105
地震	Seismology	587	568	19
测绘	Surveying and Mapping	1227	1186	41
技术监督	Technology Supervisor	5513	5121	392
海洋环境	Sea and Ocean Environments	333	329	4
环境保护	Environmental Protection	1547	1257	290
技术推广和科技交流服务业	Technology Promotion and Exchange Services	8510	6919	1591
工程设计业	Engineering Design	24376	23118	1258
其他综合技术服务业	Other Polytechnical Services	70407	56846	13561
国家机关、政党机关和社会团体	**Government Organs,Party Organs and Social Bodies**	**324848**	**281701**	**43147**
国家机关	Government Organs	306914	264892	42022
政党机关	Party Organs	8615	7923	692
社会团体	Social Bodies	9319	8886	433
其他行业	**Other Sectors**	**61805**	**54764**	**7041**

续表 4 continued

(person)

Total State-Owned Economy	# 全市国有经济 长期职工 Permanent Workers	临时职工 Temporary Workers	# 地方国有经济 Local State-Owned Economy	长期职工 Permanent Workers	临时职工 Temporary Workers
107739	101521	6218	104275	98367	5908
13773	12532	1241	12451	11306	1145
74601	71375	3226	72708	69683	3025
11797	10617	1180	11797	10617	1180
3048	2741	307	2901	2594	307
4144	3893	251	4042	3804	238
376	363	13	376	363	13
81858	77799	4059	81488	77453	4035
81858	77799	4059	81488	77453	4035
9649	8968	681	7459	6877	582
703	656	47	703	656	47
10986	8787	2199	8764	6868	1896
65997	60262	5735	15429	13497	1932
10133	9298	835	4328	3908	420
37024	34145	2879	3196	2866	330
5062	4272	790	1882	1380	502
2808	2646	162	1011	920	91
1076	989	87	354	323	31
3664	3271	393	3613	3228	385
4093	3778	315	34	34	
71	61	10	7	7	
2066	1802	264	1004	831	173
18319	15089	3230	5388	4497	891
4986	4635	351	1069	930	139
5708	4833	875	1839	1508	331
7625	5621	2004	2480	2059	421
237653	**223224**	**14429**	**46195**	**41359**	**4836**
171781	163312	8469	20114	19194	920
119843	113642	6201	12866	12105	761
9706	9389	317	884	878	6
42232	40281	1951	6364	6211	153
65872	59912	5960	26081	22165	3916
2172	2067	105	110	110	
587	568	19	57	56	1
1227	1186	41	220	191	29
5186	4873	313	2033	1864	169
333	329	4			
1024	845	179	723	548	175
5355	4643	712	3823	3344	479
21203	20437	766	3033	2848	185
28785	24964	3821	16082	13204	2878
324716	**281569**	**43147**	**171400**	**164515**	**6885**
306914	264892	42022	166337	159575	6762
8615	7923	692	3159	3094	65
9187	8754	433	1904	1846	58
48310	**44057**	**4253**	**29483**	**26091**	**3392**

3-9 职 工 工 资 总 额

TOTAL WAGES OF STAFF AND WORKERS

单位：万元 (10000 yuan)

项目	Item	1997	1996	1997年为1996年% 1997 as % of 1996
总计	**Total**	5147632	4423882	116.4
按经济类型分	**Grouped by Ownership**			
# 国有经济	State-Owned	3835676	3394017	113.0
集体经济	Collective-Owned	537736	461980	116.4
联营经济	Joint Owned	30488	29524	103.3
股份制经济	Share-Holding	221353	144310	153.4
外商投资经济	Foreign Funded	363311	268923	135.1
港、澳、台投资经济	Hongkong,Macao and Taiwan Funded	142272	121663	116.9
按隶属关系分	**Grouped by Administrative Relationship**			
# 中央	Central	1654680	1377504	120.8
地方	Local	3186585	2878200	110.4
按行业分	**Grouped by Sector**			
农、林、牧、渔业	Farming,Forestry,Animal Husbandry and Fishery	39256	35072	111.9
# 农业	Farming	11589	9789	118.4
采掘业	Excavation	42694	38551	110.7
制造业	Manufacturing	1291802	1189242	108.6
电力、煤气及水的生产和供应业	Electric Power, Gas, Water Production and Supply	57538	49449	116.4
建筑业	Construction	614406	513741	119.6
地质勘查业、水利管理业	Geological Prospecting and Water Conservancy	14517	13917	104.3
交通运输、仓储及邮电通信业	Trsportation,Storage,Posts and Communications	253052	218942	115.6
# 交通运输业	Transportation	183712	167027	110.0
邮电通信业	Posts and Communications Services	62691	46117	135.9
批发和零售贸易、餐饮业	Wholesale, Retail and Catering	582863	534506	109.0
# 批发业	Wholesale	265060	242072	109.5
零售业	Retail	254431	236290	107.7
餐饮业	Catering	59927	53284	112.5
金融、保险业	Banking and Insurance	137432	90217	152.3
房地产业	Real Estate	102651	84431	121.6
社会服务业	Social Services	613902	479701	128.0
# 居民服务业	Residents Services	29718	27158	109.4
旅馆业	Hotels	142275	126134	112.8
卫生、体育和社会福利业	Health Care,Sports and Social Welfare	157944	131467	120.1
# 卫生	Health Care	142983	119087	120.1
体育	Sports	10434	8240	126.6
教育、文化艺术和广播电影电视业	Education,Culture and Arts,Radio,Film and Television	466968	375817	124.3
教育	Education	356632	294021	121.3
文化艺术业	Culture and Arts	81809	64170	127.5
广播电影电视业	Radio,Film and Television	28526	17627	161.8
科学研究和综合技术服务业	Scientific Research and Polytechnical Services	340656	292574	116.4
科学研究业	Scientific Research	196900	151391	130.1
综合技术服务业	Polytechnical Services	143756	141184	101.8
国家机关、政党机关和社会团体	Government Organs,Party Organs and Social Bodies	343219	289759	118.4
其他行业	Others	88732	86495	102.6

3-10 职 工 平 均 工 资
AVERAGE WAGE FOR STAFF AND WORKERS

单位：元 (yuan)

项目	Item	1997	1996	1997年为1996年% 1997 as % of 1996
总计	**Total**	11019	9579	115.0
按经济类型分	**Grouped by Ownership**			
# 国有经济	State-Owned	10907	9645	113.1
集体经济	Collective-Owned	8259	7133	115.8
联营经济	Joint Owned	9918	9032	109.8
股份制经济	Share-Holding	12864	11036	116.6
外商投资经济	Foreign Funded	18058	14020	128.8
港、澳、台投资经济	Hongkong, Macao and Taiwan Funded	14945	12883	116.0
按隶属关系分	**Grouped by Administrative Relationship**			
# 中央	Central	12144	10220	119.5
地方	Local	10455	9286	112.3
按行业分	**Grouped by Sector**			
农、林、牧、渔业	Farming, Forestry, Animal Husbandry and Fishery	7054	6548	107.7
# 农业	Farming	6099	5978	102.0
采掘业	Excavation	10261	8727	117.6
制造业	Manufacturing	9964	8821	113.0
电力、煤气及水的生产和供应业	Electric Power, Gas, Water Production and Supply	13365	11740	113.8
建筑业	Construction	10111	9642	104.9
地质勘查业、水利管理业	Geological Prospecting and Water Conservancy	9550	8797	108.6
交通运输、仓储及邮电通信业	Trsportation, Storage, Posts and Communications	12173	10612	114.7
# 交通运输业	Transportation	11661	10271	113.5
邮电通信业	Posts and Communications Services	14423	12325	117.0
批发和零售贸易、餐饮业	Wholesale, Retail and Catering	10418	9241	112.7
# 批发业	Wholesale	10750	9478	113.4
零售业	Retail	9946	8932	111.4
餐饮业	Catering	10889	9392	115.9
金融、保险业	Banking and Insurance	19017	13725	138.6
房地产业	Real Estate	15355	13325	115.2
社会服务业	Social Services	12802	10583	121.0
# 居民服务业	Residents Services	8720	8035	108.5
旅馆业	Hotels	12531	11286	111.0
卫生、体育和社会福利业	Health Care, Sports and Social Welfare	11709	9761	120.0
# 卫生	Health Care	11692	9780	119.6
体育	Sports	12901	9979	129.3
教育、文化艺术和广播电影电视业	Education, Culture and Arts, Radio, Film and Television	11126	9037	123.1
教育	Education	10668	8841	120.7
文化艺术业	Culture and Arts	12264	9692	126.5
广播电影电视业	Radio, Film and Television	15254	10314	147.9
科学研究和综合技术服务业	Scientific Research and Polytechnical Services	11844	10410	113.8
科学研究业	Scientific Research	11202	9364	119.6
综合技术服务业	Polytechnical Services	12852	11827	108.7
国家机关、政党机关和社会团体	Government Organs, Party Organs and Social Bodies	10698	9467	113.0
其他行业	Others	14139	11261	125.6

3-11 国民经济各行业职工工资总额及平均工资

行业	Sector	工资总额 (万元) Total Wages (10000yuan)	# 中央 Central	# 地方 Local	国有经济 State-Owned
总计	**Total**	5147632	1654680	3186585	3835676
农、林、牧、渔业	**Farming,Forestry,Animal Husbandry and Fishery**	39256	1627	37594	34572
# 农、林、牧、渔服务业	FFAF Services	8168	1408	6753	7743
采掘业	**Excavation**	42694		42694	42291
制造业	**Manufacturing**	1291802	227013	1023145	831338
食品加工业	Food Processing	23506	430	22126	14786
食品制造业	Food Manufacturing	40409	3628	30858	16825
饮料制造业	Beverage Manufacturing	29109	191	27677	11776
烟草制造业	Tobacco Processing	1885	81	1804	1885
纺织业	Textile Industry	58533	162	57934	35110
服装及其他纤维制品制造业	Garments and Other Fiber Products	33838	1586	26704	8569
皮革、毛皮、羽绒及其制品业	Leather,Furs,Down and Related Products	8037	110	7365	2885
木材加工及竹、藤、棕、革制品业	Timber Processing,Bamboo,Cane, Palm Fiber and Straw Produts	6389	863	5290	2279
家具制造业	Furniture Manufacturing	10333	808	7938	1640
造纸及纸制品业	Papermaking and Paper Products	12582	386	11765	6670
印刷业、记录媒介的复制	Printing and Record Medium Reproduced	45454	29171	14765	35547
文教体育用品制造业	Stationnery,Education and Sports Goods	11582	86	10680	6620
石油加工及炼焦业	Petroleum Processing and Coking Products	66108	63618	2325	64361
化学原料及化学制品制造业	Raw Chemicals Materials and Chemical Products	61402	2201	58741	47931
医药制造业	Medical and Pharmaceutical Products	28872	3937	24313	22435
化学纤维制造业	Chemical Fibers	5801	30	5745	5074
橡胶制品业	Rubber Products	10462	497	9911	7645
塑料制品业	Plastic Products	15983	1904	13582	7812
非金属矿物制品业	Nonmetal Mineral Products	69832	3394	65637	35487
黑色金属冶炼及压延加工业	Smelting and Processing Ferrous Metals	192867	66	192782	184809
有色金属冶炼及压延加工业	Smelting and Processing of Nonferrous Metals	5616	487	5085	4589
金属制品业	Metal Products	30972	2533	27505	13636
普通机械制造业	Ordinary Machinery	70411	7610	61057	44313
专业设备制造业	Special Purpose Equipment	74703	20984	51278	49652
交通运输设备制造业	Transportation Equipment	131753	49051	80972	73931
武器弹药制造业	Weapons and Ammunition	11597	11597		11597
电气机械及器材制造业	Electric Equipment and Machine	55198	2913	50805	34249
电子及通信设备制造业	Electronic and Telecommunication	114508	10959	95172	53874
仪器仪表及文化办公用品机械制造业	Instruments,Meters,Cultural and Official Machinery	45699	6579	37813	20449
其他制造业	Other Manufacturing	18362	1152	15516	4901
电力、煤气及水的生产和供应业	**Electric Power,Gas and Water Production and Supply**	57538	18475	39062	56371
电力、蒸气、热水的生产和供应业	Electriic Power, Steam and Hot Water Production and Supply	39211	18475	20735	38044
煤气生产和供应业	Gas Production and Supply	10739		10739	10739
自来水的生产和供应业	Water Production and Supply	7588		7588	7588
建筑业	**Construction**	614406	158349	367988	456378
土木工程建筑业	Civil Engineering	490041	108915	304051	381148
线路、管道和设备安装业	Pipelines and Equipment Installation	101022	44210	53561	68689
建筑物的装修装饰业	Building Completion	23343	5224	10375	6540
地质勘查业、水利管理业	**Geological Prospecting and Water Conservancy**	14517	5029	9478	14296
地质勘查业	Geological Prospecting	4915	4696	209	4840
水利管理业	Water Conservancy	9603	334	9269	9456

TOTAL WAGES AND AVERAGE WAGE OF STAFF AND WORKERS BY DIFFRENT TRADES OF NATIONAL ECONOMY

	# 中 央 Central	# 地 方 Local	集体经济 Collective-Owned	其他经济 Others	平均工资 （元） Average Wage (yuan)	国有经济 State-Owned	集体经济 Collective-Owned	其他经济 Others
	1439143	2342107	537736	774220	11019	10907	8259	15370
	1485	33087	775	3908	7054	6950	7159	8103
	1400	6343	413	12	9096	9209	7415	8050
		42291	259	144	10261	10295	6399	11533
	187109	644073	156135	304329	9964	9628	7381	13740
	279	14507	508	8212	8629	7258	7920	13184
	139	16676	1883	21701	10089	7675	5356	14850
	65	11711	1586	15747	10358	8241	8702	13133
	81	1804			17818	17818		
	33	35077	4855	18568	8361	8645	5223	9241
	1395	7174	7710	17559	7224	7921	5037	8476
		2885	2698	2453	6346	5560	6149	7947
	765	1514	3638	472	7224	7417	7044	7780
	330	1311	5767	2926	9917	6910	11285	9970
	307	6363	1691	4221	9566	8074	7260	16474
	27139	8408	4520	5388	10490	10574	6925	16894
	22	6599	2549	2413	8615	8532	7001	11803
	62297	2064	1097	650	12962	12961	15433	10226
	289	47642	3194	10277	10942	10379	9204	15899
	3861	18574	1508	4928	11321	10670	8223	18654
	30	5044	473	254	6951	7181	4975	7738
	109	7536	2107	710	6877	7083	5677	10042
	288	7524	4026	4145	7348	6758	7041	9265
	2855	32632	21876	12468	9445	9205	8752	12002
		184809	1121	6937	11158	11106	7779	13874
	474	4096	459	568	8634	8568	6305	13494
	1612	11993	10651	6685	7413	7293	6312	10767
	3142	41171	9264	16834	8942	8229	7499	13426
	19371	30281	13191	11860	9854	9182	9052	16556
	38138	35697	14246	43576	9970	9665	7078	12265
	11597				8277	8277		
	1584	32665	10341	10608	8711	8471	6886	13397
	5348	48526	11095	49539	13340	10672	9209	21257
	5542	14908	5533	19716	13033	8960	8786	33186
	19	4882	8547	4914	7855	7355	6601	13055
	17760	38611	830	337	13365	13375	12770	13251
	17760	20284	830	337	13568	13590	12770	13251
		10739			13216	13216		
		7588			12592	12592		
	130206	283762	128204	29824	10111	10447	8810	11794
	102685	237352	96263	12630	9801	10144	8411	12901
	25060	42528	26279	6054	12056	12608	10906	11607
	2461	3882	5662	11140	9771	9877	8105	10835
	5022	9273	222		9550	9601	7107	
	4688	152	75		9240	9279	7252	
	334	9122	147		9717	9775	7036	

续表 1 continued

行业	Sector	工资总额 (万元) Total Wages (10000yuan)	# 中央 Central	# 地方 Local	国有经济 State-Owned
交通运输、仓储及邮电通信业	**Transportation, Storage, Posts and Telecommunications**	**253052**	**191558**	**59327**	**229437**
铁路运输业	Railway	90291	90194	96	90291
公路运输业	Highway	29979	3299	26528	18788
管道运输业	Pipeline	120	120		120
航空运输业	Airway	14753	14320	408	13079
交通运输辅助业	Transportation Subsidiary	48570	24080	23857	42308
仓储业	Storage	6649	1686	4818	5517
邮电通信业	Posts and Telecommunications	62691	57857	3621	59335
批发和零售贸易餐饮业	**Wholesale, Retail and Catering**	**582863**	**117899**	**408426**	**355640**
批发业	Wholesale	265060	86172	159536	191905
零售业	Retail	254431	20532	207347	138207
商业经纪与代理业	Commercial Management and Agency	3445	2875	435	3234
餐饮业	Catering	59927	8320	41107	22293
金融、保险业	**Banking and Insurance**	**137432**	**123407**	**5212**	**85492**
金融业	Banking	119908	105883	5212	72492
保险业	Insurance	17524	17524		13000
房地产业	**Real Estate**	**102651**	**11272**	**83447**	**70424**
房地产开发与经营业	Real Estate Development	60872	8196	48285	37628
房地产管理业	Real Estate Management	40542	3031	34385	32191
房地产代理与经纪业	Real Estate Brokerage and Agency	1237	45	777	605
社会服务业	**Social Services**	**613902**	**136862**	**405182**	**368027**
公共设施服务业	Public Services	202178	7972	191819	183289
# 市内公共交通业	Public Transportation in City	125035	2436	121839	112215
# 市内公共汽电车业	Public Bus and Trolleybus	77396		77396	77344
园林绿化业	Gardens Afforest	23837	699	22998	22116
环境卫生业	Environmental Sanitation	30803		30764	29589
市政工程管理业	Municipal Engineering Management	11502		11502	11468
居民服务业	Residents Services	29718	4297	22559	15362
旅馆业	Hotels	142275	60112	74476	66324
租赁服务业	Rentals	4638	1116	2046	1316
旅游业	Tourism	16430	11271	4999	11935
娱乐服务业	Recreational Services	11288	3234	5968	1711
信息、咨询服务业	Information and Consultancy Services	65442	28673	18323	27416
# 广告业	Advertisement	11115	5487	2498	3644
咨询服务业	Consultancy Services	12207	4752	6983	4452
计算机应用服务业	Computer Application Services	75157	7411	34695	14024
其他社会服务业	Other Social Services	66775	12775	50297	46649
# 市场管理服务业	Market Management Services	23837	230	23546	23424
卫生、体育和社会福利业	**Health Care, Sports and Social Welfare**	**157944**	**50291**	**107597**	**144046**
卫生	Health Care	142983	46456	96472	130023
体育	Sports	10434	3401	7034	9787
社会福利保障业	Social Welfare	4526	434	4092	4237
教育、文化艺术及广播电影电视业	**Education, Culture and Arts, Radio, Film and Television**	**466968**	**201434**	**263538**	**460029**
教育	Education	356632	119364	236336	351697
高等教育	Higher Education	133847	109742	23923	133533
普通高等教育	Ordinary Higher Education	118375	99998	18250	118248
成人高等教育	Adult Higher Education	15472	9744	5673	15285

续表 2 continued

				平均工资			
# 中 央 Central	# 地 方 Local	集体经济 Collective-Owned	其他经济 Others	(元) Average Wage (yuan)	国有经济 State-Owned	集体经济 Collective-Owned	其他经济 Others
183062	46333	14402	9213	12173	12344	8397	18960
90194	96			12415	12415		
2102	16666	10680	510	7863	7664	8019	17361
120				17129	17129		
12672	408		1673	12775	11891		
19215	23071	1385	4877	13851	13509	9456	21362
1263	4253	723	409	9679	9773	8451	11090
57495	1840	1613	1743	14423	14618	10664	12777
94588	256674	112458	114765	10418	10764	7966	13056
77019	113081	50690	22465	10750	11504	8445	11380
12777	123427	53245	62979	9946	10022	7575	13226
2850	385		210	16853	16934		15697
1942	19781	8524	29110	10889	9381	7851	14260
83173	2154	6406	45534	19017	16625	8429	34379
70173	2154	6380	41037	18469	15368	8420	40327
13000		26	4497	23858	30568	11379	14654
5404	64859	1680	30547	15355	14139	10389	19801
2810	34657	560	22684	18921	17532	10357	22309
2551	29639	970	7381	11999	11537	10095	14981
43	562	149	482	13879	13620	12991	14532
82237	280792	68897	176978	12802	12072	9068	17929
6144	177029	11832	7056	12551	12586	14318	9814
1342	110761	9065	3755	12523	12478	16278	8646
	77344	52		13603	13610	7785	
293	21824	509	1211	11618	11414	13948	15630
	29589	481	734	12678	13099	7314	6972
	11468	34		13338	13346	11053	
2073	13134	11762	2594	8720	10050	7153	11043
31549	30499	8180	67772	12531	10744	8190	16207
485	818	895	2427	10891	11453	7713	12452
7376	4548	281	4214	13768	13095	9041	16803
305	1407	753	8824	12645	9690	8874	13979
18893	8144	9372	28654	14317	12998	10922	17871
2444	1163	2825	4647	13785	13786	10524	16985
2069	2377	689	7066	22235	17576	24184	26444
5801	8223	10738	50394	21938	12273	17398	30251
9612	36991	15083	5043	10155	12388	6230	12961
211	23213	262	151	30682	32176	6942	13495
49798	94248	12871	1027	11709	11839	10099	21524
46333	83691	12817	144	11692	11865	10129	23585
3031	6755		648	12901	12687		17316
434	3802	54	235	10044	9690	5875	56004
200514	259440	5656	1282	11126	11145	9313	14474
119195	232502	4898	38	10668	10695	9040	8176
109714	23818	307	7	11192	11199	8738	11672
99998	18250	127		11392	11394	10124	
9716	5569	180	7	9866	9893	7971	11672

续表 3 continued

行业	Sector	工资总额 (万元) Total Wages (10000yuan)	# 中央 Central	# 地方 Local	国有经济 State-Owned
中等教育	Secondary School Education	119473	4443	114939	118670
中等专业学校	Specialized Secondary Schools	14634	1185	13449	14355
普通中学	Regular Secondary Schools	83535	2918	80530	83242
农业、职业中学	Agricultural and Vacational Schools	12948		12948	12948
技工学校	Technical Schools	3582	233	3349	3370
成人中等学校	Adult Secondary Schools	4317	107	4207	4298
工读学校	Schools for Juvenile Deliquents	457		457	457
初等教育	Primary Education	77951	581	76936	77517
小学校	Primary Schools	77951	581	76936	77517
学前教育	Preschool Education	11804	2192	9612	9803
特殊教育	Special Education	719		706	706
其他教育	Other Education	12838	2406	10220	11468
文化艺术业	Culture and Arts	81809	62142	18994	80550
艺术	Arts	10872	6282	4513	10673
出版	Publication	50440	44159	6124	49913
文物保护	Protection of Historical Relics	5283	3352	1873	5272
图书馆	Library	2453	1479	974	2453
档案馆	Archives	1091	689	402	1091
群众文化	Mass Culture	3510	41	3469	3501
新闻	News	4466	4424	42	4466
文化艺术经纪与代理业	Cultural Art Brokerage	321	271	13	208
其他文化艺术业	Other Cultural Art	3373	1445	1584	2974
广播电影电视业	Radio,Film and Television	28526	19928	8208	27782
广播	Radio	5287	3724	1563	5272
电影	Film	5698	3553	1959	5406
电视	Television	17542	12652	4686	17104
科学研究和综合技术服务	**Scientific Research and Polytechnical Services**	**340656**	**227627**	**100092**	**280934**
科学研究业	Scientific Research	196900	169440	26342	196436
自然科学研究	Natural Science Research	139559	122029	16420	139158
社会科学研究	Social Science Research	8290	7244	1046	8290
其他科学研究	Other Scientific Research	49051	40167	8876	48988
综合技术服务业	Polytechnical Services	143756	58188	73750	84498
气象	Atmospheric	2633	2511	122	2633
地震	Seismology	542	487	54	542
测绘	Surveying and Mapping	1337	1068	269	1337
技术监督	Technology Supervisor	7015	3975	3025	6510
海洋环境	Sea and Ocean Environments	292	292		292
环境保护	EnvironMental Protection	1344	262	968	887
技术推广和科技交服务业	Technology Promotion and Exchange Services	9871	2732	6575	6451
工程设计业	Engineering Design	35907	28441	6966	30941
其他综合技术服务	Other Polytechnical Services	84815	18418	55769	34904
国家机关、政党机关和社会团体	**Government Organs,Party Organs and Social Bodies**	**343219**	**142737**	**199822**	**343006**
国家机关	Government Organs	324730	129701	194379	324730
政党机关	Party Organs	8181	4901	3280	8181
社会团体	Social Bodies	10308	8134	2164	10095
其他行业	**Other Sectors**	**88732**	**41099**	**33982**	**63395**

续表 4 continued

# 中 央 Central	# 地 方 Local	集体经济 Collective-Owned	其他经济 Others	平均工资 (元) Average Wage (yuan)	国有经济 State-Owned	集体经济 Collective-Owned	其他经济 Others
4357	114313	800	4	11061	11083	8542	
1185	13170	279		10460	10555	7148	
2839	80404	292		11203	11209	9652	
	12948			11118	11118		
226	3144	212		10903	11011	9426	
107	4190	16	4	10421	10419	9019	
	457			11991	11991		
581	76936	434		9521	9497	17939	
581	76936	434		9521	9497	17939	
2192	7610	2001		9836	10258	8185	
	706	14		10100	10182	7140	
2351	9118	1343	27	10583	10752	9423	6748
61609	18867	336	923	12264	12260	9559	14053
6232	4441	53	146	10400	10453	5725	9673
43791	6110	113	414	13613	13583	8623	23920
3352	1861	12		10429	10443	6504	
1479	974			8603	8603		
689	402			10289	10289		
41	3460	9		9713	9720	7743	
4424	42			10928	10928		
197	11	74	40	28448	31075	33417	16562
1404	1566	75	324	13978	14664	9917	10474
19710	8072	423	322	15254	15254	13867	17570
3724	1548	15		10752	10739	18492	
3551	1855	104	188	9442	9351	8496	14276
12435	4669	304	133	22637	22736	17400	26094
222279	**57262**	**18842**	**40880**	**11844**	**11610**	**9644**	**15653**
169403	25984	280	183	11202	11205	8871	13094
122029	16079	218	183	11304	11306	9041	13094
7244	1046			8729	8729		
40129	8859	62		11456	11461	8324	
52877	31279	18561	40697	12852	12677	9656	15667
2511	122			12052	12052		
487	54			8923	8923		
1068	269			10778	10778		
3722	2788	186	319	12600	12396	13222	18214
292				8766	8766		
262	625	257	200	8787	9155	6698	11292
2041	4410	1140	2280	12137	12158	10546	13056
26265	4676	1679	3287	14307	14110	11184	19708
16227	18335	15300	34611	12629	12106	9494	15584
142534	**199820**	**212**		**10698**	**10696**	**14539**	
129701	194379			10722	10722		
4901	3280			9370	9370		
7932	2162	212		11166	11112	14539	
33969	**29426**	**9886**	**15452**	**14139**	**12921**	**10325**	**37505**

3-12 职工工资总额构成
COMPOSITION OF TOTAL WAGES FOR STAFF AND WORKERS

单位：万元　　　　　　　　　　　　　　　　　　　　　　　　　　　　(10000 yuan)

项目	Item	工资总额 Total Wages	# 计时计件标准工资 Time Wage, Piece Rate StandardWage	# 奖金计件超额工资 Bonous,Piece Rate Above-qutoa Wage	# 津贴和补贴 Subsidies and Allow-ances
总计	**Total**	5147632	2598293	1175604	1094688
# 中央单位	Central Units	1654680	730780	358853	466162
地方单位	Local Units	3186585	1620573	791788	613301
国有经济	State-Owned	3835676	1778118	936334	950886
集体经济	Collective-Owned	537736	319034	101646	70104
其他经济	Other	774220	501140	137624	73698
				0	0
农、林、牧、渔业	Farming,Forestry,Animal Husbandry and Fishery	39256	21899	5746	10930
采掘业	Excavation	42694	23730	10352	7650
制造业	Manufacturing	1291802	725698	297971	214038
电力、煤气及水的生产和供应业	Electric Power,Gas and Water Production and Supply	57538	25819	22000	7397
建筑业	Construction	614406	386166	133076	68018
地质勘查业水利管理业	Geological Prospecting,Water Conservancy Management	14517	6516	2567	5263
交通运输、仓储及邮电通信业	Transportation,Storage,Posts and Telecommunications	253052	110030	79234	52250
批发和零售贸易餐饮业	Wholesale,Retail and Catering	582863	265974	201760	83765
金融、保险业	Banking and Insurance	137432	45209	26160	60443
房地产业	Real Estate	102651	48954	34684	14468
社会服务业	Social Services	613902	346883	129035	81098
卫生体育和社会福利业	Health Care, Sports and Social Welfare	157944	55468	43640	51940
教育、文化艺术和广播电影电视业	Education,Culture,Art,Radio,Film and Television	466968	189918	68521	181487
科学研究和综合技术服务业	Scientific Research and Polytechnical Services	340656	162051	48341	110270
国家机关、政党机关和社会团体	Government Organs,Party Organs and Social Bodies	343219	139768	54791	126796
其他行业	Other Sectors	88732	44208	17728	18877

3-13 分地区职工人数、平均工资
NUMBER OF STAFF AND WORKERS, AVERAGE WAGE BY REGION

地区	Region	职工人数（人） Staff and Workers(person) 1997	1996	平均工资（元） Average Wage(yuan) 1997	1996
全市	**Total**	4653489	4605743	11019	9579
城区	**City Proper**	1364923	1414055	11893	10136
东城区	Dongcheng	422051	431625	11885	10263
西城区	Xicheng	542637	550209	12656	10565
崇文区	Chunwen	149498	157650	9884	8889
宣武区	Xuanwu	250737	274571	11479	9805
近郊区	**Near Suburbs**	2202708	2183074	11115	9732
朝阳区	Chaoyang	790733	817201	11732	10197
丰台区	Fengtai	336495	333739	9191	8459
石景山区	Shijingshan	309490	317391	10150	9895
海淀区	Haidian	765990	714743	11713	9723
远郊区	**Outer Suburbs**	223039	231134	10202	8296
门头沟区	Mentougou	83351	86691	9054	7767
房山区	Fangshan	139688	144443	10855	8607
各县	**Counties**	583154	597366	8120	7071
昌平县	Changping	122610	122374	7965	7331
顺义县	Shunyi	77111	80200	7997	7027
通县	Tongxian	100620	104746	7809	6777
大兴县	Daxing	100006	104972	9237	7585
平谷县	Pinggu	53774	50554	7230	5947
怀柔县	Huairou	42920	43507	8588	7918
密云县	Miyun	49687	50852	7809	6845
延庆县	Yanqing	36426	40161	7975	6596
外地	**Nonlocal**	279665	180114	11730	8940

主要统计指标解释

从业人员　指从事一定社会劳动并取得劳动报酬或经营收入的人员。包括：（1）全部职工；（2）再就业的离退休人员；（3）私营业主；（4）个体户主；（5）私营和个体从业人员；（6）乡镇企业从业人员；（7）农村从业人员；（8）其他从业人员（包括民办教师、宗教职业者、现役军人等）。

这一指标反映了一定时期内全部劳动力资源的实际利用情况，是研究我国基本国情国力的重要指标。

职工　指在国有经济、城镇集体经济、联营经济、股份制经济、外商和港、澳、台投资经济、其他经济单位及其附属机构工作，并由其支付工资的各类人员。

职工工资总额　指各单位在一定时期内直接支付给本单位全部职工的劳动报酬总额。

工资总额的计算原则应以直接支付给职工的全部劳动报酬为根据。各单位支付给职工的劳动报酬以及其他根据有关规定支付的工资，不论是计入成本的还是不计入成本的，不论是按国家规定列入计征奖金税项目的，还是未列入计征奖金税项目的，不论是以货币形式支付的还是以实物形式支付的，均包括在工资总额内。

职工平均工资　指企业、事业、机关单位的职工在一定时期内平均每人所得的货币工资额。它表明一定时期职工工资收入的高低程度，是反映职工工资水平的主要指标。计算公式为：

$$\text{职工平均工资} = \frac{\text{报告期实际支付的全部职工工资总额}}{\text{报告期全部职工平均人数}}$$

Explanatory Notes On Main Statistical Indicators

Employed Persons refers to the persons who are engaged in social labor and receive payment or earn business income, including: (1)all staff and workers, (2)re - employed retirees, (3)owners of private enterprises, (4)owners of individual business, (5)employed persons in private enterprises and individual business, (6)employed persons in the township and village enterprises, (7)employed persons in agriculture, (8)other employed persons (including teachers in the schools run by the local people , people engaged in religious profession and the servicemen, etc.).

This indicator reflects the actual utilization of total labor force during a certain period of time and is often used for the research on China's economic affairs and national power.

Staff and Workers refer to the persons who work in (and receive payment therefrom)enterprises and institutions of state ownership ,collective ownership ,joint ownership share holding, foreign ownership, and ownership by entrepreneurs from Hong Kong, Macao, Taiwan, and other types of ownership and their affiliated units.

Total Wages of Staff and Workers refer to the total remuneration payment to staff and workers in various units during a certain period of time.

The calculation of total wages is based on the total remuneration payment to the staff and workers. Therefore, all the wages and salaries and other payments to staff and workers are included in the total wages regardless of their sources, categories, and forms(in kind or cash).

Average Wage of Staff and Workers refers to the average wage in money terms per employed person during a certain period of time for staff and workers in enterprises, institutions and government agencies, which reflects the general level of wage income during a certain period of time, and is calculated as follows:

$$\text{Average Wage of Staff and Workers} = \frac{\text{Total Wages of Staff and Workers}}{\text{Average Number of Staff and Workers}}$$

04 INVESTMENT IN FIXED ASSETS AND REAL-ESTATE
固定资产投资及房地产业

全社会固定资产投资
Total investment in fixed assets

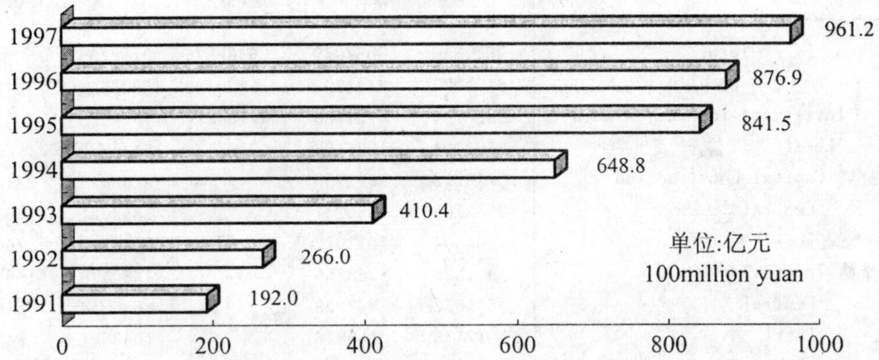

	1949-1978	1979-1997
全社会固定资产投资(亿元) Total investment in fixed assets(100 million yuan)	250.9	5257.6
# 固定资产投资 Investment in fixed assets	250.9	3782.8
城市基础设施投资(亿元) Municipal infrastructure investment(100 million yuan)	67.5	1068.0

房屋建筑每平方米造价
Cost per sq.m of buildings

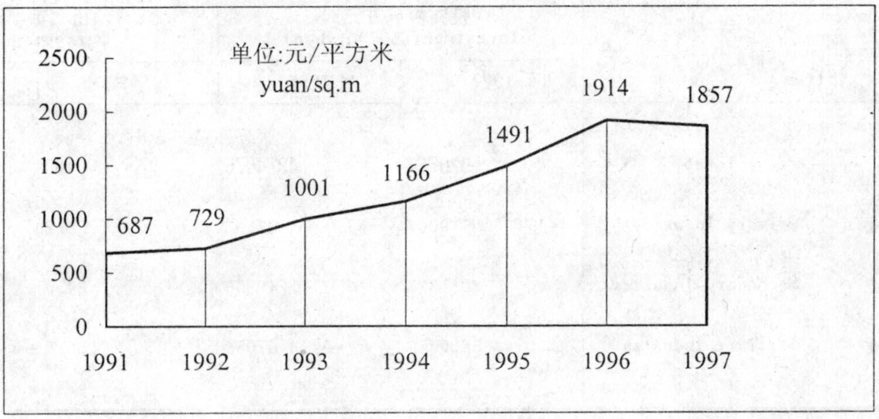

4-1 全社会固定资产投资额
TOTAL INVESTMENT IN FIXED ASSETS

单位：万元　　　　(10000 yuan)

项目 Item	1997 合计 Total	1997 # 国有 State-Owned	1997 # 集体 Collective Owned	1996 合计 Total	1996 # 国有 State-Owned	1996 # 集体 Collective Owned
投资总额 Total	9611680	6057079	546687	8768735	5457473	576307
# 地方 Local	6174979	3161798	532943	5836658	3073287	555560
固定资产投资 Investment in Fixed Assets	5820764	4734588	116452	4974076	4035372	102071
# 地方 Local	2693004	1926408	116452	2444837	1759023	102071
基本建设投资 Capital Construction	3743212	2941258		3138456	2418091	
中央 Central	2233708	1930241		1892321	1657870	
地方 Local	1509504	1011017		1246135	760221	
更新改造措施 Innovation	1911525	1743755		1680479	1564211	
中央 Central	894052	877939		636918	618479	
地方 Local	1017473	865816		1043561	945732	
其他投资 Others	166027	49575	116452	155141	53070	102071
房地产开发 Real Estate Development	3303366	1272297	32191	3281659	1381255	52260
# 地方 Local	3022486	1208726	22978	2897757	1287715	35357
零星固定资产建造及购置 Building and Purchase of Odd Fixed Assets	63137	50194	12943	54102	40846	10982
农村集体投资 Rural Collective Investment	385101		385101	410994		410994
城乡私人建房投资 Buildings Construction by Individuals	39312			47904		
城镇 Urban	18519			23150		
乡村 Rural	20793			24754		

4-2 产业投资及比重
INVESTMENT AND PERCNETAGE BY INDUSTRY

项目 Item	投资额（万元） Investment(10000 yuan)		比重（%） Percentage(%)	
	1997	1996	1997	1996
总计 Total	5820764	4974076	100	100
第一产业 Primary Industry	9067	27662	0.2	0.5
第二产业 Secondary Industry	2011328	1749356	34.5	35.2
第三产业 Tertiary Industry	3800369	3197058	65.3	64.3

注：本表不含房地产投资。

Note: Data of this table exclude investment in real eatate.

4-3 全市固定资产投资额
INVESTMENT IN FIXED ASSETS THE CITY

单位：万元 (10000 yuan)

项目	Item	1997 合计 Total	1997 # 基本建设 Capital Construction	1997 # 更新改造 Technical Updating and Transformation	1996 合计 Total	1996 # 基本建设 Capital Construction	1996 # 更新改造 Technical Updating and Transformation
投资额	**Total**	5820764	3743212	1911525	4974076	3138456	1680479
按构成分	**Grouped by Use of Fund**						
建筑安装工程	Construction and Installation	3382014	2338565	907650	2937690	2011433	799128
设备工器具购置	Purchases of Equipments and Instrument	1424563	708094	707618	1186710	618771	558117
其他	Others	1014187	696553	296257	849676	508252	323234
按用途分	**Grouped by User**						
农林牧渔业用	Farming,Forestry, Animal Husbandry and Fishery	7650	1202	6022	20105	14033	6072
工业、建筑业用	Industry,Construction	1708969	1066145	609138	1443146	930449	480926
商业、运输邮电业用	Commerce,Transportation,Posts and Tele-communications	1326652	484355	778955	1348343	482179	803734
住宅	Residence	932743	722037	160596	703538	518344	143255
其他	Others	1844750	1469473	356814	1458944	1193451	246492
更新改造投资按用途分	**Grouped by Effect of Investment in Innovation**						
增产	Increase Production	309357		309357	210623		210623
节约能源	Economize on Energy	18774		18774	13360		13360
其他节约	Other Economy	4580		4580	296		296
增加品种	Increase Varieties	62946		62946	70831		70831
提高产品质量	Improve Quality of Products	42797		42797	33376		33376
三废治理	Deal with the Three Wastes	51099		51099	41553		41553
其他	Others	1421972		1421972	1310440		1310440
按建设性质分	**Grouped by Feature of Construction**						
新建	New Construction	1441386	1250778	180134	1456493	1213019	222645
改建和扩建	Replacement and Expanding	3776620	2124370	1550027	3088563	1675846	1318904
单纯建造生活设施	Living Installation	409480	295146	67271	325740	213343	76671
迁建和恢复	Movement and Recovery	112685	68648	38373	34139	18222	14497
单纯购置设备	Purchase of Equipment	80593	4270	75720	69141	18026	47762

续表 continued

单位：万元 (10000 yuan)

项　　目 Item		1997 合　计 Total	1997 # 基本建设 Capital Construc-tion	1997 # 更新改造 Technical Updated and Trans-formation	1996 合　计 Total	1996 # 基本建设 Capital Construc-tion	1996 # 更新改造 Technical Updated and Trans-formation
按建设项目规模分	**Grouped by Sizeof Construction Projects**						
基本建设大中型项目	Large and Medium Projects of Capital Construction	724958	724958		826671	826671	
基本建设小型项目	Small Projects of Capital construction	3013984	3013984		2293759	2293759	
更新改造限额以上项目	Projects of Technical Updating and Transformation above the Limits	779148		779148	700084		700084
更新改造限额以下项目	Projects of Technical Updating and Transformation below the Limits	1056657		1056657	932633		932633
其他	Others	246017	4270	75720	220929	18026	47762
按经济类型分	**Grouped by Ownership**						
国有经济	State-Owned	4734588	2941258	1743755	4035372	2418091	11564211
集体经济	Collective Owned	116452			102071		
联营经济	Joint Owned	7945	7945		11711	11711	
股份有限公司	Share Holding Company	21284	15553	5731	56236	43675	12561
有限责任公司	Limited-Liability Company	12472	10456	2016	9294	8472	822
中外合资经营	Joint Venture	635980	557593	78387	634017	538354	95663
中外合作经营	Cooperative	103814	101239	2575	36324	34484	1840
外资企业	Foreign Enterprises	32239	32239		23773	23773	
港澳台与大陆合资经营	Hongkong,Macao and Taiwan Funded	78651	2933	75718	14969	14802	167
港澳台与大陆合作经营	Cooperative Enterprises with HongKong Macao and Taiwan	41291	38366	2925	39559	34664	4895
港澳台独资企业	Hongkong,Macao and Taiwan Enterprises	26113	26113		6754	6754	
其他经济	Others	9935	9517	418	3996	3676	320

注：本表及以下各表包括基本建设、更新改造和其他投资，不含房地产开发投资。

Note: This table and its followings include capital constrution,technical updating and transformation and other investment,exclude real estate development investment.

4-4 地方固定资产投资额
LOCAL INVESTMENT IN FIXED ASSETS

单位：万元 (10000 yuan)

项目	Item	1997 合计 Total	1997 # 基本建设 Capital Construction	1997 # 更新改造 Technical Updating and Transformation	1996 合计 Total	1996 # 基本建设 Capital Construction	1996 # 更新改造 Technical Updating and Transformation
投资额	**Total**	2693004	1509504	1017473	2444837	1246135	1043561
按构成分	**Grouped by Use of Fund**						
建筑安装工程	Construction and Installation	1601608	897536	568273	1442598	758265	557204
设备工器具购置	Purchases of Equipments and Instrument	570779	304517	257411	507703	267340	230541
其他	Others	520617	307451	191789	494536	220530	255816
按用途分	**Grouped by User**						
农林牧渔业用	Farming,Forestry, Animal Husbandry and Fishery	7650	1202	6022	8679	2607	6072
工业、建筑业用	Industry,Construction	1027617	644284	349647	850573	476235	342567
商业、运输邮电业用	Commerce,Transportation,Posts and Telecommunications	406173	124799	218032	612056	181504	368122
住宅	Residence	438869	260649	128110	348026	184079	122008
其他	Others	812695	478570	315662	625503	401710	204792
更新改造投资按用途分	**Grouped by Effect of Investment in Innovation**						
增产	Increase Production	130105		130105	138642		138642
节约能源	Economize on Energy	17795		17795	8667		8667
其他节约	Other Economy	3379		3379	95		95
增加品种	Increase Varieties	59258		59258	60437		60437
提高产品质量	Improve Quality of Products	32285		32285	25362		25362
三废治理	Deal with the Three Wastes	42502		42502	34983		34983
其他	Others	732149		732149	775375		775375
按建设性质分	**Grouped by Feature of Construction**						
新建	New Construction	855743	665135	180134	790541	571067	198645
改建和扩建	Replacement and Expanding	1419920	657907	659790	1369220	557753	717654
单纯建造生活设施	Living Installation	235989	121655	67271	219007	108210	75071
迁建和恢复	Movement and Recovery	108495	64458	38373	24667	8750	14497
单纯购置设备	Purchase of Equipment	72857	349	71905	41402	355	37694

续表 continued

单位：万元 (10000 yuan)

项目	Item	1997 合计 Total	1997 # 基本建设 Capital Construction	1997 # 更新改造 Technical Updated and Transformation	1996 合计 Total	1996 # 基本建设 Capital Construction	1996 # 更新改造 Technical Updated and Transformation
按建设项目规模分	**Grouped by Size of Construction Projects**						
基本建设大中型项目	Large and Medium Projects of Capital Construction	145648	145648		151574	151574	
基本建设小型项目	Small Projects of Capital Construction	1363507	1363507		1094206	1094206	
更新改造限额以上项目	Projects of Technical Updating and Transformation above the Limits	594440		594440	611399		611399
更新改造限额以下项目	Projects of Technical Updating and Transformation below the Limits	351128		351128	394468		394486
其他	Others	238281	349	71905	193190	355	37694
按经济类型分	**Grouped by Ownership**						
国有经济	State-Owned	1926408	1011017	865816	1759023	760221	945732
集体经济	Collective Owned	116452			102071		
联营经济	Joint Owned	7945	7945		11711	11711	
股份有限公司	Share Holding Company	16095	15553	542	46957	34396	12561
有限责任公司	Limited-Liability Company	12253	10237	2016	5770	4948	822
中外合资经营	Joint Venture	420674	353211	67463	422985	345761	77224
中外合作经营	Cooperative	40972	38397	2575	18908	17608	1840
外资企业	Foreign Enterprises	32239	32239		23773	23773	
港澳台与大陆合资经营	Hongkong,Macao and Taiwan Funded	78651	2933	75718	14969	14802	167
港澳台与大陆合作经营	Cooperative Enterprises with HongKong Macao and Taiwan	5267	2342	2925	27920	23025	4895
港澳台独资企业	Hongkong,Macao and Taiwan Enterprises	26113	26113		6754	6754	
其他经济	Others	9935	9517	418	3996	3676	320

4-5 固定资产投资财务拨贷款额
FINANCIAL ALLOCATIONS AND LOANS FOR INVESTMENT IN FIXED ASSETS

单位：万元 (10000 yuan)

项目 Item		1997 合计 Total	1997 # 基本建设 Capital Construction	1997 # 更新改造 Technical Updating and Transformation	1996 合计 Total	1996 # 基本建设 Capital Construction	1996 # 更新改造 Technical Updating and Transformation
上年结余资金	**Balance of last year**	728813	499869	219065	790274	548849	230837
本年拨款贷款	**Allocations and Loans in this Year**	5875251	3903193	1809178	5035469	3222936	1650522
国家预算内资金	State Budgetary Appropriation	828522	778226	50219	731014	688830	40351
国内贷款	Domestic Loans	897504	611921	277548	710795	401341	298458
债　券	Bonds				9000	9000	
利用外资	Foreign Capital	512668	442653	68095	537977	409861	127439
自筹资金	Self-raised Funds	3223577	1781315	1311510	2656820	1397402	1125366
# 股票	Stocks	4507	4387	120	13500	13500	
其他资金	Others	412980	289078	101806	389863	316502	58908

4-6 地方固定资产投资财务拨贷款额
FINANCIAL ALLOCATIONS AND LOANS FOR LOCAL INVESTMENT IN FIXED ASSETS

单位：万元 (10000 yuan)

项目 Item		1997 合计 Total	1997 # 基本建设 Capital Construction	1997 # 更新改造 Technical Updating and Transformation	1996 合计 Total	1996 # 基本建设 Capital Construction	1996 # 更新改造 Technical Updating and Transformation
上年结余资金	**Balance of last year**	403583	232615	161089	502072	276064	215420
本年拨款贷款	**Allocations and Loans in this Year**	2772515	1637805	971830	2459667	1273659	1023997
国家预算内资金	State Budgetary Appropriation	83822	43895	39850	61570	34147	25590
国内贷款	Domestic Loans	556354	380557	167762	368936	105958	251982
债　券	Bonds						
利用外资	Foreign Capital	330546	261037	67589	401623	301519	99427
自筹资金	Self-raised Funds	1481532	728912	621868	1373777	650662	589063
# 股票	Stocks	4507	4387	120	13500	13500	
其他资金	Others	320261	223404	74761	253761	181373	57935

4-7 城市基础设施投资额
MUNICIPAL INFRASTRUCTURE INVESTMENT

项目 Item		投资额（万元） Investment(10000 yuan)		比重（%） Proportion(%)	
		全市 Total	#地方 Local	全市 Total	#地方 Local
全市总计	**Total**	2183252	898156	100	100
能源	**Energy**	756219	342169	34.6	38.1
电力	Electricity	520805	106755	23.8	11.9
供热	Heat	102863	102863	4.7	11.5
供气	Gas	78451	78451	3.6	8.7
供水	Water	54100	54100	2.5	6.0
公共服务业	**Public Services**	333627	332927	15.3	37.1
市内公共交通	Public Traffic	90874	90874	4.1	10.1
#市内公交电汽车	Buses and Trolleys	29424	29424	1.3	3.3
出租汽车	Taxies	1201	1201	0.1	0.1
园林绿化	Parks and Green Areas	17128	17128	0.8	1.9
环境卫生	Environmental Sanitation	27627	27627	1.3	3.1
市政工程管理	Municipal Construction	197938	197238	9.1	22.0
其他公共服务业	Others	60	60		
交通运输	**Transportation**	421152	146912	19.3	16.3
铁路	Railway	60357		2.8	
公路	Highway	111264	111264	5.1	12.4
管道运输	Pipeline				
航空	Aviation	2250		0.1	
其他	Others	247281	35648	11.3	3.9
邮政电信	**Posts and Telecommunications**	603213	8015	27.6	0.9
邮政	Posts	20665		0.9	
电信	Telecommunications	582548	8015	26.7	0.9
其他	**Others**	69041	68133	3.2	7.6
水利	Water Conservancy	47173	47173	2.2	5.3
环境保护	Environmental Protection	112	112		
其他	Others	21756	20848	1.0	2.3

4-8 能源及交通投资额
INVESTMENT IN ENERGY AND TRANSPORTATION

单位：万元 (10000 yuan)

项目	Item	全市 Total 1997	全市 Total 1996	#地方 Local 1997	#地方 Local 1996
全市固定资产投资总额	**Investment in Fixed Assets of the City**	**5820764**	**4974076**	**2693004**	**2444837**
#能源、交通投资额	Investment in Energy and Transportation	2066871	1692355	460399	368685
占全市投资额比重(%)	Propotion (%)	35.5	34.0	17.1	15.1
能源投资额	Investment in Energy	933304	697631	301178	152001
占全市投资额比重(%)	Proportion (%)	16.0	14.0	11.2	6.2
运输、邮电投资额	Investment in Transportation, Posts and Telecommunications	1133567	994724	159221	216684
占全市投资额比重(%)	Proportion (%)	19.5	20.0	5.9	8.9
在能源投资中	**Of the Investment in Energy**				
煤(国家统配煤矿)	Coal(State Collieries)	9165	6309	9165	6309
电(公用电厂及小水电)	Electricity(Public Power Plants and Hydropower Stations)	537106	497596	100472	68073
油品(炼油厂原油加工)	Oil Porducts(Crude Oil Processing of Refinery)	205330	122745	9838	6638
燃料气(液化石油气、焦炉煤气)	Fuel Gas(Liquefied Petroleum Gas,Gas)	77073	41441	77073	41441
热气(公用局)	Heat(Public Utilities Bureau)	104630	29540	104630	29540
在运输投资中	**Of Investment in Transportation**				
铁路	Railway	95884	143172		880
公路	Highway	118766	173215	118766	173215
航空	Aviation	27105	20503		
邮政、电信	Posts and Telecommunications	638551	463700	2933	2182
其他交通运输	Other Transportation	253261	194134	37522	40407

4-9 施工及投入生产(或交付使用)的项目数
NUMBER OF PROJECTS UNDER CONSTRUCTION AND PRODUCTION (OR PUT INTO OPERATION)

单位：个 (unit)

项目	Item	全市 Total 1997	全市 Total 1996	#地方 Local 1997	#地方 Local 1996
全市施工项目	**Total Projects under Construction**	**3234**	**3831**	**1730**	**2078**
#本年新开工	Begin Construction this Year	1633	1974	804	933
全部竣工投产项目	Total Projects Completed	1552	2054	793	1042
建设项目投产率(%)	the Projects under Construction as a Percentage of Total Projects(%)	48.0	53.6	45.8	50.1
基本建设施工项目	**Capital Construction Projects**	**1246**	**1251**	**697**	**707**
#本年新开工项目	Begin Construction this Year	460	397	316	283
全年竣工投产项目	Projects Completed	377	373	263	257
建设项目投产率(%)	the Projects under Construction as a Percentage of Total Projects(%)	30.3	29.8	37.7	36.4
更新改造措施施工项目	**Projects of Innovation and Replacement**	**1837**	**2422**	**882**	**1213**
#本年新开工项目	Begin Construction this Year	1097	1492	412	565
全部竣工投产项目	Total Projects Completed	1104	1602	459	706
建设项目投产率(%)	the Projects under Construction as a Percentage of Total Projects(%)	60.1	66.1	52.0	58.2
其他投资施工项目	**Other Projects under Construction**	**151**	**158**	**151**	**158**
#本年新开工项目	Begin Construction this Year	76	85	76	85
全年竣工投产项目	Projects Completed	71	79	71	79
建设项目投产率(%)	the Projects under Construction as a Percentage of Total Projects(%)	47.0	50.0	47.0	50.0

4-10 全市固定资产投资额及新增固定资产(按行业分)
TOTAL INVESTMENT IN FIXED ASSETS AND INCREMENTAL FIXED ASSETS (BY SECTOR)

单位：万元　　(10000 yuan)

行业	Item	投资额 Investment			新增固定资产 Incremental Fixed Assets		
		合计 Total	中央 Central	地方 Local	合计 Total	中央 Central	地方 Local
总计	**Total**	5820764	3127760	2693004	4110464	2423622	1686842
农、林、牧、渔业	Farming,Forestry,Animal Husbandry and Fishery	13127	2946	10181	7976	3866	4110
农业	Farming	5153		5153	2354		2354
林业	Forestry	1616	316	1300	916	916	
畜牧业	Animal Husbandry	186		186	186		186
渔业	Fishery	2112	1740	372			
海洋渔业	Sea Fishery	1740	1740				
淡水渔业	Freshwater Fishery	372		372			
农、林、牧、渔服务业	FFAF Services	4060	890	3170	4520	2950	1570
采掘业	Excavation	28374	60	28314	14474		14474
煤炭采选业	Coal Mining and Dressing	9165		9165	9091		9091
黑色金属矿采选业	Ferrous Metals Mining and Dressing	18684		18684	5383		5383
铁矿采选业	Iron Mining and Dressing	18684		18684	5383		5383
非金属矿采选业	Nonmetal Minerals Mining and Dressing	525	60	465			
土砂石开采业	Sand and Stone Mining and Dressing	465		465			
其他非金属矿采选业	Others	60	60				
制造业	Manufacturing	1121881	309207	812674	882288	323827	558461
食品加工业	Food Processing	29083	3984	25099	17722		17722
粮食及饲料加工业	Grain and Feed	9783		9783	10581		10581
植物油加工业	Vegetable Oil	295		295			
屠宰及肉类蛋类加工业	Butcher, Meat and Egg	15021		15021	7141		7141
盐加工业	Salt	3984	3984				
食品制造业	Food Making	37123		37123	53989		53989
糕点、糖果制造业	Pastry and Candy	18513		18513	33925		33925
发酵制品业	Ferments	3260		3260	5330		5330
调味品制造业	Flavourings	85		85	60		60
其他食品制造业	Other Foods	15265		15265	14674		14674
饮料制造业	Beverage Production	19172		19172	2835		2835
酒精及饮料酒制造业	Alcohol and Beverage Wine	2524		2524	2740		2740
软饮料制造业	Soft Beverage	16648		16648	95		95
纺织业	Textile Industry	16438		16438	7700		7700
棉纺织业	Cotton Textile	4709		4709	698		698
毛纺织业	Woolen Textile	6290		6290	5920		5920
针织品业	Knitting Textile	5091		5091	734		734
其他纺织业	Others	348		348	348		348
服装及其他纤维制品制造业	Garments and Other Fiber Products	7728		7728	688		688
服装制造业	Garment Industry	7728		7728	688		688
皮革、毛皮、羽绒及其制品业	Leather,Furs,Down and Related Products	3074		3074	3944		3944
制革业	Leather Making	1200		1200	1200		1200
皮革制品制造业	Leathers and Related Products	1874		1874	2744		2744
木材加工及竹、藤、棕、草制品业	Timber Processing,Bamboo, Cane,Palm Fiber and Straw Produts	5533	411	5122	1240	1165	75
锯材、木片加工业	Timber and Wood Piece Processing	411	411		1165	1165	
人造板制造业	Artificial Board Manufacturing	5122		5122	75		75

续表 1 continued

单位：万元 (10000 yuan)

行业	Item	投资额 Investment 合计 Total	中央 Central	地方 Local	新增固定资产 Incremental Fixed Assets 合计 Total	中央 Central	地方 Local
家具制造业	Furniture Industry	6062		6062	2495		2495
木制家具制造业	Wooden Furniture	4462		4462	585		585
金属家具制造业	Metal Furniture	1600		1600	1910		1910
造纸及纸制品业	Papermaking and Paper Products	15186		15186	3286		3286
纸浆制造业	Paper Pulp	3000		3000			
纸制品业	Paper Products	12186		12186	3286		3286
印刷业、记录媒介的复制	Printing and Record Medium Reproduced	30569	20583	9986	21062	21062	
印刷业	Printing	28854	8868	9986	21062	21062	
记录媒介的复制	Record Medium Reproduced	1715	1715				
文教体育用品制造业	Stationery,Education and Sports Goods	4469		4469	817		817
文化用品制造业	Cultural Goods	1174		1174			
乐器及其他文娱用品制造业	Music Instruments and Other Stationery Goods	3295		3295	817		817
石油加工及炼焦业	Petroleum Processing and Coking Products	205330	5492	9838	218376	213921	4455
原油加工业	Petroleum Processing	185137	5137		204154	204154	
石油制品业	Petroluem Products	16655	10355	6300	10267	9767	500
炼焦业	Coking Products	3538		3538	3955		3955
化学原料及化学制品制造业	Raw Chemical Materials and Chemical Products	97916	3527	74389	55365	27421	7944
基本化学原料制造业	Elementary Raw Chemical Materials	65		65			
化学肥料制造业	Chemical Fertilizer	5268		5268	759		759
有机化学产品制造业	Organic Chemical Products	79073	20037	59036	26520	17487	9033
合成材料制造业	Synthetic Materials	3318	1830	1488	2178	1180	998
专用化学产品制造业	Special Purpose Chemical Products	4144	1660	2484	16531	8754	7777
日用化学产品制造业	Daily Use Chemical Products	6048		6048	9377		9377
医药制造业	Medical and Pharmaceutical Products	40863	2357	38506	23252	714	2538
化学药品制剂制造业	Original Chemical Medicine	35675	615	35060	20979	214	20765
中药材及中成药加工	Raw Material and Products of Chinese Medicine	2985	844	2141	1773		1773
生物制品业	Biological Products	2203	898	1305	500	500	
化学纤维制造业	Chemical Fiber Manufacturing	1627	1627		1427	1427	
合成纤维制造业	Synthetic Fibers	1627	1627		1427	1427	
橡胶制品业	Rubber Products	12936	2044	10892	5473	2044	3429
轮胎制造业	Tire Manufacturing	12499	2044	10455	5238	2044	3194
力车胎制造业	Vehicle Tire Manufacturing	235		235	235		235
橡胶板、管、带制造业	Rubber Board,Pipe and Belt	137		137			
日用橡胶制品业	Daily Use Rubber Products	15		15			
其他橡胶制品业	Other Rubber Products	50		50			
塑料制品业	Plastic Products	4996	375	4621	5162	375	4787
塑料丝、绳及编织品制造业	Plastic Silk,Rope and Knitting Products	357		357	2450		2450
泡沫塑料及人造革、合成革制造业	Foamed Plastic,Man-made Leather and Synthetic Leather	1457		1457	1441		1441
塑料包装箱及容器制造业	Plastic Cases and Container	1911		1911			
其他塑料制品业	Other Plastic Products	1271	375	896	1271	375	896
水泥制造业	Cement Manufacturing	3935		3935	400		400

续表 2 continued

单位：万元 (10000 yuan)

行业	Item	投资额 Investment 合计 Total	中央 Central	地方 Local	新增固定资产 Incremental Fixed Assets 合计 Total	中央 Central	地方 Local
水泥制品和石棉水泥制品业	Cement and Asbestos Products	2514	1404	1110	1541	904	637
砖瓦、石灰和轻质建筑材料制造业	Brick,Tile and Light Construction Material	10582	7915	2667	15135	14012	1123
玻璃及玻璃制品业	Glass and Glass Products	8228		8228	4220		4220
陶瓷制品业	Ceramics Products	33498		33498	14624		14624
其他类未包括的非金属矿物制品业	Other Nonmetal Mineral Products	1		1			
黑色金属冶炼及压延加工业	Smelting and Pressing Ferrous Metals	80148		80148	78954		78954
炼钢业	Steel-Smelting	360		360			
钢压延加工业	Steel Pressing	79788		79788	78954		78954
有色金属冶炼及压延加工业	Smelting and Pressing of Nonferrous Metals	1205		1205			
重有色金属冶炼业	Heavy Nonferrous Metals Smelting	645		645			
有色金属压延加工业	Nonferrous Metals Pressing	560		560			
金属制品业	Metal Products	26121		26121	4484		4484
铸铁管制造业	Tube of Cast Iron	360		360	360		360
工具制造业	Tools Manufacturing	540		540	664		664
集装箱和金属包装物品制造业	Container and Metal Cover Manufacturing	72		72	313		313
金属丝绳及其制品业	Metal Wire,Rope and Related Products	1492		1492			
建筑用金属制品业	Products for Construct Use	20857		20857	2807		2807
金属表面处理及热处理业	Metals Cover Treatment and Heat Treatment	150		150			
日用金属制品业	Daily Metal Products	2650		2650	340		340
普通机械制造业	Ordinary Machine-building	39817	400	39417	45874		45874
锅炉及原动机制造业	Boiler and Motive Machine	6384		6384	11005		11005
金属加工机械制造业	Metal Processing Machine	6139	400	5739	9106		9106
通用设备制造业	Universal Equipment	2113		2113	742		742
轴承、阀门制造业	Bearing and Valve	453		453	559		559
其他通用零部件制造业	Other Universal Components and Parts	20840		20840	21111		21111
其他普通机械制造业	Other Ordinary Machine-building	3888		3888	3351		3351
专用设备制造业	Special Purpose Equipment Building	26093	3740	22353	21806	2061	19745
机电工业专用设备制造业	Equipment for Engine and Electricity	8202	1864	6338	16299	185	16114
石化及其他工业专用设备制造业	Equipment for Petroleum and Other Sector of Industry	6457	1876	4581	4401	1876	2525
轻纺工业专用设备制造业	Equipment for Light and Textile Industry	4650		4650	596		596
农、林、牧、渔,水利业机械制造业	Machines for Farming,Forestry,Animal Husbandry,Fishing and Irrigation	3677		3677	510		510
医疗器械制造业	Medical Machines	993		993			
其他专用设备制造业	Other Special Purpose Equipment	2114		2114			
交通运输设备制造业	Transportation Equipment Manufacturing	123467	9827	93640	84955	26932	58023
铁路运输设备制造业	Railway Transportation Equipment	7766	7766		6378	6378	
汽车制造业	Motor Vehicles	80075		80075	50181		50181
自行车制造业	Bicycles	5934	3120	2814	10373	4320	6053
航空航天器制造业	Aviation and Spaceflight Equipment	9660	6747	2913	10428	10428	
交通运输设备修理业	Transportation Equipment Repairing	20032	12194	7838	7595	5806	1789
武器弹药制造业	Weapon and Ammunition Manufacturing	5590	5590		211	211	

续表 3 continued

单位：万元 (10000 yuan)

行业	Item	投资额 Investment			新增固定资产 Incremental Fixed Assets		
		合计 Total	中央 Central	地方 Local	合计 Total	中央 Central	地方 Local
电气机械及器材制造业	Electric Equipment and Appliances Manufacturing	24523	1100	23423	68569		68569
电机制造业	Generator	1954	1100	854	521		521
输配电及控制设备制造业	Electricity Transmit,Distribution and Control Equipment	2067		2067	2129		2129
电工器材制造业	Electrical Appliances	17723		17723	64330		64330
日用电器制造业	Daily Use Electrical Appliances	2144		2144	949		949
照明器具制造业	Lighting Equipment and Products	390		390	640		640
其他电气机械制造业	Other Electronic Machines	245		245			
电子及通信设备制造业	Electronic and Telecommunication Equipment	167386	8660	158726	107516	11407	96109
通信设备制造业	Telecommunication Equipment	20580	7370	13210	18716	8357	10359
广播电视设备制造业	Radio and Television Equipment	60		60			
电子计算机制造业	Computer	8577	490	8087	3588		3588
电子器件制造业	Electronic Device	97327	800	96527	40937	3050	37887
电子元件制造业	Electronic Cell	14016		14016	13110		13110
日用电子器具制造业	Daily Use Electronic Appliances	20850		20850	25182		25182
其他电子设备制造业	Other Electronic Machines	5976		5976	5983		5983
仪器仪表及文化、办公用机械制造业	Instruments,Meters,Cultural and Official Machinery	15832	171	15661	8370	171	8199
通用仪器仪表制造	General Instruments and Meters	12380	137	12243	7748	137	7611
专用仪器仪表制造业	Special Purpose Instruments and Meters	34	34		34	34	
电子测量仪器制造业	Electronic Survey Instrument	1018		1018	588		588
计量器具制造业	Measuring Implements	2400		2400			
其他制造业	Other Manufacturing	14836		14836	796		796
工艺美术品制造业	Art Products Manufacturing	10341		10341	796		796
日用杂品制造业	Daily Use Groceries	2495		2495			
其他生产、生活用品制造业	Others	2000		2000			
电力、煤气及水的生产和供应业	**Electricity,Gas and Water Production and Supply**	**771061**	**436634**	**334427**	**546571**	**434572**	**111999**
电力、蒸气、热水的生产和供应业	Electricity,Steam and Hot Water Production and Supply	641736	436634	205102	502278	434572	67706
电力生产业	Electricity Production	322910	321604	1306	419463	412712	6751
电力供应业	Electricity Supply	214196	115030	99166	64371	21860	42511
蒸气、热水生产和供应业	Steam and Hot Water Production and Supply	104630		104630	18444		18444
煤气生产和供应业	Gas Production and Supply	77073		77073	19147		19147
煤气生产业	Gas Production	5477		5477	1312		1312
煤气供应业	Gas Supply	71596		71596	17835		17835
自来水的生产和供应业	Water Production and Supply	52252		52252	25146		25146
自来水生产业	Water Production	42938		42938	18646		18646
自来水供应业	Water Supply	9314		9314	6500		6500
建筑业	**Construction**	**90012**	**18087**	**71925**	**98473**	**11196**	**87277**
土木工程建筑业	Civil Enginnering Construct	85200	16705	68495	93738	9214	84524
房屋建筑业	Building Construction	77367	12738	64629	86046	6928	79118
矿山建筑业	Mining Construction	280		280	280		280
铁路、公路、遂道、桥梁建筑业	Railways,Highways,Tunnels and Bridges Construction	3967	3967		2286	2286	
堤坝、电站、码头建筑业	Dikes and Dams,Power Station and Wharfs	446		446	446		446
其他土木工程建筑业	Other Civil Engineering Construction	3140		3140	4680		4680
线路、管道和设备安装业	Line and Equipments Installation	4812	1382	3430	4735	1982	2753

续表 4 continued

单位：万元 (10000 yuan)

行业	Item	投资额 Investment 合计 Total	中央 Central	地方 Local	新增固定资产 Incremental Fixed Assets 合计 Total	中央 Central	地方 Local
线路、管道安装业	Line Installation	1382	1382		1982	1982	
设备安装业	Equipment Installation	3430		3430	2753		2753
地质勘查业、水利管理业	**Geological Prospecting and Water Conservancy**	**55719**	**5766**	**49953**	**49117**	**22212**	**26905**
地质勘查业	Geological Prospecting	8026	5766	2260	22460	22212	248
矿产地质勘查业	Minerals Prospecting	2645	1975	670	745	745	
工程地质勘察设计业	Egineering Geological Prospecting and Design	4461	2871	1590	21215	20967	248
环境地质勘察业	Environmental Geological Prospecting	316	316		500	500	
地球物理和地球化学勘察业	Geophysical and Geochemical Prospecting	604	604				
水利管理业	Water Conservancy	47693		47693	26657		26657
交通运输、仓储及邮电通信业	**Transportation,Storage,Posts and Telecommunications**	**155303**	**976407**	**178896**	**902982**	**807655**	**95327**
铁路运输业	Raiways	95884	95884		252654	252654	
公路运输业	Highways	118766		118766	19456		19456
汽车运输业	Motor Vehicles	118766		118766	19456		19456
航空运输业	Aviations	27105	27105		16691	16691	
航空客货运输业	Passenger and Freight Transportation	27105	27105		16691	16691	
交通运输辅助业	Logistic Support for Transportation	253261	215739	37522	66088	10278	55810
公路管理及养护业	Highway Management and Maintenance	37203		37203	55491		55491
机场及航空运输辅助业	Airport and Logistics of Auiation	215739	215739		10278	10278	
其他类未包括的交通运输辅助业	Other Logistics for Transportation	319		319	319		319
仓储业	Storage	21736	2061	19675	19414	2120	17294
邮电通信业	Posts and Telecommunications	638551	635618	2933	528679	525912	2767
邮政业	Posts	30978	30978		36005	36005	
电信业	Telecommunications	607573	604640	2933	492674	489907	2767
批发和零售贸易餐饮业	**Wholesale,Retail and Catering**	**281919**	**34909**	**247010**	**155981**	**391**	**155590**
食品、饮料、烟草和家庭用品批发业	Wholesale of Food,Beverage, Tabacco and Family Use Goods	17008		17008	13557		13557
食品、饮料、烟草批发业	Food,Beverage and Tabacco	5377		5377	6107		6107
纺织品、服装和鞋帽批发业	Textile,Garments,Shoes and Hats	3681		3681			
日用百货批发业	Daily Use Goods	5430		5430	4430		4430
日用杂品批发业	Daily Use Groceries	950		950	2350		2350
五金交电化工批发业	Hardware,Electrical Appliance and Chemical	480		480			
药品及医疗器械批发业	Medicine and Medical Appliance	1090		1090	670		670
能源、材料、机械和电子设备批发业	Wholesale of Energy,Materials Machine and Electronic Equipment	39223	12948	26275	18379		18379
能源批发业	Energy	9097		9097	2163		2163
化工材料批发业	Chemical Materials	2236		2236			
木材批发业	Timbers	2300		2300			
建筑材料批发业	Building Materials	19057	9761	9296	12356		12356
矿产品批发业	Mineral Products	165		165	327		327
金属材料批发业	Ferrous Materials	1279		1279	50		50
机械、电子设备批发业	Machine and Electronic Equipment	3618	3187	431	415		415
汽车、摩托车及零配件批发业	Automobile,Motorcycle and Spares and Fittings	136		136	136		136
再生物资回收批发业	Recovery of Reclaimed Materials	1335		1335	2932		2932
其他批发业	Other Wholesales	19688	1754	17934	1106	391	715
图书报刊批发业	Books,Newspapers and Magazines	434	434				

续表 5 continued

单位：万元　　　　(10000 yuan)

行业	Item	投资额 Investment 合计 Total	中央 Central	地方 Local	新增固定资产 Incremental Fixed Assets 合计 Total	中央 Central	地方 Local
农业生产资料批发业	Agricultural Capital Goods	62	62		391	391	
其他类未包括的批发	Others	19192	1258	17934	715		715
零售业	Retail	197513	20207	177306	121611		121611
食品、饮料和烟草零售业	Food,Beverage and Tabacco	11073		11073	1235		1235
日用百货零售业	Daily Use Goods	173198	20207	152991	118063		118063
纺织品、服装和鞋帽零售业	Textile,Garments,Shoes and Hats	358		358	326		326
五金交电化工零售业	Hardware,Electrical Appliance and Chemical	995		995			
药品及医疗器械零售业	Medicine and Medical Appliances	20		20	160		160
图书报刊零售业	Books,Newspapers and Magazines	9547		9547	125		125
其他零售业	Others	2322		2322	1702		1702
商业经纪与代理业	Business Agencies	1740		1740	240		240
餐饮业	Catering	6747		6747	1088		1088
正餐	Dinner	784		784	1088		1088
其他餐饮业	Others	5963		5963			
金融、保险业	**Banking and Insurance**	**121277**	**119167**	**2110**	**2490**	**1280**	**1210**
金融业	Banking	120928	118818	2110	2490	1280	1210
中央银行	Central Bank	392	392				
商业银行	Commercial Bank	119636	118426	1210	2490	1280	1210
信用合作社	Credit Cooperative	900		900			
保险业	Insurance	349	349				
房地产业	**Real Estate**	**27414**	**410**	**27004**	**29971**	**410**	**29561**
房地产开发与经营业	Development and Operation	1499		1499	582		582
房地产管理业	Management	23935	410	23525	28366	410	27956
房地产代理与经纪业	Brokerage and Agencies	1980		1980	1023		1023
社会服务业	**Social Services**	**578295**	**112759**	**465536**	**381271**	**53314**	**327957**
公共服务业	Public Services	320095	834	319261	214010	2555	211455
市内公共交通业	Urban Public Traffic	108525	834	107691	46222	2555	43667
园林绿化业	Gardens Afforest	18925		18925	4265		4265
环境卫生业	Environmental Sanitation	28039		28039	13691		13691
市政工程管理业	Municipal Engineering Management	164546		164546	149707		149707
其他公共服务业	Others	60		60	125		125
居民服务业	Personal Services	8085	187	7898	1358	187	1171
理发及美容化妆业	Haircut,Beauty and Making-up	187	187		187	187	
沐浴业	Bath	1588		1588			
日用品修理业	Repairings of Daily Use Articles	90		90	90		90
殡葬业	Funeral and Interment Services	4567		4567	1081		1081
其他居民服务业	Others	1653		1653			
旅馆业	Hotels	89148	13512	75636	47321	27385	19936
租赁服务业	Rentals	42096	40280	1816	1816		1816
旅游业	Tourism	33884	12391	21493	37208	15893	21315
娱乐服务业	Recreation	30461	11465	18996	58832		58832
信息、咨询服务业	Information and Consultancy	19821	3000	16821	14982	6000	8982
广告业	Advertisement	8982		8982	8982		8982
咨询服务业	Consultancy Services	9200	3000	6200	6000	6000	
其他类未包括的信息咨询服务业	Others	1639		1639			
计算机应用服务业	Computer Application	3061	1088	1973	4712	262	4450
软件开发咨询业	Software Development Consultancy	3061	1088	1973	4712	262	4450
其他社会服务业	Other Social Services	31644	30002	1642	1032	1032	
市场管理服务业	Market Management	16321	16321				
其他类未包括的社会服务业	Others	15323	13681	1642	1032	1032	
卫生体育和社会福利业	**Health Care,Sports and Social Welfare**	**69849**	**33454**	**36395**	**51985**	**35746**	**16239**
卫生	Health Care	51672	30072	21600	42151	28629	13522

续表 6 continued

单位：万元 (10000 yuan)

行业	Item	投资额 Investment			新增固定资产 Incremental Fixed Assets		
		合计 Total	中央 Central	地方 Local	合计 Total	中央 Central	地方 Local
医院	Hospitals	48598	27738	20860	39253	25984	13269
疗养院	Sanatoriums	578	578				
卫生防疫站	Sanitation and Disease Control Stations	442	442				
妇幼保健所(站)	Maternity and Child Care Institutions	690		690	253		253
药品检验所(室)	Medicines and Chemical Reagents Test Labs	1314	1314		2645	2645	
其他医院	Other Hospitals	50		50			
体育	Sports	16725	3298	13427	7033	7033	
社会福利保障业	Social Welfare and Securation	1452	84	1368	2801	84	2717
社会福利业	Social Welfare	1377	84	1293	2486	84	2402
其他类未包括的社会福利保障业	Others	75		75	315		315
教育、文化艺术及广播电影电视业	**Education,Culture and Arts, Radio,Film and Television**	**469492**	**336465**	**133027**	**321771**	**247625**	**74146**
教育	Education	341810	230761	111049	203481	138616	64865
高等教育	Higher Education	263230	213497	49733	161854	132210	29644
中等教育	Secondary School Education	50114	3892	46222	23911	1173	22738
初等教育	Primary Education	2939		2939	5397		5397
学前教育	Preschool Education	1		1	415		415
其他教育	Other Education	25526	13372	12154	11904	5233	6671
文化艺术业	Culture and Arts	65010	45852	19158	35539	28086	7453
艺术	Arts	11146	10746	400	12521	12521	
出版	Publication	15955	13772	2183	11453	11253	200
文物保护	Preservation of Culture Relics	1147	1147				
图书馆	Libiaries	4334		4334	253		253
档案馆	Archives	365		365			
群众文化	Mass Culture	1262		1262			
新闻	News	11872	11872		4312	4312	
其他文化艺术业	Others	18929	8315	10614	7000		7000
广播电影电视业	Radio,Film and Television	62672	59852	2820	82751	80923	1828
广播	Radio	15134	15134		326	326	
电影	Film	1930	1930				
电视	Television	45608	42788	2820	82425	80597	1828
科学研究和综合技术服务业	**Scientific Research and Polytechnical Services**	**259318**	**228321**	**30997**	**260757**	**226908**	**33849**
科学研究业	Scientific Research	214705	198966	15739	219880	200259	19621
自然科学研究	Natural Science	192267	181314	10953	208222	196669	11553
社会科学研究	Social Science	3829	3749	80	2486	2406	80
其他科学研究	Others	18609	13903	4706	9172	1184	7988
综合技术服务业	Polytechnical Services	44613	29355	15258	40877	26649	14228
气象	Meteorologe	3533	3033	500	202	202	
地震	Earthquake	505	505		1015	1015	
测绘	Mapping	2052	600	1452	1950	1950	
技术监督	Technology Supervision	1400		1400	1635		1635
环境保护	Enviromental Protection	524	412	112	3087	2612	475
技术推广和科技交流服务业	Technology Spreading and Scientific Technical Exchanges	6726		6726	7692		7692
工程设计业	Engineering Design	16589	16479	110	20799	20799	
其他综合技术服务业	Others	13284	8326	4958	4497	71	4426
国家机关、政党机关和社会团体	**Government Agencies,Party Agencies and Social Organizations**	**641612**	**463447**	**178165**	**309927**	**224418**	**85509**
国家机关	Government Agencies	518659	345623	173036	228238	144129	84109
政党机关	Party Agencies	100085	99677	408	73632	72632	1000
社会团体	Social Organizations	22868	18147	4721	8057	7657	400
其他行业	**Other Sectors**	**136111**	**49721**	**86390**	**94430**	**30202**	**64228**
企业管理机构	Administrative Organs of Enterprises	68702	23059	45643	54896	16340	38556
其他类未包括的行业	Others	67409	26662	40747	39534	13862	25672

4-11 全市基本建设投资额及新增固定资产(按行业分)
TOTAL INVESTMENT IN CAPITAL CONSTRUCTION AND INCREMENTAL FIXED ASSETS(BY SECTORS)

单位：万元　　　　(10000 yuan)

行业	Item	投资额 Investment			新增固定资产 Incremental Fixed Assets		
		合计 Total	中央 Central	地方 Local	合计 Total	中央 Central	地方 Local
总计	**Total**	**3743212**	**2233708**	**1509504**	**2639688**	**1798742**	**840946**
农、林、牧、渔业	**Farming,Forestry,Animal Husbandry and Fishery**	**7274**	**2946**	**4328**	**6255**	**3866**	**2389**
农业	Farming	1006		1006	1119		1119
林业	Forestry	1186	316	870	916	916	
渔业	Fishery	2112	1740	372			
海洋渔业	Sea Fishery	1740	1740				
淡水渔业	Freshwater Fishery	372		372			
农、林、牧、渔服务业	FFAF Services	2970	890	2080	4220	2950	1270
采掘业	**Excavation**	**4954**	**60**	**4894**	**2618**		**2618**
黑色金属矿采选业	Ferrous Metals Mining and Dressing	4894		4894	2618		2618
铁矿采选业	Iron Mining and Dressing	4894		4894	2618		2618
非金属矿采选业	Nonmetal Minerals Mining and Dressing	60	60				
其他非金属矿采选业		60	60				
制造业	**Manufacturing**	**540144**	**139236**	**400908**	**502175**	**227352**	**274823**
食品加工业	Food Processing	20524	3984	16540	16120		16120
粮食及饲料加工业	Grain and Feed Processing	4510		4510	10109		10109
屠宰及肉类蛋类加工业	Butcher, Meat and Egg Processing	12030		12030	6011		6011
盐加工业	Salt	3984	3984				
食品制造业	Food Manufacturing	25131		25131	31326		31326
糕点、糖果制造业	Pastry and Candy	6625		6625	11366		11366
发酵制品业	Ferments	3260		3260	5330		5330
调味品制造业	Flavourings	85		85	60		60
其他食品制造业		15161		15161	14570		14570
饮料制造业	Beverage Manufacturing	15230		15230	344		344
酒精及饮料酒制造业	Alcohol and Beverage Wine	627		627	344		344
软饮料制造业	Soft Beverage	14603		14603			
纺织业	Textile Industry	5605		5605	348		348
棉纺织业	Cotton Textile	900		900			
针织品业	Knitting Textile	4357		4357			
其他纺织业	Others	348		348	348		348
服装及其他纤维制品制造业	Garments and Other Fiber Products	5449		5449			
服装制造业	Garment Industry	5449		5449			
皮革、毛皮、羽绒及其制品业	Leather,Furs,Down and Related Products	1470		1470	1470		1470
制革业	Leather Making	1200		1200	1200		1200
皮革制品制造业	Leathers and Related Products	270		270	270		270
木材加工及竹、藤、棕、草制品业	Timber Processing,Bamboo, Cane,Palm Fiber and Straw Produts	2971	411	2560	1165	1165	
锯材、木片加工业	Timber and Wood Piece Processing	411	411		1165	1165	
人造板制造业	Artificial Board Manufacturing	2560		2560			
造纸及纸制品业	Papermaking and Paper Products	5113		5113			
纸浆制造业	Paper Pulp Manufacturing	3000		3000			
纸制品业	Paper Products	2113		2113			
家具制造业	Furniture Industry	2497		2497	200		200
木制家具制造业	Wooden Furniture	2277		2277			
金属家具制造业	Metal Furniture	220		220	200		200
印刷业、记录媒介的复制	Printing and Record Medium Reproduced	21471	15315	6156	16462	16462	
印刷业	Printing	19756	13600	6156	16462	16462	
记录媒介的复制	Record Medium Reproduced	1715	1715				
文教体育用品制造业	Stationery,Education and Sports Goods	537		537	817		817

续表 1 continued

单位：万元 (10000 yuan)

行业	Item	投资额 Investment 合计 Total	中央 Central	地方 Local	新增固定资产 Incremental Fixed Assets 合计 Total	中央 Central	地方 Local
乐器及其他文娱用品制造业	Music Instruments and Other Stationery Goods	537		537	817		817
石油加工及炼焦业	Petroleum Processing and Coking Products	83575	82775	800	167175	167175	
原油加工业	Petroleum Processing	82000	82000		166651	166651	
石油制品业	Petroleum Products	1575	775	800	524	524	
化学原料及化学制品制造业	Raw Chemical Materials and Chemical Products	8065	1660	6405	21071	8754	12317
有机化学产品制造业	Organic Chemical Products	1367		1367	2102		2102
合成材料制造业	Synthetic Materials	838		838	838		838
专用化学产品制造业	Special Purpose Chemical Products	1660	1660		8754	8754	
日用化学产品制造业	Daily Use Chemical Products	4200		4200	9377		9377
医药制造业	Medical and Pharmaceutical Products	31512	2357	29155	21153	714	20439
化学药品制剂制造业	Original Chemical Medicine	29177	615	28562	20393	214	20179
中药材及中成药加工	Raw Material and Products of Chinese Medicine	944	844	100	260		260
生物制品业	Biological Products	1391	898	493	500	500	
橡胶制品业	Rubber Products	50		50			
其他橡胶制品业	Other Rubber Products	50		50			
塑料制品业	Plastic Products	3426		3426	1515		1515
泡沫塑料及人造革、合成革制造业	Foamed Plastic,Man-made Leather and Synthetic Leather	619		619	619		619
塑料包装箱及容器制造业	Plastic Cases and Container	1911		1911			
其他塑料制品业	Others	896		896	896		896
非金属矿物制品业	Nonmetal Mineral Products	37507	2504	35003	17309	1653	15656
水泥制品和石棉水泥制品业	Cement and Asbestos Products	2514	1404	1110	1541	904	637
砖瓦、石灰和轻质建筑材料制造业	Brick,Tile and Light Construction Material	1100	1100		749	749	
玻璃及玻璃制品业	Glass and Glass Products	395		395	395		395
陶瓷制品业	Ceramics Products	33498		33498	14624		14624
黑色金属冶炼及压延加工业	Smelting and Pressing Ferrous Metals	8979		8979			
钢压延加工业	Steel Pressing	8979		8979			
有色金属冶炼及压延加工业	Smelting and Pressing of Nonferrous Metals	645		645			
重有色金属冶炼业	Heavy Nonferrous Metals Smelting	645		645			
金属制品业	Metal Products	19273		19273			
金属丝绳及其制品业	Metal Wire,Rope and Related Products	1492		1492			
建筑用金属制品业	Products for Construct Use	17331		17331			
金属表面处理及热处理业	Metals Cover Treatment and Heat Treatment	150		150			
日用金属制品业	Daily Metal Products	300		300			
普通机械制造业	Ordinary Machinery Manufacturing	25748	400	25348	21934		21934
锅炉及原动机制造业	Boiler and Motive Machine	407		407	118		118
金属加工机械制造业	Metal Processing Machine	874	400	474	1380		1380
轴承、阀门制造业	Bearing and Valve Manufacturing	260		260			
其他通用零部件制造业	Other Universal Componentsal and Parts	20521		20521	17587		17587
其他普通机械制造业	Other Ordinary Machine building	3686		3686	2849		2849
专用设备制造业	Special Purpose Equipment Building	4383	710	3673			
机电工业专用设备制造业	Equipment for Engine and Electricity	710	710				

续表 2 continued

单位：万元 (10000 yuan)

行业 Item	投资额 Investment			新增固定资产 Incremental Fixed Assets		
	合计 Total	中央 Central	地方 Local	合计 Total	中央 Central	地方 Local
农、林、牧、渔、水利业机械制造业 Machines of Farming,Forestry Animal Husbandry,Fishing and Irrigation	2960		2960			
医疗器械制造业 Medical Machines	437		437			
其他专用设备制造业 Other Special Purpose Equipment	276		276			
交通运输设备制造业 Transportation Equipment Manufacturing	21710	13633	8077	25140	19674	5466
铁路运输设备制造业 Railway Transportation Equipment Manufacturing	3581	3581		4741	4741	
汽车制造业 Motor Vehicles Manufacturing	2716		2716	4866		4866
自行车制造业 Bicycles	3120	3120		4320	4320	
航空航天器制造业 Aviation and Spaceflight Equipment	9660	6747	2913	10428	10428	
交通运输设备修理业 Transportation Equipment Repairing	2633	185	2448	785	185	600
武器弹药制造业 Weapon and Ammunition Manufacturing	5590	5590		211	211	
电气机械及器材制造 Electric Equipment and Appliances Manufacturing	20345	1100	19245	66281		66281
电机制造业 Generator	1100	1100				
输配电及控制设备制造业 Electricity Transmit,Distribution and Control Equipment	1356		1356	1785		1785
电工器材制造业 Electrical Appliances	17723		17723	64330		64330
日用电器制造业 Daily Use Electrical Appliances	166		166	166		166
电子及通信设备制造业 Electronic and Telecommunication Equipment	153090	8660	144430	91074	11407	79667
通信设备制造业 Telecommunication Equipment	17968	7370	10598	8357	8357	
电子计算机制造业 Computer	2554	490	2064	3588		3588
电子器件制造业 Electronic Device	96651	800	95851	40661	3050	37611
电子元件制造业 Electronic Cell	10840		10840	9544		9544
日用电子器具制造业 Daily Use Electronic Appliances	19321		19321	23361		23361
其他电子设备制造业 Other Electronic Machines	5756		5756	5563		5563
仪器仪表及文化、办公用机械制造业 Instruments,Meters,Cultural and Official Machinery	5753	137	5616	1060	137	923
通用仪器仪表制造 General Instruments and Meters	3353	137	3216	1060	137	923
计量器具制造业 Measuring Implements	2400		2400			
其他制造业 Other Manufacturing	4495		4495			
日用杂品制造业 Daily Use Groceries	2495		2495			
其他生产、生活用品制造业 Others	2000		2000			
电力、煤气及水的生产和供应业 Electricity,Gas and Water Production and Supply	**616794**	**334186**	**282608**	**483316**	**418358**	**64958**
电力、蒸气、热水的生产和供应业 Electricity,Steam and Hot Water Production and Supply	526481	334186	192295	472490	418358	54132
电力生产业 Electricity Production	226019	225093	926	406287	399916	6371
电力供应业 Electricity Supply	208226	109093	99133	60953	18442	42511
蒸气、热水生产和供应业 Steam and Hot Water Production and Supply	92236		92236	5250		5250
煤气生产和供应业 Gas Production and Supply	61446		61446	6222		6222
煤气生产业 Gas Production	5477		5477	1312		1312
煤气供应业 Gas Supply	55969		55969	4910		4910
自来水的生产和供应业 Water Production and Supply	28867		28867	4604		4604
自来水生产业 Water Production	21697		21697	4604		4604
自来水供应业 Water Supply	7170		7170			

续表 3 continued

单位：万元

行业	Item	投资额 Investment 合计 Total	中央 Central	地方 Local	新增固定资产 Incremental Fixed Assets 合计 Total	中央 Central	地方 Local
建筑业	**Construction**	73642	16491	57151	75742	9890	65852
土木工程建筑业	Civil Enginnering Construct	68830	15109	53721	71007	7908	63099
房屋建筑业	Building Construction	64873	11432	53441	68441	5622	62819
矿山建筑业	Mining Construction	280		280	280		280
铁路、公路、遂道、桥梁建筑业	Railways,Highways,Tunnels and Bridges Construction	3677	3677		2286	2286	
线路、管道和设备安装业	Line and Equipments Installation	4812	1382	3430	4735	1982	2753
线路、管道安装业	Line Installation	1382	1382		1982	1982	
设备安装业	Equipment Installation	3430		3430	2753		2753
地质勘查业、水利管理业	**Geological Prospecting and Water Conservancy**	7309	5049	2260	22373	22125	248
地质勘查业	Geological Prospecting	7309	5049	2260	22373	22125	248
矿产地质勘查业	Minerals Prospecting	1928	1258	670	658	658	
工程地质勘察设计业	Egineering Geological Prospecting and Design	4461	2871	1590	21215	20967	248
环境地质勘察业	Environmental Geological Prospecting	316	316		500	500	
地球物理和地球化学勘察业	Geophysical and Geochemical Prospecting	604	604				
交通运输、仓储及邮电通信业	**Transportation,Storage,Posts and Telecommunications**	410401	393302	17099	354620	336866	17754
铁路运输业	Railways	64881	64881		220208	220208	
公路运输业	Highways	500		500			
汽车运输业	Motor Vehicles	500		500			
航空运输业	Aviations	16241	16241		6983	6983	
航空客货运输业	Passenger and Freight Transportation	16241	16241		6983	6983	
交通运输辅助业	Logistic Support for Transportation	214151	212522	1629	11627	7827	3800
公路管理及养护业	Highway Management and Maintenance	1629		1629	3800		3800
机场及航空运输辅助业	Airport and Logistics of Auiation	212522	212522		7827	7827	
仓储业	Storage	13842	1047	12795	12293	1106	11187
邮电通信业	Posts and Telecommunications	100786	98611	2175	103509	100742	2767
邮政业	Poats	30898	30898		36005	36005	
电信业	Telecommunications	69888	67713	2175	67504	64737	2767
批发和零售贸易餐饮业	**Wholesale,Retail and Catering**	152883	34909	117974	119823	391	119432
食品、饮料、烟草和家庭用品批发业	Wholesale of Food,Beverage,Tabacco and Family Use Goods	13658		13658	6980		6980
食品、饮料、烟草批发业	Food,Beverage and Tabacco	2977		2977	1880		1880
纺织品、服装和鞋帽批发业	Textile,Garments,Shoes and Hats	3681		3681			
日用百货批发业	Daily Use Goods	5430		5430	4430		4430
五金交电化工批发业	Hardware,Electrical Appliance and Chemical	480		480			
药品及医疗器械批发业	Medicine and Medical Appliance	1090		1090	670		670
能源、材料、机械和电子设备批发业	Energy,Materials,Machine and Electric Equipment	24570	12948	11622	12996		12996
能源批发业	Energy	410		410	180		180
化工材料批发业	Chemical Material	1926		1926			
建筑材料批发业	Building Materials	17513	9761	7752	12351		12351
金属材料批发业	Ferrous Materials	1279		1279	50		50
机械、电子设备批发业	Machine and Electric Equipment	3442	3187	255	415		415

续表 4 continued

单位：万元　　　　　　　　　　　　　　　　　　　　　　　　　　　　(10000 yuan)

行业	Item	投资额 Investment			新增固定资产 Incremental Fixed Assets		
		合计 Total	中央 Central	地方 Local	合计 Total	中央 Central	地方 Local
其他批发业	Others	7409	1754	5655	391	391	
图书报刊批发业	Books, Newspapers and Magazines	434	434				
农业生产资料批发业	Agricultural CAoital Goods	62	62		391	391	
其他类未包括的批发	Others	6913	1258	5655			
零售业	Retail	101018	20207	80811	99161		99161
食品、饮料和烟草零售业	Food, Beverage and Tabacco	11073		11073	1235		1235
日用百货零售业	Daily Use Goods	77912	20207	57705	97244		97244
纺织品、服装和鞋帽零售业	Textile, Garments, Shoes and Hats	87		87	170		170
五金交电化工零售业	Hardware, Electrical Appliance and Chemical	992		992			
图书报刊零售业	Books, Newspapers and Magazines	9547		9547	125		125
其他零售业	Others	1407		1407	387		387
商业经纪与代理业	Business Agencies	240		240	240		240
餐饮业	Catering	5988		5988	55		55
正餐	Dinner	25		25	55		55
其他餐饮业	Others	5963		5963			
金融、保险业	**Banking and Insurance**	**120007**	**118167**	**1840**	**1140**		**1140**
金融业	Banking	119658	117818	1840	1140		1140
中央银行	Central Bank	392	392				
商业银行	Commercial Bank	118566	117426	1140	1140		1140
信用合作社	Credit Cooperative	700		700			
保险业	Insurance	349	349				
房地产业	**Real Estate**	**7421**		**7421**	**2615**		**2615**
房地产开发与经营业	Development and Operation	1499		1499	582		582
房地产管理业	Management	4948		4948	1010		1010
房地产代理与经纪业	Brokerage and Agencies	974		974	1023		1023
社会服务业	**Social Services**	**346019**	**111484**	**234535**	**149578**	**52865**	**96713**
公共服务业	Public Services	146699	834	145865	33447	2555	30892
市内公共交通业	Urban Public Traffic	61028	834	60194	4887	2555	2332
园林绿化业	Gardens Afforest	16812		16812	3370		3370
环境卫生业	Environmental Sanitation	27639		27639	13291		13291
市政工程管理业	Municipal Engineering Management	41220		41220	11899		11899
居民服务业	Residential Services	5510		5510	371		371
日用品修理业	Repairings of Daily Use Articles	90		90	90		90
殡葬业	Funeral and Interment Services	3767		3767	281		281
其他居民服务业	Others	1653		1653			
旅馆业	Hotels	71380	13512	57868	31870	27385	4485
租赁服务业	Rentals	40280	40280				
旅游业	Tourism	12771	12391	380	16123	15893	230
娱乐服务业	Recreation	27081	11465	15616	58685		58685
信息、咨询服务业	Information and Consultancy Services	10663	3000	7663	6000	6000	
咨询服务业	Consultancy Services	9200	3000	6200	6000	6000	
其他类未包括的信息咨询服务业	Others	1463		1463			
计算机应用服务业	Computer Application	1633		1633	2050		2050
软件开发咨询业	Software Development Consultancy	1633		1633	2050		2050
其他社会服务业	Other Social Services	30002	30002		1032	1032	
市场管理服务业	Market Management	16321	16321				
其他类未包括的社会服务业	Others	13681	13681		1032	1032	
卫生体育和社会福利业	**Health Care, Sports and Social Welfare**	**65603**	**31310**	**34293**	**45853**	**33602**	**12251**
卫生	Health Care	47466	27928	19538	37505	26485	11020
医院	Hospitals	44392	25594	18798	34607	23840	10767

续表 5 continued

单位：万元 (10000 yuan)

行业	Item	投资额 Investment 合计 Total	中央 Central	地方 Local	新增固定资产 Incremental Fixed Assets 合计 Total	中央 Central	地方 Local
疗养院	Sanatoriums	578	578				
卫生防疫站	Sanitation and Disease Control Stations	442	442				
妇幼保健所(站)	Maternity and Child Care Institutions	690		690	253		253
药品检验所(室)	Medicines and Chemical Reagents Test Labs	1314	1314		2645	2645	
其他医院	Other Hospitals	50		50			
体育	Sports	16725	3298	13427	7033	7033	
社会福利保障业	Social Welfare and Securation	1412	84	1328	1315	84	1231
社会福利业	Social Welfare	1337	84	1253	1000	84	916
其他类未包括的社会福利保障业	Others	75		75	315		315
教育、文化艺术及广播电影电视业	**Education, Culture and Arts, Radio, Film and Television**	**442590**	**329075**	**113515**	**312058**	**244543**	**67515**
教育	Education	319908	228371	91537	193768	135534	58234
高等教育	Higher Education	261830	212187	49643	159644	130000	29644
中等教育	Secondary School Education	33668	2812	30856	18711	301	18410
初等教育	Primary Education	2359		2359	4117		4117
学前教育	Preschool Education	1		1	415		415
其他教育	Other Education	22050	13372	8678	10881	5233	5648
文化艺术业	Culture and Arts	60010	40852	19158	35539	28086	7453
艺术	Arts	11146	10746	400	12521	12521	
出版	Publication	15955	13772	2183	11453	11253	200
文物保护	Preservation of Culture Relics	1147	1147				
图书馆	Libiaries	4334		4334	253		253
档案馆	Archives	365		365			
群众文化	Mass Culture	1262		1262			
新闻	News	11872	11872		4312	4312	
其他文化艺术业	Others	13929	3315	10614	7000		7000
广播电影电视业	Radio, Film and Television	62672	59852	2820	82751	80923	1828
广播	Radio	15134	15134		326	326	
电影	Film	1930	1930				
电视	Television	45608	42788	2820	82425	80597	1828
科学研究和综合技术服务业	**Scientific Research and Polytechnical Services**	**241796**	**221726**	**20070**	**222485**	**202541**	**19944**
科学研究业	Scientific Research	205728	192371	13357	193404	175892	17512
自然科学研究	Natural Science	185204	174719	10485	183660	172302	11358
社会科学研究	Social Science	3829	3749	80	2486	2406	80
其他科学研究	Others	16695	13903	2792	7258	1184	6074
综合技术服务业	Polytechnical Services	36068	29355	6713	29081	26649	2432
气象	Meteorologe	3533	3033	500	202	202	
地震	Earhtquake	505	505		1015	1015	
测绘	Mapping	2052	600	1452	1950	1950	
技术监督	Technology Supervision	1400		1400	1635		1635
环境保护	Enviromental Protection	524	412	112	3087	2612	475
技术推广和科技交流服务业	Technology Spreading and Scientific Technical Exchanges	949		949			
工程设计业	Engineering Design	16479	16479		20799	20799	
其他综合技术服务业	Others	10626	8326	2300	393	71	322
国家机关、政党机关和社会团体	**Government Organs, Party Organs and Social Bodies**	**621691**	**458015**	**163676**	**299132**	**223542**	**75590**
国家机关	Government Organs	501934	340191	161743	217843	143253	74590
政党机关	Party Organs	100085	99677	408	73632	72632	1000
社会团体	Social Bodies	19672	18147	1525	7657	7657	
其他行业	**Other Sectors**	**84684**	**37752**	**46932**	**39905**	**22801**	**17104**
企业管理机构	Administrative Organs of Enterprises	41057	11380	29677	20413	9229	11184
其他类未包括的行业	Others	43627	26372	17255	19492	13572	5920

4-12 全市更新改造投资额及新增固定资产(按行业分)
TOTAL INVESTMENT IN INNOVATION AND INCREMENTAL FIXED ASSETS(BY SECTORS)

单位：万元 (10000 yuan)

行业	Item	投资额 Investment			新增固定资产 Incremental Fixed Assets		
		合计 Total	中央 Central	地方 Local	合计 Total	中央 Central	地方 Local
总计	**Total**	1911525	894052	1017473	1301241	624880	676361
农、林、牧、渔业	**Farming,Forestry,Animal Husbandry and Fishery**	5373		5373	1721		1721
农业	Farming	4147		4147	1235		1235
林业	Forestry	430		430			
畜牧业	Animal Husbandry	186		186	186		186
农、林、牧、渔服务业	FFAF Services	610		610	300		300
采掘业	**Excavation**	8867		8867	8934		8934
煤炭采选业	Coal Mining and Dressing	8402		8402	8934		8934
非金属矿采选业	Nonmetal Minerals Mining and Dressing	465		465			
土砂石开采业	Sand and Stone Mining and Dressing	465		465			
制造业	**Manufacturing**	540126	169971	370155	361238	96475	264763
食品加工业	Food Processing	8559		8559	1602		1602
粮食及饲料加工业	Grain and Feed Processing	5273		5273	472		472
植物油加工业	Vegetable Oil Processing	295		295			
屠宰及肉类蛋类加工业	Butcher, Meat and Egg Processing	2991		2991	1130		1130
食品制造业	Food Manufacturing	11992		11992	22663		22663
糕点、糖果制造业	Pastry and Candy	11888		11888	22559		22559
其他食品制造业	Other Foods	104		104	104		104
饮料制造业	Beverage Manufacturing	1992		1992	2491		2491
酒精及饮料酒制造业	Alcohol and Beverage Wine	1897		1897	2396		2396
软饮料制造业	Soft Beverage	95		95	95		95
纺织业	Textile Industry	10113		10113	6922		6922
棉纺织业	Cotton Textile	3789		3789	698		698
毛纺织业	Feather Textile	5590		5590	5490		5490
针织品业	Knitting Textile	734		734	734		734
木材加工及竹、藤、棕、草制品业	Timber Processing,Bamboo, Cane,Palm Fiber and Straw Produts	2562		2562	75		75
人造板制造业	Artificial Board	2562		2562	75		75
服装及其他纤维制品制造业	Garments and Other Fiber Products	688		688	688		688
服装制造业	Garment Industry	688		688	688		688
家具制造业	Furniture Manufacturing	3490		3490	2220		2220
木制家具制造业	Wooden Furniture	2110		2110	510		510
金属家具制造业	Metal Furniture	1380		1380	1710		1710
造纸及纸制品业	Papermaking and Paper Products	10073		10073	3286		3286
纸制品业	Paper Products	10073		10073	3286		3286

续表 1 continued

单位：万元 (10000 yuan)

行业	Item	投资额 Investment 合计 Total	中央 Central	地方 Local	新增固定资产 Incremental Fixed Assets 合计 Total	中央 Central	地方 Local
印刷业、记录媒介的复制	Printing and Record Medium Reproduced	9068	5268	3800	4600	4600	
印刷业	Printing	9068	5268	3800	4600	4600	
文教体育用品制造业	Stationery,Education and Sports Goods	3932		3932			
文化用品制造业	Cultural Goods	1174		1174			
乐器及其他文娱用品制造业	Music Instruments and Other Stationery Goods	2758		2758			
石油加工及炼焦业	Petroleum Processing and Coking Products	121755	112717	9038	51201	46746	4455
原油加工业	Petroleum Processing	103137	103137		37503	37503	
石油制品业	Petroluem Products	15080	9580	5500	9743	9243	500
炼焦业	Coking Products	3538		3538	3955		3955
化学原料及化学制品制造业	Raw Chemical Materials and Chemical Products	88129	21867	66262	34294	18667	15627
化学肥料制造业	Chemical Fertilizer	4575		4575	759		759
有机化学产品制造业	Organic Chemical Products	76742	20037	56705	24418	17487	6931
合成材料制造业	Synthetic Materials	2480	1830	650	1340	1180	160
专用化学产品制造业	Special Purpose Chemical Products	2484		2484	7777		7777
日用化学产品制造业	Daily Use Chemical Products	1848		1848			
医药制造业	Medical and Pharmaceutical Products	9099		9099	2099		2099
化学药品制剂制造业	Original Chemical Medicine	6498		6498	586		586
中药材及中成药加工	Raw Material and Products of Chinese Medicine	2001		2001	1513		1513
生物制品业	Biological Products	600		600			
化学纤维制造业	Chemical Fiber Manufacturing	1627	1627		1427	1427	
合成纤维制造业	Synthetic Fibers	1627	1627		1427	1427	
橡胶制品业	Rubber Products	12871	2044	10827	5473	2044	3429
轮胎制造业	Tire Manufacturing	12499	2044	10455	5238	2044	3194
力车胎制造业	Vehicle Tire Manufacturing	235		235	235		235
橡胶板、管、带制造业	Rubber Board,Pipe and Belt	137		137			
塑料制品业	Plastic Products	1213	375	838	1197	375	822
泡沫塑料及人造革、合成革制造业	Foamed Plastic,Man-made Leather and Synthetic Leather	838		838	822		822
其他塑料制品业	Other Plastic Products	375	375		375	375	
非金属矿物制品业	Nonmetal Mineral Products	16966	6815	10151	18461	13263	5198
水泥制造业	Cement Manufacturing	450		450	400		400
砖瓦、石灰和轻质建筑材料制造业	Brick,Tile and Light Construction Material	9332	6815	2517	14236	13263	973
玻璃及玻璃制品业	Glass and Glass Products	7183		7183	3825		3825
其他类未包括的非金属矿物制品业	Other Nonmetal Mineral Products	1		1			
黑色金属冶炼及压延加工业	Smelting and Pressing Ferrous Metals	71169		71169	78954		78954
炼钢业	Steel-Smelting	360		360			
钢压延加工业	Steel Pressing	70809		70809	78954		78954
有色金属冶炼及压延加工业	Smelting and Pressing of Nonferrous Metals	560		560			
有色金属压延加工业	Nonferrous Metals Pressing	560		560			
金属制品业	Metal Products	4426		4426	3831		3831

续表 2 continued

单位：万元 (10000 yuan)

行业	Item	投资额 Investment 合计 Total	中央 Central	地方 Local	新增固定资产 Incremental Fixed Assets 合计 Total	中央 Central	地方 Local
铸铁管制造业	Tube of Cast Iron	360		360	360		360
工具制造业	Tools Manufacturing	540		540	664		664
建筑用金属制品业	Products for Construct Use	3526		3526	2807		2807
普通机械制造业	Ordinary Machinery Manufacturing	9281		9281	18789		18789
锅炉及原动机制造业	Boiler and Motive Machine	2087		2087	6354		6354
金属加工机械制造业	Metal Processing Machine	5265		5265	7726		7726
通用设备制造业	Universal Equipment	1382		1382	656		656
轴承、阀门制造业	Bearing and Valve	26		26	27		27
其他通用零部件制造业	Other Universal Components and Parts	319		319	3524		3524
其他普通机械制造业	Other Ordinary Machine-building	202		202	502		502
专用设备制造业	Special Purpose Equipment Manufacturing	19872	3030	16842	21806	2061	19745
机电工业专用设备制造业	Equipment for Engine and Electricity	7492	1154	6338	16299	185	16114
石化及其他工业专用设备制造业	Equipment for Petroleum and Other Sector of Industry	6457	1876	4581	4401	1876	2525
轻纺工业专用设备制造业	Equipment for Light Textile Industry	4650		4650	596		596
农、林、牧、渔,水利业机械制造业	Machines of Farming,Forestry Animal Husbandry,Fishing and Irrigation	717		717	510		510
医疗器械制造业	Medical Machines	556		556			
交通运输设备制造业	Transportation Equipment Manufacturing	100180	16194	83986	58935	7258	51677
铁路运输设备制造业	Railway Transportation Equipment	4185	4185		1637	1637	
汽车制造业	Motor Vehicles	76062		76062	44435		44435
自行车制造业	Bicycles	2814		2814	6053		6053
交通运输设备修理业	Transportation Equipment Repairing	17119	12009	5110	6810	5621	1189
电气机械及器材制造业	Electric Equipment and Appliances Manufacturing	2524		2524	1055		1055
电机制造业	Generator	6		6	71		71
输配电及控制设备制造业	Electricity Transmit,Distribution and Control Equipment	711		711	344		344
日用电器制造业	Daily Electronic Appliances	1417		1417			
照明器具制造业	Lighting Equipment and Products	390		390	640		640
电子及通信设备制造业	Electronic and Telecommunication	12163		12163	13646		13646

续表 3 continued

单位：万元 (10000 yuan)

行业	Item	投资额 Investment 合计 Total	中央 Central	地方 Local	新增固定资产 Incremental Fixed Assets 合计 Total	中央 Central	地方 Local
通信设备制造业	Telecommunication Equipment	2022		2022	7983		7983
广播电视设备制造业	Radio,Television Equipment	60		60			
电子计算机制造业	Computer	6023		6023			
电子器件制造业	Electronic Device	676		676	276		276
电子元件制造业	Electronic Cell	1853		1853	3566		3566
日用电子器具制造业	Daily Use Electronic Appliances	1529		1529	1821		1821
仪器仪表及文化、办公用机械制造业	Instruments,Meters,Cultural and Official Machinery	5151	34	5117	4852	34	4818
通用仪器仪表制造业	General Instruments and Meters	4579		4579	4230		4230
专用仪器仪表制造业	Special Purpose Instruments and Meters	34	34		34	34	
电子测量仪器制造业	Electronic Survey Instrument	538		538	588		588
其他制造业	Other Manufacturing	671		671	671		671
工艺美术品制造业	Art Products Manufacturing	671		671	671		671
电力、煤气及水的生产和供应业	**Electricity,Gas and Water Production and Supply**	154267	102448	51819	63255	16214	47041
电力、蒸气、热水的生产和供应业	Electricity,Steam and Hot Water Production and Supply	115255	102448	12807	29788	16214	13574
电力生产业	Electricity Production	96891	96511	380	13176	12796	380
电力供应业	Electricity Supply	5970	5937	33	3418	3418	
蒸气、热水生产和供应业	Steam and Hot Water Production and Supply	12394		12394	13194		13194
煤气生产和供应业	Gas Production and Supply	15627		15627	12925		12925
煤气供应业	Gas Supply	15627		15627	12925		12925
自来水的生产和供应业	Water Production and Supply	23385		23385	20542		20542
自来水生产业	Water Production	21241		21241	14042		14042
自来水供应业	Water Supply	2144		2144	6500		6500
建筑业	**Construction**	10660	1596	9064	12175	1306	10869
土木工程建筑业	Civil Enginnering Construct	10660	1596	9064	12175	1306	10869
房屋建筑业	Building Construction	6784	1306	5478	7049	1306	5743
铁路、公路、遂道、桥梁建筑业	Railways,Highways,Tunnels and Bridges Construction	290	290				
堤坝、电站、码头建筑业	Dikes and Dams,Power Station and Wharfs	446		446	446		446
其他土木工程建筑业	Others	3140		3140	4680		4680
地质勘查业、水利管理业	**Geological Prospecting and Water Conservancy**	48410	717	47693	26744	87	26657
地质勘查业	Geological Prospecting	717	717		87	87	
矿产地质勘查业	Minerals Prospecting	717	717		87	87	
水利管理业	Water Conservancy	47693		47693	26657		26657
交通运输、仓储及邮电通信业	**Transportation,Storage,Posts and Telecommunications**	704685	583105	121580	492129	470789	21340
铁路运输业	Raiways	31003	31003		32446	32446	
公路运输业	Highways	115971		115971	16928		16928
汽车运输业	Motor Vehicles	115971		115971	16928		16928

续表 4 continued

单位：万元 (10000 yuan)

行业	Item	投资额 Investment 合计 Total	中央 Central	地方 Local	新增固定资产 Incremental Fixed Assets 合计 Total	中央 Central	地方 Local
航空运输业	Aviations	10864	10864		9708	9708	
航空客货运输业	Passenger and Freight Transportation	10864	10864		9708	9708	
交通运输辅助业	Transport Supporting and Auxilary Services	4466	3217	1249	4044	2451	1593
公路管理及养护业	Highway Management and Maintenance	930		930	1274		1274
机场及航空运输辅助业	Auxilary Civil Aviation	3217	3217		2451	2451	
其他类未包括的交通运输辅助业	Other Auxilary Services	319		319	319		319
仓储业	Storage	4616	1014	3602	3833	1014	2819
邮电通信业	Postal and Telecommunications	537765	537007	758	425170	425170	
邮政业		80	80				
电信业	Telecommunications	537685	536927	758	425170	425170	
批发和零售贸易餐饮业	**Wholesale,Retail and Catering**	**107146**		**107146**	**18738**		**18738**
食品、饮料、烟草和家庭用品批发业	Food,Beverage,Tabacco and Family Use Goods	705		705	87		87
食品、饮料、烟草批发业	Food,Beverage and Tabacco	705		705	87		87
能源、材料、机械和电子设备批发业	Energy,Materials,Machine and Electronic Equipment	14170		14170	5345		5345
能源批发业	Energy	8204		8204	1945		1945
化工材料批发业	Chemical Materials	310		310			
木材批发业	Timbers	2300		2300			
建筑材料批发业	Building Materials	1544		1544	5		5
矿产品批发业	Mineral Products	165		165	327		327
机械电子设备批发业	Machine and Electronic Equipment	176		176			
汽车、摩托车及零配件批发业	Automobile,Motorcycle and Spares and Fittings	136		136	136		136
再生物资回收批发业	Revovery of Reclaimed Materials	1335		1335	2932		2932
其他批发业	Others	551		551	715		715
其他类未包括的批发业	Others	551		551	715		715
零售业	Retail Sales Trade	90961		90961	11558		11558
日用百货零售业	Daily Use Goods	90475		90475	10787		10787
纺织品、服装和鞋帽零售业	Textile,Garments,Shoes and Hats	271		271	156		156
其他零售业	Others	215		215	615		615
餐饮业	Catering Trade	759		759	1033		1033
正餐	Dinner	759		759	1033		1033
金融、保险业	**Banking and Insurance**	**1070**	**1000**	**70**	**1350**	**1280**	**70**
金融业	Banking	1070	1000	70	1350	1280	70
商业银行	Commerial Bank	1070	1000	70	1350	1280	70
房地产业	**Real Eatate**	**5704**	**410**	**5294**	**3820**	**410**	**3410**
房地产管理业	Management	4698	410	4288	3820	410	3410
房地产代理与经纪业	Brokerage and Agencies	1006		1006			

续表 5 continued

单位：万元 (10000 yuan)

行业	Item	投资额 Investment 合计 Total	中央 Central	地方 Local	新增固定资产 Incremental Fixed Assets 合计 Total	中央 Central	地方 Local
社会服务业	**Social Services**	229544	1275	228269	226243	449	225794
公共服务业	Public Services	173296		173296	180463		180463
市内公共交通业	Urban Public Traffic	47397		47397	41235		41235
园林绿化业	Gardens Afforest	2113		2113	895		895
环境卫生业	Environmental Sanitation	400		400	400		400
市政工程管理业	Municipal Engineering Management	123326		123326	137808		137808
其他公共服务业	Others	60		60	125		125
居民服务业	Residential Services	2575	187	2388	987	187	800
理发及美容化妆业	Haircut, Beauty and Making-up	187	187		187	187	
沐浴业	Bath	1588		1588			
殡葬业	Funeral and Interment Services	800		800	800		800
旅馆业	Hotels	17118		17118	12501		12501
租赁服务业	Rentals	1816		1816	1816		1816
旅游业	Tourism	21113		21113	21085		21085
娱乐服务业	Recreation	3380		3380	147		147
信息、咨询服务业	Information and Consultancy Services	9158		9158	8982		8982
广告业	Advertisement	8982		8982	8982		8982
其他类未包括的信息咨询服务业	Others	176		176			
计算机应用服务业	Computer Application	1088	1088		262	262	
软件开发咨询业	Software Development Consultancy	1088	1088		262	262	
卫生体育和社会福利业	**Health Care, Sports and Social Welfare**	3976	2144	1832	5782	2144	3638
卫生	Health Care	3936	2144	1792	4296	2144	2152
医院	Hospitals	3936	2144	1792	4296	2144	2152
社会福利保障业	Social Welfare and Securation	40		40	1486		1486
社会福利业	Social Welfare	40		40	1486		1486
教育、文化艺术及广播电影电视业	**Education, Culture and Arts, Radio, Film and Television**	26496	7390	19106	9336	3082	6254
教育	Education	21496	2390	19106	9336	3082	6254
高等教育	Higher Education	1400	1310	90	2210	2210	
中等教育	Secondary School Education	16169	1080	15089	4943	872	4071
初等教育	Primary Education	460		460	1160		1160
其他教育	Other Education	3467		3467	1023		1023
文化艺术业	Culture and Arts	5000	5000				
其他文化艺术业	Others	5000	5000				
科学研究和综合技术服务业	**Scientific Research and Polytechnical Services**	11100	6595	4505	30360	24367	5993
科学研究业	Scientific Research	8757	6595	2162	26256	24367	1889
自然科学研究	Natural Science	7063	6595	468	24562	24367	195
其他科学研究	Others	1694		1694	1694		1694
综合技术服务业	Polytechnical Services	2343		2343	4104		4104
工程设计业	Engineering Design	110		110			
其他综合技术服务业	Others	2233		2233	4104		4104
国家机关、政党机关和社会团体	**Government Organs, Party Organs and Social Bodies**	15168	5432	9736	9588	876	8712
国家机关	Government Organs	15168	5432	9736	9588	876	8712
其他行业	**Other Sectors**	38933	11969	26964	29828	7401	22427
企业管理机构	Administrative Organs of Enterprises	21435	11679	9756	21018	7111	13907
其他类未包括的行业	Others	17498	290	17208	8810	290	8520

4-13 新增生产能力(或效益)
INCREMENTAL PRODUCTION CAPACITY(OR BENEFIT)

能力名称	Item	合计 Total	国有 State-Owned	集体 Collective Owned
加氢精制设备(万吨/年)	Hydrorefining Equipment (10000 tons/year)	100	100	
催化重整设备(万吨/年)	Calalytic Equipment (10000 tons/year)	60	60	
水力发电 (万千瓦)	Hydropower (10000 kw)	20	20	
火力发电 (万千瓦)	Thermal Power (10000 kw)	1.8	1.8	
输电线路长度 (11万伏及以上,公里)	Length of Transimit Electricity Line (over 11,0000 volts,km)	9	9	
变电设备能力 (11万伏及以上,万千伏安)	Capacity of Transformer Equipments (over 11,0000 volts,10000 kv)	86	86	
乙　烯 (吨/年)	Ethylene (ton/year)	60000	60000	
塑料树脂及共聚物(吨/年)	Plastic Resin and Copolymer (ton/year)	10600	10000	
轮胎外胎 (万条/年)	Tire(Cover) (10000 sets/year)	22	22	
化学药制剂 (吨/年)	Chemicals Preparation (ton/year)	10		
中成药 (吨/年)	Chinese Medicine (ton/year)	400	400	
金属切削机床制造(台/年)	Metal-Cutting Machine (unit/year)	2000		
医疗器械制造 (台/年)	Medical Machines (unit/year)	11	11	
电子计算机 (部/年)	Computer (10000 sets/year)	20000		
棉布织机 (台)	Cotton Cloth Looms (unit)	3		
糖　果 (吨/年)	Candy (ton/year)	1000	1000	
饼　干 (吨/年)	Biscuit (ton/year)	17980		
白　酒 (吨/年)	White Wine (ton/year)	15000	15000	
其他酒 (吨/年)	Other Liquor (ton/year)	700		
皮　鞋 (万双/年)	Leather Shoes (10000 pairs/year)	10		10
塑料制品 (万吨/年)	Plastic Products (10000 tons/year)	1.15	1.15	
日用玻璃制品(万吨/年)	Daily Use Glass Products (10000 tons/year)	0.35	0.35	
灯泡、灯管 (万只/年)	Light Tube and Bulb (10000/year)	2400		
家用空气调节器(万台/年)	House Air Conditioner (10000 sets/year)	3	3	
铁路机车购置 (台)	Purchase of Railway Locomotives (unit)	1	1	
载货汽车购置 (辆)	Purchase of Cargo Truck (unit)	277	247	18
载客汽车购置 (辆)	Purchase of Coach (unit)	1073	1067	
小汽车购置 (辆)	Purchase of Car (unit)	2300	2288	2
其他汽车购置 (辆)	Purchase of Other Motor Vehicles (unit)	72	70	
改建公路 (公里)	Reconstructed Highways (km)	20.00	20.00	
其中:一级公路(公里)	First Grade (km)	18.20	18.20	
新(扩)建客货运站 (个)	Newly Built or Expanded Passenger and Freight Stations (unit)	5	3	2
(平方米)	(sq.m)	22509	10007	12502
市内电话自动交换机(门)	Local Telephone Exchange (line)	917800	887800	

续表 continued

能力名称 Item	合计 Total	国有 State-Owned	集体 Collective Owned
造林面积 (万亩) Afforestation Area (10000 mu)	0.43	0.43	
水库容量(总库容)(亿立方米)Capacity of Reservior (100 million cu.m)	1.6	1.6	
有效灌溉面积 (万亩) Irrigated Area (10000 mu)	10.00	10.00	
除涝面积 (万亩) Area of Draining Waterlogging (10000 mu)	3.20	3.20	
商业冷藏库 (万吨) Cold Storage for Commercial Use (10000 tons)	0.66	0.66	
粮食仓库 (万公斤) Grain Storehouse (10000 kg)	24408	24408	
(平方米) (sq.m)	66548	66548	
商业饮食服务网点 (处) Commercial and Food Services Outlets (unit)	80	60	14
面积(平方米) (sq.m)	439921	247733	98016
高等院校：学生席位 (个) Institutions of Higher Education: Student Seats (unit)	6526	6526	
建筑面积(平方米) Floor Space (sq.m)	118831	118831	
中等学校：学生席位 (个) Secondary Schools: Student Seats (unit)	13472	13072	400
建筑面积(平方米) Floor Space (sq.m)	90391	88091	2300
小学校：学生席位 (个) Primary Schools: Student Seats (unit)	5104	3854	1250
建筑面积(平方米) Floor Space (sq.m)	27708	20963	6745
其他学校：学生席位 (个) Other Schools: Student Seats (unit)	5581	5581	
建筑面积(平方米) Floor Space (sq.m)	45847	45847	
公共图书馆：藏书量(万册(件)Public Libraries: Collections(10000 volumes)	10	10	
阅览室座席 (个) Reading Seats (unit)	191	191	
建筑面积(平方米) Floor Space (sq.m)	1743	1743	
医院病床 (张) Number of Hospital Beds (unit)	659	659	
疗养院、所病床 (张) Number of Beds in Sanatorium (unit)	38	38	
宾馆旅馆招待所客房数(间) Number of Guest Rooms in Hotels (room)	1404	684	720
(平方米) (sq.m)	51062	29550	21512
办公用房 (平方米) Official Building (sq.m)	529983	443073	31677
厂　房 (平方米) Factory Building (sq.m)	584210	326090	35012
仓　库 (平方米) Storehouse (sq.m)	233830	181744	35996
商业营业用房 (平方米) Commercial Building (sq.m)	418077	228869	96536
科学研究实验用房(平方米) Scientific Research Building (sq.m)	258082	229712	20330
城市自来水供水能力(万吨/日)Urban Tap Water Supplying Capacity (10000 tons/day)	0.09 0.41	0.09 0.41	
城市自来水管道长度(公里) Length of City Tap Water Pipeline (km)			
城市供热能力：蒸汽(吨/小时)Urban Steam Supplying Capacity (ton/hour)	426.50	426.50	
热水(兆瓦/小时) Hot Water Supplying Capacity(megawatt/hour)	174.44	174.44	
城市公共交通车辆购置(辆) Purchase of Public Traffic Vehicles (unit)	372	372	
城市道路扩建长度 (公里) Expanded Length of Highways (km)	28.4	28.4	
城市道路扩建面积(万平方米)Expanded Areas of Highways (10000 sq.m)	95.7	95.7	
城市排水管道铺设长度(公里)Length of Paved Drainage Pipeline (km)	40.20	40.20	
城市永久性桥梁 (座) Number of Perpetual Bridge (unit)	16	16	
城市防洪堤长度 (公里) Length of Flood Control Dikes (km)	23.40	23.40	

4-14 房屋建筑施工及竣工面积
FLOOR SPACE OF BUILDINGS UNDER CONSTRUCTION OR COMPLETED

单位：万平方米 (10000 sq. m)

项目	Item	1997	1996	占竣工面积(%) Proportion in Floor Space Completed(%) 1997	1996
施工总面积	**Floor Space of Buildings under Construction**	5819.4	5633.2		
竣工总面积	**Floor Space of Buildings Completed**	1625.7	1517.5	100	100
在竣工总面积中：	**Of the Floor Space Completed:**				
按用途分	**Grouped by Use**				
#厂　房	Plant	68.0	91.4	4.2	6.0
仓　库	Storehouse	25.6	19.7	1.6	1.3
办公室	Office	79.4	57.9	4.9	3.8
家属住宅	Families Residence	817.4	772.5	50.3	50.9
单身宿舍	Benchelor Quarters	25.4	15.6	1.6	1.0
教育用房	Education	58.0	67.9	3.6	4.5
科研用房	Scientific Research	29.6	29.1	1.8	1.9
医疗用房	Medical	10.9	31.1	0.7	2.0
商业营业用房	Commerce	80.3	71.5	4.9	4.7
礼堂、俱乐部	Assembly Hall and Club	3.5	2.5	0.2	0.2
影剧院	Theatre and Cinema	0.0	0.9	0.0	0.1
托儿所、幼儿园	Nursery and Kindergarten	4.5	6.0	0.3	0.4
旅馆、招待所	Hotel	6.6	13.2	0.4	0.9
按隶属关系分	**Grouped by Administrative Relationship**				
中　央	Central	462.6	388.1	28.4	25.6
地　方	Local	480.8	466.0	29.6	30.7
#国　有	State-Owned	346.3	383.7	21.3	25.3
集　体	Collective Owned	90.2	39.6	5.5	2.6
房地产开发企业	Comprehensive Development	682.3	663.4	42.0	43.7
按地区分	**Grouped by Region**				
城　区	City Propers	285.1	261.9	17.5	17.3
近郊区	Near Suburbs	1035.4	944.1	63.7	62.2
远郊区	Outer Suburbs	305.2	311.5	18.8	20.5

4-15 房屋建筑每平方米造价
COST PER SQ. M OF BUILDINGS

单位：元 (yuan)

项目	Item	1997	1996	1997年比1996年增(+)减(-) Increase or Decrease
平均造价	**Average Cost**	1857	1914	-59
厂　房	Plant	2094	2140	-46
仓　库	Storehouse	1174	1184	-10
办公室	Office	2613	2532	81
家属住宅	Families Residence	1347	1212	135
单身宿舍	Benchelor Quarters	1479	1292	187
教育用房	Education	1911	1628	283
科研用房	Scientific Research	2654	1803	851
医疗用房	Medical	1725	4190	-2465
商业营业用房	Commerce	2473	2515	-44
礼堂、俱乐部	Assembly Hall and Club	3907	2991	916
影剧院	Theatre and Cinema		2055	-2055
托儿所、幼儿园	Nursery and Kindergarten	1291	1554	-263
旅馆、招待所	Hotel	2347	4050	-1703

4-16 基本建设大中型项目一览表

单位：万元

建设项目名称 Construction Project	建设地址 Address	国民经济行业 Sector	隶属关系 Administrative Relationship	建设性质 Type of Construction	建设阶段 Stage	开工年月 Beginning Time	投产年月 Operating Time	计划总投资 Total Investment
总　　计								**4964538**
北京农业大学	北京	高等教育	中央	扩建	施工	199012		10400
北京西客站工程建设总指挥部	北京	铁路运输	中央	新建	收尾	199301		400000
中国歌剧芭蕾舞剧院	北京	艺术	中央	扩建	施工	199611		19500
国家大剧院	北京	艺术	中央	新建	筹建			150000
中央台业务楼工程筹建处	北京	广播	中央	新建	施工	199212		42046
广电部中国国际广播中心	北京	广播	中央	新建	施工	199209		37823
清华大学	北京	普通教育	中央	扩建	施工	199409		46431
北京大学	北京	普通教育	中央	扩建	施工	199410		53194
中国医学科学院北京协和医院	北京	综合医院	中央	扩建	施工	199003		43171
北京医科大学	北京	普通教育	中央	扩建	施工	198405		19753
国家教委电教大楼工程指挥部	北京	成人教育	中央	新建	施工	199009		19382
国家气象局552-5工程指挥部	北京	气象	中央	扩建	施工	199005		12732
中日友好环境保护中心	北京	环境保护	中央	新建	收尾	199210		45368
中国航天工业总公司七七二所	北京	自然科学	中央	新建	施工	199512		7002
北京市邮政管理局	北京	邮政业	中央	新建	施工	199303	199712	34852
北京燕山石油化工(集团)有限公司	北京	原油加工	中央	扩建	施工	199503	199712	126983
北京燕山石油化工(集团)有限公司	北京	原油加工	中央	扩建	施工	199711		130941
石景山发电总厂	北京	火力发电	中央	扩建	施工	199411	199712	112908
北京水电开发公司	北京	水力发电	中央	新建	施工	199012		435000
北京首都国际机场计划经营处	北京	航空	中央	扩建	施工	199510		872041
首钢计财部	北京	铁矿采选	市属	扩建	施工	198612		299406
首钢日电电子有限公司	北京	集成电路	市属	扩建	施工	199606		105000
北京粮食销区中心供应库	北京	仓储业	市属	新建	施工	199612		15000
北京市自来水公司	北京	自来水	市属	新建	施工	199012		212257
北京市天然气公司	北京	煤气供应	市属	新建	施工	199604		292400
北京市地下铁道建设公司	北京	轨道交通	市属	新建	施工	198805		757174
华能国际电力开发公司北京分公司	北京	火力发电	中央	新建	施工	199404		654245
中国印钞造币总公司信用卡厂	北京	中央银行	中央	新建	施工	199507	199708	9529

LARGE AND MEDIUM PROJECTS OF CAPITAL CONSTRUCTION

(10000 yuan)

本年计划投资 Planning Investment of this Year	自年初累计完成投资 Accumulative Investment Since Year-Beginning	建筑工程 Construction	安装工程 Installation	设备购置 Purchase of Equip-ments	本年新增固定资产 Incremental Fixed Assets	年初累计资金来源合计 Accumulative Fund Source Since Year-Beginning	建设规模和新增生产能力(或效益) Construction Size and Incremental Productive Capacity(or Benefit) 名称 Item	计算单位 Counting Unit	建设规模 Size	新增能力累计 Accumulative Incremental Capacity	# 本年 of this Year
826863	**724958**	**298475**	**54991**	**205588**	**856888**	**674835**					
6503	4944	3813		1131	8596	6503	汽车购置	辆	1	1	1
63574	59439	30718	272	7978	214846	56249	道路扩建	万平方米	36	36	6.1
							供热蒸气	吨/小时	315	245	245
							桥梁	座	4	3	
6000	1500	634		62	62	1500	影院座席	个	1300		
								平方米	22000		
30	30				5	30					
6365	6365	2893	179	3219		6365					
1608	1608	674	498	177		1608	办公用房	平方米	42479		
16526	16526	9600		6825	11539	22295	学生席位	个	310	310	310
							建筑面积	平方米	12580	12580	12580
							实验用房	平方米	27170		
13700	13700	11297		2275	883	13629					
7123	1989	1700	1	104	13953	7123	病床	张	841		
3417	3417	2167		913	4101	3417	研究用房	平方米	25626	6323	6323
1054	1218	632	157	203	2607	1181	研究用房	平方米	4840	4840	4840
278	278		6	210	44	278					
1223	412	188	65	28	2612	355					
6400	3236	3236			510	6400	厂房	平方米	900	900	900
							研究用房	平方米	13425		
8814	8814	7994		820	34852	8814					
30000	30000	544	9437	5346	126983	30000	石油加工	万吨/年	100	100	100
							催化重整	万吨/年	60	60	60
5000	5000	2606				5000	合成橡胶	吨/年	30000		
13077	13077	8351	3067	385	27508	13077	火力发电	万千瓦	20	20	
							变电能力	万千伏安	24	24	
							厂房	平方米	5676	5676	5676
26600	32314	18914		9000	366538	32314	水力发电	万千瓦	80	80	20
							办公用房	平方米	11815	11815	11815
							厂房	平方米	26782	26782	26782
							仓库	平方米	1467	1467	1467
215000	200181	137267	3764	31320	1769	176068	候机楼	座	1		
								平方米	268758		
15000	4894	282	437	2618	2618	4894	铁矿开采	万吨/年	1050		
							厂房	平方米	7869		
11711	17023		592	16431	17023	4798	集成电路	万块/年	8000	3000	
825	3193	2194		199		2949	粮食仓库	万公斤	6200	1200	
								平方米	16868	12570	
5000	8176	1586	2595	2700	4604	5440	供水能力	万吨/日	50	50	
							管道长度	公里	104	102	
							厂房	平方米	37162	37162	6876
37375	55969	12431	442	2991	4910	56521	管输	公里	204		
123000	56393	19308				113000	地铁	公里	11.88		
200000	173602	19128	33479	110000	1571	93481	火力发电	万千瓦	70		
1660	1660	318		653	8754	1546	厂房	平方米	4856	4856	

4-17 国家及北京市重点工程一览表

单位：万元

建设项目名称 Construction Project	国民经济行业 Sector	隶属关系 Administrative Relationship	建设性质 Type of Construction	建设阶段 Stage	开工年月 Beginning Time	投产年月 Operating Time	计划总投资 Total Investment
总计							7127002
国家重点							1961286
首都机场航站区扩建	航空运输	中央	扩建	施工	9510		872041
十三陵蓄能电站(含送出)	水力发电	中央	新建	施工	9012		435000
华能电厂	火力发电	中央	新建	施工	9404		654245
北京市重点工程							5165716
危旧房改造	房地产管理	市属	改建	施工	9505		
安居工程	房地产管理	市属	改建	施工			
妇婴中心	妇幼保健	市属	新建	施工	9509		6500
佑安医院	综合医院	市属	扩建	施工	9610		5000
抗日战争纪念馆	文物保护	区属	扩建	施工	9512		7000
首都图书馆	图书馆	市属	扩建	筹建			3000
西藏自治区政府驻京办事处	党政机关	中央	新建	施工			15000
北京市兽医生物药品厂	生物制品	市属	改建	施工	9310		7658
大兴县氮肥厂	氮肥制造	县属	改建	施工	9408		10980
大兴县磷肥厂″三四六″工程	磷肥制造	县属	改建	施工	9505		
北京拖拉机公司	货车制造	市属	迁建	施工	9212		42761
松下彩管三期工程	电真空器件	市属	扩建	施工	9610		287400
三菱四通公司	集成电路	区属	新建	施工	9703		82000
市委党校改造工程	其他教育	市属	扩建	施工	9612		6418
公安局″9111″工程	国家机关	市属	新建	筹建			
丰台监所	国家机关	区属	扩建	筹建			
政法管理干部学院教学用房	其他教育	市属	扩建	施工	9612		6758
第二中级法院	国家机关	市属	扩建	筹建			
东方广场	房地产开发	区属	新建	施工	9409		1618500
石景山热电厂(大中型)	火力发电	中央	扩建	施工	9411	9712	112908
北京第一热电厂技改工程处	火力发电	中央	扩建	施工	9612		366484
高碑店热电厂外网配套工程	蒸气热水	市属	新建	施工	9412		229020
第三水厂扩建	自来水生产	市属	扩建	施工	9604		25000
陕北天然气进京市内工程	煤气供应	市属	新建	施工	9604		292400
双榆树供热厂及外网	蒸气热水	市属	扩建	施工	9412		114220
第九水厂三期	自来水生产	市属	扩建	筹建			251278
地铁复兴门k 八王坟	轨道交通	市属	新建	施工	8805		757174
北京城建集团承发包公司(北苑路)	市政管理	市属	扩建	施工	9611		36000
白颐路道路工程	市政管理	市属	扩建	施工	9703	9712	23050
崇文区市政工程指挥部 (崇外大街)	市政管理	区属	扩建	施工	9512	9712	54000
阜外大街改扩建	市政管理	区属	扩建	施工	9512	9712	42000
北京市公路局八达岭高速路二期	汽车运输	市属	新建	施工	9703		200000
通惠河整治工程	水利管理	市属	扩建	施工	9303		76824
永定河应急疏挖	水利管理	市属	改建	施工	9605		2359
密云水库加固工程	水利管理	市属	改建	施工	9707		40735
南部城区污水截流工程	市政管理	市属	新建	施工	9209		90000
高碑店污水处理厂(二期)	市政管理	市属	扩建	施工	9711		90000
电话局工程	电信业	中央	新建	施工			89921
高校调整							85318
北京工业大学	普通高教	市属	扩建	施工	9502		20264
首都师范大学	普通高教	市属	扩建	施工	9412		43270
北京联合大学	普通高教	市属	扩建	施工	9512		16124
首都医科大学(第二教学楼)	普通高教	市属	扩建	施工	9308		5660
粮库工程							17600
北京销区中心库	仓储业	市属	新建	施工	9612		15000
北京海淀国家粮食储备库	仓储业	市属	扩建	施工	9604		2600
变电站工程							56450
北京供电局工程	电力供应	市属	扩建	施工	9512		56450
华北电管局工程	电力供应	中央	扩建	施工	9506		

MAJOR PROJECTS OF STATE AND BEIJING

(10000 yuan)

本年计划投资 Planning Investment of this Year	自年初累计完成投资 Accumulative Investment Since Year-Beginning	建筑工程 Construction	安装工程 Installation	设备、工器具购置 Purchase of Equipments and Implements	本年新增固定资产 Incremental Fixed Assets	本年资金来源 Fund Source of this Year	建设规模和新增生产能力(或效益) Construction Size and Newly-increased Productive Capacity(or Benefit) 名称 Item	单位 Unit	建设规模 Size	新增能力累计 Accumulative Incremental Capacity	#本年 of this Year
1928568	**1709742**	**577778**	**46850**	**253333**	**552013**	**1594075**					
441600	406097	175309	37243	150320	369878	301863					
215000	200181	137267	3764	31320	1769	176068	候机楼	平方米	268758.0		
26600	32314	18914		9000	366538	32314	水力发电	万千瓦/年	80.0	80.0	20.0
200000	173602	19128	33479	110000	1571	93481	火力发电	万千瓦/年	70.0		
1486968	1303645	402469	9607	103013	182135	1292212					
504000	510846					588281	建筑面积	万平方米	534.5		
2380	2309	2198				1750					
1871	1255	1234				1300					
2660	4120	2856				2660					
3800	3459	2850		73		3800	藏书	万册	400.0		
9000	8550	6621	100	1500		7500					
1600	600	200				600					
2000	1847	142		1234		1847	合成氨	吨/年	40000.0		
							硫酸	万吨/年	4.0		
9000	10626	5098	25	161	46	14030	载货汽车	台/年	30000.0		
87116	57000	12260	100	44640		57000	彩管	万只	380.0		
18060	18060	3760				52845					
2676	2676	1888			1027	2676					
1800	1981	1841		100		1800					
132949	40483	21346			348	34944					
13077	13077	8351	3067	385	27508	13077	火力发电	万千瓦/年	20.0	20.0	
122100	80600	22550	3015	32430		80600	火力发电	万千瓦/年	40.0	40.0	40.0
81750	78231	49394	241	1954		89841					
4800	12380	4088	142	298	4868	14500	自来水	万吨/日	10.0		
37375	55969	12431	442	2991	4910	56521					
31700	12185	6946				30000					
15400	9161	1950				15000	自来水	万吨/日	50.0		
123000	56393	19308				113000	地铁	公里	11.88		
15000	34000	19600			8200	25000	城市道路	公里	5.5	5.5	5.5
23050	23050	18540			23050	22050	城市道路	公里	6.0	6.0	6.0
23000	22900	15200			53900	10000	城市道路	公里	3.0	3.0	3.0
35600	35159	7959			41534	27510	城市道路	公里	2.0	2.0	2.0
70000	98622	80032				76500	高速路	公里	31.0		
8800	8800	4405				8800					
1950	1950	1950				1950					
4544	4593	2936				3000					
11586	4115	3929				14850					
12134	17950	12646	400	2080		24958	污水处理	万吨/日	50.0		
25526	25526	23299		1355	13786	27176					
21600	20550	18072	18	244		19450					
5514	5465	3717				4900					
12481	11474	11474				11185					
3305	3387	2657	18	244		3065					
300	224	224				300					
1704	4072	2839	7	268	2958	3335					
825	3193	2194		199		2949	粮食仓库	万公斤	6200.0		
879	879	645	7	69	2958	386	粮食仓库	万公斤	5200.0		
24360	20550	3750	2050	13300		20550					
24360	20550	3750	2050	13300		20550	变电设备	万千伏安	189.0		

4-18 新建住宅竣工面积
FLOOR SPACE OF NEW RESIDENCE COMPLETED

单位：万平方米 (10000 sq.m)

项目 Item		1949-1997 合计 Total	1997	占新建住宅面积（%）Proportion in Floor Space of New Residence(%) 合计 Total	1997
总计	**Total**	14338.7	996.8	100	100
平房	Singal-storey House	799.5	7.3	5.6	0.7
楼房	Storeyed Building	13539.2	989.5	94.4	99.3
二～三层	2-3 Storeys	849.9	36.5	5.9	3.7
四～五层	4-5 Storeys	3062.7	46.8	21.4	4.7
六～八层	6-8 Storeys	6214.1	492.8	43.3	49.4
九层以上	Over 9 Storeys	3412.5	413.4	23.8	41.5
在总计中	Of Total				
城区	City Proper	2459.7	136.1	17.1	13.7
近郊区	Near Suburb	9532.8	666.1	66.5	66.8
远郊区	Outer Suburb	2346.2	194.6	16.4	19.5

4-19 农村集体及城乡私人建房面积
FLOOR SPACE OF BUILDINGS CONSTRUCTED BY RURAL COLLECTIVE-OWNED UNITS,URBAN AND RURAL INDIVIDUALS

单位：万平方米、间 (10000 sq.m,room)

项目 Item	1997年建成房屋面积 Floor Space of Buildings in 1997	#住宅面积 Floor Space of Residence	#住宅间数 Rooms of Residence	1996年建成房屋面积 Floor Space of Buildings in 1996	#住宅面积 Floor Space of Residence	#住宅间数 Rooms of Residence
总计 Total	333.8	201.2	167667	359.8	220.0	183333
农村集体建房 Rural Collective-Owned Units	253.6	124.3	103583	264.7	129.5	107917
城镇私人建房 Urban Individuals	34.7	32.9	27417	43.4	41.1	34250
农村私人建房 Rural Individuals	45.5	44.0	36667	51.7	49.4	41167

4-20 房地产开发企业基本情况
BASIC INFORMATION OF REAL ESTATE COMPANIES

项目	Item	企业单位个数（个）Number of Companies (unit)	资本金合计（万元）Total Capital (10000 yuan)	资产总计（万元）Total Assets (10000 yuan)	年末职工人数（人）Staff and Workers (year-end) (person)
总计	**Total**	601	4499777	19779280	32815
按经济类型分	**Grouped by of Ownership**				
国有经济	State-Owned	253	926714	8590890	17435
集体经济	Collective-Owned	18	49328	188595	891
联营经济	Joint Owned	3	2672	12448	55
股份有限公司	Stock Limited Company	30	681718	1365347	1713
有限责任公司	Limited-Liability Company	60	121463	745994	2131
中外合资经营	Joint Venture	73	721760	2255282	3888
中外合作经营	Cooperative	75	765732	2591513	3393
外资企业	Foreign Enterprises	1	4620	13542	52
与大陆合资经营企业	Joint Venture	43	500635	1812612	1986
与大陆合作经营企业	Cooperative	43	718464	2189713	1215
港澳台独资企业	HongKong,Macao and Taiwan Enterprises	1	5671	8162	7
其他经济	Others	1	1000	5182	49
按隶属关系分	**Grouped by Administrative Relationship**				
中央单位	Central	75	449681	1861956	3028
地方单位	Local	526	4050096	17917324	29787
按资质等级分	**Grouped by Grade**				
一级	First-grade	28	352145	4663416	6228
二级	Second-grade	61	315626	1757640	3117
三级	Third-grade	21	125981	709488	1377
四级	Fourth-grade				
五级	Fifth-grade	2	9806	166984	101
无级	No-grade	472	3624539	12037609	20653
兼营	Part-time Operating	17	71680	444143	1339
按营业状况分	**Grouped by Business Condition**				
营业	Going on	537	4081679	18642905	31824
停业	Closed down	20	61182	1367	242
其他	Others	44	356916	1135008	749

4-21 房地产开发企业开发情况
BUSINESS OF REAL ESTATE DEVELPOMENT ENTERPRISES

单位：万元 (10000 yuan)

项目	Item	全市合计 Total	# 国有经济 State-Owned	# 三资企业 Foreign Funded	按隶属关系分 Grouped by Administrative Relationship 中央单位 Central Unit	地方单位 Local Unit
计划总投资	Total Planned Investment	28916924	14530479	11742768	2198214	26718710
自开始建设至本年度累计完成投资	Accumulative Investment up to the End of This Year	12433527	5120789	6184783	990950	11442577
本年完成投资合计	Investment in This Year	3303366	1272297	1666690	280880	3022486
# 商品房建设投资	Commercial House	2541344	885173	1378804	248732	2292612
土地开发投资	Land Development	221722	123876	61298	7712	214010
土地购置费	Purchase of Land	238991	90611	133587	2683	236308
本年完成投资按用途分	Grouped by Purpose of Invest-ment in This Year					
住宅	Residence	1328665	647172	416628	113328	1215337
办公楼	Office	910796	149134	746903	152153	758643
商业营业用房	Commerce	292482	101106	180751	3697	288785
其他	Others	771423	374885	322408	11702	759721
本年土地开发	Land Development in The Year					
完成开发土地面积	Area of Development Comple-ted	4197676	3623868	276869	160958	4036718
开发土地面积	Area of Land Development	1635815	1022058	237393	13798	1622017
购置土地面积	Area of Land Purchasing	2612486	2030657	274001	74173	2538313
房屋建筑施工和竣工面积	Floor Space of Buildings under Constructiom or Completed					
施工面积	Floor Space of Buildings under Construction	28696146	14341451	10638426	2039234	26656912
# 住宅	Residence	15411404	9380615	3130307	1085304	14326100
竣工面积	Floor Space of Buildings Completed	6823043	4345779	1387893	296296	6526747
# 住宅	Residence	4783124	3103275	799189	189736	4593388
销售面积	Floor Space of Buildings Sold	2908976	1832734	642756	85329	2823647
# 住宅	Residence	2561931	1575595	568198	65859	2496072

主要统计指标解释

全社会固定资产投资　固定资产投资是社会固定资产再生产的主要手段。通过建造和购置固定资产的活动，国民经济不断采用先进技术装备，建立新兴部门，进一步调整经济结构和生产力的地区分布，增强经济实力，为改善人民物质文化生活创造物质条件。这对我国的社会主义现代化建设具有重要意义。

全社会固定资产投资包括国有经济单位投资、城乡集体经济单位投资、其他各种经济类型的单位投资和城乡居民个人投资。按照我国现行计划管理体制，全社会固定资产投资总额分为基本建设、更新改造、房地产开发投资和其他固定资产投资四个部分；城乡集体经济单位投资包括城镇集体所有制单位投资和农村集体所有制单位投资；其他各种经济类型单位投资包括联营经济、股份制经济、中外合资经营、中外合作经营、外资、与大陆合资经营、与大陆合作经营、港澳台独资及其他经济的单位投资。城乡居民个人投资包括城市、县城、镇、工矿区所辖范围内的个人建房和农村个人建房及购买生产性固定资产的投资。

基本建设投资　基本建设是企业、事业、行政单位以扩大生产能力或工程效益为主要目的的新建、扩建工程及有关工作。包括（1）列入中央和各级地方本年基本建设计划的建设项目，以及虽未列入本年基本建设计划，但使用以前年度基建计划内结转投资（包括利用基建设备材料）在本年继续施工的建设项目；（2）本年基本建设计划内投资与更新改造计划内投资结合安排的新建项目和新增生产能力（或工程效益）达到大中型项目标准的扩建项目，以及为改变生产力布局而进行的全厂性迁建项目；（3）国有单位既未列入基建计划，也未列入更新改造计划的总投资在50万元以上的新建、扩建、恢复项目和为改变生产力布局而进行的全厂性迁建项目，以及行政、事业单位增建业务用房和行政单位增建生活福利设施的项目。

更新改造投资　更新改造是指企业、事业单位对原有设施进行固定资产更新和技术改造，以及相配套的工程和有关工作（不包括大修理和维护工程）。包括：（1）列入中央和各级地方本年更新改造计划的项目和虽未列入本年更新改造计划，但使用上年更新改造计划内结转的投资在本年继续施工的项目；（2）本年更新改造计划内投资与基本建设计划内投资结合安排的对企、事业单位原有设施进行技术改造或更新的项目，和增建主要生产车间、分厂等其新增生产能力（或工程效益）未达到大中型项目标准的项目，以及由于城市环境保护和安全生产的需要而进行的迁建工作；（3）国有企、事业单位既未列入基建计划也未列入更新改造计划，总投资在50万元以上的属于改建或更新改造性质的项目，以及由于城市环境保护和安全生产的需要而进行的迁建工程。

房地产开发投资　包括各种经济类型的房地产开发公司、商品房建设公司及其他房地产开发单位统一开发的包括统代建、拆迁还建的住宅、厂房、仓库、饭店、宾馆、度假村、写字楼、办公楼等房屋建筑物和配套的服务设施、土地开发工程，如道路、给水、排水、供电、供热、通讯、平整场地等基础设施工程的投资。包括非房地产企业实际从事房地产开发或经营活动，不包括单纯的土地交易活动。

其他固定资产投资　全社会固定资产投资中未列入基本建设、更新改造和房地产开发投资的建造和购置固定资产的活动。包括：

1. 国有单位按规定不纳入基本建设计划和更新改造计划管理，总投资在50万元以上的以下工程：（1）用油田维护费和石油开发基金进行的油田维护和开发工程；（2）煤炭、铁矿、森工等采掘采伐业用维简费进行的开拓延伸工程；（3）交通部门用公路养路费对原有公路、桥梁进行改建的工程；（4）商业部门用简易建筑费建造的仓库工程。

2. 集体经济单位固定资产投资：包括城镇集体经济单位和农村集体经济单位建造和购置固定资产计划总投资在50万元以上的项目。农村集体经济单位固定资产投资为农村抽样调查总队根据抽样调查资料推算。

3. 联营经济、股份制经济、外商投资经济、港澳台投资经济及其它经济类型的企、事业单位建造和购置固定资产其计划总投资在50万元以上的、未列入基本建设和更新改造计划的项目。

4. 城镇和工矿区私人建房投资和农村个人投资。城镇和工矿区私人建房包括市、县城、镇、工矿区所辖范围内的全部私人建房，不论其房主是否系本地的常住户口均应包括：农村个人投资包括农村个人建房及购置生产性固定资产的投资。农村个人固定资产投资为农村抽样调查总队根据抽样调查资料推算。

固定资产投资的资金来源　根据固定资产投资的资金来源不同，分为上年末结余资金、本年资金来源小计和各项应付款。其中本年资金来源小计又分为国家预算内资金、国内贷款、股票、债券、利用外资、自筹资金和其他资金来源七种：

1. 国家预算内资金　指国家预算、地方财政、主管部门和国家专业投资公司拨给或委托银行贷给建设单位的基本建设拨款和中央基本建设基金，拨给企业单位的更新改造拨款，以及中央财政安排的专项拨款中用于基本建设的基金。

2. 国内贷款　指报告期企、事业单位向银行及非银行金融机构借入的用于固定资产投资的各种国内借款。国内贷款包括：银行利用自有资金及吸收的存款发放的贷款、上级主管部门拨入的国内贷款、国家专项贷款（包括煤代油贷款、劳改煤矿专项贷款等），地方财政专项资金安排的贷款、国内储备贷款、周转贷款等。

3. 股票　是股份制企业通过发行股票筹集到的，用于固定资产投资的资金。

4. 证券　是企业（公司）或金融机构通过发行各种证券筹集到的用于固定资产投资的资金，包括由银行代理国家专业投资公司发行的重点企业证券和重点建设证券。

5. 利用外资　指报告期收到的用于固定资产投资的国外资金，包括统借统还、自借自还的国外贷款，中外合资项目中的外资，以及无偿捐赠等。其中，国家统借统还的外资，是指由我国政府出面同外国政府、团体或金融组织签定贷款协议、并负责偿还本息的国外贷款。

6. 自筹资金　指建设单位报告期收到的，用于进行固定资产投资的上级主管部门、地方和本单位自筹资金。

7. 其他资金来源　指报告期收到的除以上各种拨款、借款、自筹资金之外，其他用于固定资产投资的资金。

固定资产投资按国民经济行业分　建设项目归哪个行业，按其建成投产后的主要产品或主要用途及社会经济活动性质来确定。基本建设按建设项目划分国民经济行业，更新改造、国有经济单位其他固定资产投资及城镇集体投资根据整个企业、事业单位所属的行业来划分。一般情况下，一个建设项目或一个企业、事业单位只能属于一种国民经济行业。为了更准确地反映国民经济各行业之间的比例关系，联合企业（总厂）所属分厂属于不同行业的，原则上按分厂划分行业。

固定资产投资按建设性质分　建设项目的性质一般分为新建、扩建、改建、迁建、恢复。基本建设按建设项目划分建设性质，更新改造、国有经济单位其他固定资产投资及城镇集体投资按整个企业、事业单位的建设情况确定建设性质。目前基本建设和更新改造是根据我国现行的计划管理体制区分的，所以基本建设和更新改造都可以分别按新建、扩建等划分。

1. 新建　一般是指从无到有、“平地起家”新开始建设单位。有的单位原有的基础很小，经过建设后其新增加的固定资产价值超过原有固定资产价值（原值）三倍以上的也算新建。

2. 扩建　一般是指为扩大原有产品的生产能力，在厂内或其他地点增建主要生产车间（或主要工程）、独立的生产线或总厂之下的分厂的企业；事业单位和行政单位在原单位增建业务用房（如学校增建教学用房、医院增建门诊部或病床用房、行政机关增建办公楼等）也作为扩建。

3. 改建　一般是指现有企业、事业单位为了技术进步，提高产品质量，增加花色品种，促进产品升级换代、降低消耗和成本，加强资源综合利用和三废治理、劳保安全等，采用新技术、新工艺、新设备、新材料等对现有设施、工艺条件进行技术改造或更新（包括相应配套的辅助性生产、生活福利设施）。有的企业为充分发挥现有生产能力，进行填平补齐而增建不增加本单位主要产品生产能力的车间等，也属于改建。

固定资产投资按用途分　固定资产投资按工程的经济用途分为用于第一产业、第二产业、第三产业和住宅四部分的建设，是研究不同用途的固定资产投资之间比例关系的重要指标。基本建设投资、国有经济单位其他固定资产投资及城镇集体投资的用途按单项工程确定，现有企业、事业单位更新改造投资的用途按更新改造项目确定。

固定资产投资按构成分　固定资产投资活动按其工作内容和实现方式分为建筑安装工程，设备、工具、器具购置，其他费用三个部分。

1. 建筑安装工程（建筑工作量）指各种房屋、建筑物的建造工程和各种设备、装置的安装工程。包括各种房屋建造工程，各种用途设备基础和各种工业窑炉的砌筑工程；为施工而进行的各种准备工作和临时工程以及完工后的清理工作等；铁路、道路的铺设，矿井的开凿及石油管道的架设等；水利工程；防空地下建筑等特殊工程；以及各种机械设备的安装工程；为测定安装工程质量，对设备进行的试行工作。在安装工程中，不包括被安装设备本身的价值。

2. 设备、工具、器具购置　指购置或自制达到固定资产标准的设备、工具、器具的价值，固定资产的标准按财务部门规定。新建单位、扩建单位的新建车间按照设计和计划要求购置或自制的全部设备、工具、器具，不论是否达到固定资产标准均计入“设备、工具、器具购置”中。

3. 其他费用　指除建筑安装工程和设备、工具、器具购置以外的投资完成额。它包括两种性质的费用，一种是属于增加固定资产的费用，主要有：建设单位管理费，土地、青苗等补偿费和安置补助费、勘察设计费，研究试验费、农林单位牲畜购置费、各种经济林木的营造费、办公和生活家具、器具购置费、引进技术和进口设备项目的其他费用、联合试运转费等；一种是属于不增加固定资产的费用，主要有：施工机械转移费、生产职工培训费、农业开荒费用及报废工程损失费等。

施工项目　指报告期内曾进行建筑或安装工程施工活动的建设项目。包括报告期内新开工项目、报告期以前开工跨入报告期继续施工的项目以及报告期施工过并在报告期内全部建设投产或停缓建的项目。

新增生产能力　指通过固定资产投资活动而增加的设计能力或工程效益，它是用实物形态表示的固定资产投资的成果。新增生产能力的计算，是以能独立发挥生产能力或效益的单项工程（或项目）为对象。当单项工程（或项目）建成，经有关部门鉴定合格，正式移交投入生产，即可计算新增生产能力。

新增生产能力或工程效益有以下几种表现形式：

(1) 以建设项目或单位工程建成后的年产能力表示。如煤炭开采、石油开采等。

(2) 以建设项目或单项工程建成后处理原料的能力表示。如选矿工程的处理矿石能力，洗煤厂年洗原煤能力等。

(3) 以新增的主要设备数量或容量表示。如棉纺锭枚数，发电机组容量等。

(4) 以建筑物容积、容量、面积或长度表示。如水库容量、铁路公路里程等。

新增生产能力的数量一般按设计能力计算。设计能力是指设计文件中规定的在正常情况下能够达到的生产能力，而不论投产后的实际产量如何。以设备数量、建筑物容积、面积、长度等表示的新增生产能力（或效益），则按建成的实际数量计算。

城市基础设施　城市基础设施包括第二产业中的电力、煤气及水的生产和供应业；第三产业中的水利业、铁路运输、公路运输、管道运输、航空运输、邮电通信、公共服务和环境保护等。

施工和竣工房屋建筑面积　房屋建筑面积是从房屋外墙线算起的各层平面面积的总和，包括房屋结构（如柱、墙）占用的面积和地下室面积。多层建筑按各自然层面积总和计算，包括房屋内的楼隔层，突出墙面的眺望间、门斗、有柱雨罩的面积。不包括突出墙面结构的构件、艺术装饰等所占的面积，如台阶等。凹阳台、挑阳台按其水平投影面积一半计算建筑面积。

房屋竣工面积　指在报告期内房屋建筑按照设计要求已全部完工，达到住人和使用条件，经验收鉴定合格，正式移交使用单位的建筑面积。

房屋建筑面积竣工率　指一定时期内房屋竣工面积占同期房屋施工面积的比率。它是从房屋建筑施工速度的角度反映投资效果和建筑业经济效益的指标。

新增固定资产　指通过投资活动所形成的新的固定资产价值。包括已经建成投入生产或交付使用的工程价值和达到固定资产标准的设备、工具、器具的价值及有关应摊入的费用。它是以价值形式表示的固定资产投资成果的综合性指标，可以综合反映不同时期、不同部门、不同地区的固定资产投资成果。

建设项目投产率　指一定时期内全部建成投入生产项目个数占同期正式施工项目个数的比率。它是从项目建设速度的角度反映投资效果的指标。

Explanatory Notes On Main Statistical Indicators

Aggregate investment in fixed assets: Investment in fixed assets is essential for reproduction of fixed assets. By means of construction and purchase of fixed assets, more advanced technologies and equipments are adopted in the national economy, and new sectors are established, which promote the adjustment of economic structure and the regional distribution of production and enhance the economic strengths so as to provide the material conditions for improving people's livelihood. This is significant for speeding up the socialist modernization in China.

Aggregate investment in fixed assets includes the investment by the state – owned units, the investment by the urban and rural collective units, the investment by the units of other types of owner – ship and the investment by the individuals in the urban and rural areas. According to China's current planning administration system, the aggregate investment in fixed assets is classified into the following four categories: investment in capital construction, investment in replacement &

innovation, investment in real estates development and other aspects of fixed assets. The investment by the urban and rural collective units includes the investment by the urban collective units and the investment by the rural collective units. The investment by the units of other types of ownership includes the investment by the joint – owned business, share – holding business, Sino – foreign joint venture, Sino – foreign cooperative business, business with exclusive foreign investment, Mainland – Hong Kong or Mainland – Macao or Mainland – Taiwan joint business, Mainland – Hong Kong or Mainland – Macao or Mainland – Taiwan cooperative business, and business with exclusive investment of Hong Kong or Macao or Taiwan. The investment by the individuals in the urban and rural areas includes the investment in personal house building in the areas under the jurisdiction of city, county, town and village as well as the investment in purchase of productive fixed assets in the rural areas.

Investment in Capital Construction: Capital construction refers to the new construction projects or extension projects and the related work of the enterprises, institutions or administrative units mainly for the purpose of expanding production capacity or improving project efficiency. It includes: (1) Projects listed in the capital construction plan of the central government and the local governments at various levels in current year as well as the on – going projects from previous years plan of capital construction and carried forward the investment to this year(including the equipments and materials kept in stock of the capital construction); (2) New construction projects arranged in both the plan of capital construction and the plan of replacement & innovation; Extension projects with the newly increased production capacity (or project efficiency) up to the standard of a large and medium – sized project; and the projects of moving the whole factory to a new site so as to improve the distribution of productive forces; (3) New construction projects, extension projects or restoration projects with the total investment more than 500 thousand RMB by the state – owned units, though listed neither in the plan of capital construction nor in the plan of replacement & innovation; the projects in the state – owned units of moving the whole factory to a new site so as to improve the distribution of productive forces; and the projects of additional business houses by the administrative units and institutions and welfare facilities by the administrative units.

Investment in Replacement & Innovation: Replacement & innovation refers to the renewal or technological upgrade of the original fixed assets by the enterprises and institutions as well as the corresponding supplementary projects and works (excluding major overhaul and maintenance). It includes: (1) Projects listed in the replacement & innovation plan of the central government and the local governments at various levels in current year as well as the on – going projects from previous years replacement & innovation plan with the investment carried forward to this year; (2) Replacement or innovation projects arranged both in the plan of replacement & innovation and in the plan of capital construction; Extension projects (main workshops or a branch of the factory) with the newly increased production capacity (or project efficiency) below the standard of a large and medium – sized project; and the projects of moving the whole factory to a new site so as to meet the requirements of urban environmental protection or safe production; (3) Replacement or innovation projects with the total investment more than 500 thousand RMB by the state – owned units, though listed neither in the plan of capital construction nor in the plan of replacement & innovation; Projects in state – owned units of moving a whole factory to new site so as to meet the requirements of urban environmental protection or safe production.

Investment in Real Estate Development includes the investment by the real estate development companies, commercial buildings construction companies and other real estate development units of various types of ownership in the construction of buildings, such as residential buildings, factory buildings, warehouses, hotels, guesthouses, holiday villages, office buildings, and the complementary service facilities and land development projects, such as road, water supply, water drainage, power supply, heating, telecommunications, land leveling and other infrastructures. It covers the activities of the non – real estate companies in real estate development or management, but excludes the activities in simple land transactions.

Other Investment in Fixed Assets refers to the construction and purchases of fixed assets not listed in the government plan of investment in capital construction or replacement & innovation or real estate development, which includes:

1. The following projects of the state – owned units with the total investment more than 500 thousand RMB, which are not listed in the government plan of capital construction or replacement & innovation: (1) Projects of oil fields maintenance and exploitation with the oil fields maintenance funds and petroleum development funds; (2) Opening and extending projects

with the maintenance funds in coal, ore and other mining enterprises and logging enterprises; (3) Reconstruction of the original highways and bridges with the highway maintenance funds in the department of communications; (4) Construction of warehouses with the funds of simple construction in the commercial department.

2. The investment in fixed assets by the urban and rural collective units with the planned total investment more than 50 thousand yuan, including the construction and purchases of fixed assets. The investment in fixed assets by the rural collective units are estimated by the Rural Socio - economic Survey Organization, SSB on the basis of the data collected by the sample survey.

3. The construction and purchases of fixed assets by the enterprises or institutions of various ownership with the planned total investment more than 50 thousand yuan, which are not included in the government plan of capital construction or replacement & innovation.

4. The private investment in house construction in the urban areas and industrial and mining areas as well as the individual investment in the rural areas. The private house construction in the urban areas and industrial and mining areas includes all the private house construction under the jurisdiction of cities, counties, towns and industrial and mining areas, no matter whether the owner of the house is registered as the permanent resident in the locality. The individual investment in the rural areas includes the investment in house construction and purchase of productive fixed assets by the individuals in the rural areas. The individual investment in fixed assets in the rural areas is estimated by the Rural Socio - economic Survey Organization, SSB on the basis of the data collected by the sample survey.

Sources of Funds for Investment in Fixed Assets are classified into: (a) balance of funds brought forward from the previous year, (b) subtotaled sources of funds in this year and (c) various payable funds. The subtotaled sources of funds in this year is further divided into seven categories: state budgetary appropriation, domestic loans, stocks, bonds, foreign investment, self - raised funds, and others.

(I) State budgetary appropriation includes: (1) the central capital construction fund and the appropriation for capital construction, which are appropriated to or entrusted the banks to lend to the construction enterprises by state budget, local finance, responsible department and state specialized investment companies; (2) the appropriations to enterprises for replacement or innovation; (3) the special appropriation for capital construction, which is arranged in the central government finance.

(II) Domestic loans refer to various funds borrowed by enterprises and institutions from banks and non - bank financial institutions during the reference period for the purpose of investment in fixed assets. Domestic loans include loans issued by bands from their self - owned funds and deposit, loans appropriated by higher responsible authorities, special loans by government (including loan for replacing petroleum with coal, special loan for reform - through - labour coal mines), loans arranged by local government from special funds, domestic reserve loan, and working loan, etc..

(III) Stocks refer to funds raised by share holding enterprises through issuing stocks for the purpose of investment in fixed assets.

(IV) Bonds refer to funds raised by enterprises (companies) or financial institutions through issuing various bonds for the purpose of investment in fixed assets, The bonds include Key Enterprise Bond and Key Construction Program Bonds issued by the banks on behalf of the state specialized investment companies.

(V) Foreign Investment refers to foreign funds received during the reference period for the purpose of investment in fixed assets, including foreign funds borrowed and managed by the government, by individual units, foreign fund in joint venture program, and grants and donations, etc.. Foreign funds borrowed and managed by the government refer to foreign loan borrowed by the government from foreign government, organizations, or financial institutions under official agreements and the government is responsible for the repayment of the principal and the interests.

(VI) Self - raised funds refer to funds received by construction enterprises from their higher responsible authorities, local governments, and internal financing for the purpose of investment in fixed assets during the reference period.

(VII) Other sources refer to funds received during the reference period which are not included in the above - mentioned sources.

Investment in Fixed Assets by Sector The classification of construction projects by sector is determined by the major products or the purpose of the projects when they are put into use, and by the nature of their social economic activities. The investment in capital construction is classified according to construction projects, while investment in replacement & innovation, other investment by state – owned units and urban collective units are classified according to the sector which the whole enterprise or institution belongs to. In general, one project or one enterprise or institution can only belong to one sector. In order to reflect more accurately the proportions among various sectors, the branch factories of integrated complex are classified into different sectors according to their economic activities.

Investment in Fixed Assets by Type of Construction The investment projects in general can be classified into new construction, expansion, reconstruction, moving away and restoration. For capital construction the type of construction is determined by the project. For investment in replacement & innovation and for other investment by state – owned and collective – owned units, the type of construction is determined by the enterprise or the institution. The current distinction between capital construction and replacement & innovation is determined by China's current planning administration system, therefore both the capital construction and replacement & innovation can be classified into new construction, expansion, etc.

(1) New construction in general refers to newly constructed units; some of expansions are also considered as new constructions in the case that the value of the original fixed assets is quite small, and the value of increased fixed assets exceeds the original ones over three times,.

(2) Expansion refers to construction of new major production workshop or independent production line within a factory or in other locations, or construction branch of a factory so as to increase the production capacity of the original products. Newly constructed business houses in institutions and administrative organizations (such as the newly constructed teaching buildings in schools, clinics or bed building in hospitals, and office buildings in administrative organizations, etc.) are classified as expansions.

(3) Reconstruction refers to technical upgrade and renewal of the existing equipment and technical conditions undertaken by enterprises and institutions for the purposes of technological advancement, improvement in product quality, enlarging variety of products, promoting new generation of products, reducing productive consumption and cost, promoting comprehensive utilization of resources, strengthening treatment of waste gas, wastewater and solid wastes, and safety in production, etc. through application of new technologies and techniques, use of new equipment and new materials (including accessory facilities for production or for living and welfare purposes). Construction of new workshops for easing the bottleneck limits rather than increasing production capacity is also considered as reconstruction.

Investment in Fixed Assets by Industry can be classified into four fields, i. e. construction for primary industry, secondary industry, tertiary industry, and residential buildings, which reflects important proportions of investment among different industries. The industry of the investment in capital construction, other investment in fixed assets by state – owned units and urban collective units is determined according to the individual projects. The industry of the investment in replacement & innovation by enterprises and institutions is determined according to the relevant projects.

Investment in Fixed Assets by Composition refers to the three major parts of investment activities, i. e. construction and installation, purchase of equipment and instrument, and other expenses.

(1) Construction and installation (work load of construction) refers to the construction of various houses and buildings and installation of various kinds of equipment and instruments, including construction of various houses, equipment foundations and industrial kilns and stoves, preparation in advance and clearing up afterwards for project construction, pavement of railways and roads, drilling of mines and putting up of oil pipes, construction for water conservancy, underground constructions for air defense and other special projects, installation of various machinery equipment, trial running for testing the quality of installation. The value of equipment installed is not included in the value of installation projects.

(2) Purchase of equipment and instruments refers to the total value of equipment, tools, and vessels purchased or self – produced which come up to standards for fixed assets. Equipment, tools and vessels purchased or self – produced for new workshops by newly established or expanded units are categorized as "purchase of equipment and instruments" no matter whether they come up to the standards for fixed assets or not.

(3)Other expenses refers to investment excluded in above items, which consist of two categories: one results in the increase of fixed assets, including administration expenses of construction units, compensation for the loss of land and young crops, subsidies for moving, and expenses on geological prospecting and designing, research and testing, purchase of animals by agricultural and forestry units, planting and operating of various economic forest, purchase of office and home furniture, purchase of instruments and vessels, introduction of technology and imports of equipment, and joint trial running; the other does not result in the increase of fixed assets, including expenses on transportation of construction machines, training of staff and workers , opening up waste land, and loss of discarded projects.

Projects under Construction refer to projects having construction and installation activities undertaken in the reference period, including projects started in the reference period, or continued from previous period, or completed and put into production or suspended in the reference period.

Newly Increased Production Capacity refers to the increase of designed capacity and project efficiency through investment in fixed assets, which reflects the accomplishment of investment in fixed assets in kind. The statistics of newly increased production capacity is based on individual project with possibility of operating independently. A project is counted as newly increased production capacity when it is completed and checked and accepted and put into use.

The newly increased production capacity and project efficiency are usually expressed in one of the following terms:

(1)annual production capacity , such as extraction of coal and petroleum;

(2)raw material processing capacity, such as ore dressing capacity of ore dressing projects, the dressing, capacity of a coal washer;

(3)number or capacity of major equipment increased, such as the number of cotton spindles increased and the capacity of generating sets increased;

(4) physical measures of construction, such as volume, capacity, area, and length, for instance, the capacity of reservoirs, the length of railways or highways.

Newly increased production capacity in terms of quantity is calculated at designed capacity in general, which refers to the production capacity of a project under normal conditions supposed in construction documents regardless of the actual output.

Urban Infrastructure Facilities include the production and supply of electricity, gas and tap water in the secondary industry and water conservancy, railway transportation, highway transportation, pipeline transportation, air transportation, posts and telecommunications, public services, environmental protection in the tertiary industry.

Floor Space of Buildings under Construction and Completed refers to total floor space in each story of buildings calculated from the outside line of building walls, including the space occupied by constructions like pillars or walls and basements. The floor space of space of multi – story building is the totaled floor space of each story, including area occupied by separating walls, watching rooms, doorways, and pillars, excluding protruding wall structures, artistic decoration, etc.(for example, flight of steps). The space of porch and balcony is counted by half of the projection area.

Floor Space of Buildings Completed refers to the total floor space of the completed buildings, which have met the designed using or living conditions, passed the check and accepted by the users in the reference period.

Percentage of Floor Space of Buildings Completed refers to the ratio of the floor space of buildings completed to the floor space of buildings under construction in the same period, which reflects the investment result and economic efficiency of the construction industry from the point of the construction speed.

Incremental Fixed Assets refer to the newly increased value of fixed assets through investment, including the value of projects completed and put into use, the value of equipment, tool and vessels considered as fixed assets as well as the relevant expenses accounted as investment in fixed assets. This is a comprehensive indicator of investment in fixed assets, reflecting the achievements of investment in fixed assets in given periods, given sectors or given regions.

Rate of Construction Projects Put into Use refers to the ratio of the number of construction projects completed and put into use to the number of projects under construction in the same period, which reflects the investment efficiency from the point of the construction speed.

05

AGRICULTURE AND RURAL ECONOMY

农业及农村经济

农业总产值(现行价格)
Gross output value of agriculture
(current value)

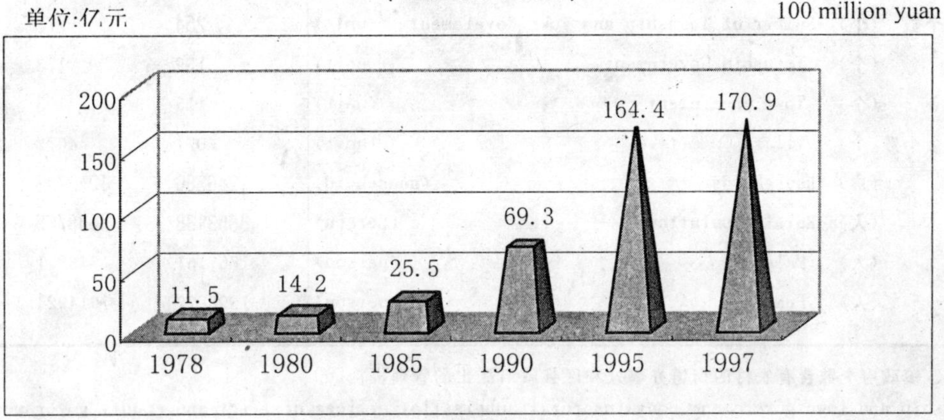

	1997	1978	1997年为1978年% 1997 as % of 1978
农业总产值(亿元,现行价格) Gross output value of agriculture(100 million yuan，current value)	170.9	11.5	1486.1
粮食总产量(万吨) Total yield of grain(10000 tons)	237.5	186.0	127.7
蔬菜总产量(万吨) Total yield of vegetable(10000 tons)	410.3	164.5	249.4

分区县粮食耕地单位面积产量
Unit yield of grain cultivated area

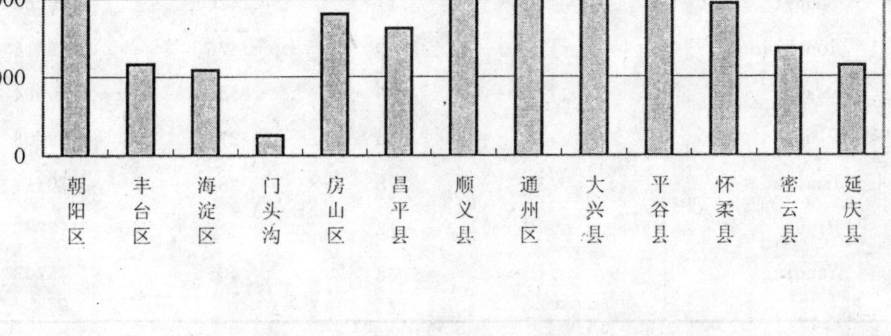

5-1 农村基层组织情况
BASIC RURAL UNITS

项目 Item				1997	1996	1997年为1996年% 1997 as % of 1996
乡镇政府个数	**（个）**	**Number of Township and Town Government**	**(unit)**	**254**	**276**	**92.00**
乡政府	（个）	Township Government	(unit)	139	173	83.30
镇政府	（个）	Town Government	(unit)	115	103	111.65
村民委员会个数	（个）	Village Committees	(unit)	4071	4072	99.97
乡村户数	**（户）**	**Households**	**(household)**	**1246380**	**1245743**	**100.10**
乡村人口	**（人）**	**Rural Population**	**(person)**	**3653138**	**3688765**	**99.00**
男	（人）	Male	(person)	1757161	1773841	99.10
女	（人）	Female	(person)	1898977	1914924	99.00

注：乡政府、镇政府个数含有农村的街道办事处和区县政府派出的管理机构。

Note: Township and town government contains rural subdistrict offices,district and county government agencies.

5-2 郊区县基层组织情况
BASIC UNITS IN SUBURBS AND COUNTIES

单位：个 (unit)

项目	Item	乡政府 Township Government	镇政府 Town Government	村民委员会 Village Committee	乡村户数（户） Rural Household (household)	乡村人口（人） Rural Population (person)
全市	**Total**	**139**	**115**	**4071**	**1246380**	**3653138**
朝阳区	Chaoyang	24		170	82542	201060
丰台区	Fengtai	6		80	58235	153634
石景山区	Shijingshan	1		12	6768	15930
海淀区	Haidian	10	1	80	57854	151429
门头沟区	Mentougou	4	8	185	34602	93670
房山区	Fangshan	13	15	463	162572	495220
昌平县	Changping	6	17	313	87612	251256
顺义县	Shunyi	4	17	428	136265	435348
通县	Tongxian	12	10	476	146618	427884
大兴县	Daxing	18	9	550	110904	376288
平谷县	Pinggu	11	10	275	99008	310396
怀柔县	Huairou	13	8	287	70411	192351
密云县	Miyun	7	12	347	117286	333025
延庆县	Yanqing	10	8	405	75703	215647

5-3 农村劳动力
RURAL LABOR FORCE

单位：人 (person)

项目	Item	1997	1996	构成（%） Composition(%) 1997	1996
农村劳动力	**Rural social labor force**	1611713	1642329	100.0	100
# 种植业	Planting	556435	575001	34.5	35.0
林业	Forestry	42026	42212	2.6	2.6
牧业	Animal Husbandry	44056	41310	2.7	2.5
渔业	Fishery	10805	10931	0.7	0.7
农村工业	Industry	394420	428033	24.5	26.0
乡镇工业	Township and Town Industry	163713	179050	10.2	10.9
村及村以下工业	Industry at Village Level and Below	230707	248983	14.3	15.2
农村建筑业	Construction	107765	105366	6.7	6.4
农村运输业	Transportation	92418	81975	5.7	5.0
农村商业、饮食业	Commerce and Catering	73057	63406	4.5	3.9

5-4 郊区县农村劳动力
RURAL LABOR FORCE IN SUBURBS AND COUNTIES

单位：人 (person)

项目	Item	劳动力 Labor Force 1997	1996	# 种植业劳动力 Labor Force of Planting 1997	1996
全市	**Total**	1611713	1642329	556435	575001
朝阳区	Chaoyang	87641	95945	15600	17421
丰台区	Fengtai	70855	71517	15742	16968
石景山区	Shijingshan	8212	8271	627	790
海淀区	Haidian	56277	52612	9913	10672
门头沟区	Mentougou	44593	44834	10468	12322
房山区	Fangshan	223286	224335	69481	69495
昌平县	Changping	104089	105836	28873	29967
顺义县	Shunyi	191123	188048	45958	48396
通县	Tongxian	181392	186263	68448	67086
大兴县	Daxing	179723	180134	112059	112258
平谷县	Pinggu	139337	142935	59648	61155
怀柔县	Huairou	79461	82854	21967	23889
密云县	Miyun	155867	162864	55955	59640
延庆县	Yanqing	89857	95881	41696	44942

5-5 农村国内生产总值
RURAL GROSS DOMESTIC PRODUCT

单位：亿元 (100 million yuan)

项目 Item		1997	1996	1997年为1996年% 1997 as % of 1996	构成（%） Composition(%)	
					1997	1996
总计	**Total**	321.57	303.52	105.95	100	100
按部门划分	Grouped by Sector					
物质生产部门	Material Production	275.26	262.03	105.05	85.60	86.33
非物质生产部门	Non-material Production	46.31	41.49	111.62	14.40	13.67
按产业划分	Grouped by Industry					
第一产业	Primary Industry	84.85	83.46	101.67	26.39	27.50
第二产业	Secondary Industry	134.30	130.11	103.22	41.76	42.87
第三产业	Tertiary Industry	102.42	89.95	113.86	31.85	29.64
第一层次	Primary Level	56.11	48.46	115.79	17.45	15.97
第二层次	Secondary Level	36.45	31.95	114.08	11.34	10.53
第三层次	Tertiary Level	5.37	5.40	99.44	1.67	1.78
第四层次	Quaternary Level	4.49	4.14	108.45	1.40	1.36

5-6 农村国内生产总值构成项目
COMPOSITION OF RURAL GROSS DOMESTIC PRODUCT

单位：亿元 (100 million yuan)

项目 Item		增加值 Added Value	劳动者报酬 Remuneration for Labors	固定资产折旧 Depriciation on Fixed Assets	生产税净额 Net Taxes on Production	营业盈余 Operating Surplus
总计	**Total**	321.57	158.41	49.83	26.69	86.64
第一产业	Primary Industry	84.85	47.24	6.91	2.00	28.70
第二产业	Secondary Industry	134.30	68.08	21.92	17.81	26.49
第三产业	Tertiary Industry	102.42	43.09	21.00	6.88	31.45
第一层次	Primary Level	56.11	25.52	6.57	5.31	18.71
第二层次	Secondary Level	36.45	9.69	13.06	1.51	12.19
第三层次	Tertiary Level	5.37	4.51	0.58	0.02	0.26
第四层次	Quaternary Level	4.49	3.37	0.79	0.04	0.29

5-7 农村固定资产结构
CONSTRUCTURE OF RURAL FIXED ASSETS

单位：万元 (10000 yuan)

项目	Item	合计 Total	乡级所有 at Township Level	村及村以下所有 at Village Level and Below	农户所有 of Peasant Household
年末固定资产原值	**Original Value of Fixed** Assets (year-end)	6513441	1381813	1569713	3561915
农林牧渔业固定资产	Fixed Assets for Farming, Forestry, Animal Husbandry and Fishery	648994	93330	398591	157073
# 生产用房屋及建筑物	Buildings for Production	247922	37451	170579	39892
役畜及产品畜	Draught Animals and Commodity Animals	41818	5763	14953	21103
大中型铁木农具	Large and Medium Wood and Iron Farm Tools	53903	6260	37609	10035
农林牧渔业设备	Machinery for Farming, Forestry, Animal Husbandry and Fishery	209989	28922	99964	81103
工业固定资产	Fixed Assets for Industry	1482371	797257	671098	14016
# 生产用房屋及建筑物	Buildings for Production	530300	297497	224449	8355
生产设备	Machinery for Production	685865	365980	314224	5662
建筑业固定资产	Fixed Assets for Construction	113138	71888	40228	1022
运输业固定资产	Fixed Assets for Transportation	330380	37466	63974	228940
商、饮、服务业固定资产	Fixed Assets for Commerce, Catering and Services	194743	107315	79374	8054
住宅	Residence	3190746	52889	77253	3060604
其他固定资产	Other Fixed Assets	553069	221668	239195	92206

注：本资料为农调队8县75乡抽样调查推算数。集体固定资产规定单位价值200元以上统计，农户为50元以上。

Note: Data in this table are calculated from the sample surveys in 8 counties, 75 townships. According to the rules, the data only include the value per unit of fixed assets of those unit value above 200 yuan for collective fixed assets or unit value above 50 yuan for households fixed assets.

5-8 农业总产值
GROSS OUTPUT VALUE OF AGRICULTURE

单位：万元 (10000 yuan)

项目	Item	总产值（1990年不变价格） Gross Output Value(at 1990 constant prices) 1997	1996	1997年为1996年% 1997 as % of 1996	总产值（现价） Gross Output Value(at current prices) 1997	1996	1997年为1996年% 1997 as % of 1996
总计	**Total**	904152.5	895909	100.9	1708568.9	1689207	101.1
种植业	Planting	473578.4	456161	103.8	869772.1	891491	97.6
谷物	Cereal	120490.7	120205	100.2	304849.0	364386	83.7
豆类	Soybeans	3059.8	3551	86.2	7840.3	8061	97.3
经济作物	Cash Crops	5930.8	6903	85.9	11655.5	12514	93.1
蔬菜、瓜类	Vegetable and Melon	200075.8	190445	105.1	370300.4	347113	106.7
桑、水果	Mulberry and Fruit	67886.2	60770	111.7	82361.9	73882	111.5
其他	Others	76135.1	74287	102.5	92765	85535	108.5
林业	Forestry	17817	17035	104.6	28630.3	28313	101.1
牧业	Animal Husbandry	377670.9	387764	97.4	748048.8	710957	105.2
家畜繁殖增重	Weight Increase of Domestic Animals Breeding	150227.6	150175	100.0	380021.5	369260	102.9
# 养猪	Hogs	121823.5	127344	95.7	320248.3	314995	101.7
家禽饲养	Poultry Raising	88008.4	85107	103.4	140046.7	122584	114.2
活的畜禽产品	Live Animal and Poultry Production	132838.8	145955	91.0	218454.7	210388	103.8
# 鲜蛋	Fresh Eggs	109351.8	113559	89.2	128369.6	172808	74.3
其他	Others	6596.1	6527	101.1	9525.9	8725	109.2
渔业	Fishery	35086.2	34949	100.4	62117.7	58446	106.3

5-9 农林牧渔业中间消耗

INTERMEDIATE INPUT OF FARMING, FORESTRY, ANIMAL HUSBANDRY AND FISHERY

单位：万元 (10000 yuan)

项目	Item	1997	1996	1997年为1996年% 1997 as % of 1996
农林牧渔业生产中间消耗总计	**Total**	860074	854595	100.6
农业中间消耗合计	Farming	365162	353240	103.4
种植业中间消耗	Planting	355785	347632	102.3
中间物质消耗	Intermediate Material Input	322768	320694	100.6
# 用种量	Seeds	43922	41304	106.3
肥　料	Fertilizer	86902	90109	96.4
农　药	Farm Chemical	28954	25353	114.2
对非物质生产部门劳务支出	Services Expenditure to Non-material Production Departments	33017	26938	122.6
其他农业中间消耗	Others	9377	5608	167.2
中间物质消耗	Intermediate Material Input	8328	5153	161.6
对非物质生产部门劳务支出	Services Expenditure to Non-material Production Departments	1049	455	230.5
林业中间消耗合计	Forestry	10716	8846	121.1
中间物质消耗	Intermediate Material Input	9793	7874	124.4
# 农　药	Farm Chemical	681	725	93.9
对非物质生产部门劳务支出	Services Expenditure to Non-material Production Departments	922	972	94.9
牧业中间消耗合计	Animal Husbandry	448877	464212	96.6
中间物质消耗	Intermediate Material Input	435708	450491	96.7
# 饲料、饲草	Forage and Forage Grass	377847	388962	97.1
对非物质生产部门劳务支出	Services Expenditure to Non-material Production Departments	13168.9	13721	95.9
渔业中间消耗合计	Fishery	35319	28297	124.8
中间物质消耗	Intermediate Material Input	33864	26938	125.7
# 饲　料	Forage	26774	23099	115.9
对非物质生产部门劳务支出	Services Expenditure to Non-material Production Departments	1456	1359	107.1

5-10 耕　地　面　积

AREA UNDER CULTIVATION

项目	Item	面积（公顷）Area (hectare)		构成（%）Composition(%)	
		1997	1996	1997	1996
合　计	**Total**	342362	343922.4	100.0	100
按水利状况分	Grouped by Irrigation Conditions				
水　田	Irrigated Field	30917.2	31042.7	9.0	9.0
旱　地	Non-irrigated Farmland	311444.8	312879.7	91.0	91.1
# 水浇地	Irrigated Land	252505.7	254432.3	73.8	73.9
# 菜　地	Vegetable Plot	...	30834.4	...	8.9
按当年使用分	Grouped by Using in this Year				
粮食作物	Grain Crops	251839.8	254729.0	73.6	74.1
经济作物	Cash Crops	11788.2	13194.3	3.4	3.8
蔬　菜	Vegetable	42469.0	41969.2	12.4	12.2
其　他	Others	36265.0	34029.9	10.6	9.9

注：本表数字由市土地局提供。

Note: Data of this table are provided by Beijing Municipal Land Bureau.

5-11 国有农场基本情况
BASIC STATISTICS ON STATE-OWNED FARMS

项目		Item		1997	1996	1997年为1996年% 1997 as % of 1996
农场数	(个)	Number of Farms	(unit)	16	16	100.0
年末固定职工	(人)	Number of Full-time Staff(year-end)	(person)	67061	73727	91.0
耕地面积	(公倾)	Cultivated Land	(hectare)	3298	3298	100.0
农业总产值 (1990年不变价,万元)		Gross Output Value of Agriculture (at 1990 constant prices,10000 yuan)		25025	26650	93.9
工业总产值 (1990年不变价,万元)		Gross Output Value of Industry (at 1990 constant prices,10000 yuan)		120487	132005	91.3
主要农产品产量		Yield of Major Farm Products				
粮 食	(吨)	Grain	(ton)	5961	6350	93.9
蔬 菜	(吨)	Vegetable	(ton)	2646	2107	125.6
牛 奶	(吨)	Milk	(ton)	135585	128421	105.6
# 商品量	(吨)	Commodity	(ton)	131643	124562	105.7
干鲜果品	(吨)	Dry and Fresh Fruit	(ton)	9814	11344	86.5
大中型拖拉机	(台)	Large and Medium Tractors	(unit)	242	245	98.8
小型拖拉机	(台)	Mini-Tractors	(unit)	162	173	93.6
载重汽车	(辆)	Trucks	(unit)	655	806	81.3
销售收入	(万元)	Sales Revenue	(10000 yuan)	395579	400084	98.9
利 润	(万元)	Profits	(10000 yuan)	5047	4328	116.6
税 金	(万元)	Taxes	(10000 yuan)	11318	11311	100.1

5-12 主要农作物播种面积及产量
SOWN AREAS AND YIELD OF MAJOR FARM CROPS

项目	Item	1997			1996		
		播种面积 (公顷) Sown Areas (hectare)	单产 (公斤/公顷) Unit Yield (kg/hectare)	总产量 (吨) Total Yield (ton)	播种面积 (公顷) Sown Areas (hectare)	单产 (公斤/公顷) Unit Yield (kg/hectare)	总产量 (吨) Total Yield (ton)
粮 食	Grain	424540.8	5593.5	2374721	427003.9	5559.0	2373741
按季节分	Grouped by Season						
夏 粮	Summer Grain	171390.5	5626.5	964260	171203.7	5491.5	940232
秋 粮	Autumn Grain	253150.3	5571.6	1410461	255800.2	5604.0	1433509
按品种分	Grouped by Variety						
稻 谷	Rice	23171.2	6820.5	158038	23064.6	6928.5	159799
冬小麦	Winter Wheat	171273.1	5628.0	963925	171002.5	5494.5	939444
玉 米	Corn	206268.3	5766.0	1189416	207830.4	5761.5	1197415
薯 类	Tubers	5219.1	4636.5	24201	5149.1	5038.5	25945
大 豆	Soybean	9318.3	2433.0	22667	9196.1	2476.5	22778
棉 花	Cotton	2162.3	1039.5	2248	2735.5	924.0	2526
油 料	Oilbearing Crops	9993.3	2736.0	27345	10746.1	2740.5	29463
# 花 生	Peanuts	9496.4	2827.5	26855	10241.9	2815.5	28842
蔬 菜	Vegetable	88840.2	46182.9	4102903.6	87560.7	46044.2	4031666
# 基地商品菜	Commodity of Base	66942.3	46124.2	3087657.8	65389.1	46367.4	3031922
瓜 类	Melon	4637.9	56175.0	260537	4531.3	54248.4	245816
# 西 瓜	Watermelon	4471.8	56530.5	252794	4248.8	54089.3	229815

5-13 郊区县粮食、油料占耕地面积

THE PROPORTION OF GRAIN,OIL-BEARING CROPS IN CULTIVATED AREA OF SUBURBS AND COUNTIES

单位：公顷 (hectare)

地区 Region		粮食 Grain 1997	1996	1997年为1996年% 1997 as % of 1996	油料 Oil-Bearing Crops 1997	1996	1997年为1996年% 1997 as % of 1996
全市	**Total**	251839.8	254728.9	98.9	9413.1	10272.3	91.6
朝阳区	Chaoyang	7678.7	7916.9	97.0			
丰台区	Fengtai	2469.8	2522.3	97.9	10.5	7.4	142.3
海淀区	Haidian	5433.7	5364.1	101.3			
门头沟区	Mentougou	3597.0	3741.1	96.1			
房山区	Fangshan	32200.4	32594.5	98.8	817.1	858.2	95.2
昌平县	Changping	20297.8	20687.2	98.1	24.1	40.5	59.6
顺义县	Shunyi	40136.4	40236.9	99.8	369.2	476.1	77.5
通县	Tongxian	39521.3	40214.2	98.3	407.7	400.5	101.8
大兴县	Daxing	31422.8	31427.6	100.0	3302.5	3665.3	90.1
平谷县	Pinggu	15608.1	15882.1	98.3	281.9	340.4	82.8
怀柔县	Huairou	12959.3	13337.7	97.2	657.5	706	93.1
密云县	Miyun	16342.1	16669.6	98.0	3474.7	3697.5	94.0
延庆县	Yanqing	24172.4	24134.8	100.2	67.9	80.4	84.5

5-14 郊区县蔬菜、西瓜占耕地面积

THE PROPORTION OF VEGETABLE,WATERMELON IN CULTIVATED AREA OF SUBURBS AND COUNTIES

单位：公顷 (hectare)

地区 Region		蔬菜 Vegetable 1997	1996	1997年为1996年% 1997 as % of 1996	西瓜 Watermelon 1997	1996	1997年为1996年% 1997 as % of 1996
全市	**Total**	42469.0	41969.2	101.2	3109.7	3197.7	97.2
朝阳区	Chaoyang	2297.0	2291.5	100.2	1.5		
丰台区	Fengtai	2354.2	2640.1	89.2			
石景山区	Shijingshan	126.7	133.3	95.0			
海淀区	Haidian	1919.9	1889.4	101.6			
门头沟区	Mentougou	451.9	455.5	99.2			
房山区	Fangshan	2215.7	2147.9	103.2	59.0	92.7	63.6
昌平县	Changping	1765.3	1477.0	119.5	6.7	3.7	182.0
顺义县	Shunyi	7348.6	7406.7	99.2	286.5	237.0	120.9
通县	Tongxian	6118.9	6018.8	101.7	222.0	226.6	98.0
大兴县	Daxing	9173.3	8955.9	102.4	2442.4	2508.1	97.4
平谷县	Pinggu	2740.3	2619.5	104.6	74.9	95.2	78.6
怀柔县	Huairou	1106.5	1207.5	91.6		1.7	
密云县	Miyun	1456.8	1461.5	99.7	8.5	6.9	123.7
延庆县	Yanqing	3393.9	3264.5	103.9	8.2	7.6	106.1

5-15 郊区县粮食、油料播种面积
SOWN AREAS OF GRAIN,OIL-BEARING CROPS IN SUBURBS AND COUNTIES

单位：公顷 (hectare)

地区 Region		粮食 Grain 1997	粮食 Grain 1996	1997年为1996年% 1997 as % of 1996	油料 Oil-Bearing Crops 1997	油料 Oil-Bearing Crops 1996	1997年为1996年% 1997 as % of 1996
全市	**Total**	**424540.8**	**427003.9**	**99.4**	**9993.3**	**10746.1**	**93.0**
朝阳区	Chaoyang	12675.3	12946.5	97.9			
丰台区	Fengtai	3630.6	3678.7	98.7	10.5	7.4	142.3
海淀区	Haidian	5906.3	5746.1	102.8			
门头沟区	Mentougou	3914.5	4066.5	96.3			
房山区	Fangshan	53770.1	54103.9	99.4	886.4	898.2	98.7
昌平县	Changping	33913.5	33439.2	101.4	24.8	43.5	57.0
顺义县	Shunyi	77793.7	77899.4	99.9	369.2	476.1	77.5
通县	Tongxian	77548.9	79325.8	97.8	407.7	400.5	101.8
大兴县	Daxing	57013.5	57042.2	99.9	3682.8	3934.1	93.6
平谷县	Pinggu	27457.2	27809.7	98.7	282.2	340.7	82.8
怀柔县	Huairou	20965.4	20909.3	100.3	681.7	759.5	89.8
密云县	Miyun	25326.5	25389.9	99.8	3579.1	3805.5	94.1
延庆县	Yanqing	24625.3	24646.8	99.9	68.9	80.4	86.5

5-16 郊区县蔬菜、西瓜播种面积
SOWN AREAS OF VEGETABLE,WATERMELON IN SUBURBS AND COUNTIES

单位：公顷 (hectare)

地区 Region		蔬菜 Vegetable 1997	蔬菜 Vegetable 1996	1997年为1996年% 1997 as % of 1996	西瓜 Watermelon 1997	西瓜 Watermelon 1996	1997年为1996年% 1997 as % of 1996
全市	**Total**	**88840.2**	**87560.7**	**101.5**	**4471.8**	**4248.8**	**105.2**
朝阳区	Chaoyang	5092.3	4993.6	101.9	3.0		
丰台区	Fengtai	4717.6	5625.7	83.9			
石景山区	Shijingshan	279.6	320.0	87.4			
海淀区	Haidian	4286.6	4260.9	100.6			
门头沟区	Mentougou	905.4	888.3	101.9			
房山区	Fangshan	4741.3	4464.1	106.2	72.3	106.1	68.1
昌平县	Changping	3289.9	2788.1	117.9	6.9	5.3	128.3
顺义县	Shunyi	13891.1	14206.4	97.8	573.0	474.0	120.9
通县	Tongxian	13838.1	13334.4	103.8	444.0	452.9	98.0
大兴县	Daxing	20061.5	17035.7	117.8	3225.8	3049.3	105.8
平谷县	Pinggu	6708.7	6223.3	107.8	117.3	137.0	85.6
怀柔县	Huairou	2096.1	2563.4	81.8		2.1	
密云县	Miyun	3372.0	3275.1	102.9	16.0	6.9	231.9
延庆县	Yanqing	5560.0	5582.5	99.6	13.5	15.1	89.4

5-17 郊区县粮食、油料总产量
TOTAL YIELD OF GRAIN, OIL-BEARING CROPS IN SUBURBS AND COUNTIES

单位：吨 (ton)

地区 Region		粮食 Grain 1997	粮食 Grain 1996	1997年为1996年% 1997 as % of 1996	油料 Oil-Bearing Crops 1997	油料 Oil-Bearing Crops 1996	1997年为1996年% 1997 as % of 1996
全市	**Total**	2374721	2373741	100.0	27345	29463	92.8
朝阳区	Chaoyang	79780	80400	99.2			
丰台区	Fengtai	14352	15284	93.9	24	13	184.6
海淀区	Haidian	37776	39131	96.5			
门头沟区	Mentougou	4503	8668	51.9			
房山区	Fangshan	289638	288864	100.3	1880	2059	91.3
昌平县	Changping	164468	166715	98.6	60	21	285.7
顺义县	Shunyi	437725	427219	102.5	1163	1399	83.1
通县	Tongxian	501588	500025	100.3	1346	939	143.3
大兴县	Daxing	332815	329287	101.1	11463	11915	96.2
平谷县	Pinggu	157874	159441	99.0	629	858	73.3
怀柔县	Huairou	125255	133764	93.6	2363	2600	90.9
密云县	Miyun	110592	135552	81.6	8349	9551	87.4
延庆县	Yanqing	137360	167246	82.1	68	109	62.4

5-18 郊区县蔬菜、西瓜总产量
TOTAL YIELD OF VEGETABLE, WATERMELON IN SUBURBS AND COUNTIES

单位：吨 (ton)

地区 Region		蔬菜 Vegetable 1997	蔬菜 Vegetable 1996	1997年为1996年% 1997 as % of 1996	西瓜 Watermelon 1997	西瓜 Watermelon 1996	1997年为1996年% 1997 as % of 1996
全市	**Total**	4102903.6	4031666	101.8	252794	229815	109.9
朝阳区	Chaoyang	216313	193329	111.9	180		
丰台区	Fengtai	191163	220367	86.7			
石景山区	Shijingshan	10068	10990	91.6			
海淀区	Haidian	178391	192949	92.6			
门头沟区	Mentougou	28412	29909	95.0			
房山区	Fangshan	200103	178458	112.1	3549	5742	61.8
昌平县	Changping	124237.5	77441	160.4	231	158	146.2
顺义县	Shunyi	830444.1	831084	99.9	32095	26400	121.6
通县	Tongxian	749612	699745	107.1	31355	28413	110.4
大兴县	Daxing	896028	859198	104.3	177913	163625	108.7
平谷县	Pinggu	268606	239011	112.4	6329	4442	142.5
怀柔县	Huairou	57649	58771	98.1		84	
密云县	Miyun	166298	140414	118.4	590	260	226.9
延庆县	Yanqing	355579	300000	118.5	552	691	78.9

注：蔬菜产量区县相加不等于合计.

Note: The sum of vegetable yield of districts and counties doesn' t equal to the total.

5-19 蔬菜播种面积及产量
SOWN AREAS AND YIELD OF VEGETABLE

项　　目 Item		播种面积（公顷） Sown Areas(hectare)		总产量（吨） Total Yield(ton)	
		1997	1996	1997	1996
合　计	**Total**	88840.2	87560.7	4102903.6	4031666
冬季生产	**Pruduced in Winter**	6459.3	6088.6	273627.7	246721
越冬根茬菜小计	**Winter Stubble Vegetable**	6544.6	4961.9	211447.5	166461
# 菠　菜	Spinach	1831.3	1826.8	60931.5	54280
芹　菜	Celery		685.0		32268
早春风障菜小计	**Early Spring Windbreak Vegetable**	4915.1	4707.8	188545.5	152020
# 小萝卜	Radish	1017.2	1107.5	39484.2	38107
小白菜	Chinese Cabbage	496.3	527.3	17682.7	15769
小油菜	Rape	957.6	920.7	36345.8	33848
春播露地菜小计	**Spring-sown Open-land Vegetable**	30573.4	30064.5	1363401.1	1237693
# 黄　瓜	Cucumber	3524.8	3427.9	199478	178480
茄　子	Aggplant	2839.8	2766.8	124490.5	111981
大　椒	Chili	1811.9	1729.9	78885	67380
冬　瓜	Wax Guard	946.4	1014.7	57524.2	61413
西红柿	Tomato	3489.7	3465.5	199125.7	177735
元白菜	Cabbage	2934.7	2862.1	131815.5	119305
云架豆	Beans round Trellis	1494.8	1592.3	44662.1	43277
老　葱	Overgrown Onion	1094.4	927.0	45835.9	37156
大　蒜	Garlic	943.1	733.4	32006.3	23617
夏播菜小计	**Summer-sown Vegetable**	13715.2	14493.6	500879	588922
# 黄　瓜	Cucumber	2619.6	2593.3	117555.8	119355
茄　子	Aggplant	1454.1	1662.5	63260.9	69680
冬　瓜	Wax Guard	795.9	860.3	42646.2	45833
元白菜	Cabbage	1044.9	1036.3	48647.2	42938
云架豆	Beans round Trellis	1984.8	2019.2	53735.2	54226
秋播菜小计	**Autumn-sown Vegetable**	26632.5	27244.3	1562519.1	1639849
# 窖白菜	Chinese Cabbage Stored	13660.5	13350.8	1040052.5	999297
贩白菜		2223.2	2235.6	104558.1	111117
菜　花	Cauliflower	956.8	1131.1	32333.3	34258
各种萝卜	Radish	3269.8	3500.7	155869.7	160901
芹　菜	Celery	911.4	996.3	52724.7	57619

5-20 郊区县粮食耕地单位面积产量
UNIT YIELD OF GRAIN CULTIVATED AREA IN SUBURBS AND COUNTIES

项目 Item		1997			1996		
		耕地面积（公顷）Cultivated Areas (hectare)	单产（公斤／公顷）Unit Yield (kg/hectare)	总产量（吨）Total Yield (ton)	耕地面积（公顷）Cultivated Areas (hectare)	单产（公斤／公顷）Unit Yield (kg/hectare)	总产量（吨）Total Yield (ton)
全市	**Total**	251840	9429	2374721	254729	9319	2373741
朝阳区	Chaoyang	7679	10389	79780	7917	10155	80400
丰台区	Fengtai	2470	5811	14352	2522	6060	15284
海淀区	Haidian	5434	6953	37776	5364	7295	39131
门头沟区	Mentougou	3597	1253	4503	3741	2317	8668
房山区	Fangshan	32200	8996	289638	32595	8862	288864
昌平县	Changping	20298	8103	164468	20687	8059	166716
顺义县	Shunyi	40136	10907	437725	40237	10618	427219
通县	Tongxian	39521	12692	501588	40214	12434	500025
大兴县	Daxing	31423	10592	332815	31428	10478	329287
平谷县	Pinggu	15608	10115	157874	15882	10039	159441
怀柔县	Huairou	12959	9666	125255	13338	10029	133764
密云县	Miyun	16342	6768	110592	16670	8131	135552
延庆县	Yanqing	24173	5682	137360	24135	6930	167246

5-21 郊区县蔬菜耕地单位面积产量
UNIT YIELD OF VEGETABLE CULTIVATED AREA IN SUBURBS AND COUNTIES

项目 Item		1997			1996		
		耕地面积（公顷）Cultivated Areas (hectare)	单产（公斤／公顷）Per Unit Area Yield (kg/hectare)	总产量（吨）Total Yield (ton)	耕地面积（公顷）Cultivated Areas (hectare)	单产（公斤／公顷）Per Unit Area Yield (kg/hectare)	总产量（吨）Total Yield (ton)
全市	**Total**	42469.0	100612	4102903.6	41969.2	96062	4031666
朝阳区	Chaoyang	2297.0	94377	216313.0	2291.5	84358	193329
丰台区	Fengtai	2354.2	81200	191163.0	2640.1	83469	220367
石景山区	Shijingshan	126.7	79463	10068.0	133.3	82446	10990
海淀区	Haidian	1919.9	92916	178391.0	1889.4	102122	192949
门头沟区	Mentougou	451.9	62872	28412.0	455.5	65662	29909
房山区	Fangshan	2215.7	90311	200103.0	2147.9	83085	178458
昌平县	Changping	1765.3	70377	124237.5	1477.0	52431	77441
顺义县	Shunyi	7348.6	113007	830444.1	7406.7	112207	831084
通县	Tongxian	6118.9	122507	749612.0	6018.8	116260	699745
大兴县	Daxing	9173.3	97677	896028.0	8955.9	95937	859198
平谷县	Pinggu	2740.3	98020	268606.0	2619.5	91243	239011
怀柔县	Huairou	1106.5	52100	57649.0	1207.5	48672	58771
密云县	Miyun	1456.8	114152	166298.0	1461.5	96075	140414
延庆县	Yanqing	3393.9	104770	355579.0	3264.5	91898	300000

5-22 畜 牧 业 生 产
ANIMALS HUSBANDRY

项目 Item	1997 合计 Total	1997 #国有集体 State-Owned and Collective-Owned	1996 合计 Total	1996 #国有集体 State-Owned and Collective-Owned	1997年为1996年% 1997 as % of 1996 合计 Total	1997年为1996年% 1997 as % of 1996 #国有集体 State-Owned and Collective-Owned
大牲畜 Large Animals						
年末总头数 (万头) Total(year-end) (10000 heads)	19.7	5.7	20.5	5.8	96.1	98.3
# 役 畜(万头) Draught Animals	6.0		7.4		81.1	
牛 (万头) Cattle and Buffaloes	12.8		12.6		101.6	
马 (万头) Horses	1.0		1.2		83.3	
骡 (万头) Mules	2.5		3.1		80.6	
驴 (万头) Donkeys	3.3		3.7		89.2	
乳 牛 Cows						
年末总头数 (头) Total(year-end) (head)	57907	47146	56645	48105	102.2	98.0
# 成乳牛 (头) Adult Cows	35048		33788		103.7	
牛奶总产量 (万吨) Cow Milk (10000 tons)	22.2	18.6	21.0	18.4	105.7	101.1
# 商品量 (万吨) Commodity	21.5		20.1		106.9	
肉 牛 Beef Cattle						
全年出栏 (头) Slaughtered Cattle (head)	108868		92829		117.3	
折净肉 (吨) Converted into Beef (ton)	19052		18601		102.4	
羊 Sheep and Goats						
全年出栏羊 (万只) Slaughtered Sheep and Goats (10000 heads)	70.5		71.4		98.7	
折净肉 (吨) Converted into Mutton (ton)	10575		10809		97.8	
# 商品羊 (万只) Commodity Sheep and Goats (10000 heads)	68.7		68.9		99.7	
折净肉 (吨) Converted into Mutton (ton)	10305		10336		99.7	
年末存栏 (万只) Livestock on Hand (year-end) (10000 heads)	80.9		81.7		99.0	
山 羊 (万只) Goats (10000 heads)	39.3		41.7		94.2	
绵 羊 (万只) Sheep (10000 heads)	41.6		40.0		104.0	
猪 Hogs						
全年出栏肥猪(万头) Slaughtered Fattened Hogs (10000 heads)	353.5	259.3	355.3	265.5	99.5	97.7
折带骨肉 (万吨) Converted into Pork with Bone(10000 tons)	24.7		24.6		100.4	
# 商品猪 (万头) Commodity Hogs (10000 heads)	350.6		352.2		99.5	
折带骨肉(万吨) Converted into Pork with Bone (10000 tons)	24.5		24.7		99.2	
年末存栏 (万头) Livestock on Hand (year-end) (10000 heads)	241.0	166.1	240.0	172.4	100.4	96.3
家 禽 Poultry						
年末存栏 (万只) Livestock on Hand (year-end) (10000 heads)	3063.8		3410.2		89.8	
鸭 (万只) Ducks	223.0		143.8		155.1	
肉 鸡 (万只) Chickens	1009.7		936.0		107.9	
产蛋鸡 (万只) Hens	1830.1		2329.0		78.6	
产蛋量 (万吨) Poultry Eggs (10000 tons)	23.8		24.7		96.4	
# 鸡 蛋 (万吨) Eggs (10000 tons)	23.5		24.4		96.3	
商品蛋 (万吨) Commodity Poultry Eggs (10000 tons)	22.3		23.0		96.9	
# 鸡 蛋 (万吨) Eggs (10000 tons)	22.1		22.8		96.9	
年末养兔 (万只) Rabbits(year-end) (10000 heads)	7.8		9.5		82.1	
养 蜂 Bees						
年末养蜂 (万箱) Bees(year-end) (10000 boxes)	2.7		3.6		75.0	
蜂蜜产量 (吨) Honey (ton)	894.7		868.2		103.1	

5-23 林业及干鲜果品生产
FORESTRY,DRY AND FRESH FRUIT PRODUCTION

项　　目 Item	1997	1996	1997年为1996年% 1997 as % of 1996
林业生产　Forestry			
本年造林面积 (公顷) Afforestation Area this Year(hectare)	37567.0	39887	94.2
育苗面积 (公顷) Nursery Garden Area (hectare)	4355.1	4301.7	101.2
# 本年新育 (公顷) New Growing this Year (hectare)	1102.9	938.2	117.5
果类生产　Fruit			
干鲜果总产量 (吨) Output of Dry and Fresh Fruit (ton)	525838.3	513235	102.5
干　果 (吨) Dry Fruit (ton)	19053.7	18609	102.4
# 核　桃 (吨) Walnut (ton)	6439.8	6518	98.8
板　栗 (吨) Chinese Chestnut (ton)	8024.6	9246	86.8
鲜　果 (吨) Fresh Fruit (ton)	506784.6	494626	102.5
# 苹　果 (吨) Apple (ton)	153835.0	172088	89.4
梨 (吨) Pear (ton)	94535.4	90779	104.1
葡　萄 (吨) Grape (ton)	18310.4	14440	126.8
柿　子 (吨) Persimmon (ton)	40204.1	31474	127.7
桃 (吨) Peach (ton)	166479.9	155680	106.9
年末实有果园面积(公顷)Orchard Area(year-end) (hectare)	**58808.3**	**57527**	**102.2**

5-24 水　产　品　生　产
AQUATIC PRODUCTS

项　　目 Item	1997	1996	1997年为1996年% 1997 as % of 1996
现有水面面积 (公顷) Area of Water Surface (hectare)	23030.7	22982.4	100.2
# 已利用水面面积(公顷) Utilized Area (hectare)	22175.8	22332.0	99.3
大水库 (公顷) Large Reservior (hectare)	12320.0	12320.0	100.0
中、小水库 (公顷) Medium and Small Reservior (hectare)	2083.7	1735.5	120.1
坑　塘 (公顷) Puddle and Pond (hectare)	8260.1	7911.7	104.4
# 鱼种池 (公顷) Fish Fry Pond (hectare)	1053.1	1064.6	98.9
鱼种生产量 (万尾) Output of Fish Fry (10000 piece)	14339.1	12734.1	112.6
放养鱼种 (万尾) Breeding Fish Fry (10000 piece)	16552.8	16403.7	100.9
成鱼捕捞量 (吨) Fish Catched (ton)	76626.0	78318.9	97.8
# 大水库 (吨) Large Reservior (ton)	3316.7	3759.8	88.2
中、小水库 (吨) Medium and Small Reservior (ton)	818.7	681.6	120.1
坑　塘 (吨) Puddle and Pond (ton)	72109.1	73530.1	98.1
# 鱼类商品量 (吨) Commodity Fish (ton)	65798.2	62927.8	104.6

5-25 主要农产品产量及商品量
YIELD AND COMMODITY OF MAJOR FARM PRODUCTS

项目	Item		1997	1996	1997年为1996年% 1997 as % of 1996
蔬菜产量（吨）	Yield of Vegetable	(ton)	4102903.6	4031666	101.8
商品量（吨）	Commodity	(ton)	3756934.8	3483091	107.8
商品率（%）	Commodity Rate	(%)	91.6	86.4	106.0
干鲜果品产量（吨）	Yield of Dry and Fresh Fruit	(ton)	525838.3	513235	102.5
商品量（吨）	Commodity	(ton)	462288.3	404679	114.2
商品率（%）	Commodity Rate	(%)	87.9	78.8	111.5
肉类总产量（吨）	Output of Meat	(ton)	402544	382140	105.3
商品量（吨）	Commodity	(ton)	380404	361184	105.3
商品率（%）	Commodity Rate	(%)	94.5	94.5	100.0
牛奶产量（吨）	Output of Cow Milk	(ton)	221706	209635	105.8
商品量（吨）	Commodity	(ton)	214562	200613	106.9
商品率（%）	Commodity Rate	(%)	96.8	95.7	101.1
鲜蛋产量（吨）	Output of Fresh Eggs	(ton)	237721.4	246868	96.3
商品量（吨）	Commodity	(ton)	223274.3	230256	96.9
商品率（%）	Commodity Rate	(%)	93.9	93.3	100.6
淡水鱼产量（吨）	Output of Fresh-water Fish	(ton)	76626.0	78318.9	97.8
商品量（吨）	Commodity	(ton)	65798.2	62927.8	104.6
商品率（%）	Commodity Rate	(%)	85.9	80.3	106.9

5-26 郊区县副食品产量
OUTPUT OF NON-STAPLE FOOD IN SUBURBS AND COUNTIES

地区	Region	蔬菜（吨） Vegetable (ton)	鲜蛋（吨） Fresh Eggs (ton)	牛奶（吨） Cow Milk (ton)	干鲜果（吨） Dry and Fresh Fruit (ton)	成鱼捕捞量（吨） Adult Fish Catched (ton)	肥猪出栏量（头） Slaughtered Fattened Hog (head)	蛋鸡存栏量（万只） Hens on Hand (10000 head)
全市	**Total**	**4102903.6**	**237721.4**	**221706**	**525838.3**	**76626.0**	**3535052**	**1830.1**
朝阳区	Chaoyang	216313.0	7995.0	34287	1241.0	8220.4	254312	36.8
丰台区	Fengtai	191163.0	13693.0	4899	5505.0	812.0	130980	109.6
石景山区	Shijingshan	10068.0	4738.0	2517	1002.0	40.0	29811	33.4
海淀区	Haidian	178391.0	12460.0	16252	17812.0	3039.0	207587	82.8
门头沟区	Mentougou	28412.0	2866.0	2992	3040.0	342.5	47864	18.9
房山区	Fangshan	200103.0	14163.0	13018	41281.0	8226.4	228212	156.5
昌平县	Changping	124237.5	17378.0	46082	53693.0	15930.7	276459	138.0
顺义县	Shunyi	830444.1	25999.4	1155	40618.3	11200.0	1026138	221.8
通县	Tongxian	749612.0	15356.0	29778	24360.0	5279.0	363053	125.9
大兴县	Daxing	896028.0	40606.0	44868	82363.0	1951.6	343539	312.0
平谷县	Pinggu	268606.0	33179.0	432	137294.0	14417.3	201581	267.4
怀柔县	Huairou	57649.0	19907.0	7539	43674.0	1450.7	181487	100.3
密云县	Miyun	166298.0	17536.0	1165	43100.0	3203.4	282477	140.9
延庆县	Yanqing	355579.0	11845.0	16722	30855.0	2513.0	122552	85.8

5-27 郊区县副食品商品量
COMMODITY OF NON-STAPLE FOOD IN SUBURBS AND COUNTIES

地区 Region		蔬菜 (吨) Vegetable (ton)	鲜蛋 (吨) Fresh Eggs (ton)	牛奶 (吨) Cow Milk (ton)	干鲜果 (吨) Dry and Fresh Fruit (ton)	商品鱼 (吨) Commodity Fish (ton)	商品肥猪 (头) Commodity Fattened Hogs(head)	商品肉鸡 (万只) Commodity Chicken (10000 heads)
全市	**Total**	**3756934.8**	**223274.3**	**214562**	**462288.3**	**65798.2**	**3506145**	**5095.1**
朝阳区	Chaoyang	196435.0	7903.0	32798	669.0	6657.6	254235	19.3
丰台区	Fengtai	188793.0	13586.0	4619	4910.0	812.0	130869	1.0
石景山区	Shijingshan	10183.0	4726.0	2517	945.0	40.0	29811	
海淀区	Haidian	176923.0	12362.0	15863	17560.0	2570.3	207309	32.1
门头沟区	Mentougou	25899.0	2698.0	2941	2292.0	288.8	46854	0.3
房山区	Fangshan	160953.0	11938.0	12803	37044.0	7681.6	224911	171.3
昌平县	Changping	100142.1	16732.0	44232	47362.6	12361.1	272653	551.1
顺义县	Shunyi	772167.7	24633.3	1155	36668.8	8364.0	1025707	2513.0
通县	Tongxian	674141.0	14355.0	28975	22598.0	4601.3	361946	323.6
大兴县	Daxing	810642.0	38542.0	43846	73864.9	1808.9	342462	53.7
平谷县	Pinggu	230073.0	31749.0	432	128680.0	14417.3	198287	197.1
怀柔县	Huairou	28512.0	19001.0	7265	35475.0	1324.7	176406	258.1
密云县	Miyun	108140.0	14597.0	1077	32956.0	2561.0	275355	715.1
延庆县	Yanqing	273931.0	10452.0	16039	21263.0	2309.6	119340	259.4

5-28 农村劳动生产率
RURAL LABOR PRODUCTIVITY

项目	Item	1997	1996	1997年为1996年% 1997 as % of 1996
每一农村劳动力创造产值（按各业劳动力分别计算）	**Output Value Per Labor Force (calculated separatly by sectors)**			
每一农村劳动力创造农村社会总产值 (元)	Rural Gross Output Value Per Labor Force (yuan)	48656	46043	105.7
每一农村劳动力创造农业总产值 (元)	Gross Output Value of Agriculture Per Labor Force (yuan)	26152	25232	103.6
每一农村劳动力创造工业总产值 (元)	Gross Output Value of Industry Per Labor Force (yuan)	95132	85316	111.5
每一农村劳动力创造建筑业总产值 (元)	Gross Output Value of Construction Per Labor Force (yuan)	104118	104644	99.5
每一农村劳动力创造运输业总产值 (元)	Gross Output Value of Transportation Per Labor Force (yuan)	59604	63604	93.7
每一农村劳动力创造商业、饮食业总产值 (元)	Gross Output Value of Commerce and Catering Per Labor Force (yuan)	96958	94116	103.0
每一农业劳动力生产的农产品产量（按农林牧渔劳动力合计计算）	**Yield of Farm Products Per Labor Force (calculated by total labor force of farming, forestry, animal husbandry and fishery)**			
粮食 (公斤)	Grain (kg)	3635	3546	102.5
油料 (公斤)	Oil-bearing Crops (kg)	42	44	95.5
蔬菜 (公斤)	Vegetable (kg)	6540	6022	108.6
水果 (公斤)	Fruit (kg)	776	793	97.9
猪牛羊肉 (公斤)	Pork, Beef and Mutton (kg)	427	411	103.9
牛奶 (公斤)	Cow Milk (kg)	339	314	108.0
鲜蛋 (公斤)	Fresh Eggs (kg)	364	369	98.6
淡水鱼 (公斤)	Fresh-water Fish (kg)	117	117	100.0

5-29 农业生产条件
PRODUCTIVE CONDITIONS OF AGRICULTURE

项目		Item	1997	1996	1997年为1996年% 1997 as % of 1996
主要农业机械拥有量		**Possession of Agricultural Machinery**			
农业机械总动力	(万千瓦)	Total Power of Agricultural Machinery (10000 kw)	433.17	468.38	92.5
大中型拖拉机	(混合台)	Large and Medium Tractors(unit)	12088	12272	98.5
小型拖拉机	(台)	Mini-Tractors (unit)	30000	38200	78.5
机引农具	(台)	Towing Farm Machinery (unit)	36800	36900	99.7
机动喷雾器	(部)	Motorized Sprayer (unit)	131900	124900	105.6
机动插秧机	(台)	Motorized Rice Transplanter (unit)	425	434	97.9
联合收割机	(台)	Combine Harvester (unit)	4277	3992	107.1
机动脱粒机	(台)	Motorized Sheller (unit)	12736	14125	90.2
米面加工机	(台)	Processing Machine of Rice and Flour (unit)	10500	10600	99.1
机动挤奶器	(台)	Motorized Milker (unit)	186	176	105.7
饲料粉碎机	(台)	Fodder Grinder (unit)	5600	5700	98.2
载重汽车	(辆)	Truck (unit)	20729	22165	93.5
农业机械作业面积		**Operation Area of Agricultural Machinery**			
耕地面积	(公顷)	Cultivated Areas (hectare)	269233	272550	98.8
占全部耕地面积比重	(%)	As Percentage of Total (%)	78.6	79.2	
机播面积	(公顷)	Sown Area by Machine (hectare)	338566	337710	100.3
占播种面积比重	(%)	As Percentage of Sown Area(%)	63.2	62.7	
机收面积	(公顷)	Harvest Area by Machine(hectare	262520	265350	98.9
占播种面积比重	(%)	As Percentage of Harvest Area (%)	49.0	49.3	
农村用电量及小水电		**Rural Electricity Consumption and Small Hydropower Station**			
农村用电量	(万千瓦小时)	Rural Electricity Consumption (10000 kwh)	301655	275871	109.4
# 农业生产用	(万千瓦小时)	For Agricultural Productive Use(10000 kwh)	124575	115671	107.7
乡镇、村办企业用	(万千瓦小时)	For Township and Village Enterprises Use (10000 kwh)	85354	82230	103.8
农村小水电站	(处)	Rural Small Hydropower Station	40	39	102.6
发电量	(万千瓦小时)	Generated Energy (10000 kwh)	3806.4	2697	141.1
农田水利		**Irrigation and Water Conservancy**			
排灌用动力机械	(台)	Power-driven Irrigation Machinery (unit)	64400	64100	100.5
	(万千瓦)	(10000 kwh)	70.39	70.99	99.2
机(电)井	(眼)	Motor-pumped Well	44298	44671	99.2
# 已配套	(眼)	Completed Set	43851	44094	99.5
扬水站(固定机电排灌站)	(处)	Pumping Station	4856	4796	101.3
有效灌溉面积	(公顷)	Irrigated Areas (hectare)	323270	301945	107.1
占耕地面积	(%)	As Percentage of Cultivated Areas (%)	94.4	87.8	
化肥施用量(折纯)		**Consumption of Chemical Fertilizers(converted into Pure)**			
化肥施用量	(吨)	Consumption of Chemical Fertilizers (ton)	196528	188868	104.1
氮　肥	(吨)	Nitrogenous Fertilizer (ton)	123600	123662	100.0
磷　肥	(吨)	Phosphate Fertilizer (ton)	12429	10181	121.8
钾　肥	(吨)	Potash Fertilizer (ton)	2817.9	2365	118.4
每公顷耕地施用量	(公斤)	Consumption Per Hectare Cultivated Areas (kg)	574	549	104.6

注：农村小水电站是指乡村两级小水电实有数。农村用电量为市供电局提供。

Note: Data of rural small hydropower station refer to actual number of small hydropower at township and Village level. Data on consumption of electricity are provided by Beijing Municipal Power Supply Bureau.

5-30 乡镇集体企业各业基本情况
BASIC STATISTICS ON SECTORS OF TOWN AND TOWNSHIP ENTERPRISES

行业 Sector	企业个数（个） Number of Enterprises (unit)		从业人员（人） Employment (person)		总收入（万元） Total Revenue (10000 yuan)		利润总额（万元） Total Profits (10000 yuan)		税金（万元） Taxes (10000 yuan)
	数量 Number	占% Propotion	数量 Number	占% Propotion	数量 Amount	占% Propotion	数量 Amount	占% Propotion	
合计 Total	16080	100.00	781927	100.00	5427958	100.00	242679	100.00	205107
农业 Agriculture	518	3.22	15036	1.92	196778	3.62	17712	7.30	2316
工业 Industry	10756	66.89	536494	68.61	2965202	54.63	107530	44.31	131949
交通运输业 Transportation	434	2.70	14130	1.81	131353	2.42	5187	2.14	3958
施工建筑业 Construction	950	5.91	139857	17.89	776526	14.31	38760	15.97	35106
商品流通业 Commerce	2281	14.19	39571	5.06	961322	17.71	31913	13.15	17962
旅游饮服业 Tourism,Catering and Services	930	5.78	32753	4.19	266497	4.91	17309	7.13	10220
其他 Others	211	1.31	4086	0.52	130280	2.40	24268	10.00	3596

5-31 乡镇集体企业出口创汇情况
FOREIGN EXCHANGE INCOME OF TOWN AND TOWNSHIP ENTERPRISES

单位：万元 (10000 yuan)

行业	Sector	出口产品交货总额 Total Amount on Delivery of Exports		直接出口 Direct Export		间接出口 Indirect Export	
		1997	1996	1997	1996	1997	1996
合计	**Total**	394684	370629	280625	276022	114059	93770
化工	Chemical Products	2630	2083	902	334	1728	1749
机械	Machinery	9516	10791	8051	9829	1465	962
矿产	Mineral Products	1881	2121	351	340	1530	1781
轻工	Light Industry	36761	44036	19909	27860	16852	16176
食品	Food	8190	4515	3571	1434	4619	3081
土产	Local Products						
畜产	Livestock Products	1301	1191	1301	283		908
纺织	Textile	52016	50123	31995	32693	20021	17430
服装	Garment	192003	181674	147445	151054	44558	29794
工艺品	Handicraft	45254	37790	33763	29620	11491	8159
其他	Others	45132	36305	33337	22575	11795	13730

5-32 乡镇企业主要产品产量及占全市的比重
MAJOR PRODUCTS OUTPUT OF TOWN AND TOWNSHIP ENTERPRISES AND THEIR PROPORTION IN TOTAL OF THE CITY

产品名称 Products	1997		1996	
	数量 Output	占全市比重(%) Proportion(%)	数量 Output	占全市比重(%) Proportion(%)
发电量 (万千瓦时) Generated Energy (10000 kwh)	3123	0.2	3538	0.2
原煤 (万吨) Raw Coal (10000 tons)	545.6	53.9	528.4	52.1
塑料制品 (吨) Plastic Products (ton)	38282	27.3	36375	29.0
泵 (台) Pump (unit)	13524	24.3	33753	53.6
暖气片 (万片) Heating Radiator (10000 pieces)	34	1.1	103	
水泥 (万吨) Cement (10000 tons)	194	27.7	189	28.4
砖 (亿块) Brick (100 million pieces)	57.4	85.7	61.2	91.9
石灰 (万吨) Lime (10000 tons)	171.6	35.6	178.3	35.9
水磨石 (万平方米) Terrazzo (10000 sq. m)	64.3	64.3	153.7	
水泥预制构件 (万立方米) Cement Prefabricated Components (10000 sq. m)	123.1	81.9	172.1	
棉布 (万米) Cotton Cloth (10000 meters)	7934	44.2	8055	51.6
服装 (万件) Garment (10000)	8818	58.8	12453	70.5
布鞋 (万双) Cloth Shoes (10000 pairs)	531	46.3	595	30.4
白酒 (吨) White Spirite (ton)	3637	4.1	5922	6.3
家具 (万件) Furniture (10000)	366	74.3	5974	

5-33 郊区县乡镇集体企业主要经济指标
MAIN ECONOMIC INDICATORS FOR TOWN AND TOWNSHIP ENTERPRISES IN SUBURBS AND COUNTIES

地区 Region	企业个数 (个) Number of Enterprises (unit)	从业人员 (人) Employment (person)	总收入 (万元) Total Revenue (10000 yuan)	利润总额 (万元) Total Profits (10000 yuan)	人均利润 (元) Profit Per Capita (yuan)	税金 (万元) Taxes (10000yuan)	# 所得税 (万元) Income Tax (10000 yuan)
全市 Total	**16080**	**781927**	**5427958**	**242679**	**3103.60**	**205107**	**42584**
朝阳区 Chaoyang	1986	98319	654550	17980	1828.74	25992	4685
丰台区 Fengtai	1650	63207	686391	47429	7503.76	19269	4327
石景山区 Shijingshan	295	10132	160214	1913	1888.08	4001	425
海淀区 Haidian	1240	50903	556056	19086	3749.48	16295	2663
门头沟区 Mentougou	665	19744	99225	4345	2200.67	4290	857
房山区 Fangshan	1999	115876	585901	19537	1686.03	24563	5469
昌平县 Changping	1232	49015	238550	13165	2685.91	9213	1691
顺义县 Shunyi	1092	90370	490767	24000	2655.75	19198	3464
通县 Tongxian	2100	80022	452042	21204	2649.77	16813	3459
大兴县 Daxing	1381	53450	406657	28159	5268.29	20281	3219
平谷县 Pinggu	834	53067	279313	10767	2028.94	11042	3061
怀柔县 Huairou	734	35363	531440	28289	7999.60	20242	6908
密云县 Miyun	507	37184	169179	2268	609.94	7988	1192
延庆县 Yanqing	365	25275	117673	4537	1795.05	5920	1164

5-34 郊区县农村个体、联合体企业主要经济指标
MAIN ECONOMIC INDICATORS FOR RURAL PRIVATE AND JOINT ENTERPRISES IN SUBURBS AND COUNTIES

地区 Region	企业个数 (个) Number of Enterprises (unit)	从业人员 (人) Employment (person)	总收入 (万元) Total Revenue (10000 yuan)	利润总额 (万元) Total Profits (10000 yuan)	人均利润 (元) Profit Per Capita (yuan)	税金 (万元) Taxes (10000yuan)	# 所得税 (万元) Income Tax (10000 yuan)
全市 Total	28560	107702	540541	72694	6749.55	20238	4486
丰台区 Fengtai							
门头沟区 Mentougou	5211	10619	64931	10278	9678.88	1933	274
房山区 Fangshan	7536	25987	175162	19193	7385.62	3145	621
昌平县 Changping	171	1653	15622	1045	6321.84	891	223
顺义县 Shunyi	3145	19660	57285	8845	4498.98	2198	518
通县 Tongxian	5195	20731	68302	16152	7791.23	2289	562
大兴县 Daxing	1519	6177	45410	4944	8003.89	2908	1009
平谷县 Pinggu	819	4736	10057	1303	2751.27	501	58
密云县 Miyun	4314	13185	81574	9266	7027.68	4813	899
延庆县 Yanqing	650	4954	22198	1668	3366.98	1560	322

5-35 8县75乡农村劳动力转移情况
STATISTICS ON RURAL LABOR FORCE TRANSFERRING OF THE 75 TOWNSHIPS IN 8 COUNTIES

项目	Item	合计 Total		平原 Plain		山区 Moutain Area	
		数量（人）Number (person)	构成（%）Composition (%)	数量（人）Number (person)	构成（%）Composition (%)	数量（人）Number (person)	构成（%）Composition (%)
调查户劳动力转移人数	**Labor Force Transferring of Household in Surveyed**	1613	100	1308	100	305	100
当年转移的劳动力	**Labor Force Transferred in This Year**	94	5.83	51	3.90	43	14.10
转移劳动力素质情况	**Quality Level of Labor Force Transferring**						
性别构成	Sex Composition						
男劳动力	Male	1003	62.18	799	61.09	204	66.89
# 整劳动力	Full Labor Force	832	51.58	652	49.85	180	59.02
女劳动力	Female	610	37.82	509	38.91	101	33.11
# 整劳动力	Full Labor Force	486	30.13	401	30.66	85	27.87
文化程度	Educational Level						
小学以下文化程度	at Primary School and below	126	7.81	103	7.87	23	7.54
初中文化程度	at Junior Middle School	957	59.33	787	60.17	170	55.75
中专以上文化程度	at Specialized Secondary School Level and above	483	29.94	378	28.90	105	34.43
大专及以上文化程度	at Junior College Level	47	2.92	40	3.06	7	2.29
接受专业培训情况	Taking Professional Training						
接受专业培训	Trained	774	47.99	624	47.71	150	49.18
未接受专业培训	No Trained	839	52.01	684	52.29	155	50.82
转移劳动力行业分布	**Sector Transfer to**						
农牧渔业	Farming, Animal Husbandry and Fishery						
工业	Industry	602	37.32	518	39.60	84	27.54
建筑业	Construction	132	8.18	97	7.42	35	11.48
交通运输业	Transportations,	179	11.10	142	10.86	37	12.13
邮电通讯业	Posts and Telecommunications	19	1.18	14	1.07	5	1.64
商业饮食业	Commerce and Catering	128	7.93	107	8.18	21	6.89
服务业	Services	193	11.97	150	11.47	43	14.09
文教卫生	Culture, Education and Health	101	6.26	82	6.27	19	6.23
其他	Others	259	16.06	198	15.13	61	20.00
转移地域	Region Transfer To						
本市内转移	Whthin Local City	1607	99.63	1303	99.62	304	99.67
转向外省市	To Nonlocal	6	0.37	5	0.38	1	0.33
调查户当年返回农业的劳动力	**Labor Force Back to Agriculture in This Year of Households in Survey**	8		4		4	

注：本表是在8个被调查县抽选75个乡(镇)，每个乡(镇)抽选3个村，每村调查1个村民小组。

Note: Sampling of the survey is as following—select 75 townships from 8 counties, select 3 villages from those of townships, and select a villager group from those of villages.

5-36 8县75乡劳动力构成

COMPOSITION OF LABOR FORCE OF THE 75 TOWNSHIPS IN 8 COUNTIES

项目	Item	合计 Total 数量（人）Number (person)	合计 Total 构成（%）Composition (%)	平原 Plain 数量（人）Number (person)	平原 Plain 构成（%）Composition (%)	山区 Moutain Area 数量（人）Number (person)	山区 Moutain Area 构成（%）Composition (%)
调查村整半劳动力	**Full and Half Labor** Force in Village Surveyed	3514	100.00	2673	100.00	841	100.00
按性别分	Grouped by Sex						
男劳动力	Male	1808	51.45	1374	51.40	434	51.61
# 整劳动力	Full Labor Force	1382	39.33	1050	39.28	332	39.48
女劳动力	Female	1706	48.55	1299	48.60	407	48.39
# 整劳动力	Full Labor Force	1163	33.10	866	32.40	297	35.32
按文化程度分	Grouped by Educational Level						
文盲或半文盲	Illiteracy and Half-Illiteracy	82	2.33	46	1.72	36	4.28
小学程度	at Primary School Level	482	13.72	331	12.38	151	17.96
初中程度	at Junior Middle School Level	2069	58.88	1633	61.09	436	51.84
中专程度	at Specialized Secon-dary School Level	824	23.45	613	22.93	211	25.09
大专及以上程度	at Junior Collage Level and above	57	1.62	50	1.88	7	0.83
按是否受过专业培训分	Grouped by Whether Received Specialized Training						
受过各种专业培训	Received All Kinds of Specialized Training	1196	34.04	925	34.61	271	32.22
没有受过专业培训	Never Received Specialized Training	2318	65.96	1748	65.39	570	67.78

注：本表及5-37表调查范围同5-35表。

Note: Sampling of this table and the following are the same as table 5-35.

5-37 8县75乡平均每人拥有固定资产及投资情况
FIXED ASSETS AND INVESTMENT PER CAPITA OF THE 75 TOWNSHIPS IN 8 COUNTIES

单位：元 (yuan)

项目	Item	合计 Total	乡(镇)所有 Of Township	村组所有 Of Village	农户所有 Of Household
年末拥有固定资产原值	**Original Value of Fixed Assets(year-end)**	17829.72	3782.54	4296.89	9750.29
农业	Agriculture	1776.54	255.48	1091.09	429.97
# 生产用房屋及建筑物	Buildings for Production	678.65	102.52	466.94	109.20
役畜及产品畜	Draught Animals and Commodity Animals	114.47	15.78	40.93	57.77
农林牧渔业机械	Machinery for Farming, Forestry,Animal Husbandry and Fishery	574.82	79.17	273.64	222.01
工业	Industry	4057.80	2182.39	1837.04	38.37
# 生产用房屋及建筑物	Buildings for Production	1451.63	814.36	614.40	22.87
生产设备	Productive Equipments	1877.47	1001.82	860.15	15.50
建筑业	Construction	309.70	196.78	110.12	2.80
交通运输邮电业	Transportation,Posts and Telecommunications	910.81	104.74	179.38	626.70
商饮服务业	Commerce,Catering and Services	533.09	293.77	217.29	22.05
文教卫生社会福利事业	Culture,Education,Health and Social Welfare	532.94	292.88	240.06	
住宅	Residence	8734.26	144.78	211.47	8378.01
其他	Others	974.57	311.73	410.44	252.39
本年固定资产投资完成额	**Investment in Fixed Assets Completed in this year**	1934.84	306.46	617.44	1010.93
按资金来源分	Grouped by Source of Funds				
自有资金	One's Own	1432.56	173.87	468.63	790.06
银行信用社贷款	Loan from Bank and Credit Cooperative	115.45	54.81	45.67	14.97
其他来源	Others	386.83	77.78	103.14	205.90
按资金投向分	Grouped by Use of Funds				
农业	Agriculture	270.20	22.32	141.71	106.17
工业	Industry	309.66	159.40	149.38	0.89
建筑业	Construction	32.78	24.37	8.42	
其他	Others	1322.20	100.37	317.93	903.87
# 住宅	Residence	616.87	11.29	65.78	539.80

5-38 农村经济收入与分配
INCOME AND DISTRIBUTION OF RURAL ECONOMY

单位：万元 (10000 yuan)

项目	Item	1997	1996	1997年为1996年% 1997 as % of 1996
营业收入	**Operation Income**	9234893.3	8266478	111.7
农业	Agriculture	651027.5	615865	105.7
#粮食	Grain	296905.6	305972	97.0
林业	Forestry	84983.4	71089	119.5
牧业	Animal Husbandry	506276.3	446081	113.5
渔业	Fishery	71642.3	44803	159.9
工业	Industry	3451403.2	3266229	105.7
交通运输业	Transportation	736420.4	644130	114.3
建筑业	Construction	1168239.9	1146765	101.9
商业、饮食业	Commerce and Catering Trade	1602109.8	1342160	119.4
服务业	Services	552054.9	359404	153.6
其他	Others	410735.6	329951	124.5
营业成本	**Operation Cost**	7975856.3	7278695	109.6
农业	Agriculture	501632.4	518277	96.8
#粮食	Grain	221027.9	195015	113.3
林业	Forestry	70503.1	57557	122.5
牧业	Animal Husbandry	446275.4	396001	112.7
渔业	Fishery	51769.2	44524	116.3
工业	Industry	2990494.3	2822897	105.9
交通运输业	Transportation	650546.6	616676	105.5
建筑业	Construction	1013534.3	1027180	98.7
商业、饮食业	Commerce and Catering	1444328.5	1232243	117.2
服务业	Services	441799.7	288985	152.9
其他	Others	364972.8	274355	133.0
营业利润	**Operation Profits**	627324.9	419990	149.4
利润总额	**Total Profits**	706484.8	488810	144.5
税后利润	**Net Profits**	658188.3	423719	155.3
可供分配的利润	**Profit to be Divided**	591289.4	395175	149.6
未分配利润	**Retained Profits**	157595.2	10411	151.4

5-39 郊区规模乡镇发展情况

STATISTICS FOR LARGE SCALE TOWN AND TOWNSHIPS IN SUBURBS AND COUNTIES

乡镇名称 Name	总人口 (人) Population (person)	总劳动力 (人) Labor Force (person)	农村社会总产值 (万元) Rural Gross Output Value (10000 yuan)	乡镇企业个数 (个) Town and Township Enterprises (unit)	乡镇企业总收入 (万元) Total Revenue of Town and Township Enterprises (10000 yuan)	乡镇企业利润总额 (万元) Total Profits of Town and Township Enterprises (10000 yuan)
小红门乡	18020.0	8525.0	111099.4	258.0	99237.0	2613.0
南磨房乡	4902.0	2905.0	129478.3	45.0	108193.0	6962.0
高碑店乡	26434.0	3550.0	94902.5	242.0	94109.0	1662.0
来广营乡	30576.0	3533.0	74166.0	181.0	60162.0	2599.0
洼里乡	21213.0	3692.0	50077.1	173.0	49456.0	1869.7
卢沟桥乡	38106.0	17391.0	122423.0	326.0	220913.0	14482.0
花乡	38987.0	21560.0	131492.0	310.0	189931.0	16643.0
南苑乡	26581.0	14884.0	141960.0	542.0	147637.0	882.0
石景山乡	15930.0	9461.0	58211.8	295.0	154553.0	1913.0
四季青乡	47420.0	16017.0	87637.0	411.0	106018.0	414.0
东升乡	13620.0	7954.0	53966.0	219.0	141377.0	5828.0
东营乡	14869.0	7667.0	177088.0	913.0	143173.0	7846.0
琉璃河地区	24600.0	11502.0	80581.8	513.0	51781.2	2061.3
窦店镇	19977.0	8428.0	98577.7	949.0	110218.0	5511.0
交道镇	15313.0	6476.0	61777.0	65.0	54451.0	1785.0
良乡地区	23409.0	10044.0	88186.8	1091.0	93813.6	27284.6
阎村镇	24807.0	11426.0	76238.4	899.0	86545.0	13619.0
房山街道	30939.0	14827.0	124348.8	1204.0	216571.2	83714.2
周口店地区	28608.0	10563.0	132083.2	158.0	118114.0	8101.0
回龙观区	29953.0	8289.0	86172.5	178.0	66549.7	12456.2
顺义镇	38022.0	16194.0	120372.0	133.0	87613.0	4080.0
天竺镇	14896.0	7497.0	60761.4	352.0	42086.0	2741.0
南彩镇	31446.0	14854.0	68205.7	557.0	40007.0	1722.0
杨镇	41872.0	17641.0	76735.6	175.0	42239.0	7323.0
大孙各庄镇	27229.0	12160.0	66395.7	78.0	21207.0	97.7
张镇	22778.0	9955.0	63101.3	46.0	24293.0	1079.0
木林镇	34859.0	13225.0	56774.7	168.0	26883.0	2125.6
北小营镇	28649.0	11484.0	72566.4	136.0	30759.6	1520.9
赵全营镇	22357.0	9861.0	61596.5	82.0	11265.4	1682.1
宋庄镇	29251.0	13784.0	69534.4	191.0	30064.0	2456.0
张家湾镇	26737.0	10433.0	71351.0	358.0	45840.0	926.0
犁园镇	24288.0	8805.0	61645.0	819.0	47803.0	21331.0
通州城关镇	33207.0	10157.0	110030.7	1292.0	115031.0	5482.0
永乐店农场	69119.0	24795.0	88147.0	550.0	30165.0	1272.0
黄村镇	14513.0	7465.0	65693.8	118.0	43608.0	2638.0
旧宫镇	11436.0	3585.0	56003.4	76.0	34510.0	2876.0
金星乡	6611.0	2718.0	56339.6	310.0	41566.7	2745.8
怀柔镇	23379.0	10369.0	174205.0	179.0	201433.0	10969.0
北房镇	15821.0	7381.0	50004.5	52.0	31327.0	2093.0
杨宋镇	16017.0	5004.0	53883.0	64.0	46977.0	2486.0
庙城镇	16201.0	6241.0	58446.9	103.0	47910.0	2808.0
桥梓镇	11262.0	5087.0	79190.4	52.0	45638.1	1693.6
延庆镇	33339.0	14063.0	70275.8	58.0	26505.0	658.0

注：规模乡镇是指农村社会总产值达到5亿元的乡镇。

Note: Town and townships refer to those their rural gross output value amount to 500 million yuan.

主要统计指标解释

农业总产值　是以货币表现的农、林、牧、渔业全部产品的总量，它反映一定时期内农业生产总规模和总成果。

农、林、牧、渔业的统计范围包括国有经济各种专业农（农、林、牧、渔）场以及国家各级机关团体学校、部队；集体所有制的乡、镇、村各级办农场；工矿企业经营的农、林、牧、渔业，农村各种经济组织和农户经营的农林牧渔业和农民家庭兼营的商品性工业等。

(1) 农业　包括种植业和其他农业。

种植业　包括谷物、豆类、薯类、棉、油料、糖料、麻类、烟叶、蔬菜、药材、瓜类和其他农作物的种植，以及茶园、桑园、果园的生产经营。

其他农业　包括采集野生植物的果实、纤维、树胶、树脂、油料以及柴草、野生药材、菌类等及农民家庭兼营的商品性工业。

(2) 林业　包括林木的栽培（不包括茶园、桑园和果园的栽培、管理和收获等活动）、林产品的采集和村及村以下合作经济组织和农户的竹木采伐。

(3) 牧业　包括除渔业养殖以外的一切动物饲养和放牧以及野生动物的捕猎和饲养。

(4) 渔业　包括水生动物和海藻类植物的养殖和捕捞。

农业总产值的计算方法通常是按农林牧渔业产品及其副产品的产量分别乘以各自单位产品价格求得，少数生产周期较长，当年没有产品或产品产量不易统计的，则采用间接方法匡算其产值，然后将四业产品产值相加即为农业总产值。

1957 年以前的农业总产值中包括了厩肥和农民自给性手工业（如农民自制衣服、鞋、袜，自己从事粮食初步加工等）。1958 年及以后的农业总产值，林业中增加了村及村以下竹木采伐产值；牧业中取消费厩肥产值；副业中取消了农民自给性手工业产值；渔业中增加了海洋捕捞水产品产值。1980 年及以后的农业总产值，在副业中增加了农民家庭兼营工业商品部分的产值。从 1984 年起村及村以下办工业产值划归工业。从 1993 年起，取消副业。将野生动物的捕猎划入牧业，野生植物采集和农民家庭兼营商品性工业划归农业。

耕地面积　指年初可以用来种植农作物、经常进行耕锄的田地，除包括熟地、当年新开荒地、连续撂荒未满三年的耕地和当年的休闲地（轮歇地）外，还包括以种植农作物为主并附带种植桑树、茶树、果树和其他林木的土地，以及沿海、沿湖地区已围垦利用的“海涂”、“湖田 ”等面积。但不包括属于专业性的桑园、茶园、果园、果木苗圃、林地、芦苇地、天然或人工草地面积。

农作物播种面积　指实际播种或移植有农作物的面积。凡是实际种植有农作物的面积，不论种植在耕地上还是种植在非耕地上，均包括在农作物播种面积中。在播种季节基本结束后，因遭灾而重新改种和补种的农作物面积，也包括在内。

有效灌溉面积　指具有一定的水源，地块比较平整，灌溉工程或设备已经配套，在一般年景下当年能够进行正常灌溉的耕地面积。

农业机械总动力　指主要用于农、林、牧、渔业的各种动力机械的动力总和。包括耕作机械、排灌机械、收获机械、农用运输机械、植物保护机械、牧业机械、渔业机械和其他农用机械［内燃机按引擎马力折成瓦（特）计算，电动机按功率折成瓦（特）计算］。不包括专门用于乡、镇、村、组办工业、基本建设、非农业运输、科学实验和教学等非农业生产方面用的动力机械与作业机械。

农林牧渔业劳动力　指直接参加农林牧渔业生产劳动的劳动力。

期初（末）畜禽存栏头（只）数　指本期期初（末）农村各种合作经济组织和国营农场、农民个人、机关、团体、学校、工矿企业、部队等单位以及城镇居民饲养的大牲畜、猪、羊、家禽等禽畜的存栏头（只）数。

乡镇企业　即原来农村人民公社和生产大队两级集体经济举办的社队企业。在农村政社组织管理体制分设以后，除了乡、村合作经济组织办企业外，又出现了部分农民联营或其他形式的合作企业和个体企业。1984 年 3 月确定将这类企业统称“乡镇企业”。

乡镇企业单位一般应拥有固定的组织、生产场所、生产设备和从业人员；有核算制度，承担经济责任和纳税义务；是一个比较稳定的经济实体。

Explanatory Notes On Main Statistical Indicators

Gross Output of Agriculture refers to the total volume of products of farming, forestry, animal husbandry and fishery in value terms, which reflects the total scale and total result of agricultural production during a given period of time.

The statistical coverage of farming, forestry, animal husbandry and fishery are as follows:

In terms of ownership, China's agriculture includes specialized state farms (farming, forestry, animal husbandry and fishery), farms managed by various government organs, organizations, schools, research institutions, and army; farms managed by rural collective organizations at levels of township, town, and village; farming, forestry, animal husbandry, fishery run by mining and industrial enterprises; farming, forestry, animal husbandry and fishery and some commodity industries run by individual farmers.

(1) Farming includes cultivation of farm crops and other agricultural activities .

Cultivation includes the cultivation of grain crops, beans, tubers, cotton, oil - bearing crops, sugar crops, fiber crops, tobacco, vegetables, medicinal herbs, melons and gourds, and cultivation and management of tea plantations, mulberry fields and orchards.

Other agricultural activities includes gathering fruits, fiber, oil, gum and resin of wild plants, firewood and firegrass, wild medicinal herbs, fungus plants, and commodity industries of the rural households.

(2) Forestry refers to planting various kinds of trees (excluding tea plantations, mulberry fields and orchards), gathering of forest products, and felling of bamboo and trees by villages and other cooperative organizations under villages.

(3) Animal husbandry refers to raising and grazing of all animals except fishery and aquaculture, and hunting and raising of wild animals.

(4) Fishery refers to cultivation and catching of fish and other aquatic animals and cultivation and collection of seaweed and other aquatic plants.

Gross output value of agriculture is obtained by first multiplying the output of each product or by - product by its price, resulting in the output value of each single item. For a small number of products, annual output of which is not available or difficult to get due to the long production/ growing process involved, the output value is estimated through an indirect approach. The sum of output value of all products of farming, forestry, animal husbandry, and fishery is then equal to the gross output value of agriculture.

Prior to 1957, China's gross agricultural output value included barnyard manure and handicraft products for self - consumption (clothes, shoes, stockings, and initial grain processing undertaken by peasants). Since 1958, felling of bamboo and trees by villages and other cooperative organizations under villages had been added to forestry; value of barnyard manure had been removed from animal husbandry; self - consumed handicrafts had been removed from sideline productions; while the output value of industries run by villages and cooperative organizations under village had been added in sideline productions and the output value of fish catches by motor fishing boats had been added to fishery. Since 1980, the value of handicraft products made for sale by households had been added to sideline productions. Since 1984, industry run by villages and cooperative organizations under villages has been put in the sector of industry. Since 1993, the subdivision of sideline productions has been canceled, and the hunting of wild animals has been classified into animal husbandry, and the gathering of wild plants and commodity industry run by rural households has been put in farming.

Cultivated Area (Area under cultivation) refers to farmland which is plowed constantly for growing crops, including cultivated land, newly cultivated land in the current year, farmland left without cultivation for less than three years and fallow land in the current year, rotation land, farmland for crops but growing also a few fruit trees, mulberry trees and other trees and cultivated seashore land and lake land, etc. The land of mulberry fields, tea plantations, orchards, nurseries of young plants, forestland, reed land, natural and man - made grassland are not included in cultivated land.

Sown Area of Crops refers to area of land sown or transplanted with crops regardless of being in cultivated area or non - cultivated area. Area of land resown after natural disasters is also included in.

Irrigated Area refers to areas that are effectively irrigated, i. e. level land which has water source and complete sets of irrigation facilities and is able to provide adequate water for irrigation under normal conditions.

Total Power of Farm Machinery refers to total mechanical power of machinery used in farming, forestry, animal husbandry, and fishery, including plow, irrigation and drainage, harvesting, transport, plant protection, stock breeding, forestry and fishery. The horsepower of internal combustion engines is converted into watts and the power of electric motors is converted into watts. Machinery employed for non – agricultural industry, construction, transportation, scientific experiments and teaching is excluded.

Labor Force Engaged in Farming, Forestry, Animal Husbandry and Fishery refers to the total labors who are directly engaged in production of farming, forestry, animal husbandry and fishery.

Number of Livestock or Poultry on Hand at the Beginning (or End) of the reference Period refers to the total number of big animals, pigs, sheep, fowls, etc. raised by rural cooperative organizations, army, and urban residents at the beginning (or end) of the reference period.

Township Enterprises refer to enterprises originally run by the collective economies at the people's commune and the production brigade levels. After the rural administrative system reform, besides the enterprises run by townships and villages, farmers' cooperative or other types of cooperative enterprises and private enterprises had appeared in the rural areas. In March 1984, all the aforesaid enterprises were defined as the "township enterprises."

Township Enterprises should have fixed organization, production sites, production equipment and employees, and also have accounting systems, undertake economic responsibilities and pay taxes. So, they are relatively stable economic entities.

06

INDUSTRY
工业

工业总产值增长速度

Increased of gross output value of industry

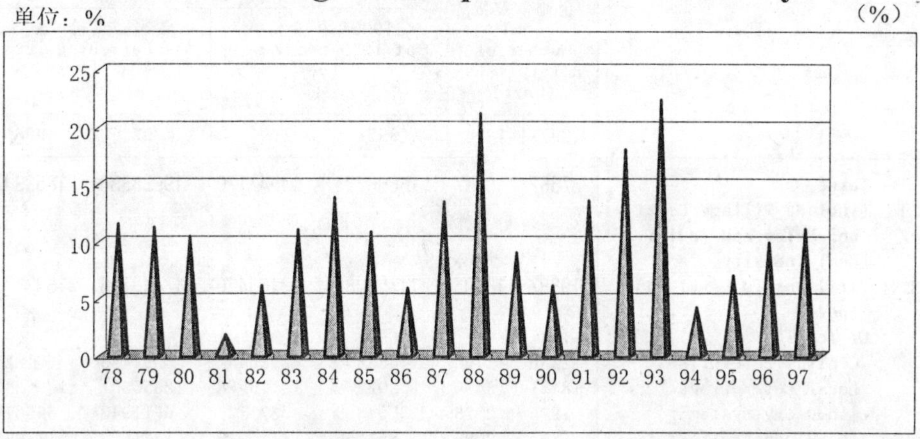

	1997	1978	1997年为1978年% 1997 as % of 1978
工业总产值(亿元)(现价) Gross output value of industry(100 million yuan)(current prices)	1963.8	170.0	694.1
独立核算企业销售收入(亿元) Sales revenue with independent accounting system(100 million yuan)	1707.1	109.8	1554.7
独立核算企业总产值(亿元) Gross output value with independent accounting system(100 million yuan)	1716.2	165.5	1037.0

主要工业产品产量

Production of major industrial products

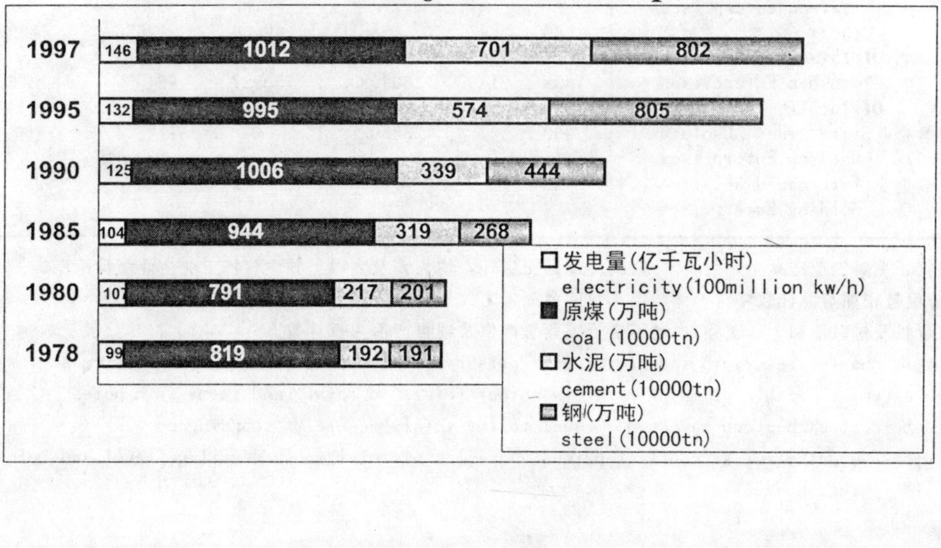

6-1 工业企业单位数和工业总产值、销售产值
NUMBER OF INDUSTRIAL ENTERPRISES,GROSS OUTPUT VALUE AND SALES

单位：万元 (10000 yuan)

项目	Item	企业单位数(个) Number of Enterprises (unit)		工业总产值 Gross Output Value of Industry				销售产值(当年价格) Sales (at current prices)
				1990年不变价 at 1990 constant prices		当年价格 at current prices		
		1997	1996	1997	1996	1997	1996	
总计(含村及村以下和个体工业)	**Total (include Village Level and Below and Individual Industry)**	37362	40517	16606725	14947170	19638338	18533430	19227896
(乡及乡以上工业)	**(At Township Level and Above)**	19387	16905	14756085	13163430	17449786	16321725	17085085
在总计中：	**Of Total:**							
中央企业	Central Enterprises	1236	1495	4553806	2986452	5094485	3618287	4988786
地方企业	Local Enterprises	18151	15410	10202279	10176978	12355301	12703438	12096299
工业系统	Industry System	1975	2278	5704389	5371775	6711943	6653148	6733986
非工业系统	Non-Industry System	1531	2096	851166	1126216	1521929	1719627	1441432
区县工业	Industry of District and Country	13455	9680	2958659	3369946	3365879	3761820	3195960
其他	Others	1190	1356	688065	309041	755550	568843	724921
在总计中：	**Of Total:**							
国有经济	State-owned Enterprise	4334	4827	7573102	6753711	9600424	8870124	9543481
集体经济	Collective-owned Enterprise	10949	8412	1626412	2582401	1797629	2773851	1683439
私营经济	Private Enterprise	320	493	36003	47872	43561	52420	38351
联营经济	Joint-owned Enterprise	235	224	148820	113551	170423	154167	167913
股份制经济	Share Holding Enterprise	480	407	458060	142736	569737	212462	558720
外商投资经济	Foreign Funded Enterprises	1409	1486	3971297	2722807	4181850	3260222	4057032
中外合资经营	Joint Venture	1069	1148	3728052	2559683	3879583	3038926	3757220
中外合作经营	Co-operative	88	88	120338	82747	127991	98836	125450
外资企业	Foreign Enterprises	252	250	122908	80377	174277	122461	174361
港澳台投资经济	HongKong,Macao and Taiwan Funded Enterprises	1600	959	936539	759946	1078506	950588	1028405
与大陆合资经营	Joint Venture	1398	752	825720	693074	959356	865349	914232
与大陆合作经营	Co-operative	22	25	9489	5430	14849	16832	15778
港澳台独资企业	HongKong,Macao and Taiwan Enterprises	180	182	101330	61442	104301	68408	98395
其他经济	Others	60	97	5851	40406	7656	47892	7744
在总计中：	**Of Total:**							
乡属企业	Township Enterprises	1858	2149	602083	750957	664059	816165	620265
在总计中：	**Of Total:**							
国有绝对控股企业	State-owned Absolute Holding Enterprises	260		2355027		3112814		3105531
国有相对控股企业	State-owned Relative Holding Enterpeises	122		730123		690883		639568

注：1.本资料除"主要工业产品生产总量"(全社会)及标明者外，均为乡及乡以上独立核算工业企业统计范围。

2.各表分组数相加与总计数略有差额，因小数四舍五入之故。

3.总计(含村及村以下和个体工业)中的不变价工业总产值及销售产值为折算数。

a) Data of this chapter refers to industrial enterprises with independent accounting system at township level and above,except the table of major products output(refers to total) and items with note.

b) Sum of numbers of each group may be not equal to the total because of rounding up.

c) Data of gross output value at constant prices and sales of total(include village level and below and individual) is that converted.

续表 1 continued

单位：万元 (10000 yuan)

项　目 Item		企业单位数（个） Number of Enterprises (unit)		工业总产值 Gross Output Value of Industry				销售产值（当年价格） Sales (at current prices)
				1990年不变价 at 1990 constant prices		当年价格 at current prices		
		1997	1996	1997	1996	1997	1996	
总计中：	**Of Total:**							
轻工业	Light Industry	9666	8354	4493430	4029531	5540733	5224359	5335891
以农产品为原料	Using Farm Products as Raw Material	5783	5017	2799848	2618843	3849288	3674667	3727133
以非农产品为原料	Using Non-Farm Products as Raw Material	3883	3337	1693582	1410688	1691445	1549692	1608758
重工业	Heavy Industry	9721	8551	10262654	9133899	11909053	11097366	11749194
采掘工业	Excavation	242	359	75235	112059	152617	174813	145523
原料工业	Raw Material	1290	1042	3073665	3079783	5060300	4919492	5046597
加工工业	Processing	8189	7150	7113755	5942057	6696137	6003060	6557074
总计中：	**Of Total:**							
大型企业	Large Enterprises	215	224	6179643	6685839	8283363	8668101	8329157
中型企业	Medium Enterprises	282	294	986551	927695	1302763	1206748	1290092
小型企业	Small Enterprises	18890	16387	7589891	5549895	7863659	6446876	7465836
总计中：	**Of Total:**							
煤炭采选业	Coal Mining and Dressing	54	163	48190	57563	111031	110567	106190
石油和天然气开采业	Petroleum and Natural Gas Extraction	2	3	895	553	925	600	942
黑色金属矿采选业	Ferrous Metals Mining and Dressing	17	21	11455	17981	20434	27129	19789
有色金属矿采选业	Nonferrous Metals Mining and Dressing	11	10	3327	3379	6140	3276	5616
非金属矿采选业	Nonmetal Minerals Minibg and Dressing	157	154	11139	30730	13808	31366	12705
其他矿采选业	Other Minerals Mining and Dressing	1	4	229	880	279	902	281
木材及竹材采运业	Logging and Transport of Timber and Bamboo	…	1					
食品加工业	Food Processing	690	576	596757	356667	987582	830897	968781
食品制造业	Food Making	739	664	324651	303265	464892	411663	458080
饮料制造业	Beverage Production	243	229	433023	338769	603029	497711	586504
烟草加工业	Tobacco Processing	3	5	46490	45999	68335	63141	68745
纺织业	Textile Industry	520	512	409686	478947	495167	578656	471475
服装及其他纤维制品制造业	Garments and Other Fiber Products	986	1042	338511	410707	417018	486156	398467
皮革、毛皮、羽绒及其制品业	Leather,Furs,Down and Related Products	199	197	49493	61614	62643	79943	57970
木材加工及竹、藤棕、草制品业	Timber Processing,Bamboo Cane,Palm Fiber and Straw Products	257	193	25042	30562	30373	37461	27894
家具制造业	Furniture Manufacturing	542	382	88814	96772	93163	105588	88657
造纸及纸制品业	Papermaking and Paper Products	511	305	116853	117414	144783	140377	142123
印刷业，记录媒介的复制	Printing and Record Medium Reproduced	934	717	219971	230124	294879	278294	294885

续表 2 continued

单位：万元 (10000 yuan)

项目 Item		企业单位数(个) Number of Enterprises (unit)		工业总产值 Gross Output Value of Industry				销售产值(当年价格 Sales (at current prices)
				1990年不变价 at 1990 constant prices		当年价格 at current prices		
		1997	1996	1997	1996	1997	1996	
文教体育用品制造业	Stationery,Educational and Sports Goods	277	244	77779	72726	93408	88874	86110
石油加工及炼焦业	Petroleum Processing and Coking Products	121	104	765094	713534	1402368	1277982	398498
化学原料及化学制品	Raw Chemical Materials and Chemical Product	1253	1039	791660	848862	957298	1022510	943288
医药制造业	Medical and Pharmaceutical Products	213	209	309070	252822	304866	254981	278042
化学纤维制造业	Chemical Fibers	44	47	65509	33114	55375	31686	54188
橡胶制品业	Rubber Products	137	110	147602	165656	128102	146926	129374
塑料制品业	Plastic Products	742	688	246735	268806	266892	271463	262907
非金属矿物制品业	Nonmetal Mineral Products	1472	1064	577065	572987	741947	741378	704540
黑色金属冶炼及压延加工业	Smelting and Pressing of Ferrous Metals	99	102	1271067	1239388	1987198	2003429	989981
有色金属冶炼及压延加工业	Smelting and Pressing of Nonferrous Metals	182	121	74717	77305	83341	94433	78903
金属制品业	Metal Products	2342	1578	382901	413486	402055	435233	373931
普通机械制造业	Ordinary Machinery Manufacturing	1204	1054	430885	483365	494908	540525	480559
专用设备制造业	Special Purposes Equipment Manufacturing	974	987	477630	409204	507192	453501	492371
交通运输设备制造业	Transportation Equipment Manufacturing	1603	1527	1381843	1475766	1538273	1669072	513771
武器弹药制造业	Weapon and Ammunition Manufacturing	10	7	59042	63052	75057	81788	73743
电气机械及器材制造	Electric Equipment and Machinery	988	889	4195155	422661	492878	461182	449542
电子及通信设备制造	Electronic and Telecommunications	678	729	38181221	2358172	2838280	1925719	809032
仪器仪表及文化、办用机械制造	Instruments,Meters, Cultural and official Machine	435	483	301457	262980	292175	316625	282712
其他制造业	Other Manufacturing	654	642	1412597	146522	171328	174843	169661
电力、蒸汽、热水的产和供应业	Electricity Power, Steam and Hot Water Production and Supply	71	85	2387076	243269	716053	571031	718044
煤气生产和供应业	Gas Production and Supply	8	8	3542	35418	33550	29388	3355(
自来水的生产和供应	Tap Water Production and Supply	14	10	2221	22209	52764	45431	5323?

6-2 主要工业产品生产总量
OUTPUT OF MAIN INDUSTRIAL PRODUCTS

主要工业产品名称		Item		本年生产量 Output in this Year	# 乡及乡以上 at Township level and above
原　煤	(吨)	Coal	(ton)	10117577.00	6419235.00
铁矿石成品矿	(吨)	Iron Ore Products	(ton)	6056326.00	5972926.00
木　材	(立方米)	Timber	(cu. m)	61200.00	61200.00
发电量	(万千瓦小时)	Electricity	(10000 kwh)	1464302.38	1463939.68
# 6000千瓦及以上电站发电量	(万千瓦小时)	Power Station of 6000kw and above	(10000 kwh)	1391367.06	1391367.06
火　电	(万千瓦小时)	Thermal Power	(10000 kwh)	1362918.68	1362918.68
供热量	(万百万千焦)	Heating Supply	(1 billion joule)	7252.94	7252.94
自来水生产量	(万吨)	Tap Water Production	(10000 tons)	4759.73	4759.73
自来水供应量	(万吨)	Tap Water Supply	(10000 tons)	73213.07	73213.07
大　米	(吨)	Rice	(ton)	2546.00	2524.00
小麦粉	(万吨)	Wheat Flour	(10000 tons)	84.38	63.27
食用植物油	(吨)	Edible Vegetable Oil	(ton)	6121.08	4088.08
配合饲料	(吨)	Concerted Feed	(ton)	962136.60	841867.20
混合饲料	(吨)	Mixed Feed	(ton)	827107.54	754217.40
乳制品	(吨)	Dairy Products	(ton)	16958.45	16719.35
罐　头	(吨)	Canned Food	(ton)	2593.10	2593.10
白　酒	(吨)	Liquor	(ton)	88031.30	84868.00
啤　酒	(吨)	Beer	(ton)	1159813.10	1159813.10
碳酸饮料	(吨)	Carbonic Acid Beverag	(ton)	301118.20	297548.70
卷　烟	(箱)	Cigarettes	(case)	168793.00	168793.00
合成纤维	(吨)	Synthetic Fiber	(ton)	30406.00	29893.00
纱	(吨)	Yarn	(ton)	64205.90	64205.90
布	(万米)	Cloth	(10000 m)	25184.62	20602.82
# 棉　布	(万米)	Cotton Cloth	(10000 m)	17941.22	13760.42
混纺交织布	(万米)	Blend Cloth	(10000 m)	6875.80	6818.80
纯化纤布	(万米)	Pure Chemical Fiber Cloth	(10000 m)	367.60	23.60
绒线(毛线)	(吨)	Knitting Wool	(ton)	4237.00	3848.60
呢　绒	(万米)	Woolen Piece Goods	(10000 m)	1268.11	1268.11
丝织品	(万米)	Silk Fabrics	(10000 m)	1471.90	1374.00
服　装	(万件)	Garments	(10000)	14998.40	11419.40
锯　材	(立方米)	Sawn Timber	(cu. m)	58311.46	29315.46
人造板	(立方米)	Artificial Wooden Board	(cu. m)	47601.80	46641.80
机制纸	(吨)	Machine-made Paper	(ton)	69192.60	50548.00
机制纸板	(吨)	Machine-made Paperboard	(ton)	112012.00	58880.00
汽　油	(吨)	Gasoline	(ton)	1270608.00	1270608.00

续表 1 continued

主要工业产品名称		Item		本年生产量 Output in this Year	# 乡及乡以上 at Township lev and above
煤　油	(吨)	Kerosene	(ton)	6541.00	6541.0
柴　油	(吨)	Diesel Oil	(ton)	1091902.00	1091902.0
润滑油	(吨)	Lubricating Oil	(ton)	269329.50	260577.0
燃料油	(吨)	Fuel Oil	(ton)	1623961.00	1623961.0
焦　炭	(吨)	Coke	(ton)	3993873.00	3993873.0
硫酸(折100%)	(吨)	Sulphuric Acid(100%)	(ton)	92584.00	92584.0
氢氧化钠(烧碱)(折100%)	(吨)	Caustic Soda(100%)	(ton)	113566.00	113566.0
碳化钙(电石)(折 300升／千克)	(吨)	Calcium Carbide(300 liters/kg)	(ton)	12098.10	12098.1
合成氨	(吨)	Synthetic Ammonia	(ton)	151286.00	151286.0
农用氮、磷、钾化学肥料(折纯)	(吨)	Chemical Fertilizer(pure)	(ton)	119247.00	119247.0
乙　烯	(吨)	Ethylene	(ton)	579893.00	579893.0
纯　苯	(吨)	Pure Benzene	(ton)	109779.00	109779.0
冰醋酸	(吨)	Glacial Acetic Acid	(ton)	19611.00	18806.0
油　漆	(吨)	Paint	(ton)	22438.80	20387.2
染　料	(吨)	Dyestuff	(ton)	4745.96	4745.9
塑料树脂及共聚物	(吨)	Plastic Resin and Copolymer	(ton)	726099.89	725474.4
合成橡胶	(吨)	Synthetic Rubber	(ton)	127271.00	127271.0
合成纤维单体	(吨)	Synthetic Fiber(Monomer)	(ton)	36313.00	36313.0
合成纤维聚合物	(吨)	Synthetic Fiber(Polymerizate)	(ton)	20924.00	20924.0
合成洗涤剂	(吨)	Synthetic Detergents	(ton)	94888.56	94339.3
化学原料药	(吨)	Chemical Raw Medicine	(ton)	4798.04	4796.0
轮胎外胎	(条)	Tires	(unit)	2960540.00	2960540.0
塑料制品	(吨)	Plastic Products	(ton)	140416.84	114359.0
# 农业用薄膜	(吨)	Film for Farm Use	(ton)	21261.00	21261.0
水　泥	(万吨)	Cement	(10000 tons)	700.85	589.4
平板玻璃	(重量箱)	Plate Glass	(wt.case)	5201376.00	5199176.0
生　铁	(吨)	Pig Iron	(ton)	7502936.60	7466493.0
钢	(吨)	Steel	(ton)	8016976.00	8016976.0
成品钢材	(吨)	Steel Products	(ton)	6523950.03	6521826.0
# 铁道用钢材	(吨)	For Railway Use	(ton)	56.00	56.0
普通中型钢材	(吨)	Ordinary Rolled-Steel,Medium	(ton)	170338.00	170338.0
普通小型钢材	(吨)	Ordinary Rolled-Steel,Small	(ton)	2359888.00	2359888.0
优质钢型钢材	(吨)	High Quality Section Steel	(ton)	360108.00	360108.0
线　材	(吨)	Wire Rod	(ton)	2700930.63	2700930.6
中厚钢板	(吨)	Medium Steel Plate	(ton)	444385.00	444385.0
薄钢板	(吨)	Steel Sheet	(ton)	41584.00	41584.0

续表 2 continued

主要工业产品名称		Item		本年生产量 Output in this Year	# 乡及乡以上 at Township level and above
硅钢片	(吨)	Silicon Steel Sheet	(ton)	13153.00	13153.00
钢　带	(吨)	Steel Band	(ton)	341327.00	339389.00
无缝钢管	(吨)	Seamless Steel Pipe	(ton)	43.40	43.40
焊接钢管	(吨)	Welded Steel Pipe	(ton)	87422.00	87398.00
铁合金	(吨)	Ferroalloy	(ton)	36966.00	36966.00
铜	(吨)	Copper	(ton)	810.00	810.00
铜加工材	(吨)	Copper Products	(ton)	12747.86	11629.86
铝　材	(吨)	Aluminum Products	(ton)	15080.40	14390.70
日用精铝制品	(吨)	Daily-use Refined Aluminum Products	(ton)	372.65	341.00
工业锅炉	(台)	Boiler for Industrial Use	(ton)	3176.00	3002.00
金属切削机床	(台)	Metal-Cutting Machine	(unit)	2206.00	2206.00
# 高精度机床	(台)	High-Precision Machine Tools	(unit)	114.00	114.00
数控机床	(台)	Numerical Control Machine Tools	(unit)	433.00	433.00
大型机床	(台)	Large Machine Tools	(unit)	31.00	31.00
缝纫机	(架)	Sewing Machine	(unit)	1860.00	1860.00
小型拖拉机	(台)	Mini-tractor	(unit)	3691.00	3691.00
汽　车	(辆)	Motor Vehicle	(unit)	110094.00	110094.00
摩托车	(辆)	Motorcycle	(unit)	17323.00	17323.00
发电设备	(千瓦)	Generating Equipment	(kw)	1317444.00	1228000.00
交流电动机	(台)	Alternating Current Electric Motor	(unit)	443983.00	442661.00
家用洗衣机	(台)	Household Washing Machines	(unit)	119538.00	119538.00
吸尘器	(台)	Dust Catcher	(unit)	1408.00	1408.00
家用电冰箱	(台)	Household Refrigerators	(unit)	72.00	72.00
家用冷冻箱	(台)	Household Freezer	(unit)	5188.00	5188.00
电风扇	(台)	Electric Fan	(unit)	98880.00	98880.00
房间空气调节器	(台)	House Air Conditioner	(unit)	511108.00	510958.00
排油烟机	(台)	Smoke Absorber	(unit)	368.00	368.00
程控交换机	(线)	Program Control Telephone Exchange	(line)	4299153.00	4299153.00
电子计算机	(部)	Computer	(unit)	721.00	721.00
# 小型计算机	(部)	Mini Computer	(unit)	721.00	721.00
微型电子计算机	(部)	Micro-computer	(unit)	598468.00	598468.00
彩色显象管	(只)	Tricolor Tube	(unit)	3222001.22	3222000.00
半导体集成电路	(万块)	Semiconductor Integrated Circuit	(10000)	6124.19	6124.19
彩色电视机	(部)	Color TV Set	(unit)	389181.00	389181.00
黑白电视机	(部)	Black-and-white TV Set	(unit)	18997.00	18982.00
录相机	(部)	Videocorder	(unit)	592322.00	592322.00
收音机	(部)	Radio	(unit)	64573.00	64555.00
收录放机	(部)	Recorder	(unit)	690994.00	690994.00
组合音响	(部)	Hi-Fi	(unit)	129126.00	129126.00
照相机	(台)	Camera	(unit)	1547307.00	1547307.00
表	(只)	Clock	(unit)	3033481.00	3033481.00

6-3 全部独立核算工业企业主要经济指标

单位：万元

项 目	Item	企业 单位个数（个） Number of Enterprises (unit)	#亏损企业 Loss-making Enterprises	工业总产值（当年价格） Gross Output Value of Industry (at current price)	工业总产值（1990年不变价格） Gross Output Value of Industry (at 1990 constant prices)	工业增加值（生产法） Added Value of Industry (with production method)	工业销售产值（当年价格） Sales Value of Industry (at current price)
总　计	**Total**	17739	3308	17161951	14540316	5257549	16811637
在总计中：	**Of Total:**						
中央企业	Central Enterprises	1123	301	5086771	4545646	1805433	4981499
地方企业	Local Enterprises	16616	3007	12075180	9994670	3452116	11830138
工业系统	Industry System	1704	429	6677521	5669501	2045228	6700754
非工业系统	Non-Industry System	1147	272	1331529	723917	433746	1263960
区县工业	Industry of District and Country	12582	1826	3310581	2913187	829861	3140502
其　他	Others	1183	480	755550	688065	143281	724921
在总计中：	**Of Total:**						
国有经济	State-owned Enterprises	3381	675	9355501	7389168	2968814	9312907
集体经济	Collective-owned Enterprises	10310	1440	1756595	1596121	398951	1642471
私营经济	Private Enterprises	316	35	43527	35977	18252	38317
联营经济	Joint-owned Enterprises	225	46	170362	148759	21612	167852
股份制经济	Share Holding Enterprise	473	116	567974	456623	271326	556957
外商投资经济	Foreign Funded Enterprises	1390	566	4181850	3971297	1293647	4057032
中外合资经营	Joint Venture	1054	398	3879583	3728052	1199258	3757220
中外合作经营	Co-operative	87	33	127991	120338	37231	125450
外资企业	Foreign Enterprises	249	135	174277	122908	57158	174361
港澳台投资经济	HongKong,Macao and Taiwan Funded Enterprises	1593	423	1078487	936519	282137	1028356
与大陆合资经营	Joint Venture	1391	309	959336	825701	246991	914184
与大陆合作经营	Co-operative	22	15	14849	9489	6040	15778
港澳台独资企业	HongKong,Macao and Taiwan Enterprises	180	99	104301	101330	29106	98395
其他经济	Others	51	7	7656	5851	2811	7744
在总计中：	**Of Total:**						
乡属工业	Township Enterprises	1822	418	661462	599774	210556	617867
在总计中：	**Of Total:**						
国有绝对控股企业	State-owned Absolute Holding Enterprises	260	103	3112814	2355027	1093744	3105531
国有相对控股企业	State-owned Relative Holding Enterpeises	122	34	690883	730123	283211	639568
在总计中：	**Of Total:**						
轻工业	Light Industry	8938	1766	5408921	4402470	1602834	5213603
以农产品为原料	Using Farm Products as Raw Material	5325	1108	3752049	2727733	1064308	3638513
以非农产品为原料	Using Non-Farm Products as Raw Material	3613	658	1656872	1674736	538526	1575090
重工业	Heavy Industry	8801	1542	11753030	10137846	3654715	11598034
采掘工业	Excavation	223	30	152617	75235	97943	145523
原料工业	Raw Material	1184	169	5043866	3060466	1615807	5030414
加工工业	Processing	7394	1343	6556548	7002145	1940965	6422097
在总计中：	**Of Total:**						
大型企业	Large Enterprises	215	60	8283363	6179643	2532499	8329157
中型企业	Medium Enterprises	282	74	1302763	986551	379874	1290092
小型企业	Small Enterprises	17242	3174	7575825	7374122	2345176	7192388

MAIN INDICATORS FOR INDUSTRIAL ENTERPRISES WITH INDEPENDENT ACCOUNTING SYSTEM

(10000 yuan)

成品产销存 Production,Sale and Stock of Finished Products				在产品自制半成品期末期初差额	对外加工费收入	工业中间投入合计	本年应付工资	本年应付福利费总额	全部职工（从业人员）年平均人数（人）
年初库存价值 Stock Value (year-beginning)	生产价值 Production Value	销售价值 Sales Value	年末库存价值 Stock Value (year-end)	Balance Changes of Self-made Unfinished and Semi-finished Products	Revenue of External Processing	Total Intermediate Input of Industry	Wages Payable of this Year	Total Welfare Funds Payable of this Year	Average Number of Staff and Workers (Employment) (person)
1774387	16450152	16074227	1980872	179980	531819	12661171	1643244	245558	1575228
266235	4815254	4695194	323598	70136	201380	3499729	390896	52189	234790
1508152	11634898	11379034	1657274	109844	330439	9161441	1252348	193369	1340438
766344	6541471	6548145	755907	22850	113200	4975085	755251	115530	724226
123993	1265844	1252991	140919	15195	50490	951348	129256	21560	118847
517383	3092011	2879949	640652	61971	156599	2599359	317230	48279	462503
100431	735572	697949	119796	9827	10151	635649	50611	8000	34862
838368	9113869	9045834	853909	42349	199282	6867786	938771	135057	911634
386188	1605896	1488835	444794	30442	120256	1423036	327451	31375	350504
6784	42710	34737	7475	556	260	26795	3905	384	4260
28106	162031	157645	29579	1945	6386	154049	24541	2648	25360
47742	555688	541584	67645	3761	8524	314362	37390	4719	42939
300489	3931577	3819310	375677	79562	170711	3037418	224149	54925	157059
270156	3648888	3529525	333961	73032	157663	2815363	195442	50162	131992
15416	121494	121670	14785	1168	5329	96646	9866	1650	6456
14918	161196	168115	26931	5362	7720	125409	18841	3114	18611
166189	1031599	979538	201367	21211	25678	832426	86266	16353	81758
140311	915431	866530	173231	19073	24833	743320	76158	14785	74943
3035	14520	15661	1923	8	322	9174	1457	359	1190
22843	101648	97347	26213	2130	523	79932	8652	1209	5625
521	6781	6745	426	153	722	5299	771	98	1714
127075	607505	561991	153727	12739	41219	470877	65425	8909	110810
159313	3082716	3030374	200455	-4328	34426	2150298	147104	27502	116450
67576	655279	652641	73769	21852	13753	432389	43497	10196	27229
812594	5182223	5006318	906472	60383	166314	4015951	600703	84248	618767
439372	3615053	3476384	533440	25805	111191	2831907	330909	56565	403615
373222	1567170	1529934	373032	34578	55124	1184044	269794	27683	215152
961793	11267929	11067909	1074400	119596	365505	8645220	1042541	161310	956461
10508	151060	141786	15877	291	1266	66534	46271	5618	50925
227661	5030036	5001290	256676	2248	11582	3740355	393003	53999	287797
723625	6086833	5924833	801847	117057	352657	4838331	603268	101692	617739
669897	8152372	8127935	686745	29030	101961	6206059	798550	120656	666090
186084	1263952	1250883	199655	5729	33083	978208	151513	23200	188976
918406	7033828	6695410	1094472	145221	396775	5476904	693181	101702	720162

续表 1 continued

单位：万元

项目	Item	资本金合计 Total Capital	国家资本金 State Capital	集体资本金 Collective Capital	法人资本金 Capital of Institutional Units	个人资本金 Individual Capital	外商资本金 Foreign Capital
总计	**Total**	7974756	4712807	774092	835674	102384	1549968
在总计中：	**Of Total:**						
中央企业	Central Enterprises	1571715	1288056	19575	96053	6059	161971
地方企业	Local Enterprises	6403042	3424751	754516	739622	96324	1387998
工业系统	Industry System	3290650	2150877	208077	287576	28596	615526
非工业系统	Non-Industry System	1106854	916769	8380	49132	710	132033
区县工业	Industry of District and Country	1707986	330811	519397	310110	47402	500265
其他	Others	297551	26294	18663	92804	19617	140174
在总计中：	**Of Total:**						
国有经济	State-owned Enterprises	4178135	3913571	40193	203882	17795	2693
集体经济	Collective-owned Enterprises	774162	43834	538442	126663	29367	35857
私营经济	Private Enterprises	16195	15	531	6527	9082	40
联营经济	Joint-owned Enterprises	82166	25016	36746	19852	216	336
股份制经济	Share Holding Enterprise	331953	103866	12806	106579	38221	50006
外商投资经济	Foreign Funded Enterprises	1945598	469438	82579	269809	4722	1119220
中外合资经营	Joint Venture	1742696	446123	73407	265013	4615	953706
中外合作经营	Co-operative	83234	23315	9122	3496		47302
外资企业	Foreign Enterprises	119668		50	1299	107	118212
港澳台投资经济	HongKong, Macao and Taiwan Funded Enterprises	644418	156410	61938	81641	2614	341816
与大陆合资经营	Joint Venture	576315	154770	58975	79127	2223	281220
与大陆合作经营	Co-operative	11579	1641	2888	266		6785
港澳台独资企业	HongKong, Macao and Taiwan Enterprises	56525		75	2249	391	53811
其他经济	Others	2129	659	858	247	367	
在总计中：	**Of Total:**						
乡属工业	Township Enterprises	286180	10991	155914	53711	4868	60695
在总计中：	**Of Total:**						
国有绝对控股企业	State-owned Absolute Holding Enterprises	719886	472800	5958	93343	1021	146764
国有相对控股企业	State-owned Relative Holding Enterpeises	321797	151007	1860	8067	460	160404
在总计中：	**Of Total:**						
轻工业	Light Industry	2718880	1215416	378865	285042	44361	795196
以农产品为原料	Using Farm Products as Raw Material	1737574	749154	244584	171109	29472	543254
以非农产品为原料	Using Non-Farm Products as Raw Material	981306	466262	134281	113933	14889	251941
重工业	Heavy Industry	5255877	3497392	395226	550632	58023	754773
采掘工业	Excavation	90990	77364	9233	1041	1000	2352
原料工业	Raw Material	2219140	2031539	36689	45826	8646	96441
加工工业	Processing	2945746	1388488	349304	503766	48378	655980
在总计中：	**Of Total:**						
大型企业	Large Enterprises	4035223	3159459	49293	332152	31693	462626
中型企业	Medium Enterprises	660202	427853	85094	72587	7846	66822
小型企业	Small Enterprises	3279332	1125495	639705	430935	62845	1020520

续表 2 continued

(10000 yuan)

流动资产合计 Circulating Assets	# 存货 Stock	# 产成品 Fished Product	流动资产年平均余额 Annual Average Balance of Circulating Assets	长期投资 Longterm Investment	固定资产合计 Fixed Assets	固定资产原价合计 Original Value of Fixed Assets	# 生产经营用 For Productive Use	累计折旧 Accumulative Depreciation	#本年折旧 Depreciation in this Year	固定资产净值年平均余额 Average Net Value of Fixed Assets
损益及分配 Profit,Loss and Distribution										
15387083	5514886	1933802	14107544	2217454	15022025	18503218	15311104	5877675	893739	11713149
3959796	1134188	308087	3255004	608822	4059506	5005682	3761769	1826985	273938	2739114
11427287	4380698	1625715	10852540	1608632	10962519	13497536	11549335	4050690	619801	8974035
6290153	2465316	842850	6106296	1163243	7090295	8799895	7798898	2897647	376244	5656469
1012847	308064	112837	973618	79196	1651196	2090844	1816396	522442	101102	1441928
3131482	1333450	583100	3030939	253903	2053446	2416424	1803290	582872	125652	1735325
992806	273869	86928	741637	112290	167582	190373	130751	47729	16803	140313
8388323	2910170	941728	7680544	1768025	11254423	14106270	11803504	4719292	626034	8614219
2010397	866553	422201	1973857	191275	1026278	1259968	890249	405989	67370	807507
33572	13987	6786	30295	3189	19186	11811	9929	1903	657	9430
173312	80411	30069	172264	13206	112342	136398	112191	39964	5672	105554
541784	187964	54183	481903	176008	278204	339152	279545	88737	19659	249231
3221994	1034731	297756	2796166	26508	1671872	1942764	1644557	462328	130204	1404348
2975328	937480	265997	2566381	23674	1533217	1780674	1527617	430229	119131	1282193
88044	39633	16873	82682	862	62139	70729	51946	15353	5083	45146
158622	57618	14886	147104	1972	76516	91360	64994	16746	5989	77009
1013328	419943	180622	968099	39079	657942	704162	568767	158508	43945	521214
898260	369736	159638	854419	36908	624454	662611	543023	148520	40331	491336
14264	8658	1832	16621	95	10043	11334	5213	2301	874	9329
100805	41548	19152	97060	2075	23445	30217	20531	7688	2741	20549
4373	1127	457	4417	165	1779	2695	2363	954	199	1647
530248	263765	142564	513521	22118	360551	453401	317846	118801	24046	312745
2100810	751777	254876	1887338	95213	1694024	2461637	2134211	1151787	173256	1154874
394224	166910	51521	380139	4592	370785	394013	373202	106901	29477	291117
4820841	1903151	853497	4465388	431753	3713048	4511821	3591605	1213116	226622	3151896
3052640	1179145	501629	2773499	226733	2210228	2699235	2112295	743809	140058	1875217
1768201	724005	351868	1691889	205020	1502820	1812586	1479310	469307	86564	1276679
10566242	3611736	1080305	9642156	1785701	11308977	13991398	11719499	4664559	667117	8561253
165288	31003	16932	142457	10143	150916	210095	142415	69769	7895	132145
3457735	1082181	296833	3036899	673618	7552784	9414528	8298771	3163312	441050	5628735
6943218	2498552	766541	6462800	1101940	3605277	4366775	3278314	1431478	218172	2800373
7557011	2592227	767077	6965424	1220924	10771369	13307609	11343350	4447095	609232	8127192
1259044	509276	208813	1212222	243173	964009	1241065	969203	410386	54327	787449
6571027	2413383	957913	5929898	753357	3286647	3954544	2998551	1020194	230179	2798509

续表 3 continued

单位：万元

项目	Item	损益及分配 无形及递延资产合计 Intangible and Deffered Assets	#无形资产 Intangible Assets	资产总计 Total Assets	流动负债合计 Liquid Liabilities	长期负债合计 Long-term Liabilities	负债合计 Total Liabilities
总计	**Total**	1202253	481996	34083006	14790066	5631967	20496564
在总计中：	**Of Total:**						
中央企业	Central Enterprises	230934	119805	8883286	3044577	1973689	5031865
地方企业	Local Enterprises	971319	362191	25199720	11745489	3658277	15464700
工业系统	Industry System	612991	157022	15205143	6757088	2713908	9490468
非工业系统	Non-Industry System	45087	23070	2815258	941033	271517	1226798
区县工业	Industry of District and Country	244826	128730	5818751	3347773	609793	3978493
其他	Others	68415	53368	1360568	699595	63059	768941
在总计中：	**Of Total:**						
国有经济	State-owned Enterprises	698527	159905	22127765	8260217	4712645	12979511
集体经济	Collective-owned Enterprises	94267	42884	3400787	2045384	373385	2432135
私营经济	Private Enterprises	6095	5867	62127	25393	1148	26689
联营经济	Joint-owned Enterprises	11309	4011	312509	193063	26623	219775
股份制经济	Share Holding Enterprise	64705	49447	1064498	355835	60554	420730
外商投资经济	Foreign Funded Enterprises	213546	157932	5233629	2875244	261337	3165365
中外合资经营	Joint Venture	193404	147294	4801166	2572792	221318	2820743
中外合作经营	Co-operative	7366	4491	172517	74422	18043	93371
外资企业	Foreign Enterprises	12776	6147	259947	228031	21976	251252
港澳台投资经济	HongKong, Macao and Taiwan Funded Enterprises	113757	61931	1875325	1032436	195688	1249278
与大陆合资经营	Joint Venture	108318	58625	1712114	919023	189424	1127373
与大陆合作经营	Co-operative	1264	675	27240	17532	103	18610
港澳台独资企业	HongKong, Macao and Taiwan Enterprises	4175	2632	135971	95882	6162	103295
其他经济	Others	49	17	6365	2494	587	3081
在总计中：	**Of Total:**						
乡属工业	Township Enterprises	45272	8348	980219	578872	89210	671261
在总计中：	**Of Total:**						
国有绝对控股企业	State-owned Absolute Holding Enterprises	121276	105844	4021659	1736319	472930	2211705
国有相对控股企业	State-owned Relative Holding Enterpeises	28888	27327	811180	384853	34026	428705
在总计中：	**Of Total:**						
轻工业	Light Industry	420309	177081	9530387	4781194	1152093	5978255
以农产品为原料	Using Farm Products as Raw Material	231204	116772	5788823	3041329	577375	3649795
以非农产品为原料	Using Non-Farm Products as Raw Material	189105	60309	3741564	1739865	574718	2328461
重工业	Heavy Industry	781944	304915	24552620	10008872	4479874	14518309
采掘工业	Excavation	6375	3988	332794	126794	65143	192442
原料工业	Raw Material	390074	138032	12072569	3467818	3157575	6627649
加工工业	Processing	385496	162895	12147257	6414260	1257156	7698218
在总计中：	**Of Total:**						
大型企业	Large Enterprises	644104	195815	20244257	7390721	4347961	11750984
中型企业	Medium Enterprises	78964	16401	2562030	1205820	285894	1496395
小型企业	Small Enterprises	479186	269780	11276719	6193525	998111	7249185

续表 4 continued

(10000 yuan)

Profit,Loss and Distribution								
所有者权益合计 Owner-ship Interest	# 股本 Capital Stock	产品销售收入 Sales Revenue	产品销售成本 Cost of Sales	产品销售费用 Expenses of Sales	产品销售税金及附加 Sales Tax and Extra Charges	产品销售利润 Sales Profits	管理费用 Overhead Cost	税金 Taxes
13586442	1690596	17070867	14090931	617188	243601	2119147	1797792	55395
3851421	410280	4860668	3895995	154751	105373	704550	438148	7005
9735021	1280315	12210200	10194936	462437	138229	1414597	1359644	48389
5714675	640303	6725444	5623487	176597	75330	850030	813756	29480
1588460	38246	1449494	1324563	48035	8069	68828	141424	5453
1840259	513572	3226470	2597792	175396	43549	409733	327504	12760
591627	88195	808792	649095	62409	11282	86007	76960	696
9148254	502989	9570024	8009037	200300	167437	1193251	1081039	35219
968652	141519	1760425	1448170	61643	12875	237738	221736	7557
35438	1455	38518	26618	4486	433	6981	4113	57
92735	2431	198886	170756	5160	1489	21481	21736	491
643768	336485	481817	358324	20215	2311	100966	44162	2355
2068264	509684	3973062	3189713	270006	54125	459218	321192	7320
1980423	455375	3664151	2964002	216534	53078	430537	268864	6885
79146	18967	131605	107750	12686	755	10413	11341	235
8695	35342	177306	117960	40786	291	18269	40987	200
626048	195899	1040588	882272	55002	4885	98430	103146	2384
584741	191044	917304	782859	43553	4035	86857	85065	2275
8630	868	15157	12624	1236	14	1283	2321	27
32676	3988	108127	86789	10212	836	10290	15759	82
3284	133	7548	6041	377	47	1083	670	11
308958	52592	591583	491796	17921	3256	78611	51921	1695
1809955	284198	3013772	2423497	61912	83998	444365	263053	5357
382475	158764	566961	466759	24853	268	75081	42202	1669
3552131	471231	5229049	4231778	305703	105365	586203	620346	17806
2139028	278746	3712113	3002234	209973	92201	407705	394315	10846
1413104	192485	1516936	1229545	95729	13164	178499	226031	6960
10034311	1219365	11841819	9859153	311486	138237	1532943	1177446	37588
140352	634	134532	104053	2665	1682	26132	26110	713
5444920	252903	5121925	4393747	51058	81524	595596	399500	15323
4449039	965828	6585361	5361352	257762	55032	911215	751836	21553
8493273	766439	8573131	7106767	216342	154961	1095061	895988	30360
1065635	115285	1259195	993572	52074	45421	168128	184716	8113
4027535	808872	7238542	5990592	348773	43220	855958	717087	16922

单位：万元

续表 5 continued

项目 Item		财产保险费 Premium of Property	劳动待业保险费 Premium for Employment Insurance	财务费用 Financial Expenses	利息支出 Expenses of Interest	营业利润 Operating Profits	利润总额 Total Profits
		损益及分配					
总计	**Total**	22322	246991	591463	539203	-29512	405129
在总计中：	**Of Total:**						
中央企业	Central Enterprises	6678	47190	121896	93785	204384	300604
地方企业	Local Enterprises	15644	199802	469567	445418	-233896	104525
工业系统	Industry System	11304	176534	317368	322703	-152615	55697
非工业系统	Non-Industry System	1323	13597	35569	34655	-91525	-11631
区县工业	Industry of District and Country	2666	9361	115139	93979	-2702	33155
其他	Others	352	309	1491	-5918	12946	27303
在总计中：	**Of Total:**						
国有经济	State-owned Enterprises	15839	220561	400028	380355	-121185	229634
集体经济	Collective-owned Enterprises	1815	17191	72090	55220	-19727	8515
私营经济	Private Enterprises	19	1	764	491	2243	2295
联营经济	Joint-owned Enterprises	239	2340	9381	8056	-6909	-461
股份制经济	Share Holding Enterprise	187	2500	6646	3096	55172	79699
外商投资经济	Foreign Funded Enterprises	3056	3305	70450	62731	87899	105771
中外合资经营	Joint Venture	2880	3168	67360	60437	109318	124129
中外合作经营	Co-operative	77	67	2779	2247	-3023	-1105
外资企业	Foreign Enterprises	98	71	311	48	-18396	-17253
港澳台投资经济	HongKong,Macao and Taiwan Funded Enterprises	1162	1092	32005	29166	-27322	-20724
与大陆合资经营	Joint Venture	1059	972	31233	28732	-20530	-14898
与大陆合作经营	Co-operative	16	14	518	481	-1540	-1509
港澳台独资企业	HongKong,Macao and Taiwan Enterprises	87	107	253	-47	-5252	-4317
其他经济	Others	7	2	99	88	318	400
在总计中：	**Of Total:**						
乡属工业	Township Enterprises	305	302	19845	15944	9608	13247
在总计中：	**Of Total:**						
国有绝对控股企业	State-owned Absolute Holding Enterprises	6746	21515	74414	72654	134125	184368
国有相对控股企业	State-owned Relative Holding Enterpeises	819	633	16530	14179	18342	22551
在总计中：	**Of Total:**						
轻工业	Light Industry	7691	69926	171451	156465	-109013	7648
以农产品为原料	Using Farm Products as Raw Material	5169	43710	111148	103723	-42544	25043
以非农产品为原料	Using Non-Farm Products as Raw Material	2522	26216	60303	52742	-66468	-17395
重工业	Heavy Industry	14632	177065	420012	382739	79501	397481
采掘工业	Excavation	71	14874	2597	2167	-2431	14311
原料工业	Raw Material	9138	75305	213539	216064	23739	140739
加工工业	Processing	5422	86886	203876	164508	58193	242430
在总计中：	**Of Total:**						
大型企业	Large Enterprises	14320	183895	353351	349023	-55088	229516
中型企业	Medium Enterprises	2277	29876	52591	50056	-25103	12936
小型企业	Small Enterprises	5726	33221	185521	140124	50679	162676

续表 6 continued

(10000 yuan)

Profit,Loss and Distribution								
亏损企业亏损总额 Total Lossing of Loss-making Enterprises	利税总额 Total Pre-tax Profits	应交所得税 Income Tax Payable	转作奖金的利润 Profits Distributed as Bonus	应付利润 Profits Payable	#已分配股利 Divided Payment	本年应交增值税 Added Value Tax	本年进项税额 Tax Include in Purchasing Cost	本年销项税额 Tax Include in Sales Cost
461307	1405499	126984	12371	145118	59695	756769	1932327	2626151
-56387	624369	49511	5918	30393	3232	218392	557941	749552
-404920	781130	77473	6453	114725	56464	538377	1374386	1876599
-170072	473819	34730	367	69785	51220	342792	811458	1124677
-69497	50004	10300	871	7910	3645	53565	147526	198477
-133938	195343	26273	4492	34023	942	118639	352729	468645
-31413	61965	6170	723	3007	656	23380	62673	84800
157479	878170	71146	6321	26380	671	481099	1122657	1558321
59581	86782	14591	2919	13055	475	65393	222346	283170
1134	4248	601	606	237	6	1520	3763	5230
6732	6326	1459	163	1934	79	5298	24596	28778
14184	99725	6981	52	15490	2974	17714	64373	81086
155830	309110	26599	1674	77242	50859	149214	375689	515846
122232	312245	25186	1494	73347	49928	135039	343982	471679
6543	5537	589	165	2418	246	5886	13636	18558
27056	-8673	825	16	1477	686	8289	18071	25609
66291	20237	5477	634	10611	4627	36077	118179	152547
56114	20111	4548	569	10425	4580	30974	104796	134075
1695	-1130	8	60	38	38	365	1823	2178
8482	1256	921	6	148	9	4737	11560	16294
77	901	130	2	168	3	453	724	1175
15625	36474	5998	1629	5875	553	19971	60163	79046
26925	399593	42045	662	22344	2992	131228	450731	578032
7758	47536	3971	142	40393	37543	24718	52877	71658
252683	322876	43401	3119	46706	13475	209864	503037	702393
164322	261410	31904	2377	38763	12245	144166	341396	476761
88360	61466	11498	742	7943	1230	65697	161642	225632
208624	1082623	83583	9252	98412	46220	546905	1429290	1923758
763	27854	663	203	1374	0	11861	10222	22017
42230	534559	44992	471	14596	2192	312296	649648	957468
165632	520210	37927	8578	82442	44028	222748	769419	944272
130981	839672	71934	992	85318	45949	455194	1066584	1495816
40959	113676	9987	318	2294	1768	55319	137372	189716
289367	452151	45063	11060	57505	11978	246256	728371	940619

6-4 全部独立核算工业企业主要经济指标(按行业分)

单位：万元

项目	Item	企业单位个数(个) Number of Enterprises (unit)	#亏损企业 Loss-making Enterprises	工业总产值(当年价格) Gross Output Value of Industry (at current price)	工业总产值(1990年不变价格) Gross Output Value of Industry (at 1990 constant prices)	工业增加值(生产法) Added Value of Industry (with production method)	工业销售产值(当年价格) Sales Value of Industry (at current price)
煤炭采选业	Coal Mining and Dressing	46	10	111031	48190	78617	106190
石油和天然气开采业	Petroleum and Natural Gas Extraction	2		925	895	862	942
黑色金属矿采选业	Ferrous Metals Mining and Processing	16	1	20434	11455	8386	19789
有色金属矿采选业	Nonferrous Metals Mining and Processing	11	1	6140	3327	4031	5616
非金属矿采选业	Nonmetal Minerals Mining and Processing	147	18	13808	11139	5928	12705
其他矿采选业	Other Minerals Mining and Processing	1		279	229	121	281
食品加工业	Food Processing	575	135	918680	545108	57597	909845
食品制造业	Food Production	637	149	445744	311475	140857	437070
饮料制造业	Beverage Production	227	55	601290	431908	272973	585166
烟草加工业	Tobacco Processing	3		68335	46490	34326	68745
纺织业	Textile Industry	507	126	494967	409486	139465	471275
服装及其他纤维制品制造业	Garments and Other Fiber Products	934	229	412214	334322	109518	393888
皮革、毛皮、羽绒及其制品业	Leather,Furs,Down and Related Products	194	56	62592	49461	19295	57915
木材加工及竹、藤、棕、草制品业	Timber Processing,Bamboo,Cane, Palm Fiber and Straw Products	234	26	29878	24703	6101	27460
家具制造业	Furniture Manufacturing	507	75	92299	87966	22057	87827
造纸及纸制品业	Papermaking and Paper Products	477	58	143280	115912	34065	140686
印刷业、记录煤介的复制	Printing and Record Medium Reproduced	868	159	292217	217516	127738	292221
文教、体育用品制造	Stationery,Educational and Sports Goods	267	55	93408	77779	28129	86110
石油加工及炼焦业	Petroleum Processing and Coking Products	109	12	1399723	763563	398906	1395535
化学原料及化学制品制造业	Raw Chemical Materials and Chemical Products	1152	181	943948	779772	201621	930501
医药制造业	Medical and Pharmaceutical Product	202	40	304266	308468	147414	277442
化学纤维制造业	Chemical Fibers	42	13	55375	65509	5303	54188
橡胶制品业	Rubber Products	132	23	128102	147602	26849	129374
塑料制品业	Plastic Products	691	139	262775	242857	50686	258776
非金属矿物制品业	Nonmetal Mineral Products	1312	218	694751	554187	241728	658543
黑色金属冶炼及压延加工业	Smelting and Pressing of Ferrous Metals	90	13	1987053	1270876	586297	1989911
有色金属冶炼及压延加工业	Smelting and Pressing of Nonferrous Metals	177	28	82411	73966	22950	78160
金属制品业	Metal Products	2189	273	390790	372680	111418	362622
普通机械制造业	Ordinary Machinery Manufacturing	1087	181	470673	405629	124215	457904
专用设备制造业	Special Purposes Equipment Manufacturing	889	167	500618	471456	181925	486616
交通运输设备制造业	Transportation Equipment Manufacturing	1350	253	1495253	1340755	546507	1471325
武器弹药制造业	Weapon and Ammunition Manufacture	8		75057	59042	21375	73743
电气机械及器材制造	Electric Equipment and Machinery	910	182	492560	419277	163421	449060
电子及通信设备制造	Electronic and Telecommunications	665	203	2838121	3817991	713742	2808824
仪器仪表及文化、办公用机械制造业	Instruments,Meters,Cultural and Official Machine Manufacturing	417	92	288476	297764	70856	279027
其他制造业	Other Manufacturing	588	122	145984	131441	71881	145651
电力、蒸汽、热水的生产和供应业	Electricity Power,Steam and Hot Water Production and Supply	58	12	712213	236251	431987	713950
煤气生产和供应业	Gas Production and Supply	7		33520	32748	22357	33520
自来水的生产和供应	Water Production and Supply	11	3	52764	21123	26048	53237

MAIN INDICATORS FOR INDUSTRIAL ENTERPRISES WITH INDEPENDENT ACCOUNTING SYSTEM(BY SECTOR)

(10000 yuan)

成品产销存 Production,Sale and Stock of Finished Products				在产品自制半成品期末期初差额 Balance Changes of Self-made Unfinished and Semi-finished Products	对外加工费收入 Revenue of External Processing	工业中间投入合计 Total Intermediate Input of Industry	本年应付工资 Wages Payable of this Year	本年应付福利费总额 Total Welfare Funds Payable of this Year	全部职工（从业人员）年平均人数（人） Average Number of Staff and Workers (Employment) (person)
年初库存价值 Stock Value (year-beginning)	生产价值 Production Value	销售价值 Sales Value	年末库存价值 Stock Value (year-end)						
4888	109850	104377	6820	226	955	43179	41606	4995	3817
66	897	898	72	28		76	127	65	6
2449	20434	18484	4938			12595	2056	247	875
298	6113	5905	289		27	2116	191	15	71
2778	13487	11866	3707	37	284	8388	2257	292	319
29	279	255	52			181	33	4	5
39846	915431	905931	49042	795	2454	871008	26793	4771	2998
36361	437498	422481	41170	5837	2409	329372	43420	8270	4684
34670	598154	571492	48020	2084	1052	360693	29225	6771	2886
83	67981	68389	102		355	38348	1800	142	97
112273	469388	444956	129724	3667	21912	371615	61429	10682	8837
96171	378662	351568	114159	5268	28283	313655	54532	9687	8310
27742	59546	56123	30708	481	2565	44798	10550	1468	1620
16539	27468	26718	13868	488	1922	24919	4906	781	669
18823	87344	81253	23169	1629	3326	73462	13485	1874	1710
10918	141328	138502	13934	230	1722	116844	15486	2218	1750
16350	252839	249924	23848	2524	36854	183486	50639	6729	4896
17942	88392	81555	19849	3412	1605	70054	13578	2228	2716
57781	1399147	1387166	69656	345	231	1082101	60635	8562	4149
104651	939779	929502	112550	-360	4528	783349	74171	12129	7253
58662	283715	264646	68436	7392	13159	176328	27939	5076	3071
10899	52830	51150	11719	15	2529	51368	5639	770	835
24905	125793	122329	22197	335	1974	106071	13025	1810	1799
37213	255563	248159	37445	557	6655	217201	26084	3652	3624
113057	680695	638319	139345	3858	10198	489612	98005	16153	11228
66368	198370	1964697	85223	2222	1123	1519718	183536	22952	11801
11192	76416	74518	10870	50	5945	60596	5287	776	778
94313	333543	318259	107060	18555	38692	292750	47283	7370	6180
114550	419784	408201	127779	28600	22289	365427	85416	14102	9536
142108	468015	451961	134419	7158	25446	338783	63403	9374	7065
109984	1278062	1251228	123006	7045	210147	995284	135433	21251	14590
12761	66408	65125	13127	7333	1317	53982	11832	1740	1410
105796	470860	456533	112714	12743	8957	347071	163468	8936	7717
184446	2735339	2699262	181209	47922	54861	2208049	129417	27187	8984
52262	270108	262883	62051	7467	10902	237479	48828	9337	3704
33811	137500	139468	36155	1949	6535	82405	20243	2861	2738
644	711722	713593	2250	89	402	344707	51935	6120	3312
5	33520	33520	5			14434	11593	3104	863
755	52557	53031	187		207	29670	7958	1057	622

续表 1 continued

单位：万元

项　　目 Item		资本金合计 Total Capital	国家资本金 State Capital	集体资本金 Collective Capital	法人资本金 Capital of Institutional Units	个人资本金 Individual Capital	外商资本金 Foreign Capital
煤炭采选业	Coal Mining and Dressing	63421	60349	2604	4455	217	
石油和天然气开采业	Petroleum and Natural Gas Extraction	634	403				231
黑色金属矿采选业	Ferrous Metals Mining and Processing	4432	2054	2280		973	
有色金属矿采选业	Nonferrous Metals Mining and Processing	10593	10320	273			
非金属矿采选业	Nonmetal Minerals Mining and Processing	11900	4237	4065	5954	8810	2121
其他矿采选业	Other Minerals Mining and Processing	11		11			
食品加工业	Food Processing	204916	131567	12252	97163	8316	50549
食品制造业	Food Production	263826	71308	16114	182405	24525	155711
饮料制造业	Beverage Production	348930	117209	15628	543610	123892	149343
烟草加工业	Tobacco Processing	3425	3425				
纺织业	Textile Industry	230446	124621	50550	101582	22241	42892
服装及其他纤维制品制造业	Garments and Other Fiber Products	183489	27802	72070	207933	54935	57330
皮革、毛皮、羽绒及其制品业	Leather, Furs, Down and Related Products	71115	13464	24218	236070	5556	9270
木材加工及竹、藤、棕、草制品业	Timber Processing, Bamboo, Cane, Palm Fiber and Straw Products	24741	7834	4123	79576	8582	3969
家具制造业	Furniture Manufacturing	37743	8759	9952	88124	8162	9404
造纸及纸制品业	Papermaking and Paper Products	54043	23735	14790	35119	17866	10220
印刷业、记录媒介的复制	Printing and Record Medium Reproduced	232808	178653	18297	84232	10594	26376
文教、体育用品制造	Stationery, Educational and Sports Goods	47426	22849	11653	60129	6978	6213
石油加工及炼焦业	Petroleum Processing and Coking Products	246955	242603	2162	4785	1776	1533
化学原料及化学制品制造业	Raw Chemical Materials and Chemical Products	398594	262069	35307	256496	58703	69699
医药制造业	Medical and Pharmaceutical Product	144169	82669	4973	180551	62163	32256
化学纤维制造业	Chemical Fibers	29938	23923	3402	12559	50	1352
橡胶制品业	Rubber Products	35128	21220	5704	43897	122	3803
塑料制品业	Plastic Products	175146	87759	25869	138495	14522	46217
非金属矿物制品业	Nonmetal Mineral Products	467099	247130	64925	467017	16914	106651
黑色金属冶炼及压延加工业	Smelting and Pressing of Ferrous Metals	659349	636676	6367	12384	18117	13255
有色金属冶炼及压延加工业	Smelting and Pressing of Nonferrous Metals	29429	21572	3926	26424	5678	720
金属制品业	Metal Products	221211	50271	64658	335527	56140	67115
普通机械制造业	Ordinary Machinery Manufacturing	385399	144054	55195	668349	36473	115668
专用设备制造业	Special Purposes Equipment Manufacturing	241788	125479	27032	493082	198380	20131
交通运输设备制造业	Transportation Equipment Manufacturing	663201	284599	72070	982961	66838	101722
武器弹药制造业	Weapon and Ammunition Manufacture	43590	43584	6			
电气机械及器材制造	Electric Equipment and Machinery	271433	86154	56785	525910	48201	71082
电子及通信设备制造	Electronic and Telecommunications	921698	479769	41541	006198	122333	287536
仪器仪表及文化、办公用机械制造业	Instruments, Meters, Cultural and Official Machine Manufacturing	194406	96627	17545	253584	9961	53879
其他制造业	Other Manufacturing	67336	18702	26198	60907	4299	15916
电力、蒸汽、热水的生产和供应业	Electricity Power, Steam and Hot Water Production and Supply	566468	531184	1547	158816	500	17806
煤气生产和供应业	Gas Production and Supply	289059	288844	3	2000	118	
自来水的生产和供应	Water Production and Supply	129463	129328		450	900	

续表 2 continued

(10000 yuan)

损益及分配 Profit,Loss and Distribution										
流动资产合计 Circulating Assets	# 存货 Stock	# 产成品 Fished Product	流动资产年平均余额 Annual Average Balance of Circulating Assets	长期投资 Longterm Investment	固定资产合计 Fixed Assets	固定资产原价合计 Original Value of Fixed Assets	# 生产经营用 For Productive Use	累计折旧 Accumulative Depreciation	#本年折旧 Depreciation in this Year	固定资产净值年平均余额 Average Net Value of Fixed Assets
120913	15702	5931	100365	3885	111165	159817	98307	56667	5451	96123
551	220	220	550		766	964	953	198	102	766
26264	11204	7579	26422	1447	17429	22530	19074	5775	1487	14997
7341	152	100	5965	3490	1165	1356	1250	219	48	1237
9965	3618	3003	8965	1320	20347	25363	22779	6890	802	18970
254	106	99	190		46	66	53	21	6	52
660503	142712	37218	479118	7103	234503	280196	209665	70777	14626	205196
293632	97852	32947	285793	21396	303829	365480	272200	79603	17743	262522
365724	147264	30754	331340	65384	388102	435818	372828	81704	21886	330041
34858	31840	55	32193	1025	32606	40399	36520	9257	2011	31529
430136	237953	123959	418654	35778	368864	515356	398570	171296	22921	344655
351150	168939	92257	346301	19594	184041	225291	166234	63955	12885	163075
130062	49286	30907	132038	9190	67318	75873	54013	19996	3124	55826
45689	25870	8677	45980	2674	27444	33126	20810	8766	1101	22065
89111	48014	23813	102884	2070	40307	54055	34481	17176	3117	35211
124014	42671	17714	115196	10112	87456	95793	82870	28229	5471	64635
211965	65581	21003	211195	29352	357548	447122	343670	150391	26548	275806
97382	46664	19062	98903	6307	63495	77288	51769	22902	3671	52826
674540	219722	85019	568665	37010	1086841	1739006	1462283	914272	125821	677526
690191	260778	102235	691016	112771	1267360	1422321	1314061	341606	48376	972225
462492	167695	112828	403783	44604	220691	222239	190488	64522	10266	130250
36373	22295	11979	36340	1688	71453	104432	86676	34444	3316	71137
129198	71481	24891	120099	3117	110480	105695	85902	31324	4560	66605
280173	146449	41355	300077	34637	258798	338419	249335	98651	12947	200846
701399	259371	149976	645078	110994	824228	980456	779552	264789	47941	647707
1088530	546581	80903	1068848	314923	2391750	3140012	3135289	1153261	136935	2026985
51272	18686	8054	50710	7153	51170	63620	52556	18590	2124	43327
422358	198960	104777	408776	18216	286504	346456	258618	86841	18634	250792
780269	352752	114852	781214	54437	491420	626549	455619	211612	25096	401310
646598	283248	103009	598118	92042	349435	431602	294268	144226	17809	280423
1042010	417319	113061	1052820	377369	715194	860899	666559	313748	47813	539855
72674	36606	12120	72096	13562	112752	143814	75338	40780	3440	119245
710703	279315	101635	695203	59826	385493	485440	374972	140232	22003	312524
2938785	810498	188713	2562971	442107	832097	963208	725089	304963	61446	643966
442804	148067	55306	392755	47950	195621	218603	169985	76185	8531	134024
158371	64268	33911	149871	12240	78539	94855	72764	29954	5692	61002
946250	63963	32109	660034	206180	2201079	2404662	1778659	622492	105089	1462916
51389	5081	19	52276	4360	359419	433238	394248	83427	18123	298871
61192	6102	1753	54744	2143	425272	521799	502802	107936	24780	396080

单位：万元

续表 3 continued

项目	Item	损益及分配 无形及递延资产合计 Intangible and Deffered Assets	#无形资产 Intangible Assets	资产总计 Total Assets	流动负债合计 Liquid Liabilities	长期负债合计 Long-term Liabilities	负债合计 Total Liabilities
煤炭采选业	Coal Mining and Dressing	3128	2701	239104	89539	51959	142000
石油和天然气开采业	Petroleum and Natural Gas Extraction	3		1321	362	320	682
黑色金属矿采选业	Ferrous Metals Mining and Processing	549		45689	23815	9138	32953
有色金属矿采选业	Nonferrous Metals Mining and Processing	606	604	12601	781	1055	1836
非金属矿采选业	Nonmetal Minerals Mining and Processing	2087	683	33776	12036	2672	14709
其他矿采选业	Other Minerals Mining and Processing	3		303	261		261
食品加工业	Food Processing	24442	17149	929964	512072	61115	576140
食品制造业	Food Production	36718	14830	672089	417554	69725	502723
饮料制造业	Beverage Production	56479	41686	887295	369418	69749	439936
烟草加工业	Tobacco Processing	567		69057	24424	3816	28240
纺织业	Textile Industry	38717	4434	882667	538249	135454	679145
服装及其他纤维制品制造业	Garments and Other Fiber Products	16854	8754	580610	368703	38195	408630
皮革、毛皮、羽绒及其制品业	Leather,Furs,Down and Related Products	6662	1595	214657	128990	16788	146233
木材加工及竹、藤、棕、草制品业	Timber Processing,Bamboo,Cane, Palm Fiber and Straw Products	2299	1292	79860	47980	6761	55038
家具制造业	Furniture Manufacturing	2560	946	135164	88902	10120	99464
造纸及纸制品业	Papermaking and Paper Products	14719	1455	236651	126069	33335	161796
印刷业、记录煤介的复制	Printing and Record Medium Reproduced	5988	2000	607037	177164	90708	268786
文教、体育用品制造	Stationery,Educational and Sports Goods	5496	2601	175260	97491	18210	115907
石油加工及炼焦业	Petroleum Processing and Coking Products	82906	82575	1881808	461876	326284	788160
化学原料及化学制品制造业	Raw Chemical Materials and Chemical Products	178944	39849	2261773	740892	871265	1615673
医药制造业	Medical and Pharmaceutical Product	15601	9653	752947	366897	63937	431422
化学纤维制造业	Chemical Fibers	28131	509	137791	46722	76605	123327
橡胶制品业	Rubber Products	13062	360	263918	178986	40580	219572
塑料制品业	Plastic Products	37267	4154	616001	327108	101930	430159
非金属矿物制品业	Nonmetal Mineral Products	112819	36539	1770921	760751	394730	1157809
黑色金属冶炼及压延加工业	Smelting and Pressing of Ferrous Metals	19480	13157	3797211	1604795	409723	2014544
有色金属冶炼及压延加工业	Smelting and Pressing of Nonferrous Metals	29208	775	140950	66387	51633	118031
金属制品业	Metal Products	30052	17658	769085	453780	100741	557394
普通机械制造业	Ordinary Machinery Manufacturing	49108	27822	1399037	766378	202046	969683
专用设备制造业	Special Purposes Equipment Manufacturing	38504	22298	1134935	568614	87094	657530
交通运输设备制造业	Transportation Equipment Manufacturing	31406	19012	2169199	937045	231256	1169834
武器弹药制造业	Weapon and Ammunition Manufacture	27	2	199016	64226	25390	89617
电气机械及器材制造	Electric Equipment and Machinery	68169	12603	1277513	803286	134185	939613
电子及通信设备制造	Electronic and Telecommunications	133407	71862	4382191	2507875	327341	2851448
仪器仪表及文化、办公用机械制造业	Instruments,Meters,Cultural and Official Machine Manufacturing	18745	9137	711847	356497	46449	412269
其他制造业	Other Manufacturing	9503	1042	261182	130358	25904	156460
电力、蒸汽、热水的生产和供应业	Electricity Power,Steam and Hot Water Production and Supply	87193	11567	3446019	584039	1372380	1956419
煤气生产和供应业	Gas Production and Supply	7		417027	21708	7974	29682
自来水的生产和供应	Water Production and Supply	839	696	489530	18037	115402	133440

续表 4 continued

(10000 yuan)

Profit,Loss and Distribution								
所有者权益合计 Ownership Interest	#股本 Capital Stock	产品销售收入 Sales Revenue	产品销售成本 Cost of Sales	产品销售费用 Expenses of Sales	产品销售税金及附加 Sales Tax and Extra Charges	产品销售利润 Sales Profits	管理费用 Overhead Cost	税金 Taxes
97104		102475	79002	1420	987	21066	22090	509
639	634	786	553	10		223	162	
12736		17195	12889	721	586	2998	1536	101
10765		2070	1759	93	5	214	370	
19067		11726	9596	419	103	1608	1937	102
42		281	255	2	1	23	16	1
353824	5982	958977	887339	19763	9236	42640	40314	1858
169365	56856	427122	323696	65297	765	37363	62312	890
447359	51391	498304	329941	44198	45597	78569	48712	888
40817		68259	35194	330	29631	3104	3922	72
203522	44044	475667	421468	10316	1361	42522	52991	2066
171980	61482	397645	333665	23187	1182	39610	46309	1211
68424	18417	58986	51610	3603	369	3404	11582	392
24822	986	32646	27291	602	267	4486	6051	115
35701	4401	95039	80224	5043	300	9472	9545	333
74855	4617	140281	105852	3897	296	30236	18686	462
338251	9941	285504	215154	6916	1853	61581	59153	1821
59353	8872	97029	75588	4528	653	16259	15600	428
1093649	101961	1373546	1081127	17999	57532	216889	144642	2992
646100	55286	905603	757938	25340	10230	112095	102572	2815
321526	37961	377151	254941	43117	2368	76725	48375	983
14464	1425	54849	49414	688	113	4635	8564	239
44346	52	133650	106881	2701	5338	18731	15662	304
185842	35997	243627	209539	6746	874	26468	36777	780
613113	49794	660623	538682	20951	3990	96999	87576	2968
1782667	20694	1913231	1650461	13064	13407	236299	124762	8386
22919	8445	68964	58575	2425	161	7805	7476	157
211691	38506	379449	320194	15382	1273	42600	46605	1867
429354	65523	488207	405894	21554	1447	59312	82811	2547
477405	71021	468631	347418	27511	2935	90768	89624	3825
999365	21238	1342837	1144744	25618	30381	142094	164735	3660
109400		74624	58514	751	34	15325	14749	-34
337900	48353	442483	350470	20238	1775	70000	88904	1661
1530742	40547	2992889	2493042	98590	3480	397777	221546	7263
299578	37705	399002	257100	65917	7068	68918	47396	1015
104723	5294	131369	95488	16412	860	18608	25805	753
1489600	83172	815973	755144	1282	6542	53005	18828	560
387346		88018	107828	436	273	-20519	10359	508
356091		46152	56462	123	332	-10765	8741	899

单位：万元

续表 5 continued

项目	Item	损益及分配 财产保险费 Premium of Property	劳动待业保险费 Premium for Employment Insurance	财务费用 Financial Expenses	利息支出 Expenses of Interest	营业利润 Operating Profits	利润总额 Total Profits
煤炭采选业	Coal Mining and Dressing	37	14618	894	740	-3338	13484
石油和天然气开采业	Petroleum and Natural Gas Extraction		1	50		19	19
黑色金属矿采选业	Ferrous Metals Mining and Processing	19	119	1474	1399	1111	612
有色金属矿采选业	Nonferrous Metals Mining and Processing			-130	-229	-1	161
非金属矿采选业	Nonmetal Minerals Mining and Processing	15	136	305	251	-224	35
其他矿采选业	Other Minerals Mining and Processing			6	6	2	
食品加工业	Food Processing	781	2845	14101	12761	-8941	-5229
食品制造业	Food Production	667	3754	11147	10079	-32050	-24032
饮料制造业	Beverage Production	548	2094	12132	11716	21340	27041
烟草加工业	Tobacco Processing	168	457	3001	3001	-3728	1701
纺织业	Textile Industry	741	10143	25417	24561	-32233	-9638
服装及其他纤维制品制造业	Garments and Other Fiber Products	486	4432	13600	12130	-8522	-3909
皮革、毛皮、羽绒及其制品业	Leather, Furs, Down and Related Products	178	2371	5021	4778	-8818	-5667
木材加工及竹、藤、棕、草制品业	Timber Processing, Bamboo, Cane, Palm Fiber and Straw Products	70	485	1595	1486	-2896	-2458
家具制造业	Furniture Manufacturing	123	468	2511	2183	-1124	389
造纸及纸制品业	Papermaking and Paper Products	258	2927	3627	3477	11063	14494
印刷业、记录媒介的复制	Printing and Record Medium Reproduced	652	9720	5902	5149	11116	17011
文教、体育用品制造	Stationery, Educational and Sports Goods	184	2682	3734	3519	691	3950
石油加工及炼焦业	Petroleum Processing and Coking Products	5313	12825	29452	28087	56315	72814
化学原料及化学制品制造业	Raw Chemical Materials and Chemical Products	3388	13254	30563	29658	-12553	17061
医药制造业	Medical and Pharmaceutical Product	725	4489	15899	14771	16452	19136
化学纤维制造业	Chemical Fibers	189	1198	3789	3800	-6626	-6885
橡胶制品业	Rubber Products	205	2288	8752	8582	-2475	-2156
塑料制品业	Plastic Products	478	6426	10458	9792	-16940	-4404
非金属矿物制品业	Nonmetal Mineral Products	966	12824	26059	22129	-10730	6079
黑色金属冶炼及压延加工业	Smelting and Pressing of Ferrous Metals	274	41810	116263	122075	14454	23285
有色金属冶炼及压延加工业	Smelting and Pressing of Nonferrous Metals	99	1104	3387	2869	-2440	-1280
金属制品业	Metal Products	347	2937	20641	19160	-17558	-14882
普通机械制造业	Ordinary Machinery Manufacturing	591	15237	24503	23152	-42151	-26720
专用设备制造业	Special Purposes Equipment Manufacturing	503	12698	16249	14457	-1967	16987
交通运输设备制造业	Transportation Equipment Manufacturing	964	21334	39887	38601	-46928	-3878
武器弹药制造业	Weapon and Ammunition Manufacture	131	3331	3664	3695	-450	7403
电气机械及器材制造	Electric Equipment and Machinery	570	14444	22009	16247	-28425	-17070
电子及通信设备制造	Electronic and Telecommunications	1430	9651	68050	43128	152074	220175
仪器仪表及文化、办公用机械制造业	Instruments, Meters, Cultural and Official Machine Manufacturing	701	5025	10183	5390	24219	30232
其他制造业	Other Manufacturing	321	2809	3627	2900	-1545	4149
电力、蒸汽、热水的生产和供应业	Electricity Power, Steam and Hot Water Production and Supply	149	3322	34362	34323	2317	34940
煤气生产和供应业	Gas Production and Supply	44	948	-319	132	-29283	2203
自来水的生产和供应	Water Production and Supply	9	1786	-400	-752	-18739	-21

续表 6 continued

(10000 yuan)

Profit, Loss and Distribution						本年应交增值税 Added Value Tax	本年进项税额 Tax Include in Purchasing Cost	本年销项税额 Tax Include in Sales Cost
亏损企业亏损总额 Total Lossing of Loss-making Enterprises	利税总额 Total Pre-tax Profits	应交所得税 Income Tax Payable	转作奖金的利润 Profits Distributed as Bonus	应付利润 Profits Payable	#已分配股利 Divided Payment			
113	25236	409	185	1167		10765	6872	17611
	31					13	10	23
161	1744	121		108		546	3136	3682
82	172	75	17	33		6	32	39
407	646	58	1	66		508	148	616
	25					23	24	47
34332	13932	4609	286	6744	1932	9925	43602	52496
50428	1219	3471	167	5569	101	24485	40300	63953
17755	105014	8211	476	4144	340	32376	53954	85591
	35670					4339	6653	11477
19611	7836	1438	320	3462	1215	16113	58390	73258
16599	8232	2180	321	2467	544	10959	39343	48482
7940	-3796	95	81	381	254	1501	7994	9040
3187	-1049	175	25	179		1143	3186	4266
3965	3909	915	143	728	-920	3220	9502	12292
2136	22418	2107	105	7059	6614	7629	17037	24234
5168	37870	5368	290	5015	690	19007	30043	48167
212	9378	1036	69	1651	107	4775	11452	15620
666	211629	29708	93	10651		81284	246828	326434
16962	68313	7686	215	6239	3503	41023	109872	147957
4629	40979	4067	219	1598	225	19475	43686	61391
7189	-5476	30	6	13		1296	8355	9482
3783	7999	486	5	78		4817	29468	34267
10940	1582	1089	133	1267	32	5112	27522	31566
21575	46657	4760	294	3109	1027	36589	67835	102182
761	155653	3755	13	149	5	118961	195132	314074
4527	14	643	94	305	6	1134	7360	8310
28568	-230	2460	430	1962	354	13378	40712	56495
36995	-6303	1857	389	1805	393	18970	60123	78081
12141	40012	4407	368	4208	1632	20090	63118	81608
46527	73040	4156	619	-1943	717	46538	189816	226319
	7737	416				300	5187	5218
37035	2636	3503	238	1837	466	17932	51534	68626
28664	307325	16067	6133	70104	40118	83670	308146	379197
6690	57159	5398	302	3702	111	19860	38626	39718
4152	13311	1456	19	998	231	8302	11133	18545
24744	105964	4769	16	36		64481	86894	150270
	5746	1	90	135		3271	9136	12406
745	3265	3	208	92		2954	168	3112

6-5 全部独立核算工业企业主要经济分析指标

单位：%

项目	Item	企业亏损面 Loss-making Enterprises as % of Total	总资产贡献率 Contribution Rate of Total Assets	资产保值增值率 Changing Rate of Net Assets
总计	**Total**	**18.65**	**6.19**	**117.80**
在总计中：	**Of Total:**			
中央企业	Central Enterprises	26.80	9.42	139.17
地方企业	Local enterprises	18.10	5.16	111.06
工业系统	Industry System	25.18	5.58	108.72
非工业系统	Non-Industry System	23.71	2.74	94.69
区县工业	Industry of District and Country	14.51	5.47	127.37
其他	Others	40.57	4.90	152.79
在总计中：	**Of Total:**			
国有经济	State-owned Enterprises	19.96	6.21	120.73
集体经济	Collective-owned Enterprises	13.97	4.36	114.61
私营经济	Private Enterprises	11.08	8.39	120.23
联营经济	Joint-owned Enterprises	20.44	4.82	108.63
股份制经济	Share Holding Enterprises	24.52	13.16	220.99
外商投资经济	Foreign Funded Enterprises	40.72	7.48	99.60
中外合资经营企业	Joint Venture	37.76	8.15	103.33
中外合作经营企业	Co-operative	37.93	4.74	121.85
外资企业	Foreign Enterprises	54.22	-3.66	9.15
港澳台投资经济	HongKong,Macao and Taiwan Funded Enterprises	26.55	2.79	102.80
与大陆合资经营企业	Joint Venture	22.21	3.00	101.90
与大陆合作经营企业	Co-operative	68.18	-2.35	110.32
港澳台独资企业	HongKong,Macao and Taiwan Enterprises	55.00	1.07	119.47
其他经济	Others	13.73	3.66	17.44
在总计中：乡属工业	**Of Total: Township Enterprises**	**22.94**	**5.65**	**121.24**
在总计中：	**Of Total:**			
轻工业	Light Industry	19.76	5.27	112.10
以农产品为原料	Using Farm Products as Raw Material	20.81	6.55	108.44
以非农产品为原料	Using Non-Farm Products as Raw Material	18.21	3.25	118.13
重工业	Heavy Industry	17.52	6.56	119.96
采掘工业	Excavation	13.45	9.62	133.50
原料工业	Raw Material	14.27	6.90	119.67
加工工业	Processing	18.16	6.15	119.94
在总计中：	**Of Total:**			
大型企业	Large Enterprises	27.91	6.33	115.99
中型企业	Medium Enterprises	26.24	6.73	118.34
小型企业	Small Enterprises	18.41	5.80	121.66

MAIN INDICATORS ON ECONOMIC BENIFIT OF INDUSTRIAL ENTERPRISES WITH INDEPENDENT ACCOUNTING SYSTEM

(%)

资产负债率 Liabilities/Total Assets	流动资产周转率（次） Turnover Rate of Circulating Assets (time)	成本费用利润率 Total Profits/Total Costs and Expenses	全员劳动生产率（元） Overall Labor Productivity (yuan)	产品销售率 Sales Value/Gross Output Value	增加值率 Value Added/Gross Output Value	人均销售收入（元） Sales Revenue Per Capita	流动比率 Circulating Assets/Lipuid Liabilities	速动比率 Quick-circulating Assets/Liquid Liabilities
60.14	**1.21**	**2.37**	**28220**	**97.96**	**26.55**	**1083708**	**104.04**	**66.75**
56.64	1.49	6.52	65015	97.93	30.75	2070219	130.06	92.81
61.37	1.13	0.84	21775	97.97	24.78	910911	97.29	59.99
62.42	1.10	0.80	23877	100.35	26.24	928639	93.09	56.60
43.58	1.49	-0.75	30858	94.93	28.65	1219630	107.63	74.89
68.37	1.06	1.03	15171	94.86	21.89	697611	93.54	53.71
56.52	1.09	3.46	34750	95.95	17.16	2319982	141.91	102.76
58.66	1.25	2.37	27534	99.54	27.29	1049766	101.55	66.32
71.52	0.89	0.47	9624	93.50	19.56	502255	98.29	55.92
42.96	1.27	6.38	36226	88.03	36.92	904178	132.21	77.13
70.33	1.15	-0.22	7205	98.53	11.08	784251	89.77	48.12
39.52	1.00	18.56	53426	98.06	40.89	1122096	152.26	99.43
60.48	1.42	2.75	69641	97.02	27.38	2529662	112.06	76.07
58.75	1.43	3.53	76821	96.85	27.39	2776040	115.65	79.21
54.12	1.59	-0.82	48759	98.01	25.49	2038491	118.30	65.05
96.66	1.21	-8.62	25967	100.05	28.66	952695	69.56	44.29
66.62	1.07	-1.93	29177	95.35	22.82	1272766	98.15	57.47
65.85	1.07	-1.58	27865	95.29	22.46	1224002	97.74	57.51
68.32	0.91	-9.04	42914	106.26	35.57	1273697	81.36	31.98
75.97	1.11	-3.82	43750	94.34	24.25	1922258	105.13	61.80
48.41	1.71	5.57	13866	101.15	31.77	440373	175.34	130.15
68.48	**1.15**	**2.28**	**16066**	**93.41**	**28.08**	**533871**	**91.60**	**46.03**
62.73	1.17	0.14	21902	96.39	26.12	845076	100.83	61.02
63.05	1.34	0.67	22295	96.97	25.14	919716	100.37	61.60
62.23	0.90	-1.08	21163	95.06	28.29	705053	101.63	60.02
59.13	1.23	3.38	32307	98.68	26.75	1238087	105.57	69.48
57.83	0.94	10.57	16261	95.35	55.15	264177	130.36	105.91
54.90	1.69	2.78	47470	99.73	26.99	1779701	99.71	68.50
63.37	1.02	3.69	26566	97.95	25.89	1066043	108.25	69.29
58.05	1.23	2.68	32146	100.55	26.03	1287083	102.25	67.18
58.41	1.04	1.01	16996	99.03	25.34	666325	104.41	62.18
64.28	1.22	2.25	27533	94.94	27.40	1005127	106.10	67.13

6-6 全部独立核算国有工业企业主要经济指标

单位：万元

项 目 Item		企业单位个数（个） Number of Enterprises (unit)	#亏损企业 Loss-making Enterprises	工业总产值（当年价格） Gross Output Value of Industry (at current price)	工业总产值（1990年不变价格） Gross Output Value of Industry (at 1990 constant prices)	工业增加值（生产法） Added Value of Industry (with production method)	工业销售产值（当年价格） Sales Value of Industry (at current price)
总　计	**Total**	3381	675	9355501	7389168	2968814	9312907
在总计中：	**Of Total:**						
中央企业	Central Enterprises	585	133	3691679	3173976	1296797	3657767
地方企业	Local Enterprises	2796	542	5663822	4215192	1672018	5655141
工业系统	Industry System	560	108	4165727	3218239	1153810	4183804
非工业系统	Non-Industry System	651	164	746437	432119	285487	730488
区县工业	Industry of District and Country	1566	268	748863	561818	232001	738490
其　他	Others	19	2	2794	3017	720	2358
在总计中：	**Of Total:**						
轻工业	Light Industry	1653	356	2016560	1585982	639374	1989115
以农产品为原料	Using Farm Products as Raw Material	1048	238	1346041	858037	452353	1316965
以非农产品为原料	Using Non-Farm Products as Raw Material	605	118	670519	727945	187021	672149
重工业	Heavy Industry	1728	319	7338941	5803186	2329441	7323793
采掘工业	Excavation	26	4	116524	50298	77634	113312
原料工业	Raw Material	218	37	4551918	2686562	1452783	4560214
加工工业	Processing	1484	278	2670500	3066326	799023	2650267
在总计中：	**Of Total:**						
大型企业	Large Enterprises	169	41	6542322	4464743	2021459	6560383
中型企业	Medium Enterprises	199	44	785600	611728	261655	784035
小型企业	Small Enterprises	3013	590	2027579	2312697	685701	1968489

MAIN INDICATORS FOR STATE-OWNED INDUSTRIAL ENTERPRISES WITH INDEPENDENT ACCOUNTING SYSTEM

(10000 yuan)

成品产销存 Production,Sale and Stock of Finished Products				在产品自制半成品期末期初差额 Balance Changes of Self-made Unfinished and Semi-finished Products	对外加工费收入 Revenue of External Processing	工业中间投入合计 Total Intermediate Input of Industry	本年应付工资 Wages Payable of this Year	本年应付福利费总额 Total Welfare Funds Payable of this Year	全部职工（从业人员）年平均人数（人） Average Number of Staff and Workers (Employment) (person)
年初库存价值 Stock Value (year-beginning)	生产价值 Production Value	销售价值 Sales Value	年末库存价值 Stock Value (year-end)						
838368	9113869	9045834	853909	42349	199282	6867786	938771	135057	911634
207254	3587090	3538059	225824	28550	76039	2576894	232230	38478	202161
631114	5526779	5507774	628085	13800	123243	4290892	706541	96578	709473
480818	4105701	4107414	467555	5269	54757	3240390	553694	74362	539392
80607	712358	712994	83103	2490	31590	499126	94873	14509	88120
69534	706180	685229	77051	6033	36650	549227	57640	7619	81628
155	2540	2137	376	8	247	2150	335	88	333
321704	1945436	1918788	314073	10782	60342	1471660	230880	32576	278554
153366	1295371	1267520	167837	9022	41649	961203	144415	20474	165967
168338	650066	651267	146236	1760	18694	510458	86465	12101	112587
516664	7168433	7127046	539836	31568	138940	5396126	707891	102481	633080
5900	115637	112865	6974	50	837	49394	40501	4827	37219
181123	4544294	4522553	202480	1655	5968	3394165	360695	49109	251668
329641	2508502	2491628	330383	29863	132135	1952567	306695	48545	344193
530633	6433685	6407384	536060	16741	91896	4899670	672415	92360	590607
119148	752628	757454	122865	6866	26105	560464	107865	14686	141838
188587	1927556	1880996	194984	18742	81281	1407652	158492	28011	179189

续表 1 continued

单位：万元

项目 Item		资本金合计 Total Capital	国家资本金 State Capital	集体资本金 Collective Capital	法人资本金 Capital of Institutional Units	个人资本金 Individual Capital	外商资本金 Foreign Capital
总计	**Total**	**4178135**	**3913571**	**40193**	**203882**	**17795**	**2693**
在总计中：	**Of Total：**						
中央企业	Central Enterprises	1200800	1158893	755	37674	1002	2476
地方企业	Local Enterprises	2977335	2754678	39439	166209	16793	217
工业系统	Industry System	1875249	1763480	31182	75887	4700	
非工业系统	Non-Industry System	856134	819617	279	35979	260	
区县工业	Industry of District and Country	244832	171262	7978	53543	11833	217
其他	Others	1120	320		800		
在总计中：	**Of Total：**						
轻工业	Light Industry	935430	854261	18326	46784	15927	133
以农产品为原料	Using Farm Products as Raw Material	535528	482463	4672	37315	10950	128
以非农产品为原料	Using Non-Farm Products as Raw Material	399902	371798	13654	9469	4976	5
重工业	Heavy Industry	3242705	3059310	21867	157099	1869	2560
采掘工业	Excavation	76584	76211	35	338		
原料工业	Raw Material	1944908	1931528	1575	11187	529	90
加工工业	Processing	1221213	1051571	20257	145574	1340	2470
在总计中：	**Of Total：**						
大型企业	Large Enterprises	3025409	2898383	14339	98596	14090	
中型企业	Medium Enterprises	407937	366430	10166	29753	1589	
小型企业	Small Enterprises	744789	648758	15688	75534	2116	2693

续表 2 continued

(10000 yuan)

流动资产合计 Circulating Assets	# 存货 Stock	# 产成品 Fished Product	流动资产年平均余额 Annual Average Balance of Circulating Assets	长期投资 Longterm Investment	固定资产合计 Fixed Assets	固定资产原价合计 Original Value of Fixed Assets	# 生产经营用 For Productive Use	累计折旧 Accumulative Depreciation	#本年折旧 Depreciation in this Year	固定资产净值年平均余额 Average Net Value of Fixed Assets
损益及分配 Profit,Loss and Distribution										
8388323	2910170	941728	7680544	1768025	11254423	14106270	11803504	4719292	626034	8614219
3039323	834748	238483	2525692	592873	3741312	4669788	3472043	1747624	251709	2499464
5349000	2075423	703244	5154852	1175152	7513111	9436482	8331461	2971668	374325	6114755
4134614	1691823	563807	4014772	1031490	5698784	7168482	6353013	2398093	268731	4582377
702192	189371	70534	672134	63814	1382251	1765921	1565106	450202	81012	1196071
510855	193699	68617	466551	79290	431541	501398	413102	123228	24530	335824
1339	530	287	1394	558	535	681	239	146	52	482
1953147	781097	365946	1868042	300298	2017024	2469818	2000253	736144	107440	1651855
1117958	455687	203665	1069064	147135	1040954	1275761	996267	405540	56845	835098
835190	325410	162282	798979	153163	976070	1194057	1003986	330604	50595	816758
6435176	2129073	575781	5812501	1467727	9237400	11636452	9803250	3983148	518593	6962364
139486	18696	6317	118682	9379	129629	182889	119835	62259	6529	113148
3115015	976375	246656	2707302	579806	7218961	9047676	7977555	3080598	417909	5336157
3180675	1134002	322808	2986517	878542	1888809	2405887	1705861	840291	94155	1513058
5749195	2043544	637351	5232046	1096679	9728524	12159677	10325673	4086630	537254	7361889
847743	348020	137225	805883	214047	694815	913291	709940	308248	35388	570388
1791385	518606	167151	1642615	457298	831084	1033302	767891	324413	53392	681942

续表 3 continued

单位：万元

项目	Item	损益及分配 无形及递延资产合计 Intangible and Deffered Assets	#无形资产 Intangible Assets	资产总计 Total Assets	流动负债合计 Liquid Liabilities	长期负债合计 Long-term Liabilities	负债合计 Total Liabilities
总 计	**Total**	698527	159905	22127765	8260217	4712645	12979511
在总计中：	**Of Total:**						
中央企业	Central Enterprises	202595	98492	7585931	2271769	1951712	4226485
地方企业	Local Enterprises	495931	61413	14541834	5988448	2760934	8753027
工业系统	Industry System	455908	48723	11315507	4865359	2427520	7293187
非工业系统	Non-Industry System	15798	3539	2176352	583776	234898	819163
区县工业	Industry of District and Country	24204	9131	1047521	537687	98065	638591
其 他	Others	21	21	2453	1627	450	2086
在总计中：	**Of Total:**						
轻工业	Light Industry	176500	22488	4454098	1996384	727037	2726881
以农产品为原料	Using Farm Products as Raw Material	68287	8593	2377822	1154407	313544	1471000
以非农产品为原料	Using Non-Farm Products as Raw Material	108213	13895	2076276	841977	413493	1255881
重工业	Heavy Industry	522027	137417	17673667	6263833	3985609	10252631
采掘工业	Excavation	4325	3292	282819	102226	59844	162070
原料工业	Raw Material	345340	100724	11253931	3174221	3069961	6244214
加工工业	Processing	172363	33400	6136917	2987385	855804	3846347
在总计中：	**Of Total:**						
大型企业	Large Enterprises	525486	117257	17091884	5783491	4131228	9914720
中型企业	Medium Enterprises	59928	6133	1819444	836196	227568	1063920
小型企业	Small Enterprises	113112	36515	3216438	1640530	353850	2000871

续表 4 continued

(10000 yuan)

Profit,Loss and Distribution								
所有者权益合计 Ownership Interest	# 股本 Capital Stock	产品销售收入 Sales Revenue	产品销售成本 Cost of Sales	产品销售费用 Expenses of Sales	产品销售税金及附加 Sales Tax and Extra Charges	产品销售利润 Sales Profits	管理费用 Overhead Cost	税金 Taxes
9148254	502989	9570024	8009037	200300	167437	1193251	1081039	35219
3359447	281135	3583787	2892550	67220	97503	526515	371114	6149
5788807	221855	5986237	5116487	133080	69934	666736	709925	29070
4022320	165148	4338266	3679397	80473	38455	539941	556111	22567
1357189	17343	953234	899877	18671	5956	28729	94349	3515
408930	39341	692397	535338	33801	25511	97747	59033	2938
368	22	2340	1875	135	11	319	433	51
1727218	92276	2080369	1659600	85691	72474	262604	289323	9486
906823	35831	1439672	1128894	57297	65806	187674	182260	5096
820395	56445	640697	530706	28394	6667	74930	107063	4390
7421036	410714	7489656	6349437	114609	94963	930647	791716	25732
120749		106759	83274	1816	1354	20314	23763	606
5009718	128786	4656226	4019362	40686	77791	518386	363999	14675
2290570	281928	2726671	2246800	72107	15818	391946	403955	10452
7177164	319940	6662232	5632437	98866	113754	817175	742263	25467
755524	27710	753344	567425	29440	44391	112088	133812	5778
1215567	155339	2154448	1809174	71995	9292	263988	204965	3974

续表 5 continued

单位：万元 (10000 yuan)

项　目 Item		损益及分配				
	财产保险费 Premium of Property	劳动待业保险费 Premium for Employment Insurance	财务费用 Financial Expenses	利息支出 Expenses of Interest	营业利润 Operating Profits	利润总额 Total Profits
总　计　Total	15839	220561	400028	380355	-121185	229634
在总计中：　Of Total：						
中央企业　Central Enterprises	6293	46520	111880	86487	97936	189736
地方企业　Local Enterprises	9546	174042	288148	293868	-219121	39898
工业系统　Industry System	7964	157325	247306	254956	-171158	3377
非工业系统　Non-Industry System	790	12345	19950	20082	-74921	1516
区县工业　Industry of District and Country	792	4370	20871	18830	27080	35126
其　他　Others		1	22	-1	-122	-121
在总计中：　Of Total：						
轻工业　Light Industry	4339	55585	83422	80029	-52760	30594
以农产品为原料　Using Farm Products as Raw Material	2782	34918	52840	50904	-13062	30632
以非农产品为原料　Using Non-Farm Products as Raw Material	1557	20667	30582	29125	-39697	-38
重工业　Heavy Industry	11500	164976	316606	300326	-68425	199040
采掘工业　Excavation	62	14784	1392	1316	-4771	12063
原料工业　Raw Material	8875	74726	203195	210465	-12584	93721
加工工业　Processing	2563	75467	112020	88546	-51071	93257
在总计中：　Of Total：						
大型企业　Large Enterprises	12735	179980	301511	308330	-133182	121313
中型企业　Medium Enterprises	1731	24506	33867	32799	-21478	8609
小型企业　Small Enterprises	1373	16075	64650	39226	33475	99712

续表 6 continued

(10000 yuan)

Profit,Loss and Distribution						本年应交增值税 Added Value Tax	本年进项税额 Tax Include in Purchasing Cost	本年销项税额 Tax Include in Sales Cost
亏损企业亏损总额 Total Lossing of Loss-making Enterprises	利税总额 Total Pre-tax Profits	应交所得税 Income Tax Payable	转作奖金的利润 Profits Distributed as Bonus	应付利润 Profits Payable	#已分配股利 Divided Payment			
157479	878170	71146	6321	26380	671	481099	1122657	1558321
-37193	469250	40489	5624	18934	564	182011	412932	569555
-120286	408920	30656	697	7447	107	299088	709726	988766
-68117	270305	13411	6	1101		228473	537984	749118
-34492	45648	8049	352	938	55	38176	103574	140473
-17485	93001	9178	339	5386	52	32364	67914	98854
-192	-34	19		22		76	254	321
67693	197542	19973	549	9047	104	94474	227637	317557
42965	163953	15566	245	7362	96	67515	148440	212480
24728	33589	4407	304	1685	8	26959	79197	105077
89786	680629	51173	5772	17333	567	386625	895020	1240764
121	23922	130		738		10505	8924	19423
30986	466543	41817	126	11485	341	295031	599731	891022
58679	190165	9227	5646	5110	226	81090	286365	330319
90820	613874	51565	297	17390		378807	848895	1207866
21075	89519	7075		928	338	36519	89018	124516
45584	174778	12507	6024	8063	333	65774	184745	225939

6-7 全部独立核算国有工业企业主要经济分析指标

单位：%

项　目	Item	企　业 亏损面 Loss-making Enterprises as % of Total	总资产 贡献率 Contribu-tion Rate of Total Assets	资产保值 增值率 Changing Rate of Net Assets
总　计	**Total**	19.96	6.21	120.73
在总计中：	**Of Total：**			
中央企业	Central Enterprises	22.74	8.63	144.09
地方企业	Local Enterprises	19.38	5.08	110.35
工业系统	Industry System	19.29	5.04	112.79
非工业系统	Non-Industry System	25.19	2.72	97.07
区县工业	Industry of District and Country	17.11	11.48	145.62
其　他	Others	10.53	-1.62	39.57
在总计中：	**Of Total：**			
轻工业	Light Industry	21.54	6.53	120.35
以农产品为原料	Using Farm Products as Raw Material	22.71	9.26	117.36
以非农产品为原料	Using Non-Farm Products as Raw Material	19.50	3.25	123.84
重工业	Heavy Industry	18.46	6.13	120.82
采掘工业	Excavation	15.38	9.58	137.33
原料工业	Raw Material	16.97	6.66	116.88
加工工业	Processing	18.73	4.99	129.55
在总计中：	**Of Total：**			
大型企业	Large Enterprises	24.26	5.85	117.00
中型企业	Medium Enterprises	22.11	7.03	117.60
小型企业	Small Enterprises	19.58	7.80	151.83

MAIN INDICATORS ON ECONOMIC BENIFIT OF INDUSTRIAL ENTERPRISES WITH INDEPENDENT ACCOUNTING SYSTEM

(%)

资产负债率 Liabilities/Total Assets	流动资产周转率（次） Turnover Rate of Circulating Assets (time)	成本费用利润率 Total Profits/Total Costs and Expenses	全员劳动生产率（元） Overall Labor Productivity (yuan)	产品销售率 Sales Value/Gross Output Value	增加值率 Value Added/Gross Output Value	人均销售收入（元） Sales Revenue Per Capita	流动比率 Circulating Assets/Lipuid Liabilities	速动比率 Quick-circulating Assets/Liquid Liabilities
58.66	**1.25**	**2.37**	**27534**	**99.54**	**27.29**	**1049766**	**101.55**	**66.32**
55.71	1.42	5.51	54236	99.08	30.31	1772739	133.79	97.04
60.19	1.16	0.64	19926	99.85	25.34	843758	89.32	54.66
64.45	1.08	0.07	18086	100.43	23.62	804288	84.98	50.21
37.64	1.42	0.15	27392	97.86	33.33	1081745	120.28	87.85
60.96	1.48	5.41	24031	98.61	27.11	848235	95.01	58.99
85.04	1.68	-4.91	18281	84.40	22.66	702703	82.30	49.72
61.22	1.11	1.44	19407	98.64	27.51	746846	97.83	58.71
61.86	1.35	2.16	23045	97.84	29.28	867445	96.84	57.37
60.49	0.80	-0.01	14045	100.24	23.96	569068	99.19	60.55
58.01	1.29	2.63	31110	99.79	27.23	1183050	102.74	68.75
57.31	0.90	10.94	17636	97.24	56.37	286840	136.45	118.16
55.48	1.72	2.03	48807	100.18	26.79	1850146	98.13	67.38
62.68	0.91	3.29	19628	99.24	26.69	792192	106.47	68.51
58.01	1.27	1.79	28939	100.28	26.16	1128031	99.41	64.07
58.48	0.93	1.13	15597	99.80	28.58	531130	101.38	59.76
62.21	1.31	4.64	32355	97.09	30.61	1202333	109.20	77.58

6-8 全部独立核算集体工业企业主要经济指标

单位：万元

项目 Item		企业单位个数（个）Number of Enterprises (unit)	#亏损企业 Loss-making Enterprises	工业总产值（当年价格）Gross Output Value of Industry (at current price)	工业总产值（1990年不变价格）Gross Output Value of Industry (at 1990 constant prices)	工业增加值（生产法）Added Value of Industry (with production method)	工业销售产值（当年价格）Sales Value of Industry (at current price)
总　计	**Total**	10310	1440	1756595	1596121	398951	1642471
在总计中：	**Of Total:**						
中央企业	Central Enterprises	297	80	71325	52703	13830	67588
地方企业	Local Enterprises	10013	1360	1685270	1543418	385121	1574883
工业系统	Industry System	732	168	230509	214166	66674	225613
非工业系统	Non-Industry System	262	36	38615	32758	-5417	37731
区县工业	Industry of District and Country	8834	1075	1356728	1235763	309956	1260142
其　他	Others	185	81	59418	60732	13908	51396
在总计中：	**Of Total:**						
街镇乡属企业	Enterprises of Subdistrict, Town and and Township	3297	756	992441	894954	314857	915892
在总计中：	**Of Total:**						
轻工业	Light Industry	4939	663	766687	696071	179245	718567
以农产品为原料	Using Farm Products as Raw Material	2797	378	498726	438394	115900	466328
以非农产品为原料	Using Non-Farm Products as Raw Material	2142	285	267960	257677	63345	252239
重工业	Heavy Industry	5371	777	989908	900050	219706	923904
采掘工业	Excavation	173	22	32191	22111	17721	28149
原料工业	Raw Material	740	88	158123	132175	29226	139686
加工工业	Processing	4458	667	799595	745764	172759	756069
在总计中：	**Of Total:**						
大型企业	Large Enterprises	10	3	114816	116089	19760	109165
中型企业	Medium Enterprises	44	17	85682	80410	23715	78983
小型企业	Small Enterprises	10256	1420	1556097	1399622	355476	1454323

MAIN INDICATORS FOR INDUSTRIAL ENTERPRISES WITH INDEPENDENT ACCOUNTING SYSTEM(BY SECTOR)

(10000 yuan)

成品产销存 Production,Sale and Stock of Finished Products				在产品自制半成品期末期初差额 Balance Changes of Self-made Unfinished and Semi-finished Products	对外加工费收入 Revenue of External Processing	工业中间投入合计 Total Intermediate Input of Industry	本年应付工资 Wages Payable of this Year	本年应付福利费总额 Total Welfare Funds Payable of this Year	全部职工(从业人员)年平均人数(人) Average Number of Staff and Workers (Employment) (person)
年初库存价值 Stock Value (year-beginning)	生产价值 Production Value	销售价值 Sales Value	年末库存价值 Stock Value (year-end)						
386188	1605896	1488835	444794	30442	120256	1423036	327451	31375	350504
6754	59053	58152	7972	2366	9907	61140	109237	1523	11735
379434	1546844	1430683	436822	28076	110350	1361896	218214	29852	338769
71124	219482	213157	68869	630	10397	174988	49876	7394	77685
4824	29802	28621	5921	755	8058	45145	3449	864	6293
273985	1240650	1139814	332958	25323	90755	1093878	158586	20784	247248
29500	56910	49091	29075	1369	1139	47887	6302	809	7543
194219	901335	817493	233661	18925	72181	708321	100028	12731	182120
191383	713562	657579	210103	10667	42458	615453	199519	13273	159442
89654	468657	426322	106082	3428	26641	400593	61281	7763	94759
101730	244904	231257	104022	7239	15817	214860	138238	5510	64683
194805	892335	831256	234691	19775	77799	807583	127932	18102	191062
4206	31548	24993	8526	213	429	15690	5030	676	13113
18265	153638	137827	28678	598	3887	133705	12136	1564	19962
172334	707148	668436	197487	18964	73482	658188	110765	15862	157987
25776	111741	109726	35233	2847	229	98038	12321	1867	13459
24307	82192	76966	25019	371	3120	64684	13003	1907	21747
336105	1411964	1302143	384542	27225	116908	1260315	302128	27601	315298

单位：万元

续表 1 continued

项　目 Item		资本金合计 Total Capital	国家资本金 State Capital	集体资本金 Collective Capital	法人资本金 Capital of Institutional Units	个人资本金 Individual Capital	外商资本金 Foreign Capital
总　计	**Total**	774162	43834	538442	126663	29367	35857
在总计中：	**Of Total:**						
中央企业	Central Enterprises	19958	3871	14494	1432	60	101
地方企业	Local Enterprises	754205	39963	523947	125232	29307	35756
工业系统	Industry System	175234	5927	150801	15806	2700	
非工业系统	Non-Industry System	9815	1654	7246	905	9	
区县工业	Industry of District and Country	535909	28877	357853	90679	22775	35726
其　他	Others	33246	3505	8047	17841	3823	30
在总计中：	**Of Total:**						
街镇乡属企业	Enterprises of Subdistrict, Town and and Township	316149	16178	233481	46066	14776	5648
在总计中：	**Of Total:**						
轻工业	Light Industry	319945	19357	231905	48973	14361	5349
以农产品为原料	Using Farm Products as Raw Material	192621	13415	141082	25460	8063	4601
以非农产品为原料	Using Non-Farm Products as Raw Material	127324	5942	90823	23513	6298	748
重工业	Heavy Industry	454217	24477	306536	77690	15006	30508
采掘工业	Excavation	9553	659	7563	503	828	
原料工业	Raw Material	39188	2764	28786	5058	2530	50
加工工业	Processing	405476	21055	270187	72129	11648	30458
在总计中：	**Of Total:**						
大型企业	Large Enterprises	80602	2571	29338	23056	1757	23880
中型企业	Medium Enterprises	66210	1336	58658	6004	213	
小型企业	Small Enterprises	627351	39927	450446	97603	27396	11978

续表 2 continued

(10000 yuan)

损益及分配 Profit,Loss and Distribution										
流动资产合计 Circulating Assets	# 存货 Stock	# 产成品 Fished Product	流动资产年平均余额 Annual Average Balance of Circu-lating Assets	长期投资 Longterm Invest-ment	固定资产合计 Fixed Assets	固定资产原价合计 Original Value of Fixed Assets	# 生产经营用 For Pro-ductive Use	累计折旧 Accumu-lative Depre-ciation	#本年折旧 Depre-ciation in this Year	固定资产净值年平均余额 Average Net Value of Fixed Assets
2010397	**866553**	**422201**	**1973857**	**191275**	**1026278**	**1259968**	**890249**	**405989**	**67370**	**807507**
60395	23062	5631	59588	7640	22223	31143	16240	10886	2025	20599
1950002	843491	416570	1914269	183635	1004055	1228825	874010	395103	65345	786908
346063	147166	75007	340412	38391	215807	265259	194011	100948	13905	142030
38447	17184	5701	39996	4440	16285	21825	15336	6693	1392	13469
1446575	639845	319429	1426401	125183	743436	920251	651592	280726	48430	613042
118918	39297	16433	107460	15621	28527	21490	13071	6736	1619	18367
72990	386576	223367	708549	38543	449911	581644	410299	177849	30996	390451
77354	361181	184821	757900	74903	436375	533663	376951	166483	28603	348343
39959	192481	98986	385454	36141	268051	335630	237741	105107	19263	216803
37394	168700	85836	372446	38763	168324	198033	139210	61376	9340	131540
123685	505372	237380	1215956	116372	589904	726306	513299	239506	38767	459163
2383	11390	10015	21769	647	16852	22103	17696	6595	1142	14654
11102	48632	28600	107110	9657	87305	100940	76671	29355	5444	74181
110199	445350	198764	1087078	106068	485746	603262	418932	203556	32181	370328
37487	96915	22627	373450	29676	112798	117557	96966	38995	5515	74093
10177	48059	25124	103595	13897	101350	128513	91609	45741	6641	74855
153374	721578	374450	1496812	147702	812130	1013898	701674	321253	55215	658559

续表 3 continued

单位：万元 (10000 yuan)

项目 Item	损益及分配 无形及递延资产合计 Intangible and Deffered Assets	#无形资产 Intangible Assets	资产总计 Total Assets	流动负债合计 Liquid Liabilities	长期负债合计 Long-term Liabilities	负债合计 Total Liabilities
总计 Total	94267	42884	3400787	2045384	373385	2432135
在总计中： Of Total：						
中央企业 Central Enterprises	922	61	92003	52505	6602	59121
地方企业 Local Enterprises	93345	42823	3308784	1992879	366782	2373014
工业系统 Industry System	23923	3560	625931	342906	70154	416416
非工业系统 Non-Industry System	975	486	60209	39434	4209	43675
区县工业 Industry of District and Country	57623	30036	2443406	1494335	281400	1785339
其他 Others	10823	8741	179239	116205	11019	127584
在总计中： Of Total：						
街镇乡属企业 Enterprises of Subdistrict, Town and and Township	23581	12301	1253819	746300	157962	907999
在总计中： Of Total：						
轻工业 Light Industry	34288	12003	1365177	816384	141671	965094
以农产品为原料 Using Farm Products as Raw Material	17639	8242	725637	417864	84056	507049
以非农产品为原料 Using Non-Farm Products as Raw Material	16650	3762	639540	398519	57615	458045
重工业 Heavy Industry	59979	30881	2035610	1229000	231713	1467041
采掘工业 Excavation	1297	18	42680	22449	4979	27932
原料工业 Raw Material	3326	1775	211607	126159	48157	175656
加工工业 Processing	55356	29088	1781323	1080393	178577	1263453
在总计中： Of Total：						
大型企业 Large Enterprises	25398	13515	585272	367506	67455	435703
中型企业 Medium Enterprises	5109	761	225477	117223	29274	146497
小型企业 Small Enterprises	63761	28609	2590038	1560655	276656	1849935

续表 4 continued

(10000 yuan)

所有者权益合计 Owner-ship Interest	# 股本 Capital Stock	Profit,Loss and Distribution 产品销售收入 Sales Revenue	产品销售成本 Cost of Sales	产品销售费用 Expenses of Sales	产品销售税金及附加 Sales Tax and Extra Charges	产品销售利润 Sales Profits	管理费用 Overhead Cost	税金 Taxes
968652	141519	1760425	1448170	61643	12875	237738	221736	7557
32882	-257	72335	59020	2508	584	10224	10164	110
935770	141776	1688090	1389151	59135	12291	227514	211572	7448
209515	15308	252131	205773	7755	1359	37244	65301	2291
16534		25627	21240	1060	671	2656	4714	126
658067	116161	1358121	1122429	42057	9752	183883	135034	4982
51655	10307	52212	39709	8264	509	3731	6524	49
345820	22848	884302	730473	26482	4720	122627	74328	2312
400083	16452	770657	639089	30952	6691	93925	92698	3167
218588	8820	494026	413725	17943	5099	57259	52099	1790
181495	7632	276631	225364	13009	1591	36667	40599	1377
568569	125068	989768	809081	30691	6184	143812	129038	4391
14748		24588	18678	619	319	4972	1822	107
35951	1453	152992	127277	3225	723	21767	16002	235
517870	123615	812188	663127	26847	5142	117073	111215	4049
149569	89719	113652	88258	2846	205	22343	18975	1270
78980	13855	76495	63498	2226	296	10475	17939	382
740104	37946	1570278	1296414	56571	12374	204919	184822	5905

续表 5 continued

单位：万元 (10000 yuan)

项　目 Item		财产保险费 Premium of Property	劳动待业保险费 Premium for Employment Insurance	财务费用 Financial Expenses	利息支出 Expenses of Interest	营业利润 Operating Profits	利润总额 Total Profits
		损益及分配					
总　计	**Total**	1815	17191	72090	55220	-19727	8515
在总计中：	**Of Total:**						
中央企业	Central Enterprises	43	309	396	174	809	1430
地方企业	Local Enterprises	1771	16882	71694	55046	-20536	7086
工业系统	Industry System	775	12661	11279	10936	-19665	-10427
非工业系统	Non-Industry System	41	328	1074	1010	1028	1399
区县工业	Industry of District and Country	937	3861	55918	42333	3663	21432
其　他	Others	18	32	3423	767	-5561	-5318
在总计中：	**Of Total:**						
街镇乡属企业	Enterprises of Subdistrict, Town and and Township	528	778	36276	29030	15859	21239
在总计中：	**Of Total:**						
轻工业	Light Industry	968	9594	31348	26124	-5307	4359
以农产品为原料	Using Farm Products as Raw Material	604	4984	18912	16446	-778	5004
以非农产品为原料	Using Non-Farm Products as Raw Material	364	4609	12436	9678	-4529	-645
重工业	Heavy Industry	847	7597	40742	29096	-14420	4156
采掘工业	Excavation	9	80	1089	806	2113	2031
原料工业	Raw Material	105	419	7663	3359	-1213	-88
加工工业	Processing	733	7098	31990	24931	-15319	2213
在总计中：	**Of Total:**						
大型企业	Large Enterprises	65	678	5168	1196	-1058	3503
中型企业	Medium Enterprises	318	3412	6508	5327	-8146	-5707
小型企业	Small Enterprises	1433	13101	60414	48697	-10523	10719

续表 6 continued

(10000 yuan)

Profit,Loss and Distribution						本年应交增值税 Added Value Tax	本年进项税额 Tax Include in Purchasing Cost	本年销项税额 Tax Include in Sales Cost
亏损企业亏损总额 Total Lossing of Loss-making Enterprises	利税总额 Total Pre-tax Profits	应交所得税 Income Tax Payable	转作奖金的利润 Profits Distributed as Bonus	应付利润 Profits Payable	#已分配股利 Divided Payment			
59581	86782	14591	2919	13055	475	65393	222346	283170
2088	5658	1019	97	273	-3	3645	11086	14372
57493	81124	13572	2822	12781	478	61748	211260	268798
15941	2085	1938	113	663	7	11152	33951	43330
961	3183	315	15	98		1113	4944	5938
33772	78290	11045	2654	11952	471	47106	164074	209004
6818	-2433	273	40	69		2376	8292	10527
21549	56695	9011	2247	8223	398	30737	89903	118725
24460	39061	6105	1136	4621	386	28012	84182	110662
13835	27870	3681	817	2527	172	17766	53706	70656
10625	11192	2424	319	2094	215	10245	30476	40006
35121	47721	8486	1783	8434	89	37381	138164	172508
437	3570	478	189	512		1220	1268	2431
5005	5444	1289	222	557	24	4809	18658	23342
29679	38706	6718	1372	7364	65	31352	118238	146736
900	6689	228	3	2453		2981	29723	32677
7090	-2694	253		383		2717	10231	12441
51591	82787	14111	2916	10219	475	59694	182391	238052

6-9 全部独立核算“三资”工业企业主要经济指标

单位：万元

项 目 Item		企业 单位个数（个）Number of Enterprises (unit)	#亏损企业 Loss-making Enterprises	工业总产值（当年价格）Gross Output Value of Industry (at current price)	工业总产值（1990年不变价格）Gross Output Value of Industry (at 1990 constant prices)	工业增加值（生产法）Added Value of Industry (with production method)	工业销售产值（当年价格）Sales Value of Industry (at current price)
总 计	**Total**	**2983**	**989**	**5260337**	**4907817**	**1575783**	**5085388**
在总计中：	**Of Total:**						
中央企业	Central Enterprises	198	77	1201815	1268311	430971	1133515
地方企业	Local Enterprises	2785	912	4058522	3639506	1144812	3951873
工业系统	Industry System	371	145	2023676	1990644	655974	2025494
非工业系统	Non-Industry System	210	70	456852	204897	118003	406905
区县工业	Industry of District and Country	1645	402	1032985	960646	273357	982362
其 他	Others	559	295	545009	483319	97478	537113
在总计中：	**Of Total:**						
轻工业	Light Industry	1826	643	2390411	1934533	736684	2282043
以农产品为原料	Using Farm Products as Raw Material	1182	429	1738194	1311957	472805	1695388
以非农产品为原料	Using Non-Farm Products as Raw Material	644	214	652217	622576	263879	586655
重工业	Heavy Industry	1157	346	2869926	2973284	839100	2803345
采掘工业	Excavation	16	3	1880	1942	1327	1897
原料工业	Raw Material	134	33	200796	182054	61021	198122
加工工业	Processing	1007	310	2667251	2789289	776752	2603327
在总计中：	**Of Total:**						
大型企业	Large Enterprises	29	14	1468556	1450570	442369	1490312
中型企业	Medium Enterprises	33	9	381979	259856	92608	377768
小型企业	Small Enterprises	2921	966	3409802	3197390	1040806	3217307

MAIN INDICATORS FOR FOREIGN INDUSTRIAL ENTERPRISES WITH INDEPENDENT ACCOUNTING SYSTEM

(10000 yuan)

成品产销存 Production, Sale and Stock of Finished Products				在产品自制半成品期末期初差额 Balance Changes of Self-made Unfinished and Semi-finished Products	对外加工费收入 Revenue of External Processing	工业中间投入合计 Total Intermediate Input of Industry	本年应付工资 Wages Payable of this Year	本年应付福利费总额 Total Welfare Funds Payable of this Year	全部职工(从业人员)年平均人数(人) Average Number of Staff and Workers (Employment) (person)
年初库存价值 Stock Value (year-beginning)	生产价值 Production Value	销售价值 Sales Value	年末库存价值 Stock Value (year-end)						
466679	**4963176**	**4798848**	**577044**	**100773**	**196389**	**3869844**	**310416**	**71278**	**238817**
47954	1048161	977809	86295	39054	114600	799703	43949	11408	16744
418724	3915015	3821039	490750	61719	81789	3070141	266466	59869	222073
190183	1964415	1965858	190823	16930	42331	1465611	134876	31129	82117
32976	434097	425479	45492	12134	10622	350229	22540	5596	17384
145368	982268	911953	191863	27125	23591	790733	79559	17132	105010
50198	534235	517749	62571	5530	5244	463567	29492	6012	17562
267216	2296737	2215204	333598	36098	57577	1734516	148036	35232	149508
176595	1686973	1626929	228862	11739	39482	1319742	107235	25620	117196
90621	609763	588275	104736	24359	18095	414774	40801	9612	32312
199463	2666439	2583644	243446	64675	138812	2135328	162380	36046	89309
373	1852	1843	353	28		587	274	82	197
23179	199543	208578	20648	-85	1338	147991	14620	2647	11341
175911	2465044	2373223	222445	64732	137474	1986751	147485	33317	77771
88602	1452016	1444955	92317	8833	7707	1092378	93559	24592	45235
33833	379110	368691	43594	-635	3503	303856	23878	5294	16116
344244	3132050	2985201	441134	92574	185179	2473610	192979	41392	177466

单位：万元

续表 1 continued

项　目 Item		资本金合计 Total Capital	国家资本金 State Capital	集体资本金 Collective Capital	法人资本金 Capital of Institutional Units	个人资本金 Individual Capital	外商资本金 Foreign Capital
总　计	**Total**	**2590017**	**625848**	**144517**	**351450**	**7336**	**1461036**
在总计中：	**Of Total:**						
中央企业	Central Enterprises	268075	74966	3666	47743		141699
地方企业	Local Enterprises	2321941	550881	140850	303706	7336	1319337
工业系统	Industry System	1106726	344306	11319	154516	52	596534
非工业系统	Non-Industry System	228130	87852	801	11168	268	128210
区县工业	Industry of District and Country	808248	106553	122920	119131	5018	454626
其　他	Others	178838	12171	5810	18892	1998	139967
在总计中：	**Of Total:**						
轻工业	Light Industry	1336248	306171	97130	151369	5517	776061
以农产品为原料	Using Farm Products as Raw Material	925943	232274	73160	90744	4477	525288
以非农产品为原料	Using Non-Farm Products as Raw Material	410306	73897	23970	60625	1040	250774
重工业	Heavy Industry	1253768	319677	47387	200080	1819	684975
采掘工业	Excavation	4374	403	1445	174		2352
原料工业	Raw Material	142491	47134	5225	10913	613	78606
加工工业	Processing	1106904	272139	40717	188994	1206	604016
在总计中：	**Of Total:**						
大型企业	Large Enterprises	795686	223990		147900		423796
中型企业	Medium Enterprises	142256	49388	5808	24240		62820
小型企业	Small Enterprises	1652074	352470	138709	179310	7336	974420

续表 2 continued

(10000 yuan)

损益及分配 Profit,Loss and Distribution										
流动资产合计 Circulating Assets	# 存货 Stock	# 产成品 Fished Product	流动资产年平均余额 Annual Average Balance of Circulating Assets	长期投资 Longterm Investment	固定资产合计 Fixed Assets	固定资产原价合计 Original Value of Fixed Assets	# 生产经营用 For Productive Use	累计折旧 Accumulative Depreciation	#本年折旧 Depreciation in this Year	固定资产净值年平均余额 Average Net Value of Fixed Assets
4235322	**1454673**	**478378**	**3764265**	**65586**	**2329814**	**2646925**	**2213324**	**620836**	**174149**	**1925562**
808255	260167	59476	618339	6597	191960	187515	158709	43680	12124	121238
3427067	1194507	418902	3145926	58989	2137854	2459410	2054615	577156	162025	1804324
1598517	556860	181060	1560830	15542	1051405	1194928	1114221	342855	86033	817707
221424	79887	29894	210065	6124	220867	266345	210081	52628	16605	202374
924863	393632	158780	901517	30150	774286	875446	645327	148610	46848	698263
682263	164127	49168	473515	7173	91296	122691	84987	33063	12539	85980
1885165	668735	256650	1645588	38192	1116792	1347700	1075890	276538	83865	1025337
1404975	475704	170609	1192133	32143	794834	967941	775591	205613	58816	730990
480190	193031	86041	453455	6048	321958	379759	300299	70925	25049	294347
2350157	785939	221728	2118677	27395	1213022	1299225	1137434	344299	90284	900224
1441	774	508	1503		3789	4127	4116	585	138	3542
152849	47277	18378	148857	1182	142230	144159	127013	27088	9294	120304
2195867	737888	202842	1968317	26213	1067004	1150939	1006305	316626	80852	776379
1166019	356949	78755	1129047	10619	814865	876401	808823	270416	59831	582928
254061	88403	38027	246840	10197	118967	138997	111584	40324	9727	97771
2815242	1009321	361596	2388379	44771	1395982	1631528	1292917	310097	104591	1244863

续表 3 continued

单位：万元

项目 Item		损益及分配 无形及递延资产合计 Intangible and Deffered Assets	#无形资产 Intangible Assets	资产总计 Total Assets	流动负债合计 Liquid Liabilites	长期负债合计 Long-term Liabilities	负债合计 Total Liabilities
总 计	**Total**	327303	219864	7108954	3907680	457025	4414643
在总计中：	**Of Total:**						
中央企业	Central Enterprises	15937	10152	1036147	693416	10211	714207
地方企业	Local Enterprises	311366	209712	6072808	3214264	446814	3700436
工业系统	Industry System	121407	102796	2837453	1393025	193651	1602483
非工业系统	Non-Industry System	27406	18861	490085	265295	29787	308809
区县工业	Industry of District and Country	140666	74447	1930395	1090878	202893	1301102
其 他	Others	21887	13608	814875	465067	20483	488042
在总计中：	**Of Total:**						
轻工业	Light Industry	183573	127637	3312470	1754792	254506	2043354
以农产品为原料	Using Farm Products as Raw Material	131783	93237	2421890	1317293	161520	1501411
以非农产品为原料	Using Non-Farm Products as Raw Material	51790	34400	890581	437499	92986	541942
重工业	Heavy Industry	143730	92227	3796484	2152888	202519	2371289
采掘工业	Excavation	752	678	6005	1674	320	1995
原料工业	Raw Material	30375	24760	329771	138756	20230	159869
加工工业	Processing	112603	66789	3460708	2012459	181969	2209425
在总计中：	**Of Total:**						
大型企业	Large Enterprises	69135	52858	2076897	1048717	121460	1181735
中型企业	Medium Enterprises	9697	7249	402087	196935	19427	220887
小型企业	Small Enterprises	248470	159756	4629971	2662028	316138	3012021

续表 4 continued

(10000 yuan)

所有者权益合计 Ownership Interest	# 股本 Capital Stock	产品销售收入 Sales Revenue	产品销售成本 Cost of Sales	产品销售费用 Expenses of Sales	产品销售税金及附加 Sales Tax and Extra Charges	产品销售利润 Sales Profits	管理费用 Overhead Cost	税金 Taxes
				Profit,Loss and Distribution				
2694312	**705583**	**5013650**	**4071984**	**325008**	**59010**	**557648**	**424338**	**9705**
321940	52481	1084770	868025	83512	6810	126423	53014	693
2372372	653102	3928879	3203960	241495	52200	431225	371324	9011
1234970	354864	1988483	1620936	84072	34529	248945	170997	4106
181276	20583	382256	326689	26854	230	28483	34862	1701
629294	250435	985709	786916	88373	7382	103038	110974	2781
326832	27220	572432	469418	42197	10059	50758	54491	423
1269117	327138	2130491	1729966	176095	25364	199066	214268	4132
920478	219827	1593830	1299638	125610	20865	147717	142178	3110
348638	107311	536661	430328	50485	4498	51350	72090	1022
1425195	378445	2883159	2342018	148912	33646	358582	210069	5573
4010	634	1596	1210	67		320	400	0
169902	47209	189681	166209	6325	2400	14748	14933	352
1251283	330602	2691881	2174600	142521	31246	343514	194736	5221
895161	230550	1584505	1220222	106904	39422	217957	114431	3137
181200	47709	379514	315110	19447	370	44587	23013	1223
1617950	427325	3049631	2536653	198657	19218	295104	286894	5345

续表 5 continued

单位：万元

项　目 Item		损益及分配 财产保险费 Premium of Property	劳动待业保险费 Premium for Employment Insurance	财务费用 Financial Expenses	利息支出 Expenses of Interest	营业利润 Operating Profits	利润总额 Total Profits
总　计	**Total**	4217	4397	102455	91897	60577	85047
在总计中：	**Of Total：**						
中央企业	Central Enterprises	331	339	9149	6866	68692	69910
地方企业	Local Enterprises	3887	4058	93306	85031	-8115	15137
工业系统	Industry System	2364	2604	53807	51895	38245	51504
非工业系统	Non-Industry System	404	584	12586	11632	-17548	-17435
区县工业	Industry of District and Country	819	639	31452	27057	-34160	-28263
其　他	Others	300	231	-4539	-5552	5348	9331
在总计中：	**Of Total：**						
轻工业	Light Industry	2140	2236	46125	42345	-49250	-32288
以农产品为原料	Using Farm Products as Raw Material	1599	1337	31844	29108	-21182	-7862
以非农产品为原料	Using Non-Farm Products as Raw Material	542	899	14281	13237	-28068	-24426
重工业	Heavy Industry	2077	2161	56330	49552	109827	117335
采掘工业	Excavation	1	1	93	40	-151	-152
原料工业	Raw Material	143	85	3841	3546	500	959
加工工业	Processing	1933	2075	52396	45966	109478	116528
在总计中：	**Of Total：**						
大型企业	Large Enterprises	1350	822	39516	35184	70094	79915
中型企业	Medium Enterprises	189	136	9093	8801	14358	18088
小型企业	Small Enterprises	2679	3439	53846	47912	-23875	-12955

续表 6 continued

(10000 yuan)

Profit,Loss and Distribution 亏损企业亏损总额 Total Lossing of Loss-making Enterprises	利税总额 Total Pre-tax Profits	应交所得税 Income Tax Payable	转作奖金的利润 Profits Distributed as Bonus	应付利润 Profits Payable	#已分配股利 Divided Payment	本年应交增值税 Added Value Tax	本年进项税额 Tax Include in Purchasing Cost	本年销项税额 Tax Include in Sales Cost
222121	329347	32077	2309	87853	55486	185291	493868	668393
16540	105579	7162	166	9100	860	28860	125306	153255
205581	223768	24915	2143	78754	54627	156431	368562	515138
74930	183943	15890	248	58687	50214	97910	220067	308681
33983	-5825	1837	504	6731	3580	11380	30070	40389
74231	10224	4054	1340	11194	257	31105	85137	117516
22437	35426	3133	50	2142	577	16036	33289	48552
149233	73865	14395	1325	31838	12860	80789	162985	240733
97563	67356	11484	1216	28071	11935	54353	119068	170215
51669	6508	2911	109	3767	925	26436	43917	70518
72888	255482	17682	984	56016	42626	104501	330883	427660
170	-119					33	12	43
5854	11574	1101	121	618	111	8216	23067	30912
66863	244027	16581	863	55397	42515	96253	307804	396705
35194	185528	15654	692	49413	44949	66191	162254	222789
4460	32944	2660	318	7836	1430	14486	31762	45549
182467	110876	13763	1298	30605	9107	104613	299852	400055

6-10 地方独立核算大中型工业企业主要经济指标

单位：万元

项　　目	Item	企业 单位个数（个） Number of Enterprises (unit)	#亏损企业 Loss-making Enterprises	工业总产值（当年价格） Gross Output Value of Industry (at current price)	工业总产值（1990年不变价格） Gross Output Value of Industry (at 1990 constant prices)	工业增加值（生产法） Added Value of Industry (with production method)	工业销售产值（当年价格） Sales Value of Industry (at current price)
总　计	**Total**	405	121	6952606	5601774	1978875	6984741
在总计中：	**Of Total：**						
工业系统	Industry System	277	75	5500415	4615360	1568267	5553563
非工业系统	Non-Industry System	56	24	662457	350922	168572	652437
区县工业	Industry of District and Country	70	22	741519	587760	226894	731010
其　他	Others	2		48216	47732	15143	47732
在总计中：	**Of Total：**						
国有经济	State-owned Enterprises	280	73	4801053	3613366	1372600	4813929
集体经济	Collective-owned Enterprises	54	20	200498	196499	43475	188148
联营经济	Joint-owned Enterprises	6	3	74537	56790	12403	76249
股份制经济	Share Holding Enterprise	7	3	132635	126007	38404	142354
外商投资经济	Foreign Funded Enterprises	40	14	1476361	1402803	457870	1504298
中外合资经营	Joint Venture	37	12	1457676	1387710	453241	1487002
中外合作经营	Co-operative	3	2	18686	15093	4629	17296
港澳台投资经济	HongKong,Macao and Taiwan Funded Enterprises	18	8	267522	206309	54123	259764
与大陆合资经营	Joint Venture	18	8	267522	206309	54123	259764
其他经济	Others						
在总计中：	**Of Total：**						
乡属工业	Township Enterprises	4		15379	12713	3748	15228
在总计中：	**Of Total：**						
轻工业	Light Industry	203	63	2034909	1583195	607703	2016311
以农产品为原料	Using Farm Products as Raw Material	127	40	1368812	834716	396137	1350050
以非农产品为原料	Using Non-Farm Products as Raw Material	76	23	666097	748479	211566	666261
重工业	Heavy Industry	202	58	4917697	4018579	1371172	4968431
采掘工业	Excavation	5		110680	46900	74293	107497
原料工业	Raw Material	26	5	2599371	1783151	708124	2601812
加工工业	Processing	171	53	2207646	2188528	588755	2259122
在总计中：	**Of Total：**						
大型企业	Large Enterprises	171	52	5906117	4829759	1701765	5947429
中型企业	Medium Enterprises	234	69	1046489	772015	277110	1037312

MAIN INDICATORS FOR LOCAL LARGE AND MEDIUM INDUSTRIAL ENTERPRISES WITH INDEPENDENT ACCOUNTING SYSTEM

(10000 yuan)

成品产销存 Production,Sale and Stock of Finished Products				在产品自制半成品期末期初差额 Balance Changes of Self-made Unfinished and Semi-finished Products	对外加工费收入 Revenue of External Processing	工业中间投入合计 Total Intermediate Input of Industry	本年应付工资 Wages Payable of this Year	本年应付福利费总额 Total Welfare Funds Payable of this Year	全部职工(从业人员)年平均人数(人) Average Number of Staff and Workers (Employment) (person)
年初库存价值 Stock Value (year-beginning)	生产价值 Production Value	销售价值 Sales Value	年末库存价值 Stock Value (year-end)						
699623	**6846709**	**6842219**	**703405**	**18819**	**87078**	**5324096**	**736910**	**112637**	**688006**
571862	5429591	5456350	548591	14628	56197	4224231	619624	93064	569824
48152	639085	639997	52942	219	23153	517835	66716	10882	53968
72117	729939	698140	95136	3852	7729	547028	47236	8652	63407
7492	48095	47732	6736	121		35003	3334	38	807
500126	4724657	4725738	492537	6360	70036	3688208	589829	80753	568382
50083	193933	186693	60252	3217	3348	162722	25323	3773	35206
13774	73579	72173	12982	-131	1089	63598	11014	994	12365
19909	131374	141469	18331	-134	1395	101578	16010	2158	13699
101596	1458537	1461596	96873	11299	6526	1086479	76288	20764	42422
96385	1443839	1445430	93217	11288	2549	1071745	74601	20302	40771
5210	14698	16166	3657	11	3977	14734	1686	462	1651
14136	264631	254551	22430	-1793	4684	221512	18445	4196	15932
14136	264631	254551	22430	-1793	4684	221512	18445	4196	15932
4170	14787	14681	4784		592	11762	1678	233	2584
296701	1994980	1971095	298804	3790	36139	1515189	190673	32680	227946
138201	1341747	1310032	160872	2611	24454	1034653	115139	21003	131131
158500	653233	661063	137932	1179	11685	480536	75534	11677	96815
402923	4851729	4871124	404601	15029	50939	3808907	546236	79957	460060
5536	109794	107049	6588	50	837	46833	40212	4800	36502
112706	2596308	2582176	134106	427	2635	2047809	256254	36574	180441
284680	2145628	2181899	263908	14552	47467	1714265	249770	38583	243117
537460	5821597	5826559	529449	17576	66944	4512153	616697	93444	527793
162163	1025112	1015660	173955	1243	20134	811943	120213	19193	160213

单位：万元

续表 1 continued

项目	Item	资本金合计 Total Capital	国家资本金 State Capital	集体资本金 Collective Capital	法人资本金 Capital of Institutional Units	个人资本金 Individual Capital	外商资本金 Foreign Capital
总计	**Total**	3727613	2725181	134387	360040	39310	468695
在总计中：	**Of Total:**						
工业系统	**Industry System**	2590007	1910596	92858	215123	25844	345586
非工业系统	Non-Industry System	774016	709873		12216		51927
区县工业	Industry of District and Country	333115	104712	41529	102226	13466	71183
其他	Others	30475			30475		
在总计中：	**Of Total:**						
国有经济	State-owned Enterprises	2563896	2413091	24505	110850	15451	
集体经济	Collective-owned Enterprises	146812	3907	87996	29060	1970	23880
联营经济	Joint-owned Enterprises	27183	10723	16078	382		
股份制经济	Share Holding Enterprise	150142	34492		74809	21889	18952
外商投资经济	Foreign Funded Enterprises	695237	219099	5023	113370		357746
中外合资经营	Joint Venture	675596	210699	5023	113370		346505
中外合作经营	Co-operative	19641	8400				11241
港澳台投资经济	HongKong, Macao and Taiwan Funded Enterprises	144343	43870	785	31570		68118
与大陆合资经营	Joint Venture	144343	43870	785	31570		68118
其他经济	Others						
在总计中：	**Of Total:**						
乡属工业	Township Enterprises	22719		1729	19049		1941
在总计中：	**Of Total:**						
轻工业	Light Industry	1087636	693365	74422	95854	16196	207798
以农产品为原料	Using Farm Products as Raw Material	666492	378696	47823	55935	11496	172543
以非农产品为原料	Using Non-Farm Products as Raw Material	421144	314669	26599	39920	4700	35256
重工业	Heavy Industry	2639978	2031817	59964	264186	23114	260897
采掘工业	Excavation	65595	65595				
原料工业	Raw Material	1414072	1385313	3253	257	1757	23492
加工工业	Processing	1160311	580908	56712	263929	21357	237406
在总计中：	**Of Total:**						
大型企业	Large Enterprises	3200911	2419372	49293	290710	31464	410072
中型企业	Medium Enterprises	526702	305809	85094	69330	7846	58623

续表 2 continued

(10000 yuan)

损 益 及 分 配 Profit,Loss and Distribution

流动资产合计 Circulating Assets	# 存货 Stock	# 产成品 Fished Product	流动资产年平均余额 Annual Average Balance of Circulating Assets	长期投资 Longterm Investment	固定资产合计 Fixed Assets	固定资产原价合计 Original Value of Fixed Assets	# 生产经营用 For Productive Use	累计折旧 Accumulative Depreciation	#本年折旧 Depreciation in this Year	固定资产净值年平均余额 Average Net Value of Fixed Assets
6595863	**2465836**	**779747**	**6366894**	**1212887**	**8124075**	**10051939**	**8976623**	**3154012**	**423663**	**6549797**
5246402	2039895	654835	5086954	1070799	6400105	7970818	7132017	2660235	327493	5111472
506393	144275	45784	492880	29905	1217519	1521067	1379827	355483	68692	1062425
765612	252592	71748	722943	104278	489107	540315	451899	135415	26817	360042
77456	29074	7380	64117	7905	17344	19738	12880	2879	661	15858
4501377	1784741	581994	4338539	1062067	6877258	8619705	7731558	2707171	334656	5592205
476649	144975	47751	477045	43573	214149	246071	188575	84736	12155	148948
81559	35886	15286	84444	5093	60867	71505	62737	20470	2635	59866
240829	83726	21495	202341	83888	103192	142733	105222	46657	6570	92852
1087562	338352	87902	1053128	5889	683229	808854	741568	244221	56598	545184
1071229	328537	84496	1038715	5889	663735	783649	718307	238030	54569	531239
16333	9815	3407	14413		19494	25204	23261	6191	2029	13945
207887	78157	25319	211398	12376	185380	163072	146963	50758	11049	110743
207887	78157	25319	211398	12376	185380	163072	146963	50758	11049	110743
31318	7260	4531	31457	630	10143	11598	10692	3210	971	8707
1971562	755709	352931	1867184	310799	1922434	2357939	1980033	652873	105153	1629454
1125239	443212	203449	1077113	152158	960374	1183806	974528	338360	53896	823311
846324	312496	149483	790071	158641	962059	1174132	1005506	314513	51258	806143
4624301	1710127	426815	4499710	902088	6201641	7694000	6996590	2501139	318510	4920343
131307	18233	5915	112057	5301	127533	180110	117378	61506	6332	111059
1609982	698683	129639	1584244	396053	4261926	5312116	5140023	1647084	210313	3481630
2883012	993211	291262	2803410	500734	1812183	2201775	1739189	792549	101865	1327654
5539555	2054362	599474	5361840	987103	7357485	9083013	8210922	2833084	382048	5940280
1056308	411474	180273	1005054	225784	766590	968926	765701	320928	41615	609517

续表 3 continued

单位：万元

项目 Item		损益及分配 无形及递延资产合计 Intangible and Deffered Assets	#无形资产 Intangible Assets	资产总计 Total Assets	流动负债合计 Liquid Liabilities	长期负债合计 Long-term Liabilities	负债合计 Total Liabilities
总　计	**Total**	544098	122500	16539163	6959617	2794573	9769668
在总计中：	**Of Total：**						
工业系统	Industry System	462315	73919	13181616	5758589	2443382	8210877
非工业系统	Non-Industry System	18454	9496	1779434	390219	195696	591722
区县工业	Industry of District and Country	48356	26999	1460371	753375	144270	898407
其　他	Others	14973	12087	117742	57435	11226	68661
在总计中：	**Of Total：**						
国有经济	State-owned Enterprises	407471	34701	12840137	5095155	2519638	7614873
集体经济	Collective-owned Enterprises	30506	14276	810749	484729	96729	582200
联营经济	Joint-owned Enterprises	4821	20	153760	104764	10037	114801
股份制经济	Share Holding Enterprise	23494	14423	451467	141708	27407	169116
外商投资经济	Foreign Funded Enterprises	65919	54800	1861046	935823	62119	1006916
中外合资经营	Joint Venture	63108	52367	1817454	916051	52994	978018
中外合作经营	Co-operative	2811	2434	43593	19773	9125	28898
港澳台投资经济	HongKong,Macao and Taiwan Funded Enterprises	11887	4281	422004	197438	78643	281762
与大陆合资经营	Joint Venture	11887	4281	422004	197438	78643	281762
其他经济	Others						
在总计中：	**Of Total：**						
乡属工业	Township Enterprises	972	57	46423	10964	619	11603
在总计中：	**Of Total：**						
轻工业	Light Industry	212932	54204	4472010	2041947	686733	2735231
以农产品为原料	Using Farm Products as Raw Material	108002	39915	2358064	1161601	281893	1449990
以非农产品为原料	Using Non-Farm Products as Raw Material	104930	14289	2113947	880346	404841	1285241
重工业	Heavy Industry	331166	68297	12067153	4917670	2107840	7034438
采掘工业	Excavation	3720	2688	267861	99907	58708	158615
原料工业	Raw Material	157633	19809	6412294	2148872	1363784	3512809
加工工业	Processing	169812	45800	5386998	2668892	685349	3363015
在总计中：	**Of Total：**						
大型企业	Large Enterprises	468949	108142	14400372	5919552	2536050	8466531
中型企业	Medium Enterprises	75149	14359	2138792	1040065	258523	1303137

续表 4 continued

(10000 yuan)

所有者权益合计 Ownership Interest	# 股本 Capital Stock	产品销售收入 Sales Revenue	产品销售成本 Cost of Sales	产品销售费用 Expenses of Sales	产品销售税金及附加 Sales Tax and Extra Charges	产品销售利润 Sales Profits	管理费用 Overhead Cost	税金 Taxes
		Profit,Loss and Distribution						
6769495	**713809**	**7201934**	**6058056**	**182937**	**99890**	**861051**	**782849**	**33039**
4970739	496967	5726046	4798999	127433	67182	732432	645752	25014
1187712	16979	711436	676638	16840	4519	13440	73562	3933
561964	162588	691721	527051	34069	28066	102536	59431	4036
49081	37275	72731	55369	4596	123	12643	4103	57
5225264	198460	5001616	4275351	99997	63935	562333	591333	25860
228548	103573	190147	151757	5072	500	32819	36914	1653
38959		90874	83703	1562	939	4670	11717	252
282351	152242	171710	129685	7126	1006	33894	18556	964
854130	255697	1483534	1188111	58598	32498	204328	103627	3022
839435	255697	1465593	1171706	57836	32266	203785	101987	2933
14695		17941	16405	762	232	543	1640	89
140243	3837	264053	229450	10582	1013	23008	20702	1289
140243	3837	264053	229450	10582	1013	23008	20702	1289
34819	16032	14339	11993	321	146	1880	1299	33
1736780	159072	2089154	1688429	102529	48378	249818	251736	9354
908074	82802	1466837	1177256	69336	42670	177575	157220	5380
828706	76270	622317	511173	33192	5708	72243	94516	3974
5032715	554737	5112780	4369627	80408	51512	611233	531113	23684
109246		104072	80841	1762	1323	20147	23297	597
2899485	41204	2639984	2325049	23807	14412	276715	210289	11502
2023983	513533	2368724	1963737	54840	35776	314371	297527	11586
5933840	618087	6196698	5246613	136354	84752	728979	641220	25758
835655	95722	1005235	811443	46583	15138	132072	141628	7281

续表 5 continued

单位：万元

项　目 Item		损益及分配 财产保险费 Premium of Property	劳动待业保险费 Premium for Employment Insurance	财务费用 Financial Expenses	利息支出 Expenses of Interest	营业利润 Operating Profits	利润总额 Total Profits
总　计	**Total**	**10520**	**169327**	**317018**	**314441**	**-136348**	**128471**
在总计中：	**Of Total:**						
工业系统	Industry System	9323	157351	279316	285234	-98517	90606
非工业系统	Non-Industry System	602	8819	15225	15879	-69415	-7210
区县工业	Industry of District and Country	591	3156	19694	13328	27081	37966
其　他	Others	3	2	2784		4503	7109
在总计中：	**Of Total:**						
国有经济	State-owned Enterprises	8388	160077	250010	258294	-191466	37799
集体经济	Collective-owned Enterprises	382	4090	11676	6523	-9204	-2204
联营经济	Joint-owned Enterprises	143	2181	6162	6039	-10462	-3691
股份制经济	Share Holding Enterprise	67	2055	4118	1403	9683	20424
外商投资经济	Foreign Funded Enterprises	1198	731	34530	31875	72796	83339
中外合资经营	Joint Venture	1157	723	33944	31300	74315	84789
中外合作经营	Co-operative	42	9	587	575	-1518	-1450
港澳台投资经济	HongKong,Macao and Taiwan Funded Enterprises	340	192	10522	10307	-7695	-7197
与大陆合资经营	Joint Venture	340	192	10522	10307	-7695	-7197
其他经济	Others						
在总计中：	**Of Total:**						
乡属工业	Township Enterprises			353	338	238	1048
在总计中：	**Of Total:**						
轻工业	Light Industry	3930	44068	85035	80554	-42453	35900
以农产品为原料	Using Farm Products as Raw Material	2433	25946	55290	54401	-9765	30789
以非农产品为原料	Using Non-Farm Products as Raw Material	1496	18122	29745	26153	-32688	5112
重工业	Heavy Industry	6590	125259	231983	233887	-93896	92570
采掘工业	Excavation	61	14783	1501	1501	-4606	12056
原料工业	Raw Material	3484	58844	137821	144376	-50768	28616
加工工业	Processing	3044	51632	92661	88010	-38521	51898
在总计中：	**Of Total:**						
大型企业	Large Enterprises	8578	146285	271703	271086	-113439	123062
中型企业	Medium Enterprises	1942	23042	45315	43356	-22910	5409

续表 6 continued

(10000 yuan)

Profit,Loss and Distribution								
亏损企业亏损总额 Total Lossing of Loss-making Enterprises	利税总额 Total Pre-tax Profits	应交所得税 Income Tax Payable	转作奖金的利润 Profits Distributed as Bonus	应付利润 Profits Payable	#已分配股利 Divided Payment	本年应交增值税 Added Value Tax	本年进项税额 Tax Include in Purchasing Cost	本年销项税额 Tax Include in Sales Cost
136414	578726	42085	1194	70188	47379	350365	843943	1168550
95172	449872	28490	76	55816	45429	292083	684074	951518
28796	21258	4031	702	4853	1858	23950	64046	87254
12446	98434	8484	417	9519	92	32403	88907	120932
	9162	1080				1930	6916	8846
79358	361489	22830	297	2749		259755	588373	830449
7989	3995	480	3	2835		5699	39955	45118
4126	-1289	30				1464	13759	14312
8277	28777	4458		9212	1000	7348	18314	25383
20822	183823	13497	701	51596	45178	67987	153090	215563
19368	184365	13497	701	51596	45178	67310	150872	213492
1454	-542					677	2218	2072
15842	1930	790	194	3797	1202	8113	30453	37725
15842	1930	790	194	3797	1202	8113	30453	37725
	1325	105		56		132	872	932
71208	172262	18817	1097	18718	9505	87983	231105	312725
46730	135436	13867	888	18258	9413	61977	154676	212664
24478	36826	4950	208	460	92	26006	76429	100061
65207	406464	23268	98	51471	37874	262383	612838	855825
	23825	114		738		10446	8895	19341
3247	199591	6989	89	134		156562	281698	436252
61959	183048	16165	9	50598	37874	95374	322246	400232
97262	515615	33326	992	70668	45949	307802	732068	1016865
39152	63111	8759	202	-480	1430	42564	111876	151685

6-11 地方独立核算大中型工业企业主要经济指标(按行业分)

单位：万元

项目	Item	企业单位个数(个) Number of Enterprises (unit)	#亏损企业 Loss-making Enterprises	工业总产值(当年价格) Gross Output Value of Industry (at current price)	工业总产值(1990年不变价格) Gross Output Value of Industry (at 1990 constant prices)	工业增加值(生产法) Added Value of Industry (with production method)	工业销售产值(当年价格) Sales Value of Industry (at current price)
煤炭采选业	Coal Mining and Dressing	1		97216	39604	7019	94309
黑色金属矿采选业	Ferrous Metals Mining and Dressing	1		10979	6074	2748	10786
非金属矿采选业	Nonmetal Minerals Mining and Dressing	3		2486	1222	1356	2402
食品加工业	Food Processing	23	15	358925	121264	24404	350780
食品制造业	Food Production	10	4	60821	30360	17478	57904
饮料制造业	Beverage Production	16	5	410124	269460	172225	404999
纺织业	Textile Industry	27	9	258277	194497	80748	255761
服装及其他纤维制品制造业	Garments and Other Fiber Products	14	2	81885	56072	14408	85445
皮革、毛皮、羽绒及其制品业	Leather,Furs,Down and Related Products	8	1	12803	8014	5805	10249
木材加工及竹、藤、棕、草制品业	Timber Processing,Bamboo,Cane, Palm Fiber and Straw Products	1	1	2935	1648	412	2925
家具制造业	Furniture Manufacturing	1		2990	3092	177	2989
造纸及纸制品业	Papermaking and Paper Products	5		80960	65897	27442	79709
印刷业、记录煤介的复制	Printing and Record Medium Reproduced	12	2	38486	30205	16480	39022
文教、体育用品制造	Stationery,Educational and Sports Goods	8	2	38959	28615	11715	38086
化学原料及化学制品制造业	Raw Chemical Materials and Chemical Products	19	5	615588	514646	112002	613620
医药制造业	Medical and Pharmaceutical Product	10		127288	142415	54107	124938
化学纤维制造业	Chemical Fibers	5	3	47233	57459	3707	46119
橡胶制品业	Rubber Products	8	3	103467	123762	19113	104673
塑料制品业	Plastic Products	14	6	58455	55259	4567	58460
非金属矿物制品业	Nonmetal Mineral Products	28	8	324497	255745	87786	317089
黑色金属冶炼及压延加工业	Smelting and Pressing of Ferrous Metals	2	1	1883024	1197317	555164	1887919
金属制品业	Metal Products	13	4	33684	29202	6417	32261
普通机械制造业	Ordinary Machinery Manufacturing	27	7	207334	179736	61125	214678
专用设备制造业	Special Purposes Equipment Manufacturing	25	8	177370	168993	49300	174773
交通运输设备制造业	Transportation Equipment Manufacturing	20	7	740384	650950	145500	740687
电气机械及器材制造	Electric Equipment and Machinery	29	16	182219	183754	46961	184833
电子及通信设备制造	Electronic and Telecommunications	39	8	766442	1002370	250792	817000
仪器仪表及文化、办公用机械制造业	Instruments,Meters,Cultural and Official Machine Manufacturing	15	2	45852	48522	18706	44755
其他制造业	Other Manufacturing	9	2	56732	52248	47477	59188
电力、蒸汽、热水的生产和供应业	Electricity Power,Steam and Hot Water Production and Supply	2		44203	33120	24036	46305
煤气生产和供应业	Gas Production and Supply	3		31739	30967	22043	31739
自来水的生产和供应	Water Production and Supply	1		49251	19286	24483	50340

MAIN INDICATORS FOR LOCAL LARGE AND MEDIUM INDUSTRIAL ENTERPRISES WITH INDEPENDENT ACCOUNTING SYSTEM(BY SECTOR)

(10000 yuan)

成品产销存 Production,Sale and Stock of Finished Products				在产品自制半成品期末期初差额 Balance Changes of Self-made Unfinished and Semi-finished Products	对外加工费收入 Revenue of External Processing	工业中间投入合计 Total Intermediate Input of Industry	本年应付工资 Wages Payable of this Year	本年应付福利费总额 Total Welfare Funds Payable of this Year	全部职工(从业人员)年平均人数(人) Average Number of Staff and Workers (Employment) (person)
年初库存价值 Stock Value (year-beginning)	生产价值 Production Value	销售价值 Sales Value	年末库存价值 Stock Value (year-end)						
3141	96329	93861	4254	50	837	36942	38234	4607	33740
1258	10979	10786	1111			8603	1124	76	1641
1138	2486	2402	1223			1289	854	117	1121
12397	358760	353565	17224	60	105	338642	11429	2308	11475
2210	60631	55491	1974	160	31	46513	7478	1168	7876
16413	408241	398392	21524	1883	1	264271	19556	4821	17964
59120	250163	245073	64824	379	7735	188034	37368	5922	49624
18384	77230	73631	21046	679	3976	69297	9819	2126	13298
10255	12358	10536	11548	-531	977	7130	4010	473	6587
5800	2640	2440	6000	159	136	2642	1280	162	1846
308	2990	2989	309			2875	570	70	555
3525	80503	79725	4517	8	449	58549	7965	1287	7955
1794	27775	27967	1176	-194	10905	25298	7126	979	5920
9150	36991	36573	7486	1441	527	29688	6293	928	17820
58086	617516	623420	55788	-2345	416	529881	46055	7258	40826
18836	125161	124972	21575	246	1881	82076	15183	2690	15448
8254	44858	43582	8684	-86	2461	44653	5001	685	6978
20138	102615	101657	16647	-19	871	87731	8183	1062	11182
13150	59078	59347	7385	-708	85	54827	8303	1103	11779
49840	319133	310663	56638	760	4604	254762	50684	7540	54834
51396	1880902	185735	74945	2123		443167	174554	22787	110189
13943	29484	31297	10808	376	3824	28268	6438	1059	8565
44143	183500	195469	39993	18324	5511	154827	47338	8321	50612
48668	173194	171125	42886	-1264	5439	136203	27198	3679	28840
47412	717690	716730	44610	-631	23326	620155	58406	9363	44673
46317	178938	182089	50577	837	2444	142967	30376	4066	38637
111620	761699	799436	80307	-3724	8467	554709	64165	10510	48990
15500	43692	43728	18226	679	1481	30025	10935	1623	13681
6464	56189	59747	8335	158	385	14767	4308	684	4084
220	44203	46305	1609			24781	8192	1093	7920
	31739	31739				12963	11537	3102	8141
744	49044	50133	178		207	27562	6949	968	5205

续表 1 continued

单位：万元

项目	Item	资本金合计 Total Capital	国家资本金 State Capital	集体资本金 Collective Capital	法人资本金 Capital of Institutional Units	个人资本金 Individual Capital	外商资本金 Foreign Capital
煤炭采选业	Coal Mining and Dressing	60025	60025				
黑色金属矿采选业	Ferrous Metals Mining and Dressing	2010	2010				
非金属矿采选业	Nonmetal Minerals Mining and Dressing	3561	3561				
食品加工业	Food Processing	99166	72937	206			26024
食品制造业	Food Production	48807	26525	346			21937
饮料制造业	Beverage Production	250663	96987		33798	10751	109128
纺织业	Textile Industry	112179	95519	11930	2534	745	1451
服装及其他纤维制品制造业	Garments and Other Fiber Products	34200	11228	14739	1856		6377
皮革、毛皮、羽绒及其制品业	Leather,Furs,Down and Related Products	40876	11130	13651	16095		
木材加工及竹、藤、棕、草制品业	Timber Processing,Bamboo,Cane,Palm Fiber and Straw Products	2941	2941				
家具制造业	Furniture Manufacturing	973	973				
造纸及纸制品业	Papermaking and Paper Products	24285	16291	3618			4376
印刷业、记录煤介的复制	Printing and Record Medium Reproduced	30144	24278	1856	1252		2758
文教、体育用品制造	Stationery,Educational and Sports Goods	18518	12145	3831	2237		306
化学原料及化学制品制造业	Raw Chemical Materials and Chemical Products	236611	207208	3800	5027		20577
医药制造业	Medical and Pharmaceutical Product	55347	46106	273	3417	4700	850
化学纤维制造业	Chemical Fibers	23481	23481				
橡胶制品业	Rubber Products	19494	17817	1678			
塑料制品业	Plastic Products	57608	48140	4764	4007		697
非金属矿物制品业	Nonmetal Mineral Products	169539	145982	9921	7116		6521
黑色金属冶炼及压延加工业	Smelting and Pressing of Ferrous Metals	631842	627446	2638		1757	
金属制品业	Metal Products	23553	11154	5767	2075	183	4375
普通机械制造业	Ordinary Machinery Manufacturing	159205	103583	9588	19558	30	26446
专用设备制造业	Special Purposes Equipment Manufacturing	110476	62297	720	32459	15000	
交通运输设备制造业	Transportation Equipment Manufacturing	294659	62776	7805	53360	5299	65420
电气机械及器材制造	Electric Equipment and Machinery	118224	51244	16372	28419		22189
电子及通信设备制造	Electronic and Telecommunications	418259	220120	16572	46831	845	133891
仪器仪表及文化、办公用机械制造业	Instruments,Meters,Cultural and Official Machine Manufacturing	56309	45864	474			9971
其他制造业	Other Manufacturing	17679	8434	3841			5405
电力、蒸汽、热水的生产和供应业	Electricity Power,Steam and Hot Water Production and Supply	198139	198139				
煤气生产和供应业	Gas Production and Supply	288840	288840				
自来水的生产和供应	Water Production and Supply	120002	120002				

续表 2 continued

(10000 yuan)

损益及分配 Profit,Loss and Distribution										
流动资产合计 Circulating Assets	# 存货 Stock	# 产成品 Fished Product	流动资产年平均余额 Annual Average Balance of Circulating Assets	长期投资 Longterm Investment	固定资产合计 Fixed Assets	固定资产原价合计 Original Value of Fixed Assets	# 生产经营用 For Productive Use	累计折旧 Accumulative Depreciation	#本年折旧 Depreciation in this Year	固定资产净值年平均余额 Average Net Value of Fixed Assets
112157	12755	3892	92553	3339	103683	150501	91156	54139	5189	89499
15287	4298	993	15789	1420	11940	14512	12491	3235	883	9781
3864	1180	1030	3715	542	11909	15097	13731	4132	260	11779
124456	36969	15127	126693	2699	106217	128779	93718	35190	5925	92396
38384	6836	1887	42797	13254	54174	66627	50490	17996	2370	47718
256322	106303	14279	223767	59106	289676	329112	297140	66221	16873	240489
240727	123281	63388	243867	33254	250649	355820	270300	121788	14103	239749
73368	31288	20493	75349	4854	43035	56918	44620	16542	2048	39525
62418	16290	12261	63005	5995	35718	38133	31683	10057	1107	29553
14155	9005		15041	1321	5136	8433	6935	3297	180	4176
2648	588	306	2617	280	2274	3439	2307	1541	125	1882
75926	20354	6734	71893	9440	51656	52215	49715	15551	2590	35800
36713	8606	2204	34237	11885	53158	69923	61365	22414	4425	46237
43909	20467	8536	47431	4545	37908	45667	27848	13732	2013	30333
423663	160113	49463	434964	78808	1112511	1228632	1167352	287924	36397	832561
301043	112699	87308	249674	31489	143413	135676	121947	39529	4867	69451
28634	18437	9695	30448	1095	65680	97152	81588	32211	2958	66287
94702	56716	20537	89845	2314	85437	77297	60954	24810	3117	52503
85972	36410	14109	109811	23947	108344	145511	119576	45051	4360	66871
333051	113932	64763	314319	62186	456942	566654	457176	158498	22535	356164
988241	523873	72344	970084	313317	2347900	3104007	3104007	1146835	134215	1997676
46491	21997	10617	43699	4464	37646	48523	33638	15997	2067	28879
459469	184602	42310	454616	39904	334496	422466	310285	149093	13288	263269
276246	126052	44896	254247	70161	204009	245635	170070	80795	8098	159919
536808	199538	48961	557841	202844	374091	402899	359968	157722	26630	245547
390599	147237	45189	380096	37331	198076	272926	227514	95727	11537	166024
1200626	297012	87198	1107594	165697	505970	595469	434691	213435	33663	378604
86702	41897	20421	86744	17883	57215	79393	59362	32166	2391	45254
45681	13171	8140	40154	1535	28203	32878	29650	9801	2056	20240
91249	4786	1853	83297	1957	237790	323547	300529	91317	14941	198823
50521	4257	19	51558	4328	359318	433063	394073	83351	18110	298771
55835	4890	796	49154	1695	409899	505039	490745	103919	24342	384037

续表 3 continued

单位：万元

项目	Item	损益及分配					
		无形及递延资产合计 Intangible and Deffered Assets	#无形资产 Intangible Assets	资产总计 Total Assets	流动负债合计 Liquid Liabilities	长期负债合计 Long-term Liabilities	负债合计 Total Liabilities
煤炭采选业	Coal Mining and Dressingtion	2688	2688	221867	82969	48839	90059
黑色金属矿采选业	Ferrous Metals Mining and Dressing	114		28761	12543	8213	8006
非金属矿采选业	Nonmetal Minerals Mining and Dressing	918		17233	4395	1656	11182
食品加工业	Food Processing	9514	6144	244545	130988	39417	72033
食品制造业	Food Production	10421	604	116700	51496	20708	40808
饮料制造业	Beverage Production	39303	30086	651220	252840	39325	359041
纺织业	Textile Industry	27373	734	552203	320232	111061	120328
服装及其他纤维制品制造业	Garments and Other Fiber Products	2975	57	126383	69386	6847	50076
皮革、毛皮、羽绒及其制品业	Leather,Furs,Down and Related Products	2609		106740	50016	6090	50634
木材加工及竹、藤、棕、草制品业	Timber Processing,Bamboo,Cane, Palm Fiber and Straw Products	37		21102	15478	419	5205
家具制造业	Furniture Manufacturing	16		5219	2450	1191	1577
造纸及纸制品业	Papermaking and Paper Products	13145	450	150282	76851	26133	47299
印刷业、记录媒介的复制	Printing and Record Medium Reproduced	683	63	102480	35872	17306	49302
文教、体育用品制造	Stationery,Educational and Sports Goods	3392	1663	89930	50067	10660	29203
化学原料及化学制品制造业	Raw Chemical Materials and Chemical Products	139137	15218	1756517	500926	812086	443352
医药制造业	Medical and Pharmaceutical Product	5576	2108	481858	251804	38305	191749
化学纤维制造业	Chemical Fibers	27501		122910	39485	75242	8183
橡胶制品业	Rubber Products	12202	77	194654	129803	35476	29376
塑料制品业	Plastic Products	27580	442	245843	133285	52499	60059
非金属矿物制品业	Nonmetal Mineral Products	54054	1697	909173	365932	258334	284853
黑色金属冶炼及压延加工业	Smelting and Pressing of Ferrous Metals	10460	4345	3642446	531571	403083	707791
金属制品业	Metal Products	3694	2843	92563	57508	11311	23743
普通机械制造业	Ordinary Machinery Manufacturing	30173	14341	870664	465528	154673	250463
专用设备制造业	Special Purposes Equipment Manufacturing	11239	481	562376	234881	47401	280094
交通运输设备制造业	Transportation Equipment Manufacturing	9904	4492	1123693	460384	120951	542358
电气机械及器材制造	Electric Equipment and Machinery	26405	6945	692126	432303	75330	184493
电子及通信设备制造	Electronic and Telecommunications	65456	24009	1948826	1018663	213987	707408
仪器仪表及文化、办公用机械制造业	Instruments,Meters,Cultural and Official Machine Manufacturing	5989	2070	168476	74047	18590	75832
其他制造业	Other Manufacturing	534	82	76926	31160	7603	38132
电力、蒸汽、热水的生产和供应业	Electricity Power,Steam and Hot Water Production and Supply	169	169	331164	44470	10042	276652
煤气生产和供应业	Gas Production and Supply			416019	20784	7655	387581
自来水的生产和供应	Water Production and Supply	836	694	468265	11499	114142	342624

续表 4 continued

(10000 yuan)

Profit,Loss and Distribution								
所有者权益合计 Ownership Interest	#股本 Capital Stock	产品销售收入 Sales Revenue	产品销售成本 Cost of Sales	产品销售费用 Expenses of Sales	产品销售税金及附加 Sales Tax and Extra Charges	产品销售利润 Sales Profits	管理费用 Overhead Cost	税金 Taxes
90059		91045	70633	1238	867	18307	21336	482
8006		10758	8290	480	444	1543	1237	93
11182		2269	1917	43	12	297	724	21
72033		365878	349204	6297	130	10247	17648	1423
40808		57166	45616	7257	97	4196	8203	257
359041	45651	381666	247934	28604	39910	65219	35408	583
120328	10004	260583	231543	4110	963	23967	36015	1647
50076	7195	84068	70553	6921	80	6515	10108	290
50634	16032	9834	8327	612	150	745	4240	183
5205		3041	2408		22	610	2008	32
1577		3609	3503	58	6	41	707	16
47299	1736	77043	52818	1874	126	22225	12405	282
49302	2184	38713	28450	569	228	9466	8679	232
29203		43822	34897	1183	223	7520	7839	262
443352	21887	584755	507360	9317	5518	62561	64174	1900
191749	31716	256790	188626	19872	1195	47097	28718	687
8183		47096	42696	522	92	3787	7876	176
29376		108335	86300	2026	5035	14974	8899	234
60059	1210	61189	55748	1273	66	4103	13451	449
284853	21664	320011	265685	9658	1392	43276	42115	1543
707791		1818859	1562830	12680	11047	232302	120673	8209
23743	993	32121	27944	1249	61	2867	4534	828
250463	44009	228831	195598	5079	618	27537	45599	1693
280094	45886	180403	137824	4788	842	36948	36365	2653
542358	16008	803182	703751	11603	27784	60045	73380	1775
184493	13200	186766	148111	6590	693	31372	40578	1111
707408	412154	858656	688656	26349	944	142708	84615	3748
75832	2964	43473	33192	1781	186	8315	9467	324
38132		42364	19670	10879	240	11575	8878	116
276652	19317	71046	77558	27	419	−6958	9151	391
387581		86229	106959		222	−20952	10224	508
342624		42334	53456		279	−11402	7595	889

续表 5 continued

单位：万元

项目	Item	损益及分配 财产保险费 Premium of Property	劳动待业保险费 Premium for Employment Insurance	财务费用 Financial Expenses	利息支出 Expenses of Interest	营业利润 Operating Profits	利润总额 Total Profits
煤炭采选业	Coal Mining and Dressing tion	32	14541	683	683	-5157	11797
黑色金属矿采选业	Ferrous Metals Mining and Dressing	18	117	741	741	701	259
非金属矿采选业	Nonmetal Minerals Mining and Dressing	11	125	78	77	-151	
食品加工业	Food Processing	367	1439	10738	10117	-16324	-12966
食品制造业	Food Production	87	1559	2156	2189	-5041	-3340
饮料制造业	Beverage Production	457	1772	8257	8317	24420	28209
纺织业	Textile Industry	474	9515	15005	14746	-24293	-3584
服装及其他纤维制品制造业	Garments and Other Fiber Products	134	2313	2617	2533	-468	1623
皮革、毛皮、羽绒及其制品业	Leather, Furs, Down and Related Products	89	1574	2280	2280	-2906	-107
木材加工及竹、藤、棕、草制品业	Timber Processing, Bamboo, Cane, Palm Fiber and Straw Products	19	240	702	702	-1999	-1633
家具制造业	Furniture Manufacturing	20	225	186	186	-132	4
造纸及纸制品业	Papermaking and Paper Products	183	2464	1981	2131	10323	13253
印刷业、记录煤介的复制	Printing and Record Medium Reproduced	162	1996	2059	1936	543	2476
文教、体育用品制造	Stationery, Educational and Sports Goods	112	1796	2606	2701	-862	1281
化学原料及化学制品制造业	Raw Chemical Materials and Chemical Products	2996	11506	20249	20401	-16950	7653
医药制造业	Medical and Pharmaceutical Product	588	3371	12164	11727	9210	9082
化学纤维制造业	Chemical Fibers	184	1196	3399	3477	-6404	-6786
橡胶制品业	Rubber Products	163	1863	7603	7603	-1317	-1146
塑料制品业	Plastic Products	302	2543	6787	6784	-14361	-3394
非金属矿物制品业	Nonmetal Mineral Products	645	11288	11642	10183	-7010	775
黑色金属冶炼及压延加工业	Smelting and Pressing of Ferrous Metals	263	41573	115252	121011	11920	20715
金属制品业	Metal Products	78	665	2289	2210	-2248	-1454
普通机械制造业	Ordinary Machinery Manufacturing	337	12802	13132	12939	-29210	-17056
专用设备制造业	Special Purposes Equipment Manufacturing	281	8648	8164	8007	-5258	8548
交通运输设备制造业	Transportation Equipment Manufacturing	610	7820	23168	23087	-28061	-11828
电气机械及器材制造	Electric Equipment and Machinery	366	10385	14666	10320	-14763	-6529
电子及通信设备制造	Electronic and Telecommunications	1003	8099	26053	24156	48096	81075
仪器仪表及文化、办公用机械制造业	Instruments, Meters, Cultural and Official Machine Manufacturing	171	2367	3217	2728	-268	1679
其他制造业	Other Manufacturing	179	907	838	811	3789	5654
电力、蒸汽、热水的生产和供应业	Electricity Power, Steam and Hot Water Production and Supply	143	1905	-631	324	-14683	1571
煤气生产和供应业	Gas Production and Supply	44	948	-386	127	-29514	1972
自来水的生产和供应	Water Production and Supply		1767	-674	-790	-17971	668

续表 6 continued

(10000 yuan)

Profit,Loss and Distribution						本年应交增值税 Added Value Tax	本年进项税额 Tax Include in Purchasing Cost	本年销项税额 Tax Include in Sales Cost
亏损企业亏损总额 Total Lossing of Loss-making Enterprises	利税总额 Total Pre-tax Profits	应交所得税 Income Tax Payable	转作奖金的利润 Profits Distributed as Bonus	应付利润 Profits Payable	#已分配股利 Divided Payment			
	22580	28		738		9916	6447	16363
	1075	86				372	2448	2820
	170					158		158
-19413	-8715	1481	272	5821	1858	4121	25024	28602
-6279	-73	399	133			3170	5284	8296
-8442	94491	6889	414	3168		26372	42198	68144
-9000	7886	617	70	1817	790	10506	33812	43564
-913	3522	371		813	163	1820	6235	7387
-800	174	-180				131	2016	1834
-1633	-1492					119	421	540
	72	2				62	523	584
	18410	1593		6218	6218	5031	9181	14212
-240	5997	493		398	384	3292	6192	9427
-379	3949	457		269	92	2445	6306	8171
-4329	39466	4742		21		26296	75501	98614
	19172	2043		102		8895	34415	41740
-6792	-5566	1				1128	7594	8605
-2160	7266	309				3377	15431	18956
-3647	-2388	10				940	10581	10576
-5441	20218	1523	6	96		18051	37909	55332
-145	147069	2937				115307	181625	296932
-1527	-394	18				1000	4315	4421
-18547	-7821	372		213		8617	28836	37128
-3869	17524	2630		1000	1000	8134	30889	38421
-17266	41228	1172		-6796		25271	124594	141987
-15369	1874	1564		224		7709	22610	30277
-8751	121078	11168	3	54390	36874	39059	98841	132802
-1448	4743	234		1470		2879	4974	7692
-25	11407	1129		1		5512	2629	8025
	6605					4615	7992	11757
	5460		89	134		3267	9124	12390
	3742		208	92		2794		2794

6-12 村办工业企业主要经济指标
MAIN INDICATORS ON VILLAGE INDUSTRIAL ENTERPRISES

单位：万元 (10000 yuan)

项目 Item		企业单位数（个） Number of Enterprise (unit)	工业总产值（当年价格） Gross Output Value of Industry (at current prices)	从业人员年末人数（人） Employment (year-end) (person)	产品销售收入 Sales Revenue	产品销售税金及附加 Sales Tax and Extra Charges
总计	**Total**	8143	1802164	319822	1598829	14570
轻工业	Light Industry	4278	1008435	167255	870768	6421
重工业	Heavy Industry	3865	793730	152567	728061	8149

项目 Item		应交增值税 Value Added Tax Payable	应交所得税 Income Tax Payable	利润总额 Total Profits	固定资产原价年末数 Original Value of Fixed Assets (year-end)	流动资产年末数 Circulating Assets (year-end)
总计	**Total**	43945	11113	68100	702451	876073
轻工业	Light Industry	23129	5443	37891	380159	470406
重工业	Heavy Industry	20816	5670	30209	322292	405667

6-13 城乡合作经营工业和城乡个体工业主要经济指标
MAIN INDICATORS ON URBAN AND RURAL CO-OPERATIVE AND INDIVIDUAL ENTERPRISES

单位：万元 (10000 yaun)

项目 Item		企业单位数（个） Number of Enterprise (unit)	从业人员年末人数（人） Employment (year-end) (persons)	工业总产值（当年价格） Gross Output Value of Industry (at current prices)	上缴税金 Taxes Turned Over	自有资金 Self-own Capital
总计	**Total**	11480	70420	386388	11328	67475
轻工业	Light Industry	8256	38424	217406	6349	46345
重工业	Heavy Industry	3224	31996	168982	4979	21130
城镇合作经营工业	**Urban Co-operative Enterprises**	19	472	5252	196	1773
轻工业	Light Industry	1	11	7	1	1
重工业	Heavy Industry	18	461	5245	195	1772
农村合作经营工业	**Rural Co-operative Enterprises**	391	19671	110231	2943	31816
轻工业	Light Industry	113	4264	47085	691	23403
重工业	Heavy Industry	278	15407	63146	2252	8413
城镇个体工业	**Urban Individual Enterprises**	2568	6623	34356	694	5296
轻工业	Light Industry	2152	5253	20738	512	3988
重工业	Heavy Industry	416	1370	13618	182	1308
农村个体工业	**Rural Individual Enterprises**	8502	43654	236550	7495	28591
轻工业	Light Industry	5990	28896	149576	5145	18953
重工业	Heavy Industry	2512	14758	86974	2350	9638

6-14 大中型工业企业按销售收入排序
ARRANGING IN SALES REVENUE ORDER OF LARGE AND MEDIUM INDUSTRIAL ENTERPRISES

单位：千元 (1000 yuan)

企业名称 Enterprise	序号 No.	销售收入 Sales Revenue
首钢总公司	1	17962767
中国石化北京燕山石油化工公司	2	12762879
北京吉普汽车有限公司	3	4133693
北京化学工业集团有限责任公司	4	3911356
中国华北电力集团公司	5	3639411
北京松下彩色显像管有限公司	6	2597692
北京国际交换系统有限公司	7	1988378
中国北京同仁堂集团公司	8	1714914
北京建筑材料集团有限责任公司	9	1621618
北京汽车摩托车联合制造公司	10	1492982
中国惠普有限公司	11	1270109
北京燕京啤酒集团公司	12	923380
北京矿务局	13	910450
北京轻型汽车有限公司	14	906111
北京牡丹电子集团公司	15	737444
顺义县肉类联合加工厂	16	737361
北京卷烟厂	17	682588
北京市热力公司	18	626273
中国石化长城高级润滑油公司	19	621873
北内集团总公司	20	613939
北京市松下通信设备有限公司	21	601332
北京轮胎厂	22	555654
北京松下电子部品有限公司	23	536209
北京红星酿酒集团公司	24	521025
北京印钞厂	25	516694
北京第二棉纺织厂	26	510800
北京六所华科高技术股份有限公司	27	494531
北京市牛栏山酒厂	28	486813
首都航天机械公司	29	485990
北京市煤气公司	30	464481
北京重型电机厂	31	463778
北京二七车辆厂	32	453550
北京巴布科克威尔科克斯有限公司	33	446639
北京四通集团公司	34	439846
北京市自来水公司	35	423339
北京二七机车厂	36	423220
北人印刷机械股份有限公司	37	417880
北京正大饲料有限公司	38	404201
北京制药厂	39	403490
北新建材（集团）有限公司	40	401433
北京北方车辆制造厂	41	394490
邮电部北京通信设备厂	42	389225
北京利乐包装有限公司	43	370767
北京光东健力宝饮料有限公司	44	364446
北京亚洲双合盛五星啤酒有限公司	45	362183
北京市客车总厂	46	351763
北京市三环毛纺针织集团公司	47	348575
北京第三棉纺织厂	48	335194

续表 continued

单位：千元 (1000 yuan)

企业名称 Enterprise	序号 No.	销售收入 Sales Revenue
北京市汽车修理公司	49	330786
北京恒通食品有限公司	50	329879
北京市植保械厂	51	327411
北京市造纸包装工业公司	52	324380
北京化工实验厂	53	303732
北京星海乐器有限责任公司	54	300963
北京市潞河面粉公司	55	299311
北京博士伦眼睛护理产品有限公司	56	298863
北京玻璃集团公司	57	298144
北京爱立信通信系统有限公司	58	295914
北京燕京啤酒集团公司一分厂	59	292498
顺美服装有限公司	60	290263
北京兆维电子〔集团〕有限责任公司	61	280223
北京统一食品有限公司	62	274942
中国迅达电梯有限公司	63	274342
北京煤矿机械厂	64	271190
北京东方电子集团股份有限公司	65	270958
北京艾森绿宝油脂有限公司	66	265644
北京统益油脂有限公司	67	250369
北京合成纤维实验厂	68	246559
北京染料厂	69	235403
北京亚都科技股份有限公司	70	232780
北京市宏利钢管厂	71	225823
北京橡胶一厂	72	219663
北京第一棉纺织厂	73	203470
北京起重机器厂	74	200144
北京市液化石油气公司	75	199878
北京市天然气公司	76	197934
北京雪莲羊绒有限公司	77	195026
北京北化精细化学品有限责任公司	78	193607
北京市电机总厂	79	189995
北京嘉荣食品有限公司	80	189117
北京第一机床厂	81	188714
北京市肉类联合加工厂	82	188400
北京清河毛纺织厂	83	187506
北京轻联塑料集团公司	84	184277
北京南顺油脂有限公司	85	175823
北京市东方罗门哈斯有限公司	86	172976
北京恩布拉科雪花压缩机有限公司	87	171585
北京三环亚太啤酒有限公司	88	168318
北京富帛实业股份有限公司	89	168046
北京市三露厂	90	157940
北京天纬油泵油嘴股份有限公司	91	156851
北京保温瓶工业公司	92	154342
北京天海工业有限公司	93	152386
丰台桥梁工厂	94	149360
北京联合收割机发展集团	95	148848
北京航星机器制造公司	96	148101
北京市京工服装工业集团公司	97	146566
北京二毛纺织集团	98	145899
北京无线电厂	99	141301
北京市茶叶加工厂	100	138129

6-15 大中型工业企业按利税总额排序
ARRANGING IN TOTAL PRE-TAX PROFITS OF LARGE AND MEDIUM INDUSTRIAL ENTERPRISES

单位：千元 (1000 yuan)

企业名称 Enterprise	序号 No.	利税总额 Sales Revenue
中国石化北京燕山石油化工公司	1	2014389
首钢总公司	2	1470141
北京国际交换系统有限公司	3	628541
北京吉普汽车有限公司	4	394201
北京燕京啤酒集团公司	5	366082
北京卷烟厂	6	356703
北京松下彩色显像管有限公司	7	289467
中国惠普有限公司	8	283279
中国华北电力集团公司	9	275049
北京矿务局	10	225800
北京化学工业集团有限责任公司	11	212421
邮电部北京通信设备厂	12	204058
北京利乐包装有限公司	13	161539
北京市牛栏山酒厂	14	156639
北京东方电子集团股份有限公司	15	148715
北京建筑材料集团有限责任公司	16	136056
北京红星酿酒集团公司	17	134818
中国北京同仁堂集团公司	18	130140
北京燕京啤酒集团公司一分厂	19	124169
北人印刷机械股份有限公司	20	114340
北新建材（集团）有限公司	21	111232
北京博士伦眼睛护理产品有限公司	22	102158
北京印钞厂	23	100973
中国石化长城高级润滑油公司	24	82391
北京市三露厂	25	78532
北京轮胎厂	26	73557
北京亚都科技股份有限公司	27	68267
北京市热力公司	28	64408
北京汽车摩托车联合制造公司	29	62703
北京光东健力宝饮料有限公司	30	62175
北京市松下通信设备有限公司	31	56319
北京四通集团公司	32	52505
北京亚洲双合盛五星啤酒有限公司	33	51458
北京爱立信通信系统有限公司	34	49408
北京兆维电子〔集团〕有限责任公司	35	48565
北京重型电机厂	36	48548
北京北方车辆制造厂	37	46610
北京市汽车修理公司	38	43057
北京三环亚太啤酒有限公司	39	42866
北京统一食品有限公司	40	40200
北京市自来水公司	41	37417
北京正大饲料有限公司	42	35080
北京制药厂	43	34231
北京星海乐器有限责任公司	44	34157
北京市煤气公司	45	32322
北京二七车辆厂	46	32280
北京威顿玻璃制品有限公司	47	30517
北京第二棉纺织厂	48	28890

续表 continued

单位：千元 (1000 yuan)

企业名称 Enterprise	序号 No.	利税总额 Sales Revenue
北京市植保械厂	49	28769
北京雪莲羊绒有限公司	50	28097
顺义县肉类联合加工厂	51	26896
北京丽源公司	52	25550
北京长空工业有限公司	53	25216
北京平谷县化工总厂	54	24303
北京六所华科高技术股份有限公司	55	23351
北京丽都亚洲啤酒有限公司	56	23048
北京万东医疗装备公司	57	23018
北京市东方罗门哈斯有限公司	58	22737
北京生物制品研究所	59	22184
北京市客车总厂	60	20403
北京清河毛纺织厂	61	20065
北京玻璃集团公司	62	19617
北京普莱克斯实用气体有限公司	63	19044
顺美服装有限公司	64	18488
北京电视配件三厂	65	16549
北京第三棉纺织厂	66	15276
北京日用化学二厂	67	15036
北京市造纸包装工业公司	68	14678
北京轻联包装印刷集团公司	69	14656
北京北方精密机械厂	70	14174
北京染料厂	71	13890
北京市电机总厂	72	13837
北京市天然气公司	73	13796
北京精工华晖凹印制板有限公司	74	13767
国营华北光学仪器厂	75	13349
北京二毛纺织集团	76	13162
北京第一棉纺织厂	77	12505
北京第一机床厂	78	12459
北人集团公司	79	12380
北京二七机车厂	80	12360
北京铁路信号工厂	81	12130
邮电部北京邮票厂	82	11976
北京光学仪器厂	83	11504
北京起重机器厂	84	11403
密云县冶金矿山公司	85	10752
北京化工机械厂	86	10272
北京市北方开关厂	87	10130
北京制呢厂	88	9925
北京汽车玻璃钢制品总公司	89	9898
北京艾森绿宝油脂有限公司	90	9846
北京市华都酿酒食品工业公司	91	9755
新华通讯社印刷厂	92	9071
北京保温瓶工业公司	93	9024
北京合成纤维实验厂	94	8647
北京北化精细化学品有限责任公司	95	8554
北京市液化石油气公司	96	8486
北京齿轮总厂	97	8437
北京长城制药厂	98	8239
北京牡丹电子集团公司	99	7978
北京敬业电工集团	100	7976

6-16 大中型工业企业按总资产贡献率排序
ARRANGING IN RATIO OF PRE-TAX PROFITS TO TOTAL CAPITAL ORDER OF LARGE AND MEDIUM ENTERPRISES

单位：%　　(%)

企业名称 Enterprise	序号 No.	总资产贡献率 Contribution Rate of Total Assets
北京利乐包装有限公司	1	63
北京燕京啤酒集团公司一分厂	2	61
北京卷烟厂	3	57
北京市三露厂	4	54
邮电部北京通信设备厂	5	53
北京市牛栏山酒厂	6	51
北京红星酿酒集团公司	7	34
北京威顿玻璃制品有限公司	8	32
北京平谷县化工总厂	9	29
中国惠普有限公司	10	29
北京博士伦眼睛护理产品有限公司	11	28
北京统一食品有限公司	12	27
北京光东健力宝饮料有限公司	13	26
北京国际交换系统有限公司	14	24
北京燕京啤酒集团公司	15	24
北京正大饲料有限公司	16	22
北京精工华晖凹印制板有限公司	17	22
北京市植保械厂	18	20
北京市北方开关厂	19	20
北京市松下通信设备有限公司	20	19
北京长城制药厂	21	18
北京宝岛包装印刷有限公司	22	17
北京市酱油厂	23	17
北京汽车玻璃钢制品总公司	24	16
北京市东方罗门哈斯有限公司	25	16
北京市酿造六厂	26	16
北京爱立信通信系统有限公司	27	15
中国石化北京燕山石油化工公司	28	15
北京吉普汽车有限公司	29	15
顺义县肉类联合加工厂	30	15
北京雪莲羊绒有限公司	31	14
北京光学仪器厂	32	14
北京东方电子集团股份有限公司	33	14
北京亚都科技股份有限公司	34	14
中国石化长城高级润滑油公司	35	14
北京市顺义县建筑产品总厂	36	14
北京印钞厂	37	13
北京市房山区水泥一厂	38	13
北京丽都亚洲啤酒有限公司	39	13
北京密云双龙水泥集团	40	13
密云县冶金矿山公司	41	13
北京胶印厂	42	13
北京轮胎厂	43	13
北京星海乐器有限责任公司	44	13
北京助剂二厂	45	12
北京市礼花厂	46	12
北京电视配件三厂	47	12
北新建材（集团）有限公司	48	12

续表 continued

单位：% (%)

企业名称 Enterprise	序号 No.	总资产贡献率 Contribution Rate of Total Assets
北京三环亚太啤酒有限公司	49	11
北京矿务局	50	11
北京毛巾厂	51	11
北京清河毛纺织厂	52	11
北京埃姆毛纺有限公司	53	11
北京市建筑锁厂	54	11
中国北京同仁堂集团公司	55	11
北京航空工艺地毯有限公司	56	11
北京松下彩色显像管有限公司	57	11
北京双桥制药公司	58	11
顺义县飞达玻璃厂	59	11
北京邮电电话设备厂	60	10
北京生物制品研究所	61	10
北京北方车辆制造厂	62	10
北京二七车辆厂	63	10
北京市华都酿酒食品工业公司	64	10
北京北方精密机械厂	65	10
国营北京大兴酒厂	66	10
北京联合印刷纸器有限公司	67	10
北京计算机三厂	68	10
北人印刷机械股份有限公司	69	10
北京艾森绿宝油脂有限公司	70	10
北京市茶叶加工厂	71	10
北京市汽车修理公司	72	10
北京市政汽车改装厂	73	10
精美彩色印刷有限公司	74	9
北京长空工业有限公司	75	9
北京机械厂	76	9
北京铁路信号工厂	77	9
北京市京华印刷总厂	78	9
北京市塑料八厂	79	9
北京轻联包装印刷集团公司	80	9
北京橡胶二厂	81	9
北京市珐琅厂	82	9
北京市福斯特汽车装饰件厂	83	9
北京人民轴承厂	84	9
北京第二机床厂	85	9
北京统益油脂有限公司	86	9
北京市红都时装公司	87	9
北京市汽车灯厂	88	9
北京万东医疗装备公司	89	9
北京京城汽车车厢总厂	90	9
北京向阳制药厂	91	9
顺美服装有限公司	92	9
北京正大七星抗生素有限公司	93	9
新华通讯社印刷厂	94	8
解放军报社印刷厂	95	8
北京保温瓶工业公司	96	8
北京印刷三厂	97	8
北京染料厂	98	8
北京无线电仪器厂	99	8
顺义县粮食局粮油加工厂	100	8

6-17 大中型工业企业按资产总额排序
ARRANGING IN TOTAL ASSETS OF LARGE AND MEDIUM INDUSTRIAL ENTERPRISES

单位：千元 (1000 yuan)

企业名称 Enterprise	序号 No.	资产总额 Total Assets
首钢总公司	1	35965823
中国华北电力集团公司	2	26198675
中国石化北京燕山石油化工公司	3	17874035
北京化学工业集团有限责任公司	4	13268372
北京市自来水公司	5	4682650
北京建筑材料集团有限责任公司	6	4378697
北京松下彩色显像管有限公司	7	3347518
北京国际交换系统有限公司	8	3146457
北京吉普汽车有限公司	9	3032384
北京市热力公司	10	2941928
北内集团总公司	11	2784271
北京四通集团公司	12	2591621
中国北京同仁堂集团公司	13	2355235
北京矿务局	14	2218670
北京燕京啤酒集团公司	15	2074074
北京汽车摩托车联合制造公司	16	1812136
北京市天然气公司	17	1759933
北京市煤气公司	18	1746488
北京轻型汽车有限公司	19	1740626
北京牡丹电子集团公司	20	1738408
北京汽车工业集团总公司	21	1732275
北京兆维电子〔集团〕有限责任公司	22	1683885
北京重型电机厂	23	1617349
北京京海集团公司	24	1505127
北京玻璃集团公司	25	1438013
北京东方电子集团股份有限公司	26	1427323
首都航天机械公司	27	1401770
中国惠普有限公司	28	1248204
北京制药厂	29	1234296
北新建材（集团）有限公司	30	1175371
北人集团公司	31	1125538
北人印刷机械股份有限公司	32	1109181
北京市造纸包装工业公司	33	1064711
北京雪花电器集团公司	34	1038822
北京轮胎厂	35	994324
北京亚洲双合盛五星啤酒有限公司	36	983535
北京印钞厂	37	849269
北京天纬油泵油嘴股份有限公司	38	843179
北京第一机床厂	39	791145
北京巴布科克威尔科克斯有限公司	40	743704
北京北方车辆制造厂	41	694450
北京航星机器制造公司	42	694398
北京卷烟厂	43	690566
北京市平板玻璃集团公司	44	667708
中国石化长城高级润滑油公司	45	659931
北京市液化石油气公司	46	653772
北京市三环毛纺针织集团公司	47	645937
北京六所华科高技术股份有限公司	48	614428
北京第二棉纺织厂	49	607409
北京华德液压工业集团有限责任公司	50	581899
北京二七机车厂	51	579840
北京亚都科技股份有限公司	52	562994

续表 continued

单位：千元　　　　(1000 yuan)

企业名称 Enterprise	序号 No.	资产总额 Total Assets
北京广播器材厂(七六一厂)	53	559929
邮电部北京通信设备厂	54	540960
北京化工实验厂	55	517249
北京拖拉机公司	56	516407
北京第三制药厂	57	514038
北京丽源公司	58	512392
北京化学纤维厂	59	507841
北京旅行车股份有限公司	60	504997
北京二毛纺织集团	61	485042
北京电视设备厂	62	482118
北京松下电子部品有限公司	63	476747
北京齿轮总厂	64	470772
北京星海乐器有限责任公司	65	462201
北京第三棉纺织厂	66	461902
北京红星酿酒集团公司	67	460103
北京市宏利钢管厂	68	458634
北京市汽车修理公司	69	458127
北京北化精细化学品有限责任公司	70	451163
邮电部北京邮票厂	71	449238
北京合成纤维实验厂	72	448258
北京万东医疗装备公司	73	447710
丰台桥梁工厂	74	443080
北京中策北京啤酒有限公司	75	438258
北京丝绸总厂	76	435427
北京起重机器厂	77	434970
北京市客车总厂	78	428655
北京市牛栏山酒厂	79	427084
北京煤矿机械厂	80	422330
北京燕京啤酒集团公司一分厂	81	419938
北京南口机车车辆工厂	82	407170
北京恩布拉科雪花压缩机有限公司	83	406782
北京三环亚太啤酒有限公司	84	402007
北京雪莲羊绒有限公司	85	392333
北京化工三厂	86	381564
北京二七车辆厂	87	376490
北京博士伦眼睛护理产品有限公司	88	371913
北京卡夫食品有限公司	89	370452
国营北京电子动力公司	90	369715
北京爱立信通信系统有限公司	91	362890
北京无线电厂	92	354741
北京青云航空仪表公司	93	350855
北京华飞化工总公司	94	348824
中国迅达电梯有限公司	95	339136
北京普莱克斯实用气体有限公司	96	338266
北京市松下通信设备有限公司	97	334315
北京威克特电器集团	98	332480
北京第一棉纺织厂	99	328217
北京清河毛纺织厂	100	324383

主要统计指标解释

工业　指从事自然资源的开采，对采掘品和农产品进行加工和再加工的物质生产部门。具体包括：(1) 对自然资源的开采，如采矿、晒盐、森林采伐等（但不包括禽兽捕猎和水产捕捞）；(2) 对农副产品的加工、再加工，如粮油加工、食品加工、扎花、纺织、制革等；(3) 对采掘品的加工、再加工，如炼铁、炼钢、化工生产、石油加工、机器制造、木材加工等，以及电力、自来水、煤气的生产和供应等；(4) 对工业品的修理、翻新，如机器设备的修理、交通运输工具（包括小卧车）的修理等。

1984 年以前农村的村及村以下办工业归属农业，1984 年以后划归工业。

独立核算工业企业　非独立核算工业生产单位　工业企业按其行政和财务是否独立，分为独立核算工业企业和非独立核算工业生产单位。

独立核算工业企业应同时具备下列三个条件：(1) 行政上有独立的组织形式；(2) 经济上独立核算、自负盈亏、编制独立的资金平衡表；(3) 有权与其他单位签订合同，并在银行设有独立帐户。独立核算工业企业不论是单一性生产或联合性生产的企业，均以整个企业作为一个基层单位进行统计，而不按分厂、车间统计。

非独立核算工业生产单位是指不同时具备独立核算工业企业三个条件，附设与其他企业、事业、机关、团体、学校、科研机构、部队等单位的工业生产单位。非独立核算工业生产单位必须同时具备下列三个条件，才能列入工业统计范围，即：(1) 有固定的生产场所和生产设备；(2) 有固定的生产工人和学徒在十人以上；(3) 一般单位常年生产，季节性生产的单位全年开工时间在三个月以上。

轻工业　指主要提供生活消费品和制作手工工具的工业。按其所使用的原料不同，可分为两大类：(1) 以农业为原料的轻工业，是指直接或间接以农产品为基本原料的轻工业。主要包括食品制造、饮料制造、烟草加工、纺织、缝纫、皮革和毛皮制作、造纸以及印刷等工业；(2) 以非农产品为原料的轻工业，是指以工业品为原料的轻工业。主要包括文教体育用品、化学药品制造、合成纤维制造、日用化学制品、日用玻璃制品、日用金属制品、手工工具制造、医疗器械制造、文化和办公用机械制造等工业。

重工业　是指为国民经济各部门提供物质技术基础的主要生产资料的工业。按其生产性质和产品用途，可以分为下列三类：(1) 采掘（伐）工业，是指对自然资源的开采，包括石油开采、煤炭开采、金属矿开采、非金属矿开采和木材采伐等工业；(2) 原材料工业，指向国民经济各部门提供基本材料、动力和燃料的工业。包括金属冶炼及加工、炼焦及焦炭化学、化工原料、水泥、人造板以及电力、石油和煤炭加工等工业；(3) 加工工业，是指对工业原材料进行再加工制造的工业。包括装备国民经济各部门的机械设备制造工业、金属结构、水泥制品等工业，以及为农业提供的生产资料如化肥、农药等工业。

根据上述划分原则，修理业中以重工业产品为修理作业对象的划为重工业，反之划为轻工业。

工业总产值　是以货币表现的工业在一定时期内生产的已出售或可供出售工业产品总量，它反映一定时期内工业生产的总规模和总水平。它包括：在本企业内不再进行加工，经检验、包装入库（规定不需包装的产品除外）的成品价值，工业性作业价值，自制半成品、在产品期末初差额价值。工业总产值采用“工厂法”计算，即以工业作业为一个整体，按企业生产活动的最终成果来计算，企业内部不允许重复计算，不能把企业内部各个车间（分厂）生产的成果相加。但在企业之间、行业之间、地区之间存在着重复计算。

轻重工业总产值的划分也是按“工厂法”计算的，即一个工业企业在正常情况下生产的主要产品的性质属于轻工业，则该企业的全部总产值作为轻工业总产值；一个工业企业生产的主要产品的性质属于重工业，则该企业的全部总产值作为重工业总产值。

工业增加值　是指工业行业在报告期内以货币表现的工业生产活动的最终成果。

工业销售产值　是以货币表现的工业企业在一定时期内销售的本企业生产的工业产品产量。包括已销售的成品、半成品价值，对外提供的工业性作业价值和对本单位基本建设部门、生活福利部门等提供的产品和工业性作业及自制设备的价值。已销售的成品、半成品不论是本期生产的、还是上期生产的，只要是本期销售出去的均包括在内。对外提供的工业性作业是指企业按合同对外提供的工业性劳务。企业为本单位基本建设部门、生活福利部门等提供的产品和工业性作业及自制设备也应视同销售，这部分也应作为销售统计。

工业销售产值的计算范围、计算价格和计算方法与工业总产值一致，但两者计算的基础不同，工业销售产值计算的基础是产品销售总量，工业总产值计算的基础是工业产品生产总量。

固定资产原价　指企业在建造、购置、安装、改建、扩建、技术改造某项固定资产时所支出的全部货币总额。它一般包括买价、包装费、运杂费和安装费等。

固定资产净值　是指固定资产原价减去历年已提折旧额后的净值。

工业企业主要财务指标和经济效益指标

1. 资本金合计　是企业在工商行政管理部门登记的注册资金。资本金合计包括国家资本金、法人资本金、个人资本金、外商资本金和集体资本金等。

(1) 国家资本金　是指有权代表国家投资的政府部门或者机构以国有资产投入企业形成的资本金。不论企业的资本金是哪个政府部门或机构投入的，只要是以国家资金进行投资的，均作为国家资本金。

(2) 法人资本金　是指其他法人单位以其依法可以支配的资产投入企业形成的资本金。

(3) 个人资本金　是指社会个人或者企业内部职工以个人合法财产投入企业形成的资本金。

(4) 外商资本金　是指外国投资者以及香港、澳门、台湾地区投资者投入企业形成的资本金。

(5) 集体资本金　是指集体所有制企业投入企业形成的资本金。

2. 资产合计　指企业拥有或控制的全部资产。包括流动资产、长期投资、固定资产、无形及递延资产、其他长期资产、递延税项等，即为企业资产负债表的资产总计项。

(1) 流动资产　指企业可以在一年内或者超过一年的一个生产周期内变现或耗用的资产合计。包括现金及各种存款、短期投资、应收及预付款项、存货等。

(2) 固定资产　指企业固定资产净值、固定资产清理、在建工程、待处理固定资产损失所占用的资金合计。

(3) 无形资产　指企业长期使用而没有实物形态的资产。包括专利权、非专利技术、商标权、著作权、土地使用权、商誉等。

3. 负债合计　指企业承担并需要偿还的全部债务。包括流动负债和长期负债、递延税项等，即为企业资产负债表的负债合计项。

(1) 流动负债　指企业在一年内或者超过一年的营业周期内需要偿还的债务合计，其中包括短期借款、应付及预收款项、应付工资、应交税金和应交利润等。

(2) 长期负债　指企业在一年以上或者超过一年的生产周期以上需要偿还的债务合计，其中包括长期借款、应付债务、长期应付款项等。

4. 利税总额　指企业利润总额、产品销售税金及附加和应交增值税之和。

5. 产品销售收入　指企业销售产品的销售收入和提供劳务等主要经营业务取得的业务总额。

6. 产品销售成本　指企业销售产品和提供劳务等主要经营业务的实际成本。

7. 产品销售税金及附加　指企业销售产品和提供工业性劳务等主要经营业务应负担的城市维护建设税、消费税、资源税和教育费附加。

8. 产品销售利润　指企业销售产品和提供工业性劳务等主要经营业务收入扣除其成本、费用、税金后的利润。

9. 利润总额　指企业实现的利润。

10. 所有制者权益　指企业投资人对企业净资产的所有权。企业净资产等于企业全部资产减去全部负债后余额，其中包括投资者对企业的最初投入，以及资本公积金、盈余公积金和未分配利润，对股份制企业即为股东权益。

11. 工业经济效益综合指数　是综合衡量工业经济效益各方面在数量上总体水平的一种特殊相对数，是反映工业经济运行质量的总量指数，是以各项工业经济效益指数实际数值分别除以该项指标的全国标准值并乘以各自权数求得。计算公式：

$$\text{工业经济效益综合指数} = \frac{\text{某项经济效益指标报告期数值}}{\text{该项指标全国标准值}} \times (\text{权数}) \div \text{总权数}$$

计算工业经济效益综合指数时，各项经济效益指标的分子、分母应按报告期止累计数（如产品销售收入为报告期止累计产品销售收入）或序时平均数（如平均流动资产为报告期止各月平均流动资产之和除以累计月数）计算。

全国的标准值：是根据“八五”期间全国乡及乡以上工业企业每项指标实际完成数值加权平均计算出来的。

权数：是根据上述各项工业经济效益指标在综合经济效益中的重要程度，由专家调查法确定的。

12. 工业产品销售率　指报告期工业销售产值与同期全部工业总产值之比。计算公式：

$$\text{工业产品销售率（\%）}=\frac{\text{报告期现价工业销售产值}}{\text{报告期现价工业总产值}}\times 100\%$$

13. 工业资金利税率　指报告期已实现的利润、税金总额与同期的资产（流动资产和固定资产净值）之比，反映每单位（通常是每万元）资金所提供的利润税金额。它是考察和评价部门或企业资金运用的经济效益，分析资金投入效果的主要分析指标。计算公式：

$$\text{工业资金利税率（\%）}=\frac{\text{报告期累计实现利税总额}}{\text{流动资产平均余额}+\text{固定资产净值平均余额}}\times 100\%$$

14. 工业增加值率　指报告期工业增加值占工业总产值的比重，反映降低中间消耗的经济效益。计算公式：

$$\text{工业增加值率（\%）}=\frac{\text{报告期现价工业增加值}}{\text{报告期现价工业总产值}}\times 100\%$$

15. 工业成本费用利润率　指在一定时期内实现的利润与成本费用之比，是反映工业生产成本及费用投入的经济效益指标，同时也是反映降低成本的经济效益的指标。计算公式：

$$\text{工业成本费用利润率（\%）}=\frac{\text{利润总额}}{\text{成本费用总额}}\times 100\%$$

16. 工业全员劳动生产率　指根据产品的价值量指标计算的平均每一个职工在单位时间内的产品生产量。是考核企业经济活动的重要指标，是企业生产技术水平、经济管理水平、职工技术熟练程度和劳动积极性的综合表现。目前我国的全员劳动生产率是将工业企业的工业增加值除以同一时期全部职工的平均人数来计算的。计算公式：

$$\text{工业全员劳动生产率（元/人）}=\frac{\text{工业增加值}}{\text{全部职工平均人数}}$$

17. 流动资产周转次数　指在一定时期内流动资产完成的周转次数，反映流动资产的周转速度。计算公式：

$$\text{流动资产周转次数（次）}=\frac{\text{产品销售收入}}{\text{流动资产平均余额}}$$

18. 销售收入利税率　指报告期已实现的利润、税金总额（包括利润总额、产品销售税金及附加和应交增值税）占同期全部销售收入的百分比。计算公式：

$$\text{销售收入利税率（\%）}=\frac{\text{利税总额}}{\text{销售收入}}\times 100\%$$

19. 流动比率　是反映企业每百元流动负债中，有多少元流动资产作后盾。计算公式：

$$\text{流动比率}=\frac{\text{流动资产总额}}{\text{流动负债总额}}$$

20. 速动比率　是衡量企业流动资产中可以立即用于偿付流动负债的能力。计算公式：

$$\text{速动比率}=\frac{\text{速动资产}}{\text{流动负债}}$$

注：速动资产是流动资产中流动性相对更强的部分，通常等于现金，短期有价证券与应收款之和。

21. 资产负债率　是反映在企业资产总额中有多少资产是通过借债而得的，也可以用于衡量企业利用债权人提供资金进行经营活动的能力以及企业在清算时保护债权人利益的程度。计算公式：

$$\text{资产负债率}=\frac{\text{负债总额}}{\text{资产总额}}\times 100\%$$

22. 总资产贡献率　反映企业全部资产的获利能力，是企业经营业绩和管理水平的集中体现，是评价和考核企业盈利能力的核心指标。计算公式为：

$$\text{总资产贡献率}=\text{（利润总额}+\text{税金总额}+\text{利息支出）}\div\text{平均资产总额}\times\frac{12}{\text{累计月数}}$$

其中：税金总额为产品销售税金及附加与应交增值税之和；平均资产总额为期初期末资产总计的算术平均值。

23.　资本保值增值率　反映企业净资产的变动状况，是企业发展能力的集中体现。计算公式为：

资本保值增值率 ＝ 报告期期末所有者权益/上年同期期末所有者权益

Explanatory Notes On Main Statistical Indicators

Industry refers to the physical production concerning extraction of natural resources, processing and reprocessing of minerals and agricultural products: (1) extraction of natural resources, such as mining, salt production, logging (but excluding hunting and fishing); (2) processing and reprocessing of farm and sideline products, such as rice husking, flour milling, wine making, oil pressing, cotton ginning, silk reeling, spinning and weaving, and leather making; (3) manufacturing of industrial products, such as steel making, iron smelting, chemicals production, petroleum processing, machine building, timber processing; production and supply of water, gas and electricity; (4) repairing of industrial products such as the repairing of machine and vehicles for transportation (including cars).

Prior to 1984, the rural industrial run by villages and cooperative organizations under village was classified into agriculture. Since 1984, it has been grouped into industry.

Independent Accounting Industrial Enterprises and Non – Independent Accounting Industrial Production Units are distinct by whether they have independent administration and accounting system.

An independent accounting industrial enterprises should satisfy all the following three conditions: (1) having an independent organization for administration; (2) having independent accounting system and filling independent balance sheets, being responsible for its own profits and losses; (3) being able to sign contracts with outside units and having independent bank accounts. An independent accounting industrial enterprise, no matter it is a single – business company or multi – business corporation, is counted as a basic statistical unit and its branch factories and workshops are no longer counted separately.

A non – independent accounting industrial production units is an industrial production unit with one or more of the three conditions unsatisfied. They usually attach to some enterprises, institutions, government departments, organizations, schools , scientific research institutions, or army units. A non – independent accounting industrial production units become a basic units of industrial statistics only when it can satisfy all the following three conditions: (1) having stable production sites and production equipment; (2) having more than 10 permanent workers and apprentices; (3) operating all – year – round for normal production or more than three months a year for seasonal production.

Light Industry refers to the industry that produces consumer goods and hand tools. Depending on the materials used, it is classified into two categories:

(1) Industries using farm products as raw materials directly or indirectly input farm products as basic raw materials, including the production of foods and beverages, tobacco processing, textile, clothing, fur and leather manufacturing, paper making, printing, etc..

(2) Industries using non – farm products as raw materials input manufactured goods as raw materials, including the manufacture of cultural, educational articles and sports goods, chemicals, synthetic fiber, daily use chemical products, glass products, metal products, hand tools, medical apparatus and instruments, and the manufacturing of cultural and office equipment.

Heavy Industry refers to the industry that produces capital goods. It provides various sectors of the national economy with necessary material and technical basis. According to the nature of production and the use of products, it is classified into three groups:

(1) Mining, quarrying and logging industry refers to the extraction of natural resources, including petroleum, coal, metal and non – metal ores and logging.

(2) Raw materials industry refers to the industry that provides various sectors of the national economy with raw materials, fuels and power. It includes smelting and processing of metals, coke and coke chemistry, chemical materials and building materials such as cement, plywood, power, petroleum refining and coal dressing, etc..

(3) Manufacturing industry refers to the industry that processes raw materials. It includes machine – building industry that equips sectors of the national economy, industries of metal structure and cement products, industries producing means of agricultural production, such as chemical fertilizers and pesticides.

According to the above principle of classification, the repairing mainly for heavy industry products are classified into heavy industry while these mainly for light industry products are put into light industry.

Gross Industrial Output Value is the total volume of industrial products sold or available for sale in value terms which reflects the total achievements and overall scale of industrial production during a given period. It includes the value of the finished products, which are not to be further processed in the enterprises and have been inspected, packed and put in storage, the value of industrial services rendered to other units and the differences in the value of the semi – finished products and products in process between the beginning and closing of the period. The gross industrial output value is calculated with "factory method". Based on the final products of every enterprise, there is no double calculation within every enterprise. However, double calculation does occur among different enterprises as well as different sectors and different regions.

Gross output value of light and heavy industries is also classified with the "factory"method. Under normal conditions, if the major products of an industrial enterprise belong to light industry products, the gross output value of the enterprise is put into light industry; the same principle apples to the contrary case.

Value Added of Industry refers to the final results of industrial production in money terms during the reference period.

Sales Value of Industry refers to total sales value of products produced by industrial enterprises during a given period, including sales of finished goods, semi – finished products, value of industrial services provided to outside units, value of products, industrial services and self – produced equipment provided for internal capital construction and welfare. Sales of finished goods and semi – finished products in current period are taken into account regardless whether the production is in the same period. Gross output value of industry is based on output of products while sales value of industry is based on sales of products.

Original Value of Fixed Assets refers to the total value of fixed assets calculated at the cost paid for purchase, installation, reconstruction, expansion, innovation and replacement of the fixed assets, which is normally classified into expenses on purchase, package, transportation, and installation.

Net Value of Fixed Assets is obtained by deducting cumulative depreciation over years from the original value of fixed assets.

The Main Financial Indexes and Economic Efficiency Indexes of Industrial Enterprises

1. Total Equity Capital refers to capital of an enterprise registered in Administrative Bureau for Industry and Commerce, which includes the state equity capital, the legal entity equity capital, individuals equity capital, foreign equity capital and collective equity capital.

State equity capital refers to the equity capital formed with the state – owned assets input by government departments or organizations that have the right to invest on behalf of the state. As long as the equity capital formed with the state – owned assets, it belongs to state equity capital, regardless which government department or organization the investor is.

Legal entity equity capital refers to the equity capital formed with the legal assets of a company or organization.

Individual equity capital is the equity capital formed with the legal individual assets from outside persons or internal employees.

Foreign equity capital is the equity capital formed with the legal assets from foreign parties, including parties or investors from Hong Kong, Macao and Taiwan.

Collective equity capital is the equity capital formed with the legal assets from collective enterprises.

2. Total Assets refers to all assets owned or controlled by an enterprises, including current assets, long – term investment, fixed assets, intangible assets and deferred assets, other long – term assets, and deferred taxes, etc. The summation of above items is equal to total assets shown in the balance sheet of the enterprise.

(1)current assets (working capital) refer to assets which can be cashed in or consumed in one year or an operating cycle over one year, including cash, all kinds of deposits, short term investment, receivable, advance payment, inventory, etc.

(2)Fixed assets refer to the total net value of fixed assets, clearance of fixed assets, project under construction, fixed assets losses in suspense. These are corporations' fund holdings.

(3)Intangible assets refer to the assets without physical form used by enterprises over a long time, such as patents, know - how, trade marks, copyright, usufruct of land, good - will, etc.

3. Total Liabilities refers to the debts that enterprises are responsible for repayment, including liquid liabilities, long - term liabilities and deferred taxes, etc. Total liabilities correspond to the summation item of liabilities shown in the balance sheets of the enterprises.

(1) Current liabilities refer to enterprises total debt payable within one year or an operating cycle over one year, including short term loans, payables and advance receipts, wages payable, taxes payable and profit payable, etc.

(2) Long - term liabilities refers to total debt payable within an operating cycle of one year or over one year, including long - term loans, long - term debts, long - term payables, etc.

4. Total Value of Profit and Tax (Pre - tax Profits) refers to the sum of the total net profits, products sales tax and surcharges and the value added tax payable of industrial enterprises, namely pre - tax profits.

5. Product Sales Income refers to the total income obtained by an enterprise via selling its products and providing industrial services.

6. Sales Cost of Industrial Products refers to actual cost of the products sold and the industrial services provided, etc.

7. Sales Tax and surcharges of Products refer to the tax of city maintenance and construction, consumption tax, resources tax and extra charges for education, which levied on enterprises providing products and industrial services.

8. Sales Profit of Products refers to the profit earned by the enterprises after deducting cost, charges and taxes from the business income with selling products and providing industrial services.

9. Total Profits refer to the total profits gained by the enterprises.

10. Owners' Equity refers to investors' claim for net assets of the enterprise, which equals to the total assets of the enterprise minus its total liabilities, including the initial capital from investors, capital accumulation fund, surplus accumulation fund and undistributed profit. It is the share holders' equity in share holding companies.

11. Aggregate Index of Industrial Economic Efficiency is a special relative value for comprehensively measuring the overall levels in quantitative terms of the industrial economic efficiency from various aspects. It is also a total quantity index reflecting the economic performance quality of the industry. It is the result of the actual value of the industrial economic efficiency index divided by the national standard value in the same field and then multiplied by the weight. The formula is as follows:

$$\text{Value of an economic deficiency index} = \frac{\text{Aggregate index of industrial economic deficiency}(\%)}{\text{National standard value in the same field}} (\times \text{weight}) (\text{overall weight})$$

12. Sales Rate of Industrial Products refers to the ratio of the sales value of industry to the gross industrial output value in the same period. The formula is as follows:

$$\text{Sales Rate of Industrial Products}(\%) = \frac{\text{Sales value of industry}}{\text{Gross industrial output value}} \times 100\%$$

13. Ratio of Profit and Tax to Capital in Industry refers to the ratio of the total realized profits and taxes to total assets (net fixed assets plus working capital), often expressed as pre - tax profit earned per 10000 yuan capital, which reflects the utilization efficiency of the assets and is calculated as follows:

$$\text{Total realized pre - tax profit} = \frac{\text{Ratio of Profit and Tax to Capital in Industry }(\%)}{\text{Average current assets + Average net value of fixed assets}} \times 100\%$$

14. Value Added Rate of industry refers to the ratio of value added of industry to the gross output value in the same period, which reflects the economic efficiency of productive consumption and is calculated as follows:

$$\text{Value Added Rate of industry }(\%) = \frac{\text{Value Added of Industry}}{\text{Gross industrial Output Value}} \times 100\%$$

15. Ratio of Profits to Total Industrial Costs refers to the ratio of profits realized to the total costs occurred in the same period, which reflects the economic efficiency of input in costs and expenses and is calculated as follows:

$$\text{Ratio of Profits to Total Industrial Costs}(\%) = \frac{\text{Total Profits}}{\text{Total Costs}} \times 100\%$$

16. Overall Labor Productivity of Industrial Enterprises refers to the average output per staff and worker in industrial enterprises in value terms within a given period, which reflects comprehensively the technological level, the management

level, the skills and initiatives of the staff or workers. At present, the overall labor productivity is gotten via dividing the value added by the average number of staff and workers of an industrial enterprises in a given period. The formula:

$$\text{Overall Labor Productivity(yuan/person)} = \frac{\text{Value Added of Industry}}{\text{Average Number of Staff and Workers}}$$

17. Current Assets Turnover refers to times of the current assets turnover in a given period, which reflects the speed of the turnover of current assets and is calculated as follows:

$$\text{Current Assets Turnover(time)} = \frac{\text{Product Sales Income}}{\text{Average Balance of Circulating Assets}}$$

18. Ratio of Pre - tax Profits to Sales Revenue refers to the ratio of the total amount of pre - tax profits (including total profits, products sales tax and surcharges as well as the value added tax payable) to the total sales revenue in the same period. The formula is as follows:

$$\text{Ratio of Pre - tax Profits to Sales Revenue (\%)} = \frac{\text{Total Pre - tax Profits}}{\text{Total Sales Revenue}} \times 100\%$$

19. Current Ratio refers to how many times of the current assets can cover the current liabilities. The formula is as follows:

$$\text{Current Ratio} = \frac{\text{Total Current Assets}}{\text{Total Current Liabilities}}$$

20. Quick Ratio reflects to the capability of an enterprise to repay its current liabilities immediately. The equation is as follows:

$$\text{Quick Ratio} = \frac{\text{Total Quick Assets}}{\text{Total Current Liabilities}}$$

Note: Quick Assets is the more liquid part of current assets, usually equals to the sum of cash, short - term securities and receivable.

21. Debt - Asset Ratio refers to the proportion of debts as an enterprise's total assets, which reflects the enterprise's capability in utilizing debts for operation and also to what extent the interest of the creditors be protected at the expiration. The formula:

$$\text{Debt - Asset Ratio} = \frac{\text{Total Debt}}{\text{Total Assets}} \times 100\%$$

22. EBIT to Total Assets reflects the profitability of total assets, depending on performance in various aspects of an enterprise, therefore, became a central indicators for evaluate an enterprise. The formula:

$$\text{EBIT to Total Assets} = \frac{\text{Net profit + Total tax + Interest payment}}{\text{Average total Assets}} \times 100\%$$

23. Ratio of Capital Increnent and preservation refers to the change of owners' net asset, and presents corporations' strength. The formula:

$$\text{Capital Increment and Preservation Ratio} = \frac{\text{Owners' Capital of the ENd of Reference Period}}{\text{Owners' Capital of the Previous End of Reference Period}}$$

07

ENERGY MATERIALS CONSUMPTION AND STORAGE

能源原材料消费与库存

7-1 主要原材料按行业分组消费量

CONSUMPTION OF MAIN MATERIALS(BY SECTOR)

项目	Item	钢材（吨）Rolled Steel (ton)	铜材（吨）Copper Products (ton)	铝材（吨）Aluminum Products (ton)	原木直接消费（立方米）Directly Consumption of Log(cu. m)	锯材（立方米）Sawn Timber (cu. m)
合计	**Total**	2306594	7375	11979	99118	376666
采掘业	**Excavation**					
煤炭采选业	Coal Mining and Dressing	9851	2	1	22187	374
黑色金属矿采选业	Ferrous Metals Mining and Dressing	1566				
非金属矿采选业	Nonmetal Minerals Mining and Dressing	67				108
制造业	**Manufacturing**					
食品加工业	Food Processing	436				2
食品制造业	Food Making	98			34	7
饮料制造业	Beverage Production	2521	1	4		101
烟草加工业	Tobacco Processing	5				
纺织业	Textile Industry	386	1		57	237
服装及其他纤维制品制造业	Garments and Other Fiber Products					
皮革、毛皮、羽绒及其制品业	Leather,Furs,Down and Related Products	10				27
木材加工及竹、藤、棕、草制品业	Timber Processing,Bamboo,Cane, Palm Fiber and Straw Products	747	1		3226	56858
家具制造业	Furniture Manufacturing	952		2	1124	14801
造纸及纸制品业	Papermaking and Paper Products	869	1		5	3
印刷业	Printing	8438	20	371		35
文教体育用品制造业	Stationery,Educational and Sports Goods	1945	115	30	488	4036
石油加工及炼焦业	Petroleum Processing and Coking Products	27090	18	15	294	809
化学原料及化学制品制造业	Raw Chemical Materials and Chmical Products	7839	7	379	20	267
医药制造业	Medical and Pharmaceutical Products	154	1			88
化学纤维制造业	Chemical Fibers	28				
橡胶制品业	Rubber Products	707	18	10		69
塑料制品业	Plastic Products	15471	49	165	968	23
非金属矿物制品业	Nonmetal Mineral Products	61504	2	251	415	21147
黑色金属冶炼及压延加工业	Smelting and Pressing of Ferrous Metals	145806	161	21	296	3988
有色金属冶炼及压延加工业	Smelting and Pressing of Non-ferrous Metals	361	245	1	21	1
金属制品业	Metal Products	94196	252	6102	74	420
普通机械制造业	Ordinary Machinery	87297	1996	1504	10	1054
专用设备制造业	Special Purposes Equipment	97604	548	211	70	465
交通运输设备制造业	Transportation Equipment	184553	783	843	34	1492
武器弹药制造业	Weapon and Ammunition	4494	34	16		280
电气机械及器材制造	Electric Equipment and Machinery	33773	2618	542	1330	112
电子及通信设备制造	Electronic and Telecommunications	14107	170	178		291
仪器仪表及文化、办公用机械制造业	Instruments,Meters,Cultural and Official Machinery	5578	166	285		
其他制造业	Other Manufacturing	688	103	12		860
电力、煤气及水的生产和供应业	**Electricity Power,Gas and Water Production and Supply**					
电力、蒸汽、热水的生产和供应业	Electricity Power,Steam and Hot Water Production and Supply	13670	1			26
煤气生产和供应业	Gas Production and Supply	8644	1			
自来水的生产和供应	Water Production and Supply	6961	5			1
建筑业	**Construction**					
土木工程建筑业	Civil Engineering	1264781	14	817	53002	240407
线路管道和设备安装	Line and Equipment Installation	106946	33	86	300	8081
装修装饰业	Building Decoration	3841	1	127	12531	5114
运输邮电业	**Transportation,Posts and Telecommunications**					
铁路运输业	Railway Transportation	90006	9	8	1203	14901
公路运输业	Highway Transportation	229				181
邮电通信业	Posts and Telecommunications	2375			1429	

7-2 工业、建筑业、运输邮电业能源消费量(按行业分)

项目 Item		原煤（吨）Coal (ton)	洗精煤（吨）Clean Coal (ton)	其他洗煤（吨）Other Clean Coal (ton)	焦炭（吨）Coke (ton)	焦炉煤气（万立方米）Coking Gas (10000 cu. m)	其他煤气（万立方米）Other Gas (10000 cu. m)
合计	**Total**	15217142	5518929	101840	4801828	101438	31019
采掘业	**Excavation**						
煤炭采选业	Coal Mining and Dressing	185760			4		
石油和天然气开采业	Petroleum and Natural Gas Extraction						
黑色金属矿采选业	Ferrous Metals Mining and Dressing	930					
有色金属矿采选业	Nonferrous Metals Mining and Dressing	1			2		
非金属矿采选业	Nonmetal Minerals Mining and Dressing	10653					
其他矿采选业	Other Minerals Mining and Dressing	19			1166		
制造业	**Manufacturing**						
食品加工业	Food Processing	76405				135	
食品制造业	Food Making	169384			5	266	
饮料制造业	Beverage Production	331123					
烟草加工业	Tobacco Processing	14146					
纺织业	Textile Industry	290782			6	188	
服装及其他纤维制品制造业	Garments and Other Fiber Products	73280			710	69	
皮革、毛皮、羽绒及其制品业	Leather, Furs, Down and Related Products	32947					
木材加工及竹、藤、棕、草制品业	Timber Processing, Bamboo, Cane, Palm Fiber and Straw Products	21158					
家具制造业	Furniture Manufacturing	30432					
造纸及纸制品业	Papermaking and Paper Products	96183				24	
印刷业	Printing	86427			15	134	
文教体育用品制造业	Stationery, Educational and Sports Goods	16172			1480		
石油加工及炼焦业	Petroleum Processing and Coking Product	4601			112		
化学原料及化学制品制造业	Raw Chemical Materials and Chemical Products	1039718	2789014		273311	33643	31019
医药制造业	Medical and Pharmaceutical Products	110043				130	
化学纤维制造业	Chemical Fibers	94636			4	14	
橡胶制品业	Rubber Products	146693					
塑料制品业	Plastic Products	61022					
非金属矿物制品业	Nonmetal Mineral Products	1857421			17034	4751	
黑色金属冶炼及压延加工业	Smelting and Pressing of Ferrous Metals	2458067	2729915		101840	4465511	55347
有色金属冶炼及压延加工业	Smelting and Pressing of Nonferrous Metals	17085			1205	41	
金属制品业	Metal Products	62796			14927	771	
普通机械制造业	Ordinary Machinery	142032			14291	995	
专用设备制造业	Special Purpose Equipment	121780			2755	488	
交通运输设备制造业	Transportation Equipment	343400			6839	532	
武器弹药制造业	Weapon and Ammunition	47281			57	74	
电气机械及器材制造	Electric Equipment and Machinery	98123			1691	472	
电子及通信设备制造	Electronic and Telecommunications	64825				679	
仪器仪表及文化、办公用机械制造业	Instruments, Meters, Cultural and Official Machinery	31318			41	84	
其他制造业	Other Manufacturing	424307			282	28	
电力、煤气及水的生产和供应业	**Electricity Power, Gas and Water Production and Supply**						
电力、蒸汽、热水的生产和供应业	Electricity Power, Steam and Hot Water Production and Supply	6389010				1787	
煤气生产和供应业	Gas Production and Supply	10				786	
自来水的生产和供应	Water Production and Supply	10266					
建筑业	**Construction**						
土木工程建筑业	Civil Engineering	115415			300		
线路管道和设备安装	Line and Equipment Installation	27690					
装修装饰业	Building Decoration	532					
运输邮电业	**Transportation, Posts and Telecommunications**						
铁路运输业	Railway Transportation	90493					
公路运输业	Highway Transportation	14887					
水上运输业	Water Transportation						
航空运输业	Aviation Transportation						
港口业	Port Transportation						
邮电通信业	Posts and Telecommunications	7889					

ENERGY CONSUMPTION OF INDUSTRY,CONSTRUCTIO,TRANSPORTATION,POSTS AND TELECOMMUNICATIONS(BY SECTOR)

原 油 (吨) Crude Oil (ton)	汽 油 (吨) Gasoline (ton)	煤 油 (吨) Kerosene (ton)	柴 油 (吨) Diesel Oil (ton)	燃料油 (吨) Fuel Oil (ton)	液 化 石油气 (吨) Liquefied Petroleum(ton)	炼厂干气 (吨) Net Gas of Plant (ton)	天然气 (万立方米) Natural Gas (10000 cu. m)	其 他 石油制品 (吨) Other Petroleum Products (ton)	其他焦化产品 (吨) Other Coking Products (ton)	热 力 (百万千焦) Heat (100 ten thousand kilo-joule	电 力 (万千瓦时) Electricity (10000kwh)
6895324	188293	883975	326865	1951468	75807	253017	2714	1734718	199366	50951540	1590704
	1491	53	1014								
	3195		4515								
	13		10								
	430	39	2471								
									71		
	4003	9	2324		39					4658	24191
	4935	20	2937	4150	137		192			155946	12969
	4204	136	497		3					1131181	19513
	30	0	6								864
	3476	94	1235		85					2432491	38198
	7806	41	619							23034	6326
	589	20	43								1731
	464	1	115	781							1790
	1107	3	69				8			605	8642
	1571	17	811	19626	14				18	39975	11484
	3468	148	335	52	24		25	10		122109	15973
	1279	28	65							97128	1979
6568909	200	26	34	850219	69918	252990		1700187		21882669	139136
201680	7031	835	3151	97638	15		593		109666	6880802	148199
	1346	4	202	257	28		23			565288	6290
	410	2	57							710282	11307
	1573	7	284	4806						2500	9953
	2201	2	494	1172	589					1453	8662
	10014	3085	16151	71487	950		747	1106		245111	101799
	5547	75	41665	300538					89682	10823402	543858
	1216		1182	3953			3				5951
1	5806	60	1253		108		21	11		62100	15363
	8023	305	1937	38	8	27	104			1150687	20686
2	4468	54	2065				366			629918	14369
	9485	221	6057	6194	17		55	7		1589105	43144
	630	13	1195	531						62306	3273
6	3892	40	1166	792	34		20			251859	10378
	2113	5	444	326	17		215	2		257184	24513
	960	60	359		2		7			117232	4703
	1175	60	157	21	19		2			18436	2784
124726	2693	1	7538	582947			260	2		1694079	221471
	1490		26		3785		5				1272
	599	4	190				68				22199
	41273	5847	39270	9	13			33392			24149
	5073	5	4161	4							4398
	430		84					1			64
	7928	221	157026								34850
	19669	2	19909	14							568
			2926	5913							
	768	872432	816		2						44
	83										
	4136										1953

7-3 主要原材料、能源消费与库存量

项目 Item	年初库存量 Inventory year-beginning	本年购进量 合计 Total Purchase in this Year	直接购自生产企业 Directly Purchase from Producer	直接进口 Directly Imports
生铁 (吨) Pig Iron (ton)	21459	158940	128012	
钢材 (吨) Steel Products (ton)	455006	2375060	1543906	21830
#铁道用钢材 (吨) For Railway Use (ton)	15826	97045	87760	
普通大型钢材(吨) Ordinary Rolled-Steel,Large(ton)	11961	30335	7237	1004
普通中型钢材(吨) Ordinary Rolled-Steel,Medium(ton)	35890	135442	99077	401
普通小型钢材(吨) Ordinary Rolled-Steel,Small(ton)	77551	825051	524794	1
钢带 (吨) Steel Band (ton)	9733	111362	107783	977
线材 (吨) Wire Rod (ton)	25118	351499	236090	994
特厚钢板 (吨) Heavy Steel Plate (ton)	7575	5062	2675	
中厚钢板 (吨) Medium Steel Plate (ton)	72588	185220	108813	1060
薄钢板 (吨) Steel Sheet (ton)	56014	256063	104108	11053
硅钢片 (吨) Silicon Steel Sheet (ton)	1378	19001	17361	
优质钢型材 (吨) High Quality Section Steel (ton)	55855	84861	59210	
无缝钢管 (吨) Seamless Steel Pipe (ton)	38617	84758	53153	6321
焊接钢管 (吨) Welded Steel Pipe (ton)	33236	143733	109122	
重复轧制用钢材 (吨) Rerolling Rolled-steel (ton)	158	993	238	
铜 (吨) Copper (ton)	271	7633	6458	
铝 (吨) Aluminum (ton)	1958	14711	13663	223
铅 (吨) Lead (ton)	214	576	367	
锌 (吨) Zinc (ton)	236	5226	3797	
锡 (吨) Tin (ton)	35	222	188	
铜材 (吨) Copper Products (ton)	2680	8391	5549	
铝材 (吨) Aluminum Products (ton)	3278	10310	5281	3030
硫酸 (吨) Sulphuric Acid (ton)	8508	85744	72647	
烧碱 (吨) Caustic Soda (ton)	2130	31203	28657	
纯碱 (吨) Soda Ash (ton)	2056	59099	55298	
天然橡胶 (吨) Natural Rubber (ton)	2311	18906	18717	
合成橡胶 (吨) Synthetic Rubber (ton)	1450	15071	14728	
水泥 (吨) Cement (ton)	427641	4685541	3164932	
平板玻璃 (重量箱) Plate Glass (wt. case)	19317	198958	110287	1000
原木 (立方米) Log (cu. m)	22327	231130	203810	
#原木直接消费 (立方米) Direct Consumption of Log (cu. m)				
#原木加工锯材消费 (立方米) Consumption of Sawn Wood from Log Proessing (cu. m)				
锯材 (立方米) Sawn Wood (cu. m)	68168	369960	218223	
润滑油 (吨) Lubricating Oil (ton)	4927	37957	25616	
原煤 (吨) Coal (ton)	949649	15805054	11857983	
入洗原煤 (吨) Coal Washed (ton)	5203	571954	570577	
#洗选损耗 (吨) Losses in Washing (ton)				
洗精煤 (吨) Clean Coal (ton)	125483	5161859	5161859	
其他洗煤 (吨) Other Clean Coal (ton)	39498	17066	17066	
煤制品 (吨) Coal Products (ton)	114	10501	4029	
焦炭 (吨) Coke (ton)	147076	2946130	2907854	
焦炉煤气 (万立方米) Coking Gas (10000 cu. m)		14834	5771	
其他煤气 (万立方米) Other Gas (10000 cu. m)				
其他焦化产品 (吨) Other Coking Products (ton)				
燃料油 (吨) Fuel Oil (ton)	162815	1073951	885503	
液化石油气 (吨) Liquefied Petroleum Gas (ton)	2242	5946	3973	
炼厂干气 (吨) Refinery Net Gas (ton)				
其他石油制品 (吨) Other Petroleum Products (ton)	27963	70348	33788	
天然气 (万立方米) Natural Gas (10000 cu. m)		2681	575	
热力 (百万千焦) Heat (1 million kilo-joule)		15376032	15376032	
电力 (万千瓦时) Electricity (10000 kwh)		1311662	1311662	
其他能源 (吨标准煤) Other Energy (ton of SCE)	1	17241	1409	

CONSUMPTION AND INVENTORY OF MAIN MATERIALS AND ENERGY

本年消费量 合计 Total Consumption in this Year	工业生产消费 Consumption of Industrial Production	建筑施工消费 Consumption of Construction	运输邮电消费 Consumption of Trans, Posts and Telecommunications	其他 Others	年末库存量 合计 Total Inventory (year-end)	工业企业 Industrial Enterprises	建筑企业 Construction Enterprises	运输邮电企业 Trans, Posts and Telecommunications
7614651	7611410	3241			19482	19204	278	
2306594	808418	1403844	91387	2945	423961	283951	136364	3646
101191	17768	4028	79390	5	8780	4223	2838	1719
30766	23250	7455	57	4	11647	8044	3595	8
136798	41285	94528	917	68	29912	17154	12648	110
817757	40619	769963	6132	1043	89340	22549	65803	988
110845	108990	1844		11	9519	7425	2094	
354087	51899	301149	789	250	20595	4976	15533	86
5390	5188	186	7	9	5640	5434	205	1
182490	138413	41962	1051	1064	61394	52017	9222	155
217295	194473	21407	1165	250	56802	53846	2753	203
17328	17274	54			1278	1278		
70536	69170	1184	151	31	49161	48290	794	77
78045	53079	24791	123	52	37737	32975	4720	42
144381	28321	114383	1602	75	32759	18908	13595	256
1053	1053				98	98		
7713	7707	6			445	333	112	
19066	18958	108			908	896	12	
534	492	37	4		196	191	4	1
5078	4663	414			242	235	7	
238	237		1		22	22		
7375	7317	48	9		2750	2667	74	9
11979	10934	1022	8	15	3991	3762	228	1
86387	86311		76		8452	8451		1
31769	31698		71		1524	1484		40
59562	59523		39		1797	1737		60
16887	16887				4274	4274		
16892	16788	104			1245	1241	4	
5079823	1072359	3967524	39465	475	122521	48676	72186	1659
206598	63266	137699	5563	70	13897	11388	1855	654
212772	64818	145322	2632		35350	22007	13268	75
99118	30505	65981	2632					
113654	34313	79341						
376666	109754	252494	14383	35	59608	30705	27885	1018
40524	35679	1431	3348	66	2928	2139	122	667
15217142	14683547	138236	111991	283368	1301136	1254568	22924	23644
571104	571104				6053	6053		
41009	41009							
5518929	5518929				195310	195310		
101840	101840				24915	24915		
8536	8307	126	10	93	2023	2010	13	
4801828	4801436	300	80	12	128541	128538	3	
101438	101340			98				
31019	31019							
199366	199366				17743	17743		
6895324	6894967			357	81337	81337		
188293	103509	46847	35995	1942	6197	3514	1422	1261
883975	5434	5852	872687	2	283	166	116	1
326865	101680	42889	181528	768	21053	4523	2174	14356
1951468	1934876	9	5927	10656	141636	140901		735
75807	74695	13	2	1097	1194	1194		
253017	253017							
1734718	1701325	33393			8334	6887	1447	
2714	2635			79				
50951540	49778167			1173373				
1590704	1510336	28412	37291	14665				
1635463	1633771	8	2	1682	2	2		

7-4 原材料、能源消费与库存总值(按行业分)

单位：万元

项目	Item	企业单位个数(个) Number of Enterprises (unit)	年初库存总值 Total Inventory of Year-beginning
工 业	**Industry**		
煤炭采选业	Coal Mining and Dressing	37	6325.6
石油和天然气开采业	Petroleum and Natural Gas Extraction	1	67.2
黑色金属矿采选业	Ferrous Metals Mining and Dressing	8	321.2
有色金属矿采选业	Nonferrous Metals Mining and Dressing	3	
非金属矿采选业	Nonmetal Minerals Mining and Dressing	49	110.3
其他矿采选业	Other Minerals Mining and Dressing	1	0.1
食品加工业	Food Processing	209	40078.7
食品制造业	Food Making	254	11548.9
饮料制造业	Beverage Production	105	29312.8
烟草加工业	Tobacco Processing	1	15616.4
纺织业	Textile Industry	216	32778.1
服装及其他纤维制品制造业	Garments and Other Fiber Products	349	12722
皮革、毛皮、羽绒及其制品	Leather,Furs,Down and Related Products	72	3911.6
木材加工及竹、藤、棕、草制品业	Timber Processing,Bamboo,Cane,Palm Fiber and Straw Products	53	3183.9
家具制造业	Furniture Manufacturing	114	3430.8
造纸及纸制品业	Papermaking and Paper Products	121	9231.9
印刷业	Printing	364	14107.3
文教体育用品制造业	Stationery,Educational and Sports Goods	98	6728.2
石油加工及炼焦业	Petroleum Processing and Coking Products	29	79733.2
化学原料及化学制品制造业	Raw Chemical Materials and Chemical Products	399	55524.8
医药制造业	Medical and Pharmaceutical Products	90	15648.4
化学纤维制造业	Chemical Fibers	25	2240.8
橡胶制品业	Rubber Products	48	4776.6
塑料制品业	Plastic Products	251	19184.4
非金属矿物制品业	Nonmetal Mineral Products	451	34475.1
黑色金属冶炼及压延加工业	Smelting and Pressing of Ferrous Metals	30	116798.4
有色金属冶炼及压延加工业	Smelting and Pressing of Nonferrous Metals	57	3529.1
金属制品业	Metal Products	555	22933.8
普通机械制造业	Ordinary Machinery Manufacturing	402	71041.2
专用设备制造业	Special Purposes Equipment Manufacturing	361	36852
交通运输设备制造业	Transportation Equipment Manufacturing	438	169824.7
武器弹药制造业	Weapon and Ammunition Manufacturing	6	2399.8
电气机械及器材制造业	Electric Equipment and Machinery	326	41925.7
电子及通信设备制造业	Electronic and Telecommunications	352	141321.4
仪器仪表及文化、办公用机械制造业	Instruments,Meters,Cultural and Official Machine Manufacturing	168	21065.4
其他制造业	Other Manufacturing	206	7283.9
电力、蒸汽、热水的生产和供应业	Electricity Power,Steam and Hot Water Production and Supply	27	14749.6
煤气生产和供应业	Gas Production and Supply	5	2482.9
自来水的生产和供应业	Water Production and Supply	7	7226.1
建筑业	Construction		
土木工程建筑业	Civil Engineering	354	92384.3
线路管道和设备安装	Line and Equipment Installation	89	24888
装修装饰业	Building Decoration	111	1099.8
运输邮电业	**Transportation,Posts and Telecommunications**		
铁路运输业	Railway Transportation	2	23632.8
公路运输业	Highway Transportation	96	4213.2
水上运输业	Water Transportation	1	150.4
航空运输业	Aviation Transportation	4	54.3
港口业	Port Transportation	1	
邮电通信业	Posts and Telecommunications	2	2627

TOTAL CONSUMPTION AND INVENTORY VALUE OF MATERIALS AND ENERGY (BY SECTOR)

(10000 yuan)

本年消费 总值 Total Consumption of this Year	工业企业 Industrial Enterprises	建筑企业 Construction Enterprises	运输邮电企业 Transportation Posts and Tele-communications	其他 Others	年末库存 总值 Total Inventory (year-end)
31389.7	26272.4	5116.4	0.9		6754.9
655.7	655.7				42.6
3422.1	3420.9			1.2	564.2
88.6	88.6				
1933.7	1919.1		5.9	8.7	115.2
13.9	13.9				0.1
249811.2	249250.3	13.6	37.1	510.2	30902.9
100174.5	95043.5		68.4	5062.6	13026.1
206012.5	205970.8		12.2	29.5	30634.4
31949.1	31561			388.1	29134.7
195010	191137.5	23.1	62.6	3786.8	33363.8
63785.3	62166.2	26.3	402.5	1190.3	14044.9
15345.1	15221		9.8	114.3	3654.7
11317.1	11200.7	18.5	7	90.9	2554.2
15123.1	15025.7	3.5	22.3	71.6	4130.8
58581.1	58515.7	6.6	8.4	50.4	10264.2
96071.2	95117.9		47	906.3	14395.6
17789.8	17762.1		20.1	7.6	6585.8
980299.3	971249.9	8295.9		753.5	84850
521889.2	521310.7		58.1	520.4	63188.1
86896.3	86722.5		23.8	150	15102.8
35528.3	35007.1		8.4	512.8	
2902.5					
56291	56264.7		1.2	25.1	6322.8
77203.6	77074.2	0.3	22.3	106.8	14168.1
302275.4	300778.9	66.2	337.4	1092.9	38220.2
1127040	1127028		2.2	9.8	124306.2
43715.4	43679.9		16.1	19.4	3478.9
99260.5	98916.4	179.4	43.6	121.1	14331.6
199013.5	198489.9	15.5	22.1	486	66965.4
142146.5	140969.9	324.9	23.8	827.9	38245.4
658042.7	655274.3	31.8	75.5	2661.1	164622.3
23682	23381.7		4.6	295.7	14852.2
138239.1	137327.4	2.4	52.9	856.4	42539.5
1161665	1159886	315.9	711.3	751.9	205118.6
82397.9	78924.6		25.3	3448	22583.8
42709	41720	22.9	9.4	956.7	8936.4
241135.7	227138.8	10427.8	3.5	3565.6	17275.9
5614.8	979	4635.8			2303.5
10286.1	3343.4	6923.2	8.4	11.1	4211.9
1020636	6462.6	1013207	0.6	966.7	95289.7
124015	102.7	123899.7		12.6	19606.9
20390.9	16.3	20353.6		21	1186
138200.1		916.6	137283.5		25457.8
18052.5	1782.5		16269.4	0.6	2883.9
1383.2			1383.2		183.5
218914.8			218914.8		39.1
21.7			21.7		
62054			62054		1340

7-5 原材料、能源消费与库存总值

TOTAL CONSUMPTION AND INVENTORY VALUE OF MATERIALS AND ENERGY

单位：万元　　　　　　　　　　　　　　　　　　　　　　　　　　　　(10000 yuan)

项　　目 Item		企业单位个数(个) Enterprises (unit)	年初库存总值 Total Inventory (year-beginning)	本年消费总值 Total Consumption of this Year					年末库存总值 Total Inventory (year-end)
					工业企业 Industrial Enterprises	建筑企业 Construction Enterprises	运输邮电企业 Trans, Posts and Telecommunications	其他 Others	
总　计	**Total**	6948	1209542.1	8737473.5	7074174.2	1194826.4	438081.3	30391.6	1300682.1
按隶属关系分组	**Grouped by Administrative Relationship**								
中　央	Central	750	287561.8	3027786.0	2120055.4	477505.0	419884.8	10340.8	393497.6
省	Province	1333	752605.9	4525802.8	3959830.1	536528.2	15075.1	14369.4	730610.7
地　区	District	2009	133541.2	975699.9	800522.0	171279.1	1763.6	2135.2	135401.7
县	County	4865	35833.2	208184.8	193766.7	9514.1	1357.8	3546.2	41172.1
按经济类型分组	**Grouped by Ownership**								
国有经济	State-owned	2180	793500.6	5978126.9	4521215.2	1004641.0	434580.9	17689.8	822038.2
集体经济	Collective-owned	3210	69345.8	539688.8	371977.2	163208.7	2030.4	2472.5	64983.0
私营经济	Private Business	49	3837.1	12004.2	11450.9	492.9	52.5	7.9	4542.7
联营经济	Joint-owned	108	8900.9	42367.8	41984.1	26.7	35.9	321.1	7995.1
股份制经济	Share Holding Business	227	32690.9	166959.9	146696.2	17897.2	1119.5	1247.0	33307.2
中外合资经营企业	Chinese-Foreign Joint Venture	509	216377.6	1545245.9	1534256.8	5864.7	185.9	4938.5	285248.2
中外合作经营企业	Chinese-Foreign Cooperative	38	7722.8	63345.1	63338.7		0.2	6.2	5775.1
外资企业	Foreign Funded	125	7841.7	54694.9	51624.0	0.3	18.1	3052.5	6715.4
与大陆合资经营企业	Joint Venture with Hongkong, Macao and Taiwa	382	59620.2	268917.1	265841.8	2424.4	50.2	600.7	60113.1
与大陆合作经营企业	Cooperative with Hongkong, Macao and Taiwan	10	416.1	3124.5	3083.4			41.1	397.6
港、澳、台独资企业	Hongkong, Macao and Taiwan Funded	87	6490.2	33503.5	33487.7		2.5	13.3	6784.6
其他经济	Others	19	2798.2	29494.9	29218.2	270.5	5.2	1.0	2781.9
按类值分组	**Grouped by Type of Energy or Materials**								
能源类	Energy	5689	83972.0	2381490.4	2021927.2	51819.0	290563.8	17180.4	87854.8
原材料类	Materials	4025	1125570.1	6355983.1	5052247.0	1143007.4	147517.5	13211.2	1212827.3
黑色金属材料类	Ferrous Metal Materials	1684	247801.5	1516569.1	1019362.6	444426.5	51584.7	1195.3	242685.7
有色金属材料类	Nonferrous Meta Materials	1095	36639.4	153236.7	140369.3	12488.8	234.5	144.1	33008.5
化工类	Chemical Industry	1345	81325.7	677209.4	641923.5	32510.8	2194.7	580.4	92419.6
建材类	Construction Materials	1027	33639.5	512878.9	135272.1	371810.4	5611.3	185.1	36635.1
木材类	Timber	909	16040.3	92789.3	40212.8	47793.1	4742.5	40.9	18111.7
金属制品类	Metal Products	692	22378.9	92454.6	60010.2	32036.7	390.8	16.9	22459.5
一次转移价值的机电产品类	Easily Worn Mechanical and Electrical Products	930	416724.6	1986502.1	1834386.5	80080.6	71338.6	696.4	492655.4
其他类	Others	2397	271020.2	1324343.0	1180710.0	121860.5	11420.4	10352.1	274851.8

主要统计指标解释

能源消费总量　指一定时期内全国（地区）物质生产部门、非物质生产部门和生活消费的各种能源的总和，是观察能源消费水平、构成和增长速度的总量指标，能源消费总量包括原煤和原油及其制品、天然气、电力。不包括低热值燃料、生物质能和太阳能等的利用。能源消费总量分为三部分，即终端能源消费量、能源加工转换损失量和损失量。

（1）终端能源消费量　指一定时期内全国（地区）物质生产部门、非物质生产部门和生活消费的各种能源在扣除了用于加工转换二次能源消费量和损失量以后的数量。

（2）能源加工转换损失量　指一定时期内全国（地区）投入加工转换的各种能源数量之和与产出各种能源产品之和的差额。它是观察能源在加工过程中损失量变化的指标。

（3）能源损失量　指一定时期内能源在输送、分配、储存过程中发生的损失和由客观原因造成的各种损失量。不包括各种气体能源放空、放散量。

Explanatory Notes On Main Statistical Indicators

Total Energy Consumption refers to the total consumption of various kinds energy by physical production sectors, non - physical production sectors and households in a given period. It is a comprehensive indicator to show the scale, composition and trend of energy consumption. The total energy consumption includes that of coal, crude oil and their products, natural gas and electricity, and excludes the consumption of fuel with low calorific value, bio - energy and solar energy. Total energy consumption can be divided into three parts:

(1) Final Energy Consumption: It refers to the total energy consumption by physical production sectors, non - physical production sectors and households in a given period, but excludes the consumption in conversion of the primary energy into the secondary energy and the loss in the process of energy conversion.

(2) Loss During the Process of Energy Conversion: It equals to the total input of various kinds of energy for conversion, minus the total output of various kinds of energy via the conversion. It is an indicator to show the loss occurred in the process of energy conversion.

(3) Loss: It refers to the total of the loss energy during the course of energy transport, distribution and storage caused by objective reasons in a given period. The loss of various kinds of gas due to gas discharges and stocktaking is excluded.

08

CONSTRUCTION
建筑业

独立核算建筑施工企业总产值
Gross output value of construction

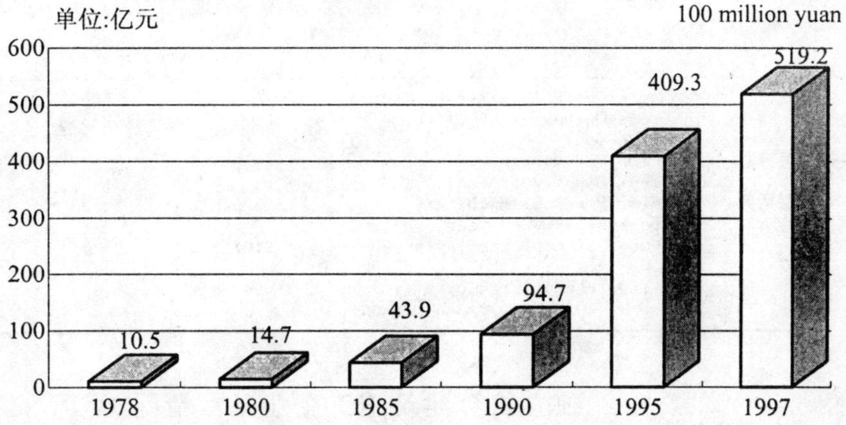

	1997	1978	1997年为1978年% 1997 as % of 1978
建筑施工企业个数(个) Number of enterprises(unit)	1297	64	2026.6
建筑业总产值(亿元) Gross output value of construction(100 million yuan)	519.2	10.5	4944.8
全员劳动生产率(元／人) Overall labor productivity(yuan/person)	64633	4397	1469.9

独立核算建筑企业全员劳动生产率
Overall labor productivity

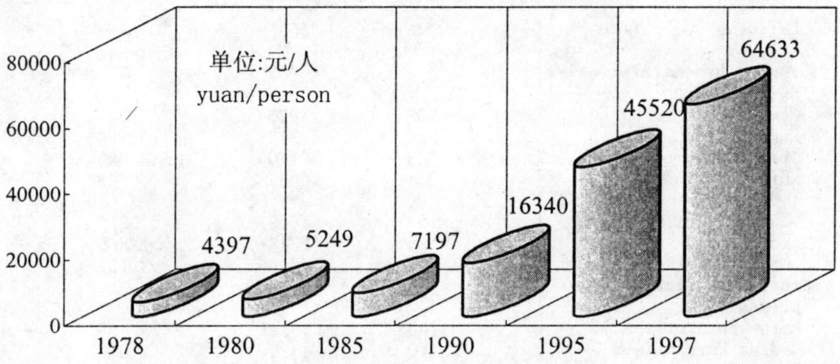

8-1 全市建筑施工企业主要经济指标
MAIN ECONOMIC INDICATORS ON CONSTRUCTION ENTERPRISES

项目 Item		全市总计 Total	独立核算建筑施工企业 Construction Enterprises with Independent Accounting System	# 大中型企业 Large and Medium Enterprises	建筑业活动单位 Construction Units
企业单位数 (个)	Number of Enterprises (unit)	1358	1297	143	61
建筑业总产值 (万元)	Gross Output Value of Construction (10000 yuan)	5237663	5192363	3929277	45300
自有机械设备年末总台数 (台)	Number of Machinery and Equipment Owned(year-end) (unit)	153814	152097	93847	1717
自有机械设备年末总功率(千瓦)	Total Power of Machinery and Equipment Owned(year-end)(kw)	3250946	3222598	2266281	28347
年末从业人数 (人)	Number of Employment(year-end) (person)	810799	803362	559285	7437
劳动生产率 (元／人)	Overall Labor Productivity (yuan/person)	64376	64633	70255	44251

8-2 独立核算建筑施工企业基本情况
BASIC STATISTICS FOR CONSTRUCTION ENTERPRISES WITH INDEPENDENT ACCOUNTING SYSTEM

项目 Item		企业单位数(个) Number of Enterprises (unit)	年末从业人员(人) Employment (year-end) (person)	年末自有机械设备 Machinery and Equipment Owned(year-end)		
				净值(万元) Net Value (10000 yuan)	总台数(台) Total Number (unit)	总功率(千瓦) Total Power (kw)
总计	**Total**	1297	803362	401248	152097	3222598
按经济类型分	**Grouped by Ownership**					
国有经济	State-owned Enterprises	409	510522	269124	81667	2199219
集体经济	Collective-owned Enterprises	688	249818	112621	60320	906483
私营经济	Private Enterprises	8	554	422	447	764
联营经济	Joint-owned Enterprises	3	507	30	60	300
股份制经济	Share Holding Enterprise	69	24542	9632	4527	78507
外商投资经济	Foreign Funded Enterprises	62	10221	4740	2621	13909
港澳台投资经济	HongKong,Macao and Taiwan Funded	56	7004	4621	2440	23136
其他经济	Others	2	194	58	15	280
按行业类别分	**Grouped by Sector**					
土木工程	Civil Engineering	849	690947	345172	126070	2790252
线路、管道和设备安装	Line and Equipment Installation	202	87155	47674	19415	378452
建筑物的装修装饰业	Building Decoration	246	25260	8402	6612	53894
按隶属关系分	**Grouped by Administrative Relationship**					
中央	Central	268	240234	147344	39989	1166839
地方	Local	1029	563128	253904	112108	2055759
市属	City Owned	328	294709	133559	47182	1067340
区县属	District and County Owned	275	160658	70509	37328	583424
街道	Subdistrict Owned	98	18621	5855	6172	55369
镇	Town Owned	69	26434	12859	5891	128594
其他	Others	259	62706	31122	15535	221032
按企业规模分	**Grouped by Size of Enterprises**					
大型	Large Enterprises	103	515458	259693	80735	1955048
中型	Medium Enterprises	40	43827	24816	13112	311233
小型	Small Enterprises	1154	244077	116739	58250	956317

8-3 独立核算建筑施工企业总产值和劳动生产率
GROSS OUTPUT VALUE AND LABOR PRODUCTIVUTY OF CONSTRUCTION ENTERPRISES WITH INDEPENDENT ACCOUNTING SYSTEM

项目	Item	总产值（万元） Gross Output Value (10000 yuan) 1997	1996	劳动生产率（元／人） Overall Labor Productivity (yuan/person) 1997	1996
总计	**Total**	5192362.8	4680760.5	64633	56750
按经济类型分	**Grouped by Ownership**				
国有经济	State-owned	3509049.7	3181252.4	68735	61799
集体经济	Collective-owned	1277937.7	1238649.0	51155	46522
私营经济	Private	2508.9	232.3	45287	8386
联营经济	Joint-owned	1713.4	1022.0	33795	30507
股份制经济	Share Holding Enterprise	219971.6	124603.4	89631	47735
外商投资经济	Foreign Funded Enterprises	115232.4	81932.2	112741	85910
港澳台投资经济	Honkong,Macao and Taiwan Funded	65150.5	52062.0	93019	72399
其他经济	Others	798.6	1007.2	41165	29976
按行业类别分	**Grouped by Sector**				
土木工程	Civil Engineering	4344056.6	3963589.2	62871	55541
线路、管道和设备安装	Line and Equipment Installation	662215.2	576604.1	75981	65834
建筑物的装修装饰业	Building Decoration	186091.0	140567.2	73670	59608
按隶属关系分	**Grouped by Administrative Relationship**				
中央	Central	1829965.6	1391009.5	76174	67534
地方	Local	3362397.2	3289751.0	59709	53161
市属	City Owned	2003218.4	1930132.5	67973	60619
区县属	District and County Owned	810650.4	795384.6	50458	45754
街道	Subdistrict Owned	76681.3	75050.9	41180	33332
镇	Town Owned	119200.7	101190.5	45094	29946
其他	Others	352646.4	387992.5	56238	55205
按企业规模分	**Grouped by Size of Enterprises**				
大型	Large Enterprises	3627845.0	3013819.9	70381	64724
中型	Medium Enterprises	301432.0	623105.3	68778	55452
小型	Small Enterprises	1263085.8	1043835.3	51749	42296

8-4 独立核算建筑施工企业竣工率
RATIO OF COMPLETED OF CONSTRUCTION ENTERPRISES WITH INDEPENDENT ACCOUNTING SYSTEM

单位：%　　　　(%)

项目	Item	产值竣工率 Ratio of Output Value Completed to Total		面积竣工率 Ratio of Floor Space of Building Completed	
		1997	1996	1997	1996
总　计	**Total**	70.6	63.3	36.5	36.9
按经济类型分	**Grouped by Ownership**				
国有经济	State-owned	71.2	63.8	32.9	31.6
集体经济	Collective-owned	140.9	60.2	46.2	46.9
私营经济	Private	77.4	98.3	19.1	100.0
联营经济	Joint-owned	37.8	41.3	50.5	100.0
股份制经济	Share Holding Enterprise	72.1	86.6	26.4	40.3
外商投资经济	Foreign Funded Enterprises	45.9	52.7	34.2	27.8
港澳台投资经济	Honkong,Macao and Taiwan Funded	67.0	71.4	18.4	57.8
其他经济	Others	38.5	86.7	100.0	0.0
按行业类别分	**Grouped by Sector**				
土木工程	Civil Engineering	72.4	64.1	36.1	36.5
线路、管道和设备安装	Line and Equipment Installation	59.8	56.0	57.5	42.5
建筑物的装修装饰业	Building Decoration	65.3	73.0	61.0	72.4
按隶属关系分	**Grouped by Administrative Relationship**				
中　央	Central	69.0	67.2	32.2	32.8
地　方	Local	71.4	61.7	38.2	38.0
市　属	City Owned	72.1	61.4	31.9	30.0
区县属	District and County Owned	69.9	59.7	46.6	47.2
街　道	Subdistrict Owned	85.7	70.8	42.4	43.9
镇	Town Owned	81.3	52.0	50.4	50.3
其　他	Others	64.4	68.0	40.8	47.3
按企业规模分	**Grouped by Size of Enterprises**				
大　型	Large Enterprises	70.8	59.8	32.8	31.9
中　型	Medium Enterprises	63.4	73.2	31.2	34.8
小　型	Small Enterprises	71.7	67.6	49.7	53.0

8-5 独立核算建筑施工企业工程质量
PROJECTS QUALITY OF CONSTRUCTION ENTERPRISES WITH INDEPENDENT ACCOUNTING SYSTEM

单位：%　　　　(%)

项　　目	Item	单位工程优良品率 Rate of High Quality Projects		竣工面积优良品率 Rate of High Quality of Floor Space Completed	
		1997	1996	1997	1996
总　　计	**Total**	19.8	17.5	42.8	39.3
按经济类型分	**Grouped by Ownership**				
国有经济	State-owned	33.0	30.2	54.0	51.7
集体经济	Collective-owned	13.8	12.8	25.5	24.2
股份制经济	Share Holding Enterprises	8.7	4.8	43.0	40.4
外商投资经济	Foreign Funded Enterprises	6.9	10.1	21.3	22.8
港澳台投资经济	Honkong,Macao and Taiwan Funded	10.5	8.5	5.0	6.0
其他经济	Others	0.0	0.0	0.0	0.0
按行业类别分	**Grouped by Sector**				
土木工程	Civil Engineering	24.6	19.5	43.5	39.7
线路、管道和设备安装	Line and Equipment Installation	15.7	15.8	24.6	42.0
建筑物的装修装饰业	Building Decoration	9.8	12.3	15.0	16.5
按隶属关系分	**Grouped by Administrative Relationship**				
中　央	Central	26.9	33.5	60.8	51.0
地　方	Local	14.1	12.9	36.7	36.5
市　属	City Owned	19.1	22.1	54.1	54.9
区县属	District and County Owned	9.3	7.9	18.5	14.1
街　道	Subdistrict Owned	8.9	3.7	10.4	15.4
镇	Town Owned	18.6	24.5	23.8	25.8
其　他	Others	13.3	10.1	39.3	50.0
按企业规模分	**Grouped by Size of Enterprises**				
大　型	Large Enterprises	34.5	28.9	51.7	50.8
中　型	Medium Enterprises	27.7	23.4	35.7	43.3
小　型	Small Enterprises	12.1	11.4	25.7	17.7

8-6 独立核算建筑施工企业主要财务指标

单位：万元

项　目	Item	资本金 Capital	年末资产 Assets (year-end)	流动资产 Circulating Assets
总　计	**Total**	993827.0	7275140.0	5874651.9
按经济类型分	**Grouped by Ownership**			
国有经济	State-owned	635228.8	5661737.4	4580853.2
集体经济	Collective-owned	250692.2	1210016.3	969174.1
私营经济	Private	1006.2	2427.9	1659.6
联营经济	Joint-owned	928.8	994.8	513.2
股份制经济	Share Holding Enterprise	42871.7	211940.6	162411.5
外商投资经济	Foreign Funded Enterprises	32551.3	108249.6	94775.8
港澳台投资经济	Honkong,Macao and Taiwan Funded	30280.0	78939.6	64773.8
其他经济	Others	268.0	833.8	490.7
按行业类别分	**Grouped by Sector**			
土木工程	Civil Engineering	790602.4	6066219.8	4902954.4
线路、管道和设备安装	Line and Equipment Installation	122753.6	988121.8	788184.0
建筑物的装修装饰业	Building Decoration	80471.0	220798.4	183513.5
按隶属关系分	**Grouped by Administrative Relationship**			
中　央	Central	353413.8	2370721.1	1820243.2
地　方	Local	640413.2	4904418.9	4054408.7
市　属	City Owned	335980.3	3710112.3	3134264.2
区县属	District and County Owned	178435.9	733336.2	565281.2
街　道	Subdistrict Owned	22474.9	86833.9	72793.5
镇	Town Owned	31708.4	108969.4	87192.6
其　他	Others	71813.7	265167.1	194877.2
按企业规模分	**Grouped by Size of Enterprises**			
大　型	Large Enterprises	467164.5	4639147.2	3707577.5
中　型	Medium Enterprises	78827.5	400900.3	311620.4
小　型	Small Enterprises	447835.0	2235092.5	1855454.0

MAIN FINANCIAL INDICATORS ON CONSTRUCTION ENTERPRISES WITH INDEPENDENT ACCOUNTING SYSTEM

(10000 yuan)

长期投资 Long-term Investment	固定资产 Fixed Assets	专项工程 Special Projects	无形及递延资产 Intangible and Deferred Assets	其他资产 Other Assets	利润总额 Total Profits	利税总额 Total Pre-tax Profit	企业总收入 Total Revenue
289363.1	**892320.1**	**123943.1**	**47519.0**	**47342.8**	**104320.1**	**253878.9**	**5184133.0**
251245.6	666277.5	101558.4	24076.2	37726.5	59187.7	159539.1	3776945.9
26732.7	182651.7	15684.3	9697.4	6076.1	36988.2	75056.2	1033643.5
18.4	320.3		12.6	417.0	12.1	97.5	2578.5
	481.6				43.1	55.9	1629.2
9271.6	23833.8	6292.9	8872.0	1258.8	5086.0	11399.3	199708.9
662.3	10215.0	50.0	1685.0	861.5	2551.9	5319.0	103548.3
1332.5	8317.3	356.7	3156.4	1002.9	448.8	2380.2	65171.1
100.0	222.9	0.8	19.4		2.3	31.7	907.6
246637.7	733302.4	103391.3	39138.7	40795.3	86872.3	211984.5	4336074.0
37796.1	136034.4	18169.6	4203.9	3733.8	15091.9	33858.1	659807.9
4929.3	22983.3	2382.2	4176.4	2813.7	2355.9	8036.3	188251.1
115320.7	353479.1	49510.2	15978.8	16189.1	33637.5	84732.3	1876063.2
174042.4	538841.0	74432.9	31540.2	31153.7	70682.6	169146.6	3308069.8
148572.9	335158.2	49626.7	17718.2	24709.1	33213.6	91618.2	2190675.3
12091.4	122900.0	21182.3	7101.6	4779.7	19876.7	44049.1	646843.5
1504.6	11384.1	441.8	510.9	199.0	1925.3	4552.6	78970.4
2271.0	18416.3	313.6	632.7	143.2	5698.2	9468.5	102159.5
9602.5	50982.4	2868.5	5576.8	1322.7	9968.8	19458.2	289421.1
156330.0	637753.6	77011.8	27327.7	33146.6	61814.2	163922.1	3650812.7
22376.7	48612.7	10141.5	4583.1	3565.9	5014.1	14027.2	274969.6
110656.4	205953.8	36789.8	15608.2	10630.3	37491.8	75929.6	1258350.7

8-7 全市建筑施工企业利税总额前50名排序
THE FIRST FIFTY PLACES OF TOTAL PRE-TAX PROFITS OF CONSTRUCTION ENTERPRISES

单位：千元 (1000 yuan)

名 次 No.	企 业 名 称 Enterprise	利 税 总 额 Total Pre-tax Profits
1	北京韩村河建筑集团总公司	79012
2	中国人民解放军总后勤部工程总队	75029
3	中建第一工程局第五建筑公司	72198
4	北京住宅开发建设集团总公司	67629
5	交通部地公路总公司	56630
6	中国建筑第一工程局第四建筑公司	56007
7	北京市第四城市建设工程公司	45051
8	铁道部第十六工程局	42581
9	北京城建集团二公司	41129
10	房山区建筑企业集团总公司	37904
11	北京市第一城市建设工程公司	35398
12	北京市第六建筑工程公司	34682
13	北京市第五城市建设工程公司	34564
14	北京市第一建筑工程公司	32518
15	北京中铁建筑工程公司	31743
16	北京市第五建筑工程公司	30485
17	北京建雄建筑集团	30058
18	中国第一工程局	28865
19	北京市第三建筑工程公司	27538
20	北京嘉明建筑工程公司	26435
21	房山建工企业集团总公司	25915
22	北京市第三住宅建筑工程公司	24823
23	北京市第二建筑工程公司	23456
24	北京市顺义县建筑工程公司	22575
25	中国建筑第一工程局第二建筑公司	21866
26	北京市房山区城乡建筑企业集团总公司	21848
27	北京市第七建筑工程公司	20282
28	北京天桥建筑集团公司	20225
29	北京市朝阳田华建筑集团公司	20221
30	北京怀柔建筑企业集团总公司	20164
31	北京市城建道桥工程公司	19520
32	中国四海工程公司	18252
33	北京市第三市政工程公司	17926
34	北京燕山石油化工公司建筑安装工程公司	17814
35	北京市第三城市建设工程公司	17775
36	北京市合力电信集团	17737
37	北京铁路工程总公司	17347
38	北京恒基建筑工程有限公司	17176
39	平谷县建筑工程总公司	16704
40	北京火电建设公司	15010
41	北京雅筑安装工程有限责任公司	14708
42	北京城建亚泰工程公司	14703
43	北京保信建筑工程总队	14574
44	北京市第二住宅建筑工程公司	14565
45	北京燕山石油化工公司建筑工程公司	14370
46	中建建筑承包公司	14323
47	北京市第六住宅建筑工程公司	13813
48	北京供电工程公司	13538
49	北京电力建设公司	13370
50	北京市第四建筑工程公司	13283

8-8 外埠进京施工单位主要指标

MAIN INDICATORS ON NON-LOCAL CONSTRUCTION UNITS IN BEIJING

项　目 Item		1997	1996
单位个数　（个）	Number of Units (unit)	175	231
职工人数　（万人）	Number of Staff and Workers (10000 person)	4.9	6.4
施工产值　（亿元）	Output Value of Construction(100 million yuan)	22.3	21.6
施工面积（万平方米）	Floor Space of Buildings under Construction (10000 sq.m)	372.3	362.5
竣工面积（万平方米）	Floor Space of Buildings Completed(10000 sq.m)	125.1	129.3

主要统计指标解释

建筑业统计单位　指从事房屋、构筑物建造和设备安装活动的生产单位。根据不同的组织方式，建筑业统计的调查单位可分为法人建筑业企业和附营建筑施工单位。法人建筑业企业是指专门组织的独立核算的法人建筑业企业。它应同时具备的条件是：(1) 依法成立，有自己的名称、组织机构和场所，能够承担民事责任；(2) 独立拥有和使用资产，承担负债，有权与其他单位签订合同；(3) 独立核算盈亏，能够编制资产负债表。附营建筑施工单位是指建筑业以外行业的企业、事业单位为完成本单位固定资产建造任务而自行组织的建筑施工单位。它应同时具备的条件是：(1) 具有一个场所，从事或主要从事建筑安装活动；(2) 单独组织生产经营活动；(3) 在企业内部单独核算收支。

建筑业总产值（即自行完成施工产值）　指建筑业企业或附营建筑施工单位自行完成的按工程进度计算的建筑安装生产总值。建筑业产值包括：

(1) 建筑工程产值　指列入建筑工程预算内的各种工程价值。

(2) 设备安装工程产值　指设备安装工程价值。

(3) 房屋、构筑物修理产值　指房屋构筑物修理所完成的价值，但不包括被修理房屋、构筑物本身的价值和生产设备的修理价值。

(4) 非标准设备制造产值　指加工制造没有定型的、非标准的生产设备的加工费和原材料价值，不论是现场还是附属加工厂为本单位承建工程制造的非标准设备的价值，都应计算产值。

自有机械年末总台数　指归本企业（或单位）所有，属于本企业固定资产的生产性机械设备年末总台数。包括施工机械、生产设备、运输设备以及其他设备。

自有机械年末总功率　指本企业（或单位）自有施工机械、生产设备、运输设备以及其他设备等列为在册固定资产的生产性机械设备年末总功率，按设定能力或查定能力计算。包括机械本身的动力和为该机械服务的单独动力设备，如电动机等。计算单位用千瓦，动力换算可按 1 马力 = 0．735 千瓦折合成千瓦数。电焊机、变压器、锅炉不计算动力。

企业总收入　指与企业生产经营直接有关的各项收入，包括工程结算收入和其他业务收入，即：

企业总收入 = 工程结算收入 + 其他业务收入

Explanatory Notes On Main Statistical Indicators

Statistical Unit of Construction refers to the establishment engaged in the construction of buildings and structures or the installation of equipment. Depending upon the way of organization, they can be divided into two categories: corporate construction enterprises and affiliated construction units,. A corporate construction enterprise is a legal entity with independent accounting system, especially set up to undertake construction activities. It should meet the following three conditions: (1) being set up in line with relevant legal basis, having its full name, organization and location, and capable of taking civil liabilities; (2) independently possessing and using its assets and assuming its liabilities, and entitled to sign contracts with other institutions; and (3) making independent accounts of its profits and losses, and capable of compiling its own balance sheet. On the other hand, the affiliated construction units are subsidiary constructing units that are established by enterprises or institutions in other industries to take construction projects to build up their fixed assets. They should also meet three conditions: (1) engaged exclusively or mainly in construction and installation activities with a stable sits; (2) organizing independently their production/management; and (3) with independent accounting capability in the enterprises to which they are attached.

Gross Output Value of Construction (Output Value of Projects Under Construction) refers to the gross output value of construction and installation projects that are undertaken by construction enterprises or affiliated constructing units, calculated in line with the planned schedule. It includes:

(1) Output value of construction projects, which is the value of projects covered by the project budgets;

(2) Output value of installation projects, which is the value of the installation of equipment;

(3) Output value of repair of buildings and structures, which is the value created through the repairs, exclude the value of buildings or structures being repaired or the value of the repair of production equipment;

(4) Output value of manufactured non - standard equipment, that is the value of non - standard production equipment (including raw materials and manufacturing cost) made for the construction project, irrespective of whether the equipment is manufactured on the construction site or in subsidiary workshops.

Total Number of Self - Owned Machinery at Year End refers to the number of machines and equipment owned by the enterprises (or units), and listed as the fixed assets of the enterprises (or units) by the end of the year, including machinery and equipment for construction, production, transportation and other purposes.

Total Power of Self - Owned Machinery at Year End refers to the total power of machines and equipment owned by the enterprises (or units), and listed as the fixed assets of the enterprises (or units) by the end of the year, including machines and equipment for construction, production, transportation and other purposes. The power of the machinery is calculated on basis of the designed or verified capacity, covering the power of the machinery/equipment and the separate power equipment serving the machinery/equipment (such as electric motors), but excluding welders, transformers and boilers. The unit used for the calculation of power is kilowatt, with horsepower converted to kilowatt by 1 horsepower = 0.735 kilowatt.

Total Revenue of Enterprises refers to the sum of income from production and operation of enterprises, including income from settlement of projects and other operational income, namely:

Total Revenue of Enterprises = Income from Settlement of Projects + Other Operation Income

09

TRANSPORTATION,POSTALAND TELECOMMUNICATION SERVICES

交通运输邮电通信业

社会客货运输周转量构成(%)
Percentage of traffic turnover volume

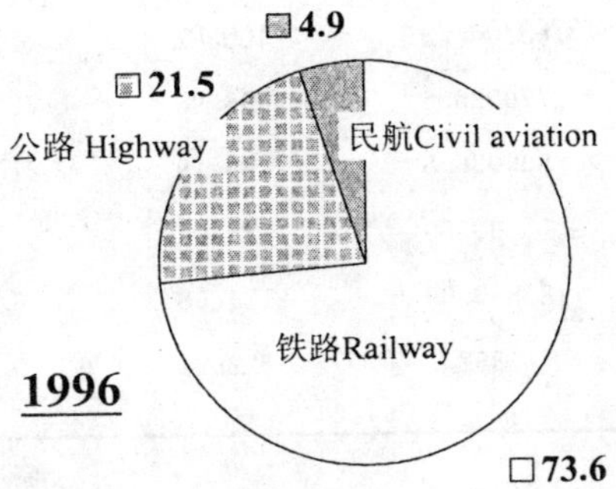

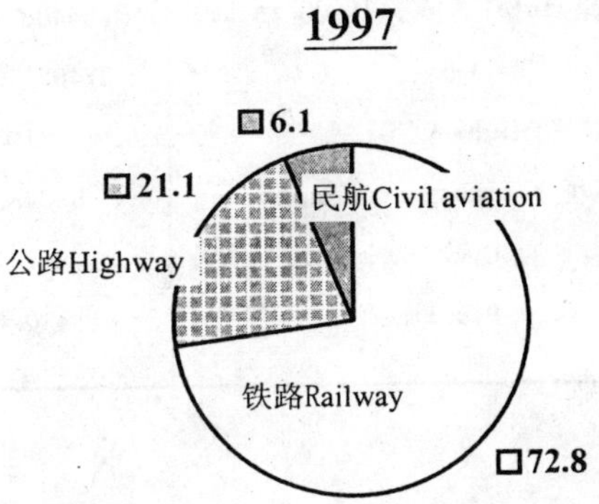

	1997	1978	1997年为1978年% 1997 as % of 1978
社会货物运输量(万吨) Freight traffic (10000 tons)	32350	7394	437.5
旅客运输量(万人) Passenger traffic (10000 persons)	10384	7337 (1986)	141.5
邮电业务总量(万元) Posts and telecommunications services(10000 yuan)	930137	9051	10276.6

邮电业务总量
Posts and telecommunications services

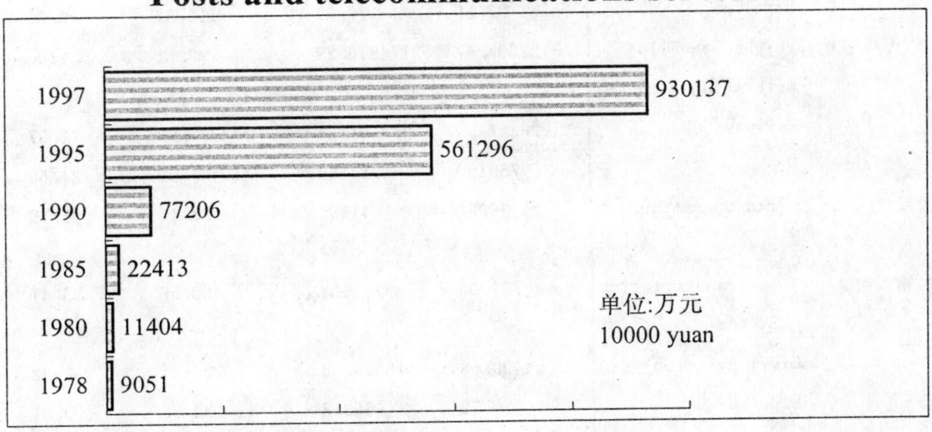

9-1 社 会 客 货 运 总 量(换算周转量)
PASSENGER AND FREIGHT TRAFFIC(CONVERTED INTO TURNOVER VOLUME)

项 目 Item		1997	1996	1997年为1996年% 1997 as % of 1996	构 成(%) Composition(%)	
					1997	1996
运输总量(万吨公里)Total	**(10000 tn-km)**	3764400.72	3763704.79	100.02	100	100
铁路	Railway	2740811.8	2770525.6	98.93	72.81	73.61
公路	Highway	795310.4	809936.8	98.19	21.13	21.52
# 交通运输系统	Transportation System	53348.4	60609	88.02	1.4	1.6
民航	Civil Aviation	227847.73	182890.09	124.58	6.05	4.86
管道	Pipeline	430.79	352.3	122.28	0.01	0.01

9-2 社会货物运输量及周转量
FREIGHT TRAFFIC AND TON-KILOMETERS

项 目 Item		1997	1996	1997年为1996年% 1997 as % of 1996	构 成(%) Composition(%)	
					1997	1996
货运总量 (万吨)	**Freight Traffic (10000 tn)**	32349.69	32905.57	98.31	100	100
铁路	Railway	2883.3	2850.8	101.14	8.91	8.66
公路	Highway	29360	29960	98	90.76	91.05
交通运输系统	Transportation System	880	1166	75.47	2.72	3.54
非交通运输系统	Non-transportation System	28480	28794	98.90	88.04	87.50
民航	Civil Aviation	19	17	111.76	0.06	0.05
管道	Pipeline	87.39	77.77	112.37	0.27	0.24
货物周转总量(万吨公里)	Freight Ton-Kilometers(10000 tn-km)	3127394.47	3174846.29	98.51	100	100
铁路	Railway	2263274.0	2311011.4	97.93	72.37	72.79
公路	Highway	769190	784888	98	24.60	24.72
交通运输系统	Transportation System	36982	41964	88.13	1.19	1.32
非交通运输系统	Non-transportation System	732208	742924	98.56	23.41	23.40
民航	Civil Aviation	94499.68	78594.59	120.24	3.02	2.45
管道	Pipeline	430.79	352.3	122.28	0.01	0.01

9-3 运　输　线　路
TRANSPORTATION ROUTES

项　目 Item		条　数（条） Routes (unit) 1997	1996	长　度（公里） Length (km) 1997	1996
铁　路	Railway	26	26	1747.1	1747.1
公　路	Highway	2616	2529	12084	12084
民　航	Civil Aviation	168	123		
其中：国航	Air China	130	123		
新华	Xinhua	38			
管　道	Pipeline	8	8	28.8	28.8

注：民航包括国际航空公司，新华航空公司。
Note: Data of civil aviation include those of Air China and Xinhua Aviation Company.

9-4 铁路运输量及主要技术经济指标（铁路分局范围）
RAILWAY TRAFFIC AND MAIN ECONOMIC AND TECHNICAL INDICATORS (WHTHIN RAILWAY BUREAU BRANCH)

项　目 Item	1997	1996	1997年为1996年% 1997 as % of 1996
营业里程 （公里）Length of Railways in Operation (km)	1817.2	1747.1	104.0
旅客发送量 （万人）Passengers Dispatched (10000 persons)	4828.8	4735.9	101.9
旅客周转量 （万人公里）Passenger-Kilometers (10000 passenger-km)	1024732	939496.4	109.1
货物发送量 （万吨）Freight Dispatched (10000 tons)	4748.4	4504.7	105.4
货物到达量 （万吨）Freight Arrived (10000 tons)	7848.0	8214.3	95.5
货物周转量 （万吨公里）Freight Ton-Kilometers (10000 ton-km)	5225177.6	5331417.3	98.0
货物平均净载重 （吨）Average Net Load of Freight (ton)	56.0	55.4	101.0
平均日装车数 （辆）Daily Average Number of Freight Car Loaded (car)	2322.0	2221.0	104.5
平均日卸车数 （辆）Daily Average Number of Freight Car Unloaded (car)	3859.0	4032.0	95.7
货车周转时间 （天）Turnover Time of Freight Train (day)	1.37	1.35	101.4
蒸汽机车万吨公里耗煤（公斤）Coal Consumption of Steam Locomotives Per 10000 Ton-km (kg)	422.9	332.4	127.2
内燃机万吨公里耗油 （公斤）Oil Consumption of Diesel Locomotives Per 10000 Ton-km (kg)	29.2	28.6	102.0

9-5 全社会客、货运输量及周转量
PASSENGER AND FREIGHT TRAFFIC AND TURNOVER VOLUME

项目 Item		1997	1996	1997年为1996年% 1997 as % of 1996	构成(%) Composition(%)	
					1997	1996
旅客运输量 (万人)	Passenger Traffic (10000 persons)	10383.8	9798.9	105.97	100	100
铁路	Railway	4828.8	4735.9	101.96	46.51	48.33
公路	Highway	4902	4395	111.54	47.2	44.85
民航	Civil Aviation	653	668	97.75	6.29	6.82
旅客周转量 (万人公里)	Passenger-Kilometers (10000 passenger-km)	2154186.2	2107834.2	102.20	100	100
铁路	Railway	477537.8	459514.2	103.92	22.17	21.8
公路	Highway	261204	250488	104.28	12.13	11.88
民航	Civil Aviation	1415444.46	1397832	101.26	65.70	66.32
货运量 (万吨)	Freight Traffic (10000 tons)	32349.69	32905.57	98.31	100	100
铁路	Railway	2883.3	2850.8	101.14	8.91	8.66
公路	Highway	29360	29960	98	90.76	91.05
民航	Civil Aviation	19	17	111.76	0.06	0.05
管道	Pipeline	87.39	77.77	112.37	0.27	0.24
货物周转量 (万吨公里)	Freight Ton-Kilometers (10000 ton-km)	3127394.47	3174846.29	98.51	100	100
铁路	Railway	2263274	2311011.4	97.93	72.37	72.79
公路	Highway	769190	784888	98	24.60	24.72
民航	Civil Aviation	94499.68	78594.59	120.24	3.02	2.48
管道	Pipeline	430.79	352.3	122.28	0.01	0.01

9-6 公路、民航、邮电主要技术经济指标
MAIN TECHNICAL AND ECONOMIC INDICATORS OF HIGHWAY, CIVIL AVIATION, POSTS AND TELECOMMUNICATIONS

项目 Item		1997	1996	1997年为1996年% 1997 as % of 1996
公路货运	**Highway Freight Traffic**			
货车百吨公里耗汽油 (升)	Petroleum Consumption of Trucks Per 100 Ton-km (liter)	6.7	6.8	98.53
货车百吨公里耗柴油 (升)	Diesel Consumption of Trucks Per 100 Ton-km (liter)	4.5	4.8	93.75
货车车吨日产量 (吨公里)	Average Daily Tonnage of Trucks (ton-km)	40.0	43.7	91.53
货车完好率 (%)	Intact Rate of Trucks (%)		89	
民航	**Civil Aviation**			
每吨公里耗航空油 (公斤)	Aviation-oil Consumption Per Kilometer (kg)	0.378	0.4	94.50
邮电	**Posts and Telecommunications**			
总包邮件延误率 (‰)	Lossing Rate of Mails (‰)		0.037	
总包邮件损失 (个)	Loss of Parcels (piecc)	16	2	800
电报发报逾限率 (%)	Rate of Delayed Delivery of Telegrams (%)		0.0016	

注：民航包括国际航空公司，新华航空公司。

Note: Data of civil aviation include those of Air China and Xinhua Aviation Company.

9-7 邮电业务总量
POSTS AND TELECOMMUNICATIONS SERVICES

项目 Item	1997	1996	1997年为1996年% 1997 as % of 1996
邮电业务量 (万元) Sales Revenue of Posts and Telecommunications (10000 yuan)	930136.72	729022.4	127.59
邮电业务总量 Sales Volume of Posts and Telecommunications			
函件 (万件) Letters (10000 pcs)	54687	57876	94.49
包件 (万件) Parcels (10000 pcs)	362	763	47.44
汇票 (万件) Postal Money Order (10000)	844	841	100.36
报纸累计 (万份) Newspaper (10000 copies)	130754	136308	95.93
杂志累计 (万份) Magazines (10000 copies)	5141	4626	111.13
公众电报 (万份) Public Telegrams (10000 pcs)	101.1	192.6	52.49
用户电报 (万次) Telex (10000 times)	99.5	121.2	82.10
长途电话 (万次) Long-Distance Calls (10000 times)	54690.2	43439.2	125.90
本地电话用户 (户) Local Telephone Subscribers (subscriber)	2512032	1957310	128.34
公用电话 (部) Public Teleohone (unit)	45048	36230	124.34

注：本地电话用户包括市内电话用户和农村电话用户，以后农村电话指标不再单独反映。

Note: Data of local telephone subscribers included urban and rural areas,and rural telephones won' t be reported separately any more.

9-8 邮电局、所及邮路
POSTS AND TELECOMMUNICATIONS OFFICES AND POSTAL ROUTES

单位：公里 (km)

项目 Item	1997	1996	1997年为1996年% 1997 as % of 1996	结构(%) Composition(%)	
				1997	1996
邮电局所 (处) Number of Post and Telecommunications Offices (unit)	701	681	102.9		
邮路单程总长度 Length of Postal Route	96788	89077	108.7	100	100
航空邮路 Air Routes	48669	49967	97.4	50.28	56.09
铁路邮路 Railway Routes	19127	19492	98.1	19.76	21.88
自办汽车邮路 Highway Routes	27410	18398	149.0	28.32	20.65
其　他 Others	1582	1220	129.67	1.64	1.37
农村投递线路单程长度 Length of Rural Delivery Routes	...	...			

9-9 邮电局、所地区分布
POSTS AND TELECOMMUNICATIONS OFFICES BY REGION

地区 Region		邮电局、所 Posts and Telecommunications Offices 1997	1996	# 设在农村 In Rual Areas 1997	1996
全市	Total	701	681	264	262
城区	City Proper	371	357		
东城区	Dongcheng	43	39		
西城区	Xicheng	41	41		
崇文区	Chongwen	19	19		
宣武区	Xuanwu	14	14		
近郊区	Near Suburbs	254	244		
朝阳区	Chaoyang	98	91		
丰台区	Fengtai	38	36		
石景山区	Shijingshan	15	15		
海淀区	Haidian	103	102		
远郊区	Outer Suburbs	87	87	69	69
门头沟区	Mentougou	19	19	13	13
房山区	Fangshan	68	68	56	56
各县	Counties	243	237	195	193
昌平县	Changping	40	40	36	36
顺义县	Shunyi	30	30	23	23
通州区	Tongzhou	45	43	35	34
大兴县	Daxing	36	32	28	27
平谷县	Pinggu	22	22	16	16
怀柔县	Huairou	24	24	20	20
密云县	Miyun	24	23	19	19
延庆县	Yanqing	22	23	18	18

9-10 各种车辆
VARIOUS VEHICLES

单位：辆 (unit)

项目	Item	1997	1996	1997年为1996年% 1997 as % of 1996	构成(%) Composition(%) 1997	1996
机动车	Motor Vehicles	1019042	798392	127.64	100	100
汽车	Automobiles	775946	614021	126.37	76.1	76.9
货车	Trucks	198090	180252	104.12	19.4	22.5
#大货	Heavy Trucks	66845	61340	108.97	6.6	7.6
客车	Coaches	574452	430471	133.45	56.4	53.9
#小客车	Small Coaches	554545	412204	134.53	54.4	51.6
特种车	Special Purpose Vehicles	3404	3298	103.21	0.3	0.4
机动脚踏车（摩托车）	Motorcycles	242483	183755	131.96	23.8	23
#轻便	Light	104663	78173	133.89	10.3	9.8
电车	Trolleys	613	616	99.51	0.1	0.1
非机动车	NonMotor Vehicles	9852190	9454276	104.21	100	100
自行车	Bicycles	9071116	8708449	104.16	92.1	92.1
三轮车	Tricycles	781074	745827	104.73	7.9	7.9

主要统计指标解释

铁路营业里程　又称营业长度，指办理客货运输业务的铁路正线总长度。凡是全线或部分建成双线及以上的线路，以第一线的实际长度计算；复线、站线、段管线、岔线和特殊用途线以及不计算运费的联络线都不计算营业里程。铁路营业里程是反映铁路运输业基础设施发展水平的重要指标，也是计算客货周转量、运输密度和机车车辆运用效率等指标的基础资料。

货（客）运量　指在一定时期内，各种运输工具实际运送的货物（旅客）数量。是反映运输业为国民经济和人民生活服务的数量指标，也是制定和检查运输生产计划，研究运输发展规模和速度的重要指标。货运按吨计算，客运按人计算。货物不论运输距离长短，货物类别，均按实际重量统计；旅客不论行程远近或票价多少，均按一人一次作为客运量统计。半价票、小孩票也按一人统计。

货物（旅客）周转量　指在一定时期内，由各种运输工具运送的货物（旅客）数量与其相应运输距离的乘积之总和，是反映运输业生产总成果的重要指标，也是编制和检查运输生产计划，计算运输效率、劳动生产率以及核算运输单位主要基础资料。通常以吨公里和人公里为计算单位。计算货物周转量通常按发出站与到达站之间的最短距离，也就是计费距离计算。

邮电业务总量　指以货币表现的邮电部门用于传递信息和提供其他邮电服务的总数量。它综合反映了一定时期邮电工作的总成果，是研究邮电业务量构成和发展趋势的重要指标。根据邮电管理体制不同，分为中央国营业务总量和地方国营业务总量。它用各种邮电分类业务量，如函件件数、电报份数、长话张数、市内电话和农村电话的年均户数、订销报刊累计份数等，分别乘以相应的平均单价（不变价），加总后再加上出租电路和设备的收入、代用户维护电话交换机和线路等设备的收入、其他业务收入求得。

Explanatory Notes On Main Statistical Indicators

Length of Railways in Operation refers to the total length of the trunk line for passenger and freight transportation. The calculation is based on the actual length of the first line if the line has a full or partial double track or more tracks, excluding double tracks, station sidings, tracks under the charge of stations, branch lines, specialpurpose lines and the non-payable connecting lines. The length of railways in operation is an important indicator to show the development of the infrastructure for the railway transport, and also the essential data to calculate volume of passenger freight , traffic density and utilization of the locomotives and carriages.

Freight (Passenger) Traffic refers to the volume of freight (passenger) transported with various means. Freight transport is calculated in tons and passenger traffic is calculated in the number of persons. Despite the type of freight and traveling distance, the freight traffic is calculated by weight. Similarly, the passenger traffic is calculated by person regardless he/she travels with a half-price ticket or a child ticket or an adults ticket or how long his/her trip is. The freight (passenger) traffic provides a quantitative measure to show how the transport industry serves the national economy and people, and is also an important indicator for planning the transport industry and for studying the development scale and speed of the transport industry.

Freight Ton-kilometers (Passenger -kilometers) refer to the sum of the products of the volume of transported cargo (passengers) multiplying by the transport distance, usually using ton-kilometer and passenger-kilometers as units for measurement. Normally, the shortest distance between the departure station and the destination station (I. e., the payable distance) is the bases to calculate the freight ton-kilometers. This is an important indicator to show the total results of the transport industry, to prepare and examine the transport plan and to measure the efficiency, the labour productivity and the unit cost of transport.

Business Volume of Posts and Telecommunications refers to the total value of the information delivered and other posts and telecommunications services provided by the posts and telecommunications departments for the customers. It is derived by first multiplying the business volume of different types, such as number of letters, telegrams, long distance calls., city and rural telephone subscribers and accumulated number of newspapers and journals subscribed and sold, etc. by their respective average unit price (fixed price), and then adding these products together, and then plus the income from the rent of line and equipment, the income from maintenance of telephone exchanges and lines, and the income from other business operations. The business volume of posts and telecommunication indicates the total achievements made by the posts and telecommunications department during a given period of time in a comprehensive way, and is an important indicator to study the composition and development of the posts and telecommunications business.

10

WHOLESALE SALE AND CATERING TRADE

批发零售贸易业和餐饮业

社会消费品零售总额构成(%)
Percentage of total retail sales of consumer goods

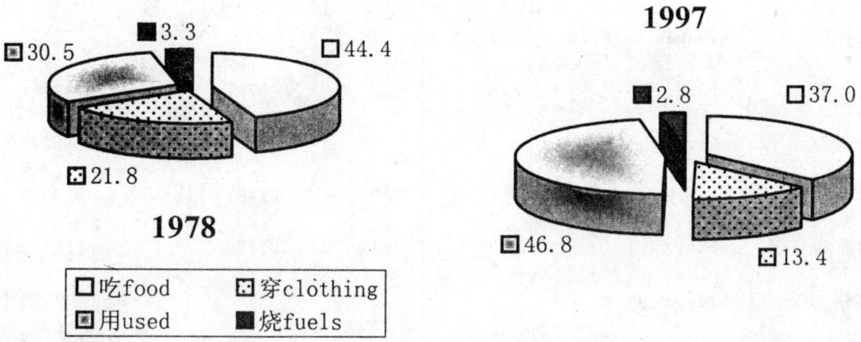

	1997	1978	1997年为1978年% 1997 as % of 1978
社会消费品零售额(亿元) Total retail sales of consumer goods(100 million yuan)	1051.5	44.2	2379.0
商饮服零售网点(万个) Outlets of commerce,catering and services(10000 units)	24.3	1.5	1620.0
商饮服零售营业人员(万人) Personnel of commerce,catering and services(10000 persons)	104.7	24.6	425.6

商业饮食业服务业网点数及营业人员
Outlets and personnel of commerce,catering and services

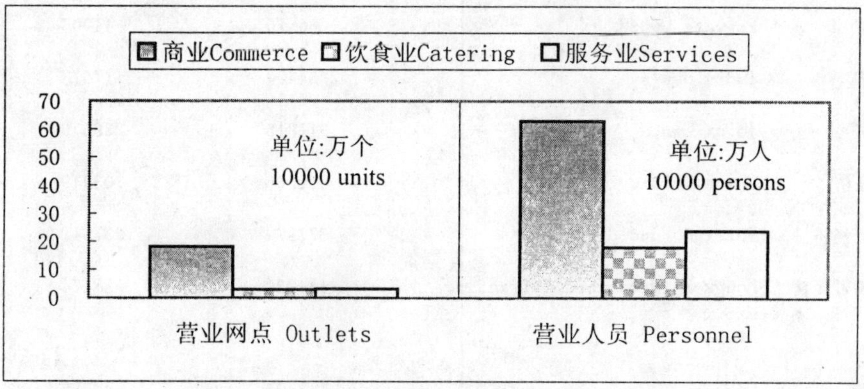

10-1 社会消费品零售额
TOTAL RETAIL SALES OF CONSUMER GOODS

单位：万元　(10000 yuan)

项目	Item	1997	1996	1997年为1996年% 1997 as % of 1996
社会消费品零售额	**Total**	10515342	9236637	113.8
按用途分	**Groupes by Purpose**			
吃的商品	Food	3896781	3719754	104.8
穿的商品	Clothing	1405779	1326577	106.0
用的商品	Daily Used Articles	4921483	4017570	122.5
烧的商品	Fuels	291299	172736	168.6
按地区分	**Groupes by Region**			
市的零售额	City	8083257	6644916	121.6
县的零售额	Counties	881814	956414	92.2
县以下零售额	Below County Level	1550271	1635307	94.8
按行业分	**Grouped by Sectors**			
批发零售贸易业	Wholesale and Retail Trade	7094362	6570489	108.0
餐饮业	Catering	724889	683827	106.0
制造业	Manufacturing	563239	380904	147.9
其他	Others	2132852	1601417	133.2
农民对非农民	Peasant to Non-peasant	1393255	1391553	100.1
按经济类型分	**Grouped by Type Ownership**			
国有经济	State-owned	3688052	3148177	117.1
集体经济	Collective-owned	2478622	2172836	114.1
私营经济	Private Owned	66570	44005	151.3
个体经济	Individuals	2364454	2417618	97.8
联营经济	Joint Owned	311815	239679	130.1
股份制经济	Share Holding	940565	703949	133.6
外商投资经济	Foreign Funded	377779	337611	111.9
港澳台投资经济	Hongkong,Macao and Taiwan Funded	144020	128174	112.4
其他经济	Others	143465	44588	320.0

10-2 各区县社会消费品零售额
RETAIL SALES OF CONSUMER GOODS IN DISTRICTS AND COUNTIES

单位：万元　　　　(10000 yuan)

地区	Region	合计 Total	按用途分 Grouped by Purpose			
			吃的商品 Food	穿的商品 Clothing	用的商品 Daily Use Articles	烧的商品 Fuels
全　　市	**Total**	**8136104**	**2866497**	**1185082**	**3928432**	**156093**
城　区	**City Proper**	**2372622**	**892828**	**499175**	**970826**	**9793**
东城区	Dongcheng	634771	263011	115858	251410	4492
西城区	Xicheng	1031203	294995	295954	440024	230
崇文区	Chongwen	325437	162947	62653	97490	2347
宣武区	Xuanwu	381211	171875	24710	181902	2724
近郊区	**Near Suburbs**	**3817575**	**1215015**	**413269**	**2134598**	**54693**
朝阳区	Chaoyang	1307583	409199	274443	598912	25029
丰台区	Fengtai	430137	191971	58786	160783	18597
石景山区	Shijingshan	246197	141193	8356	94932	1716
海淀区	Haidian	1833658	472652	71684	1279971	9351
远郊区	**Outer Suburbs**	**480706**	**131921**	**69162**	**242452**	**37171**
门头沟区	Mentougou	100506	39429	7721	50539	2817
房山区	Fangshan	380200	92492	61441	191913	34354
各　县	**Counties**	**1465201**	**626733**	**203476**	**580556**	**54436**
昌平县	Changping	149757	46070	16311	76844	10532
顺义县	Shunyi	272369	98753	41289	118254	14073
通　州	Tongzhou	306255	139382	26073	136419	4381
大兴县	Daxing	227487	128481	24560	62512	11934
平谷县	Pinggu	113770	41046	28685	43209	830
怀柔县	Huairou	126635	42116	18809	63526	2184
密云县	Miyun	122702	75310	14995	27558	4839
延庆县	Yanqing	146226	55575	32754	52234	5663

10-3 社会批发零售贸易业商品购、销、存总值

TOTAL PURCHASES,SALES AND INVENTORY IN WHOLESALE AND RETAIL

单位：万元 (10000 yuan)

项 目	Item	1997	1996	1997年为1996年% 1997 as % of 1996
商品购进总额	**Total Purchases of Goods**	22602490	21099589	107.1
市内纯购进	In the City	9431271	10222800	92.3
市外购进	From Outside	9402035	8334088	112.8
进 口	Import	3769184	2542701	148.2
商品销售总额	**Total Sales**	24688972	22758327	108.5
市内纯销售	In the City	16459354	15161658	108.6
市外销售	To Ourside	3138538	2002681	156.7
出 口	Export	5091080	5593988	91.0
年末库存	**Inventory(year-end)**	4609289	3726100	123.7

10-4 批发零售贸易业商品购、销、存总值

PURCHASES,SALES AND INVENTORY IN WHOLESALE AND RETAIL

单位：万元 (10000 yuan)

项 目	Item	1997	1996	1997年为1996年% 1997 as % of 1996
商品购进总额	**Total Purchases of Goods**	17327294	15793010	109.7
市内纯购进	In the City	5787124	6877447	84.1
市外购进	From Outside	7770986	6372862	121.9
进 口	Import	3769184	2542701	148.2
商品销售总额	**Total Sales**	19413776	17451748	111.2
市内纯销售	In the City	11184158	9855079	113.5
市外销售	To Outside	3138538	2002681	156.7
出 口	Export	5091080	5593988	91.0
年末库存	**Inventory(year-end)**	4609289	3726100	123.7

10-5 商委各局大中型批发零售贸易业商品购、销、存总值

PURCHASES,SALES AND INVENTORY OF LARGE AND MEDIUM WHOLESALE AND RETAIL TRADES OF COMMERCIAL COMMITTEE

单位：千元 (1000 yuan)

项目 Item		亿商集团公司 Yishang Group	食品工贸集团 Food Industry and Commerce Group	粮食局 Grain Bureau	饮食服务总公司 Catering Services Company	石油总公司 Petroluem Company	供销社 Supply and Marketing Cooperative	旅游商品公司 Tourism Commodity Company
商品购进总额	**Total Purchases**	**2132375**	**3602301**	**3972593**	**26051**	**2901523**	**1801903**	**1468904**
从生产者购进	From Producers	1157424	965125	39529	23360	668941	1169298	861016
# 农副产品	Farm and Sideline Products		96259	24			381623	6858
市外购进	From Outside	718335	619511	570		288811	600465	347698
从批发零售贸易业购进	From Wholesalers and Retailers	964112	2342197	3392873	2691	2232140	631427	602031
# 市外购进	From Outside	540345	574970	532297		434191	95805	131402
进口额	Import			545427		442		5680
其他	Others	10839	294979	-5236			1178	177
商品销售总额	**Total Sales**	**2483537**	**3805542**	**3012542**	**28247**	**3045417**	**1956640**	**2000358**
对生产经营单位销售额	To Producers	250612	273210	50035	25205	1092446	429855	923
# 生产资料销售	Capital Goods	52		845		8739	32219	
市外销售	To Outside	31511	31180	652		19619	52357	
对批发零售贸易业批发	To Wholesalers and Retailers	1528192	3360908	2816743		1621660	1061426	167707
# 市外批发	From Outside	265007	403310	267660		98481	261832	7560
出口额	Export							864
对居民的商品零售额	To Residents	564526	163227	98807	3042	36688	352818	1715921
对集团的商品零售额	To Organizations	140207	8197	46957		294623	112541	114943
年末库存	**Inventory(yearend)**	**462747**	**539187**	**3762838**	**11911**	**62835**	**367197**	**187599**

项目 Item		烟草专卖局 Tabacco Monopoly Bureau	百货大楼股份公司 Department Store Building	西单商场股份公司 Xidan Market	东安集团 Dongan Group	友谊集团 Friendship Group	生产合作总社 General Production Cooperative	盐业公司 Salt Industry Company
商品购进总额	**Total Purchases**	**2592460**	**1023323**	**1480444**	**1532233**	**105576**	**8173**	**25893**
从生产者购进	From Producers	756440	597728	853742	962925	44160		25893
# 农副产品	Farm and Sideline Products							
市外购进	From Outside	4430	344796	402388	501190	22602		25743
从批发零售贸易业购进	From Wholesalers and Retailers	1835670	423943	626505	569308	60591	8173	
# 市外购进	From Outside	1766230	7140	176800	170064	18196	8173	
进口额	Import		1652			212		
其他	Others	350		197		613		
商品销售总额	**Total Sales**	**2936800**	**1527806**	**1925489**	**1891805**	**233047**	**11308**	**63947**
对生产经营单位销售额	To Producers		50531	152741		23		24958
# 生产资料销售	Capital Goods							
市外销售	To Outside		2164	32663				
对批发零售贸易业批发	To Wholesalers and Retailers	2794750	396391	413481	102057	44631		38043
# 市外批发	From Outside	1089550	3250	30966	3406	2888		9444
出口额	Export		64821			540		
对居民的商品零售额	To Residents		941552	1335576	1676885	179239		490
对集团的商品零售额	To Organizations	142050	74511	23691	112863	8614	11308	456
年末库存	**Inventory(year-end)**	**211570**	**120258**	**77641**	**81737**	**42490**	**5349**	**4629**

10-6 大中型批发零售贸易业商品购、销、存总值(按行政区划分)
PURCHASES,SALES AND INVENTORY LARGE AND MEDIUM WHOLESALE AND RETAIL SALE TRADES(BY ADMINISTRATIVE REGION)

单位：千元　　(1000 yuan)

项　目	Item	东城 Dong-cheng	西城 Xicheng	崇文 Chongwen	宣武 Xuanwu	朝阳 Chaoyang	丰台 Fengtai	石景山 Shijing-shan	海淀 Haidian
商品购进总额	**Total Purchases**	29635301	69048472	6436929	16612409	27304836	8782107	1938016	18118390
从生产者购进	From Producers	19345438	17992394	3865313	7678203	14212143	5620205	1401992	10559862
# 农副产品	Farm and Sideline Products	460814	214768	127601	106990	171074	107643	9997	195632
市外购进	From Outside	13871639	8692377	1727109	4350330	7444595	1042854	194765	3680275
从批发零售贸易业购进	From Wholesalers and Retailers	7519831	24115356	2256878	7179064	7552186	2649741	519237	6405264
# 市外购进	From Outside	2950018	14982845	557460	1301983	1477599	590035	109114	1301732
进口额	Import	2757551	26100786	208030	1667244	5472364	510107		926175
其　他	Others	12481	839936	106708	87898	68143	2054	16787	227089
商品销售总额	**Total Sales**	32681289	69402033	7461287	16122565	32487245	9912158	2054641	22290807
对生产经营单位销售额	To Producers	9426568	20552673	841319	4789422	8788024	4058099	587790	3045740
# 生产资料销售	Capital Goods	780	173539	34499	11895	89348	3268	910	10970
市外销售	To Nonlocal	6318310	8306704	79646	1732651	1249132	104046	13574	538499
对批发零售贸易业批发	To Wholesalers and Retailers	6939883	14053412	3826142	7748114	5480295	2887464	699235	8256838
# 市外批发	From Outside	1767836	4762428	645107	495516	772578	438776	294867	1025352
出口额	Export	11328292	26705436		264323	8492588	445132		3600349
对居民的商品零售额	To Residents	3855447	6954716	1834837	2602881	7881730	1413999	590141	6041069
对集团的商品零售额	To Organizations	1131099	1135796	958989	717825	1844608	1107464	177475	1346811
年末库存	**Inventory(year-end)**	4228792	11411488	1842175	5844629	6621770	1217998	320404	2399363

续表 continued

项　目 Item		门头沟 Mentou-gou	房山 Fang-shan	昌平 Chang-ping	顺义 Shunyi	通州 Tong-zhou	大兴 Daxing	平谷 Pinggu	怀柔 Huairou	密云 Miyun	延庆 Yan-qing
商品购进总额	**Total Purchases**	344248	1929208	1157590	2523814	1436830	1369743	228923	992087	618329	431973
从生产者购进	From Producers	80763	808773	410885	1157748	552287	852366	92762	430353	293127	189463
# 农副产品	Farm and Sideline Products	1801	150314	62279	243963	55661	43586	90	25978	45540	2121
市外购进	From Outside	18027	44834	68982	114460	208162	413857	35503	118602	178401	105167
从批发零售贸易业购进	From Wholesalers and Retailers	263485	1104109	713654	1296426	884207	516833	135397	559210	325081	242354
# 市外购进	From Outside	42149	54216	206405	329405	227551	66485	28011	91188	80813	23968
进口额	Import				49457					121	
其　他	Others		16326	33051	20183	336	544	764	2524		156
商品销售总额	**Total Sales**	512242	2199367	1305400	2790528	1650372	1593018	298124	1157051	669050	545313
对生产经营单位销售额	To Producers	39602	420027	216787	464175	297537	397219	107669	248571	169169	52108
# 生产资料销售	Capital Goods	2388	67297	67596	94910	74517	71662	46995	43596	62017	19060
市外销售	To Outside	2854	17030	7954	4925	4135	3770		1176	4094	321
对批发零售贸易业批发	To Wholesalers and Retailers	160719	1059254	428300	1288626	479136	566504	45613	284823	206326	157635
# 市外批发	From Outside	10467	102255	19498	265923	47965	13876	13626	47574	60967	44548
出口额	Export				17278					57402	
对居民的商品零售额	To Residents	268729	604258	521949	725970	743379	518942	113056	539108	174770	305443
对集团的商品零售额	To Organizations	43192	115828	138364	294479	130320	110353	31786	84549	61383	30127
年末库存	**Inventory**	128505	270879	481690	401286	236400	254084	86535	172087	131946	93066

10-7 批发零售贸易企业商品分类销售库存

SALES AND INVENTORY BY CATEGORY IN WHOLESALE AND RETAIL TRADES

单位：千元 (1000 yuan)

项目	Item	合计 Total			# 大型企业 Large Enterprises		
		商品总销售 Total Sales	# 零售额 Retail Sales	年末库存 Inventory (year-end)	商品总销售 Total Sales	# 零售额 Retail Sales	年末库存 Inventory (year-end)
合　计	**Total**	246991960	61262722	46092887	114334315	18769794	19664241
食品、饮料、烟酒类	Food,Beverage,Tabacco and Liquor	39348717	12102120	8606545	13267566	2210873	2124073
针、纺织品类	Knitwear	8544016	2401996	1588794	4099012	933658	472367
服装、鞋帽类	Garments,Shoes and Hats	13814206	7717715	1657321	9742593	5110945	791468
化妆品类	Cosmetics	2604746	1312127	286323	668065	594437	24377
钟表、眼镜类	Clocks,Watches and Glasses	1025917	701033	227795	411597	353229	49852
日用品类	Articles for Daily Use	5171719	3560644	724390	1738484	1391194	139217
五金、电工器具类	Hardware and Electrical Appliances	3395253	1167701	832415	496260	203319	80389
生活电器类	Household Appliances	6494691	3999847	1344601	2233146	1633802	284158
音像器材类	Sound-video Equipment	3575127	2244444	358318	1932688	1402636	157032
自行车、摩托车类	Bicycles and Motor-cycles	720245	448592	102951	270031	96485	26512
体育、娱乐用品类	Recreation and Sports Articles	1541258	1102402	518128	456788	379589	62766
文化、办公用品类	Culture and Office Articles	3514038	1872137	662206	636999	520329	72161
金银珠宝类	Jewelry	2207070	1424283	1194000	1534972	990903	247494
家具类	Furniture	752672	604838	62063	241909	68947	9274
中西药品类	Medicines	7005993	4178991	1426730	310427	238539	17194
书报、杂志类	Book and Newspaper	4311085	1324767	878768	2546031	328698	308635
汽车类	Automobiles	9664616	3442402	1369040	4249696	1333804	597247
建筑材料类	Building Materials	4751148	1410497	881862	557759	36756	28472
木材类	Timber	1903806	249449	341265	875002	1050	139348
化工材料及制品类	Chemical Materials and Products	15410258	556718	1692415	8087847	14984	917225
黑色金属材料类	Ferrous Metal Materials	15782701	131414	2570039	4938913	12901	713260
有色金属材料类	Nonferrous Metal Materials	3109760	39382	392871	1369158	721	173807
机电设备及零件类	Mechanical and Electrical Instruments	29591722	1522262	4799688	20079398	84222	3565501
煤炭及制品类	Coal and Coal Products	2388177	618317	392647	429532	1387	31606
石油及制品类	Petroleum and Pe-	19622619	2432923	561234	13845588	110631	110551
种子饲料类	Seeds and Forage	3890748	44918	505254	2909296	38	474003
棉麻、土畜产品类	Cotton,Flax,Local and Animal Products	6395592	3381	6452271	5798868	121	6284644
再生资源类	Reclaimed Source	470197	20819	109309	7373		636
其他类	Others	29983863	4626603	5553644	10599317	715596	1760972
# 生活消费品	Consumer Goods	1077238	497655	101689	239775	155614	7845

续表 continued

单位：千元 (1000 yuan)

项目 Item		# 中型企业 Medium Enterprises 商品总销售 Total Sales	# 零售额 Retail Sales	年末库存 Inventory (year-end)	# 小型企业 Small Enterprises 商品总销售 Total Sales	# 零售额 Retail Sales	年末库存 Inventory (year-end)
合　计	**Total**	**90798175**	**26381078**	**16478856**	**41859470**	**16111850**	**9949790**
食品、饮料、烟酒类	Food,Beverage,Tabacco and Liquor	20620601	6669347	5446702	5460550	3221900	1035770
针、纺织品类	Knitwear	2767884	1091248	588097	1677120	377090	528330
服装、鞋帽类	Garments,Shoes and Hats	3359133	2176490	601193	712480	430280	264660
化妆品类	Cosmetics	1570871	553010	216176	365810	164680	45770
钟表、眼镜类	Clocks,Watches and Glasses	547400	309534	125213	66920	38270	52730
日用品类	Articles for Daily Use	2352715	1519610	374233	1080520	649840	210940
五金、电工器具类	Hardware and Electrical Appliances	712333	386912	192846	2186660	577470	559180
生活电器类	Household Appliances	3293435	1912795	774883	968110	453250	285560
音像器材类	Sound-video Equipment	1368119	583908	174426	274320	257900	26860
自行车、摩托车类	Bicycles and Motor-cycles	414634	311447	74449	35580	40660	1990
体育、娱乐用品类	Recreation and Sports Articles	610890	368693	78262	473580	354120	377100
文化、办公用品类	Culture and Office Articles	1702819	871508	309465	1174220	480300	280580
金银珠宝类	Jewelry	518968	265090	127636	153130	168290	818870
家具类	Furniture	435723	371121	52789	75040	164770	
中西药品类	Medicines	5435386	2718032	1302076	1260180	1222420	107460
书报、杂志类	Book and Newspaper	978684	725799	525363	786370	270270	44770
汽车类	Automobiles	5025340	1884158	649413	389580	224440	122380
建筑材料类	Building Materials	1599369	202811	273320	2594020	1170930	580070
木材类	Timber	167734	6659	26797	861070	241740	175120
化工材料及制品类	Chemical Materials and Products	4230211	125594	353320	3092200	416140	421870
黑色金属材料类	Ferrous Metal Materials	7921948	40583	988159	2921840	77930	868620
有色金属材料类	Nonferrous Metal Materials	1413422	13251	133494	327180	25410	85570
机电设备及零件类	Mechanical and Electrical Instruments	6445974	207780	595407	3066350	1230260	638780
煤炭及制品类	Coal and Coal Products	1438635	568580	267511	520010	48350	93530
石油及制品类	Petroleum and Pe-	3910731	928832	251683	1866300	1393460	199000
种子饲料类	Seeds and Forage	976022	44880	29261	5430		1990
棉麻、土畜产品类	Cotton,Flax,Local and Animal Products	596724	3260	167627			
再生资源类	Reclaimed Source	87754	199	19123	375070	20620	89550
其他类	Others	10294716	1519947	1759932	9089830	2391060	2032740
# 生活消费品	Consumer Goods	330963	255041	53054	506500	87000	40790

10-8 社会农副产品购进、销售、库存数量

PURCHASES, SALES AND INVENTORY OF FARM AND SIDELINE PRODUCTS

单位：百公斤 (100 kg)

项目 Item		从生产者购进 Purchase from Producers	市外购进 Purchase from Outside	商品总销售 Total Sales	#对生产经营单位销售 To Producer	#出口 Export	#零售量 Retail Sales	年末库存 Inventory (year-end)
粮食	Grain	60369050	19626040	112139940	10966770	3100380	23302510	27245240
食用植物油	Edible Vegetable Oil	3808700	2275490	9368920	923630	280	3401080	966330
猪和猪肉	Hog and Pork	4296760	540670	4733580	159920	60540	3135300	280370
牛和牛肉	Oxes and Beef	922690	167000	1798550	4580	55730	764530	59900
羊和羊肉	Goat, Sheep and Mutton	796030	92290	824870	1990	760	736540	50650
家禽	Poultry	1020320	314790	1106110	1590	378140	615030	158100
鲜蛋	Fresh Eggs	1645800	290930	1549020	760	7710	1245640	16080
鲜菜	Fresh Vegetable	54499480	7278260	53383200	81530	41870	48251950	42020
水产品	Aquatic Products	2482160	586240	2981470	4980	22100	2610200	120180
鲜瓜果	Fresh Melon and Fruit	11993320	3772140	11533730	170610	183640	7721590	9310

10-9 大中型批发零售贸易企业商品购进、销售、库存数量
VOLUME OF PURCHASES, SALES AND INVENTORY VOLUME BY LARGE AND MEDIUM WHOLESALERS AND RETAILERS SALE TRADES

项目 Item	从生产者购进 Purchase from Producers	市外购进 Purchase from Outside	商品总销售 Total Sales	#对生产经营单位销售 To Producer	#出口 Export	#零售量 Retail Sales	年末库存 Inventory (year-end)
粮食 (百公斤) Grain (100 kg)	4791311	15255373	31092791	4250976	5544824	4153412	22912069
食用植物油 (百公斤) Edible Vegetable Oil	442481	1545141	2973111	437597	1540	434364	467185
猪和猪肉 (百公斤) Hog and Pork (100 kg)	498957	263930	1220972	330928	60398	340706	186130
牛和牛肉 (百公斤) Cattle and Beef (100 kg)	57201	54436	116142	7587	28598	23743	32557
羊和羊肉 (百公斤) Goat, Sheep and Mutton (100 kg)	11951	48528	65200	618	1710	21133	38764
家禽 (百公斤) Poultry (100 kg)	282191	181472	357181	4577	252173	76889	80490
鲜蛋 (百公斤) Fresh Eggs (100 kg)	20447	943	28867	100		18380	1545
鲜菜 (百公斤) Fresh Vegetable (100 kg)	1094986	519518	1254156	27446	28239	625396	38358
鲜瓜果 (百公斤) Fresh Melon and Fruit (100 kg)	2160709	1295468	2234928	1021	96812	124495	7289
水产品 (百公斤) Aquatic Product (100 kg)	961308	336988	1161401	2452	197578	52860	38088
盐 (百公斤) Salt (100 kg)	775173	782348	1021611	442231		100675	129536
食糖 (百公斤) Sugar (100 kg)	651362	837194	8097893	354951	1923074	89107	2530453
卷烟 (箱) Cigarettes (case)	1411319	1779146	4148942	3970	121854	172939	241726
酒 (百公斤) Alcoholic Beverage (100 kg)	745970	113848	1057813	38382	124289	216411	177226
茶叶 (百公斤) Tea (100 kg)	236946	15101	287864	355	205	30548	25535
棉花 (百公斤) Cotton (100kg)	9498	5919432	3103717	3100528		427	3475320
布 (百米) Cloth (100 m)	3632454	3108429	3583312	535648	2799870	140713	761472
#棉布 (百米) Cotton Cloth	2230196	1856132	1833475	227482	1521670	50962	522017
呢绒 (百米) Wool Fabric (100 m)	40785	25609	79990	23214	10744	23342	36826
绸缎 (百米) Silk and Satin (100 m)	151811	138419	192081	4361	106200	56958	64934
各种服装 (百件) All Garments (100 pieces)	1120357	277317	1493530	9014	982512	401696	133964

续表 1 continued

项　　目 Item	从生产者购进 Purchase from Producers	市外购进 Purchase from Outside	商品总销售 Total Sales	#对生产经营单位销售 To Producer	# 出　口 Export	#零售量 Retail Sales	年末库存 Inventory (year-end)
其中：针织内衣裤（百件）Knitted Underwear	207482	107544	366753	3722	146463	175095	71473
鞋（百双）Shoe(100pair)	220007	121208	457561	1335	228524	155316	80254
# 皮　鞋（百双）Leather Shoe	39058	20670	105955	115	2050	58570	25463
毛　线（百公斤）Knitting Wool (100 kg)	8987	3294	13573	1511	703	10282	14710
合成洗衣粉（百公斤）Synthetic Detergent (100 kg)	95597	47058	162187	1981	2030	75757	55297
手　表（百个）Watches (100)	6564	2730	14024	92		12536	22369
缝纫机（架）Sewing Machines (set)	16631	12262	256574	2033	234868	5282	10452
黄金饰品（千元）Gold Ornament (1000 yuan)	654847	454032	1499215	5695	315353	982660	237991
照相机（台）Cameras (set)	90837	150466	313232	10228	1501	261675	68067
自行车（辆）Bicycle(unit)	187553	139713	340595	33152	4735	239661	63089
摩托车（辆）Motorcycle	72181	59884	106695	4693	479	57201	11344
半导体收音机（台）Radio (set)	77254	34531	230106	145	27060	198713	53574
电视机（台）TV Sets	412529	437706	779267	20849	70130	339379	87760
# 彩色电视机（台）Color TV Set	396661	410035	675572	20253		312919	74816
# 25寸及以上（台）25 inches and above	195178	263186	378433	7922		185017	39117
录音机（台）Recorder(set)	115780	139897	930217	578	579707	338184	79197
# 组合音响（台）Hi-Fi	16212	11860	48603	428		43566	15346
摄像机（架）Pickup Camera	2983	6009	13270	120		11828	3174
录相机（台）Video-corders	21581	38258	88689	702		58018	20166
影碟机（台）Video CD	63919	43322	105351	945		84935	17252
其中：进口影碟机（台）Import	3741	4667	11987			7732	1811
家用电脑（台）Household Computers	13655	17019	34894	7857		14082	9232
家用电风扇（台）Electrical Fans	290913	215433	710448	8404	93538	453997	157581
家用洗衣机（台）Washing Machines	335707	146298	441333	268		243067	113937
家用电冰箱（台）Refrigerators	185070	162422	314062	2433	44	229592	61507
房间空调器（台）Air Conditioners	114653	143238	223825	14733		129182	42650
微波炉（台）Microwave Oven	217275	204603	407997	61	67916	226289	52093
热水淋浴器（台）Showers	129165	79684	219742	253	19	185967	46727
冰　柜（台）Ice Cabinet	31754	24120	61622	579		50981	17445
吸尘器（台）Dust Catcher	31640	34505	62543	173	1300	45187	23557
抽油烟机（台）Range Hoods	60940	37053	140042	12933		111012	24709
电饭锅（个）Electric Rice Cooker(unit)	273393	241214	484842	1431	1070	249997	105089
化学肥料（吨）Chemical Fertilizer(ton)	218589	519629	1664045	969442	20754	23421	155705
化学农药（吨）Farm Chemical	9885	10342	12575	2851	8464	198	1227
农用塑料薄膜（吨）Agricultural Plastic Film	64585	4954	124182	115859		56	10061
拖拉机（台）Tractors	2813	2225	4313	838	625	449	691
农用动力机械（台）Motor-driven Agricultural Machinery (unit)	37974	36728	39717	2471	450	949	2308
汽　车（辆）Automobiles	52548	41058	92824	20011	8413	28767	9287
# 载货汽车（辆）Trucks	9420	3925	14183	6083	56	3578	1778
小轿车（辆）Car	23538	24550	42641	3073		18368	4550

续表 2 continued

项目 Item	从生产者购进 Purchase from Producers	市外购进 Purchase from Outside	商品总销售 Total Sales	#对生产经营单位销售 To Producer	#出口 Export	#零售量 Retail Sales	年末库存 Inventory (year-end)
生铁 (吨)Pig Iron (ton)	57941	38639	120624	30701	89032	10	7160
钢材 (吨)Stell Products (ton)	4374494	1838046	5355576	3649705	11230	65922	575515
#铁道用钢材 For Railway Use	10616	10954	11729	9347		64	438
普通大型钢 Ordinary Rolled-Steel, Large	66267	42295	77670	71511		32	5213
普通中型钢 Ordinary Rolled-Steel, Medium	218452	149222	267291	148419	2300	5633	59295
普通小型钢 Ordinary Rolled-Steel, Small	1158690	451051	1416322	737031		37908	152117
钢带 Steel Band	120587	116512	133792	131747		360	7539
线材 Wire Rod	732901	216967	789944	367550		8781	69226
特厚钢板 Heavy Steel Plate	1000	1192	1379	1171			75
中厚钢板 Medium Steel Plate	386361	268395	384297	326139		2941	53144
薄钢板 Steel Sheet	364419	283609	490973	331491		3215	58729
硅钢片 Silicon Steel Sheet	15432	10531	15629	15552		75	897
优质钢型材 High Quality Section Steel	34869	25322	35328	32709		12	9277
无缝钢管 Seamless Steel Pipe	87240	70815	99659	83703		873	5010
焊接钢管 Welded Steel Pipe	92620	58358	107920	85816		3716	22675
铜 (吨)Copper (ton)	53598	6914	36202	18309	266		5280
铝 (吨)Aluminum (ton)	62681	21402	72162	22858		32	4649
铅 (吨)Lead (ton)	2850	2819	5502	870	4504		444
锌 (吨)Zinc (ton)	6747	11020	19307	8821	768	6	2199
锡 (吨)Tin (ton)	85	69	295	80	200		16
铜材 (吨)Copper Products (ton)	2372	880	2761	255	1953		571
铝材 (吨)Aluminum Product (ton)	3881	3007	3875	2943	445	306	1270
硫酸 (吨)Sulphuric Acid (ton)	1679	1748	2177	1078			69
烧碱 (吨)AshCaustic Soda (ton)	6674	2290	8220	65	7815	14	2
纯碱 (吨)Soda (ton)	4866	4558	8987	8509		132	809
天然橡胶 (吨)Natural Rubber (ton)	11568	44029	47987	40588		50	668
合成橡胶 (吨)Synthetic Rubber (ton)	6546	16282	18780	11571			2352
水泥 (吨)Cement (ton)	1588964	582216	2265240	1382163	626537	27660	252811
平板玻璃 (重量箱)Plate Glass (wt. case)	511159	12617	591310	61326		88585	47322
原木 (立方米)Log (cu. m)	215767	226151	332836	250039	60028		110693
锯材 (立方米)Sawn Timber (cum)	9362	4847	12403	8107	4248	42	582
煤炭 (吨)Coal (ton)	6589702	2602436	7286149	2078629	16300	2841642	1670224
焦炭 (吨)Coke (ton)	125663	113602	187259	14424	166835		5014
原油 (吨)Crude Oil (ton)	193043	184758	8153155	191064	7955000	2137	775
汽油 (吨)Gasoline (ton)	834707	481479	1797040	598096	160040	291638	47164
柴油 (吨)Diesel Oil (ton)	294195	126457	454667	95637	40100	72014	43426
煤油 (吨)Kerosene (ton)	870255	871442	866863	832873	30000	693	42649
燃料油 (吨)Fuel Oil (ton)	593939	56861	594821	587807			25035
润滑油 (吨)Lubricating Oil (ton)	19198	6319	64060	13220	221	4814	4877

10-10 重点零售商业企业主要经济指标

单位：万元

项　　目 Item	商品销售收入 Sales Revenue		利税总额 Total Profits		人均销售额 Sales Value Per Capita	
	1997	1996	1997	1996	1997	1996
百货类						
西单商场股份有限公司	154524	150619	15827	10507	47.8	45.4
城乡贸易中心股份有限公司	156034	142060	17134	9280	69.6	62.4
北京贵友大厦有限公司	49524	49475	6485	4020	57.8	56.5
百货大楼	131168	143559	16572	12331	35.7	38.7
北京燕莎友谊商城有限公司	87623	91012	13537	9655	41.9	39.9
北京蓝岛大厦	110142	114105	8555	220	34.6	34.7
北京市西单购物中心	54615	58411	5419	3183	47.7	46.4
北京百盛轻工发展有限公司	43036	37832	5547	2195	51.2	41.7
北京市莱市口百货有限责任公司	31185	28794	3460	1472	71.7	65.0
赛特购物中心	70769	72178	9978	6300	63.6	62.9
北京市复兴商业城	44688	43257	3672	2059	45.2	40.9
北京东安集团公司长安商场	68856	72371	4524	2413	30.8	31.9
双安商场	85053	74609	4025	71	36.5	31.4
北京市天桥百货商场	25042	24108	3395	1522	21.7	22.1
西单商场顺义联营大楼	20965	19803	1208	500	29.9	28.4
北京市地百商贸股份有限公司	18154	19985	1604	937	31.2	32.1
金伦股份有限公司	30795	45534	2401	1001	23.4	27.9
西单赛特商城有限责任公司	26906	7428	827	716	42.6	17.7
北京市宣武区国华商场有限公司	15674	17165	1660	1149	42.0	44.6
当代商城实业公司	52374	49888	2306	235	29.5	26.6
北京华奥商厦	16367	16763	1285	444	27.0	25.8
白广路百货商场	11708	12457	943	656	45.6	45.8
雪银大厦	20107	24888	729	705	21.6	19.4
北京方庄中心股份有限公司	14036	12824	1317	541	22.3	22.1
北京市超音波公司	21519	20929	692	632	83.7	82.7
北京市新街口百货商场	14538	15332	876	120	28.1	29.2
北京星座商厦	24515	20475	925	250	19.7	20.9
北京天元和平商业大厦	17622	12284	1352	601	21.1	14.9
北京友谊商店	18997	27130	1255	741	12.7	15.7
北京市西直门外百货商场	9960	15123	732	423	20.4	31.2
北京市朝阳商业大楼	11121	16000	556	200	35.6	52.3
北辰购物中心	13681	4996	707		16.0	9.4
顺义国泰商业大厦	17976	20026	439	67	22.9	32.8
北京市成文厚账簿卡片公司	4697	4617	740	475	48.4	46.6
北京丰台百货商场	12407	13178	473	247	16.2	16.0
北京燕莎望京购物中心	26730	15032			31.8	16.3
北京鑫帝大厦	16226	19805	467	634	19.0	22.7
北京市通县人民商场	18000	19921	401	1	19.8	20.6
北京市朝阳区万惠商场	9488	10295	387	160	22.4	24.4
北京兴城商厦	22825	21237			32.4	26.0
北京市劲松百货商场	10111	12107	372	8	20.4	17.4
天元百货商场	3713	4770	577	600	8.9	11.3
北京市西四电器公司	3348	3198	301	195	35.6	34.8
北京市崇文区光明百货商场	8578	8662	310	297	19.9	20.1
利生体育用品服务中心	12220	8755	1340	400	1.1	10.0
北京世都百货有限责任公司	20901				35.4	
北京天元商城	2722	3397	505	530	6.8	8.3
北京前门商业大厦	12848	7128	356	151	15.1	7.7
北京市朝阳区华安商场	3995	4086	267	124	23.1	24.3
昌平县新世纪商城	10409	9130	359	101	16.6	15.0
北京市隆福大厦	15496	35228	143	562	6.7	14.9
天元商业大楼	5080	10799	655	620	8.7	18.0
北京市海淀金五星商业大厦	8984	6966	231		20.7	11.8
北京市朝阳区新蕾百货商场	8508	5520	197		23.9	11.2
北京中商西友大厦有限公司	12692	6841		543	16.6	7.6

MAIN ECONOMIC INDICATORS FOR MAJOR RETAIL ENTERPRISES

(10000 yuan)

人均创利税 Pre-tax Per Capita		销售利税率(%) Ratio of Pre-tax to Sales Revenue(%)		存货周转率(%) Turnover Rate of Stock(%)	
1997	1996	1997	1996	1997	1996
4.9	4.6	10.2	10.1	2864.4	2969.4
7.6	5.5	11.0	8.9	712.3	1369.6
7.6	7.4	13.1	13.2	2090.4	7565.8
4.5	4.4	12.6	11.4	936.2	2106.8
6.5	6.1	15.4	15.4	857.7	924.1
2.7	1.3	7.8	3.8	3673.8	3024.5
4.7	4.4	9.9	8.9	2014.1	1412.0
6.6	5.1	12.9	12.2	1847.6	1178.8
8.0	7.2	11.1	11.0	2149.0	1620.3
9.0	8.8	14.1	13.9	489.4	451.2
3.7	3.3	8.2	8.2	2223.1	1783.3
2.0	2.2	6.6	6.9	7255.1	4128.5
1.7	1.0	4.7	3.0	1393.7	1864.2
2.9	2.2	13.6	9.9	668.1	539.1
1.7	1.3	5.8	4.5	29614.5	3553.7
2.8	3.3	8.8	10.1	1070.1	1074.1
1.8	1.3	7.8	4.6	579.9	8511.1
1.3	1.7	3.1	9.6	1859.2	593.2
4.5	4.7	10.6	10.5	669.6	832.6
1.3	1.1	4.4	4.1	369.0	325.3
2.1	1.8	7.9	6.8	1074.2	954.2
3.7	3.8	8.1	8.2	1749.3	1802.5
0.8	0.5	3.6	2.7	5109.5	2799.9
2.1	1.4	9.4	6.6	757.5	524.1
2.7	3.2	3.2	3.9	361.5	512.9
1.7	1.4	6.0	4.7	1601.3	942.8
0.7	1.1	3.8	5.4	635.2	536.8
1.6	1.2	7.7	8.3		4696.8
0.8	1.2	6.6	7.5	355.2	411.3
1.5	2.1	7.3	6.6	1259.4	1502.6
1.8	2.2	5.0	4.1	668.4	567.5
0.8		5.2		1031.4	788.4
0.6	0.6	2.4	1.9	829.3	1017.1
7.6	6.9	15.8	14.7	192.4	189.1
0.6	0.7	3.8	4.4	2200.2	2647.2
	15.2		-3.5	2007.8	554.6
0.5	0.7	2.9	3.2	493.3	601.2
0.4	0.5	2.2	2.5	386.6	425.5
0.9	1.0	4.1	3.9	649.5	630.7
				800.5	674.4
0.8	0.6	3.7	3.2	574.7	730.3
1.4	1.9	15.5	16.7	1530.1	1850.3
3.2	3.4	9.0	9.7	560.1	705.3
0.7	1.2	3.6	6.0	747.5	1076.2
0.1	0.7	11.0	6.7		898.0
			395.2		
1.3	1.6	18.6	19.8	1785.8	1248.9
0.4	0.2	2.8	2.1	311.9	284.7
1.5	0.7	6.7	3.0	618.9	444.8
0.6	0.4	3.4	3.0	294.1	380.0
0.1	0.5	0.9	3.7	1028.3	1515.5
1.1	1.4	12.9	7.5		3480.6
0.5		2.6		411.4	327.4
0.6	0.5	2.3	4.4	526.0	346.7
	0.6		7.9	5931.6	1995.5

续表 1 continued

单位：万元

项目 Item	商品销售收入 Sales Revenue		利税总额 Total Profits		人均销售额 Sales Value Per Capita	
	1997	1996	1997	1996	1997	1996
北京市鼓楼电器公司	5577	5424	113		26.8	26.0
北京市交电公司金源商城	2556	3333	297		8.4	9.4
北京市百货公司第一商场	3173	2840	192	72	13.6	11.5
朝阳团结湖百货商场	4594	1978	206	103	21.1	11.4
银岛商厦有限责任公司	3975	1368	363	5	10.9	8.7
北京前门文化体育用品公司	2385	2784	194	138	11.4	12.9
三环毛纺针织集团三友商场	7387	8588	180	300	15.9	18.8
北京市新汇百货公司	1396	2844	132	5	26.3	8.8
北京市昌平商业大厦	6357	6441	204	91	15.9	15.2
北京市莱市口文化用品商店	1455	1641	209	159	15.5	17.1
海淀区永定路百货商场	4500	4361	108	62	18.7	18.5
北京银地大厦	5301	7624	251	29	11.4	13.8
怀柔百货大楼股份有限公司	6835	6881	128	40	19.8	20.4
北京市京北大世界商贸集团	12745	12008		341	12.7	11.9
北京市西四商场	2213	3222	117	52	10.0	14.4
北京市门头沟区百货商场	2938	2536	138	124	9.4	8.1
北京市西直门五金批发商店	2421	2853	128	60	17.2	20.4
北京蓝枫叶商厦	10932	4135			14.7	4.3
万通新世纪商城	6925	663			13.9	1.7
西城区三里河百货商场	1967	3899	137	72	8.9	17.6
人民教育出版社读者服务部	755	781	198	143	12.4	13.7
新中国妇女儿童用品店	1419	2418	375	343	3.6	5.9
协和奥光商厦	4625	8188			24.0	14.9
北京东安集团公司新安商场	6979	6724			12.8	10.7
密云县鼓楼商场	5175	5684	45	131	6.1	6.5
北京丝绸商店	1389	1399	122	95	12.1	12.4
北京万博达商贸公司	3826	5227		115	7.7	9.0
和平门百货商场	1163	1318	75	37	11.7	13.4
北京市通州百货商场	3355	5185			5.9	7.9
金鼎大厦	2799	6949	90	8	5.9	10.8
北京密云燕赛购物中心	2199	3202	38	83	6.6	9.6
正阳商城	1915	1978	43		8.8	9.1
北京市内联升鞋店	1583	1883	92	242	8.3	9.8
延庆县百货大楼	1507	1595	49	8	9.4	9.0
北京市西单服装店	899	1666	100	34	3.1	5.6
北京元隆丝绸股份有限公司	1142	1404	90	11	6.8	8.3
华润百货公司	2206	7875			10.0	18.5
北京市石景山北里百货商场	1955	3553			5.2	9.1
新时代妇女儿童用品公司	1200	1782			5.1	7.3
威地亚商贸有限责任公司	1902	2911			5.9	8.7
怀柔商业大厦	1224	2259	20	49	5.3	7.6
北京英斯泰克商业有限公司	1330	3403			5.2	9.6
北京前门妇女服装店	676	668			3.1	3.0
北京市平谷县商业大厦	785	1220			4.2	6.3
好友世界商场有限责任公司	736				5.3	
北京市平谷银座购物中心	769	1662		28	2.2	4.3
房山购物中心	511	1032			5.1	8.6
万惠双安商城		17429		56		10.3
副食类						
北京稻香村食品集团	38369	29158	6519	5295	36.6	32.5
崇文门菜市场	12306	12536	1424	916	30.9	31.7
团结湖副食品商场	4625	4574	668	266	30.6	24.6
北京市朝阳区燕丰商场	12066	12052	566	200	31.8	31.7

续表 2 continued

(10000 yuan)

人均创利税 Pre-tax Per Capita		销售利税率(%) Ratio of Pre-tax to Sales Revenue(%)		存货周转率(%) Turnover Rate of Stock(%)	
1997	1996	1997	1996	1997	1996
0.5	0.8	2.0	2.9	1512.7	1096.8
1.0		11.6	0.9	1316.0	1463.9
0.8	0.6	6.1	4.9	3828.6	1564.0
0.9	0.6	4.5	5.2	454.1	751.4
1.0		9.1	0.4	300.9	110.1
0.9	1.5	8.1	11.8	1966.7	3114.5
0.4	1.1	2.4	5.7	542.1	674.8
2.5	0.3	9.5	3.7	1196.9	612.3
0.5	0.5	3.2	3.6	362.1	445.3
2.2	2.5	14.4	14.9	668.9	676.1
0.4	1.0	2.4	5.6	2044.1	1166.0
0.5	0.6	4.7	4.7	245.1	305.4
0.4	0.3	1.9	1.6	509.1	456.3
	0.3		2.8	357.8	350.6
0.5	0.8	5.3	5.5	4008.9	1155.1
0.4	0.4	4.7	4.9	1050.8	969.6
0.9	1.0	5.3	5.1	396.9	706.7
				316.7	86.2
				721.4	143.5
0.6	1.1	7.0	6.1	868.9	898.6
3.2	2.5	26.2	18.3	389.9	297.2
0.9	0.8	26.4	14.2		735.5
				244.5	1186.6
					2621.4
0.1	0.1	0.9	2.3	440.1	375.5
1.1	1.4	8.8	10.9	303.7	330.5
	0.2		2.2	993.9	1429.8
0.8	0.9	6.4	6.8	869.5	967.9
				713.0	792.1
0.2	0.4	3.2	3.3	318.0	275.9
0.1	0.2	1.7	2.6	888.5	977.4
0.2	0.3	2.2	3.8	770.2	749.5
0.5	1.3	5.8	12.9	173.8	240.0
0.3	0.3	3.3	3.8	573.7	521.3
0.3	0.3	11.1	6.1	355.8	327.6
0.5	0.6	7.9	7.8	79.7	103.9
				137.0	207.4
	0.3		3.0	385.5	343.2
	0.3		4.8	718.1	426.4
			1.7		
0.1	0.1	1.6	2.2	274.3	420.0
				284.7	317.9
				385.2	155.7
	0.1		1.0	198.8	233.6
				283.5	
	0.1		1.7	182.0	418.1
				98.4	143.8
	0.3				987.7
6.2	5.9	17.0	18.2	2544.4	3508.2
3.6	3.3	11.6	10.3		9070.4
4.4	2.3	14.4	9.2	1147.6	707.1
1.5	1.6	4.7	5.2	935.6	819.2

续表 3 continued

单位：万元

项目 Item	商品销售收入 Sales Revenue		利税总额 Total Profits		人均销售额 Sales Value Per Capita	
	1997	1996	1997	1996	1997	1996
华光商厦	9149	9146	618	269	24.1	21.2
北京市朝阳京源商场	6966		389		25.1	
北京市海淀区北太平庄商场	8644	10375	519	182	18.8	21.1
北京市桂香村食品中心	3797	4117	453	66	8.8	9.1
北京市西城地安门副食商场	9514	9586	214		25.9	25.9
北京市松榆里商场	5005	4590	246	180	27.1	24.7
北京市新街口购物中心	3271	3970	301	82	12.8	15.4
朝阳副食品公司九龙山商场	4440	4974	206	280	16.1	17.2
北京市西城和平门菜市场	2989	2799	226	96	19.2	17.9
白广路商业大楼	3560	3437	197	221	24.6	25.6
北京东高地百货商场	4281	4779	225	108	18.9	20.7
王府井食品商场	1783	3621	330	341	10.0	18.9
北京市海淀区海淀菜市场	4320	4557	135	61	14.4	15.6
北京市西城区京沪食品商场	2367	3007	188		13.4	16.9
东城区奥之光银龙商贸公司	2236	2492	164	169	10.1	11.5
北京市西城区西单菜市场	3793	5958	150	278	9.6	14.7
北京博兰特北大地副食商场	1662	1736	79	52	10.9	10.8
北京市东城奥之光富龙商贸公司	1267	2368	184	162	5.9	11.2
宣武门副食商场	1369	1314	39	61	16.1	15.1
东城区奥之光宝龙商贸公司	1268	1210	120	116	8.2	8.1
崇文区前门大街食品商场	1220	1271	114	77	8.5	7.9
宣武区西珠市口副食店	1237	1180	61	76	9.4	8.9
北京市东城区东单菜市场	875	2838	89	180	3.1	10.1
宣武区菜市口菜市场	678	685	28	7	12.3	12.5
北京市西城白塔寺副食商场	1302	2485		21	11.3	12.9
东城区奥之光裕龙商贸公司	1249	1792	36	71	6.8	9.3
东城区奥之光昌龙商贸公司	975	1021	41	77	4.2	6.1
北京市石景山区北里菜市场	1259	1922		69	8.2	11.4

10-11 商委各局大中型批发零售贸易业财务状况

单位：千元

企业名称 Enterprise	商品销售收入 Sales Revenue	商品销售收入净额 Net Value of Sales Revenue	商品销售成本 Sales Cost	经营费用 Operating Expense	商品销售税金及附加 Sales Tax and Extra Charges	商品销售利润 After-tax Profits	代购代销收入 Revenue from Agency Activity	主营业务利润 Profits from Major Business
亿商集团公司	2015848	2015848	1780840	124769	5031	105208		105208
食品工贸集团	3313459	3313297	3064553	141701	4608	102435	27	102462
粮食局	2793649	2793624	2963691	315729	1690	-487486	7994	-479492
饮食服务总公司	6268	6268	4349	2012	214	-307		-307
石油总公司	2714030	2714029	2530854	74050	1267	107858	141	107999
供销社	1486351	1484930	1339656	88133	4389	52752	275	53027
旅游商品公司	1731231	1719454	1334766	121133	2810	260745	103	260848
烟草专卖局	2547637	2547637	2206728	27505	6118	307286		307286
百货大楼股份公司	1321684	1321684	1134709	49283	4222	133470		133470
西单商场股份公司	1561753	1561753	1338692	55473	4052	163536		163536
东安集团	1628324	1628324	1349963	109530	8049	160782		160782
友谊集团	189972	189972	144752	12486	1342	31392		31392
生产服务总社	9666	9666	8565	715		386		386
盐业公司	54758	54758	30298	6913	294	17253		17253

续表 4 continued

(10000 yuan)

人均创利税 Pre-tax Per Capita		销售利税率(%) Ratio of Pre-tax to Sales Revenue(%)		存货周转率(%) Turnover Rate of Stock(%)	
1997	1996	1997	1996	1997	1996
1.6	0.6	6.8	2.9	812.1	867.5
1.4		5.6		2511.3	
1.1	0.9	6.0	4.1	1981.7	1357.0
1.1	0.6	11.9	6.7	4729.5	2973.6
0.6		2.2		2233.9	3488.8
1.3	1.0	4.9	3.9	712.0	684.3
1.2	0.9	9.2	6.1	4676.4	7385.7
0.7	1.0	4.6	5.6	4039.1	6275.8
1.4	1.4	7.6	7.7	1396.0	1645.3
1.4	2.2	5.5	8.8	1218.4	1094.3
1.0	0.9	5.3	4.6	561.0	486.3
1.8	2.5	18.5	13.5	769.5	844.4
0.5	0.6	3.1	3.7	1555.2	1262.9
1.1	0.1	7.9	0.5	857.2	1506.6
0.7	1.1	7.3	9.3	2916.9	13137.5
0.4	1.3	4.0	8.5	3711.5	2293.7
0.5	0.7	4.8	6.2	12545.5	6833.3
0.9	1.1	14.5	10.1	1452.7	1891.3
0.5	0.7	2.8	4.6	4485.2	2088.9
0.8	1.1	9.5	13.3	502.5	448.6
0.8	0.9	9.3	10.9	1930.0	1851.9
0.5	0.6	4.9	6.4	2197.7	4172.7
0.3	1.0	10.2	10.4	1609.8	3410.1
0.5	0.6	4.1	4.7	3105.6	4791.7
	0.5		3.9		1655.6
0.2	0.4	2.9	4.0	1685.2	2463.3
0.2	0.5	4.2	7.5	1501.9	1512.7
	0.4		3.6	1190.0	1533.0

FINANCIAL INDICATORS FOR LARGE AND MEDIUM WHOLESALERS AND RETAILERS OF COMMERCIAL COMMISSIOM

(1000 yuan)

其他业务利润 Profits from Other Business	管理费用 Overhead Cost	财务费用 Financial Expense	利润总额 Total Profits	应付工资 Wages Payable	资产总计 Total Assets	流动资产合计 Total Circulating Assets	固定资产合计 Total Fixed Assets	流动负债合计 Total Liquid Liability	长期负债合计 Total Long-term Liability	资本金总额 Total Capital
42166	108545	50534	3211	98152	1843638	1208030	528584	1233841	181814	319967
23838	115095	75256	-410	70553	1871528	1470960	319814	928586	149427	252516
31891	164694	839814	-160184	88471	11795819	10274906	1087791	10524374	588419	933373
	1069	-7	-1000	1028	2704	918	677	1908		1504
5380	74408	31904	13390	42568	1302114	649101	237267	807976	12028	327768
57400	91668	32731	-1795	51587	1083761	743888	237967	898172	4414	135301
8336	247407	20447	39822	99016	1061174	515110	163832	428301	112903	430229
2869	39328	10681	283642	7078	1170817	534896	481440	366758	-745	70814
2681	74381	-26016	129510	29329	2235800	1562998	329965	545439	189775	297707
4678	64822	-8019	117476	52538	801890	300336	467198	141128	26034	250322
6607	141182	7291	19926	94819	782455	266421	467636	372720	440	370998
3639	29461	4864	1512	18507	168342	126343	40808	74154		83770
	300	-9	93	137	8392	8259	133	6151		770
25	13620	2395	1130	4851	71022	53015	13399	31302		13811

10-12 大中型批发零售贸易业财务状况

单位：千元

项　目 Item	资本金合计 Total Capital	#国家资本金 State Capital	#外商资本金 Foreign Capital	流动资产合计 Total Circulating Assets	#货币资金 Cash	#应收帐款 Accounts Receivable
合　计　Total	**25554804**	**19753232**	**324235**	**173052731**	**23350458**	**48600028**
按经济类型划分　Grouped by Ownership						
国有经济　State-owned	20325174	18611877	2300	151283635	19794167	46672733
集体经济　Collective-owned	1820875	305042		12211890	976755	1054803
私营经济　Private	15650			183054	11484	20591
联营经济　Joint-owned	833446	318052	62500	1201563	167751	133516
股份制经济　Share Holding Enterprises	2100075	325752		7195614	2063552	660079
外商投资经济　Foreign Funded Enterprise	449429	192509	253882	714427	314824	31639
港澳台投资经济　Hong -Kong,Macao and Taiwan Funded	7505		5553	257617	21397	26487
其他经济　Others	2650			4931	528	180
按国民经济行业分　Grouped by Sectors						
批发业　Wholesale						
食品饮料烟草和家庭用品批发业　Food,Beverage,Tabacco and Family Use Goods	5245122	4065853	17999	51926050	4554025	9658066
食品饮料烟草批发业　Food,Beverage and Tabacco	2886663	2553148	7369	29193864	2313571	4717492
棉麻、土畜产品批发业　Cotton,Flax,Local and Animal Products	271725	175343		7693181	252324	506303
纺织品、服装和鞋帽批发业　Textile,Garments,Shoes and Hats	924898	432367		7214171	1082380	2524213
日用百货批发业　Daily Use Goods	276558	227574	630	2114275	310562	415123
日用杂品批发业　Grocery	30610	7500		107262	17582	26216
五金交电化工批发业　Hardware,Electrical Appliance and Chemical	568122	440245	10000	3094577	361053	960826
药品及医疗器械批发业　Medicine and Medical Appliance	286546	229676		2508720	216553	507893
能源、材料和机械电子设备批发业　Energy,Materials,Machinery and Electronic Equipments	9077480	7984596	4505	57035433	7014213	21505820
能源批发业　Energy	1134768	833466		5886559	1091329	2509455
化工材料批发业　Chemical Materials	465130	384206		6243511	695251	3240445
木材批发业　Timbers	183290	163872		878677	72203	267082
建筑材料批发业　Building Materials	249448	197127		1055884	190822	374899
矿产品批发业　Mineral Products	559647	559647		6814727	422907	4451081
金属材料批发业　Metal Materials	3341038	3058613		14102812	1510850	4157295
机械、电子设备批发业　Machinery and Electronic Eqiupments	2284506	2111260	4505	16438854	2224676	5825383
汽车摩托车及零配件批发业　Spares and Fittings of Automobile and Motorcyle	766768	617507		5038643	729553	516597
再生物资回收批发业　Recovery of Reclaimed Materials	92885	58898		575766	76622	163583
其他批发业　Others	4353825	4178523		39302348	7229441	15174315
工艺美术品批发　Handicrafts	720365	712635		2225660	271660	533417
图书报刊批发业　Books,Newspaper,Magazines	300533	300238		1073088	108182	228503
农业生产资料批发业　Agricultural Capital Goods	392553	346819		4262968	590112	2034535
其他类未包括的批发业　Others	2940374	2818831		31740632	6259487	12377860
零售业　Retail	6878377	3524260	301731	24788900	4552779	2261827
食品、饮料和烟草零售业　Food,Beverage and Tabacco	588714	399723		2566822	861343	77410
日用百货零售业　Daily Use Goods	3867072	1595766	197553	9045533	2110017	241560
纺织品、服装和鞋帽零售业　Textile,Garments,Shoes and Hats	407843	236308	91763	615431	94137	22181
日用杂品零售业　Grocery	109084	12055		229909	33172	17842
五金交电化工零售业　Hardware,Electrical Appliance and Chemical	486571	303280	287	1402289	162758	113661
药品及医疗器械零售业　Medicine and Medical Appliance	34863	27784		255924	51551	35205
图书报刊零售业　Books,Newspaper,Magazines	165117	56177		548314	166855	114151
其他零售业　Others	1219113	893167	12128	10124678	1072946	1639817
按规模划分　Grouped by Size						
大型企业　Large Enterprises	12626950	9953804	154428	101035681	14874953	31381504
中型企业　Medium Enterprises	12927854	9799428	169807	72017050	8475505	17218524

FINANCIAL INDICATORS FOR LARGE AND MEDIUM WHOLESALERS AND RETAILERS

(1000 yuan)

#存 货 Stock	长 期 投 资 Long-term Investment	固定资产 合 计 Total Fixed Assets	固定资产 原价合计 Original Value of Fixed Assets	#生 产 经营用 for Production Use	累 计 折 旧 Accumulative Depreciation	#本年 折旧 of this Year	无形及 递延资产 合 计 Intangible and Deffer -ed Assets	#无形 资产 Intangible	其 他 资 产 合 计 Other Assets
38192602	22773795	23486281	23204652	14112283	4673021	939717	2876993	1069576	16318284
27680609	21321709	17153485	17452465	10871773	3571852	683199	1577690	653740	784324
7970113	538089	2190784	2254396	1202908	512832	100276	290977	41025	15409153
48149	6734	14403	20942	11241	6736	5172	2337		4869
368806	19227	770896	838070	634897	125538	45797	346865	22911	13558
1745097	880444	2655052	2170028	1087281	293851	79950	529567	267863	69900
259643	7592	651495	363096	300621	106723	24589	124268	79028	36434
116981		49974	105385	3452	55411	696	5284	5009	46
3204		192	270	110	78	38	5		
21166852	5708175	5521878	5316527	3344389	1220691	211834	325821	200415	15509256
11292406	3378370	3601158	3492101	2218848	808674	129024	161423	100368	116627
6008966	479862	202752	215487	66046	44548	9158	4304	3016	15351219
1337271	1127328	591198	424157	375776	73744	22016	45304	41277	17474
696032	144092	177197	234808	101972	74293	15692	26916	15867	235
26261	6580	38007	46479	36084	8615	1791	954		22
841332	413920	525940	450131	269270	89535	16353	67000	29438	204
964584	158023	385626	453364	276393	121282	17800	19920	10449	23475
6747243	8964712	5097405	5436096	2864161	1164148	223877	472926	342656	218267
490494	1005146	786182	940010	380569	258444	42680	87372	78145	30694
738780	893039	402764	405766	151759	92245	23697	62690	15562	927
153160	221653	14117	20905	13335	6789	1285	6031	5980	3602
220953	186679	304696	350685	208112	81154	11680	21053	14796	4901
803551	1505544	317856	386256	350326	68439	2676	8206	280	776
1767059	2532519	1210572	1180129	548300	280074	56211	113241	92230	125628
1434673	1788610	1464217	1485496	789809	234557	57330	53905	47559	33661
1020290	778540	536424	591697	382573	120067	23902	105185	76178	14547
118283	52982	60577	75152	39378	22379	4416	15243	11926	3531
1740828	5662664	2342825	2258751	1130385	380183	78389	182571	118770	344179
133948	1351210	579281	518754	221067	68393	17782	64030	60772	1919
274228	80998	386815	392632	203168	91527	15726	15563	13402	
629539	244032	168751	200280	98263	50769	9738	34167	26788	97409
703113	3986424	1207978	1147085	607887	169494	35143	68811	17808	244851
8537679	2438244	10524173	10193278	6773348	1907999	425617	1895675	407735	246582
699913	94908	1104804	1353274	1019206	331317	62079	161616	26995	46583
2803348	884052	6460526	5887846	3666875	972863	227772	1339448	257779	106726
230898	50855	448573	466298	395982	69408	19200	125893	66259	389
106189	7204	213270	43566	33093	13689	2412	11894	6080	
527046	78121	466597	495715	256251	106715	22971	84431	30061	3906
116712	7556	61685	73237	61190	13968	5108	24652	8216	9
210822	19084	198857	237195	190360	50551	8542	3585	3055	66345
3842751	1296464	1569861	1636147	1150391	349488	77533	144156	9290	22624
18684457	14411814	11628337	10796945	6001121	1874235	421303	1624690	722125	15417239
19508145	8361981	11857944	12407707	8111162	2798786	518414	1252303	347451	901045

续表 1 continued

项目	Item	资产合计 Total Assets	流动负债合计 Total Circulating Liability	#短期借款 Short-term Loans	#应付帐款 Accounts Payable	长期负债合计 Total Long-term Liability	#长期借款 Long-term Loans
合计	**Total**	238508084	147063007	65952520	29123813	40111668	36454366
按经济类型划分	**Grouped by Ownership**						
国有经济	State-owned	192120843	127742969	55389584	23876389	21999218	18832110
集体经济	Collective-owned	30640893	11215272	7659227	3220546	17073398	16956573
私营经济	Private	211397	224928	61252	26987	1347	1347
联营经济	Joint-owned	2352109	1379919	553206	415074	241146	63239
股份制经济	Share Holding Enterprise	11330577	5732556	2041164	1226956	559162	414835
外商投资经济	Foreign Funded Enterprise	1534216	511171	247837	187569	237397	186262
港澳台投资经济	HongKong,Macao and Taiwan Funded	312921	253006		170281		
其他经济	Others	5128	3186	250	11		
按国民经济行业分	**Grouped by Sectors**						
批发业	Wholesale						
食品饮料烟草和家庭用品批发业	Food,Beverage,Tabacco and Family Use Goods	78991180	44964199	29211382	7610195	21806861	20136212
食品饮料烟草批发业	Food,Beverage and Tabacco	36451442	24820615	15985234	2549250	3864331	2955908
棉麻、土畜产品批发业	Cotton,Flax,Local and Animal Products	23731318	6282968	5861657	1970632	16931317	16917354
纺织品、服装和鞋帽批发业	Textile,Garments,Shoes and Hats	8995475	6911340	4149398	1133577	136590	56705
日用百货批发业	Daily Use Goods	2462715	2123771	1058881	634821	78560	49881
日用杂品批发业	Grocery	152825	110568	43990	28988	91	
五金交电化工批发业	Hardware,Electrical Appliance and Chemical	4101641	2927925	1501193	544576	147033	140497
药品及医疗器械批发业	Medicine and Medical Appliance	3095764	1787012	611029	748351	648939	15867
能源、材料和机械电子设备批发业	Energy,Materials,Machinery and Electronic Equipment	71788743	50347560	20684766	10011233	4942328	4062554
能源批发业	Energy	7795953	5350074	996899	2273383	432203	385305
化工材料批发业	Chemical Materials	7602931	6286879	3528180	805834	88153	78968
木材批发业	Timbers	1124080	844251	404501	95054	27125	26407
建筑材料批发业	Building Materials	1573213	1100674	337627	435704	30938	22806
矿产品批发业	Mineral Products	8647109	6572394	2731176	1953264	616997	492399
金属材料批发业	Metal Materials	18084772	12459287	5107190	1929461	1243323	975516
机械、电子设备批发业	Machinery and Electronic Equipments	19779247	12220508	4393070	1909568	2258963	1912023
汽车摩托车及零配件批发业	Spares and Fittings of Automobiles and Motorcyles	6473339	5032940	2938693	541983	240667	168318
再生物资回收批发业	Recovery of Reclaimed Materials	708099	480553	247430	66982	3959	812
其他批发业	Others	47834587	28568392	7469605	7147040	10738093	10321493
工艺美术品批发	Handicrafts	4222100	2551730	1821028	150182	64181	66277
图书报刊批发业	Books,Newspaper,Magazine	1556464	716459	80289	232194	63725	11823
农业生产资料批发业	Agricultural Capital Goods	4807327	3847222	1019055	1401703	268196	244718
其他类未包括的批发业	Others	37248696	21452981	4549233	5362961	10341991	9998675
零售业	Retail	39893574	23182856	8586767	4355345	2624386	1934107
食品、饮料和烟草零售业	Food,Beverage and Tabacco	3974733	2840747	637966	442946	194607	134466
日用百货零售业	Daily Use Goods	17836285	9178631	3336323	2303505	1408596	940830
纺织品、服装和鞋帽零售业	Textile,Garments,Shoes and Hats	1241141	640605	236790	211225	56467	14247
日用杂品零售业	Grocery	462277	255434	89360	55282	72779	70413
五金交电化工零售业	Hardware,Electrical Appliance and Chemical	2035344	1391120	346790	419793	82870	30938
药品及医疗器械零售业	Medicine and Medical Appliance	349826	244019	35220	114837	19063	14935
图书报刊零售业	Books,Newspaper,Magazine	836185	410924	52403	217649	30408	400
其他零售业	Others	13157783	8221376	3851915	590108	759596	727878
按规模划分	**Grouped by Size**						
大型企业	Large Enterprises	144117761	81623077	34238242	17008351	32480587	31498430
中型企业	Medium Enterprises	94390323	65439930	31714278	12115462	7631081	4955936

续表 2 continued

负债合计 Total Liabilities	所有者权益合计 Ownership Interest	# 股本 Capital Stock	商品销售收入 Sales Revenue	销售折扣与折让 Sales Discount	商品销售收入净额 Net Value of Sales Revenue	商品销售成本 Sales Cost	经营费用 Operatint Expense	# 运杂及装卸费 Traffic Related Expense	商品销售税金及附加 Sales Tax and Extra Charges
189579613	48928471	3923054	177483732	716242	176767490	159858931	7934215	1486918	351449
152017353	40103490	2047797	141899269	660643	141238626	128335616	6084755	1357113	255446
28303314	2337579	92141	16076404	12238	16064166	14529871	836665	78463	37986
226684	-15287	2000	622096		622096	578820	23819	2405	382
1621065	731044	22549	3483139	24432	3458707	3061813	179974	13252	8065
6378450	4952127	1675860	12387429	7108	12380321	11056640	573455	33223	44899
776493	757723	80812	2203935	11821	2192114	1687707	178585	2386	3591
253068	59853	1357	784050		784050	581954	56241	64	1072
3186	1942	538	27410		27410	26510	721	12	8
67274239	11716941	544044	50982722	57996	50924726	47144376	1905255	329965	58101
29184096	7267346	127269	25598203	7189	25591014	24252540	930746	149471	29675
23216184	515134	7604	2885649		2885649	2710454	88292	39246	1563
7047958	1947517	169150	8253806	1	8253805	7335271	258115	52953	3640
2202331	260384	132500	2967067	1100	2965967	2557879	211167	7706	6632
110659	42166		244874	161	244713	215737	11830	2084	485
3076033	1025608	83710	7027120	1760	7025360	6619845	199132	64629	7256
2436978	658786	23811	4006003	47785	3958218	3452650	205973	13876	8850
56804802	14983941	1147525	64340204	13919	64326285	61133548	1785770	802356	78799
5782933	2013020	129251	18290089	1196	18288893	17891870	208572	49071	29480
6376067	1226864	88567	6759448	854	6758594	6358746	197475	121277	4427
871377	252703	2810	829327	16	829311	739687	69576	34370	368
1131674	441539	3720	1702273	90	1702183	1515983	110728	51004	2939
7279456	1367653	426696	3824958		3824958	3172737	438110	331563	13195
13943008	4141764	214668	14397601	1469	14396132	13796205	330443	139746	11573
15659155	4120092	122145	11075672	7765	11067907	10276259	292182	43563	8504
5273607	1199732	159229	6403795	2529	6401266	6380463	105730	18021	7048
487525	220574	439	1057041		1057041	1001598	32954	13741	1265
39574693	8259894	755761	16156161	412333	15743828	14204789	587524	117737	26556
2615911	1606189		1523156	18	1523138	1364645	72903	12982	1782
780184	776280	15273	2111853	411184	1700669	1401305	113499	22744	3856
4118730	688597	5105	5550431	565	5549866	5197530	199528	50727	9495
32059868	5188828	735383	6970721	566	6970155	6241309	201594	31284	11423
25925879	13967695	1475724	46004645	231994	45772651	37376218	3655666	236860	187993
3041109	933624	18459	7094024	3272	7090752	6219722	677140	16425	23199
10606381	7229904	1191997	21566263	61442	21504821	17731887	1508716	39373	98834
697191	543950	42313	925235	329	924906	753812	110702	1640	7698
328215	134062	71467	598467		598467	496597	52877	2756	3061
1567045	468299	31460	2911900	3133	2908767	2697502	177769	19630	5167
263082	86744	68	694900	7732	687168	566230	51394	2308	1921
441334	394851	93553	1124597	154641	969956	764989	89429	3095	2232
8981522	4176261	26407	11089259	1445	11087814	8145479	987639	151633	45881
114242231	29875530	2081935	95085659	568594	94517065	85213867	3488504	724192	188364
75337382	19052941	1841119	82398073	147648	82250425	74645064	4445711	762726	163085

续表 3 continued

项目 Item	商品销售利润 Sales Profits	代购代销收入 Revenue from Agency Activity	主营业务利润 Profits of Major Business	其他业务利润 Profits of Other Business	管理费用 Overhead Expense	# 税金 Taxes
合计 Total	8622895	1284275	9907170	1827226	7267297	155698
按经济类型划分 Grouped by Ownership						
国有经济 State-owned	6562809	1269556	7832365	1524829	5446699	109241
集体经济 Collective-owned	659644	9164	668808	196053	686090	23088
私营经济 Private	19075		19075	1034	20704	33
联营经济 Joint-owned	208855	51	208906	7555	214733	2424
股份制经济 Share Holding Enterprise	705327	5401	710728	94492	644666	17695
外商投资经济 Foreign Funded Enterprise	322231	103	322334	3263	249767	2029
港澳台投资经济 HongKong,Macao and Taiwan Funded	144783		144783		3967	1106
其他经济 Others	171		171		671	82
按国民经济行业分 Grouped by Sectors						
批发业 Wholesale						
食品饮料烟草和家庭用品批发业 Food,Beverage,Tabacco and Family Use Goods	1816994	214350	2031344	337852	1588891	37850
食品饮料烟草批发业 Food,Beverage and Tabacco	378053	88762	466815	215513	692646	21512
棉麻、土畜产品批发业 Cotton,Flax,Local and Animal Products	85340	39929	125269	3301	95149	661
纺织品、服装和鞋帽批发业 Textile,Garments,Shoes and Hats	656779	50248	707027	42774	268039	4616
日用百货批发业 Daily Use Goods	190289	15534	205823	8085	163384	1505
日用杂品批发业 Daily Use Grocery	16661	17	16678	1063	15907	850
五金交电化工批发业 Hardware,Electrical Appliance and Chemical	199127	17829	216956	49239	159188	4765
药品及医疗器械批发业 Medicine and Medical Appliance	290745	2031	292776	17877	194578	3941
能源、材料和机械电子设备批发业 Energy,Materials,Machinery and Electronic Equipment	1328168	695752	2023920	614309	1878757	35065
能源批发业 Energy	158971	222433	381404	-101860	370453	7645
化工材料批发业 Chemical Materials	197946	51859	249805	66228	133281	2411
木材批发业 Timbers	19680	1399	21079	3015	20430	200
建筑材料批发业 Building Materials	72533	1709	74242	30756	95659	3320
矿产品批发业 Mineral Products	200916	135940	336856	65166	132347	666
金属材料批发业 Metal Materials	257911	26211	284122	200326	379752	7046
机械、电子设备批发业 Machinery and Electronic Equipments	490962	245784	736746	249078	582882	7199
汽车摩托车及零配件批发业 Spares and Fittings of Automobiles and Motorcyles	-91975	4956	-87019	84447	133119	2990
再生物资回收批发业 Recovery of Reclaimed Materials	21224	5461	26685	17153	30834	3588
其他批发业 Others	924959	358371	1283330	296258	750575	11417
工艺美术品批发 Handicrafts	83808	6735	90543	69104	115446	3068
图书报刊批发业 Books,Newspaper,Magazine	182009	27052	209061	22267	108139	1526
农业生产资料批发业 Agricultural Capital Goods	143313	113492	256805	70917	146285	1032
其他类未包括的批发业 Others	515829	211092	726921	133970	380705	5791
零售业 Retail Sales Trade	4552774	15802	4568576	578807	3049074	71366
食品、饮料和烟草零售业 Food,Beverage and Tabacco	170691	832	171523	133542	361509	11203
日用百货零售业 Daily Use Goods	2165384	1700	2167084	238593	1718915	39662
纺织品、服装和鞋帽零售业 Textile,Garments,Shoes and Hats	52694		52694	48178	123325	2808
日用杂品零售业 Daily Use Grocery	45932		45932	11833	29720	354
五金交电化工零售业 Hardware,Electrical Appliance and Chemical	28329	1013	29342	32209	148653	3333
药品及医疗器械零售业 Medicine and Medical Appliance	67623	80	67703	4565	43664	688
图书报刊零售业 Books,Newspaper,Magazine	113306	4	113310	14029	85076	1739
其他零售业 Others	1908815	12173	1920988	95858	538212	11579
按规模划分 Grouped by Size						
大型企业 Large Enterprises	5626330	795295	6421625	643724	3095119	63344
中型企业 Medium Enterprises	2996565	488980	3485545	1183502	4172178	92354

续表 4 continued

#财产保险费 Premium of Property	# 劳动待业保险费 Premium for Employment	财务费用 Financial Expense	# 利息支出 Interest Expenditure	营业利润 Operating Profits	投资收益 Investment Income	补贴收入 Subsidy Income	营业外收入 Out-Business Income	营业外支出 Out-business Expenditure	利润总额 Total Profits
72623	559407	4457066	3954671	-207974	1140549	2103042	531873	296652	3616274
55183	443196	4061905	3544069	-260979	968455	1774248	396554	249405	2858050
7084	63073	264724	243963	-112963	67914	57681	95763	22590	119441
54	71	416	8240	-1011			712	1096	-1395
822	11995	30561	14346	-30397	387		745	1805	-27873
7167	40863	75606	120474	84801	103253	269623	8284	20327	525019
1735	209	7245	6870	68585	540	1490	17727	1151	87229
573		16527	16621	44572			12088	276	56387
5		82	88	-582				2	-584
18300	100247	2012501	1819720	-1249484	334610	1560526	198694	90062	831440
10276	55288	1306082	1261649	-1324159	203618	1476314	95423	44104	442837
261	681	102346	93265	-69623	26478	66230	52904	14718	63457
2533	7756	358851	237070	118867	28589	18877	18022	11431	207619
670	7167	72488	67719	-22255	-3199	6	7136	2062	-20359
221	1388	4141	4101	-2307	4	0	538	149	-1850
1223	10064	108456	100283	-3121	30058	-901	17592	12536	32629
3116	17903	60137	55633	53114	49062		7079	5062	107107
13114	101319	1373030	1108088	-690363	369672	371633	120832	75883	180638
2506	21685	48535	45900	-155701	21489	99953	13524	19721	-38229
2520	6022	182407	149180	-7	30346	701	12829	7335	39124
33	696	42529	33921	-38865	2533		8888	4846	-27114
1373	9365	26437	25413	-19950	8036		8549	743	282
	393	230930	92706	27627	33311		8353	13388	56613
3117	21886	337517	304023	-268879	138070	-929	39932	22537	-76764
1993	27224	350492	296734	48831	106895	699	8369	5821	189276
1290	9620	132221	146498	-273235	22493	268603	3137	999	20148
282	4428	21962	13713	-10184	6499	2606	17251	493	17302
1818	31640	442433	293015	361434	211926	48756	41538	55740	691739
333	5181	101054	99842	-56853	19143		5343	16340	-48707
	8496	881	15577	122308	4047	6166	263	981	132013
436	6847	43829	53529	137225	12302	42583	14365	4828	202585
1049	11116	296669	124067	158754	176434	7	21567	33591	405848
39391	326201	629102	733848	1370439	224341	122127	170809	74967	1912457
3778	95684	55337	49838	-112945	51957	49637	52788	12155	85234
19548	150185	184237	214784	411334	100830	1516	73657	35105	582558
1522	14191	15854	14935	-38309	3866	60	13187	9569	-30593
1029	4911	11641	11276	16374	883	30	2559	1043	18893
1025	12353	31737	35179	-119582	10983	57535	8619	4008	-45875
1125	5896	4446	4190	24156	488		1559	1356	24963
825	14436	780	1763	41031	453	803	3290	1872	44437
10539	28545	325070	401883	1148380	54881	12546	15150	9859	1232840
31949	184756	1869772	1765269	1995606	555821	576544	244410	138809	3270623
40674	374651	2587294	2189402	-2203580	584728	1526498	287463	157843	345651

续表 5 continued

项目	Item	应交所得税 Income Tax Payable	转作奖金的利润 Profits Distributed as Bonus	提取盈余公积 Surplus Accumulation Funds Drawn	应付利润 Profits Payable	#已分配股利 Divided Payment	未分配利润 Profits Undistributed
合计	**Total**	1542340	41384	1698682	1130675	37146	-1128754
按经济类型划分	**Grouped by Ownership**						
国有经济	State-owned	1297369	31850	1463457	1059756	9682	-1339730
集体经济	Collective-owned	75638	9288	86554	20165	993	-60513
私营经济	Private	603		88			395
联营经济	Joint-owned	7654	245	3512	9345		-30827
股份制经济	Share Holding Enterprise	133957		143298	20379	5441	239357
外商投资经济	Foreign Funded Enterprise	27098	1	1773	21030	21030	67624
港澳台投资经济	HongKong, Macao and Taiwan Funded	20					-5041
其他经济	Others	1					-19
按国民经济行业分	**Grouped by Sectors**						
批发业	Wholesale						
食品饮料烟草和家庭用品批发业	Food, Beverage, Tabacco and Family Use Goods	413040	11760	439161	216006	171	-500535
食品饮料烟草批发业	Food, Beverage and Tabacco	229990	9237	282089	130957	171	-439374
棉麻、土畜产品批发业	Cotton, Flax, Local and Animal Products	14366		3034	6699		-1767
纺织品、服装和鞋帽批发业	Textile, Garments, Shoes and Hats	111980		53511	37601		31759
日用百货批发业	Daily Use Goods	8844	454	8149	3505		-115713
日用杂品批发业	Daily Use Grocery	1481		472	1889		-4268
五金交电化工批发业	Hardware, Electrical Appliance and Chemical	18691	735	22684	26669		24759
药品及医疗器械批发业	Medicine and Medical Appliance	27688	1334	69222	8686		4069
能源、材料和机械电子设备批发业	Energy, Materials, Machinery and Electronic Equipment	218464	2141	393744	118368	1111	-591767
能源批发业	Energy	33223	235	44136	19862		-8130
化工材料批发业	Chemical Materials	27646	75	98824	26061		-34591
木材批发业	Timbers	6029	27	2255	3089		-37220
建筑材料批发业	Building Materials	5241	666	6198	2306		25049
矿产品批发业	Mineral Products	29694		36605	22212		66910
金属材料批发业	Metal Materials	18839	447	109236	5768	1013	-372549
机械、电子设备批发业	Machinery and Electronic Equipments	69453	310	80419	23176		-165092
汽车摩托车及零配件批发业	Spares and Fittings of Automobiles and Motorcyles	19853	381	11571	3556	98	-37277
再生物资回收批发业	Recovery of Reclaimed Materials	8486		4500	12338		-28867
其他批发业	Others	218781		193939	245105		34006
工艺美术品批发	Handicrafts	2703		5191			-63727
图书报刊批发业	Books, Newspaper, Magazine	54783		68243	8004		6926
农业生产资料批发业	Agricultural Capital Goods	69204		33177	2052		142600
其他类未包括的批发业	Others	92091		87328	235049		-51793
零售业	Retail Sales Trade	692055	27483	671838	551196	35864	-70458
食品、饮料和烟草零售业	Food, Beverage and Tabacco	49982	11319	63952	6036		-87758
日用百货零售业	Daily Use Goods	187180	305	204669	113184	30351	81274
纺织品、服装和鞋帽零售业	Textile, Garments, Shoes and Hats	3189		4999	2335		-43772
日用杂品零售业	Daily Use Grocery	6300	39	12758	829		8994
五金交电化工零售业	Hardware, Electrical Appliance and Chemical	6563	872	5896	3523		-88939
药品及医疗器械零售业	Medicine and Medical Appliance	8207	222	9430	5301		714
图书报刊零售业	Books, Newspaper, Magazine	32464	12852	14457	16742	5420	44266
其他零售业	Others	398170	1874	355677	403246	93	14763
按规模划分	**Grouped by Size**						
大型企业	Large Enterprises	1068380	9598	1073645	864927	27509	343916
中型企业	Medium Enterprises	473960	31786	625037	265748	9637	-1472670

续表 6 continued

本年应付工资总额 Total Wages Payable in the Year	# 主营业务应付工资 Wage Payable of Major Business	本年应付福利费总额 Welfares Payable in the Year	# 主营业务应付福利费 of Major Business	本年应交增值税 Value Added Payable in the Year	本年进项税额 Tax included in Purchasing Cost	本年销项税额 Tax included in Sales Value
3421920	2855314	527204	416455	1684040	19057485	18824934
2421857	2102674	337237	284557	1158339	13559863	13707510
449550	357335	67908	51934	174437	3102720	2384640
8887	7650	1312	1015	1698	153333	149304
89923	88182	15514	15107	48443	530501	579237
337521	219209	54930	35416	180401	1360162	1540890
111513	77673	49954	28088	82307	264491	338533
2304	2304	265	265	38324	81836	120147
365	287	84	73	91	4579	4673
634129	545523	92396	77914	391953	6253671	4910683
309645	284306	46780	42518	196316	2174820	2321202
24551	15669	2601	1465	2808	1122002	171982
72210	62194	11641	9420	14525	1105828	446253
50213	48354	6556	6067	56234	409353	440544
6165	5629	981	876	4173	26869	31042
81880	67561	11906	9548	43479	874336	888727
89465	61810	11931	8020	74418	540463	610933
532503	439250	87199	71768	377821	6504997	6691309
104582	89942	14215	12267	37068	642036	678393
31685	22624	5458	4194	20181	858096	847798
4141	3804	43	-4	413	70420	66153
43986	36094	3760	2383	20815	168573	188193
34380	19816	5456	4046	146749	234572	381786
122130	101580	17089	12403	47844	2250894	2302059
136709	121688	32363	30496	44091	1093262	974924
41998	32485	6176	4409	47261	1052288	1103690
12892	11217	2639	1574	13399	134856	148313
226943	157871	26692	16957	60451	907994	903449
34797	4543	5835	630	359	109685	66626
46771	38935	6797	5491	37151	149666	185532
35860	30426	4860	4146	1005	132725	123448
109515	83967	9200	6690	21936	515918	527843
2028345	1712670	320917	249816	853815	5390823	6319493
467125	437989	64450	58474	137656	855748	997146
1081878	863572	189696	138093	530966	2572795	3097737
83025	73175	14103	11716	21415	106715	133813
27440	26125	3719	3548	16106	83539	100308
94077	70217	12373	9025	31985	459885	476694
37777	35327	4844	4495	19121	97297	117470
60838	53843	8334	7119	21216	106651	128940
176185	152422	23398	17346	75350	1108193	1267385
1240035	985911	199426	142152	670895	8895481	7890611
2181885	1869403	327778	274303	1013145	10162004	10934323

10-13 大中型餐饮业财务状况

单位：千元

项目	Item	合计 Total	按经济类型划分 国有经济 State-Owned	集体经济 Collective-Owned	私营经济 Private Owned	联营经济 Joint-Owned
资本金合计	Total Capital	1385861	318956	134536	1289	27313
# 国家资本金	of State	434057	249081	4074		3520
外商资本金	of Foreign	511918	2937			
流动资产合计	Total Circulating Assets	1431032	440514	147604	2123	29154
# 货币资金	Cash	530694	226611	25020	863	9593
应收帐款	Accounts Receivable	148712	18420	25052	1165	5016
存　货	Inventory	152270	33143	31811	93	4587
长期投资	Long-term Investment	216355	151504	9012		5
固定资产合计	Total Fixed Assets	1448150	546014	139003	309	18762
固定资产原价合计	Total Original Value of Fixed Assets	1777643	591543	163322	493	23826
# 生产经营用	For Production and Business Use	1367804	445017	112378		9694
累计折旧	Accumulative Depreciation	464637	139490	39085	184	5064
# 本年折旧	of this Year	103975	23782	9657	84	632
无形及递延资产合计	Total Intangible and Deffered Assets	346140	73967	39958	152	2805
# 无形资产	Intangible Assets	46483	11032	1080		
其他资产合计	Other Assets	310739	3570	689		2
资产合计	Total Assets	3752416	1215569	336266	2584	50728
流动负债合计	Total Liquid Liabilities	1957092	522125	200053	1438	24333
# 短期借款	Short-term Loans	483888	71837	32581		6613
应付帐款	Payment Payable	246460	20976	69994	989	10008
长期负债合计	Total Long-term Liabilities	354544	99350	15214		
# 长期借款	Long-term Loans	313828	66853	14383		
负债合计	Total Liabilities	2319236	622152	215268	1917	24333
所有者权益合计	Total Ownership Interest	1433180	593417	120998	667	26395
# 股　本	Capital Stock	227220	100	300		14915
主营业务收入	Revenue of Major Business	3428791	1008108	335408	10960	61035
营业成本	Business Cost	1599721	484825	188264	6600	30958
营业费用	Business Expenses	1157094	320587	96838	2188	18342
营业税金及附加	Business Tax and Extra Charges	181482	52623	15994	491	3336
经营利润	Business Profits	481141	147146	34310	1681	8398
其他业务利润	Profits of Other Business	9057	4048	38		
管理费用	Overhead Expenses	460018	114458	42712	1736	3903
# 税　金	Taxes	18824	3041	1490		49
财产保险费	Premium of Property	3015	1380	288	10	3
劳动待业保险费	Premium for Employment	48058	40253	1198	5	815
财务费用	Financial Expenses	42533	1113	2604	117	-144
# 利息支出	Interest Expenditure	37866	8806	1853	120	-5
营业利润	Operating Profits	-21475	35280	-11614	-172	4639
投资收益	Investment Income	13033	12441	514		
补贴收入	Subsidy Income	-2325	-321			
营业外收入	Out-business Income	38919	12003	1252	18	110
营业外支出	Out-business Expenditure	7550	3288	621	262	111
利润总额	Total Profits	36112	58175	-9752	-416	4638
应交所得税	Income Tax Payable	64505	20381	2410	20	1704
转作奖金的利润	Profits Distributed as Bonus	814	192	143		112
提取盈余公积	Surplus Accumulation Funds Drawn	33406	20409	5703	14	13
应付利润	Profits Payable	68417	2556	1302		1945
# 已分配股利	Divided Payment	-106		20		-20
未分配利润	Undivided Profits	-108977	-11324	-29522	508	812
本年应付工资总额	Total Wages Payable of this Year	442700	149868	43508	853	8620
# 主营业务应付工资	of Major Business	372588	137131	37327	335	6357
本年应付福利费总额	Total Welfares Payable of this Year	76774	22546	5588	20	912
# 主营业务应付福利费	of Major Business	69593	20878	4161		694

FINANCIAL INDICATORS FOR LARGE AND MEDIUM CATERING TRADES

(1000 yuan)

Grouped by Ownership			按行业划分 Grouped by Sector			按规模划分 Grouped by Size	
股份制经济 Share Holding	外商投资经济 Foreign Funded	港澳台投资经济 Hongkong,Macao, Taiwan Funded	正餐 Dinner	快餐 Fast Food	其他餐饮业 Other Catering Trade	大型企业 Large	中型企业 Medium
101355	464554	337858	1189788	193586	2487	554291	831570
13789	87213	76380	384476	47194	2387	182032	252025
	299849	209132	404064	107854		163205	348713
115207	381876	314554	1201474	224826	4732	792795	638237
26666	182161	59780	420077	109321	1296	292740	237954
11461	67124	20474	133072	15362	278	49509	99203
5059	52483	25094	115523	35994	753	65035	87235
3365	1055	51414	215045	1289	21	182205	34150
95564	538496	110002	1008902	416265	22983	745543	702607
118326	688357	191776	1269058	492132	16453	865387	912256
109877	533585	157253	869871	482114	15819	761629	606175
29388	167792	83634	386457	76626	1554	190722	273915
5924	43930	19966	75884	27369	722	40419	63556
37532	111733	79993	278616	66201	1323	85998	260142
3575	7494	23302	42226	4201	56	9021	37462
	149759	156719	260277	50462		141543	169196
251668	1182919	712682	2964314	759043	29059	1948084	1804332
112869	533492	562782	1506514	425057	25521	1183902	773190
32752	193637	146468	286066	190022	7800	360770	123118
24245	73812	46436	203817	42538	105	89785	156675
3961	219968	16051	324413	30131		63615	290929
3961	217044	11587	284186	29642		57913	255915
116831	759573	579162	1838460	455255	25521	1249307	1069929
134837	423346	133520	1125854	303788	3538	698777	734403
73000	88995	49910	148061	79159		170848	56372
301912	1313974	397394	2452302	958534	17955	1466386	1962405
148617	577877	162580	1114124	476108	9489	699672	900049
91735	451617	175787	842244	308879	5971	478977	678117
16614	72774	19650	134046	46579	857	72878	108604
44945	206515	38146	352537	126966	1638	214859	266282
	4421	550	6369	2688			9057
40229	191184	65796	387208	71775	1035	157517	302501
2084	10900	1260	15621	3176	27	6813	12011
31	730	573	2693	322		1156	1859
4147	509	1131	45923	2109	26	27788	20270
5868	17688	15287	37394	4899	240	19950	22583
4240	16587	6265	32522	5282	62	21622	16244
-1157	-5937	-42514	-66812	44974	363	37387	-58862
77	1		13033			10297	2736
	-2004		-321	-2004		-2004	-321
1589	16001	7946	22232	16455	232	24478	14441
34	792	2442	7041	476	33	3385	4165
1979	16340	-34852	-31811	67361	562	70435	-34323
645	31936	7409	42741	21596	168	26834	37671
	367		407	367	40	92	722
193	5605	1469	23267	9808	331	13944	19462
719	56632	5263	17498	50919		30923	37494
	-1096	990	-1096	990		-363	257
-9359	55907	-115999	-202274	93277	20	-58164	-50813
32279	155749	51823	374651	65817	2232	164908	277792
30299	117785	43354	308092	62264	2232	157040	215548
3665	32039	12004	59555	16825	394	28177	48597
3388	30093	10379	52919	16280	394	27538	42055

10-14 商业、饮食业、服务业经营机构及人员
OPERATING UNITS AND PERSONNEL OF COMMERCE,CATERING AND SERVICES

项目 Item	经营机构（个） Operating Units (unit)		人员（人） Personnel (person)	
	1997	1996	1997	1996
总计 Total	262367	294341	1422874	1375085
商业 Commerce	200755	220108	1005324	975735
批发 Wholesale	19663	21177	376142	366035
零售 Retail	181092	198931	629182	609700
饮食业 Catering	29562	36981	179814	169341
服务业 Services	32050	37252	237736	230009

10-15 商业、饮食业、服务业营业网点及人员(按所有制形式分)
OUTLETS AND PERSONNEL OF COMMERCE,CATERING AND SERVICES (BY OWNERSHIP)

单位：个、人 (unit,person)

项目 Item	合计 Total	国有 State-owned	集体 Collective-owned	个体 Individuals	其他 Others
营业网点 Outlets	242704	12756	16522	205279	8147
人员 Personnel	1046732	344315	213439	283043	205935
商业 Commerce					
零售网点 Retail Outlets	181092	9235	11696	154405	5756
人员 Personnel	629182	203060	133284	190024	102814
饮食业 Catering					
营业网点 Outlets	29562	1688	2680	24143	1051
人员 Personnel	179814	43644	37459	58244	40467
服务业 Services					
营业网点 Outlets	32050	1833	2146	26731	1340
人员 Personnel	237736	97611	42696	34775	62654

注：其他经济类型中，私营企业网点用工商局数。

Note: In data of other ownership,number of private owned is provided by industry and commerce bureau.
ote

10-16 批发业网点及人员
OUTLETS AND PERSONNEL OF WHOLESALE

单位：个、人 (unit,person)

项目	Item	网点 Outlets	人员 Personnel
总计		19663	376142
食品、饮料、烟草批发业	Food,Beverage and Tabacco	3192	78996
棉、麻、土畜产品批发业	Cotton,Fiber,Local and Livestock Products	106	2277
纺织品、服装和鞋帽批发业	Textile Products,Garments,Shoes and Hats	1096	19935
日用百货批发业	Daily Use Goods	1807	27302
日用杂品批发业	Daily Use Groceries	258	4440
五金、交电、化工批发业	Hardware,Electrical Appliances and Chemical	2758	43386
药品及医疗器械批发业	Medicines and Medical Appliances	637	14216
工艺美术品批发业	Handicraft Articles	225	4596
图书报刊批发业	Books,Newspapers and Magazines	92	2990
农业生产资料批发业	Agricultural Capital Goods	265	5108
其他批发业	Others	9227	172896

10-17 商业零售网点及人员
OUTLETS AND PERSONNEL OF RETAIL

单位：个、人 (unit,person)

项目	Item	网点 Outlets	人员 Personnel
总计		181092	629182
食品、饮料、烟草零售业	Food,Beverage and Tabacco	99326	223363
纺织品、服装和鞋帽零售业	Textile Products,Garments,Shoes and Hats	22424	171714
日用百货零售业	Daily Use Goods	29434	68619
日用杂品零售业	Daily Use Groceries	2278	9532
五金、交电、化工零售业	Hardware,Electrical Appliances and Chemical	5236	53020
药品及医疗器械零售业	Medicines and Medical Appliances	464	9031
图书报刊零售业	Books,Newspapers and Magazines	2769	10953
其他零售业	Others	19161	82950

10-18 饮食业营业网点及人员
OUTLETS AND PERSOONEL OF CATERING

单位：个、人 (unit,person)

项目	Item	网点 Outlets	人员 Personnel
总计	**Total**	29562	179814
正餐	Dinner	19874	143052
快餐	Fast Food	1195	17095
其他	Others	8493	19667

10-19 服务业营业网点及人员
OUTLETS AND PERSONNEL OF SERVICES

单位：个、人 (unit, person)

项目 Item		网点 Outlets	人员 Personnel
总计	**Total**	32050	237736
理发及美容化妆业	Services of Haircut, Beauty and Making-up	6199	12752
沐浴业	Bath Service	188	3146
洗染业	Cleaning and Dyeing	680	4288
摄影及扩印业	Photography and Large-printing	1431	8144
日用品修理业	Repairs of Daily Use Articles	12687	29584
其他居民服务业	Other Residential Services	8038	15033
旅馆业	Hotels	2827	164789

10-20 个体工商业户数及人数
OUTLETS AND PERSONNEL OF SELF-EMPLOYMENT BUSINESS

单位：个、人 (unit, person)

项目 Item		1997 全市 Total	1997 城镇 Urban	1997 农村 Rural	1996 全市 Total	1996 城镇 Urban	1996 农村 Rural
总户数	**Total Outlets**	247377	106947	140430	290831	118730	172101
总人数	**Total Persons**	347896	154237	193659	401297	169057	232240
农林牧渔业 Farming, Forestry, Animal Husbandry and Fishery							
户数	Units	1319	29	1290	1351	28	1323
人数	Persons	1564	48	1516	1603	47	1556
工业 户数 Industry	Units	16820	4710	12110	23244	5549	17695
人数	Persons	34412	7169	27243	46261	8578	37683
建筑业 户数 Construction	Units	779	237	542	898	276	622
人数	Persons	2825	544	2281	3090	610	2480
交通运输业 户数 Transportation	Units	22236	5155	17081	30935	6454	24481
人数	Persons	24716	5740	18976	33609	7127	26482
商业 户数 Commerce	Units	154405	72152	82253	171790	78212	93578
人数	Persons	190024	92049	97975	210253	96680	113573
饮食业 户数 Catering	Units	24143	12333	11810	28956	14391	14565
人数	Persons	58244	32194	26050	64557	38208	26349
服务业 户数 Services	Units	13599	6036	7563	15882	6220	9662
人数	Persons	18716	8905	9811	21060	9024	12036
修理业 户数 Repairs	Units	13175	6026	7149	16570	7340	9230
人数	Persons	16115	7218	8897	19036	8395	10641
其他行业 户数 Others	Units	901	269	632	1205	260	945
人数	Persons	1280	370	910	1828	388	1440

主要统计指标解释

社会消费品零售额　指各种经济类型的批发零售贸易业、餐饮业、制造业及其他业对城乡居民、社会集团的消费品零售额。这个指标反映通过各种商品流通渠道向居民和社会集团供应的生活消费品以满足他们生活需要，是研究人民生活、社会消费品购买力、货币流通等问题的重要指标。社会消费品零售额包括：(1) 售给城乡居民作为生活用的商品和修建房屋用的建筑材料；(2) 售给机关、团体、学校、部队、企业、事业单位的职工食堂和旅店（招待所）附设专门供本店旅客食用、不对外营业的食堂的各种食品、饮料；企业、单位和国营农场直接售给本单位职工和职工食堂的自己生产的产品；(3) 售给部队、战士生活用的粮食、副食品、衣着品、日用品、燃料；(4) 售给来华的外国人、华侨、港澳台同胞的消费品；(5) 居民自费购买的中、西药品、中药材及医疗用品；(6) 报社、出版社直接给居民和社会集团的报纸、图书、杂志、集邮公司出售的新、旧纪念邮票、特种邮票、首日封、集邮册、集邮工具等；(7) 旧货寄售商店自购、自销部分的商品；(8) 煤气公司、液化石油气站售给居民和社会团体的煤气灶具和罐装液化石油气；(9) 农民售给非农业居民和社会团体的商品。不包括售给国民经济各部门企业、事业单位（包括国有经济的农场）生产经营用的各种原材料、燃料、设备、工具等和售给批发零售贸易业、餐饮业作为转卖用的商品、旧货寄售商店受托寄售卖出的商品、服务业的营业收入、邮局出售邮票的收入、自来水、电力、煤气生产（供应）单位的产品供应收入，也不包括农民之间的商品销售。

批发零售贸易业商品购、销、存总额　指以各种经济类型的批发、零售贸易业（不包括个体）为总体的商品购、销、存。

商品购进总额　指从本企业（单位）以外的单位和个人购进（包括从国外直接购进）作为转卖或加工后转卖的商品。这个指标反映批发零售贸易业从国内、国外市场上购进商品的总量。商品购进总额包括：(1) 从工农业生产者购进的商品；(2) 从出版社、报社的发行部门购进的图书、杂志和报纸；(3) 从各种经济类型的批发零售贸易企业（单位）购进的商品，如从机关、团体、企业、单位购进的剩余物资，从餐饮业、服务业购进的商品，从海关、市场管理部门购进的缉私和没收的商品，从居民收购的废旧商品等；(5) 从国（境）外直接进口的商品。不包括企业（单位）为自身经营用，和未通过买卖行为而收入的商品以及销售退回、商品升溢等。

商品销售总额　指对本企业（单位）以外的单位和个人出售（包括对国（境）外直接出口）的商品。这个指标反映批发零售贸易业在国内市场上销售商品以及出口商品的总量。商品销售总额包括：(1) 售给城乡居民和社会集团消费用的商品；(2) 售给工业、农业、建筑业、运输邮电业、批发零售贸易业、餐饮业、服务业等作为生产、经营使用的商品；(3) 售给批发零售贸易业作为转卖或加工后转卖的商品；(4) 对国（境）外直接出口的商品。不包括：出售本企业（单位）自用的废旧包装用品，未通过买卖行为付出的商品，经本单位介绍，由买卖双方直接结算，本单位只收取手续费的业务，购货退出的商品以及商品损耗和损失等。

批发零售贸易业年末库存　指年末各种经济类型的批发零售贸易企业（单位）已取得所有权的商品。它反映各地区、各批发零售企业（单位）的库存情况，和对市场商品供应的保证程度。年末库存包括：(1) 存放在批发零售贸易经营单位（如门市部、批发站、经营处）仓库、货场、货柜和货架中的商品；(2) 挑选、整理、包装中的商品；(3) 已计入购进而尚未运到本单位的商品，即发货单或银行承兑凭证已到而货未到部分；(4) 寄放他处的商品，如因购货方拒绝承付而暂时存放在购货方的商品和已办完加工成品收回手续而未提回的商品；(5) 委托其他单位代销（未作销售或调出）尚未售出的商品；(6) 代其他单位购进尚未交付的商品。不包括所有权不属于本单位的商品、拨付除批发零售贸易业以外的其他行业所属独立核算加工等加工生产尚未收回成品的商品、代国家物资储备部门保管的商品等。年末库存总额计算方法是：农副产品采购单位按购进价计算，批发单位按进货价计算，零售单位按什么价格核算就按什么价格计算。

网点　指本批发零售贸易企业（单位）设立的从事批发、零售贸易业务的自然单位［包括本企业（单位）自身］，具有独立固定的营业场所，配备一定的业务人员，不论单位大小，不论是否单独核算，均按自然网点计算，即有一个点就算一个网点。不包括同一营业场所内各柜组以及派出的流动推销小组，流动售货车等。

人员　指在批发、零售贸易网点工作并取得劳动报酬的从业人员。包括职工、聘请的离退休人员等。

Explanatory Notes On Main Statistical Indicators

Total Retail Sales of Consumer Goods refer to the sum of retail sales of consumer goods to urban and rural residents and social groups by the establishments in wholesale, retail, catering, manufacturing and other industries of various ownerships. This indicator is used to show the supply of consumers goods through various channels to households and institutions to meet their demands, and is therefore very important for the study of the issues on people's livelihood , on the purchasing power of consumer goods and on the circulation of money. The retail sales of consumer goods include: (1) commodities sold to urban and rural residents for residential use and building materials sold to them for the construction or repair of houses; (2) food and Beverage sold to canteens of institutions, enterprises, schools, military units and to canteens of hotels that only serve their guests, and commodities produced by enterprises, institutions or state farms and sold directly to their employees or their canteens; (3) grain and non – staple food, clothing, daily articles and fuels sold to military and soldiers; (4) consumer goods sold to foreigners, overseas Chinese and Chinese compatriots from Taiwan, Hong Kong and Macao during their stay in the mainland of China; (5) Chinese and western medicines, herbs and medical facilities purchased by residents; (6) newspapers, books and magazines directly sold to residents and social groups by publishers, new and old commemorative stamps, special stamps, first – day envelope, stamp albums and other stamp – collection articles sold by stamp companies; (7) consumer goods purchased and then sold by second – hand shops; (8) stoves and other heating facilities and liquefied gas sold by gas companies to households and institutions; and (9) commodities sold by farmers to non – agricultural residents and social groups. But sales like followings are not included in total retail sales of consumer goods: (1) raw materials, fuels, equipment, tools sold to enterprises, institutions and state farms for production purpose; (2) commodities sold to trade establishments for re – selling; (3) commissioned sales at second – hand shops; (4) operational income of various services; (5) stamps sold at post offices; (6) income of water, power, gas production and supply establishments from the supply of their products; (7) and sales of commodities among farmers.

Purchase, Sales and Stock of Commodities by Wholesalers and Retailers refer to the purchase, sales and stock of commodities by wholesale and retail establishments of different ownership (excluding individual sellers).

Total Purchases of Commodities refer to the purchases of commodities by the establishments from other establishments or individuals (including direct import from abroad) for the purpose of re – selling, with or without further processing of the commodities purchased. This indicator is used to show the total value of purchases of commodities by wholesale and retail establishments from domestic and overseas markets. The total purchases include: (1) agricultural and industrial products purchased from producers; (2) books, magazines and newspapers purchased from distribution departments of the publishers; (3) commodities purchased from wholesale and retail establishments of various ownership; (4) commodities purchased from other units, such as surplus materials purchased from government agencies, enterprises or institutions, commodities purchased from catering and service establishments, confiscated goods purchased from customs authorities or market management agencies, second – hand goods and wastes purchased from residents; and (5) commodities directly imported from abroad. Excluded are commodities purchased by establishments (units) for use in their own business operation, commodities obtained without buying or selling procedures, rejected commodities, etc.

Total Sales of Commodities refer to selling of commodities by the establishments to other establishments and individuals (including direct export). This indicator is used to show the total value of sales of commodities at domestic markets and export, The total sales include: (1) commodities sold to urban and rural residents and social groups for final consumption; (2) commodities sold to establishments in industry, agriculture, construction, transportation, post and telecommunications, wholesale and retail trades, catering and public utility for productive consumption; (3) commodities sold to wholesale and retail establishments for re – selling, with or without further processing; and (4) commodities for direct export to other countries. Excluded are sales of self – used waste packaging materials, commodities transferred without buying or selling procedures, commission income from brokerage in transactions whose settlement is directly handled by buyers and sellers, rejected commodities in the purchase, loss in commodities, etc.

Commodity Stock of Wholesale and Retail Enterprises at Year – end refers to total commodities possessed by wholesale and retail enterprises (units) of various ownership, which reflects the inventory level of various wholesale and retail enterprises and the potential for market supply. It includes: (1) Commodities put in storage, garages, counters, and shelves of operating units (such as stores, wholesale centers, and operating offices) of wholesale and retail enterprises; (2) commodities in the process of selecting, sorting, and packing; (3) commodities not arrived but recorded as purchase in the account, i. e. Commodities not arrived but payment receipts for the commodities from the sellers or the banks arrived; (4) specially deposited commodities, for instance, commodities in the hold of purchasers temporarily due to the refusal of payment and commodities not taken back after going through the formalities; (5) commodities entrusted to other units to sell but not sold yet; (6) commodities purchased for other units but not delivered yet. Commodities not included as stock are those not owned by the enterprise (units), those allocated to financially independent factories rather than wholesale and retail enterprises for processing but not taken back yet, and finally those put in stock by wholesale and retail enterprises on behalf of the state material reserves units. In the calculation of the value of commodities stock at the end of period, the value is calculated at purchasing prices for agricultural goods purchasing units and wholesale units, and at the market prices for retail units.

Commercial Front Site refers to the operating site (shop, store or supply center) of the wholesale or retail sale enterprise engaged in the wholesaling or retailing, including the enterprise itself. Every front site has its own independent location and a number of personnel for commercial operation, regardless of the size and with or without independent accounting system. But the different counters in a front site, the mobile selling groups of a front site no longer counted as a front site.

Personnel refers to the persons who are employed in wholesale or retail front sites and receive remuneration payments, including staff and workers as well as the retires invited to work in wholesale or retail front sites.

11

FOREIGN ECONOMY AND TOURISM

对外经济贸易和旅游

接待入境旅游人数

Number of foreign tourism

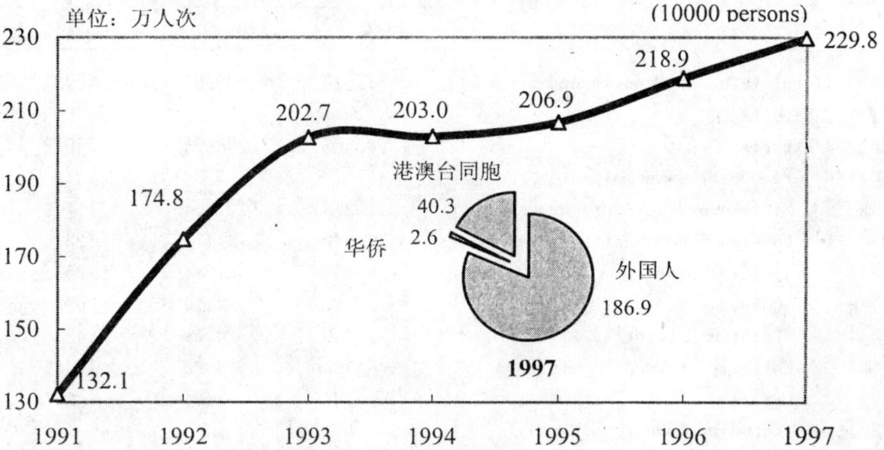

	1997	1987	1997年为1987年% 1997 as % of 1987
海关进出口总值(万美元) Total value of imports and exports(USD 10000)	577576	154470	373.9
实际利用外资额(万美元) Amount of foreign capital actually used(USD 10000)	159286	17725	898.7
接待入境旅游人数(万人) Number of foreign tourism(10000 persons)	229.8	108.1	212.6

利用外资签定合同数

Number of contracts for utilization of foreign capital

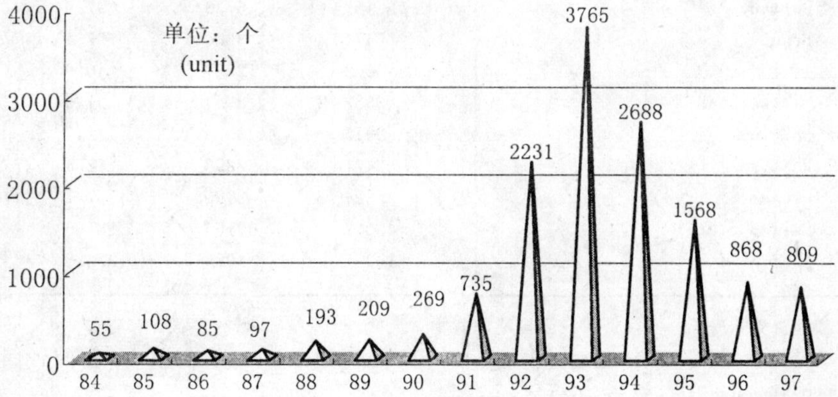

11-1 海关进出口贸易总额
TOTAL VALUE OF IMPORTS AND EXPORTS AT CUSTOMS

项目 Item		金额（万美元）Value (USD 10000)		1997年为1996年% 1997 as % of 1996	构成（%）Composition (%)	
		1997	1996		1997	1996
进出口总额	**Total Value of Imports and Exports**	577576	539201	107.1		
出口总额	**Exports**	246503	208624	118.2	100	100
按经济类型分	Grouped by Ownership					
国有企业	State-owned Enterprises	126378	107504	117.6	51.3	51.5
外商投资企业	Foreign Funded Enterprises	115677	94434	122.5	46.9	45.3
中外合资	Joint Venture	97450	81084	120.2	39.5	38.9
中外合作	Cooperative	2667	2442	109.2	1.1	1.2
外商独资	Foreign Enterprises	15560	10908	142.6	6.3	5.2
集体企业	Collective-owned Enterprises	4364	3622	120.5	1.8	1.7
其他	Others	84	3064	2.7	...	1.5
按国别(地区)分	Grouped by Country(Region)					
# 香港地区	Hongkong	40858	29412	138.9	16.6	14.1
澳门地区	Macao	103	90	114.4	...	...
日本	Japan	72012	62335	115.5	29.2	29.9
新加坡	Singapore	6656	7556	88.1	2.7	3.6
英国	United Kingdom	4775	3407	139.9	1.9	1.6
德国	Germany	9452	9269	102.0	3.8	4.4
法国	France	1816	1738	104.5	0.7	0.8
意大利	Italy	4270	3659	116.7	1.7	1.8
瑞士	Switzerland	726	443	163.9	0.3	0.2
波兰	Poland	1160	2024	57.3	0.5	1.0
俄罗斯	Russia	6245	6273	99.6	2.5	3.0
埃及	Egypt	290	835	34.7	0.1	0.4
加拿大	Canada	297	2425	12.2	0.1	1.2
美国	United States	31824	25978	122.5	12.9	12.5
澳大利亚	Australia	4363	4559	95.7	1.8	2.2
进口总额	**Imports**	331073	330577	100.2	100	100
# 香港地区	Hongkong	14416	10868	132.6	4.4	3.6
日本	Japan	74488	79202	94.0	22.5	26.1
新加坡	Singapore	6276	4875	128.7	1.9	1.6
英国	United Kingdom	3921	4229	92.7	1.2	1.4
德国	Germany	26181	26733	97.9	7.9	8.8
法国	France	6474	3280	197.4	2.0	1.1
意大利	Italy	5002	12227	40.9	1.5	4.0
瑞士	Switzerland	2532	2754	91.9	0.8	0.9
比利时	Belgium	3919	3509	111.7	1.2	1.2
俄罗斯	Russia	6471	52298	12.4	2.0	17.2
加拿大	Canada	2324	2990	77.7	0.7	1.0
美国	United States	49037	60163	81.5	14.8	19.8
澳大利亚	Australia	10991	4029	272.8	3.3	1.3

注：海关进出口总额是指实际离开、实际进入我国国境的货物总金额。

Note: Total value of imports and exports at customs refers to the value of goods imported to and exported from the boundary of China.

11-2 海关进出口商品类别及构成
VALUE AND COMPOSITION OF IMPORTS AND EXPORTS AT CUSTOMS BY CATEGORY OF COMMODITIES

项目	Item	金额（万美元） Value (USD 10000) 1997	1996	构成（%） Composition (%) 1997	1996
出口总额	**Exports**	246503	208624	100	100
初级产品	**Primary Goods**	20019	17416	8.1	8.3
食品及主要供食用的活动物	Food and Lively Animals Chiefly for Food	12150	12043	4.9	5.8
饮料及烟草	Beverage and Tabacco	521	560	0.2	0.3
非食用原料（燃料除外）	Non-edible Raw Materials(excluding Fuel)	5512	3996	2.3	1.9
矿物燃料、润滑油及有关原料	Mineral Fuels,Lubricants and Related Materials	1721	700	0.7	0.3
动植物油、脂及蜡	Animal and Vegetable Oils,Fats and Waxes	115	117	...	...
工业制成品	**Manufactured Goods**	226484	191208	91.9	91.7
化学品及有关产品	Chemicals and Related Products	10355	10190	4.2	4.9
按原料分类的制成品	Finished Products Grouped by Materials	51109	36888	20.7	17.7
机械及运输设备	Machinery and Transport Equipment	70357	55254	28.6	26.5
杂项制品	Miscellaneous Products	94624	88854	38.4	42.6
未分类商品	Products Not Classified	39	22	...	...
进口总额	**Imports**	331073	330577	100	100
初级产品	**Primary Goods**	40444	21866	12.2	6.6
食品及主要供食用的活动物	Food and Lively Animals Chiefly for Food	10930	7755	3.3	2.3
饮料及烟草	Beverage and Tabacco	561	112	0.1	...
非食用原料（燃料除外）	Non-edible Raw Materials(excluding Fuel)	24489	9553	7.4	2.9
矿物燃料、润滑油及有关原料	Mineral Fuels,Lubricants and Related Materials	2550	2096	0.8	0.7
动植物油、脂及蜡	Animal and Vegetable Oils,Fats and Waxes	1914	2350	0.6	0.7
工业制成品	**Manufactured Goods**	290629	308771	87.8	93.4
化学品及有关产品	Chemicals and Related Products	18275	19111	5.5	5.8
按原料分类的制成品	Finished Products Grouped by Materials	55023	49923	16.6	15.1
机械及运输设备	Machinery and Transport Equipment	196013	206138	59.2	62.4
杂项制品	Miscellaneous Products	21015	33290	6.4	10.1
未分类商品	Products Not Classified	303	249	0.1	...

11-3 进出口商品检验
TEST OF IMPORTS AND EXPORTS COMMODITIES

项目	Item		1997	1996	1997年为1996年% 1997 as % of 1996
进口商品检验	**Imports**				
批数（批）	Batches	(batch)	1606	1666	96.4
金额（万美元）	Value	(USD 10000)	50061	86485	57.9
#不合格商品	Substandard				
批数（批）	Batches	(batch)	403	498	80.9
金额（万美元）	Value	(USD 10000)	1720	4431	38.8
出口商品检验	**Exports**				
批数（批）	Batches	(batch)	30389	28951	105.0
金额（万美元）	Value	(USD 10000)	86621	104877	82.6
#不合格商品	Substandard				
批数（批）	Batches	(batch)	108	82	131.7

11-4 海关主要商品出口量
MAJOR EXPORTS COMMODITIES IN VOLUME(CUSTOMS STATISTICS)

品名 Item	1997	1996	品名 Item	1997	1996
食用油籽（万吨）Edible Oil Seeds (10000 tons)	1	1	铅笔（吨）(Pencils) (ton)	862	1187
鲜、冻猪肉（万美元）Fresh and Frozen Pork (USD10000)		158	洗衣粉（吨）Detergents (ton)	54	67
冻鸡（吨）Frozen Chicken (ton)	12650	12702	彩色电视机（万美元）Color TV Sets (USD 10000)	54	92
蔬菜（万吨）Vegetable (10000 tons)	1	1	收录机（万台）Recorders (10000)	24	36
干鲜果（万吨）Dry and Fresh Fruit(10000tons)	1	1	照相机（万架）Camera(10000)	123	199
栗子（吨）Chestnuts (ton)	2842	2921	自行车（万辆）Bicycle(10000	40	26
罐头（吨）Canned Food (ton)	279	54	地毯（万平方米）Carpets (10000 sq. m)	114	77
啤酒（万升）Beer (10000 l)	608	493	首饰（万美元）Jewlry(USD10000	4039	3397
中成药（万美元）Chinese Medicines (USD 10000)	934	954	玻璃制品（万美元）Glass Ware (USD 10000)	791	827
棉纱（吨）Cotton Yarn (ton)	3279	3873	石蜡（万美元）Paraffin Wax (USD 10000)	543	380
棉布（万米）Cotton Cloth (10000 m)	9727	10382	糠醛（吨）Tung Oil(ton)		348
真丝绸缎（万米）Silk and Satins (10000 m)	1349	394	钢材（万美元）Rolled-steel (USD 10000)	7626	13736
手表（万只）Watches (10000)	62	53	铜材（吨）Copper Products (ton)	838	513
服装及衣着附件（万美元）Garments (USD 10000)	61706	56545	铝材（吨）Aluminum Products (ton)	502	562
皮鞋（万双）Leather Shoes (10000 pairs)	259	164	机床（万台）Machine Tools (10000)	414	
胶或塑料底布鞋（万双）Cloth Shoes with Outer Soles of Rubber or Artificial Plastic Materials (10000 pairs)	994	1802	汽车（辆）Motor Vehicle (unit)	328	1076

11-5 海关主要商品进口量
MAJOR IMPORTS COMMODITIES IN VOLUME(CUSTOMS STATISTICS)

品　名 Item	1997	1996	品　名 Item	1997	1996
食　糖　(万吨)Sugar(10000 tons)	1	1	复印机　(台)Duplicators (unit)	147	132
谷物及谷物粉 Cereal and Cereal (万吨) Powder(10000tons)	8	8	天然橡胶 Natural Rubber (万吨) (10000 tons)		
纺织用合成纤维Synthetic Fibers (万吨) Suitable for Spin-ning(10000tons)		1	食品加工机械 Food Processing (万美元) Machine(USD 10000)	1485	4041
合成纤维纱线 Synthetic Fibers, (吨)Continous Filament and Yarn (ton)	1314	587	聚乙烯　(吨)Polyethylene (ton)	4001	22269
羊毛及羊毛条 Wool and Wool Top (吨) (ton)	6826	7007	聚丙烯　(吨)Polypropylene (ton)	1590	4281
肥　料　(万吨)Fertilizers (10000 tons)	14	11	聚苯乙烯及 Polystyrene and 共聚物 (吨) Copolymer (ton)	1136	1701
纸及纸板(万吨)Paper and Paper-board(10000 tons)	3	2	钢　材(万吨)Rolled-steel (10000 tons)	14	17
空气调节器(台)Air Conditioners (unit)	975	1059	铝　材 (吨)Aluminum Products (ton)	8256	5098
家用电冰箱(台)Refrigerator(unit)	40	1963	机　床 (台)Machine tools(unit)	846	1304
彩色电视机(台)Color TV Set(unit)	666	2244	汽　车 (辆)Motor Vehicle(unit)	1300	856
收录机　(万台)Recorders (10000)	2	5	成套数字式数 Complete Sets of 据处理设备(台)Digital Data Processing Equipment	2097	3184
电视摄像机(台)Television Camera (unit)	2122	281	成套数字式中 Complete Sets of 央处理机(台) Digital Central Processing (unit)	145	3511

11-6 利用外资签约情况
UTILIZATION OF FOREIGN CAPITAL

项　目 Item		合同数(个) Number of Contracts (unit)		合同外资金额(万美元) Contracted Foreign Capital (USD 10000)	
		1997	1996	1997	1996
合　计	**Total**	809	868	185032.23	179028.59
对外借款	Foreign Loans	8		3429.00	
外商直接投资	Direct Foreign Investments	790	868	168103.23	179028.59
合资经营	Joint Venture	471	507	79284.74	71290.59
合作经营	Cooperative Operation	92	76	42624.04	47734.91
独资经营	Foreign Enterprises	227	285	46194.45	60003.09
其他形式利用外资	Other Foreign Investments	11		13500.00	

注：1.外商投资企业投资性借款作为外商直接投资统计，对外借款中不再重复统计。

2.合资经营项目合同外资金额为项目注册资本乘以外商出资比例。

a) Loans for investment of foreign funded enterprises are counted as foreign direct investment and not counted in foreign loans any more.

b) Contracted foreign capital of joint venture projects are counted from registered capital multiplied propotion of foreign investment.

11-7 外商投资企业签约情况
STATISTICS ON CONTRACTS OF FOREIGN FUNDED ENTERPRISES

项目	Item	项目数（个）Number of Contracts (unit) 1997	1996	合同总金额（万美元）Total Value of Contracts(USD 10000) 1997	1996	# 外资金额 Foreign Capital 1997	1996
合计	**Total**	790	868	364446.11	248251.00	168103.23	179028.59
按投资方式分	**Grouped by Investment Manner**						
合资经营	Joint Venture	471	507	195595.61	124553.26	79284.74	71290.59
合作经营	Cooperative Operation	92	76	110093.91	61626.36	42624.04	47734.91
独资经营	Foreign Funded Enterprises	227	285	58756.59	62071.38	46194.45	60003.09
按三次产业分	**Grouped by Three Industry**						
第一产业	Primary Industry	18	13	783.47	3284.87	576.16	2038.16
第二产业	Secondary Industry	504	613	143572.30	100386.98	70162.32	68904.59
第三产业	Tertiary Industry	268	242	220090.34	144579.15	97364.75	108085.84
按客商国别(地区)分	**Grouped by Country(Region) of Foreign Partner**						
# 日本	Japan	68	89	40991.82	24793.65	22372.01	19819.00
美国	United States	124	150	27831.64	29037.76	12982.76	22542.98
香港地区	Hongkong	235	252	125883.54	94927.93	46055.08	62697.92
澳大利亚	Australia	19	22	2018.25	6893.08	1491.38	6538.21
法国	France	16	15	10101.11	9152.23	5405.70	8772.15
新加坡	Singapore	36	37	12078.50	6441.80	4381.45	5335.65
加拿大	Canada	29	44	2653.91	8373.94	1943.38	5957.77
德国	Germany	21	18	11146.50	3112.86	8427.77	2233.74
西班牙	Spain	2	2	50.00	2890.00	38.00	1905.50
台湾	Taiwan	66	66	5467.14	5847.39	2959.35	4334.15
瑞典	Sweden	1	2	100.00	3160.80	70.00	1714.91
泰国	Thailand	5	7	680.46	3221.5	445.34	3172.79
菲律宾	Philippines		1		30.0		7.5
比利时	Belgium		1		50.0		16.25
丹麦	Denmark	3	1	3400.00	195.01	3371.00	58.50
韩国	Korea	58	57	4671.72	13173.14	2845.46	9452.45
俄罗斯	Russia		4		1096.5		340.13

注：合资企业外资金额是以项目注册资本乘以外商出资比例。

Note: Foreign capital of joint venture are counted from registered capital multiplied propotion of foreign investment.

11-8 外商投资企业生产经营情况

STATISTICS ON PRODUCTION AND BUSINESS OF FOREIGN FUNDED ENTERPRISES

单位：万元 (10000 yuan)

项目	Item	销售营业收入 Business Revenue		利润总额 Total Profits		交纳税金总额 Taxes	
		1997	1996	1997	1996	1997	1996
合计	Total	6687748	5550809	7909	28678	418395	350000
按投资方式分	Grouped by Investment Manner						
合资经营	Joint Venture	6078973	5053504	65072	68042	383388	323452
合作经营	Cooperative Operation	207672	199843	-15995	-6955	20597	15711
独资经营	Foreign Funded Enterprises	401103	297462	-41168	-32409	14410	10837
按行业分	Grouped by Sector						
农林牧渔水利业	Farming, Forestry, Animal Husbandry, Fishery and Water Conservancy	104550	68079	2548	3708	1149	2876
工业	Industry	5074738	4150706	-36574	25053	293638	257023
运输邮电业	Transportation, Post and Telecommunications	21083	16773	781	2022	519	502
商业饮食业	Commerce and Catering Services	330069	267146	6796	10841	15716	16751
居民服务业	Residential Services	567328	593372	28663	12509	49291	48399
其他行业	Others	589980	454733	5695	-25455	58082	24449
按客商国别(地区)	Grouped by Country (Region) of Foreign Partner						
# 香港地区	Hongkong	2511057	1750123	-33074	-60660	97094	72064
澳门地区	Macao	29569	30248	-1	-149	577	421
台湾地区	Taiwan	259567	289382	-9513	-8158	10281	7229
朝鲜民主主义人民共和国	Democratic People's Republic of Korea	2383	1494	-582	-161	38	56
日本	Japan	1028521	869965	27036	43134	58256	55434
泰国	Thailand	145804	105929	3253	2317	1294	3932
新加坡	Singapore	207837	200327	4979	10832	8711	9230
印度尼西亚	Indinesia	2910	2158	-601	-699	191	136
法国	France	91131	99104	-3641	-1974	5483	4144
意大利	Italy	8527	9856	-2311	-1711	105	126
荷兰	The Holland	99062	78318	-12842	-13455	7050	4637
瑞典	Sweden	82281	69163	10529	7305	8385	5663
西班牙	Spain	1958	1651	-1696	-371	27	33
美国	United States	1250078	1320040	-20491	23548	107149	124238
德国	Germany	324722	270516	50162	28388	64491	35960
丹麦	Denmark	24559	22140	6879	7681	4210	4075
菲律宾	Philippines	17117	18297	-1967	-1565	3681	3996
澳大利亚	Australia	54999	36432	-11423	-2571	1978	569
新西兰	New Zealand	3760	1976	119	-32	193	61
韩国	Korea	110537	60115	-12215	-4487	3866	1903
英国	United Kingdom	145214	128308	33767	20257	18017	7361
瑞士	Switzerland	28443	31670	-2905	586	2428	2429
奥地利	Austria	1825	1657	-217	-486	72	61
加拿大	Canada	31937	30717	-7291	-7135	1739	1342

11-9 外商投资企业利用外资情况
UTILIZATION OF FOREIGN CAPITAL OF FOREIGN FUNDED ENTERPRISES

单位：万美元 (USD 10000)

项　　目		实际利用外资额 Amount of Foreign Capital Actually Used	客商实际投资 Auctual Foreign Investment	企业对外借款投资 Foreign Loans for Investment
合　　计	**Total**	159286	107729	51557
按投资方式分	**Grouped by Investment Manner**			
合资经营	Joint Venture	69977	42617	27360
合作经营	Cooperative Operation	31005	21758	9247
独资经营	Foreign Funded Enterprises	30191	29841	350
按行业分	**Grouped by Sector**			
工　业	Industry	46555	41328	5227
建筑业	Construction	553	553	
商业饮食业	Commerce and Catering	1164	414	750
居民服务业	Residential Services	93983	48469	45514
# 房地产业	Real Eatate	70260	28015	42245
其他行业	Others	17031	16965	66
按客商国别(地区)分	**Grouped by Country(Region) of Foreign Partner**			
香港地区	Hongkong	65716	39349	26367
台湾地区	Taiwan	3724	3684	40
日　本	Japan	16452	14703	1749
泰　国	Thailand	411	411	
新加坡	Singapore	4318	4318	
法　国	France	2475	2475	
美　国	United States	11605	9888	1717
德　国	Germany	12186	11388	798
新西兰	New Zealand	16	16	
韩　国	Korea	5161	4131	1030
英　国	United Kingdom	19410	2021	17389
奥地利	Austria			
加拿大	Canada	1489	1489	
其　他	Others	16323	13856	2467

注：包括对外借款及其他形式，全年实际利用外资25.92亿美元。

Note: Inclunding foreign loans and other investments, amount of foreign capital actually used is USD 25.92 million.

11-10 外商投资企业投产开业情况
STATISTICS FOR OPENING OF FOREIGN FUNDED ENTERPRISES

项　目	Item	企业单位数（个） Number of Enterprises (unit)		企业职工人数（人） Number of Staff and Workers (person)	
		1997	1996	1997	1996
合　计	**Total**	**4979**	**4586**	**404889**	**362779**
按投资方式分	**Grouped by Investment Manner**				
合资经营	Joint Venture	3868	3660	359678	325787
合作经营	Cooperative Operation	253	224	12951	11647
独资经营	Foreign Funded Enterprises	858	702	32260	25345
按行业分	**Grouped by Sector**				
农林牧渔水利业	Farming,Forestry,Animal Husbandry,Fishery and Water Conservancy	43	43	5194	4755
工　业	Industry	3642	3415	292856	277623
运输邮电业	Transportation,Posts and Telecommunications	18	18	576	463
商业饮食业	Commerce and Catering	278	238	22196	18990
居民服务业	Residential Services	200	189	53652	36164
其他行业	Others	798	683	30415	24784
按客商国别（地区）分	**Grouped by Country(Region) of Foreign Partner**				
# 香港地区	Hongkong	2077	1953	152678	149501
澳门地区	Macao	47	39	.2797	2660
台湾地区	Taiwan	512	497	24865	25178
朝鲜民主主义人民共和国	Democratic People' s Republic of Korea	15	14	386	293
日　本	Japan	551	515	61992	52913
泰　国	Thailand	49	43	5783	5373
新加坡	Singapore	175	152	13210	11155
印度尼西亚	Indinesia	9	7	443	294
法　国	France	60	51	4595	4554
意大利	Italy	22	22	1700	1747
荷　兰	The Hollad	22	20	2851	2924
瑞　典	Sweden	20	22	2213	1975
西班牙	Spain	10	7	375	184
美　国	United States	718	646	63228	59685
德　国	Germany	63	56	26138	6270
丹　麦	Denmark	11	8	1527	1404
菲律宾	Philippines	15	16	1570	2349
澳大利亚	Australia	72	65	3160	2443
新西兰	New Zealand	17	11	412	384
韩　国	Korea	134	110	11228	9354
英　国	United Kingdom	38	30	4007	3153
瑞　士	Switzerland	15	16	2432	3031
奥地利	Austria	11	12	394	459
加拿大	Canada	91	84	3247	3159

11-11 对外承包工程和劳务合作
CONSTRUCTED PROJECTS AND LABOR SERVICES COOPERATION WITH FOREIGN COUNTRIES

地　　区 Region	签订合同份数(份) Number of Contract(unit)		签订合同金额　(万美元) Contracted Value(USD10000)		营业额　(万美元) Fulfilled Value(USD10000)	
	1997	1996	1997	1996	1997	1996
合　　计　Total	107	116	35640	67688	29629	43057
对外承包工程　Constructed Projects	28	34	22242	61654	17160	37394
#斯里兰卡　Sri Lanka		1		650		163
马来西亚　Malaysia	4	3	2665	947	2267	1490
美　　国　United States					20	202
巴基斯坦　Pakinstan	3	2	1987	6851	2638	4973
新 加 坡　Singapore	2	3	5638	7786	7237	3805
对外劳务合作　Labor Services	70	67	12266	4743	11685	4933
#日　　本　Japan	17	17	706	163	350	403
香港地区　Hongkong	2	1	140	2	143	5
马来西亚　Malaysia	3	4	23	9	13	10
新 加 坡　Singapore	19	15	189	183	98	93
韩　　国　Korea		1		30	6	39
埃　　及　Egypt						8
美　　国　United States	2	3	13	7	13	10
德　　国　Germany	2		4		4	
塞浦路斯　Cyprus		3		6	7	19
尼日利亚　Nigeria	1		1		1	
泰　　国　Thailand	4	4	4	32	14	14
巴　　林　Bahrain					2	3
澳门地区　Macao	2	2	206	21	89	2
沙特阿拉伯　Saudi Arabia					2	2
斯里兰卡　Sri Lanka		1				1
以 色 列　Israel	2	1		2	24	44
波　　兰　Poland						0.4
印度尼西亚　Indonesia		2		2		8
伊　　朗　Iran						11
设计咨询　Consulting Services for Designing	9	15	1132	1291	784	730

11-12 海外企业审批情况
STATISTICS ON EXAMINING AND APPROVING OF CONTRACTS OF OVERSEAS ENTERPRISES

地区	Region	审批项目数（个）Number of Projects Examined and Approved (unit)		# 中方投资金额(万美元) Investment by Chinese Partner	
		1997	1996	1997	1996
合计	**Total**	19	22	473	1656.7
按投资方式分	**Grouped by Investment Manner**				
合资经营	Joint Venture	7	9	150.24	288.7
合作经营	Cooperative Operation				
独资经营	Foreign Enterprises	12	13	322.76	1368
按生产性、非生产性分	**Grouped by Production and Non-production**				
生产性企业	Productive Enterprises	1	9	74	245
非生产性企业	Non-productive Enterprises	18	13	399	1411.7
按投资国别(地区)分	**Grouped by Country(Region) of Investment**				
# 香港地区	Hongkong	3	3	20.76	13.7
俄罗斯	Russia	2		8.94	
美国	United States	4	4	188	1150
吉尔吉斯	Kirghizia		2		110
罗马尼亚	Romania		1		5
马来西亚	Malaysia		1		20
缅甸	Burma				114
白俄罗斯	Belorussia	1		11	
乌克兰	Ukraine	1		5	
澳大利亚	Australia	2		116	
阿尔及尔	Algiers	1			
博茨瓦纳	Botswana	1		8.5	
哥伦比亚	Colombia	1		70	
荷兰	Holland	1		20	
匈牙利	Hungary	1		15	
日本	Japan	1		9.8	

11-13 外国企业及华侨、港澳地区企业驻京代表机构
REPRESENTITIVE OFFICES IN BEIJING OF FOREIGN, OVERSEAS CHINESE, HONGKONG AND MACAO ENTERPRISES

项目	Item	数量（个）Number (unit) 1997	1996	构成（%）Composition (%) 1997	1996
总计	**Total**	6413	5532	100	100
#日本	Japan	715	676	11.15	12.22
港澳地区	Hongkong and Macao	2026	1752	31.59	31.67
美国	United States	1176	986	18.34	17.82
德国	Germeny	302	250	4.71	4.52
法国	France	173	142	2.70	2.57
英国	United Kingdom	169	144	2.64	2.60
意大利	Italy	130	115	2.03	2.08
瑞士	Switzerland	81	68	1.26	1.23
瑞典	Sweden	43	36	0.67	0.65
加拿大	Canada	156	135	2.43	2.44
澳大利亚	Australia	111	98	1.73	1.77
比利时	Belgium	39	34	0.61	0.61
新加坡	Singapore	254	214	3.96	3.87
荷兰	The Holland	70	57	1.09	1.03
奥地利	Austria	42	36	0.65	0.65

11-14 区县对外经济基本情况
FOREIGN ECONOMY OF DISTRICTS AND COUNTIES

项目 Item	合计 Total	城区 City Proper	近郊区 Near Suburbs	远郊区 Outer Suburbs	各县 Counties
利用外资 Utilization of Foreign Capital					
签约项目（个）Projects Signed (unit)	651	132	297	37	185
合同外资金额（万美元）Contracted Foreign Capital(USD 10000)	82455.3	22316.4	37205.8	1866.6	21066.5
外商实际投资额（万美元）Foreign Actual Investment (USD 10000)	80536.0	37395.4	9552.3	1395.7	32192.6
出口商品交货 Export Delivery					
交货总额（万元）Total Value (10000 yuan)	351845.6	616.7	28854.3	31257.9	291116.7
直接交货（万元）Direct Delivery (10000 yuan)	270608.5	616.7	28242.3	25061.3	216688.2
# 交本市外贸收购（万元）Purchased by Local Foreign Trade(10000yuan)	150475.6	616.7	17593.0	5327.5	126938.4
间接交货（万元）Indirect Delivery	81237.1		612.0	6196.6	74428.5
旅游业 Tourism					
接待海外游客（人次）Foreign Tourists (person. time)	268939	104717	133565	243	30414

11-15 接待旅游人数
TOURISTS

单位：人次 (person. time)

项　目 Item		1997	1996	项　目 Item		1997	1996
合　计	**Total**	**2298368**	**2188917**	法　国	France	65158	66153
外国人	**Foreigner**	**1868570**	**1761608**	德　国	Germany	91305	99878
#日　本	Japan	430439	429506	意大利	Italy	40205	42413
菲律宾	Philippines	11293	8510	瑞　典	Sweden	23146	24697
新加坡	Singapore	82676	85690	瑞　士	Switzerland	23879	28598
泰　国	Thailand	31384	45339	俄罗斯	Russia	65207	69169
印度尼西亚	Indonesnia	24884	25170	澳大利亚	Australia	43486	33947
马来西亚	Malaysia	111947	96177	新西兰	New Zealand	7664	6999
蒙　古	Mongolia	11563	9613	荷　兰	The Holland	25562	20394
韩　国	Korea	193733	179781	西班牙	Spain	12890	10531
印　度	India	6740	5126	**华　侨**	**Overseas Chinese**	**26456**	**40852**
美　国	United States	216813	185019	**港澳台胞**	**Hongkong,Macao and Taiwan Chinese**	**403342**	**386457**
加拿大	Canada	40762	39 009	#台　胞	Taiwan Chinese	140115	131410
英　国	United Kingdom	90402	74 861				

11-16 旅游外汇收入
FOREIGN EXCHANGE EARNING FROM INTERNATIONAL TOURISM

单位：亿美元 (USD 1000000000)

项　目 Item		1997	1996	1997年为1996年% 1997 as % of 1996	项　目 Item		1997	1996	1997年为1996年% 1997 as % of 1996
合　计	**Total**	**22.48**	**22.52**	**99.82**	餐　饮	Catering Service	2.14	2.27	94.27
长途交通费	Long-distance Trnasportation Expenses	7.78	5.58	139.43	商　品	Commodity	3.75	6.37	58.87
民　航	Civil Aviation	5.46	4.55	120.00	邮政电讯	Posts and Telecommunications	0.94	1.31	71.76
铁　路	Railway	1.21	0.52	232.69	景点门票	Tickets of Tourism Spots	0.72	0.52	138.46
汽　车	Motor Vehicles	0.97	0.47	206.38	文化娱乐	Culture and Entertaiment	0.4	0.32	125
市内交通费	Local Transportation Expense	0.54	0.34	158.82	其　他	Others	2.61	2.16	120.83
住　宿	Accommodation	3.60	3.65	98.63					

11-17 生产型“三资”企业按销售收入排序

ARRANGING IN SALES REVENUE OF PRODUCTIVE FOREIGN FUNDED ENTERPRISES

排名 No.	单位名称 Enterprise	排名 No.	单位名称 Enterprise
1	北京吉普汽车有限公司	26	北京金万利油脂有限公司
2	北京北大方正电子有限公司	27	北京爱森绿宝有限公司
3	北京和德集团有限公司	28	北京统益油脂有限公司
4	北京．松下彩色显象管公司	29	北京统一食品有限公司
5	北京国际交换系统有限公司	30	北京健力宝太平洋包装有限公司
6	北京首钢日电电子	31	北京ATNT光缆公司
7	北京轻型汽车有限公司	32	北京协兴建筑工程有限公司
8	北京大发正大有限公司	33	北京松下控制装置有限公司
9	北京首钢宝生带钢	34	北京华纳齿轮有限公司
10	北京可口可乐饮料有限公司	35	北京雪莲羊绒有限公司
11	北京松下电子部品有限公司	36	和路雪北京有限公司
12	北京JVC电子产业有限公司	37	北京嘉荣食品有限公司
13	北京巴布科克威尔科克斯有限公司	38	北京南顺油脂有限公司
14	北京飞利浦有限公司	39	北京东方罗门哈斯有限公司
15	北京正大饲料有限公司	40	北京恩布拉科雪花压缩机有限公司
16	北京四通松下电工有限公司	41	北京家禽育种有限公司
17	北京利乐包包装有限公司	42	北京三环亚太啤酒有限公司
18	北京广东健力宝饮料有限公司	43	北京贝尔通信设备制造公司
19	北京亚洲双合盛五星啤酒有限公司	44	北京天纬油泵油嘴股份有限公司
20	北京熊猫宝洁洗涤用品有限公司	45	北京东陶有限公司
21	北京恒通食品有限公司	46	北京金羊毛纺有限公司
22	爱芬食品北京有限公司	47	北京阿克苏诺贝尔-红狮涂料有限公司
23	北京博士伦眼睛护理公司	48	北京天海工业有限公司
24	北京爱立信通信系统有限公司	49	北京威克瑞电线电缆有限公
25	北京顺美服装有限公司	50	北京皇冠制罐有限公司

11-18 非生产型“三资”企业按销售收入排序
ARRANGING IN SALES REVENUE OF NON-PRODUCTIVE FOREIGN FUNDED ENTERPRISES

排名 No.	单位名称 Enterprise	排名 No.	单位名称 Enterprise
1	北京燕莎友谊商城有限公司	26	北京华威大厦有限公司
2	北京华远房地产股份有限公司	27	北京发展大厦有限公司
3	北京燕莎中心有限公司	28	北京中商西友大厦有限公司
4	北京贵友大厦有限公司	29	北京贵宾楼饭店
5	北京麦当劳食品有限公司	30	北京渔阳饭店有限公司
6	北京长城饭店	31	北京天伦王朝饭店有限公司
7	北京京广中心有限公司	32	北京赛贝斯软件有限公司
8	北京精信广告有限公司	33	北京和平宾馆有限公司
9	北京名都房地产开发有限公司	34	北京甲骨文软件系统有限公司
10	北京肯德基有限公司	35	北京光明饭店有限公司
11	北京长富宫中心有限责任公司	36	北京国际艺苑有限公司
12	北京中乔智威汤逊广告有限公司	37	北京国都大饭店
13	北京亮马河大厦有限公司	38	北京建翔山庄有限公司
14	北京顺峰饮食娱乐有限公司	39	北京东苑公寓有限公司
15	北京新世纪饭店有限公司	40	北京亮星美食娱乐有限公司
16	北京裕京花园别墅有限公司	41	北京龙源房地产开发有限公司
17	北京市建国饭店公司	42	北京东方集成机电装备有限公司
18	北京西苑置地有限公司	43	北京比萨饼有限公司
19	北京市京伦饭店	44	北京亚太大厦有限公司
20	北京宝隆洋行公司	45	北京康乐宫有限公司
21	北京亚运花园房地产开发有限公司	46	北京赛蒂克计算机工程有限公司
22	北京东直门国际公寓公司	47	北京龙泉宾馆有限公司
23	北京梯安梯国际交通有限公司	48	北京城市宾馆有限公司
24	北京祥业房地产有限公司	49	北京京达房地产开发有限公司
25	北京敬远房地产有限公司	50	北京金都假日饭店有限公司

11-19 北京星级涉外旅游饭店、宾馆名录
LIST OF HOTEL WITH STAR GRADE

星级 Star Grade	饭店名称 Hotel	地址 Address	邮政编码 Postcode	电话 Telephone
5	长富宫中心	北京市朝阳区建国门外大街26号	100022	65125555
5	北京饭店	北京市东城区东长安街33号	100004	65137766
5	昆仑饭店	北京市朝阳区亮马桥21号	100004	65003388
5	长城饭店	北京市朝阳区亮马桥东环北路甲6	100026	65005566
5	贵宾楼饭店	北京市东城区东长安街35号	100006	65137788
5	京广中心	北京市朝阳区呼家楼	100020	65018888
5	钓鱼台宾馆	北京阜成路 2号	100830	68031188
5	希尔顿酒店	朝阳区东三环北路东方路1号	100027	64662288
5	中国大饭店	北京市建外大街1号	100004	65052266
5	港澳中心	北京市东城区东四十条立交桥东南	100027	65012288
5	华侨大厦	北京市东城区王府井大街2号	100006	65136666
5	香格里拉饭店	北京市海淀区紫竹院路29号	100081	68412211
5	新世纪饭店	北京市海淀区首体南路6号	100046	68491207
5	国际艺苑	北京市东城区王府井大街48号	100006	65133388
5	王府饭店	北京市东城区金鱼胡同8号	100006	65128899
5	凯宾斯基饭店	北京市朝阳区亮马桥路50号	100016	64653388
4	新万寿宾馆	北京市朝阳区将台西路8号	100016	64362288
4	西苑饭店	北京市海淀区三里河路1号	100046	68313388
4	皇家大饭店	北京市朝阳区北三环东路甲6号	100028	64663388
4	天伦王朝饭店	北京市东城区王府井大街50号	100006	65138888
4	国际饭店	北京市东城区建国门内大街9号	100005	65126688
4	塞特科技交流有限公司	北京市朝阳区建国门外大街22号	100004	65122288
4	华润饭店	北京市朝阳区建国路35号	100025	65012233
4	丽都假日饭店	北京市朝阳区首都机场路将台路口	100004	64376688
4	渔阳饭店	北京市朝阳区新源西里中街18号	100027	64669988
4	德宝饭店	西城德宝新园22号	100044	68318866
4	京伦饭店	北京市朝阳区建国门外大街3号	100020	65002266
4	友谊宾馆	北京市海淀区白石桥路3号	100873	68498888
4	大观园酒店	北京市宣武区南菜园街57号	100054	63548899
4	和平宾馆	北京市东城区金鱼胡同3号	100004	65128833
4	建国饭店	北京市朝阳区建国门外大街5号	100020	65002233
4	新大都饭店	北京市西城区车公庄21号	100044	68319988
4	香山饭店	北京市海淀区香山公园内	100093	62591166
4	金台饭店	北京市东城区地安门西大街38号	100035	63099111
4	兆龙饭店	北京市朝阳区工体北路2号	100027	65002299
4	首都大酒店	北京市东城区前门东大街3号	100006	65129988
4	亮马河大厦	北京市朝阳区东三环北路8号	100004	65016688
4	五洲大酒店	北京市朝阳区安外北辰东路8号	100101	64915588
4	国贸饭店	建外大街1号	100004	65052277
4	京都信苑饭店	海淀区什坊院6号	100036	63901963
4	中苑宾馆	北京市海淀区高粱桥斜街18号	100081	62178888
4	国都大饭店	北京市朝阳区首都机场南小天竺	100621	64565588
4	凯莱大酒店	北京市朝阳区建国门南大街2号	100022	65158855
3	中日青年交流中心	北京市朝阳区亮马桥路40号	100016	64663311
3	金都假日饭店	北京市西城区阜外北礼士路98号	100037	68322288
3	松鹤大酒店	北京市东城区灯市口大街78-98号	100006	65138822
3	天坛饭店	北京市崇文区体育馆路1号	100061	67012277
3	金朗美丽殿大酒店	北京市东城区崇内大街75号	100005	65132288
3	职工之家	北京市西城区真武庙路一号	100045	68539988
3	天兆大饭店	朝阳区工体东路18号	100020	65080088
3	和平里大酒店	和平里北街16号	100001	64213724
3	裕龙大酒店	北京市海淀区阜成路40号	100046	68415588
3	丰泽园饭店	北京市宣武珠市口西大街83号	100050	63186688
3	重庆饭店	北京市朝阳区光西门北里15号	100028	66014466
3	商务会馆	北京市丰台右安门外玉林里一号楼	100054	63297244
3	日坛宾馆	北京市朝阳区日坛路1号	100020	65125588
3	皇苑大酒店	北京市海淀区西三环北路厂洼19号	100081	68413388
3	东方饭店	北京市宣武区万明路11号	100050	63014466
3	华北大酒店	北京市朝阳区鼓楼外大街 19	100011	62028888

续表 1 continued

星级 Star Grade	饭店名称 Hotel	地址 Address	邮政编码 Postcode	电话 Telephone
3	新兴宾馆	北京市海淀区西三环中路17号	100036	68516688
3	京闽饭店	北京市朝阳区十八里店周庄	100023	67716699
3	华风宾馆	前门东大街5号	100006	65247311
3	民族饭店	北京市西城区复兴门内大街51号	100046	66014466
3	龙泉宾馆	北京市门头沟区三家店水闸北路	102300	69843366
3	华都饭店	北京市朝阳区新源南路8号	100027	65001166
3	燕翔饭店	北京市朝阳区将台路甲2号	100016	64376666
3	鸿翔大厦	海淀区龙翔路15号	100083	62013355
3	燕京饭店	北京市西城区复外大街19号	100046	68536688
3	越秀大饭店	北京市宣武区宣武门东大街24号	100051	63014499
3	泰山饭店	海淀区西三旗安宁北里8号	100085	62912813
3	前门饭店	北京市宣武区永安路175号	100050	63016688
3	云湖度假村	密云水库内湖	101512	69943931
3	建银大厦	丰台区太平桥东里九号	100073	63266633
3	北人大酒店	东三环南路48号	100022	67716600
3	神路圆大酒店	北京市朝外大街甲77号	100020	65041188
3	金叶大厦	北京市朝阳水碓子东路26号	100026	65013322
3	回龙观饭店	北京市昌平县回龙观	102208	62913931
3	国门路大饭店	北京市朝阳区和平路2号	100015	64378866
3	新侨饭店	北京市东城区东交民巷2号	100004	65133366
3	凯迪克大酒店	北京市朝阳北辰东路18号	100101	64921188
3	金世纪大酒店	北京市朝阳东三环南路1号	100022	67782255
3	云岫山庄	北京市怀柔雁栖湖东侧	101408	69962338
3	崇文门饭店	北京市崇文区崇文门西大街2号	100062	65122211
3	栖湖饭店	北京市怀柔雁栖湖	101408	69661188
3	北京展览馆宾馆	北京市西城区西直门外大街135号	100044	68316633
3	天桥宾馆	北京市宣武区西经路11号	100050	63012266
3	奥林匹克饭店	北京市海淀区海淀区白石桥52号	100081	62176688
3	光明饭店	北京市朝阳区小亮马桥路	100016	64678822
3	中土大厦	北京市海淀区北蜂窝6号	100038	63246666
3	方舟宾馆	海淀区志新路16号	100083	62326655
3	竹园宾馆	北京市西城区旧鼓楼大街小石桥24	100009	64032229
3	百乐酒店	北京市丰台区蒲黄榆路36号	100078	67612233
3	大雁楼供电培训中心	怀柔雁栖湖南岸	101408	69662729
3	燕山大酒店	北京市海淀区海淀路甲138号	100086	62563388
3	奇然大酒店	宣武区陶然亭路2号	100050	63516829
3	碧湖宾馆	怀柔县湖光小区37号	101400	69626795
3	圆山大酒店	北京市西城区德外裕民东里20号	100029	62010033
3	城市宾馆	北京市朝阳区工体东路4号	100027	65007799
3	台湾饭店	北京市东城区王府井金鱼胡同5号	100006	65136688
3	梅地亚中心	北京市海淀区复兴路乙11号	100038	68514422
3	四环宾馆	北京市海淀太平路27号	100850	68485599
3	亚洲大酒店	北京市朝阳区工体北路新中西街8	100027	65007788
3	保利大厦	北京市东城区东直门南大街14号	100027	65001188
2	护国寺宾馆	北京市西城区护国寺街125号	100035	66011113
2	珠穆朗玛宾馆	北京市西城区鼓楼西大街149号	100009	64018822
2	达园宾馆	北京市海淀区颐和园路福缘门1号	100091	62561115
2	华水大厦	北京市海淀区北洼村路12号	100081	68412233
2	未名山庄	北京市海淀区黑山沪	100094	62581122
2	国安宾馆	北京市朝阳区东大桥	100020	65007700
2	湖苑山庄	北京市怀柔湖光小区	101400	69624871
2	中成宾馆	北京市丰台区刘家窑定安东里1号	100075	67626688
2	玉都饭店	北京市海淀区西八里庄北街1号	100036	68428882
2	牡丹宾馆	北京市海淀区花园东路31号	100083	62025544
2	龙源宾馆	北京市丰台区菜户营房东街甲	100073	63468882
2	樱花宾馆	北京市朝阳区和平里惠新东街17号	100029	64934455
2	花园饭店	海淀区花园东路30号	100083	62011188
2	宇翔园宾馆	北京市丰台区南苑机场宇翔旅业部	100076	67092126
2	京环宾馆	北京市怀柔县湖光小区23号楼	101400	69642827
2	南粤苑宾馆	丰台区郑王坟1号	100071	63844466

续表 2 continued

星 级 Star Grade	饭 店 名 称 Hotel	地 址 Address	邮政编码 Postcode	电 话 Telephone
2	温阳饭店	北京市怀柔县龙山路11号	101400	69644455
2	六合饭店	北京市朝阳区工体北路春秀街	100027	65013322
2	远方饭店	北京市朝阳区光熙门北里22号	100028	64225588
2	新街口饭店	西城新街口南大街44号	100035	66166661
2	顺义宾馆	北京市顺义县府前东街	101300	69423596
2	劳动大厦	朝阳区德外北沙滩大屯路甲1号	100101	62024433
2	银亚大厦	石景山区玉泉西路甲1号	100039	68152288
2	首都机场宾馆	北京市朝阳区首都机场内	100621	64564545
2	康运宾馆	朝阳区麦子店78号	100026	65955588
2	工体宾馆	北京市朝阳区工人体育场内	100027	65016655
2	松麓饭店	海淀区田村路8号	100039	68187076
2	大钟寺饭店	北京市海淀区北三环西路18号	100086	62252630
2	中安宾馆	北京市昌平县政府街	102200	69746961
2	宝灵城饭店	海淀区志新路16号	100083	62326655
2	惠华大厦	海淀大街36号	100080	62545522
2	丰台饭店	北京市丰台区丰台镇北大街3号	100071	63811177
2	西直门宾馆	北京市西城区西直门内大街172号	100035	66739929
2	蓝特宾馆	朝阳区广和南里2条9号	100021	67747107
2	房山宾馆	北京市房山区县城关东大街1号	102400	69312001
2	明宫宾馆	朝阳区西坝河西里16号	100028	64273355
2	芦园宾馆	北京市朝阳区六里屯苇子坑101号	100025	65004466
2	双龙宾馆	北京石景山玉泉路63号	100039	68214445
2	金平大酒店	昌平政府街19号	102200	69709989
2	太阳宫宾馆	安外甘水桥甲1号	100011	64237722
2	盘峰宾馆	北京市平谷县旧城街13号	101200	69844825
2	八达岭长城大酒店	延庆县八达岭特区	102102	69121302
2	德胜饭店	北京市西城区北三环中路14号	100011	62024477
2	北京渔阳商务会馆	北京市密云县农机路7号	101500	69946688
2	京燕饭店	北京市石景山区石景山路29号	100043	68876261
2	万泉庄园	海淀区志新东路5号	100083	62624499
2	万隆酒店	北京市宣武区广安门外鸭子桥6号	100055	63262211
2	惠天大饭店	东城安德路丙61号	100011	64225577
2	实兴海特大厦	石景山区苹果园北路海特花园	100041	68861188
2	芳园宾馆	北京市东城区灯市口西街36号	100006	65256702
2	万寿宾馆	北京市海淀区万寿路甲12号	100036	68214433
2	乐游饭店	北京市朝阳区东三环劲松东口13号	100021	67712266
2	清华园宾馆	北京市海淀区成府路45号	100083	62573355
2	畅春园饭店	北京市海淀区西苑草场5号	100080	62561177
2	蓟门饭店	北京市海淀区学院路 蓟门桥	100088	62012211
2	丽华饭店	北京市丰台区马家堡东路71号	100077	67211144
2	龙潭饭店	北京市朝阳区潘家园南里15号	100021	67712244
2	紫玉饭店	北京市海淀区西三环北路花园村5	100037	68411188
2	京都紫禁城饭店	宣武区广安门南街48号	100054	63549955
2	燕化宾馆	北京市房山区燕山岗南路2号	102500	69344434
2	外事服务高中实习	西城区西单教育街1	100031	66035251
2	龙都宾馆	北京市海淀区万泉河路小南庄400	100080	62542277
2	京丰宾馆	北京市丰台区丰台路71号	100071	63812233
2	六亭饭店	北京市昌平县昌平镇东环路	102200	69746666
2	惠侨饭店	北京市朝阳区惠新东街19号	100101	64214061
2	昊园宾馆	北京市崇文区天坛东路甲9号	100061	67014499
2	哈德门饭店	北京市崇文区崇外大街甲2号	100062	67112244
2	河北饭店	北京市东城区安内车辇店甲11号	100009	64015522
2	韩京宾馆	朝阳区芳草地西街8号	100020	65936688
2	紫薇宾馆	北京市石景山区石景山路40号	100043	68878031
2	华侨饭店	北京市东城区北新桥三条5号	100004	64016688
2	北京天竺康乐城	北京首都机场南平街1号	100621	64567711
2	陶然宾馆	北京市宣武区陶然亭公园内	100050	63548542
2	国泰饭店	北京市朝阳区建外永安西里	100022	65013366
2	远望楼宾馆	北京市海淀区北环西路13号	100088	62013366
2	礼士宾馆	北京市东城东四南大街	100010	65236364

续表 3 continued

星级 Star Grade	饭店名称 Hotel	地址 Address	邮政编码 Postcode	电话 Telephone
2	燕岭宾馆	北京市丰台区槐树岭4号	100072	63818446
2	华园饭店	北京市朝阳区东三环北路霄云路28	100027	64678661
2	天坛体育宾馆	北京市崇文区体育馆路10号	100061	67113388
2	大兴宾馆	北京市大兴县黄村兴丰大街	102600	69242354
2	芙蓉宾馆	北京市朝阳区东郊十里堡	100025	65022921
2	空港花园酒店	首都机杨道口	100621	64563388
2	上园饭店	北京市海淀区高粱桥斜街40号	100044	62251166
2	远东饭店	北京市宣武区铁树斜街90号	100050	63018811
2	华谊宾馆	北京市顺义县首都国际机场	100621	64563388
2	国展宾馆	朝阳区静安西街10号	100028	64639922
2	孔雀鑫朝大酒店	海淀区永定路24号	100039	68282244
2	颐泉山庄宾馆	北京市海淀区黑山沪农场1号	100094	62871028
2	文轩宾馆	宣武区南新华街甲1号	100051	63022731
2	爱华饭店	北京市崇文区天坛东里乙48号	100061	67112255
2	长征宾馆	北京市丰台区南大红门路1号	100076	68380138
2	云翔宾馆	丰台区马家堡路64号	100077	67291184
2	西郊宾馆	北京市海淀区学院路13号	100083	62047766
2	北苑宾馆	北京市朝阳安外大羊坊	100012	64232266
2	天天假日饭店	海淀区万寿路17号	100036	68151133
2	侣松园宾馆	北京市东城区板厂胡同22号	100009	64011116
2	檀州宾馆	北京市密云县城关长安街1号	101500	69942009
2	华乐园酒店	朝阳区金台里2号	100026	65068822
2	龙山宾馆	北京市怀柔县龙山路2号	101400	69641501
2	盛唐饭店	北京市海淀区万泉庄五公坟2号	100080	62564433
2	山湖宾馆	北京市怀柔县龙山路	101400	63016318
1	京信大厦	朝阳东三环北路甲2号	100027	64663366
1	西直门饭店	北京市西城区西外慈献寺14号	100044	62257766
1	北海宾馆	北京市西城区地安门西大街141号	100009	66012229
1	交通饭店	北京市崇文区东四块玉南街35号	100061	67112288
1	流芳宾馆	北京市朝阳区北三环中路19号	100029	62042266
1	延庆宾馆	北京市延庆县东大街路北50号	102100	69102311
1	望海楼宾馆	北京市海淀区玉渊潭公园内	100038	68514447
1	万年青宾馆	北京市海淀区西三环北路25号	100081	68425154
1	百花饭店	北京市门头沟区新桥大街13号	102300	69843510
1	大森林	北三环中路甲19号	100029	62051119
1	百灵饭店	北京市朝阳区东直门外左家庄前街	100028	64667744
1	化轻工贸易大厦	北京市东城区安外青年湖北街6号	100011	64214466
1	西单饭店	北京市西单大木仓北一巷	100032	66032266
1	梅苑饭店	北京市海淀区黑山沪羊场1号	100094	62241115
1	御园饭店	北京市海淀区太平路甲18号	100036	68211330
1	求实饭店	朝阳区安华西里-区13楼	100011	64267282
1	香山别墅	北京市海淀区香山公园内	100093	62591155
1	佳丽饭店	北京市朝阳区酒仙桥路乙21号	100016	64363399
1	射击宾馆	北京市石景山区福田寺甲3号	100041	68862666
1	通州宾馆	北京市通县多福巷38号	101100	69546847
1	天寿山饭店	北京市昌平县十三陵乡胡庄	102200	69746216
1	飞霞饭店	北京市宣武区西便门西里5号楼	100053	63012228
1	国务院第二招待所	北京市西城区西直门南大街6号	100035	66186688
1	卧佛寺饭店	北京市海淀区西山卧佛寺公园内	100093	62591459
1	台胞体育宾馆	北京市海淀区上园村甲4号	100044	62251114
1	中关村酒店	北京市海淀区海淀路19号	100080	62565577
1	金海宾馆	北京市平谷县海子水库管理处	101201	69992029
1	朝阳大北宾馆	北京市朝阳区建外南郎家园甲1号	100022	65065511
1	富国饭店	北京市西城区富国街2号	100034	66182255
1	华夏宾馆	北京市朝阳区工体北春秀路	100027	64162575
1	海南饭店	北京市海淀区海淀南路15号	100080	62565550
1	神木宾馆	北京市朝阳区双井北里14号	100022	67713355
1	北林国际交流服务中心	北京市海淀区清华东路	100083	62566633
1	景泰宾馆	北京市崇文区永外景泰西里65号	100075	67212426

11-20 国际旅行社名录
INTERNATIONAL TRAVEL SERVICES

旅行社 Travel Service	地址 Address	邮政编码 Postcode	电话 Telephone
方舟旅行社	朝阳区枣营路3号	100026	65011122
中信旅游总公司	京城大厦9层	100027	64662696
国际旅行社总社	复兴门内大街103号	100800	66011122
北京天平国际旅行社	崇文门饭店926房间	100061	65236756
民间国际旅游公司	东三环北路28号	100026	65926714
青年旅行社总社	东郊民巷丙23号	100054	65243388
中国旅行社总社	北三环东路二号	100028	64642560
和平国际旅游公司	朝阳门南大街14号	100020	65080516
神州国际旅游公司	朝阳区东直门外新源南路19号	100027	64675464
中城国际旅行社	东四南大街演乐胡同116号	100010	65251235
金门旅行社	朝阳区关东店二号	100020	65911388
天翔旅旅行社	东城区交道口东大街64号	100007	64051183
北京北奥国际旅行社	北辰东路8号	100101	64924729
明星国际旅行社	西单横二条3号	100031	66087016
康辉旅游社总社	地安门西大街57号	100009	66152656
中包旅行社	朝阳区霄云里4号楼	100016	64629589
北京青年旅行社	丰台区右安门外玉林里小区10号	100054	63292246
森林国际旅行社	和平里东街18号	100714	64229944
铁路椰海旅行社	西客站北广场东南三楼九层8908	100055	63989295
新华旅游集团公司	海淀区复兴路甲22号	100036	68275409
安琪旅行社	东城区北河沿大街95号	100006	65245846
赛特国际旅行社	西内马相胡同五根　11号	100035	62222387
中国民族旅行社	西城区文华胡同32号	100031	66072739
金友旅行社	朝阳区关东店南街2号白头山商厦	100020	65993371
红晴蜓旅行社	西城区阜外大街甲6号	100037	68584488
海峡旅行社	朝阳区幸福一村三巷五号	100027	64167284
华安旅行社	国际饭店7801室	100005	65223695
金色假期旅行社	西城区南三里河南三区甲32号	100045	68531077
中国航空国际旅行社	东三环北路甲8号	100026	65082164
中农信国际旅行社	北京站东街甲10号	100005	64297593
金台旅游公司	建外大街28号	100022	65158844
神农国际旅行社	朝阳区惠新东街3号	100029	66171177
龙门旅行社	东城区大取灯胡同甲9号	100010	64074616
瑞驰旅行社	崇文区西花市大街103号	100062	67123393
五洲桥国际旅行社	劳动人民文化贡文华宫1612室	100006	65237534.
航天国际旅行社	海淀区海淀南路30号	100080	68748988
中远国际旅行社	东长安街16号	100740	42
妇女旅行社	东四南大街103号	100010	65130146
天安旅行社	新中街11号	100027	64160370
有朋国际旅行社	东城区安外东河沿和平西街79号	100007	64059207
凤凰假期国际旅行社	安贞西里4区23号楼深房大厦	100029	64410863
康复旅行社	东直门北新仓18号	100700	64063330
中侨旅行社	日坛路北街4号	100028	65002360
中国山水旅行社	朝阳区东三环北路2号	100027	64623946
三峡国际旅行社	西城区成方街甲32号	100032	66055060
怡安旅行社	和平里北街16号	100013	64275577
风情旅行社	宣武枣林南街119号	100053	68514449
中国华运旅行社	海淀区北蜂窝路综合服务楼2座	100028	63246635
香山旅行社	东城区鼓楼大街中绦51号	100009	64005800
新大都国际旅游公司	西城区车公庄大街21号	100044	68319988
中国太和旅行社	朝阳区向军南里二巷	100020	65085796

续表 continued

旅行社 Travel Service	地址 Address	邮政编码 Postcode	电话 Telephone
德宝国际旅行社	西城区三里河东三巷三号	100820	68552772
东华国际旅行社	建外建国里9号	100022	65159011
燕都旅行社	前门西街248号	100051	67020254
燕京旅行社	崇文区天坛东里二号	100061	65114447
王府国际旅行社	海淀区花园路15号	100088	62054353
国际鸿基旅行社	朝外大街317号	100020	65523437
中信国安旅行社	国安宾馆204室	100020	65007990
科学国际旅行社	中关村科学院南路55号	100086	62571104
天马国际旅行社	西城区宫门口西岔85号	100034	66165482
中北旅行社	崇文区广渠门忠实里四巷9号	100022	63014466
北京职工旅行社	东城区台基厂2条8号	100005	65275574
中谊国际旅行社	友谊宾馆二号楼一层	100873	68499139
长城旅行社	德外北三环东路19号	100029	62014499
朝阳旅行社	朝阳区酒仙桥路乙21号	100016	64362145
中环国际旅行社	西城区德外北滨河路白孔雀内	100011	62045948
中卫国际旅行社	东城区鼓楼西大街47号	100009	64014525
商工国际旅行社	东城朝内南小街南竹竿28号	100000	65265566-103
招商旅游公司	朝阳区东三环北路19号	100020	65951349
天鹅国际旅游公司	光华东里甲18楼	100020	65081166
华都旅行社	朝阳区新源南路8号	100027	65001261
茂发国际旅行社	东城区南河沿大街23号	100006	65266609
蓝天旅行社	朝阳区雅宝路7号	100020	65005828
幸福国际旅行社	丰台六里桥北里甲1号	100073	63497722
龙腾旅行社	朝阳区顺源里14楼	100027	64652880
旅游学院旅行社	朝阳区北四环东路99号	100101	64934002
中贸国际旅行社	建外大街1号	100004	65052288-
国际体育旅游公司	崇文区体育馆路4号	100061	67123141
五洲国际旅行社	西裱褙胡同30号	100005	65230642
燕翔旅行社	朝阳区将台路甲2号	100016	64376666
中佳国际合作旅行社	海淀区阜成路白堆子131号	100037	68475132
北京文物国际旅行社	海淀区五塔寺24号	100081	62178804
新都国际旅行社	朝阳门南大街16楼	100020	65044270
鑫海国际旅行社	复兴路乙12号	100814	68514477
四达国际旅行社	东城大华路2号华诚大厦407	100005	65275599
中钢国际旅行社	东四十条丙31-A号	100007	64058687
天华旅行社		100071	63813375
海洋国际旅行社	海淀区翠微中里16号	100036	68259321
邮电国际旅行社	团结湖南里5号	100026	65098036
中国教育国际旅行社	广渠门外大街14号	100022	67750064
环球商务国际旅行社	复兴门外大街1号	100860	64664433
中致国际旅行社		100000	
中福国际旅行社	崇文区长青园7号	100061	67115378
华龙国际旅行社	建内大街9号	100005	65009555
中国虹桥旅行社	安外大街183号京宝大厦515室	100011	64256142
北京旅行社	东城区霞公府街13号	100006	65122445
华远旅游公司	西城区南礼士路36号	100037	68038261
环宇国际旅行社	东郊民巷10号院9号楼	100005	65279018
中国文化旅行社	西城区护国寺大街74号	100035	66150007
皇冠艺苑旅行社	德外小市口胡同1号	100011	62027253
北辰国际旅游公司	朝阳区安慧里三区10号	100101	64910683
江河国际旅行社	宣武区白广路北口综合楼	100053	63203559
北京海外旅游公司	建外大街28号	100022	65158844
北京中国国际旅行社	朝阳区建外大街28号	100022	65150515
职工旅行社总社	日坛路1号	100020	65125588
北京中国旅行社	建外大街28号	100022	65158559

11-21 国内旅行社名录
DOMESTIC TRAVEL SERVICES

旅行社 Travel Service	地址 Address	邮政编码 Postcode	电话 Telephone
米兰旅行社	朝阳门南大街12号	100020	68015040
古都旅行社	延庆县八达岭镇青龙桥	102102	69121034
温泉保健旅行社	小汤山医院	102211	69782048
北斗旅行社	房山北关大街11号	102400	69312818
钓鱼台旅游实业公司	丰台区草桥赵村店420号	100054	63039076
梦幻旅行社	西城区民族宫南街36号	100031	66034421
蓝宝石旅行社	木樨地南里公安大学	100038	63404433
金渠旅行社	建外大街28号	100022	65155147
首方旅行社	朝阳区亮马河路25号	100016	64369847
中旅假日旅行社	朝阳区南湖渠	100015	64367632
城苑旅行社	安外北苑5号院	100012	64232266
首都旅行社	东直门外新源里14号	100027	64665138
东晨旅行社	西三环南路10号	100073	63262346
华农旅行社	朝阳区望京中环南路1号	100015	64371038
职教旅行社	朝阳区津松西口811楼	100021	67721865
天地旅行社	石景山区古城大街西侧	100043	68842140
金辉旅行社	海淀区阜成路21号	100037	68471730
中山旅行社	马连道北里甲4号	100055	63483852
诚信旅行社		100000	
宏光旅行社	宣武区德源寺前街11号	100052	63515996
交通旅行社	昌平县北环路11号	102200	69719966
北达旅行社	宣武区广义街10号	100053	63018879
北京文化旅行社	北新桥石雀胡同28号	100007	64010076
金良旅行社	宣武区长椿街甲18号	100053	63048161
崇文旅行社	永定门东街东里2楼7层	100050	67032794
国旅风光游览公司	建外大街28号	100022	65159407
风光旅行社	永外松林街23号	100077	67213881
联运旅行社	宣武区福长街45号	100050	63046021
中旅现代旅行社	朝阳区南湖渠	100015	64363632
绿洲旅行社	东城区和平里中街28号	100013	64214825
新泰隆旅行社	东城安德里北街20号	100011	64256710-3
友联旅行社	东城区朝内大街甲180号	100037	68315927
通四方旅行社	安内花园胡同29号	100009	64073917
银海旅行社	海淀区莘微北里甲6号	100000	68257329
中青旅行社	东郊民巷丙23号	100006	65128077
东卫旅行社	东四7条114号	100007	64046819
中天旅行社	景山后街11号	100009	64077790
中纺旅行社	东城区南湾子胡同5号	100006	65284680
凤凰旅行社	龙潭湖北路1号	100061	67125001

续表 continued

旅行社 Travel Service	地址 Address	邮政编码 Postcode	电话 Telephone
高尔夫旅行社	顺义西侧西路	101300	69443900
商务旅行社	丰台区右安门外玉林里1号楼	100000	63292079
鸿运旅行社	宣武区长春街甲18号	100053	63017385
中亚旅行社	朝阳区左家庄15号	100027	64610356
华航旅行社	安外北苑2号	100012	64291831
天马迎宾旅行社	东城区贡院西街7号	100005	65248594
新华祥旅行社		100071	63842339
光正旅行社	团结湖路7号	100026	65074173
教育旅行社	东四六条60号	100007	64033502
路通旅行社	安外外馆街3号	100011	65293552
好运旅行社	永外大红门南路	100075	67218750
北京信诚旅行社		100000	65250490
蓝雅信旅行社	九仙桥路乙21号	100016	4362145
国兴旅行社	地铁前门站西南出口	100051	63187995
天地通达旅行社	丰台路口61号	100071	63813452
银电旅行社	宣武区右外西城根3号	100054	63126438
滨河旅行社	宣武区里仁街4号	100054	63518331
回龙观旅行部	德外回龙观北站	102208	62914701
国旅国内旅游公司	国旅大厦405室	100011	62058225
北京隆福旅行社	鼓楼东大街167号	100009	64018192
南华旅行社	西城区展览路12号	100044	68339158
中业旅游公司	东城大雅宝1号	100730	65255776
银河旅行社	房山区良乡月华大街18号	102401	69354547
北京中银燕旅行社	西外大街135号	100044	68316677
金融旅行社	朝阳区农展馆内14楼招待所	100026	65925386
工体绿茵旅行社	工体第十看台	100027	65012370
友商旅行社	建外大街17号	100020	65324360
环京旅行社	丰台花乡郑王坟150号	100071	63832266
商友旅行社	宣武区广内顺河三巷三号	100053	63042478
北京东日旅行社	海淀区东北旺	100094	62584554
良友旅行社	永外大街101号	100075	67211122
中通旅行社	东城区安德路丙61号	100011	64290310
希望旅行社	石景山古城南里乙2号	100043	68876287
五联旅行社	施家胡同4号	100051	63032696
新闻旅行社	复外真武庙二条四号	100045	63262152
海员旅行社	安定门外安华西里3区15楼	100011	65949926
蓝谷旅行社	西城真武庙1号	100045	68566688
山野旅行社	西城区百万庄大街26号	100037	68320738
金色假日旅行社	建国门内大街甲9号	100740	65235430
北京美雅旅行社	月坛北街甲1号	100037	68042729

主要统计指标解释

进出口总额　海关进出口总额指实际进出我国国境的货物总金额。包括对外贸易实际进出口货物，来料加工装配进出口货物，国家间、联合国及国际组织无偿援助物资和赠送品，华侨、港澳台同胞和海外华人捐赠品，租赁期满归承租人所有的租赁货物，进料加工进出口货物，边境地方贸易及边境地区小额贸易进出口货物（边民互市贸易除外），中外合资经营企业、外商独资经营企业进出口货物和公用物品，到、离岸价格在规定限额以上的进出口货样和广告品（无商业价值、无使用价值和免费提供出口的除外），从保税仓库提取在中国境内销售的进口货物，以及其他进出口货物。进出口总额用以观察一个国家在对外贸易方面的总规模。我国规定出口货物按离岸价格统计，进口货物按到岸价格统计。

利用外资　指我国各级政府、部门、企业和其他经济组织通过对外借款、吸收外商直接投资以及用其他方式筹措的境外现汇、设备、技术等。

对外借款　是我国利用外资的主要部分。包括我国通过外国政府贷款，国际金融组织贷款，外国银行商业贷款，出口信贷以及对外发行债券，股票等方式，从境外筹措的资金。

外商直接投资　是指外国企业和经济组织或个人（包括华侨、港澳台同胞以及我国在境外注册的企业）按我国有关政策、法规、用现汇、实物、技术等在我国境内开办外商独资企业、与我国境内的企业或经济组织共同举办中外合资经营企业、合作经营企业或合作开发资源的投资（包括外商投资收益的再投资）以及经政府有关部门批准的项目投资总额内，企业从境外借入的资金。

对外承包工程　包括各对外承包公司以招标议标承包方式承揽的下列业务（1）承包国外工程建设项目；(2）承包我国对外经援项目；(3）承包我国驻外机构的工程建设项目；(4）承包我国境内利用外资进行建设的工程项目；(5）与外国承包公司合营或联合承包工程项目时我国公司分包部分；(6）以服务成果向业主收费的技术服务项目（包括承担地形地貌测绘；地质资源勘探与普查；建设区域规划；提供设计文件、图纸、生产工艺技术资料和工程技术经济咨询；工程项目的可行性考察、研究和评估；进行技术指导和培训人员等）；(7）对外承包兼营的房屋开发业务。对外承包工程的营业额是以货币表现的本期内完成的对外承包工程的工作量，包括以前年度签定的合同和本年度新签定的合同在报告期完成的工作量。

对外劳务合作　指以收取工资的形式向业主承包商提供技术和劳动服务的活动。我国对外承包公司在境外开办的合营企业，中国公司同时又提供劳务的，其劳务部分也纳入劳务合作统计。劳务合作营业额按报告期内向雇主提交的结算数（包括工资、加班费和奖金等）统计。

旅游人数　指来我国参观、访问、旅行、探亲、访友、休养、考察、参加会议和从事经济、科技、文化、教育、体育、宗教等活动的外国人、华侨、港澳和台湾同胞的人数。不包括外国在我国的常住机构，如使领馆、通讯社、企业办事处的工作人员；来我国常驻的外国专家、留学生以及在岸逗留不过夜人员。

国际旅游（外汇）收入　指入境旅游的外国人、华侨、港澳台同胞在中国大陆旅游过程中发生的一切旅游支出，对于国家来说就是国际旅游（外汇）收入。

Explanatory Notes On Main Statistical Indicators

Total Imports and Exports at Customs refer to the value of commodities imported and exported across the boundary of China, which include the actual imports and exports via foreign trade, imported and exported goods via the processing and assembling with imported materials, donations and gifts between governments, from the United Nations, from other international organizations, from overseas Chinese and compatriots in Hong Kong, Taiwan and Macao, leasing commodities transferred to tenant at the expiration, imports and exports in border trade (excluding barter trade), the imports and exports by Sino – foreign joint ventures, cooperative enterprises and foreign enterprises, the imports or exports of samples and advertising goods with CIF or FOB value over the permitted ceiling(excluding goods of no trading or use value and free commodities for export), imported goods sold in China from bonded warehouses and other imported or exported goods. The indicator of the total imports and exports at customs can be used to observe the total size of external trade in a country . In accordance with the stipulation of the Chinese government, imports are calculated at CIF, while exports are calculated at

FOB.

Utilization of Foreign Capital refers to foreign exchange, equipment and technology financed with foreign loans, foreign direct investment and other ways undertaken by the Chinese governments at all levels, by various departments, enterprises and other economic units.

Foreign Loans refers to funds borrowed from abroad, including loans of foreign governments, loans of international financial institutions, commercial loans of foreign banks, export credit, and funds raised via bonds and shares issued abroad. It is a major part of China's utilization of foreign capital.

Direct Investment by Foreign Enterprises refers to the investments in foreign enterprises, Sino - foreign joint ventures and Sino - foreign cooperative enterprises in China and in Sino - foreign co - operative exploration of resources in China by foreign enterprises, economic organizations or individuals (including overseas Chinese, compatriots from Hong Kong, Taiwan and Macao, and Chinese enterprises registered abroad), following the relevant policiés and laws of China. It includes the re - investment of the foreign parties with the return of the investment and the funds that enterprises borrow from abroad for the investment of projects approved by the relevant government department.

Overseas Projects Contracted refer to projects undertaken by Chinese contractors (project contracting companies) through bidding process, which include:

(1) overseas civil engineering construction projects financed by foreign investor;

(2) overseas projects financed by the Chinese government foreign - aid programs;

(3) construction projects of Chinese institutions functioning abroad;

(4) construction projects in China financed by foreign investment;

(5) sub - contracted projects to be taken by Chinese contractors through a joint umbrella project with foreign contractors;

(6) technical assistance projects charged from the foreign owners according to service results (such as topographic surveying, geological prospecting, development zone programming, provision of designing documents, blueprint, materials on production process, technical consultation, project feasibility studies and evaluation, personnel training , etc.);

(7) house development projects.

The business income from overseas projects contracted is the work volume of contracted projects completed in the reference period, including completed projects signed contracts in previous years.

Overseas Labor Service Co - operation refers to the activities of providing technology and labor services to employers or contractors and getting salaries and wages in return. Labor services providing by contractual joint ventures of Chinese international contracting corporations should be included in the statistics of overseas labor service co - operation. The business income of labor service co - operation is the total income of wages, salaries, over - time pay, bonuses and other remuneration received from the employers during the reference period.

Number of Tourists refers to the number of foreigners, overseas Chinese, and compatriots from Hong Kong, Macao and Taiwan coming to China for sightseeing, visits, tours, family reunions, vacations, international meetings and other activities concerning business, science and technology, culture, education, physical culture and religious, which does not include the number of employees of foreign institutions in China such as embassies, consulates, news agencies, the offices of corporations and enterprises and foreign experts and students residing in China, or the persons without staying over night in China.

Foreign Exchange Receipt from International Tourism refers to the total expenditures of the foreigners, overseas Chinese, compatriots from Hong Kong , Macao and Taiwan during their staying in the mainland of China.

12

FINANCE AND INSURANCE

金融、保险

银行存贷款余额
Deposits and loans of banks

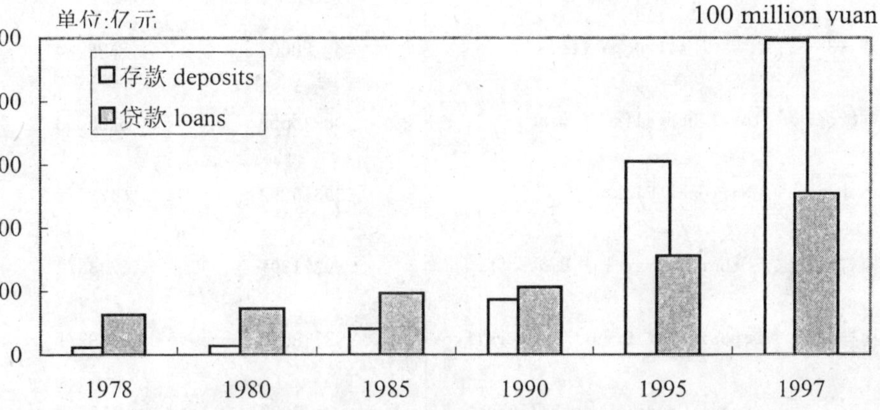

	1997	1978	1997年为1978年% 1997 as % of 1978
银行存款余额(亿元) Deposits balance(year end)(100 million yuan)	4956.8	114.7	4321.5
银行贷款余额(亿元) Loans balance(year end)(100 million yuan)	2544.5	53.9	4720.8
城乡居民储蓄存款余额(亿元) Savings deposit balance in urban and rural areas(100 million yuan)	1975.3	9.3	21239.8

城乡居民储蓄存款余额
Savings deposit balance in urban and rural areas

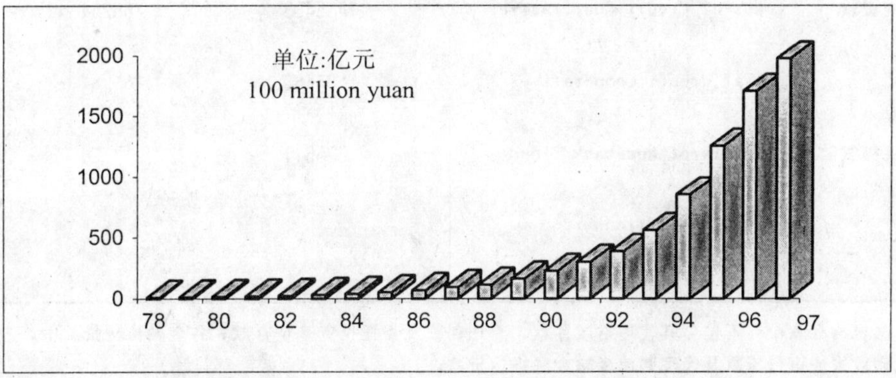

12-1 北京地区金融机构存贷款
DEPOSITS AND LOANS OF FINANCIAL INSTITUTIONS IN BEIJING

单位：万元 (10000 yuan)

项目	Item	1997年余额 Balance of 1997	比年初增减额（十、一） Increase or Decrease than Year-beginning	
			1997	1996
存款总计	**All Deposits**	52280001	8628264	8608084
全市各银行存款合计	**Total Deposits of Banks**	48916653	8205398	8209069
国家银行小计	National Banks	39645262	5471519	6307283
其他商业银行	Other Commercial Banks	9271391	2733879	1901786
信用合作机构存款	**Deposits of Credit Cooperatives**	3118020	459277	448962
农村信用社	Rural Credit Cooperatives	3118020	459277	448962
非银行金融机构存款	**Deposits of Non-bank Financial Institutions**	245328	-36411	-49947
贷款总计	**All Loans**	27206832	5079986	3704574
全市各银行贷款合计	**Total Loans of Banks**	25444738	4897112	3491668
国家银行小计	National Banks	20765369	3351193	2542487
其他商业银行	Other Commercial Banks	4679369	1545919	949181
信用合作机构贷款	**Loans of Credit Cooperatives**	1435483	165254	172222
农村信用社	Rural Credit Cooperatives	1435483	165254	172222
非银行金融机构贷款	**Deposits of Non-bank Financial Institutions**	326611	17620	40684

注：本表各金融机构存款中，不包含其代理财政存款、委托存款及委托投资基金存款；各金融机构贷款中，包含代理中央银行贷款、代理政策性银行贷款及代理其他金融金融机构贷款。

Note: All deposits exclude agent financial deposits, trust deposits and trust-investment-fund deposits; all loans include agent loans of central bank policy bank and other financial institutions.

12-2 银行存款及贷款余额
DEPOSITS AND LOANS OF BANKS

项目	Item	绝对数（万元） Amount (10000 yuan) 1997	1996	1997年为1996年% 1997 as % of 1996	构成（%） Composition (%) 1997	1996
年末各项存款合计	**Deposits Balance (year-end)**	49567563	39516580	125.43	100	100
#地方存款	Local Deposits	41465504	32393265	128.01	83.65	81.97
# 地方工业企业存款	Industrial Enterprise	3036151	2613889	116.15	6.13	6.61
地方商业企业存款	Commercial Enterprise	2403513	1628551	147.59	4.85	4.12
#企业存款	Enterprise Deposits	29211539	22162395	131.81	58.93	56.08
# 工业存款	Industry	5319342	4702764	113.11	10.73	11.90
商业存款	Commerce	2971531	1985307	149.68	5.99	5.02
建筑业存款	Construction	1325401	1200042	110.45	2.67	3.04
城镇储蓄存款	Urban Savings Deposits	17709062	15284147	115.87	35.73	38.68
农业存款	Agricultural Deposits	252358	199136	126.73	0.51	0.50
信托存款	Trust Deposits	2724			0.01	
财政存款	Financial Deposits	381438	522944	72.94	0.77	1.32
#地方财政存款	Local	490844	470773	104.26	0.99	1.19
机关团体存款	Deposits of Government Organs and Bodies	1562975	1534290	101.87	3.15	3.88
年末各项贷款合计	**Loans Balance (year-end)**	25444738	18897095	134.65	100	100
#地方贷款	Local Loans	21211842	14705656	144.24	83.36	77.82
# 地方工业贷款	Industrial Enterprise	5386862	4389319	122.73	21.17	23.23
地方商业贷款	Commercial Enterprise	4931056	4110911	119.95	19.38	21.75
#短期贷款	Short-term Loans	18353500	13789096	133.10	72.13	72.97
# 工业贷款	Industry	7412815	6057128	122.38	29.13	32.05
商业贷款	Commerce	5632541	4483569	125.63	22.14	23.73
农业贷款	Agriculture	477519	386784	123.46	1.88	2.05
中长期贷款	Mid-term and Long-term Loans	5524730	3942220	140.14	21.71	20.86
# 基本建设贷款	Capital Construction	2297402	1657612	138.60	9.03	8.77
技术改造贷款	Technical Updates and Transformation	2749157	1716270	160.18	10.80	9.08
信托贷款	Trust Loans	1129				

12-3 城乡居民储蓄存款余额
SAVINGS DEPOSIT BALANCE IN URBAN AND RURAL AREAS

项目	Item	绝对数（万元） Amount (10000 yuan)		1997年为1996年% 1997 as % of 1996	构成（%） Composition (%)	
		1997	1996		1997	1996
年末储蓄存款余额	**Savings Deposit Balance**	19752621	17069785.7	115.7	100	100
定期	Fixed Deposits	16824687	15017353.5	112.0	85.18	87.98
活期	Current Deposits	2927934	2052432.2	142.7	14.82	12.02
城镇居民存款	Urban Savings Deposit	17709062	15284146.7	115.9	89.65	89.54
农民存款	Rural Savings Deposit	2043559	1785639.0	114.4	10.35	10.46

12-4 银行、保险系统机构及人员
INSTITUTIONS AND PERSONNEL OF BANK AND INSURANCE SYSTEM

项目	Item	专业银行 Specialized Banks		保险公司 Insurance Company	
		机构（个） Institution(unit)	人员（人） Personnel(person)	机构（个） Institution(unit)	人员（人） Personnel(person)
全市	**Total**	2519	49282	77	6629
城区	City Propers	616	20875	29	4853
郊区	Suburbs	1264	19975	30	1232
各县	Counties	639	8432	18	544

注：专业银行中含农村金融体制改革办公室。

Note: Specialized banks included rural financial structural reforms offices.

12-5 保险费收入
PREMIUMS INCOME

项目	Item	绝对数（万元） Amount (10000 yuan) 1997	1996	1997年为1996年% 1997 as % of 1996	构成（%） Composition (%) 1997	1996
国内保费总计	**Domestic Premiums**	810227.3	393280.2	206.02	100	100
财产险小计	**Property Insurance**	199201.0	180953.0	110.08	24.59	46.01
企业财产险	Enterprise Property	30374.7	22832.2	133.03	3.75	5.81
家庭财产险	Family Property	3287.7	2503.4	131.33	0.41	0.64
运输工具及责任险	Transportation Equipment and Responsibility	133295.1	108239.1	123.15	16.45	27.52
货物运输险	Freight Transport	15327.9	9753.8	157.15	1.89	2.48
农业险	Agricultural Insurance	198.1	228.0	86.89	0.02	0.06
其他财产险	Other Property	16717.6	37396.5	44.70	2.06	9.51
人身险小计	**Personal Insurance**	611026.3	212327.2	287.78	75.41	53.99
短期人身险	Short-term Insurance	22511.1	16326.6	137.88	2.78	4.15
养老年金	Pension Insurance	588515.2	196000.7	300.26	72.64	49.84
国外保费总计	**Oversease Premiums**	35649.0	39185.0	90.98	100	100
# 货物运输险	Freight Tranport Insurance	7133.0	5440.0	131.12	20.01	13.88
船舶险	Ship Insurance		57.0			0.15
各种非水险	Non-water Insurance	17279.0	19569.0	88.30	48.47	49.94
飞机险	Airplane Insurance	10647 0	13777.0	77.28	29.87	35.16
航空人身险	Aviation Personal Insurance	590.0	342.0	172.52	1.66	0.87

12-6 金融市场交易量
FINANCIAL MARKET TRANSACTIONS

单位：万元 (10000 yuan)

项目	Item	1997	1996	1997年为1996年% 1997 as % of 1996
合计	**Total**	79344210.66	52247724.40	151.86
国家债券	Treasury Bonds	6522224.65	8801325.00	74.11
企业债券	Enterprise Bond	0.00	52386.12	...
金融债券	Financial Institution Bonds	0.00	0.00	...
股票交易	Stock Transactions	39009314.85	29006348.39	134.49
大额定期存单	Large Amount Term Certificate	0.00	31.00	...
国债回购	Repurchase of Treasury Bonds	31925933.78	14386933.89	221.91
其他	Treasury Bonds Futures	1886737.37	0.00	...

12-7 资金拆借
CAPITAL ABSORBED AND LOAN

单位：万元 (10000 yuan)

项目	Item	1997	1996	1997年为1996年% 1997 as % of 1996
资金拆借总额	**Total**	8760875.00	15530920.00	56.41
拆入资金	Absorbed	5488815.00	9220620.00	59.53
拆出资金	Loan	3272060.00	6310300.00	51.85

主要统计指标解释

信贷资金　国家银行用于发放贷款的资金叫信贷资金。中国人民银行信贷资金的来源有各项存款、对国际金融机构负债、流通中货币、银行自有资金及当年结益等。信贷资金的运用有各项贷款、黄金占款、外汇占款、财政借款及在国际金融机构中的资产等。

存款　企业、机关、团体或居民根据可以收回的原则，把货币资金存入银行或其他信用机构保管并取得一定利息的一种信用活动形式。根据存款对象的不同可划分为企业存款、财政存款、机关团体存款、基本建设存款、城镇储蓄存款、农村存款等科目。它是银行信贷资金的主要来源。

贷款　银行或其他信用机构根据必须归还的原则，按一定利率，为企业、个人等提供资金的一种信用活动形式。我国银行贷款分为流动资金贷款、固定资产贷款、城乡个体工商户贷款以及农业贷款等科目。

承保额　又叫保险金额。它是保险人对被保险人负提损失补偿或约定给负的金额。它是保险合同上的最高责任额，也是计算保费的依据。

保费　又叫保险费。是保险人根据保险合同的有关规定，为被保险人取得因约定危险事故发生所造成的经济损失补偿（或给付）权利，负给保险人的代价。包括财产险和人身险储金收入。

保险赔款　保险事故发生后，经查证确属保险责任范围以内的保险标的损失，保险人根据保险合同的规定履行赔偿义务，给予被保险人的款项叫做赔款。赔款可以分为已决赔款和未决赔款两种。

Explanatory Notes On Main Statistical Indicators

Credit Funds refer to the funds issued as loans by state banks. The sources of credit funds of the People's Bank of China included deposits, liabilities to international financial institutions, currency in circulation, self－owned funds and current retained profits, etc. The credit funds can be used in forms of loan, gold, foreign exchange, government debt and assets in the international financial institutions.

Deposit is a form of credit by which enterprises, institutions, organizations or residents can put money into banks and other credit institutions for safekeeping and interest earning under the principle of free withdrawal. According to different depositors, deposits are divided into enterprise deposits, treasury deposits, deposits of government organs and institutions, capital construction deposits, urban savings deposits, rural deposits and other deposits. Deposits are major sources of the credit funds of banks.

Loan is a form of credit by which banks and other credit institutions provide funds at certain interest rate to enterprises and individuals in the light of the principle of unconditional repayment. Loans from Chinese banks include circulating capital loans, fixed assets loans, loans to urban and rural individuals engaged in industrial and commercial business and agricultural loans.

Amount Insured refers to the amount of compensation for the loss or agreed sum of money to be paid by the insurer to the insured. It is maximum amount of liabilities written in the insurance contract and is also used as a basis to calculate the premium.

Premium is the fee paid by the insured based on a proportion of the benefit he or she may get from the insurance plus the insurance value. It includes the income from the deposit of property insurance and personal insurance.

Insurance Indemnity is the compensation paid by the insurer for an accident happening to the insured property or the insurance value paid for an accident happening to a person who has insured his life. It is further divided into settled and unsettled reparation.

13

PRICE
物价

居民消费及商品零售价格指数
Residents consumer and retail price indices

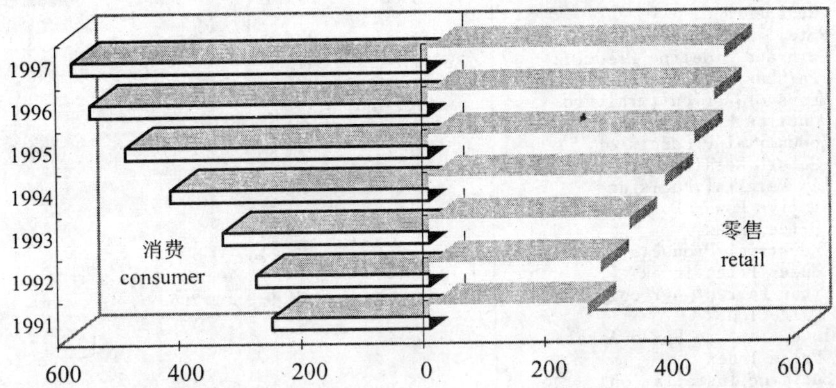

	以1978年为100 1978=100	以1996年为100 1996=100
居民消费价格指数 Consumer price index of residents	584.2	105.3
商品零售价格指数 Retail price index	484.6	103.8
固定资产投资价格指数 Investment in fixed assets price index		102.7

居民消费价格分类指数
Residents consumer price indices

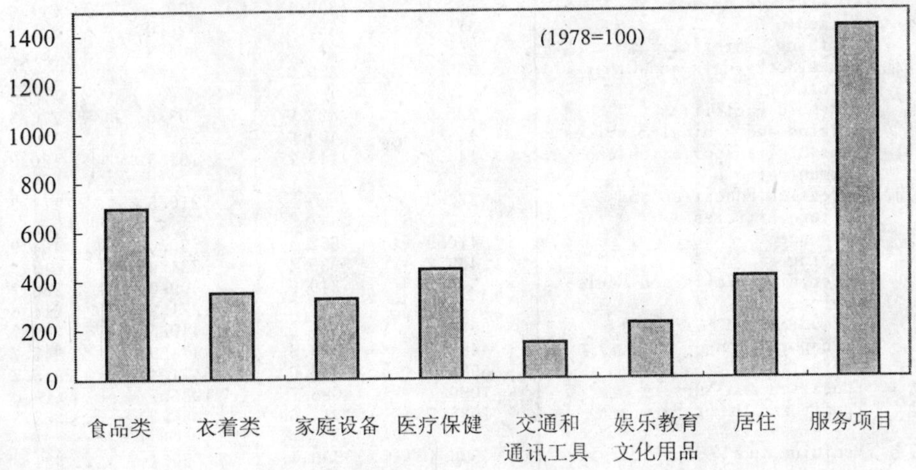

13-1 各种物价总指数
OVERALL PRICE INDICES

项目 Item		1978=100	1980=100	1985=100	1990=100	1996=100
居民消费价格总指数	Consumer Price Index of Residents	584.2	541.2	434.5	252.0	105.3
商品零售价格总指数	Retail Price Index	484.6	445.9	354.3	203.1	103.8
农副产品收购价格总指数	Farm and Sideline Products Purchasing Price Index	484.4	419.3	307.6	182.8	92.8
农业生产资料价格总指数	Means of Agricultural Production Price Index	372.2		329.8	198.7	100.4
郊区工业品零售价格总指数	Industrial Products of Suburb Retail Price Index	375.2	371.3	339.2	199.3	100.5
原材料、燃料、动力购进价格指数	Raw Material,Fuels and Motive Power Purchasing Price Index					103.4
工业品出厂价格总指数	Industrial Products Producer Price Index					101.1
城市农贸市场价格总指数	Urban Fair of Agriculture Price Index		374.9	296.9	167.4	91.6
固定资产投资额价格指数	Investment in Fixed Assets Price Index					102.7
建筑安装工程价格指数	Building Installation Price Index	469.6		336.0	271.5	104.9

13-2 居民消费价格指数
RESIDENTS CONSUMER PRICE INDICES

项目 Item		1978=100	1980=100	1985=100	1990=100	1996=100
总指数	**Aggregate Index**	584.2	541.2	434.5	252.0	105.3
食品类	Food	697.2	631.3	446.0	252.7	102.2
#粮食	Grain	745.8	745.8	717.0	505.4	96.8
油脂类	Oil	578.9	578.9	494.8	227.2	100.7
肉禽及其制品	Meat,Poultry and Related Products	738.6	597.7	439.6	256.5	107.0
水产品	Aquatic Products	1627.3	1156.1	461.2	181.6	109.7
菜类	Vegetable	1158.0	1024.4	531.4	281.9	96.0
#鲜菜	Fresh Vegetable	1236.9	1082.5	510.9	269.1	95.0
干菜	Dried Vegetable	516.9	497.9	433.4	239.4	103.2
调味品	Flavoring	756.1	778.5	708.2	383.5	105.5
干鲜瓜果类	Dried and Fresh Melon and Fruits	778.8	727.9	400.0	199.7	98.2
衣着类	Clothing	351.1	359.1	379.6	214.9	102.9
服装	Garments	373.3	385.3	426.0	225.7	102.6
衣着材料	Clothing Material	268.2	269.2	304.8	189.7	101.3
鞋袜帽及其他衣着	Shoes,Socks,Hats and Other Clothing	350.7	355.9	334.7	208.0	104.5
家庭设备	Household Facilities	325.6	323.9	303.0	170.5	105.4
医疗保健	Medicine and Medical Services	444.9	409.0	332.5	181.4	105.2
交通和通讯工具	Means of Transportation and Communications	143.2	143.2	161.5	120.8	100.3
娱乐教育文化用品	Recreation,Education and Culture Articles	222.3		210.5	114.3	98.1
居住	Residence	410.9	552.4	530.0	404.9	121.2
住房	Housing	462.2	730.4	724.6	512.5	104.0
水电燃料	Water,Electricity and Fuels	349.9	349.9	309.0	288.7	142.0
服务项目	Services	1431.7	1428.2	1271.2	614.8	117.5
#电讯费	Communication	569.0	569.0	440.5	299.7	130.2
交通费	Transportation	489.5	489.5	474.9	348.7	101.0
文娱费	Recreation	6995.0	6995.0	6411.4	2845.7	117.2
学杂保育费	Education and Nursery	1086.7	1086.7	1086.7	629.0	121.5
修理及其他服务费	Repair and Other Services	1025.3	1012.6	686.1	363.3	110.9
医疗保健服务	Medicine and Medical Service	596.4	596.4	596.4	331.3	156.5

13-3 商品零售价格指数
RETAIL PRICE INDICES

项目 Item		1996=100	项目 Item		1996=100
商品零售价格指数	Aggregate Index	103.8	化纤布	**Chemical Fiber Cloth**	**100.5**
食品类	Foods	101.7	呢绒	Woolen Fabric	103.1
粮食	Grain	96.7	绸缎	Silk	102.4
油脂类	Oil	100.7	其他纺织品	Other Textiles	103.5
肉蛋禽	Meat,Egg and Poultry	102.3	中西药品类	Traditional Chinese and Western Medicines	105.2
水产品	Aquatic Products	109.9	中药	Traditional Chinese Medicines	112.2
鲜菜	Fresh Vegetable	94.8	西药	Western Medicine	101.5
干菜	Dried Vegetable	107.7	医疗用品	Medicine and Medical Articles	101.1
鲜果	Fresh Fruit	94.0	化妆品类	Cosmetics	103.1
干果	Nuts	112.9	书报杂志类	Book,Newspaper and Magazine	118.0
其他食品类	Other Foods	106.5	文化体育用品	Stationery and Sports Goods	100.7
饮食业	Catering	102.9	文化用品	Stationery	100.7
饮料烟酒类	Beverage,Tobacco and Liquor	105.6	体育用品	Sports Goods	101.5
饮料	Beverage	102.2	日用品类	Daily Use Articles	109.6
烟酒	Tobacco and Liquor	107.4	一般日用品	Ordinary Daily Use Articles	102.1
服装鞋帽类	Garments,Shoes,Hats	103.1	家具类	Furnitures	117.7
服装	Garments	102.6	日用杂品	Daily Use Sundries	106.5
鞋	Shoes	104.5	家用电器类	Household Appliances	99.1
其他衣着	Other Clothing	103.3	首饰类	Jewelry	99.0
纺织品类	Textile	102.2	燃料类	Fuels	156.9
棉布	Cotton Cloth	100.6	建筑装璜材料类	Building Decoration Materials	106.9
棉花化纤混纺布	Blend Cloth	104.8	机电产品类	Mechanical and Electrical Products	93.5

13-4 居民货币购买力指数
MONETARY PURCHASING POWER OF RESIDENTS

基期 Base Period	1997	1996
1957=100	16.7	17.6
1965=100	17.3	18.2
1970=100	17.0	17.9
1975=100	17.0	17.9
1978=100	17.1	18.0
1980=100	18.5	19.5
1985=100	23.0	24.2
1990=100	39.7	41.8
以上年为100 Preceding Year=100	95.0	89.6

13-5 农贸市场农产品成交价格指数
TRANSACTION INDICES OF AGRICULTURAL PRODUCTS IN RURAL FREE MARKETS

项目	Item	1978=100	1985=100	1990=100	1996=100
总指数	**Aggregate Index**	378.4	296.9	167.4	91.6
粮食	Grain	360.8	368.0	202.8	81.4
油脂类	Oil	253.0	291.3	133.6	100.5
肉禽蛋	Meat,Poultry and Related Products	424.4	318.0	201.0	93.8
水产品	Aquatic Products	533.6	299.7	181.7	107.5
鲜菜	Fresh Vegetable	531.1	346.7	180.6	90.0
干菜	Dried Vegetable		301.6	147.2	100.1
干鲜果	Dried and Fresh Fruits	433.9	304.9	161.1	93.1

13-6 鲜菜零售价格指数
RETAIL PRICE INDICES FRESH VEGETABLE

项目	Item	1985=100	1990=100	1996=100
总指数	**Aggregate Index**	510.9	269.1	95.0
大白菜	Chinese Cabbage	901.9	776.2	91.8
元白菜	Cabbage	580.2	415.4	123.4
菠菜	Spinach	945.6	387.7	109.1
油菜	Rape	631.0	314.6	97.1
芹菜	Celery	434.4	235.1	88.9
韭菜	Chinese Chives	344.8	199.1	88.9
菜花	Cauliflower	331.9	174.3	105.8
生笋	Bamboo Shoot	493.5	321.6	100.7
黄瓜	Cucumber	492.2	214.3	93.6
冬瓜	Wax Gourd	799.2	328.9	87.4
西红柿	Tomato	565.5	228.7	100.7
茄子	Eggplant	419.0	211.0	92.5
青椒	Green Pepper	818.3	265.5	98.3
豆角	Fresh Kidney Beans	412.4	223.1	94.3
大葱	Scallion	690.3	412.5	83.8
大蒜	Garlic	553.5	405.5	71.7
萝卜	Radish	1208.3	434.9	98.3
胡萝卜	Carrot	1178.4	436.4	133.2

13-7 农副产品收购价格总指数
PURCHASING PRICE INDICES FOR FARM AND SIDELINE PRODUCTS

项目	Item	1978=100	1985=100	1990=100	1996=100
总指数	**Aggregate Index**	**484.4**	**307.6**	**182.8**	**92.8**
粮食类	Grain	346.8	238.1	152.1	88.3
经济作物类	Industrial Crops	525.5	314.1	135.0	82.3
畜禽产品类	Livestock Products,Poultry and Eggs	520.4	353.5	204.1	96.2
生猪	Pigs	681.4	463.7	234.6	105.8
鸡蛋	Chicken Eggs	346.5	240.2	144.9	80.5
干鲜果类	Dried and Fresh Fruits	652.0	366.7	235.4	100.3
鲜瓜果	Fresh Melons and Fruits	550.7	346.9	240.4	100.0
鲜果	Fresh Fruits	551.8	300.7	220.2	108.9
西瓜	Water Melon	400.6	292.1	185.6	76.6
鲜菜类	Fresh Vegetable	685.0	338.3	191.6	86.6
水产品类	Aquatic Products	557.5	196.1	125.9	108.7

13-8 郊区工业品零售价格指数
RETAIL PRICE INDICES OF INDUSTRIAL PRODUCTS IN SUBURBS

项目	Item	1978=100	1985=100	1990=100	1996=100
总指数	**Aggregate Index**	**375.2**	**339.2**	**199.3**	**100.5**
日用消费品	Daily Use Articles	368.7	341.5	198.0	100.5
食品类	Food	494.6	408.3	243.5	98.0
衣着类	Clothing	317.3	333.6	181.5	99.9
日用杂品类	Daily Use Sundries	263.5	251.6	153.7	103.7
农业生产资料	Agricultural Capital Goods	372.2	329.8	198.7	100.4
农业机械	Agricultural Machinery	299.5	287.0	180.3	100.1
化学肥料	Chemical Fertilizer	498.5	417.0	272.0	96.7
化学农药	Agricultural Chemicals	208.7	198.9	83.1	75.3
农机用油	Oil for Agricultural Machinery		373.9	304.4	122.0
种子	Seed		302.0	132.6	101.2
饲料	Forage		467.8	244.8	101.4

13-9 工农业产品综合比价指数
AGGREGATE PRICE PARITY INDEX OF INDUSTRIAL AND AGRICULTURAL PRODUCTS

基期 Base Period	农副产品收购价格总指数 Purchasing Price Indices of Farm and Sidelinesing Products	农村工业品零售价格总指数 Retail Price Index of Industrial Products in Rural Area	工农业产品综合比价指数 Aggregate Parity Index of Industrial and Agricultural Products	
			以农产品指数为100 Agricultural Products Index=100	以工业品指数为100 Industrial Products Index=100
1957=100	594.6	358.5	60.3	165.9
1965=100	534.3	348.2	65.2	153.4
1970=100	533.4	369.8	69.3	144.2
1975=100	496.4	380.5	76.7	130.5
1978=100	484.4	375.2	77.5	129.1
1980=100	419.3	371.3	88.6	112.9
1985=100	307.6	339.2	110.3	90.7
1990=100	182.8	199.3	109.0	91.7
1995=100	94.2	106.2	112.7	88.7
1996=100	92.8	100.5	108.3	92.3

13-10 固定资产投资额价格指数
PRICE INDICES OF INVESTMENT IN FIXED ASSETS

项目 Item		1992=100	1993=100	1994=100	1996=100
总指数 Aggregate Index		186.2	147.1	126.5	102.7
建筑安装工程 Building Installation		207.9	158.6	132.3	104.9
设备、工器具购置	Purchase of Equipment, Tools and Instruments	146.8	127.7	125.1	96.8
其他费用	Others	160.8	131.8	106.6	100.4

注：按国家统计局的有关规定，固定资产投资额价格指数从1992年开始计算。
Note: According to rules of State Statistical Bureau,price indices of investment in fixed assets are counted from 1992.

13-11 建筑安装工程价格指数
PRICE INDICES BUILDING INSTALLATION

项目	Item	1978=100	1985=100	1990=100	1996=100
总指数	**Aggregate Index**	469.6	336.0	271.5	104.9
直接费用价格指数	Price Index of Direct Cost	591.3	373.7	302.8	105.5
人工费	Labor Cost	870.1	598.3	642.0	125.0
材料费用	Material Cost	516.0	363.9	262.4	102.2
其他费用价格指数	Price Index of Other Cost	318.1	229.3	182.1	102.4

13-12 建筑安装工程中主要材料费用价格指数
PRICE INDICES OF MAJOR MATERIALS IN BUILDING INSTALLATION

项目	Item	1978=100	1985=100	1990=100	1996=100
总指数	**Aggregate Index**	516.0	363.9	262.4	102.2
钢材	Rolled-steel Products	483.7	383.2	343.3	99.4
木材	Timber	852.8	439.5	321.1	97.0
水泥	Cement	708.2	504.0	321.2	101.1
地方材料	Local Materials	509.5	343.6	231.3	105.5
其他材料	Other Materials	502.0	356.4	251.1	104.1

主要统计指标解释

零售价格指数　是反映城乡商品零售价格变动趋势的一种经济指数。零售价格的调整变动直接影响到城乡居民的生活支出和国家的财政收入，影响居民购买力和市场供需平衡，影响消费与积累的比例。因此，计算零售价格指数，可以从一个侧面对上述经济活动进行观察和分析。

居民消费价格指数　是反映一定时期内城乡居民所购买的生活消费品价格和服务项目价格变动趋势和程度的相对数。是综合了城市居民消费价格指数和农民消费价格指数计算取得。利用居民消费价格指数，可以观察和分析消费品的零售价格和服务价格变动对城乡居民实际生活费支出的影响程度。

农产品收购价格指数　是反映国有商业、集体商业、个体商业、外贸部门、国家机关、社会团体等各种经济类型的商业企业和有关部门收购农产品价格的变动趋势和程度的相对数。农产品收购价格指数可以观察和研究农产品价格总水平的变化情况，以及对农民货币收入的影响，作为制定和检查农产品价格政策的依据。计算指数所选的商品有11各大类、包括276种农副土特产品。采用加权倒数平均公式（即按报告期实际收购金额加权综合法）计算。

工业产品出厂价格指数　是反映全部工业产品出厂价格总水平的变动趋势和程度的相对数。其中包括工业企业售给商业、外贸、物资部门的产品外，还包括售给工业和其他部门的生产资料以及直接售给居民的生活消费品。通过工业生产价格指数能观察出厂价格变动对工业总产值的影响。

固定资产投资价格指数　是反映固定资产投资额价格变动趋势和程度的相对数。固定资产投资额是由建筑安装工程投资完成额、设备、工器具购置投资完成额和其他费用投资完成额三部分组成的。编制固定资产投资价格指数应首先分别编制上述三部分投资的价格指数，然后采用加权算术平均法求出固定资产投资价格总指数。

编制固定资产投资价格指数可以准确地反映固定资产投资中涉及的各类商品和取费项目价格变动趋势和变动幅度，消除按现价计算的固定资产投资指标中的价格变动因素，真实地反映固定资产投资的规模、速度、结构和效益，为国家科学地制定，检查固定资产投资计划并提高宏观调控水平，为完善国民经济核算体系提供科学的，可靠的依据。

原材料、燃料、动力购进价格指数　是反映全部工业原材料、燃料、动力购进价格总水平的变动趋势和程度的相对数。用其可以观察和研究工业企业原材料价格变动对生产的影响，以及企业对原材料涨价的消化能力和承受能力，为制订价格政策提供依据。

农贸市场农产品成交价格指数　是反映一定时期农贸市场农产品价格变动趋势和程度的相对数。编制农贸市场农产品成交价格指数，可以观察和分析农贸市场农产品价格变动及对农业生产和居民生活的影响程度。

Explanatory Notes On Main Statistical Indicators

Retail Price Index reflects the general trend in retail prices of commodities. The change and adjustment in retail prices directly affect the living expenditure of urban and rural residents, government revenue, purchasing power of residents and the equilibrium of market supply and demand, and the ratio of consumption to accumulation. Therefore, the calculation of retail price index is useful to analyze the relevant economic activities.

Consumer Price Index reflects the relative change in prices of consumer goods and services purchased by urban and rural residents, and is a composite index derived from the urban consumer price index and the rural consumer price index. Consumer price index can be used to analyze the impact of consumer price change on actual living expenditures of urban and rural residents.

Purchasing Price Index of Farm Products reflects the relative change in purchasing prices of farm products purchased by state – owned, collective – owned, and individual commercial enterprises, foreign trade sectors, government agencies, social organizations and other units of various types of ownership. It is used to observe the impact of change in purchasing prices of farm products on money income of peasants and is calculated with the method of weighted harmonic mean, taking the amount of purchases during a given period as the weight. Number of products involved in the current calculation totaled 276 in 11 categories.

Ex – factory Price Index of Industrial Products reflects the relative change in general ex – factory prices of all industrial products, including sales of industrial products to commercial enterprises, foreign trade sectors , materials supplying and distributing sectors as well as sales of production means to industry and other sectors and sales of consumer goods to residents. It can be used to analyze the impact of ex – factory prices on gross industrial output value.

Price Index of Investment in Fixed Asses reflects the change in prices of investment in fixed assets. The investment in fixed assets consists of three components, namely the investment in construction and installation, the investment in purchases of equipment and instrument, and the investment in other items. Price index of investment in fixed assets is calculated as the weighted arithmetic mean of the price indices of the three components.

Price index of investment in fixed asses reflects the change of price in various goods and services involved in investment in fixed assets and therefore can be used to observe the actual size, speed, structure, and efficiency of investment in fixed assets and provides reliable and rational data for government planning, management, decision making, and further improving the current national accounting system.

Purchase Price Index of Raw Materials, Fuel and Power reflects relative changes in the general purchase price of all industrial raw materials, fuel and power. The index can be used to study and analyze the impact of price changes of industrial raw materials of the production and enterprises capability to bear and digest the price increase of raw materials, so as to provide basis for the government to formulate price policies.

Market Price Index of Farm Product reflects the trend of price changes of farm products sold in farm product markets in a given period of time. Market price index of farm product can be used to study and analyze the price fluctuation of farm product markets and their impact on agricultural production and people's daily life.

14 EDUCATION AND CULTURE
教育、文化

各类学校校数(所)
Number of schools (unit)

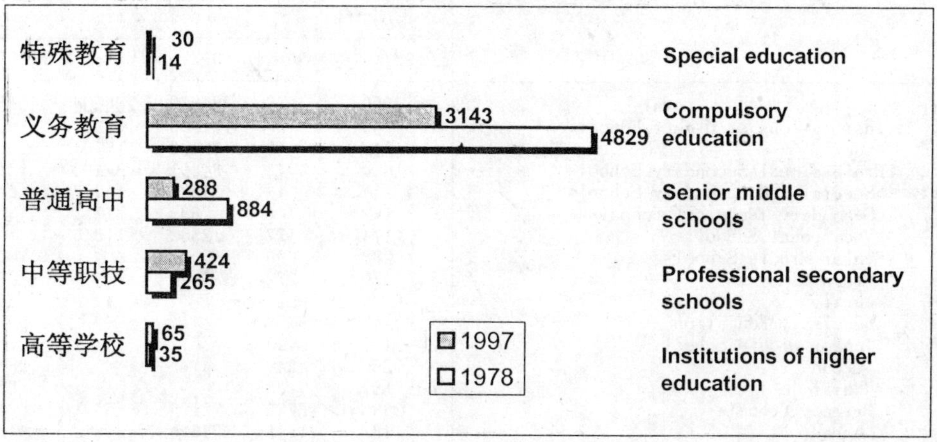

1978-1997年各类学校共培养:Number of graduates from 1978 to 1997

大学毕业生 Institutions of higher education	57.8
中等专业、中等技术学校毕业生 Professional secondard schools	60.3

1979-1997年各类成人教育共培养:

Number of students from 1979 to 1997 graduated in adult education

大学毕业生 Institutions of higher education	79.9
中等专业、中等技术学校毕业生 Professional secondard schools	102.2

各类学校学生情况
Basic statistics for education

单位:万人 10000 persons

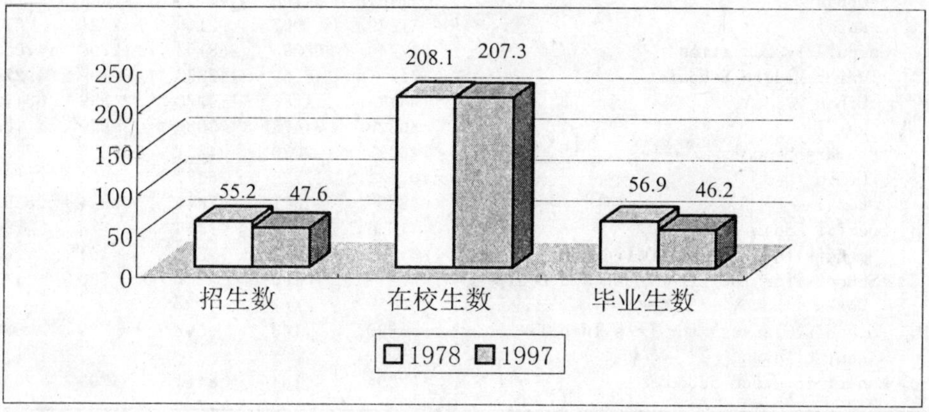

14-1 各类学校基本情况
BASIC STATISTICS FOR EDUCATION

单位：人 (person)

类别	Item	校数（所）Number of Schools (unit)		教职员工数 Teachers, Staff and Workers		# 专任教师 Full-time Teachers	
		1997	1996	1997	1996	1997	1996
总计	**Total**	3950	4049	283569	284604	164515	163301
高等学校	Institutions of Higher Education	65	65	101206	102304	36541	36387
# 地方	Local	12	12	15445	15704	5786	5755
中等职业技术教育	Professional Secondary Schools	424	443	34801	34402	17124	16659
中等专业学校	Specialized Secondary Schools	118	118	14526	15083	6442	6643
技工学校	Secondary Technical Schools	132	148	7693	7773	3589	3558
职业学校	Vocational Schools	174	177	12582	11546	7093	6458
普通高中	Senior Middle Schools	288	296			10292	9382
城镇	Urban	270	272			9767	8868
农村	Rural	18	24			525	514
义务教育	Compulsory Education	3143	3208			99745	100050
初中	Junior Middle Schools	447	428			37321	38002
城镇	Urban	260	240			28617	29058
农村	Rural	187	188			8704	8944
小学	Primary Schools	2696	2780	75125	75301	62424	62048
城镇	Urban	1487	1518	54620	55284	44877	45048
农村	Rural	1209	1262	20505	20017	17547	17000
特殊教育	Special Education	30	37	1266	1366	813	823
工读学校	Schools for Juvenile Delinquents	6	6	374	415	190	163
盲聋哑学校	Schools for The Blind,Deaf and Deaf-Mutes	7	7	431	462	283	289
弱智儿童辅读学校(班)	Schools(Classes) for Less Intelligent Children	17	24	461	489	340	371
民办学校	Non-state-owned Schools	54	41	2372	1597	1358	912

类别	Item	毕业生数 Graduates		招生数 New Students Enrollement		在校学生数 Students Enrollment	
		1997	1996	1997	1996	1997	1996
总计	**Total**	461896	435007	476348	502645	2073003	2078517
高等学校	Institutions of Higher Education	49973	46471	56884	55269	195842	189953
# 地方	Local	11603	11892	14501	13022	43576	41050
# 外国留学生	Foreign Students	4081	3292	4142	4455	8193	6838
中等职业技术教育	Professional Secondary Schools	59517	54318	100427	86193	265680	235701
中等专业学校	Specialized Secondary Schools	18759	17233	36082	30291	104135	88248
技工学校	Secondary Technical Schools	13267	14946	23027	18357	53237	48158
职业学校	Vocational Schools	27491	22139	41318	37545	108308	99295
普通高中	Senior Middle Schools	33010	25170	49566	42603	133461	118476
城镇	Urban	31481	24263	47420	40582	127272	112566
农村	Rural	1529	907	2146	2021	6189	5910
义务教育	Compulsory Education	317740	308296	268103	317707	1470070	1530594
初中	Junior Middle Schools	171717	146266	143872	160809	492747	530854
城镇	Urban	135188	111788	110072	121559	381115	407454
农村	Rural	36529	34478	33800	39250	111632	123400
小学	Primary Schools	146023	162030	124231	156898	977323	999740
城镇	Urban	107424	117729	86387	107994	694676	709193
农村	Rural	38599	44301	37844	48904	282647	290547
特殊教育	Special Education	1656	752	1368	873	7950	3793
工读学校	Schools for Juvenile Delinquents	547	429	524	364	835	539
盲聋哑学校	Schools for The Blind,Deaf and Deaf-Mutes	219	160	257	280	1315	1451
弱智儿童辅读学校(班)	Schools(Classes) for Less Intelli-gentChildren	890	163	587	229	5800	1803
民办学校	Non-state-owned Schools	2994	1164	8414	4709	20964	11548

14-2 高等学校基本情况
BASIC STATISTICS FOR INSTITUTION OF HIGHER EDUCATION

单位：人 (person)

类别 Item		校数（所）Number of Schools (unit)	毕业生数 Graduates	招生数 New Students Enrollment	在校学生数 Students Enrollment	教职工数 Teachers, Staff and Workers	#专任教师 Full-time Teachers
总计	**Total**	65	49973	56884	195842	101206	36541
综合大学	Comprehensive Universities	3	6839	7227	24505	13610	4715
理工院校	Science and Engineering	21	22270	24270	86437	38361	13384
农业院校	Agriculture	2	2448	2534	8463	3666	1391
林业院校	Forestry	1	616	1013	3238	1297	415
医药院校	Medicine	6	1904	2104	9119	15547	5686
师范院校	Teacher Training	3	3838	4024	13067	7358	2562
语文院校	Literature	7	2246	3422	10590	5641	2355
财经院校	Economics and Finance	6	4429	5194	17951	5809	2217
政法院校	Politics and Law	5	2586	3100	10032	3871	1290
体育院校	Physical Culture	1	497	571	2072	970	399
艺术院校	Art	8	870	1188	3786	3438	1304
民族院校	National Colleges	1	1035	1075	3995	1544	760
短期职业大学	Short-Time Vocational Colleges	1	395	1162	2587	94	63
在总计中：	**Of Total:**						
市属院校	**Municipal**	12	11603	14230	43305	15445	5786
综合大学	Comprehensive Universities	1	2495	3506	9959	3235	1236
理工院校	Science and Engineering	3	3582	3755	12694	4804	1749
农业院校	Agriculture	1	434	595	1483	517	234
医药院校	Medicine	2	695	698	2988	1428	488
师范院校	Teacher Training	2	2502	2476	7688	3054	1240
语文院校	Literature	1	198	571	1148	263	101
财经院校	Economics and Finance	1	1302	1467	4758	2050	675
短期职业大学	Short-Time Vocational Colleges	1	395	1162	2587	94	63

14-3 高等学校分科学生数
NUMBER OF STUDENTS BY DEPARTMENTS IN INSTITUTIONS OF HIGHER EDUATION

单位：人 (person)

学科 Item		毕业生数 Graduates	招生数 New Students Enrollent	在校学生数 Students Enrollment
总计	**Total**	49973	56884	195842
哲学	Philosophy	97	123	532
经济学	Economics	8540	10414	35040
法学	Law	3023	4120	12793
教育学	Education	1952	2560	7388
文学	Literature	6345	7521	23900
历史学	History	578	717	2483
理学	Science	4117	3929	13420
工学	Engineering	22184	23933	86621
农学	Agriculture	1048	1184	3777
医学	Medicine	2089	2383	9888

14-4 高等学校分科研究生数
NUMBER OF POSTGRADUATES BY DEPARTMENTS IN INSTITUTIONS OF HIGHER EDUCATION

单位：人 (person)

学科 Item		攻读博士学位研究生 Postgraduate for Doctor Degree			攻读硕士学位研究生 Postgraduate for Master Degree			研究生班研究生数 Postgraduates in Class
		毕业生数 Graduates	招生数 New Students Enrollment	在学研究生数 PostGraduates Enrollment	毕业生数 Graduates	招生数 New Students Enrollment	在学研究生数 PostGraduate Enrollment	
总计	**Total**	1595	2780	8431	6774	9124	24698	57
# 市属院校	Municipal	16	54	137	446	592	1738	
哲学	Philosophy	40	73	201	99	90	266	
经济学	Economics	84	204	573	853	1368	3401	
法学	Law	113	210	574	607	1208	2921	
教育学	Education	39	74	200	196	239	633	
# 体育学	Physical Culture	8	21	51	51	62	186	
文学	Literature	77	151	392	506	670	1819	57
# 艺术	Art	10	21	56	79	97	281	26
历史学	History	29	70	183	150	119	381	
理学	Science	260	394	1153	734	990	2671	
工学	Engineering	581	1140	3792	3119	3726	10546	
# 力学	Mechanics	30	53	200	89	106	328	
农学	Agriculture	92	115	335	167	210	566	
# 林学	Forestry	21	26	68	37	56	136	
医学	Medicine	280	349	1028	343	504	1494	

14-5 高等学校专任教师学历情况
EDUCATIONAL BACKGROUND OF FULL-TIME TEACHERS IN INSTITUTIONS OF HIGHER EDUCATION

单位：人 (person)

学历	Educational Background	总计 Total	正高级 Senior Title	副高级 Asso. Senior Title	中级 Middle Title	初级 Junior Title	其他 Others
合计	**Total**	36541	5978	11172	12372	5618	1401
研究生毕业	Postgraduate						
博士	Doctor Degree	3307	728	1450	918	92	119
硕士	Master Degree	10176	714	2346	4605	1932	579
未获博士硕士学位	Not Obtained Degrees	1422	434	368	420	180	20
本科毕业	Undergraduate						
学士	Bachelor	13164	1480	2961	5042	3088	593
研究生肄业	Not Pass the Postgraduate Study	69	20	14	25	6	4
未获学士学位	Not Obtained Degree	7018	2493	3563	816	123	23
专科毕业及本专科肄业两年及以上	Graduate from College for Professional Training and Undergraduate Study for Two Years above	1122	70	373	469	162	48
本专科肄业未满两年	Undergraduate Study for Less than Two Years	263	39	97	77	35	15

14-6 中等专业学校基本情况
BASIC STATISTICS ON SPECIALIZED SECONDARY SCHOOLS

单位：人 (person)

类别 Item		校数(所) Schools (unit)	毕业生数 Graduates	招生数 New Students Enrollment	在校学生数 Students Enrollment	教职工数 Teachers, Staff and Workers	#专任教 Full-time Teachers
总计	**Total**	118	18759	36082	104135	14526	6442
中等技术学校	**Secondary Technical Schools**	98	13717	33954	93769	12197	5322
工业学校	Industry	32	8017	22957	59691	6154	2488
农业学校	Agriculture	1	437	900	2970	341	126
林业学校	Forestry	1	191	139	537	92	36
医药学校	Medicine	37	2267	2809	10311	1942	937
财经学校	Economics and Finance	9	1647	4443	11273	1382	593
政法学校	Politics and Law	4	283	936	3365	395	189
体育学校	Physical Culture	7	302	271	1027	686	261
艺术学校	Art	6	437	1009	3247	1136	637
其他学校	Others	1	136	490	1348	69	55
中等师范学校	**Teacher Training School**	20	5042	2128	10366	2329	1120
# 幼儿师范	Kindergarten	1	228	200	687	144	66

14-7 中等专业学校专任教师学历
EDUCATIONAL BACKGROUND OF FULL-TIME TEACHERS IN SPECIALIZED SECONDARY SCHOOLS

单位：人 (person)

学历 Educational Background		中等专业学校 Secondary Specialized Schools		#中等专业技术学校 Secondary Technical Schools		# 中等专业师范学校 Teacher Training Schools	
		人数 Number of Persons	构成(%) Composition(%)	人数 Number of Persons	构成(%) Composition(%)	人数 Number of Persons	构成(%) Composition(%)
合计	**Total**	6442	100.0	5322	100.0	1120	100.0
大专及以上	College for Professional Training and The Level above						
本科毕业及以上	Undergraduate and The Level above	4566	70.9	3625	68.1	941	84.0
专科毕业和本专科肄业两年及以上	College for Professional Training and Undergraduate Study for Two Years above	1302	20.2	1167	21.9	135	12.1
本专科肄业未满两年	Undergraduate Study for Less than Two Years	50	0.8	38	0.7	12	1.1
中专、高中毕业及以下	Specialized Secondary School, Senior Middle School and the Level Below	524	8.1	492	9.2	32	2.9

14-8 中等专业学校分学科学生数

NUMBER OF STUDENTS IN SPECIALIZED SECONDARY SCHOOLS BY FIELD OF STUDY

单位：人 (person)

学科	Item	毕业生数 Graduates 1997	1996	招生数 New Students Enrollment 1997	1996	在校学生数 Students Enrollment 1997	1996
总计	**Total**	18759	17233	36082	30291	104135	88248
工科	Engineering	6642	6225	17112	12040	44884	35308
农科	Agriculture	296	208	437	432	1278	1151
林科	Forestry	162	72	182	145	429	418
医药卫生	Medicine	2267	2598	2770	3053	10232	9885
财经	Economics and Finance	1895	1497	5019	4363	14624	11189
管理	Administration	1327	974	5554	3794	12990	8976
政法	Politics and Law	283	256	1026	1170	3455	2711
艺术	Art	543	450	1491	1230	4656	3890
体育	Physical Culture	302	276	316	310	1072	1042
师范	Teacher Training	5042	4677	2175	3754	10515	13678
# 幼儿师范专业	Kindergarten	320	484	270	356	970	1135
特教师范专业	Special Education	39	71	50	50	79	128

14-9 普通中学分课程专任教师数

NUMBER OF FULL-TIME TEACHERS BY SUBJECTS OF REGULAR SECONDARY SCHOOLS

单位：人 (person)

学科	Item	合计 Total 1997	1996	高中 Senior Middle School 1997	1996	初中 Junior Middle School 1997	1996
总计	**Total**	47613	47384	10292	9382	37321	38002
政治	Politics	3324	3317	730	656	2594	2661
语文	Chinese	7554	7584	1480	1348	6074	6236
数学	Math	7835	7928	1582	1423	6253	6505
物理	Physics	3854	3757	1104	1016	2750	2741
化学	Chemical	2777	2675	1080	1005	1697	1670
生物	Biology	1820	1862	307	290	1513	1572
地理	Geography	1684	1728	303	264	1381	1464
历史	History	2209	2186	605	556	1604	1630
英语	English	7172	7065	1434	1277	5738	5788
俄语	Russian	3	6	3	5	0	1
日语	Japanese	13	16	7	5	6	11
体育	Physical Education	2914	2841	649	595	2265	2246
生理卫生	Physiology	58	68	0	1	58	67
音乐	Music	1000	954	104	73	896	881
美术	Art	935	919	72	63	863	856
计算机	Computer	559	454	241	204	318	250
职业劳动	Vocational labor	538	443	42	30	496	413
其他	Others	3364	3581	549	571	2815	3010

14-10 技工学校分专业学生数
NUMBER OF STUDENTS BY FIELD OF STUDY IN TECHNICAL SCHOOLS

单位：人 (person)

学科	Item	毕业生数 Graduates		招生数 New Student Enrollment		在校学生数 Students Enrollment	
		1997	1996	1997	1996	1997	1996
总计	Total	13267	14946	23027	18357	53237	48158
#市属	Municipal	11853	12933	21197	16640	48481	42843
农、林、牧、渔业	Farming,Forestry,Animal Husbandry and Fishery	187		165	40	288	90
机械制造及加工业	Machinery Manufacturing and Processing	2675	3532	3329	3599	7633	10412
#车工	Turner	1009	1232	1338	1215	2788	3829
钳工	Fitter	1288	1458	1132	1257	2961	3726
铣工	Caster and Blacksmith	77	148	113	137	257	332
铸、锻工	Miller	161	249	221	217	343	1016
铆、焊工	Riveter and Welder	140	445	525	773	1284	1509
地质矿产业	Geological and Mineral Industry	0		0		0	
冶金工业	Coal Mining and Processing	339	501	296	282	778	807
煤炭工业	Metallurgical Industry	80		140	80	390	371
电力工业	Electric Power Industry	235	493	0	58	304	729
石油工业	Petroleum Industry	0	266	0	239	0	643
化学工业	Chemical Industry	446	460	547	758	1381	2230
有色金属工业	Nonferrous Metal Industry	143	149	643	419	1208	799
轻工工业	Light Industry	833	1171	1580	1622	3719	4237
纺织工业	Textile Industry	937	439	2742	1160	5773	2205
电子、仪器、仪表	Electronic,Instruments and Meters	941	514	2313	1142	4983	3089
电工、电气	Electrotechnics and Electric	552	836	1076	1138	2608	2940
医药、医疗	Medicine	356	250	591	293	1259	886
建材、建工、城建	Construction	876	530	1292	278	3029	1337
交通运输	Transportation	1172	1510	1802	1693	4684	4552
邮电通讯	Post and Telecommunication	0	135	203	70	124	230
商业、饮食、旅游及服务业	Commerce,Catering Trade and Services	2309	4160	4586	5486	9573	12601
其他	Others	1186		1722		5503	

14-11 职业高中分科学生数
NUMBER OF STUDENTS BY FIELD OF STUDY IN VOCATIONAL SCHOOLS

单位：人 (person)

学 科 Item	毕业生数 Graduates 1997	毕业生数 Graduates 1996	招生数 New Students Enrollment 1997	招生数 New Students Enrollment 1996	在校学生数 Students Enrollment 1997	在校学生数 Students Enrollment 1996
总 计 Total	27491	22139	41158	37410	108148	99160
工 科 Engineering	8282	9315	10744	14454	29115	38524
农 科 Agriculture	270	470	590	673	1144	1360
林 科 Forestry	253	273	166	308	554	967
医 药 Medicine	528	383	888	1047	2880	2695
财 经 Economics and Finance	3872	2462	6014	5838	20544	17835
管 理 Administration	11616	7334	18215	12133	42517	29113
政 法 Politics and Law	69	83	135	266	557	494
艺 术 Art	1734	1158	3064	1758	7343	5209
体 育 Physical Culture	36		166		260	
师 范 Teacher Training	831	661	1176	933	3234	2963

14-12 普通中学、职业中学、小学校舍情况
STATISTICS FOR SCHOOLHOUSES OF REGULAR SECONDARY SCHOOLS, VOCATIONAL SCHOOLS AND PRIMARY SCHOOLS

单位：万平方米 (10000 sq. m)

类 别 Item	学校占地面积 Areas of Schools	校舍建筑面积 Floor Space of Schoolhouses	教学及辅助用房 Teaching and Auxiliary Houses	行政办公用房 Administrative Houses	生活福利用房 Houses for Welfare and Life
合 计 Total	39661642	10549344	5865507	2013726	2850111
城 市 Urban	12012818	5876656	3166753	1114963	1594940
县 镇 Towns	13804088	2786361	1468935	507938	809488
农 村 Rural	13844736	2066327	1229819	390825	445683
普通中学 Regular Secondary Schools	17131866	4683329	2373377	931097	1558855
城 市 Urban	6073975	2841258	1412441	525286	903531
县 镇 Towns	6209277	1295495	580912	256719	457864
农 村 Rural	4848614	726576	380024	149092	197460
职业中学 Vocational Schools	2923007	1082171	522186	238737	321248
城 市 Urban	1259142	778943	385233	187330	206380
县 镇 Towns	1094084	207139	90250	31337	85552
农 村 Rural	569781	96089	46703	20070	29316
小 学 Primary Schools	19606769	4783844	2969944	843892	970008
城 市 Urban	4679701	2256455	1369079	402347	485029
县 镇 Towns	6500727	1283727	797773	219882	266072
农 村 Rural	8426341	1243662	803092	221663	218907

14-13 普通中小学专任教师学历
EDUCATIONAL BACKGROUND OF FULL-TIME TEACHERS IN PRIMARY AND SECONDARY SCHOOLS

单位：人 (person)

学历 Educational Background	高中 Senior Middle School		初中 Junior Middle School		小学 Primary School	
	人数 Number of Persons	构成(%) Composition(%)	人数 Number of Persons	构成(%) Composition(%)	人数 Number of Persons	构成(%) Composition(%)
总计 Total	10292	100.0	37321	100.0	62424	100.0
本科毕业及以上 Undergraduate and The Level above	8178	79.5	13840	37.1	493	0.8
大专毕业 College for Professional Training	1950	18.9	18873	50.6	8338	13.4
中专毕业 Specialized Secondary School	95	0.9	3177	8.5	44342	71.0
高中及以下 Senior Middle School and The Level Below	69	0.7	1431	3.8	9251	14.8

14-14 平均每万人口在校学生数
AVERAGE NUMBER OF STUDENT ENROLLMENT PER 10000 POPULATION

单位：人 (person)

类别 Item	1997	1996
大学 Colleges	181.0	176.8
中等职业教育 Professional Secondary Schools	245.6	219.3
普通中学 Regular Secondary Schools	578.8	604.2
小学 Primary Schools	903.4	930.3

14-15 平均每一专任教师负担学生数
AVERAGE NUMBER OF STUDENTS INSTRUCTED BY A FULL-TIME TEACHER

单位：人 (person)

类别 Item	1997	1996
大学 Colleges	5.4	5.2
中等职业教育 Professional Secondary Schools	15.5	14.1
普通中学 Regular Secondary Schools	13.2	13.7
小学 Primary Schools	15.7	16.1

14-16 小学学龄儿童入学率
ENROLLMENT RATE OF CHILDREN AT SCHOOL-AGE

单位：人 (person)

项目 Item		校内外学龄人口总数 Number of Children at School-age	# 女 Female	在校学龄人口总数 Number of Children at School-age in Schools	# 女 Female	入学率(%) Enrollment Rate(%)	# 女 Female
合计	Total	928432	450985	927986	450784	99.95	99.96
城市	Urban	399500	194695	399477	194688	99.99	100.00
县镇	Towns	264836	128146	264704	128068	99.95	99.94
农村	Rural	264096	128144	263805	128028	99.89	99.91

14-17 中、小学校外教育
AFTER-SCHOOL EDUCATION OF SECONDARY AND PRIMARY SCHOOLS

单位：人 (person)

项目 Item		单位数(个) Number of Units(unit)	活动小组数(个) Activities Groups(unit)	参加小组学生数 Students Join Groups	教职工人数 Staff and Workers	# 辅导员 Counsellors	兼职辅导员 Part-time Counsellors
总计	Total	1782	5257	83728	3086	2391	3690
少年宫	Children's Palace	17	1653	36142	979	546	218
少年科技馆(站)	Children's Scientific Museums (Centers)	8	315	5912	226	135	23
少年之家	Children's Home	29	965	16920	461	290	108
少年活动站	Children's Club	1728	2324	24754	1420	1420	3341

14-18 幼儿园基本情况
STATISTICS FOR KINDERGARTENS

单位：人 (person)

项目 Item			总计 Total	# 女 Female	城市 Urban	县镇 Towns	农村 Rural
园数 (所)	Number of Kindergartens	(unit)	2892	…	876	360	1656
班数 (个)	Number of Classes	(unit)	9337	…	4787	1389	3161
# 学前班	Preschool Classes		1079	…	352	206	521
在园幼儿数	Children Enrollment		253478	121006	140401	38442	74635
# 学前班	Preschool Classes		32023	11951	11324	5818	14881
教职工数	Teachers,Staff and Workers		32811	31246	23851	4872	4088
# 园长	Headmaster		2300	2236	1461	373	466
教师	Teachers		14596	14029	9959	2411	2226
保健员	Health Workers		1198	1194	882	190	126

14-19 各类成人教育毕业生、招生、在校学生数
NUMBER OF GRADUATES,NEW STUDENTS ENROLLMENT AND STUDENTS ENROLLMENT OF ADULT EUDCATION

单位：人 (person)

类别	Item	校数(教学点)(所) Number of Schools(unit)	毕(结)业生数 Graduates	招生数 New Students Enrollment	在校学生数 Students Enrollment
高等教育	**Higher Education**	214	71550	81776	210746
广播电视大学	Radio and TV Universities	2	2943	4254	5066
职工高等学校	Schools for Staff and Workers	46	22804	12091	32770
管理干部学院	Management Colleges	33	7366	11519	22893
教育学院	Pedagogical Colleges	1	1645	2311	6426
独立函授学院	Independent Correspondence Colleges	2	489	784	2756
普通高校函授部	Correspondence Department Run by Institutions of Higher Education	46	21824	29642	85787
普通高校夜大学	Evening Universities Run by Institutions of Higher Education	51	9525	15106	43322
普通高校成人脱产班	Full Time Adult Class Run by Institutions of Higher Education	33	4954	6069	11726
中等专业教育	**Specialized Secondary Education**	115	30534	25200	81969
广播电视中专	Radio and TV Specialized Secondary Schools	1	11692	3847	12603
职工中专学校	Specialized Secondary Schools for Staff and Workers	66	11003	11152	40227
干部中专学校	Specialized Secondary School for Cadres	8	1249	983	3451
农民中专学校	Specialized Secondary School for Peasants	16	4496	5665	16583
函授中专学校	Specialized Correspondence Secondary Schools	1	1473	2712	5808
教师进修学校	Teacher Training Schools	23	621	841	3297
中等文化教育	**Secondary Education**	259	4939	4948	9063
职工中学	Middle Schools for Staff and Workers	228	4684	4338	8335
高中	Senior	223	4654	4205	8202
初中	Junior	5	30	133	133
农民中学	Middle Schools for Peasants	31	255	610	728
高中	Senior	31	255	610	728

14-20 各类成人教育教职工数

NUMBER OF TEACHERS, STAFF AND WORKERS ENGAGED IN ADULT EDUCATION

单位：人 (person)

类别	Item	合计 Total 1997	合计 Total 1996	# 专任教师 Full-time Teachers 1997	# 专任教师 Full-time Teachers 1996	# 兼任教师 Part-time Teachers 1997	# 兼任教师 Part-time Teachers 1996
总计	**Total**	29497	31457	12403	12841	6623	5773
高等教育	**Higher Education**	21833	22206	8874	8726	4349	2890
广播电视大学	Radio and TV Universities	979	1005	363	375	182	318
职工高等学校	School of Higher Education for Staff and Workers	10235	9928	4645	4321	2348	711
管理干部学院	Management Colleges	7473	8310	2645	2910	318	415
教育学院	Pedagogical Colleges	578	576	238	231		
独立函授学院	Independent Correspondence Colleges	809	812	358	348	24	43
普通高校函授部、夜大学	Correspondence Department or Evening Universities Run by Institutions of Higher Education	1759	1575	625	541	1477	1403
中等专业教育	**Specialized Secondary Education**	7664	9251	3529	4115	2274	2883
广播电视中专	Radio and TV Specialized Secondary Schools	913	913	480	480	746	746
职工中专学校	Specialized Secondary Schools for Staff and Workers	3354	4533	1393	1845	766	1401
干部中专学校	Specialized Secondary Schools for Cadres	441	479	138	135	134	106
农民中专学校	Specialized Secondary Schools for Peasants	910	1011	424	446	614	484
函授中专学校	Specialized Correspondence Secondary Schools	204	167	97	37	14	145
教师进修学校	Teacher Training Schools	1842	2148	997	1172		1

14-21 民办学校基本情况

STATISTICS FOR NON-STATE OWNED SCHOOLS

单位：人 (person)

类别	Item		1997	1996
普通中学	**Regular Secondary Schools**			
校数（个）	Number of Schools	(unit)	41	33
毕业生数	Number of Graduates		2535	943
高中	Senior Middle Schools		1031	452
招生人数	New Students Enrollment		7057	3986
高中	Senior Middle Schools		4318	2370
在校学生数	Students Enrollment		16410	8656
高中	Senior Middle Schools		8628	4988
专任教师数	Full-time Teachers		970	768
职业中学	**Vocational Secondary Schools**			
校数（个）	Number of Schools	(unit)	9	5
毕业生数	Number of Graduates		145	42
招生人数	New Students Enrollment		839	309
在校学生数	Students Enrollment		1425	681
专任教师数	Full-time Teachers		158	78
小学	**Primary Schools**			
校数（个）	Number of Schools	(unit)	4	3
毕业生数	Number of Graduates		314	179
招生人数	New Students Enrollment		519	414
在校学生数	Students Enrollment		3129	2211
专任教师数	Full-time Teachers		559	401

14-22 公 共 图 书 馆
PUBLIC LIBRARIES

项 目 Item			总 计 Total	中央属 Central	市 属 Municipal	区县属 District and County
个 数	(个) Number	(unit)	23	1	2	20
从业人员	(人)	(person)	2522	1588	236	698
总藏数	(万册、件) Total Collections	(10000 volumes)	2789	2101	297	391
# 图书	(万册、件) Books	(10000 volumes)	1238	640	230	368
建筑面积	(平方米) Floor Space of Building	(sq. m)	257232	175000	10492	71740
阅览座席	(个) Seats for Reading	(unit)	8643	3000	330	5313
外借人次	(万人次) Person-Times of Lending	(10000)	188	14	20	154
外借册次	(万册次) Volume-times Lending	(10000)	407	34	41	332

14-23 档案事业基本情况
BASIC STATISTICS FOR ARCHIVES

类 别 Item			1997	1996
档案馆数	(个) Number of Archives	(unit)	22	20
馆藏档案	Total Collections			
全 宗	(个) Full-Records	(unit)	1920	1983
案 卷	(万卷) Files	(10000 volumes)	234	223.2
长 度	(米) Length	(meter)	29952	26110
建国前档案	(卷) Files of Pre-State-Founding	(volume)	813899	844505
建国后档案	(卷) Files of After-State-Founding	(volume)	1526035	1387593
照片档案	(张) Photo Files	(picture)	136442	91129
音像影片档案	(盒) Film Files	(cassette)	5988	4330
馆藏资料	(万册) Materials Collections	(10000 volumes)	22.4	22
开放档案	(卷) Opening Files	(volume)	542630	460638
抢救档案	(卷) Rescued Files	(volume)	266497	122061
馆内设备	Facilities			
缩微摄影机	(台) Microcamera	(unit)	12	11
电子计算机	(台) Computer	(unit)	144	116
复印机	(台) Duplicator	(unit)	38	38
空调机	(台) Air-Conditioner	(unit)	184	149
去湿机	(台) Wet-Removing Machine	(unit)	64	56
利用情况	Utilization			
利用档案	(卷件次) Access to Files	(volume. time)	238719	244151
利用资料	(册份次) Materials	(volume. time)	15635	11800
利用人次	(人次) Users	(person. time)	27659	30307
编研出版史料	(万字) Editing and Publishing Historical Meterials	(10000 words)	480	1104
机关档案工作情况	Archives in Government Organs			
全 宗	(个) Full-Records	(unit)	3794	4093
案 卷	(万卷) Files	(10000 volumes)	1670.8	1630
长 度	(米) Length	(meter)	238150	355977
接收立卷	(卷) Files Received	(volume)	1459367	1174963
利用档案	(卷件次) Access to Files	(volume. time)	1515767	2078133
利用人次	(人次) Users	(perosn. time)	534702	629958

14-24 艺 术 剧 团
ART TROUPES

项 目 Item		个数 (个) Number (unit)	从业人员 (人) Employment (person)	国内演出场次 (场) Domestic Performances	#农村 In Rural Areas	国内观众人数 (万人次) Domestic Spectators (10000 person. time)	总收入 (千元) Total Revenue (1000 yuan)	# 演出收入 from Performances
总 计	**Total**	38	8090	8426	978	696	239736	51849
按隶属关系分组	**Grouped by Administrative Relationship**							
中央属	Central	17	5154	3069	597	333	151813	35641
市 属	Municipal	12	2572	4578	339	302	80132	14284
区县属	District and County	9	364	779	42	61	7791	1924
按剧种分	**Grouped by Art Troupes**							
话剧、儿童剧团	Drama,Children's Play	5	991	950	246	73	29057	4537
歌剧、舞剧、歌舞剧团	Opera,Dance Drama and Song and Dance Troupe	2	970	294	45	66	24580	8597
歌舞团、轻音乐团	Song and Dance Ensembles and Light Music Troupes	5	1455	1209	17	299	46978	16269
乐团	Philharmonic Troupes	4	817	481	6	49	33203	6438
文工团	Cultural Troupes	4	1205	781	349	93	34079	3181
戏曲剧团	Local Opera Troupes	13	2113	2875	209	132	56080	8358
# 京剧团	Local Beijing Opera Troupes	4	1213	1597	40	64	31904	5861
曲、杂、木、皮影剧团	Recitation and Ballad Troupe,Acrobatics and Circus Troupe,Puppet Show Troupe and Shadow Puppet Troupe	5	539	1836	106	166	15759	4469

14-25 电 影 摄 制 情 况
STATISTICS FOR FILM PRODUCTION

类 别 Item		合 计 Total		# 长 片 Long Film		# 短 片 Short Film	
		部 Film	本 Reel	部 Film	本 Reel	部 Film	本 Reel
合 计	**Total**	27	615	22	603	5	12
故事片	Feature Film	15	536	15	536		
舞台艺术片	Stagecraft Film						
纪录片	Documentary Film	3	20	2	18	1	2
新闻片	News Film						
科教片	Popular Science Film	4	10			4	10
电视放大片	Enlarging Film						
译制片	Dubbed Film	5	49	5	49		
美术片	Puppet Film						

14-26 报纸出版情况
NEWSPAPER PUBLICATION

门类 Item		种数（种） Number of Publications	平均期印数（万份） Average Printed Copies Per Issue (10000)	总印数（万份） Total Printed Copies (10000)	总印张（千印张） Total Signatures (1000)
总计	Total	242	3623.66	718017	12216698
综合报	Comprehensive	49	1520.25	390904	7008126
专业报	Professional	193	2103.41	327113	5208572

14-27 杂志出版情况
MAGAZINES PUBLICATION

门类 Item		种数（种） Number of Publications	平均期印数（万册） Average Copies Per Issue (10000)	总印数（万册） Total Copies (10000)	总印张（千印张） Total Signatures (1000)
总计	Total	2162	5396.23	66135.18	2287365.38
综合	Comprehensive	117	792.39	8441.22	253099.38
哲学、社会科学	Philosophy and Social Sciences	533	2305.88	33410.29	1043717.85
自然科学技术	Natural Sciences and Technology	1181	1272.87	13526.93	596963.05
文化、教育	Culture and Education	186	572.54	5825.80	199955.10
文学、艺术	Literature and Art	93	243.26	2483.10	123364.00
少年儿童读物	Juvenile and Children's Books	16	157.80	1804.54	37098.00
画刊	Pictorial	36	51.50	643.30	33168.00

14-28 图书出版情况
BOOKS PUBLICATION

门类 Item		本版图书种数 合计（种） Number of Publications (kind)	#新出 New Publications	总印数（万册、张） Total Copies (10000)	总印张（千印张） Total Signatures (1000)
总计	Total	45775	27300	99292.86	7862224.71
书籍合计	Books	45130	26887	98209.80	7722135.05
马列主义、毛泽东思想	Maxism-Leninism-Mao Zedong Thought	79	39	73.70	11367.04
哲学	Philosophy	539	285	480.32	63187.65
社会科学总论	General Social Sciences	697	590	628.30	83205.87
政治、法律	Politics and Law	2694	1909	5233.09	538463.89
军事	Military	236	196	252.50	25263.88
经济	Economics	4236	3056	5185.06	639979.90
文化、科学、教育、体育	Culture,Science,Education and Sports	11696	5774	57351.09	2611612.88
语言、文字	Languages	1957	1029	3957.68	670640.36
文学	Literature	2897	2105	3407.04	462871.85
艺术	Art	1783	1021	1725.69	138173.35
历史、地理	History and Geography	1700	1167	3714.59	270788.42
自然科学总论	General Natural Sciences	66	44	97.50	10029.78
数学科学、化学	Mathematics and Chemistry	875	348	1617.20	192299.26
天文学、物理科学	Astronomy and Physics	369	347	65.00	6736.00
生物科学	Biology	243	140	110.00	17953.00
医药、卫生	Medicine and Health Care	2262	1318	2257.58	357961.93
农业科学	Agricultural Science	1532	775	1949.70	147751.18
工业技术	Industrial Technology	8278	4528	7341.93	1164806.91
交通运输	Transportation	731	464	802.30	88065.00
航空、航天	Aeronautics and Aerospace	68	67	55.00	3330.00
环境科学	Environmental Science	226	193	92.67	10605.60
综合性图书	General Books	1966	1492	1811.85	207041.30
图片合计	Pictures	645	413	1083.06	48212.15

14-29 电 视 台 情 况
BASIC STATISTICS ON TELEVISION STATIONS

项　目 Item		1997 中央 Central	1997 地方 Local	1996 中央 Central	1996 地方 Local
基本情况	**Basic Statistics**				
电视台	(座) Television Stations (unit)	1	10	1	10
电视发射台、转播台	(座) Transmission Stations and Relay Stations (unit)	1	167	1	218
电视差转台	(座) Transformation Stations(unit)				
节目套数	(套) Programs (set)	8	12	8	12
平均每周播出时间(时：分)(按12月份第三周计算)	Program Hours Per Week (according to the third week of December) (hour:minute)	1008:30	777:00	977:18	707:05
播放节目情况	**Shows of TV Programs**				
自办节目时间	(时：分) Self-Produced Programs (hour:minute)	1008:30	670:15	977:18	617:00
新闻节目	(时：分) News Programs (hour:minute)	147:54	94:10	137:31	93:55
专题节目	(时：分) Special Topic Programs (hour:minute)	343:22	108:05	338:53	93:30
教育节目	(时：分) Educational Programs (hour:minute)	31:15	48:40	32:34	49:10
文艺节目	(时：分) Entertainment Programs (hour:minute)	425:30	366:24	423:51	311:49
服务性节目	(时：分) Service Programs(hour:minute)	60:29	52:56	44:29	68:36

14-30 广 播 电 台 情 况
BASIC STATISTICS ON BROADCASTING STATIONS

项　目 Item		1997 中央 Central	1997 地方 Local	1996 中央 Central	1996 地方 Local
基本情况	**Basic Statistics**				
电　台	(座) Broadcasting Stations (unit)	2	9	2	7
发射台、转播台	(座) Transmission Stations and Relay Stations (unit)	5	9	5	7
节目套数	(套) Programs (set)	8	15	7	13
平均每日播音时间(时：分)(按12月份计算)	Program Hours Per Week (Accornding to December) (hour:minute)	295:30	156:03	295:30	150:1
播放节目情况	**Shows of TV Programs**				
自办节目时间	(时：分) Self-Produced Programs (hour:minute)	295:30	142:48	295:30	139:1
新闻节目	(时：分) News Programs (hour:minute)	72:46	14:35	72:46	10:30
专题节目	(时：分) Special Topic Programs (hour:minute)	109:00	27:00	109:00	36:13
教育节目	(时：分) Educational Programs (hour:minute)	6:30	16:47	6:30	18:40
文艺节目	(时：分) Entertainment Programs (hour:minute)	89:59	63:35	89:59	57:15
服务性节目	(时：分) Service Programs(hour:minute)	17:15	20:51	17:15	16:35

14-31 农村有线广播普及情况
STATISTICS ON COVERAGE OF WIRE BROADCASTING IN RURAL AREAS

地　区 Region		通广播村 (个) Villages Openning Broadcasting(unit)	村通播率 (%) Openning Rate of Villages(%)	已改装喇叭的农户 (万户) Households Changed LoudspeakerS(10000)	喇叭入户率 (%) Loudspeaker Share (%)
全　市	Total	3250	74.59	0.52	0.42

主 要 统 计 指 标 解 释

普通高等学校　指按照国家规定的设置标准和审批程序批准举办，通过国家统一招生考试，招收高中毕业生为主要培养对象，实施高等教育的全日制大学、独立设置的学院和高等专科学校、短期职业大学。

成人高等学校　指按照国家有关规定审批，招收通过全国成人高教统一招生考试的具有高中毕业或同等学历的在职从业人员利用脱产、半脱产、业余或函授等多种形式对其实施高等学历教育，培养高等教育专科或本科毕业水平的专门人才，修业年限、课程设置和总学时数均按高等学历教育要求付诸实施的学校。包括广播电视大学、职工高等学校、农民高等学校、管理干部学院、独立设置的函授学院等。

小学学龄儿童入学率　指调查范围内已入小学学习的学龄儿童占校内外学龄儿童总数（包括弱智儿童在内，但不包括聋哑儿童）的比重。计算公式：

$$小学学龄儿童入学率=\frac{已入学的小学学龄儿童数}{校内外小学学龄儿童总数}\times 100\%$$

艺术剧团　指从事戏曲、音乐、舞蹈、杂技等专业艺术表演，有独立帐户、实行独立核算的团体。不包括半工半艺和民间职业剧团。

艺术表演观众人数（人次）　指售票、包场演出或民族地区免费演出的艺术表演观众人次数。不包括彩排审查和内部观摩演出的观众人次数。

Explanatory Notes On Main Statistical Indicators

Regular Institutions of Higher Education refer to full – time universities, colleges, high professional schools and short – term professional universities set up according to the government standards and approval procedures, enrolling graduates from senior secondary schools through nation – wide unified examination and providing higher education courses and training.

Institutions of Higher Education for Adults refer to Radio and TV universities, staff colleges, peasants colleges, colleges for management cadres and independent correspondence colleges set up in line with relevant government policies, enrolling staff and workers with senior secondary school or equivalent education, and providing higher education courses in various forms of full – time, part – time, spare – time, or correspondence for adults. There are government regulations on various aspects for institutions of higher education for adults, such as the courses and total learning hours.

Enrollment Rate of School – Age Children refers to the proportion of primary school – age children enrolled at primary schools to the total number of primary school – age children both in and outside primary schools (including retarded children, but excluding blind, deaf and mute children). The formula is:

$$\text{School – age Children} = \frac{\text{Enrollment Rate of Total school – age children in schools}}{\text{Total school – age children in and outside schools}} \times 100\%$$

Art Troupe refers to the troupe which is engaged in drama, opera, music, dance, acrobatics or other art performance, opens independent accounts in banks and has independent accounting system; excluding the troupes which are engaged partly in industrial or agricultural activities, partly in art performance or the non – governmental troupes.

Number of Spectators at Art Performance refers to the number of attendants at commercial shows, completely booked shows or free shows given in minority national areas, and does not include the number of spectators at rehearsals and internal shows.

主要统计指标解释

Explanatory Notes On Main Statistical Indicators

15 SCIENCE AND TECHNOLOGY
科技

各类专业技术人员情况

Basic statistics for scientific and technical personnel

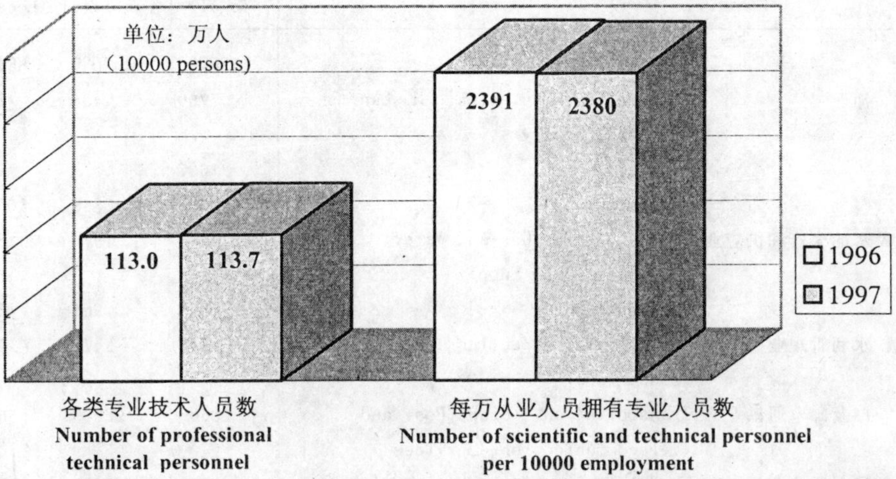

	1997	1996	1997年为1996年% 1997 as % of 1996
各类专业技术人员(万人) Number of professional technical personnel(10000 persons)	113.7	113.0	100.6
科学研究机构数(个) Scientific research institutions(unit)	425	389	109.3
从事科技活动人员(人) Personnel engaged in scientific and technological activity(person)	78765	81572	96.6

从事科技活动人员构成情况（%）

Percentage of scientific research institutions (%)

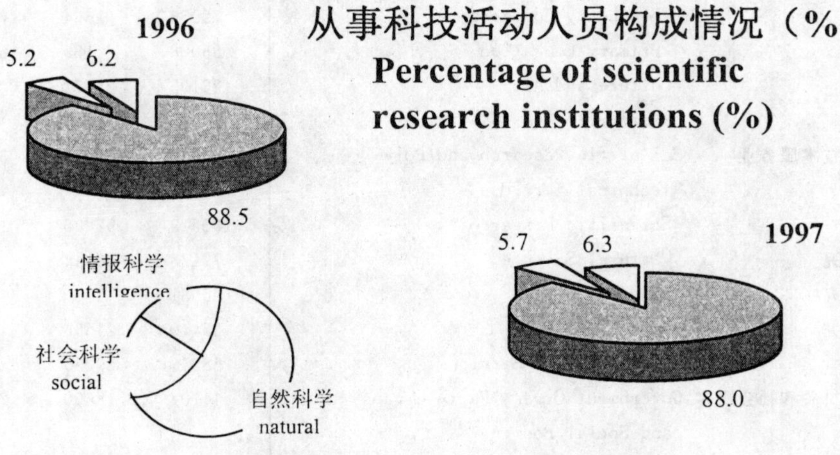

15-1 国民经济各行业专业技术人员
NUMBER OF PROFESSIONAL TECHNICAL PERSONNEL BY SECTORS OF NATIONAL ECONOMY

单位：人 (person)

项目	Item	1997 全市 Total	1997 中央 Central	1997 地方 Local	1996 全市 Total
合计	**Total**	1136750	452039	684711	1130494
农、林、牧、渔业	Farming,Forestry,Animals Husbandry and Fishery	7760	496	7264	8684
采掘业	Excavation	1627		1627	1613
制造业	Manufacturing	210300	40388	169912	218340
电力、煤气及水的生产和供应业	Electric Power,Gas and Water Production and Supply	7472	1974	5498	7095
建筑业	Construction	96305	22964	73341	96293
地质勘查业、水利管理业	Geological Prospecting and Water Conservancy	4448	2474	1974	4395
交通运输、仓储及邮电通讯业	Transportation,Storage,Post and Telecommunications Services	28600	22279	6321	28303
批发和零售贸易、餐饮业	Wholesale,Retail and Catering	81572	22645	58927	90452
金融、保险业	Banking and Insurance	51934	49687	2247	41405
房地产业	Real Estate	15181	1978	13203	15124
社会服务业	Social Services	74572	22978	51594	70226
卫生、体育和社会福利业	Health Care,Sports and Social Welfare	79928	27062	52866	83764
卫生	Health Care	77921	26561	51360	81552
体育	Sports	1115	402	713	1198
社会福利保障业	Social Welfare	892	99	793	1014
教育、文化艺术和广播电影电视业	Education,Culture and Arts and Radio,Film and Television	256830	89330	167500	245957
教育	Education	215633	57144	158489	207189
高等教育	Higher Education	66749	53783	12966	66953
中等教育	Secondary Education	72956	1664	71292	70609
初等教育	Primary Education	65008	185	64823	60210
文化艺术	Culture and Art	32195	25771	6424	32161
广播电影电视	Radio,Film and Television	9002	6415	2587	6607
科学研究和综合技术服务业	Scientific Research and Polytechnical Services	161837	121949	39888	163143
科学研究	Scientific Research	103519	92690	10829	97325
自然科学研究	Natural Science	72178	65444	6734	68053
社会科学研究	Social Science	5931	5360	571	6947
其他科学研究	Others	25410	21886	3524	22325
综合技术服务	Polytechnical Services	58318	29259	29059	65818
国家机关、政党机关和社会团体	Government Organs,Party Organs and Social Bodies	44104	18690	25414	39429
其他行业	Others	14280	7145	7135	16271

15-2 国民经济各行业每万从业人员拥有专业技术人员
NUMBER OF SCIENTIFIC AND TECHNICAL PERSONNEL PER 10000 EMPLOYMENT BY SECTORS OF NATIONAL ECONOMY

单位：人 (person)

项目	Item	1997 全市 Total	1997 中央 Central	1997 地方 Local	1996 全市 Total
合计	**Total**	2380	3248	2024	2391
农、林、牧、渔业	Farming,Forestry,Animals Husbandry and Fishery	1425	3594	1369	1615
采掘业	Excavation	399		399	373
制造业	Manufacturing	1631	1987	1564	1622
电力、煤气及水的生产和供应业	Electric Power,Gas and Water Production and Supply	1765	1671	1801	1682
建筑业	Construction	1549	1462	1579	1793
地质勘查业、水利管理业	Geological Prospecting and Water Conservancy	2814	4632	1886	2777
交通运输、仓储及邮电通讯业	Transportation,Storage,Post and Telecommunications Services	1353	1540	947	1350
批发和零售贸易、餐饮业	Wholesale,Retail and Catering	1426	2966	1189	1504
金融、保险业	Banking and Insurance	6898	6960	5756	5963
房地产业	Real Estate	2050	2451	2001	2173
社会服务业	Social Services	1457	2044	1291	1454
卫生、体育和社会福利业	Health Care,Sports and Social Welfare	5802	6511	5496	6065
卫生	Health Care	6239	6970	5918	6530
体育	Sports	1361	1370	1357	1413
社会福利保障业	Social Welfare	1914	1886	1917	2141
教育、文化艺术和广播电影电视业	Education,Culture and Arts and Radio,Film and Television	5953	5099	6537	5753
教育	Education	6290	5245	6777	6075
高等教育	Higher Education	5389	5360	5513	5391
中等教育	Secondary Education	6616	4565	6686	6483
初等教育	Primary Education	7883	4894	7896	7230
文化艺术	Culture and Art	4650	4898	3865	4685
广播电影电视	Radio,Film and Television	4636	4702	4482	3706
科学研究和综合技术服务业	Scientific Research and Polytechnical Services	5346	6053	3940	5553
科学研究	Scientific Research	5827	5962	4883	5991
自然科学研究	Natural Science	5812	5976	4587	5871
社会科学研究	Social Science	5922	5897	6166	6923
其他科学研究	Others	5849	5936	5362	6114
综合技术服务	Polytechnical Services	4662	6357	3676	5012
国家机关、政党机关和社会团体	Government Organs,Party Organs and Social Bodies	1333	1187	1465	1238
其他行业	Others	2245	2914	1826	2038

15-3 市属国有企事业单位专业技术人员
NUMBER OF SCIENTIFIC AND TECHNICAL PERSONNEL IN LOCAL STATE-OWNED ENTERPRISES AND INSTITUTIONS

单位：人 (person)

项目	Item	总计 Total	#高级 Senior	#中级 Middle	#初级 Junior
总计	**Total**	535391	40131	160975	292666
工程技术人员	Engineering	131695	11516	39232	67668
农业技术人员	Agriculture	5829	304	1641	3381
科研实验人员	Scientific Research and Experimentation	3577	948	1584	566
卫生技术人员	Health Care	68375	5023	16019	44652
教学人员	Teaching	166670	17822	63442	71123
高等教育	Higher Education	8239	2957	3509	1277
中专	Specialized Secondary Schools	9804	1288	4047	3365
中学	Secondary Schools	71051	13577	24427	25511
小学	Primary Schools	77576	0	31459	40970
民航人员	Aviation	10	2	5	3
船舶人员	Ship	2	0	0	1
经济人员	Economy	57817	1078	12076	39148
会计人员	Accountant	47339	449	6672	37162
统计人员	Statistician	10664	80	2173	7932
翻译人员	Translator	1387	78	654	519
图书档案人员	Librarian and Archvist	6714	246	2139	3909
新闻出版人员	News Publisher	3225	436	1131	1231
律师公证人员	Law and Notarization	300	10	84	138
播音人员	Broadcasting	149	8	44	59
工艺美术人员	Industrial Art	820	38	231	519
体育人员	Sports	828	156	337	269
艺术人员	Art	2560	525	1354	525
政工人员	Political Staff	27430	1412	12157	13861

15-4 科学研究机构及人员
SCIENTIFIC RESEARCH INSTITUTIONS AND PERSONNEL

项目	Item	机构（个） Institution (unit)	职工人数（人） Staff and Workers (person)	从事科技活动人员（人） Personnel Engaged in Scientific and Technological Activity (person)	# 大学毕业以上及具有高中级职称人员 Personnel at or above Undergraduate Level and Having Senior or Middle Title
合计	Total	425	122417	78765	57017
自然科学	Natural Science	333	109819	69342	49460
中央	Central	228	87986	58813	43022
地方	Local	105	21833	10529	6438
在自然科学研究机构中：	Of Natural Scientific Research Institutions				
农、林、牧、渔业	Farming,Forestry,Animals Husbandry and Fishery	26	4813	3562	2445
采掘业	Excavation	3	4508	3417	2261
制造业	Manufacturing	92	37338	19353	12652
电力、煤气及水的生产和供应业	Electric Power,Gas and Water Production and Supply	4	1525	1101	748
建筑业	Construction	13	5112	3537	2557
地质勘查业、水利管理业	Geological Prospecting and Water Conservancy	12	2826	2090	1693
交通运输、仓储及邮电通信业	Transportation,Stock,Posts and Telecommunications	18	6200	4413	3474
房地产业	Real Estate	1	106	69	40
社会服务业	Social Services	13	1396	973	763
卫生、体育和社会福利业	Health Care,Sports and Social Welfare	42	16832	9167	5538
教育、文化艺术及广播电影电视业	Education,Culture,Art and Radio,Film and Television	8	754	516	351
科学研究和综合技术服务业	Scientific Research and Polytechnical Services	88	25710	19511	15729
国家机关、政党机关和社会团体	Government Organs,Party Organs and Social Bodies	8	1953	1099	836
其他行业	Others	5	746	534	373
社会科学	Social Science	60	5253	4500	3952
中央	Central	56	4591	4055	3558
地方	Local	4	662	445	394
在社会科学研究机构中：	Of Social Scientific Research Institutions				
电子、通信与自动化控制技术	Electronic,Communication and Automatic Control Technology	1	40	39	20
环境科学技术	Environmental Scientific Technology	1	16	16	11
管理学	Administration	2	172	163	134
马克思主义	Marxism	2	91	78	75
哲学	Philosophy	1	159	143	135
宗教学	Religion	1	79	75	68
语言学	Language	1	96	88	76
文学	Literature	3	295	267	246
艺术学	Art	1	586	478	409
历史学	History	3	388	354	327
考古学	Archeology	2	196	151	143
经济学	Economics	25	1673	1423	1249
政治学	Politics	4	167	159	130
法学	Law	3	170	151	136
社会学	Sociology	5	226	213	188
民族学	Ethnology	1	172	145	125
新闻学与传播学	News and Propagation	1	56	20	17
教育学	Education	2	633	505	435
统计学	Statistics	1	38	32	28
情报科学	Intelligence Science	32	7345	4923	3605

15-5 大中型工业企业技术开发机构和人员情况
INSTITUTIONS AND PERSONNEL OF TECHNOLOGICAL DEVELOPMENT IN LARGE AND MEDIUM INDUSTRIAL ENTERPRISES

项目	Item	企业数（个）Enterprises (unit)	技术开发机构数（个）Technological Development Institutions (unit)	企业从事技术开发人员（人）Personnel Engaged in Technological Development(person)	# 机构人员 Personnel of Institutions
合计	**Total**	496	305	62257	12887
采掘业	**Excavation**	5	2	104	49
制造业	**Manufaturing**	480	300	61070	12785
食品加工业	Food Processing	24	2	237	24
食品制造业	Food Making	10	2	233	34
饮料制造业	Beverage Production	16	8	935	161
烟草加工业	Tobacco Processing	1	1	30	30
纺织业	Textile Industry	30	19	1270	161
服装及其他纤维制品制造业	Garments and Other Fiber Products	15		147	
皮革、毛皮、羽绒及其制品业	Leather,Furs,Down and Related Products	8	5	159	59
木材加工及竹、藤、棕、草制品业	Timber Processing,Bamboo, Cane,Palm Fiber and Straw Products	2		12	
家具制造业	Furniture Industry	1	1	54	6
造纸及纸制品业	Papermaking and Paper Products	5		133	
印刷业、记录媒介的复制	Printing and Record Pressing	40	2	399	47
文教体育用品制造业	Stationery,Educational and Sports Goods	8	1	315	92
石油加工及炼焦业	Petroleum Processing and Coking Products	2	10	2807	1139
化学原料及化学制品制造业	Raw Chemical Materials and Chemical Products	21	23	2296	515
医药制造业	Medical and Pharmaceutical Products	12	14	909	393
化学纤维制造业	Chemical Fibers	5	3	161	147
橡胶制品业	Rubber Products	8	2	308	100
塑料制品业	Plastic Products	15	6	994	130
非金属矿物制品业	Nonmetal Mineral Products	32	19	1487	97
黑色金属冶炼及压延加工业	Smelting and Pressing of Ferrous Metals	2	4	16940	1321
金属制品业	Metal Products	14	5	343	49
普通机械制造业	Ordinary Machinery	31	28	5950	1384
专用设备制造业	Special Purposes Equipment	34	16	4749	552
交通运输设备制造业	Transportation Equipment	33	23	4130	925
武器弹药制造业	Weapon and Ammunition	6	6	769	220
电气机械及器材制造业	Electric Equipment and Machinery	32	18	3525	1249
电子及通迅设备制造业	Electronic and Telecommunications	44	61	8442	3191
仪器仪表及文化、办公用机械制造业	Instrument,Meters,Cultural and Official Machinery	20	20	3187	753
其他制造业	Other Manufacturing	9	1	149	6
电力、煤气及水的生产和供应业	**Electricity,Gas and Water Production and Supply**	11	3	1083	53
电力、蒸汽、热水的生产和供应业	Electricity,Steam and Hot Water Production and Supply	7	2	618	14
煤气生产和供应业	Gas Production and Supply	3		354	
自来水的生产和供应业	Tap Water Production and Supply	1	1	111	39

15-6 大中型工业企业技术开发经费情况
FUND RAISING FOR TECHNOLOGICAL DEVELOPMENT IN LARGE AND MEDIUM INDUSTRIAL ENTERPRISES

单位：万元 (10000 yuan)

项目	Item	技术开发经费筹集 Funds of Technological Development	# 企业自筹 Self-raising	技术开发经费支出 Expenses of Technological Development	# 用于开发新产品 New Products Development
合计	**Total**	172664	119640	149751	91115
采掘业	**Excavation**	576	576	542	466
制造业	**Manufaturing**	167305	114396	145754	90592
食品加工业	Food Processing	317	132	266	172
食品制造业	Food Making	1989	836	1931	1087
饮料制造业	Beverage Production	8035	7489	7910	1167
烟草加工业	Tobacco Processing	13	13	58	13
纺织业	Textile Industry	2396	1437	2803	1479
服装及其他纤维制品制造业	Garments and Other Fiber Products	558	533	630	11
皮革、毛皮、羽绒及其制品业	Leather,Furs,Down and Related Products	350	140	265	173
木材加工及竹、藤、棕、草制品业	Timber Processing,Bamboo, Cane,Palm Fiber and Straw Products	10	10	4	
家具制造业	Furniture Industry	22	22	18	18
造纸及纸制品业	Papermaking and Paper Products	172	172	174	172
印刷业、记录媒介的复制	Printing and Record Pressing	2129	800	1740	469
文教体育用品制造业	Stationery,Educational and Sports Goods	423	328	418	256
石油加工及炼焦业	Petroleum Processing and Coking Products	12483	6963	11450	536
化学原料及化学制品制造业	Raw Chemical Materials and Chemical Products	3922	3430	3090	2287
医药制造业	Medical and Pharmaceutical Products	2660	1944	2399	934
化学纤维制造业	Chemical Fibers	1048	27	1048	1007
橡胶制品业	Rubber Products	1047	807	1026	615
塑料制品业	Plastic Products	4103	3169	2099	1377
非金属矿物制品业	Nonmetal Mineral Products	5888	1845	3795	1035
黑色金属冶炼及压延加工业	Smelting and Pressing of Ferrous Metals	8675	7099	7034	114
金属制品业	Metal Products	650	648	674	208
普通机械制造业	Ordinary Machinery	7010	5521	7571	4536
专用设备制造业	Special Purposes Equipment	5609	4727	5497	2664
交通运输设备制造业	Transportation Equipment	14642	12710	14319	12449
武器弹药制造业	Weapon and Ammunition	992	83	478	
电气机械及器材制造业	Electric Equipment and Machinery	15118	13602	6624	5036
电子及通迅设备制造业	Electronic and Telecommunications	60496	36268	57156	49168
仪器仪表及文化、办公用机械制造业	Instrument,Meters,Cultural and Official Machinery	6269	3527	5047	3384
其他制造业	Other Manufacturing	279	114	230	225
电力、煤气及水的生产和供应业	**Electricity,Gas and Water Production and Supply**	4783	4668	3455	57
电力、蒸汽、热水的生产和供应业	Electricity,Steam and Hot Water Production and Supply	3019	2995	1961	
煤气生产和供应业	Gas Production and Supply	1127	1127	1056	
自来水的生产和供应业	Tap Water Production and Supply	637	546	438	57

15-7 技术合同签定及执行情况
CONCLUSION AND IMPLEMENTATION OF TECHNICAL CONTRACTS

项目	Item	签定合同数(项) Contracts Concluded (item)		合同金额(万元) Amount of Contracts (10000 yuan)	
		1997	1996	1997	1996
合计	**Total**	13866	14850	543191.7	458151.5
按合同类别分类	**Grouped by Type**				
技术开发合同	Technological Development	2391	2307	206802.8	119539.9
技术转让合同	Technology Transfer	2735	3881	89878.0	142028.3
技术咨询合同	Technical Consultation	1630	2482	40369.6	40194.8
技术服务合同	Technical Service	7110	6180	206141.3	156388.5
按合同卖方类别分类	**Grouped by Type of Seller**				
科研机构	Scientific Research Institutions	8090	10263	291378.0	308890.8
高等院校	Institutions of Higher Education	511	692	15122.4	16112.5
工业企业	Industrial Enterprises	263	301	13162.9	11566.0
技术贸易机构	Technology Trade Institution	1364	1784	50127.9	57860.8
个人及个人合伙	Individual and Individual Partnership	254	93	1551.4	1737.2
其他	Others	3384	1717	171849.1	61984.2
按合同买方类别分类	**Grouped by Type of Buyer**				
工业企业	Industrial Enterprises	6215	7667	250679.2	265899.0
科研机构	Scientific Research Institutions	1604	1948	67387.3	65556.9
各级管理部门	Management Departments	1261	855	75974.9	42576.8
技术贸易机构	Technology Trade Institution	766	1151	38822.9	27375.3
个人及个人合伙	Individual and Individual Partnership	388	273	312.5	437.5
其他	Others	3632	2956	110014.9	56306.0
按服务社会经济目标分类	**Grouped by Social and Economic Service Objection**				
陆地、海洋和大气的开发与估价	Development and Appraisal of Lands, Seas and Atmosphere	83	14	6112.2	135.1
民用宇宙空间	Civil Universal Space	65	119	2424.5	2911.5
农业、林业和渔业的发展	Development of Agriculture, Forestry and Fishery	273	303	3869.1	5969.9
促进工业的发展	Promoting Industrial Development	5394	5191	201008.5	217781.0
能源的生产、储存和分配	Production, Stockpile and Distribution of Energy	584	884	41199.0	30805.2
交通、通讯事业的发展	Development of Transportation and Telecommunication	1332	1130	80904.7	45141.7
教育事业的发展	Development of Education	113	81	1365.2	563.0
卫生事业的发展	Development of Health Care	601	592	10830.8	10137.5
社会发展和社会经济服务	Social Development and Economic Service	3011	3370	74376.0	47189.6
环境保护	Environmental Protection	370	595	9873.7	5679.0
知识的全面发展	All-round Development of Knowledge	67	47	1519.3	682.9
其他目标	Others	1855	2337	83851.9	76603.1
国防	National Defence	118	187	25856.8	14552.0
按技术流向分类	**Grouped by Spread Area**				
北京	Beijing	6594	6630	275510.2	238210.3
外地	Outside Beijing	7272	8220	267681.5	219941.2

15-8 科学技术协会及所属学会工作情况
BASIC STATISTICS OF SCIENCE AND TECHNOLOGY ASSOCIATION AND SUBORDINATE INSTITUTES

项目	Item	合计 Total	市科协 Municipal Science and Technology Association	市级学会 Institutes at Municipal Level
机构与人员	**Institutions and Personnel**			
机构 （个）	Institutions (unit)	148	1	147
人员 （人）	Personnel (person)	243446	54	243392
学术交流	**Academic Exchange**			
国内学术会议 （次）	Domestic Academic Meeting (time)	1198	21	1177
参加人数 （人次）	Participants (person. time)	207245	2086	205159
交流论文 （篇）	Papers Presented (article)	9220	52	9168
国际学术会议 （次）	International Academic Meeting (time)	30		30
参加人数 （人次）	Participants (person. time)	3476		3476
交流论文 （篇）	Papers Presented (article)	980		980
民间科技交流	**Non-governmental Scientific and Technological Exchange**			
出国科学考察 （人次）	Scientific Visit abroad (person. time)	97	20	77
出国参加国际会议（人次）	Scientific Meeting abroad (person. time)	86	40	46
出国参加技贸活动 （次）	Technology Trade abroad (time)			
外派科技研修生 （人）	Study abroad (person)	33	26	7
接待海外科技团组 （个）	Foreign Scientic and Technological Visit (unit)	124	26	98
接待人次 （人次）	Participants (person. time)	970	200	770
举办国际学术报告 （个）	International Academic Meeting (unit)	112	21	91
听报告人次 （人次）	Participants (person. time)	14455	8470	5985
科学普及	**Scientific Promoting**			
科普讲座 （次）	Lectures (time)	746	7	739
参加人次 （人次）	Participants (person. time)	206767	1700	205067
科普展览 （次）	Exhibitions (time)	83	1	82
参观人次 （人次）	Participants (person. time)	551201	80000	471201
科技培训	**Training Program**			
培训班数 （个（期））	Classes (time)	618	104	514
培训人数 （人次）	Participants (person. time)	38808	9702	29106
科技咨询服务	**Consultative Services**			
完成咨询合同 （项）	Contracts Completed (item)	2667	1010	1657
咨询合同实现金额（万元）	Contracts Revenue (10000 yuan)	5653	4000	1653
无偿咨询项目 （项）	Free Consultative Project (item)	1025	8	1017
决策合同 （项）	Contracts of Concluded (item)	78		78
青少年科技活动	**Activity of Teenagers Science-Technology**			
科技夏（冬）令营（个（期））	Summer/Winter Science and Technology Camp (time)	26		26
参加人数 （人次）	Participants (person. time)	6258		6258
青少年科技竞赛 （个）	Science and Technology Competetions (unit)	25	2	23

15-9 专 利 申 请 及 授 权 情 况

PATENT APPLICATIONS EXAMINED AND CERTIFIED

单位：项 (item)

项 目 Item		申 请 量 Total Applications Examined		批 准 量 Total Applications Certified	
		1997	1996	1997	1996
合 计	**Total**	6313	6595	3328	3295
按种类分	**Grouped by Type**				
发 明	Creations and Inventions	1678	1441	281	246
实用新型	Utility Models	3667	4255	2341	2563
外观设计	Designs	968	899	706	486
按对象分	**Grouped by Applicator**				
工矿企业	Industrial and Mineral Enterprises	1230	1116	623	409
大专院校	Universities and Colleges	223	180	117	138
科研单位	Scientific Research Institution	636	614	381	277
机关团体	Government Organs and Associations	33	74	92	233
个 人	Individuals	4191	4611	2115	2238

15-10 计 量 器 具 检 定 情 况

STATISTICS FOR MEASURING IMPLEMENTS TEST

单位：台、件、套 (unit)

地 区 Region		合 计 Total	长 度 Length	温度 Temperature	力 学 Mechanics	#衡器 Weighing Apparatus	电学 Electricity	光 学 Optics	声学 Acoustics	化 学 Chemistry	电离辐射 Ionization Radiation	无线电 Radio	时间频率 Time Frequency	其 他 Other
总 计	**Total**	627311	130213	25230	351257	66492	35377	940	739	2320	892	1373	821	78149
市属小计	Municipal	133345	33737	1890	88106	386	3785	884	739	1838	892	653	821	
区县属小计	District and County	493966	96476	23340	263151	66106	31592	56		482		720		78149
东城区	Dongcheng	41500	21851		18524	2575	362							763
西城区	Xicheng	30600	2000		28000	3000	600							
崇文区	Chongwen	22278	4306	711	16264	3409	997							
宣武区	Xuanwu	34819	11466	10409	10537	2642	2407							
朝阳区	Chaoyang	116983	7026	3771	31450	7877	6510							68226
丰台区	Fengtai	25605	1902	715	22739	2547						137		112
石景山区	Shijingshan	10554	661	2307	7370	2916				60		156		
海淀区	Haidian	48690	22231	389	22971	4594	2340			411		348		
门头沟区	Mentougou	8494	426		7802	1480	76							190
房山区	Fangshan	36813	2476	1169	17577	11147	15284							307
昌平县	Changping	20769	2640	499	17427	4928								203
顺义县	Shunyi	17798	4201	888	5842	1162	382							6485
通 县	Tongxian	18263	4570	1421	9941	3303	2331							
大兴县	Daxing	13058	4922	142	7787	4369		56		11		65		75
平谷县	Pinggu	14743	1243	536	11176	5978								1788
怀柔县	Huairou	9303	394	8	8648	824	239					14		
密云县	Miyun	14858	1785	261	12812	1900								
延庆县	Yanqing	8838	2376	114	6284	1455	64							

15-11 产品质量监督检验情况
TEST SITUATION OFPRODUCTS QALITY

产品名称 Products		监督检验企业数（个） Tested Enterpris (unit)	查出不合格产品企业数（个） Enterpris with No-passed Products (unit)	不合格产品企业所占比例（%） Rate of Enterpri with No-passed Products (%)	检验批次（批次） Tested Batch (batch)	合格批次（批次） Passed Batch (batch)	批次合格率（%） Passed Rate of Batch (%)
总　计	**Total**	**513**	**180**	**35**	**695**	**458**	**66**
农用产品	Agricultural Products	65	34	52	79	43	54
应用配件	Applied Fittings	14	11	79	16	4	25
饲料	Forage	43	20	47	55	34	62
其他农用产品	Others	8	3	38	8	5	63
加工食品和饮料	Food and Beverage	231	101	44	312	163	52
调味品	Flavoring	17	5	29	17	12	71
糕点、糖果	Cake	100	53	53	125	71	57
非酒精液体饮料	Soft Drinking	65	16	25	68	52	76
其他	Others	49	27	55	102	28	27
家用电器	Household Electric Appliance	1			5	5	100
电视机、录像机	Tv Sets and Video-recorders	1			5	5	100
轻工产品	Light Industry Products	59	30	51	67	30	45
家　具	Furniture	38	20	53	39	19	49
灯泡、灯管	Lamp	14	3	21	14	11	79
玻璃制品	Glass Products	7	7	100	14		
纺织、鞋类产品	Textile and Shoes	20	7	35	26	19	73
毛织品	Wool	10	6	60	14	8	57
针织品	Knit Goods	8	1	13	8	7	88
鞋	Shoes	1			2	2	100
其他		1			2	2	100
化工产品	Chemical Products	8			10	10	100
机电产品	Mechanical and Electrical	123	7	6	187	180	96
低压电器及元件	Low-tension Electrical Equipment and Element	4			4	4	100
汽车、摩托车	Automobiles and Motorcycles	72			139	139	100
其他	Others	44	7	16	44	37	84
冶金、金属制品	Metallurgy and Metalwork	6	1	17	9	8	89

主要统计指标解释

专业技术人员　指已取得科学技术职称，或大学、中专的理、工、农、医科系毕业，以及国民经济各部门从工作实践中提拔，从事理、工、农、医等自然科学技术的研究、教学、生产的专业人员和在机关、企业、事业中从事科学技术业务管理工作的专业人员。

工程技术人员　指在国民经济各行业从事工程技术工作的自然科学技术专业人员，包括：高级工程师、工程师、助理工程师、技术员和未评定职称的技术人员。

农业技术人员　指在国民经济各行业从事农业技术工作的自然科学技术专业人员，包括：高级农艺师、农艺师、助理农艺师、技术员和未评定职称的技术人员。

卫生技术人员　指在国民经济各行业从事卫生医务工作的自然科学技术专业人员，包括：正副主任医师、主治医师、医师、医（护）士和未评定职称的技术人员。

发明　指专利法及其实施细则所称的发明，指对有关产品、方法或其改进所提出的新的技术方案。

实用新型　指专利法及其实施细则所称的实用新型，指对产品的形状、构造或者其结合所提出的适于实用的新的技术方案。

外观设计　指专利法及其实施细则所称的外观设计，指对产品的形状、图案、色彩或者其结合所作出的富有美感并适于工业上应用的新设计。

Explanatory Notes On Main Statistical Indicators

Professional and Technical Personnel refers to those professionals with scientific and technical titles, or those being graduated from departments of science, engineering, agriculture and medicine, or those being promoted in practice in different sectors of the national economy and working on research, teaching and production technique in the scientific and technological fields such as science, engineering, agriculture and medicine, etc., or the professionals doing administrative work related to science and technology in government agencies, enterprises and institutions.

Engineering Professionals refer to the persons who are engaged in engineering science and technology in different sectors of the national economy, including senior engineers, engineers, assistant engineers, technicians and technical personnel without professional titles.

Agricultural Professionals refer to the persons who are working on the science of agriculture in different sectors of the national economy, including senior agronomists, agronomists, assistant agronomists, technicians and technical personnel without professional titles.

Public Health Professionals refer to the persons who are engaged in medical and health works in different sectors of the national economy, including director doctors and their deputies, doctors in charge, doctors, paramedics, nurses and technical personnel without professional titles.

Inventions refer to the inventions as specified by the patent law and its detailed rules and regulations for implementation, including the new technical proposals or modifications for products or the methods.

Utility Models refer to the utility models as specified by the patent law and its detailed rules and regulations for implementation, including the practical and new technical proposals on the shape and structure of the product or the combination of both .

External Form Design refer to the external form design specified by the patent law and its detailed rules and regulations for implementation, including the practical and new technical proposals on the structure, shape and color of the product or the combination of them.

16 PUBLIC HEALTH AND SPORTS

卫生、体育

医疗卫生机构数及人员数
Health care institutions and perşonnel

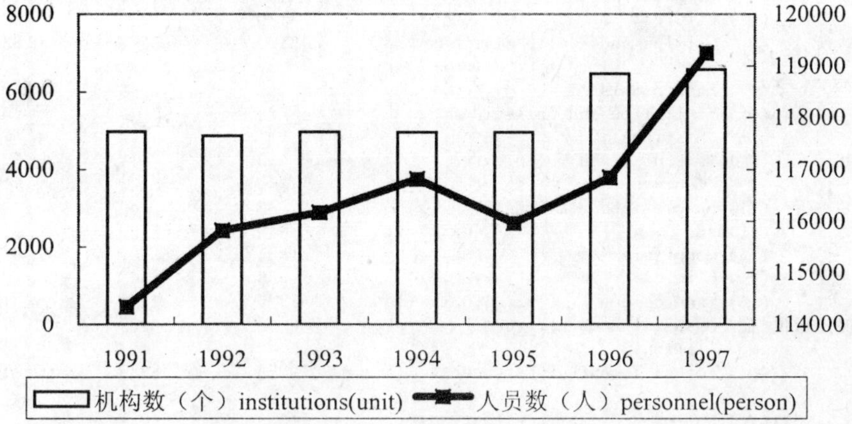

	1997	1978	1997年为1978年% 1997 as % of 1978
卫生事业机构(个) Health care institutions(unit)	6577	3263	201.6

# 医院 	
Hospitals(unit)
	435	389	111.8

卫生技术人员(人) Medical technical personnel(person)	119256	65943	180.8

平均每千人拥有医院床位数及中西医师(士)数
Hospital beds and doctors per 1000 population

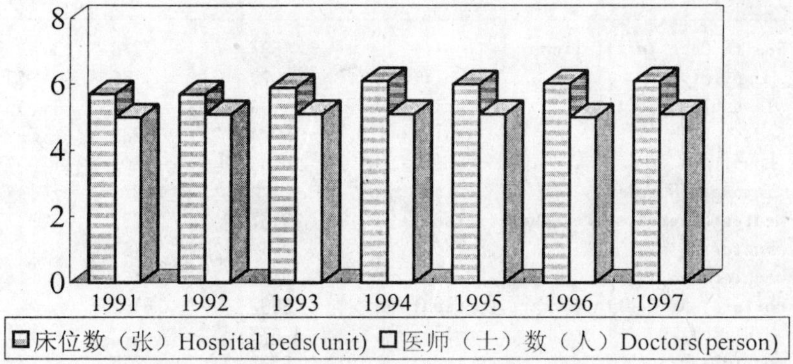

16-1 医疗卫生机构基本情况
BASIC STATISTICS FOR INSTITUTIONS OF PUBLIC HEALTH

项目 Item	1997	1996	构成(%) Composition(%) 1997	1996
卫生事业机构 (个)Health Care Institutions(unit)	6577	6470	100	100
#医院 (个) Hospitals (unit)	435	405	6.6	6.3
门诊部 (个) Clinics (unit)	170	210	2.6	3.2
诊所、卫生保健所、医务室 (个) Clinics and Health Stations (unit)	5490	5377	83.5	83.1
疗养院、所 (个) Sanatoriums (unit)	6	6	0.1	0.1
卫生防疫站 (个) Sanitation and Antiepidemic Stations (unit)	22	22	0.3	0.3
妇幼保健所、站 (个) Maternity and Child Care Centers (unit)	13	13	0.2	0.2
专科防治所、站 (个) Specialized Stations (unit)	42	42	0.6	0.6
床位 (张)Beds (unit)	67946	66760	100	100
#医院 (张) Hospitals (unit)	61865	60997	91.1	91.4
门诊部 (张) Clinics (unit)	68	62	0.1	0.1
疗养院、所 (张) Sanatoriums (unit)	1320	1142	1.7	1.7
平均每千人拥有医院床位(张) Hospital Beds per 1000 Population (uint)	6.06	6.02		
卫生技术人员 (人)Medical Technical Personnel (person)	119256	116849	100	100
医生 (人) Doctors (person)	54909	54091	46	46.3
护师(士) (人) Senior and Junior Nurses (person)	38630	37712	32.4	32.3
平均每千人拥有医生 (人) Doctors per 1000 Population (person)	5.06	5.02		
平均每千人拥有护士 (人) Nurses per 1000 Population (person)	3.56			

注：按卫生部指标解释，1996年医院数仅包括县及县以上医院和其他医院，乡镇卫生院不再作为医院统计。(下同)

Note: According to the explanation of health department, number of hospitals of 1996 included hospitals at county level and above and other hospitals, township hospitals were no longer taken into account. (the following as the same)

16-2 农村医疗卫生机构基本情况
HEALTH INSTITUTIONS IN RURAL AREAS

项目 Item	1997	1996	构成(%) Composition(%) 1997	1996
卫生事业机构 (个) Health Care Institutions (unit)	1587	1378	100	100
#医院 (个) Hospitals (unit)	79	69	4.98	5.01
乡(镇)卫生院 (个) Township Hospitals (unit)	166	167	10.46	12.12
床位 (张) Beds (unit)	13224	13230	100	100
#医院 (张) Hospitals (unit)	10566	10663	79.7	80.6
乡(镇)卫生院 (张) Township Hospitals (uint)	2373	2274	17.94	17.19
卫生技术人员 (人) Medical Technical Personnel(person)	19167	18797	100	100
#医生 (人) Doctors (person)	9552	9485	49.84	50.46
护师(士) (人) Senior and Junior Nurs (person)	5142	5154	26.83	27.42
乡村医生和卫生员(人) Doctors and Health Workers (person)	6132	6162	100	100
#会接生的 (人) Midwife (person)	678	822	11.06	13.34
乡村医生 (人) Doctors (person)	5327	5276	86.87	85.62
卫生员 (人) Health Workers (person)	805	886	13.13	14.38

16-3 全市各饮食单位食品卫生合格率情况
FOOD QUALIFIED RATE OF FOOD AND BEVERAGE DEALERS

单位：%　　(%)

地区 Region		合计 Total	生产加工业 Processing	批发零售业 Wholesale and Retail	饮食服务业 Catering Services	集体食堂 Canteen	食品摊贩 Food Street Pedlar
合计	**Total**	**92.31**	**92.83**	**95.15**	**87.60**	**94.13**	**92.74**
东城区	Dongcheng	99.31	91.89	99.55	58.61	99.65	99.66
西城区	Xicheng	84.32	97.11	94.22	76.62	92.64	80.10
崇文区	Chongwen	96.28	97.17	90.05	79.18	90.99	99.91
宣武区	Xuanwu	90.33	91.18	94.59	84.43	95.50	90.63
朝阳区	Chaoyang	96.04	78.36	82.23	83.00	87.16	98.97
海淀区	Haidian	73.89	74.14	84.22	58.13	78.15	75.91
丰台区	Fengtai	85.12	94.75	94.29	85.79	88.56	77.63
石景山区	Shijingshan	93.84	95.38	95.56	90.74	98.73	93.41
门头沟区	Mentougou	93.74	91.38	96.91	91.65	92.43	92.59
房山区	Fangshan	98.12	98.01	98.84	98.05	99.78	96.86
昌平县	Changping	95.38	97.00	96.53	95.47	95.60	92.35
大兴县	Daxing	96.21	96.10	96.80	96.33	96.39	94.66
通　县	Tongxian	99.07	98.25	99.60	99.52	99.27	98.45
顺义县	Shunyi	91.03	90.63	96.48	93.76	96.39	70.79
怀柔县	Huairou	92.38	96.06	96.82	83.45	98.65	93.49
密云县	Miyun	84.29	80.45	86.48	83.89	86.85	83.33
延庆县	Yanqing	98.68	80.42	96.01	84.84	88.89	81.51
平谷县	Pinggu	98.74	98.70	99.61	97.58	98.88	97.83

16-4 全市医院基本情况
BASIC STATISTICS FOR HOSPITALS

项 目 Item		医院数（个） Hospitals (unit)	床位数（张） Beds (unit)	职工人数（人） Staff and Workers (person)	#卫生技术人员 Medical Technical Personnel	中医师 Doctors of Chinese Medicine	西医师 Doctors of Western Medicine	中医士 Junior Doctors of Chinese Medicine
总 计	**Total**	435	61865	115803	86322	4228	27414	234
县及县以上医院	**Hospitals at and above County Level**	258	54736	104330	77589	3638	24811	158
城 市	Urban	204	44867	90735	67018	3120	21445	94
农 村	Rural	54	9872	13595	10571	518	3366	64
其他医院	**Others**	177	7126	11473	8733	590	2603	76
在县及县以上医院中	**Of Hospitals at and above County Level**							
综合医院	Comprehensive Hospitals	186	34043	67231	50428	1278	17513	48
中医医院	Hospitals of Chinese Medicine	22	3926	8219	6269	1687	799	93
医学院校附属医院	Hospitals Attached to Medical College	9	4874	11336	8720	488	2769	2
传染病院	Infectious Disease Hospitals	2	1000	1498	1074	13	306	
精神病院	Mental Hospitals	7	3720	2476	1701	16	391	2
结核病院	Tuberculosis Hospitals	1	604	630	497	1	106	
妇幼保健院	Hospitals for Maternity and Child Care	7	392	1058	873	7	360	3
妇产医院	Hospitals for Gynecology and Obstetrics	2	440	1068	741	6	233	
儿童医院	Children's Hospitals	4	1002	2590	1941	39	597	
职业病院	Hospitals for Occupational Diseases	1	398	284	138	3	40	
肿瘤医院	Tumor Hospitals	3	1228	2082	1291	5	411	
康复医院	Recovery Hospital	3	785	1300	657	15	167	1
口腔医院	Stomatological Hospitals	1	80	651	455		214	
骨科医院	Hospitals of Orthopedics	2	420	696	541	33	156	2
整形医院	Plastically Hospitals	1	328	493	301		101	
中西医结合医院	Hospitals Which Integrate Traditional Chinese Therapeutics with Western Therapeutics in Practices	2	352	554	465	31	149	2
其他专科医院	Other Specialized Hospitals	5	1147	2164	1497	16	499	5

续表 continued

项目 Item	西医士 Junior Doctors of Western Medicine	中西医结合医师 Doctors Who Integrate Traditional Chinese Therapeutics with Western Therapeutics in Practice	其他中医 Other Doctors of Chinese Medicine	药师 Pharmacists	检验师 Laboratory Technicians	助产士 Midwives	护师(士) Senior and Junior Nurses
总计 Total	2458	379	88	4974	2647	251	34119
县及县以上医院 Hospitals at and above County Level	1667	329	69	4306	2394	246	31669
城市 Urban	1256	321	52	3710	2099	221	27389
农村 Rural	411	8	17	596	295	25	4280
其他医院 Others	791	50	19	668	253	5	2450
在县及县以上医院中 Of Hospitals at and above County Level							
综合医院 Comprehensive Hospitals	1324	53	12	2784	1660	138	20682
中医医院 Hospitals of Chinese Medicine	129	191	32	611	139	9	2000
医学院校附属医院 Hospitals Attached to Medical College	4	60	24	403	191	3	3441
传染病院 Infectious Disease Hospitals	5			57	95	13	506
精神病院 Mental Hospitals	16	1		57	43		1022
结核病院 Tuberculosis Hospitals				18	17		275
妇幼保健院 Hospitals for Maternity and Child Care	51			37	35	3	312
妇产医院 Hospitals for Gynecology and Obstetrics	13	2		26	20	77	311
儿童医院 Children's Hospitals	12	6		117	69		913
职业病院 Hospitals for Occupational Diseases	13			7	9		51
肿瘤医院 Tumor Hospitals	3	2		38	22		606
康复医院 Recovery Hospital	9		1	24	17		287
口腔医院 Stomatological Hospitals				13	8		130
骨科医院 Hospitals of Orthopedics	61			31	12	1	155
整形医院 Plastically Hospitals				7	5		151
中西医结合医院 Hospitals Which Integrate Traditional Chinese Therapeutics with Western Therapeutics in Practices	10	14		31	15	2	189
其他专科医院 Other Specialized Hospitals	17			45	37		638

16-5 医院、卫生院工作情况
WORKS OF HOSPITALS

项　目 Item		机构数（个）Institutions (unit)	诊疗人次数（人次）Patients Treated (person. time)	#门诊（人次）Out-patients (persontime)	健康检查人数（人）Health Check (person)	平均开放病床数（张）Beds in Use (unit)	入院人数（人）In-patients (person)
合　计	**Total**	648	55798910	46618485	1463037	62530	718229
县及县以上医院合计	**Hospitals at and above County Level**	251	45060915	37056007	927587	52414	598884
卫生部门医院合计	Hospitals of Health Care Department	106	27924649	25074630	423918	34324	448443
综合医院	Comprehensive Hospitals	47	15428871	13544634	252787	16875	262192
# 县医院	Countyship Hospitals	17	3059876	2632337	50246	3659	76041
中医医院	Hospitals of Chinese Medicine	18	3566588	3277688	34529	3376	32875
医学院校附属医院	Hospitals Attached to Medical College	9	5322015	4851610	27407	4955	77125
传染病院	Infectious Disease Hospitals	2	113306	111787	1432	1000	6186
精神病院	Mental Hospitals	5	168073	165392	1528	2522	3721
结核病院	Tuberculosis Hospitals	1	26086	25524	150	598	2762
妇幼保健院	Hospitals for Maternity and Child Care	7	322282	311327	72254	378	12326
妇产医院	Hospitals for Gynecology and Obstetrics	2	273822	267052	320	438	10631
儿童医院	Children's Hospitals	4	1780133	1636244	8005	952	16411
肿瘤医院	Tumor Hospitals	2	176335	167362	10826	1036	8844
康复医院	Recovery Hospitals	1	6486	6386	0	400	396
口腔医院	Stomatological Hospitals	1	314788	306986	0	80	506
整形医院	Plastically Hospitals	1	17391	17226	118	328	2173
中西医结合医院	Hospitals Which Integrate Traditional Chinese Therapeutics with Western Therapeutics in Practices	1	192361	178353	12967	252	3381
其他专科医院	Other Specialized Hospitals	5	216112	207059	1595	1134	8914
工业及其他部门医院	Hospitals of Industry and Other Departments	135	15974431	10931415	465448	16463	136233
集体所有制医院	Collective-Owned Hospitals	10	1161835	1049962	38221	1627	14208
其他医院合计	**Other Hospitals**	167	5273565	4436960	236193	6461	36856
卫生院合计	**Total Township Hospitals**	230	5464430	5125518	299257	3655	82489

续表 continued

项目 Item		出院人数(人) Leaving Hospital (person)	治愈率(%) Recovering Rate (%)	好转率(%) Mending Rate (%)	病死率(%) Rate of Death of Illness (%)	病床周转次数(次) Turnover Beds (times)	病床使用率(%) Utilization Rate (%)	出院者平均住院日(日) Average Hospitalization Period (day)
合计	**Total**	**718232**	**62.59**	**31.31**	**2.42**	**11.49**	**68.19**	**20.73**
县及县以上医院合计	**Hospitals at and above County Level**	**599543**	**61.94**	**31.55**	**2.63**	**11.44**	**71.44**	**22.45**
卫生部门医院合计	Hospitals of Health Care Department	448946	61.49	31.96	2.42	13.08	80.11	22.26
综合医院	Comprehensive Hospitals	262520	62.36	31.41	2.46	15.56	80.42	18.77
# 县医院	Countyship Hospitals	75975	66.66	28.39	1.59	20.76	75.22	13.09
中医医院	Hospitals of Chinese Medicine	33085	44.35	48.33	3.46	9.80	70.57	27.43
医学院校附属医院	Hospitals Attached to Medical College	77049	62.59	30.57	2.13	15.55	83.88	19.63
传染病院	Infectious Disease Hospitals	6320	61.01	28.14	5.71	6.32	59.54	34.69
精神病院	Mental Hospitals	3865	37.49	57.10	1.58	1.53	06.92	42.70
结核病院	Tuberculosis Hospitals	2782	22.30	50.28	5.52	4.65	77.89	61.42
妇幼保健院	Hospitals for Maternity and Child Care	11913	97.15	1.93	0.03	31.52	70.26	7.45
妇产医院	Hospitals for Gynecology and Obstetrics	10669	91.34	6.46	0.44	24.36	84.09	12.69
儿童医院	Children' s Hospitals	16464	67.07	28.22	0.89	17.29	70.37	14.93
肿瘤医院	Tumor Hospitals	8837	56.26	31.39	3.64	8.53	91.48	40.39
康复医院	Recovery Hospitals	413	21.54	63.85	4.62	1.03	18.53	71.05
口腔医院	Stomatological Hospitals	511	87.11	12.22	0.22	6.39	40.44	23.19
整形医院	Plastically Hospitals	2185	92.46	7.49	0.00	6.66	61.99	32.63
中西医结合医院	Hospitals Which Integrate Traditional Chinese Therapeutics with Western Therapeutics in Practices	3455	52.92	41.59	2.40	13.71	72.74	19.87
其他专科医院	Other Specialized Hospitals	8878	47.43	42.97	3.13	7.83	77.94	34.86
工业及其他部门医院	Hospitals of Industry and Other Departments	136426	63.04	30.49	3.27	8.29	53.43	23.17
集体所有制医院	Collective-Owned Hospitals	14171	66.07	28.77	2.85	8.71	70.87	21.50
其他医院合计	**Other Hospitals**	**36557**	**50.37**	**40.48**	**4.04**	**5.66**	**55.55**	**26.01**
卫生院合计	**Total Township Hospitals**	**82132**	**72.44**	**25.53**	**0.34**	**22.47**	**43.93**	**5.89**

16-6 全市居民前十位死因顺位、死亡率及构成
DEATH RATE AND COMPOSITION OF 10 MAJOR DISEASE

顺位 No.	死因名称	Cause of Death	死亡率 (1/10万) Death Rate (1/100 thousand)	构成 (%) Composition (%)
	全市	**Total**		93.83
1	脑血管病	Cerebrovasular Disease	162.94	27.53
2	心脏病	Heart Trouble	128.22	21.67
3	恶性肿瘤	Malignant Tumour	101.85	17.21
4	呼吸系病	Respiratory Disease	74.69	12.62
5	损伤和中毒	Trauma and Toxicosis	36.11	6.10
6	内分泌、营养、代谢及免疫病	Internal System,Nutrition,Metabolite and Immunity Disease	16.51	2.79
7	消化系病	Gigestive Disease	14.50	2.45
8	泌尿生殖系病	Urinary Disease	9.35	1.58
9	神经系病	Neuropathy	5.91	1.00
10	传染病	Infection Disease	5.22	0.88
	市	**Districts**		93.76
1	脑血管病	Cerebrovasular Disease	140.41	25.00
2	心脏病	Heart Trouble	128.85	22.94
3	恶性肿瘤	Malignant Tumour	110.36	19.65
4	呼吸系病	Respiratory Disease	65.29	11.63
5	损伤和中毒	Trauma and Toxicosis	26.38	4.70
6	内分泌、营养、代谢及免疫病	Internal System,Nutrition,Metabolite and Immunity Disease	17.83	3.17
7	消化系病	Gigestive Disease	15.40	2.74
8	泌尿生殖系病	Urinary Disease	9.43	1.68
9	传染病	Infection Disease	6.98	1.24
10	神经系病	Neuropathy	5.68	1.01
	县	**Counties**		93.95
1	脑血管病	Cerebrovasular Disease	211.96	32.24
2	心脏病	Heart Trouble	126.86	19.29
3	呼吸系病	Respiratory Disease	95.15	14.47
4	恶性肿瘤	Malignant Tumour	83.32	12.67
5	损伤和中毒	Trauma and Toxicosis	57.28	8.71
6	内分泌、营养、代谢及免疫病	Internal System,Nutrition,Metabolite and Immunity Disease	13.65	2.08
7	消化系病	Gigestive Disease	12.54	1.91
8	泌尿生殖系病	Urinary Disease	9.16	1.39
9	传染病	Infection Disease	4.23	0.64
10	先天异常	Congenital Abnormality	3.64	0.55

16-7 全市0-6岁儿童系统管理情况
STATISTICS FOR SYSTEMATIC CARE OF CHILDREN AT AGE 0-6

地区 Region		0-6岁儿童数 Number of Children at Age 0-6	系统管理人数（人） Children under Systematic Care (person)	体检人数（人） Children Having Health Check (person)	0～2岁儿童佝偻病患病率（%） Suffering Rate from Rickets of Children at Age 0-2 (%)	0～2岁儿童贫血患病率（%） Suffering Rate from Amenia of Children at Age 0-2 (%)	3～6岁儿童贫血患病率（%） Suffering Rate from Amenia of Children at Age 3-6 (%)	0～6岁儿童系统管理覆盖率（%） Covering Rate of Systematic Care of Children at Age 0-6
合计	**Total**	519315	485374	474745	0.91	5.15	2.05	93.46
东城区	Dongcheng	19149	19149	18980	0.18	3.24	1.12	100.00
西城区	Xicheng	22830	22830	22696	0.07	5.93	0.91	100.00
崇文区	Chongwen	15253	15253	15134	0.08	12.79	2.17	100.00
宣武区	Xuanwu	14770	14770	14537	0.12	1.55	0.76	100.00
朝阳区	Chaoyang	59537	56207	55666	0.39	3.74	1.06	94.41
海淀区	Haidian	67271	66336	64385	1.15	5.36	1.88	98.61
丰台区	Fengtai	37037	33086	32126	1.10	6.90	2.21	89.33
石景山区	Shijingshan	14245	14066	13547	0.21	4.07	1.05	98.74
门头沟区	Mentougou	10611	5957	6022	0.46	11.43	6.15	56.14
房山区	Fangshan	44839	39033	41020	1.15	5.75	3.71	87.05
昌平县	Changping	21279	17789	18857	2.18	6.58	2.60	83.60
大兴县	Daxing	33764	33756	32914	1.33	2.74	1.64	99.98
通县	Tongxian	37253	37253	33793	0.58	4.39	2.73	100.00
顺义县	Shunyi	28023	27372	27024	1.10	6.36	2.89	97.68
怀柔县	Huairou	15998	15679	14298	0.66	10.65	4.03	98.01
密云县	Miyun	32011	26893	28056	1.74	1.84	1.14	84.01
延庆县	Yanqing	15460	14396	11571	1.32	10.90	4.21	93.12
平谷县	Pinggu	29985	25549	24119	1.27	3.69	2.21	85.21

16-8 全市婴儿、新生儿死亡率
DEATH RATE OF INFANT AND NEWBORN BABY

单位：‰ (‰)

地区 Region		婴儿死亡率 Death Rate of Infant		新生儿死亡率 Death Rate of Newborn Baby	
		1997	1996	1997	1996
合计	**Total**	9.45	10.05	6.36	6.97
区	District	10.49	11.57	6.75	7.61
县	County	8.05	8.13	5.83	6.17

16-9 农村改水情况
STATISTICS FOR WATER-CHANGING IN RURAL AREA

项目 Item			1997	1996
农村总人口	(万人)	Total Rural Population (10000 persons)	373.4	373.4
# 女 性	(万人)	Female (10000 persons)		
已改水累计受益人口	(万人)	Accumulative Population Benefited from Water-Changing (10000 persons)	372.2	371.74
# 女 性	(万人)	Female (10000 persons)		99.5
饮用自来水		Using Tap Water		
现有水厂	(万座)	Water Plants (unit)	3801	3759
累计受益人口	(万人)	Accumulative Benefited Population (10000 persons)	363.7	362.29
饮用水压机井水		Usking Motor-Pumped Water		
现有机井	(万台)	Motor-Pumped Wells (10000)	1.94	2.17
累计受益人口	(万人)	Accumulative Benefited Population (10000 persons)	6.06	6.74
其他形式		Others		
累计受益人口	(万人)	Accumulative Benefited Population (10000 persons)	2.28	2.71

16-10 举办运动会情况
SPORTS MEETINGS

项目 Item			1997	1996
举办县以上运动会次数	(次)	Sports Meetings above County Level (times)	508	490
体委系统		Physical Culture and Sports Commissions	292	316
其他系统		Other Departments	216	174
参加县以上运动会运动员人数	(人次)	Athletes Attending Sports Meetings above County Level (person. time)	999617	550608
体委系统		Physical Culture and Sports Commissions	896723	284674
其他系统		Other Departments	102894	265934
举办乡镇运动会次数	(次)	Sports Meetings at Town and Township Level (times)	945	704
参加乡镇运动会运动员人数	(人次)	Athletes Attending Sports Meetings at Town and Township Level (person. time)	169569	336067

16-11 分等级运动员情况
CERTIFIED ATHLETES

单位：人 (person)

项目 Item	合计 Total	国家级健将 National Master Athletes	运动健将 Master Athletes	一级 First Grade Athletes	二级 Second Grade Athletes	三级 Third Grade Athletes	少年级 Juvenile Grade Athletes
总计 Total	1705	1	67	89	881	313	354
# 女 性 Female	722	1	46	43	370	155	107

16-12 分等级教练员情况
CERTIFIED TRAINERS

单位：人 (person)

项目 Item	合计 Total	国家级教练 National Trainers	高级教练 Senior Trainers	一级 First Grade Trainers	二级 Second Grade Trainers	三级 Third Grade Trainers
总计 Total	594	4	118	242	218	12
#女性 Female	164		24	62	75	3

16-13 分等级裁判员情况
CERTIFIED REFEREES

单位：人

项目 Item	合计 Total	国家级 National Referees	一级 First Grade Referees	二级 Second Grade Referees	三级 Third Grade Referees
总计 Total	1200	37	348	389	426
#女性 Female	374	7	86	119	162

16-14 运动员打破世界、亚洲、全国纪录及获奖牌情况
STATISTICS ON RECORDS BROKEN AND MEDALS WON

项目 Item	项 (项) Events (item)	人数 (人) Persons (person)	次数 (次) Times (time)	项目 Item	金牌 (块) Gold Medal	银牌 (块) Silver Medal	铜牌 (块) Bronze Medal
合计 **Total**	5	7	5	合计 **Total**	61	70.5	41
创世界纪录 World Records	3	3	3	国际比赛 International Competitions	14	10	7
破亚洲纪录 Asian Records				国内比赛 Domestic Competitions	47	60.5	34
破全国纪录 National Records	2	4	2				

16-15 北京市运动员获全国冠军名单
LIST OF NATIONAL CHAMPIONSHIPS WON BY ATHLETES OF BEIJING

比赛名称 Matches		大项名称 Item		小项名称 Item	姓名 Name
八运会	the Eighth National Games	棒球	Baseball	男子	魏峥等18人
八运会	the Eighth National Games	花样游泳	Figure Diving	集体	李飞等9人
八运会	the Eighth National Games	马术	Horsemanship	团体障碍	哈达铁 秦光芒 栾述兵 张可
八运会	the Eighth National Games	柔道	Judo	男子78公斤级	于志军
八运会	the Eighth National Games	射箭	Archery	女子淘汰赛团体	王英 张晓颖 张丽莉
八运会	the Eighth National Games	手球	Handball	女子	翟超等15人
八运会	the Eighth National Games	摔跤	Wrestling	自由式57公斤级	张帆
八运会	the Eighth National Games	摔跤	Wrestling	古典式68公斤级	赵东升
八运会	the Eighth National Games	体操	Gymnastics	女子自由体操	奎媛媛
八运会	the Eighth National Games	体操	Gymnastics	女子全能	奎媛媛
八运会	the Eighth National Games	体操	Gymnastics	女子全能	孟菲
八运会	the Eighth National Games	体操	Gymnastics	男子全能	张津京
八运会	the Eighth National Games	体操	Gymnastics	男子双杠	张津京
八运会	the Eighth National Games	跳水	Diving	女子10米跳台	王睿
八运会	the Eighth National Games	网球	Tennis	男子团体	张宇 李思 鲁凌 贾明
八运会	the Eighth National Games	网球	Tennis	混合双打	鲁凌 李丽
八运会	the Eighth National Games	武术	Wushu	女子长拳	刘清华
八运会	the Eighth National Games	武术	Wushu	女子枪剑全能	刘清华
八运会	the Eighth National Games	武术	Wushu	女子刀棍全能	左娟
全国锦标赛	The National Championships	射箭	Archery	男子淘汰赛团体	高宇 范建松 张峥
全国锦标赛	The National Championships	射箭	Archery	男子淘汰赛个人	高宇
全国锦标赛	The National Championships	自行车	Cycling	男子公路个人赛	汤学忠
全国锦标赛	The National Championships	自行车	Cycling	女子公路个人赛	王淑青
全国锦标赛	The National Championships	体操	Gymnastics	男子团体	张津京等7人
全国锦标赛	The National Championships	体操	Gymnastics	男子个人全能	张津京
全国锦标赛	The National Championships	体操	Gymnastics	男子鞍马	单志鹏
全国锦标赛	The National Championships	体操	Gymnastics	女子团体	奎媛媛等7人
全国锦标赛	The National Championships	体操	Gymnastics	女子个人全能	孟菲
全国锦标赛	The National Championships	手球	Handball	男子	王心东等15人
全国锦标赛	The National Championships	手球	Handball	女子	翟超等15人
全国锦标赛	The National Championships	网球	Tennis	男子双打	鲁凌 李思
全国锦标赛	The National Championships	网球	Tennis	女子双打	李丽 丁丁
全国锦标赛	The National Championships	摔跤	Wrestling	自由式52公斤级	杨延良
全国锦标赛	The National Championships	摔跤	Wrestling	古典式68公斤级	赵东升
全国锦标赛	The National Championships	摔跤	Wrestling	自由式57公斤级	张帆
全国锦标赛	The National Championships	武术	Wushu	散手中级别	李明 杨红卫 金晓飞
全国锦标赛	The National Championships	武术	Wushu	女子枪剑全能	韩静
全国锦标赛	The National Championships	跆拳道	Taiquan	女子43公斤级	马明菊
全国联赛	National League Matches	垒球	Softball	女子	王丽红等18人
全国联赛	National League Matches	棒球	Baseball	男子	魏峥等18人
全国冠军赛	the National Tournament	跳水	Diving	女子10米跳台	王睿
全国冠军赛	the National Tournament	跆拳道	Taiquan	男子58公斤级	刘闯
全国冠军赛	the National Tournament	跆拳道	Taiquan	男子54公斤级	董德富

主要统计指标解释

等级运动员人数　指经考核正式批准授予等级运动员称号的人数。运动员等级分为国际级运动健将、运动健将、一级运动员、二级运动员、三级运动员、少年级运动员。

等级裁判员人数　指经考核正式批准授予等级裁判员称号的人数。裁判员等级分为国际级裁判、国家级裁判、一级裁判、二级裁判、三级裁判。

卫生技术人员　指卫生事业机构支付工资的全部固定职工和合同制职工中现任职务为卫生技术工作的专业人员。包括中医师、西医师、中西医结合高级医师、护师、中药师、西药师、检验师、其他技师、中医士、西医士、护士、助产士、中药剂士、西药剂士、检验士、其他技士、其他中医、护理员、中药剂员、西药剂员、检验员，其他初级卫生技术人员。

Explanatory Notes On Main Statistical Indicators

Number of Athletes in Grades refers to the number of athletes who have been given titles through examination. The titles of athletes include international masters of sports, masters of sports, first - grade, second - grade and third - grade sportsmen and young athletes.

Number of Referees in Grades refers to the number of referees who have been given titles through examination. They are classified as international referees, national referees and referees of the first, second and third grades.

Medical Technical Personnel refers to all permanent medical staff and workers employed by medical institutions, including doctors of Chinese and Western medicine, senior doctors who integrate traditional Chinese therapeutics with Western therapeutics in practice, senior nurses, pharmacists of Chinese and Western medicine, laboratory specialists, other specialists, paramedics of Chinese and Western medicine, nurses, midwives, druggists in Chinese and Western medicine, laboratory technicians, other technicians, other practitioners of Chinese medicine , nursing attendants, pharmacological workers of Chinese and Western medicine, laboratory workers, and other primary medical personnel.

17

URBAN PUBLIC UTILITIES
城市公用事业

人均住房居住面积
Per capita living space

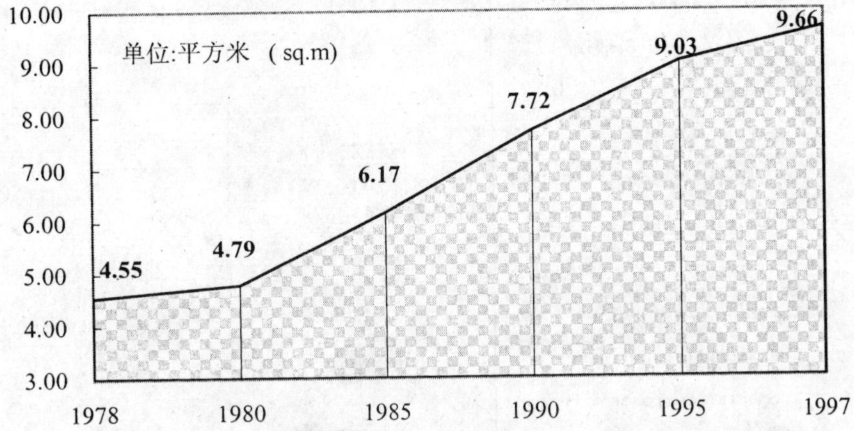

	1997	1978	1997年为1978年% 1997 as % of 1978
人均居住面积(平方米) Per capita living space(sq.m)	9.7	4.6	212.3
居民燃气气化率(%) Percentage of population using gas(%)	94	57	
用电量(北京地区)(亿千瓦小时) Electricity consumption(Beijing area)(100 million kwh)	263.6	73.5	358.6

北京地区用电量
Electricity consumption

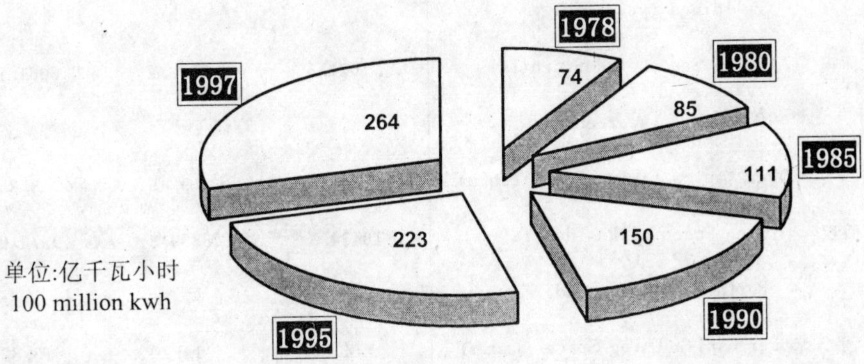

17-1 城镇建设用地
URBAN CONSTRUCTION LAND

单位：公顷 (hectare)

项目	Item	全市 Total	城近郊区 City Proper and Near Suburbs	远郊区 Outer Suburbs	各县 Counties
合计	**Total**	148	9	4	135
商业服务业用地	Commerce and Services	1	1		
工业用地	Industry	31			31
仓储用地	Stock	1			1
交通用地	Transportation	11			11
市政公用设施及绿化用地	Municipal Public Facilities and Green Areas	1	1		
公共建筑用地	Public Construction	13			13
住宅用地	Residential Buildings	5	1		4
特殊用地	Special Purposes				
其他用地	Others	85	6	4	75

17-2 城市居民居住水平
RESIDENTIAL CONDITIONS OF URBAN RESIDENTS

单位：万平方米 (10000 sq. m)

项目	Item	1997	#市区 City Proper and Near Suburbs	1996	#市区 City Proper and Near Suburbs
年末实有房屋建筑面积	Floor Space of Houses(yearend)	29294.1	24315.3	27737.1	23062.6
年末实有住宅建筑面积	Floor Space of Residential Buildings (year-end)	14817.3	12450.8	13920.5	11741.4
年末实有住宅居住面积	Living Space of Residential Building (year-end)	7021.3	5920.2	6661.1	5639.1
平均每人居住面积(平方米)	Per Capita Living Space (sq. m)	9.66	9.49	9.33	9.17
年末实有住宅使用面积	Using Space of Residential Buildings (year-end)	10434.3	8859.3	9870.0	8412.1
平均每人使用面积(平方米)	Per Capita Using Space (sq. m)	14.36	14.20	13.82	13.67

17-3 用 电 量（北京地区）

ELECTRICITY CONSUMPTION(BEIJING AREA)

单位：万千瓦小时 (10000 kwh)

项目	Item	1997	1996	1997年为1996年% 1997 as % of 1996
合计	**Total**	2636078	2443709	107.9
农、林、牧、渔、水利业	**Farming,Forestry,Animals Husbandry, Fishery and Water Conservancy**	120444	111904	107.6
# 排灌	Irrigation and Drainage	69606	66438	104.8
工业	**Industry**	1449129	1422590	101.9
按轻重工业分	Grouped by Heavy and Light Industry			
轻工业	Light Industry	274489	269894	101.7
重工业	Heavy Industry	1174640	1152696	101.9
按行业分	Grouped by Sectors			
采掘业	Excavation	73324	74941	97.8
采矿业	Minerals Mining	48366	51140	94.6
自来水生产和供应	Tap Water Production and Supply	24958	23799	104.9
制造业	Manufacturing	1375805	1347649	102.1
食品、饮料和烟草制造业	Food,Beverage and Tobacco Production	57322	56420	101.6
纺织业	Textile Industry	43816	44739	97.9
电力、蒸汽热水生产和供应业	Electric Power,Steam and Hot Water Production and Supply	93356	57651	161.9
石油加工业	Petroleum Processing	109022	109830	99.3
炼焦、煤气及煤制品业	Coking,Gas and Coal Products	16655	15904	104.7
化学工业	Chemical Industry	183985	189414	97.1
建筑材料及其他非金属矿制品业	Construction Materials and Other Nonmetal Minerals Products	136507	133539	102.2
黑色金属冶练及压延加工业	Smelting and Pressing of Ferrous Metals	405698	417215	97.2
金属制品业	Metal Products	32620	32239	101.2
机械工业	Machinery Manufacturing	49613	50935	97.4
交通运输、电气、电子设备制造业	Transportations,Electric and Electronic Equipment Manufacturing	100087	102675	97.5
地质普查和勘探业	**Geological Survey and Prospecting**	1054	1041	101.2
建筑业	**Construction**	80072	74378	107.7
交通运输、邮电通信业	**Transportations,Posts and Telecommunications**	88516	85742	103.2
商业、公共饮食业、物资供销和仓储业	**Commerce,Catering,Capital Goods Distribution and Storage**	202158	128648	157.1
其他事业	**Others**	430046	401855	107.0
# 市内公共交通业	Municipal Public Transportation	8935	11366	78.6
# 路灯业	Road Lamps	9123	6460	141.2
城乡居民生活用电	**Electricity Consumption by Urban and Rural Households**	264659	217551	121.7
乡村	Rural	68018	59077	115.1
城市	Urban	196641	158474	124.1

17-4 供　　热

HEAT SUPPLY

项　　目 Item		1997	1996	1997年为1996年% 1997 as % of 1996
集中供热	Central Heat Supply			
热力供应能力(百万千焦/小时)	Supply Capacity (10^9 joule/hour)	9315	9315	100.0
采暖单位　(户)	Heat Users (unit)	2745	2628	104.5
采暖面积　(万平方米)	Heating Area (10000 sq.m)	3315.7	3035.2	109.2
热力供应单位　(户)	Heat Suppler (unit)	789	630	125.2
管道长度　(公里)	Length of Pipeline(km	220.1	213.0	103.3
销售量　(万百万千焦)	Volume Supplied (10^13 joule)	1778.6	1782.5	99.8
小区集中供热	Central Heat Supply in Residential Districts			
采暖面积　(万平方米)	Heating Area (10000 sq.m)	4669.6	4389.6	106.4
余热供热	Surplus Heat Supply			
采暖面积　(万平方米)	Heating Area (10000 sq.m)	413.4	413.4	100.0
全市采暖面积合计　(万平方米)	**Total Heating Area (10000 sq.m)**	8398.7	7838.2	107.2

注：小区集中供热、联片供热、余热供热统计范围为市区10万平方米以上的供热面积。

Note: Figures for central heat supply in residential districts,joint heat supply and surplus heat supply only include those who heating areas are more than 100000 sq.m.

17-5 供　　汽

STEAM SUPPLY

项　　目 Item		1997	1996	1997年为1996年% 1997 as % of 1996
蒸汽供应能力(吨/小时)	Supply Capacity (ton/hour)	850	850	100.0
用汽单位　(个)	Steam Users (unit)	105	105	100.0
#工　业　(个)	Industry (unit)	92	92	100.0
管道长度　(公里)	Length of Pipeline (kg)	38.7	37.7	102.7
销售量　(万吨)	Volume Supplied (10000 tons)	394.1	446.5	88.3
#工　业　(万吨)	Industry (10000 tons)	394.1	446.5	88.3

17-6 煤气、液化石油气及天然气
GAS, LIQUEFIED PETROLEUM GAS AND NATURAL GAS

项 目 Item	1997	1996	1997年为1996年% 1997 as % of 1996
煤 气 Gas			
管道长度 (公里) Length of Pipeline (km)	1811.1	2286.4	79.2
供应量 (万立方米) Gas Supply (10000 cu.m)	91450	90085	101.5
# 公用局 (万立方米) Public Utilities Bureau(10000 cu.m)	88234	87856	100.4
销售量 (万立方米) Gas Sale (10000 cu.m)	76429	88356	86.5
# 工业用 (万立方米) for Industrial Use (10000 cu.m)	9872	10462	94.4
# 生活用 (万立方米) for Living Use (10000 cu.m)	64983	76499	84.9
# 公用局(万立方米) Public Utilities Bureau(10000cu.m)	61770	74270	83.2
用 户 (万户) Consumer (10000 households)	73.5	78.5	93.6
# 家庭用户 (万户) Household (10000 households)	73.1	78.1	93.6
液化石油气 Liquefied Petroleum Gas			
储气能力 (吨/罐) Storage Capabiity (ton/tank)	26483/81	24164/81	26.8
# 公用局 (吨/罐) Public Utilities Bureau (ton/tank)	22229/49	22229/49	10.0
供应站 (个) Supply Units (unit)	161	107	150.5
# 公用局 (个) Public Utilities Bureau (unit)	86	86	100.0
液化气钢瓶 (万个) Tanks (10000)	126.3	123.7	102.1
销售量 (吨) Gas Sales (ton)	172879	185304	93.3
# 工业用 (吨) for Industrial Use (ton)	2795	3491	80.1
# 生活用 (吨) for Living Use (ton)	166599	170470	97.7
# 公用局 (吨) Public Utilities Bureau (ton)	143335	140905	101.7
用 户 (万户) Consumer (10000 households)	117.7	112.6	104.5
# 家庭用户 (万户) Household (10000 households)	115.2	110.0	104.7
天然气 Natural Gas			
管道长度 (公里) Length of Pipeline (km)	1489	1158	128.6
供应量 (万立方米) Gas Supply (10000 cu.m)	18365	14998	122.4
# 公用局 (万立方米) Public Utilities Bureau(10000 cu.m)	18365	14998	122.4
销售量 (万立方米) Gas Sales (10000 cu.m)	16565	13504	122.7
# 工业用 (万立方米) for Industrial Use (10000 cu.m)	2874	2609	110.2
# 生活用 (万立方米) for Living Use (10000 cu.m)	13691	10870	126.0
# 公用局(万立方米) Public Utilities Bureau(10000cu.m)	13691	10870	126.0
用 户 (万户) Consumer (10000 households)	55.6	40.3	138.0
# 家庭用户 (万户) Household (10000 households)	54.7	39.5	138.5
居民燃气用户 (万户) Household with Access to Gas (10000 households)	235.9	227.6	103.6
气化率 (%) Percentage of Population Using Gas (%)	94.02	92.7	

注：本表燃气气化率数字为年末燃气家庭用户占全部城市户数的百分比。

Note: Figure for percentage of population using gas refers to proportion of households useing gas in total urban households.

17-7 自来水及自备水源
TAP WATER AND SELF-PROVIDED SOURCE OF WATER

项目 Item	1997	# 城近郊区 City Propers and Near Suburbs	1996	# 城近郊区 City Propers and Near Suburbs
自来水 Tap Water				
水厂（个）Water Plants (unit)	24	13	24	13
生产能力（万吨／日）Production Capacity (10000 tons/day)	301.8	249.0	266.4	244.3
管线长度（公里）Length of Pipelines (km)	6338.8	5191.9	6907.4	5055.6
供水面积（平方公里）Area of Water Supply (sq.m)	701.9	509.9	684.8	526.7
售水量（万吨）Sales in Volume (10000 tons)	79045.8	65613.3	69684.3	63083.3
# 工业用（万吨）for Industrial Use(10000 tons)	16471.1	11368.7	14090.1	12731.8
生活用（万吨）for Living Use (10000 tons)	55950.2	48759.0	50305.5	46298.8
平均每人每日生活用水（公斤）Living Consumption Per Day (kg)	229.0	250.5	237.3	250.1
自来水普及率（%）Percentage of Population Using Tap Water (%)	100.0	100.0	100.0	100
自备水源 Self-provided Source of Water				
生产能力（万吨／日）Production Capacity (10000 tons/day)	291.1	201.0	294.8	204.9
用水量（万吨）Consumption (10000 tons)	44774.3	32078.0	45289.9	32661.6
生产用（万吨）Production (10000 tons)	25151.0	16046.0	25733.9	17024.2
生活用（万吨）Living (10000 tons)	19623.3	16032.0	19555.0	15637.4

17-8 节　水
WATER SAVING

项目 Item	1997	1996	1997年为1996年% 1997 as % of 1996
节水量（万吨）Volume Saved (10000 tons)	2034	2529	80.4
自来水（万吨）Tap Water (10000 tons)	1551	1933	28.5
自备水井（万吨）Self-Provided Well (10000 tons)	483	596	81.0
完成节水措施（项）Save Measures Completed (item)	150	185	81.1

注：节水量中未包括河水节水量。
Note: Volume saved excluded river water.

17-9 公 共 交 通
PUBLIC TRAFFIC

项 目 Item			1997	# 城近郊区 City Propers and Near Suburbs	1996	# 城近郊区 City Propers and Near Suburbs
年末营运车辆	**(辆)Operating Vehicles** (year-end)	(unit)	10479	8987	6828	6600
公共汽车	(辆) Buses	(unit)	9527	8035	5891	5663
# 小公共汽车	(辆) Mini-Buses	(unit)	4087	2841	1319	1319
无轨电车	(辆) Trolley Buses	(unit)	517	517	536	536
地铁机车	(辆) Subways	(unit)	435	435	401	401
营业线路	**Operating Routes**					
条 数	(条) Number	(line)	667	519	399	391
公共汽车	(条) Buses	(line)	651	503	383	375
# 小公共汽车	(条) Mini-Buses	(line)	340	200	103	103
无轨电车	(条) Trolley Buses	(line)	14	14	14	14
地 铁	(条) Subways	(line)	2	2	2	2
长 度	(公里) Length	(km)	14010.5	10085.9	7317.2	7192.6
公共汽车	(公里) Buses	(km)	13801.1	9876.5	7106.6	6982.0
# 小公共汽车	(公里) Mini-Buses	(km)	6800.0	3000.0	1777.0	1777.0
无轨电车	(公里) Trolley Buses	(km)	167.8	167.8	169.0	169.0
地 铁	(公里) Subways	(km)	41.6	41.6	41.6	41.6
里程利用率	**Utilization Rate of Mileage**					
公共汽车	(%) Buses	(%)	93.6	94.2	98.6	98.6
# 小公共汽车	(%) Mini-Buses	(%)	87.9	86.7	99.4	99.4
无轨电车	(%) Trolley Buses	(%)	99.4	99.4	100.0	100.0
地 铁	(%) Subways	(%)	99.8	99.8	99.8	99.8
客运量	**(万人次)Passengers Carried**	**(10000 person. times)**	391182.2	381895.9	349847.0	345136.1
按车种分	By Type of Vehicles					
公共汽车及无轨电车	(万人次) Buses and Trolley Buses	(10000 person. times)	346675.7	337389.4	305433.1	300722.2
# 小公共汽车	(万人次) Light Buses	(10000 person. times)	19100.0	15500.0	3698.8	3698.8
地 铁	(万人次) Subways	(10000 person. times)	44506.5	44506.5	44413.9	44413.9
按购票方式分	By Ways of Payment					
普 票	(万人次) Common(10000person. time)		101244.1	96914.1	81365.3	80647.8
月 票	(万人次) Monthly(10000persontime)		285030.8	280596.5	263430.5	260040.1
包 车	(万人次) Hire(10000 person. times)		2728.6	2262.0	2692.6	2146.0
旅 游	(万人次) Tourism(10000persontime)		904.5	892.0	1080.6	1071.1
免 费	(万人次) Free of Charge	(10000 person. times)	1274.2	1231.3	1278.0	1231.1
售出月票	**(万张)Monthly Ticket Sales(10000)**		1831.1	1801.5	1683.1	1660.5
客运收入	**(万元)Revenue of Passengers** Traffic	(10000 yuan)	146146.8	136690.5	105332.6	103778.6

注:本年资料中新增加系统外管理小公共汽车部分。

Note: Data of this year adds that of mini-buses out of system.

17-10 客运出租汽车
TAXIS SERVICE

项目 Item				1997	1996	1997年为1996年% 1997 as % of 1996
出租汽车营运单位(个)		**Operating Units**	**(unit)**	**2366**	**2502**	**94.6**
国有单位	(个)	State-Owned	(unit)	426	465	91.6
集体单位	(个)	Collective-Owned	(unit)	757	883	85.7
个体户	(个)	Individuals	(unit)	1166	1147	101.7
中外合资	(个)	Joint Venture	(unit)	3	3	100.0
其　他	(个)	Others	(unit)	14	4	350.0
营运车辆	**(辆)**	**Operating Vehicles**	**(unit)**	**59902**	**59493**	**100.7**
小轿车	(辆)	Cars	(unit)	36636	36943	99.2
微型面包车	(辆)	Minicoaches	(unit)	21079	20310	103.8
旅行车	(辆)	Wagon Cars	(unit)	1274	545	233.8
大轿车	(辆)	Coaches	(unit)	913	1695	53.9
客运量	**(万人次)**	**Passengers Carried**	**(10000persontime)**	**65386**	**64895**	**100.8**
小轿车	(万人次)	Cars	(10000 person. times)	35045	34867	100.5
微型面包车	(万人次)	Minicoaches	(10000 person. times)	28044	27370	102.5
旅行车	(万人次)	Wagon Cars	(10000 person. times)	1147	516	222.3
大轿车	(万人次)	Coaches	(10000 person. times)	1150	2142	53.7
里程利用率		**Utilization Rate of Mileage**				
小轿车	(%)	Cars	(%)	68	67	
微型面包车	(%)	Minicoaches	(%)	85	84	
旅行车	(%)	Wagon Cars	(%)	85	85	
大轿车	(%)	Coaches	(%)	85	85	

17-11 交通管理设施
UTILITIES OF TRANSPORTATION ADMINISTRATION

项目 Item				1997	1996	1997年为1996年% 1997 as % of 1996
交通警岗	(个)	Police Boxes	(unit)	912	746	122.3
灯　岗	(个)	Lamp Posts	(unit)	304	157	193.6
巡逻岗	(个)	Patrol Posts	(unit)	608	589	103.2
信号灯	(座)	Traffic Lights	(unit)	460	418	110.0
# 自动信号灯	(座)	Automatic	(unit)	458	418	109.6
安全示意线	(公里)	Signal Lines for Safety	(km)	6463	6463	100.0
交通标志	(面)	Transportation Signal	(unit)	40138	38619	103.9
隔离墩	(套)	Separate Blocks	(set)	24954	25117	99.3
护　栏	(米)	Protective Fences	(m)	164082	143757	114.1

17-12 道路及桥梁
ROADS AND BRIDGES

项目 Item		1997	# 城近郊区 City Proper and and Near Suburb	1996	# 城近郊区 City Proper and and Near Suburb
道路	**Roads**				
道路长度 （公里）	Length (km)	3637.6	3189.7	3664.5	3267.5
按质量分	By Quality				
# 高级 （公里）	Senior (km)	1722.9	1484.6	1576.5	1430.5
次高级 （公里）	Secondary Senior(km)	1371.3	1164.7	1265.0	1050.0
按车辆运行方式分	By Operating Ways of Vehicles				
# 快慢车分行路 （公里）	Separate Routes of Quick and Slow Vehicles (km)	354.4	251.0	297.0	246.0
道路面积 （万平方米）	Areas of Roads (10000 sq.m)	4060.8	3522.3	3806.9	3446.4
按质量分	By Quality				
# 高级 （万平方米）	Senior (10000 sq.m)	2694.2	2343.6	2319.4	2153.4
次高级 （万平方米）	Secondary Senior (10000 sq.m)	962.8	779.8	1010.5	822.0
按车辆运行方式分	By Operating Ways of Vehicles				
# 快慢车分行路（万平方米）	Separate Routes of Quick and Slow (10000 sq.m)	1002.6	788.0	879.4	768.0
铺装步路 （万平方米）	Paved Roads (10000 sq.m)	515.9	394.5	571.8	481.0
桥梁	**Bridges**				
城市桥梁 （座）	City Bridges (unit)	693	568	646	547
# 大型道路立交桥 （座）	Large Flyovers (unit)	140	113	133	107
行人过街天桥 （座）	Overpass (unit)	114	113	103	102
地下通道 （座／处）	**Underpass (unit/place)**	**162/121**	**136/95**	**161/118**	**135/92**

17-13 城市路灯设施
STREET LAMPS

项目 Item		1997	# 城近郊区 City Proper and and Near Suburb	1996	# 城近郊区 City Proper and and Near Suburb
路灯盏数 （盏）	**Number of Road Lamps (unit)**	**108211**	**84811**	**103393**	**83139**
白炽灯 （盏）	Incandescent Lamps (unit)	7866	4883	6828	5142
汞灯 （盏）	Mercury Lamps (unit)	56775	48518	57755	49479
钠灯 （盏）	Sodium Lamps (unit)	43570	31410	38810	28518
线路长度 （公里）	**Length of Lines (km)**	**6458.9**	**3395.5**	**6201.2**	**3353.9**

17-14 城市园林绿化
GARDENS AND PLANTED AREAS

项目 Item	1997	# 城近郊区 City Proper and and Near Suburb	1996	# 城近郊区 City Proper and and Near Suburb
年末公共绿地面积（公顷）Public Green Areas(year-end) (hectare)	5408.0	4257.0	5147.4	4194.3
平均每人占有公共绿地面积（包括水面）（平方米）Per Capita Public Green Areas (including water surface) (sq.m)	7.80	7.20	7.54	7.18
城市绿化覆盖率（%）Coverage of City Green Areas (%)	34.22	33.43	33.24	32.83
道路绿化总长度（公里）Total Length of Green Roads (km)	2307	1844	2240	1792
年末实有树木（万株）Trees(year-end) (10000)	4394	3419	4120	3220
# 本年新植（万株）Newly Planted (10000)	294	219	289	220
全年出圃苗木（万株）Total Nursery Stage (10000)	93.0	93.0	96.0	96.0
苗圃面积（公顷）Areas of Nursery (hectare)	212.3	212.3	212.3	212.3
草坪面积（万平方米）Areas of Lawn (10000 sq.m)	4001.0	3117.0	3626.0	2940.0
# 本年新植（万平方米）Newly Planted (10000 sq.m)	378.0	179.0	332.0	199.0
公园、风景区、游乐场 Parks, Scenic Spots and Amusement Parks				
公园（包括动物园）（个）Parks(including zoos) (unit)	115	93	112	90
风景区（个）Scenic Spots (unit)				
游乐场（个）Amusement Parks (unit)	2	2	2	2
公园、风景区、游乐场面积 Areas of Parks, Scenic Spots and Amusement Parks				
公园（包括动物园）面积（公顷）Parks(including zoos) (hectare)	4176.0	3840.0	4122.7	3786.5
风景区面积（公顷）Scenic Spots (hectare)				
游乐场面积（公顷）Amusement Parks (hectare)	65.6	65.6	65.6	65.6
全年游园人数（万人次）Visitors to Parks and Zoos (10000 peraon.time)	9367.0	8989.0	10736.0	10377.0

17-15 城 市 排 水
DRAINAGE

项　　目 Item		1997	# 城近郊区 City Proper and and Near Suburb	1996	# 城近郊区 City Proper and and Near Suburb
下水道长度 （公里）	**Length of Sewer (km)**	4343	3733	4188	3647
雨水管 （公里）	Rain Pipes (km)	1257	1141	1191	1079
污水管 （公里）	Sewage Pipes (km)	1635	1491	1597	1475
雨污合流管 （公里）	Rain and Sewage Pipes (km)	1451	1101	1400	1093
污水处理	**Dispose of Sewage**				
处理厂 （个）	Disposal Plants (unit)	4	4	4	4
处理能力 （万吨／日）	Disposal Capability (10000 tons/day)	58.5	58.5	58.5	58.5
处理量 （万吨）	Disposed Volume(10000 tons)	22243	20112	19546	18980
处理率 （%）	Disposal Rate (%)	22.0	22.0	21.2	21.2
平均每日污水量（万吨）	Daily Sewage (10000 tons)	276.5	250.0	289.5	245.0

17-16 城 市 环 境 卫 生
MUNICIPAL ENVIRONMENT AND SANITATION

项　　目 Item		1997	# 城近郊区 City Proper and and Near Suburb	1996	# 城近郊区 City Proper and and Near Suburb
工作量	**Work Load**				
清扫街道面积（万平方米／日）	Area Cleaned (10000 sq.m/day)	4962	4126	4711	3940
清运垃圾 （万吨）	Garbage Disposal (10000 tons)	490	431	483	433
清运粪便 （万吨）	Night Soil Disposal (10000 tons)	279	253	268	244
环卫机械数量	**Number of Environmental Sanitation Equipment**				
大中型扫尘车 （辆）	Large and Medium Road Sweepers (unit)	162	145	131	121
大中型洒水车 （辆）	Large and Medium Watering Cars (unit)	102	89	106	94
大中型垃圾车 （辆）	Large and Medium Dust-carts (unit)	1796	1572	1643	1431
真空吸粪车 （辆）	Vacuum Dung-drawer Carts (unit)	519	453	476	416
小型扫尘车 （辆）	Small Road Sweeper (unit)	8	6	8	2
其他环卫车辆 （辆）	Others (unit)	349	314	439	405
环卫设施	**Environmental Sanitation Facilities**				
垃圾台 （座）	Garbage Stages (unit)	32		19	3
垃圾桶 （个）	Garbage Cans (unit)	35973	21971	25949	17412
果皮箱 （个）	Dustbins (unit)	12057	8828	6256	4864
公共厕所 （座）	Lavatories (unit)	6643	5568	6213	5716
密闭式集装箱垃圾站 （座）	Airtight Container Garbage Stations(unit)	1040	996	665	645

主要统计指标解释

年底自来水生产能力　指年底城建部门管理的自来水厂和自备水源的社会单位取水、净化、送水、出厂输水干管等环节的实际生产能力。

年底供水管道长度　指从送水泵到用户水表之间所有管道的长度。

气化率　指使用煤气（包括人工煤气、液化石油气、天然气）的城市非农业人口数（不包括临时人口和流动人口）与城市非农业人口总数之比。计算公式：

$$气化率 = \frac{城市用气的非农业人口}{城市非农业人口总数} \times 100\%$$

城市桥梁　指城市范围内，修建在河道上的桥梁和道路与道路立交、道路跨越铁路的立交桥，以及人行天桥。包括永久性桥和半永久性桥，不包括临时性桥、铁路桥、涵洞。

城市下水道总长度　指所有排水总管、干管、支管及暗渠、检查井、连接井进出水口等长度之和。

城市污水日处理能力　指污水处理厂每昼夜处理污水量的设计能力。

营运线路长度　指设置的固定营运线路长度，包括郊区营运线路长度。不包括临时性行驶的线路长度。

公共绿地　指供游览休息的各种公园、动物园、植物园、陵园以及花园、游园和供游览休息用的林荫道绿地、广场绿地。不包括一般栽植的行道数及林荫道的面积。

Explanatory Notes On Main Statistical Indicators

Production Capacity of Tap Water at Year - end refers to the actual comprehensive production capacity of the waterworks administered by the urban construction department and those owned by enterprises or institutions, taking the capacity of the main links, such as water inflow, purification, conveyance and outflow of the trunk pipelines into account.

Length of Water Supply Pipelines at Year - end refers to the total length of all the pipelines between the water pumps and the users' water meters.

Percentage of Urban Gas Users refers to the ratio of the urban non - agricultural population using gas (including gas, liquefied petroleum gas and natural gas) to the total of urban non - agricultural population (excluding temporary and mobile population). The formula is:

$$\text{Gas Users of Urban} = \frac{\text{Percentage Urban gas users}}{\text{Urban Non - agricultural Population}} \times 100\%$$

Urban Bridges refer to bridges over river courses, great separated junctions and overpasses in urban areas, including permanent bridges and semi - permanent bridges, excluding temporary bridges, railway bridges and culverts.

Length of Urban Sewage Pipes refers to the total length of general drainage, trunks, branches and blind drainage, inspection wells, connection wells, inlets and outlets, etc.

Daily Disposal Capacity of Urban Sewage refers to the designed 24 - hour capacity of sewage disposal at the sewage works.

Length of Routes in Operation refers to the length of designed regular routes in operation, including the length of suburban routes in operation, excluding temporary routes.

Public Green Area refers to green areas of various parks, zoos, botanical gardens, cemeteries, amusement parks, tree - flanked boulevards and green - land squares for tourism and relaxing, excluding streets with trees planted along - side and regular boulevards.

18

PEOPLE'S LIVELIHOLD
人民生活

城镇居民人均可支配收入及支出情况

Annual discretionary income and expenditure per capita

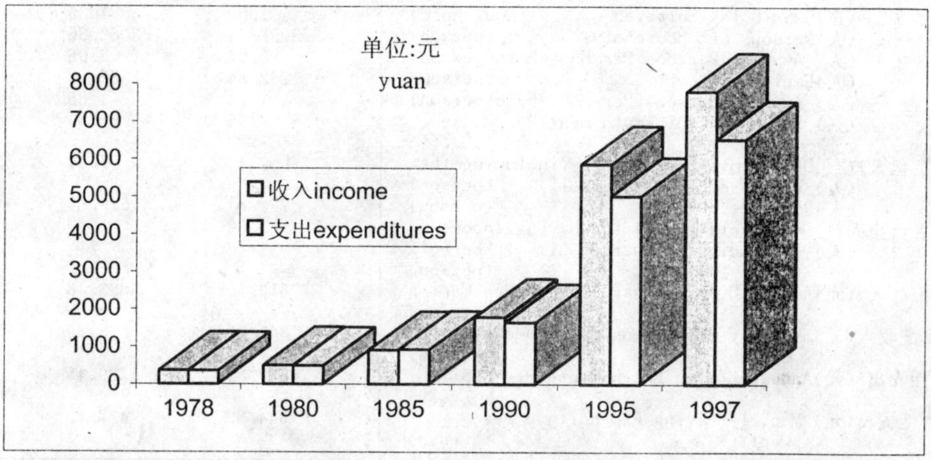

	1997	1996	1997年为1996年% 1997 as % of 1996
城镇人均可支配收入(元) Annual discretionary income for urban households(yuan)	7813	6885	113.4
城镇人均消费性支出(元) Annual living expenditure per capita for urban households (yuan)	6532	5729	114.0
农民人均纯收入(元) Annual net income per capita for rural households(yuan)	3762	3580	105.6

农村居民人均纯收入及消费支出情况

Annual net income and expenditures per capita

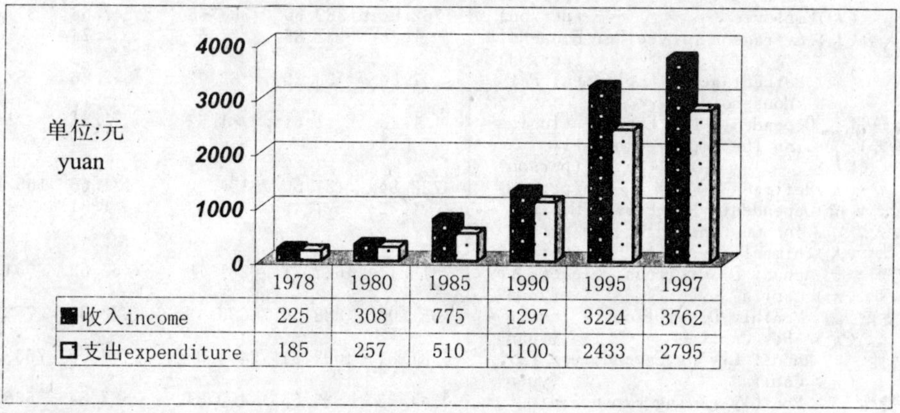

	1978	1980	1985	1990	1995	1997
■收入income	225	308	775	1297	3224	3762
□支出expenditure	185	257	510	1100	2433	2795

18-1 1000户居民家庭基本情况
BASIC STATISTICS OF 1000 SAMPLED URBAN HOUSEHOLDS

项目 Item		1997	1996	1997年为1996年% 1997 as % of 1996
调查户数	(户)Households Surveyed (household)	1000	1000	
家庭人口数	(人)Persons of Households (person)	3057.34	3060.36	99.90
平均每户人口	(人) Average Persons Per Household(person)	3.06	3.06	100.00
就业人数	(人)Employees (person)	1762.84	1856.02	94.98
平均每户就业人数	(人) Average Persons Per Household(person)	1.76	1.86	94.62
平均就业面	(%) Percentage of Employment Per Household (%)	57.66	60.65	95.07
平均每一就业者负担人口（包括就业者）	(人) Dependents Per Employee(Including the employee himself/herself) (person)	1.43	1.41	101.43
离、退休人数	(人)Retirees (person)	723.84	579.34	124.94
平均每一有收入者负担人口（包括有收入者）	(人) Dependents Per Person Having Income (Including the person himself/herself) (person)	1.32	1.33	99.25
平均每人年可支配收入	(元)Annual Discretionary Income Per Capita (yuan)	7813.11	6885.48	113.43
平均每人月可支配收入	(元) Monthly Discretionary Income Per Capita (yuan)	651.09	573.79	113.47
平均每人年消费性支出	(元)Annual Living Expenditure Per Capita (yuan)	6531.81	5729.45	114.00
平均每人月消费性支出	(元) Monthly Living Expenditure Per Capita (yuan)	544.32	477.45	114.01

注：1.有收入者指就业者和16岁以上的、当月财产性收入、转移性收入和零星劳动收入在50元以上的无职业者。

2.离、退休人数包括离、退休后再就业人员。

a) Persons having income refers to employees and unemployees over 16-year-old and month property-income, transfer-income and odd income totaled to more than 50 yuan.

b) Retirees include reemployees after retirement.

18-2 1000户居民家庭基本情况(按收入水平分)
BASIC STATISTICS OF 1000 SAMPLED URBAN HOUSEHOLDS(BY INCOME LEVEL)

项目 Item		全市合计 Total	低收入户 Low Income	中等偏下收入户 Medium-Low Income	中等收入户 Medium Income	中等偏上 Medium-High Income	高收入户 High Income
调查户数	(户)Households Surveyed(household)	1000	200	200	200	200	200
家庭人口数	(人)Persons of Households (person)	3057.34	694.50	627.50	600.82	577.18	557.34
平均每户人口	(人) Average Persons Per Household (person)	3.06	3.47	3.14	3.00	2.89	2.79
就业人数	(人)Employee (person)	1762.84	369.50	338.68	347.66	331.34	375.66
平均每户就业人数	(人) Average Employee Per Household (person)	1.76	1.85	1.69	1.74	1.66	1.88
平均就业面	(%) Percentage of Employment Per Household (%)	57.66	53.20	53.97	57.86	57.41	67.40
平均每一就业者负担人口(包括就业者)	(人) Dependents Per Employee(Including the employee himself) (person)	1.43	1.61	1.52	1.41	1.35	1.25
离、退休人数	(人)Retirees (person)	723.84	137.50	134.00	131.66	166.18	154.50
平均每一有收入者负担人口(包括有收入者)	(人) Dependents Per Person Having Income (Including the person himself/herself) (person)	1.32	1.46	1.39	1.31	1.25	1.18
平均每人年可支配收入	(元) Annual Discretionary Income Per Capita (yuan)	7813.11	4662.71	6281.18	7467.62	9034.38	12573.50
平均每人月可支配收入	(元) Monthly Discretionary Income Per Capita (yuan)	651.09	388.56	523.43	622.30	752.87	1047.79
平均每人年消费性支出	(元) Annual Living Expenditure Per Capita (yuan)	6531.81	4002.54	5404.02	6406.05	7639.41	9909.51
平均每人月消费性支出	(元) Monthly Living Expenditure Per Capita (yuan)	544.32	333.55	450.34	533.84	636.62	825.79

18-3 1000户居民家庭每人每年现金收入

ANNUAL CASH INCOME PER CAPITA OF THE 1000 URBAN HOUSEHOLDS

单位：元 (yuan)

项目	Item	总平均 Average	低收入户 Low Income	中等偏下收入户 Medium-Low InCome	中等收入户 Medium Income	中等偏上收入户 Medium-High InCome	高收入户 High Income	1997年为1996年% 1997 as % of 1996
现金收入	**Cash Income**	8741.71	4994.31	6788.95	8161.03	10077.06	14845.47	110.02
实际收入	**Real Income**	7861.74	4699.92	6322.07	7515.53	9088.50	12639.44	107.13
# 可支配收入	Discretionary Income	7813.11	4662.92	6281.18	7467.62	9034.38	12573.50	113.47
职工收入	Staff and Workers	5319.74	3012.78	4367.03	5407.21	6232.22	8182.66	96.62
个体经营劳动者收入	Individuals	38.32	58.27	30.76	...	...	102.99	121.96
离退休再就业人员收入	Reemployee after Retirement	245.21	149.10	128.65	151.47	288.29	552.64	157.61
其他就业者收入	Other Employee	10.75	19.18	2.23	25.53	...	5.06	53.91
其他劳动收入	Other Income from Work	167.43	79.48	85.16	147.01	131.34	426.42	98.00
财产性收入	Property Income	103.93	18.98	42.00	47.88	68.64	376.16	125.64
转移性收入	Transfer Income	1976.35	1362.13	1666.23	1736.44	2368.01	2993.52	144.04
离退休金	Pension	1591.98	1122.28	1290.94	1426.29	1920.44	2404.48	148.89
价格补贴	Subsidies for Price	23.02	20.33	26.76	18.83	17.90	31.98	62.07
赡养收入	Maintenance Income	87.43	37.70	143.51	63.48	89.25	132.10	189.82
赠送收入	Gift Income	90.21	57.51	79.38	85.40	140.80	93.40	126.31
亲友搭伙费	Poor Funds	70.99	29.07	37.47	62.38	111.19	92.75	112.93
记帐补贴	Subsidies of Account	43.65	36.87	39.51	44.55	46.20	52.65	138.40
出售财物收入	Proceeds from Sales of Belongings	7.80	5.82	6.35	16.24	0.46	10.37	509.80
其他	Others	61.28	52.56	42.32	19.26	41.76	139.94	117.19
借贷收入	**Credit Income**	879.97	294.39	466.88	645.50	988.56	2206.04	144.94

18-4 1000户居民家庭每人每年现金支出

ANNUAL CASH EXPENDITURES PER CAPITA OF THE 1000 URBAN HOUSEHOLDS

单位：元 (yuan)

项目	Item	总平均 Average	低收入户 Low Income	中等偏下收入户 Medium-Low InCome	中等收入户 Medium Income	中等偏上收入户 Medium-High InCome	高收入户 High Income	1997年为1996年% 1997 as % of 1996
现金支出合计	**Total**	8124.37	4525.46	6188.46	7568.25	9406.82	14053.38	108.77
消费性支出	**Living Expenditures**	6531.81	4002.54	5404.42	6406.05	7639.41	9909.51	114.00
食品	Food	2854.35	2138.48	2547.40	2914.97	3350.44	3514.23	106.84
衣着	Clothing	760.72	404.65	641.80	691.38	945.66	1220.36	89.81
家庭设备用品及服务	Household Facilities,Articles and Services	652.35	235.58	397.16	579.92	548.05	1645.54	149.52
医疗保健	Medicine and Medical Services	297.68	152.03	276.11	288.60	373.92	403.65	136.66
交通通讯	Transportation and Communications	348.94	183.73	259.40	315.28	458.57	576.37	135.76
娱乐教育文化及服务	Recreation,Education and Cultural Service	890.31	454.87	636.42	960.30	1158.85	1362.07	127.34
居住	Residence	355.65	250.85	381.83	330.39	322.87	516.79	123.92
杂项商品及服务	Miscellaneous Commodities and Services	371.81	182.35	263.90	325.20	481.06	670.48	118.54
非消费支出	**Non-Living Expenditures**	559.51	215.95	294.40	396.71	814.76	1197.24	98.69
各种税金	Taxes	7.09	1.65	2.82	4.42	11.64	16.84	74.63
赡养支出	Support Expenditures	136.80	59.98	89.53	108.18	195.67	255.59	107.46
赠送支出	Gift Expenditures	245.31	122.62	177.65	186.52	291.46	489.67	105.97
购房与建房支出	Expenditures on Purchasing and Building Houses	128.87	9.43	2.41	53.24	260.77	365.04	86.78
其他非消费性支出	Others	41.44	22.26	21.99	44.35	55.22	70.10	82.68
借贷支出	**Credit Expenditures**	1033.05	306.98	490.04	765.49	952.65	2946.64	88.07

18-5 1000户居民平均每人年消费性支出

ANNUAL LIVING EXPENDITURES PER CAPITA OF THE 1000 URBAN HOUSEHOLDS

单位：元 (yuan)

项　目	Item	总平均 Average	低收入户 Low Income	中等偏下收入户 Medium-Low InCome	中等收入户 Medium Income	中等偏上收入户 Medium-High InCome	高收入户 High Income	1997年为1996年% 1997 as % of 1996
食　品	Food	2854.35	2138.48	2547.40	2914.97	3350.44	3514.23	106.84
粮　食	Grain	267.36	247.91	267.02	271.37	299.67	252.58	93.34
淀粉及薯类	Starches and Tuber	23.67	19.89	22.61	23.65	28.09	24.76	97.73
干豆类及豆制品	Bean and Bean Products	40.72	32.62	38.22	40.22	48.78	45.83	109.14
油　脂	Oil	69.59	71.20	79.41	61.79	80.68	53.41	111.81
肉禽及其制品	Meat,Poultry and Related Products	617.95	471.83	574.45	627.59	715.20	738.18	106.19
蛋　类	Eggs	82.23	73.19	75.51	84.90	98.22	81.76	81.11
水产品	Aquatic Products	130.09	97.34	117.30	124.32	139.75	181.88	105.62
菜　类	Vegetables	260.86	227.28	242.89	262.80	296.27	283.35	99.90
调味品	Flavorings	56.33	48.46	55.75	56.43	61.30	61.47	99.89
糖　类	Sugar	38.88	27.24	39.87	36.34	51.33	41.25	87.19
烟草类	Tabacco	94.45	62.42	78.72	98.05	106.68	137.08	134.54
酒和饮料类	Liquor and Beverages	172.38	133.91	147.63	177.64	192.08	222.79	117.92
干鲜瓜果类	Dried and Fresh Melons and Fruits	225.26	157.36	207.38	234.86	269.19	274.65	111.01
坚果及果仁	Nuts and Kernel	47.53	31.82	40.16	49.39	51.66	69.09	92.76
糕　点	Cake	87.06	63.27	75.07	81.74	111.56	111.21	89.59
奶及奶制品	Milk and Dairy Products	100.54	68.06	96.63	89.50	126.28	130.95	118.31
其他食品	Other Food	94.47	57.77	63.87	104.29	129.53	128.03	117.35
在外用餐	Dinning Out	444.34	245.95	324.81	489.79	543.92	674.36	123.75
食品加工服务费	Food Processing Service	0.64	0.95	0.09	0.30	0.25	1.60	156.10
衣　着	Clothing	760.68	404.65	641.80	691.38	945.66	1220.36	89.81
服　装	Garments	470.22	235.82	387.89	425.59	595.62	773.29	91.78
衣着材料	Clothing Materials	76.05	40.78	67.17	63.03	91.56	127.37	85.40
鞋、袜、帽及	Shoes,Hats,Socks and	188.39	116.08	166.81	180.48	227.34	270.50	87.07
其他衣着	Other Clothing	26.06	11.97	19.93	22.28	31.14	49.21	89.09
衣着加工服务费	Tailoring and Laundering							
家庭设备用品及服务	Household Facilities, Articles and Services	652.35	235.58	397.16	579.92	548.05	1645.54	149.52
耐用消费品	Durable Consumer Goods	413.97	104.32	206.65	328.98	307.12	1235.44	167.87
# 日用机电消费品	Daily Use Mechanical and Electrical Goods	276.44	86.06	166.40	250.25	223.76	720.32	175.18

续表 continued

单位：元 (yuan).

项目 Item		总平均 Average	低收入户 Low Income	中等偏下收入户 Medium-Low InCome	中等收入户 Medium Income	中等偏上收入户 Medium-High InCome	高收入户 High Income	1997年为1996年% 1997 as % of 1996
室内装饰品	Interior Decorations	16.65	2.44	8.93	10.54	12.12	54.32	105.71
床上用品	Bed Articles	28.57	13.18	22.96	31.91	32.31	46.58	115.71
家庭日用杂品	Daily Use Household Articles	151.19	93.21	136.17	153.76	165.81	223.23	114.86
家具材料	Furniture Materials	3.37	2.93	...	0.57	4.42	9.63	443.42
家庭服务	Household Services	38.60	19.51	22.44	54.16	26.27	76.35	228.67
医疗保健	**Medicine and Medical Services**	**297.68**	**152.03**	**276.11**	**288.60**	**373.92**	**403.65**	**136.66**
# 医药费	Medical Care Fee	195.11	108.00	201.80	194.00	258.55	201.27	143.61
交通和通讯	**Transportation and Communications**	**348.94**	**183.73**	**259.40**	**315.28**	**458.57**	**576.37**	**135.76**
交通	Transportation	145.98	74.29	90.27	150.09	221.00	214.91	94.45
# 交通费	Transportation Fares	89.52	40.95	60.93	83.12	104.47	172.64	103.50
通讯	Communications	202.96	109.44	169.13	165.20	237.57	361.46	198.09
# 电讯费	Telecommunication	109.93	61.22	76.05	92.44	151.45	182.99	211.61
娱乐、教育、文化服务	**Recreation,Education and Cultural Services**	**890.30**	**454.87**	**636.42**	**960.30**	**1158.85**	**1362.07**	**127.34**
文娱用耐用消费品	Durable Consumer Goods for Recreational and Cultural Use	301.83	111.28	146.69	388.61	392.62	526.41	145.25
教育	Education	332.46	216.45	307.91	330.55	428.18	404.63	120.10
# 学杂费	Tuition and Incidentals	201.21	119.30	185.78	189.63	233.43	298.03	128.93
托幼费	Child-care Fee	26.79	31.11	31.45	33.79	25.43	10.02	130.75
文化、娱乐	Recreation	256.01	127.13	181.82	141.27	338.05	431.03	119.35
# 书报杂志	Book,Newspaper and Magazine	72.42	33.23	60.42	68.22	95.85	115.18	105.17
居住	**Residence**	**355.65**	**250.85**	**381.83**	**330.39**	**322.87**	**516.79**	**123.92**
住房	Housing	164.79	79.76	189.66	148.52	118.35	308.91	109.43
# 房租	Rent	77.63	62.37	72.74	85.65	91.56	79.59	90.24
水电燃料	Water,Electricity and Fuels	190.86	171.09	192.17	181.86	204.51	207.88	139.93
杂项商品和服务	**Miscellaneous Commodities and Services**	**371.81**	**182.35**	**263.90**	**325.20**	**481.06**	**670.48**	**118.54**
个人消费	Personal Consumption	331.02	153.15	242.76	280.00	423.74	615.02	118.41
# 金银珠宝饰品	Golden, Silver and Jewelry Ornaments	30.74	12.52	9.11	10.17	22.52	108.49	86.89
旅游	Tourism	117.57	28.99	78.79	113.70	184.99	212.03	143.47
理发、洗澡、美容	Hair-cut,Bath and Improving One's Looks	14.97	7.82	14.72	11.03	18.48	24.67	89.64
其他商品	Other Commodities	7.94	12.07	4.63	5.27	3.40	14.12	97.07
其他服务	Other Services	32.86	17.13	16.51	39.92	53.92	41.34	126.73

18-6 1000户居民家庭消费性支出构成
COMPOSITION OF LIVING EXPENDITURES OF THE 1000 URBAN HOUSEHOLDS

单位：%　　(%)

项目	Item	总平均 Average	低收入户 Low Income	中等偏下收入户 Medium-Low InCome	中等收入户 Medium Income	中等偏上收入户 Medium-High InCome	高收入户 High Income
消费性支出合计	**Total Living Expenditure**	100.00	100.00	100.00	100.00	100.00	100.00
食品	Food	43.70	53.43	47.14	45.50	43.86	35.46
穿着	Clothing	11.65	10.11	11.88	10.79	12.38	12.32
家庭用品及服务	Household Articles and Services	9.99	5.89	7.35	9.05	7.17	16.61
医疗保健	Medicine and Medical Services	4.56	3.80	5.11	4.51	4.89	4.07
交通通讯	Transportation and Communications	5.34	4.59	4.80	4.92	6.00	5.82
娱乐教育文化及服务	Recreation,Education and Cultural Services	13.63	11.36	11.78	14.99	15.17	13.75
居住	Residence	5.44	6.27	7.07	5.16	4.23	5.22
杂项商品及服务	Miscellaneous Commodities and Services	5.69	4.55	4.87	5.08	6.30	6.75

18-7 1000户居民家庭平均每人年购买主要消费品支出
ANNUAL EXPENDITURE OF MAJOR CONSUMER GOODS PER CAPITA OF THE 1000 URBAN HOUSEHOLDS

单位：元　　(yuan)

项目	Item	总平均 Average	低收入户 Low Income	中等偏下收入户 Medium-Low InCome	中等收入户 Medium Income	中等偏上收入户 Medium-High InCome	高收入户 High Income	1997年为1996年% 1997 as % of 1996
粮食	Grain	335.60	299.33	329.39	347.51	382.32	326.85	93.7
食用植物油	Edible Vegetable Oil	92.45	86.05	98.60	83.96	108.88	77.83	118.24
鲜菜	Fresh Vegetables	322.99	259.28	283.05	333.11	371.23	378.46	106.12
猪肉及其制品	Pork and Related Products	459.77	321.98	399.89	477.36	541.28	597.26	114.68
牛羊肉及其制品	Beef,Mutton and Related Products	213.46	148.42	190.62	215.17	258.12	271.45	119.01
家禽	Poultry	147.70	99.83	122.67	160.12	165.73	207.01	97.96
鲜蛋	Fresh Eggs	97.04	81.02	93.75	115.34	132.53	102.09	76.20
水产品	Aquatic Products	172.82	117.64	145.64	168.91	188.57	265.05	111.69
食糖	Sugar	14.81	13.01	14.80	13.17	19.05	13.34	101.99
卷烟	Cigarettes	94.30	62.42	78.13	98.05	106.50	137.08	134.46
酒	Wine	70.39	62.14	55.09	66.18	78.26	94.45	109.85
茶叶	Tea	38.42	25.32	37.60	46.26	44.47	41.15	128.75
鲜瓜果	Fresh Melons and Fruits	166.92	121.12	156.87	177.29	196.09	194.23	84.64
糖果	Candy	13.27	7.48	10.24	9.69	20.94	17.12	81.26
糕点	Cake	87.06	63.26	75.07	81.74	111.56	111.21	89.59
鲜奶	Fresh Milk	51.40	39.24	48.59	48.14	60.29	64.31	123.65
棉布	Cotton Cloth	10.54	6.56	9.59	9.16	14.73	13.37	127.60
棉化纤布	Blend Cloth with Cotton and Chemical Fabric	3.96	2.92	5.58	3.18	3.43	4.72	101.80
化纤布	Chemical Fabric Cloth	18.23	11.04	17.42	16.89	21.41	26.27	80.74
呢绒	Woolen Fabric	16.49	4.42	8.31	12.16	23.23	38.43	77.82
绸缎	Silk and Stains	6.64	2.70	3.13	8.03	7.91	12.68	66.53
毛皮大衣	Fur Coat	36.57	17.30	25.59	28.61	36.49	81.60	75.95
呢大衣	Woolen Coat	22.07	4.48	23.50	17.11	38.03	31.22	129.90
风雨衣	Raincoat	7.27	3.82	5.08	7.56	8.53	12.40	80.42
西服	Western-style Clothes	20.24	6.94	17.88	24.44	19.64	35.56	113.14
毛线衣	Sweater	51.05	19.89	36.19	40.15	54.89	114.74	77.65
各式童装	Children Wear	33.05	26.03	41.09	29.59	37.22	32.49	81.99
毛线	Knitting Wool	11.31	6.94	13.79	7.70	10.18	19.04	74.51
皮鞋	Leather Shoes	93.23	53.15	81.35	83.44	118.69	141.27	85.31
旅游鞋	Travel Shoes	16.82	9.81	13.18	16.52	25.34	21.14	109.93

18-8 1000户居民家庭主要消费品平均每人年购买量
ANNUAL PURCHASES OF MAJOR CONSUMER GOODS PER CAPITA OF 1000 URBAN HOUSEHOLDS

项目 Item	总平均 Average	低收入户 Low Income	中等偏下收入户 Medium-Low InCome	中等收入户 Medium Income	中等偏上收入户 Medium-High InCome	高收入户 High Income	1997年为1996年% 1997 as % of 1996
粮食 (公斤)Food (kg)	82.95	75.02	83.99	84.93	92.93	71.43	97.05
食用植物油 (公斤)Edible Vegetable Oil (kg)	9.05	8.99	9.71	7.94	10.34	7.37	115.29
鲜菜 (公斤)Fresh Vegetable (kg)	191.97	160.71	169.85	197.50	223.62	209.94	107.79
猪肉及其制品 (公斤)Pork and Related Products (kg)	27.24	19.59	23.36	28.22	30.25	34.63	101.68
牛羊肉及其制品(公斤)Beef Mutton and Related Products (kg)	12.70	10.93	11.34	13.07	14.92	15.90	118.91
家禽 (公斤)Poultry (kg)	8.97	6.66	6.88	10.04	8.86	11.59	124.93
鲜蛋 (公斤)Fresh Eggs (kg)	17.49	14.67	15.97	19.62	22.51	18.45	105.17
水产品 (公斤)Aquatic Product (kg)	11.67	8.97	10.21	12.15	11.88	16.05	115.20
食糖 (公斤)Sugar (kg)	2.47	2.26	2.42	2.20	3.17	2.18	101.23
卷烟 (盒)Cigarettes (case)	29.93	23.90	26.91	33.88	31.38	35.12	122.11
酒 (公斤)Wine (kg)	14.16	12.86	11.49	11.94	15.15	20.19	115.97
茶叶 (公斤)Tea (kg)	0.41	0.40	0.40	0.43	0.48	0.37	107.89
鲜瓜果 (公斤)Fresh Melons and Fruits (kg)	67.38	50.98	63.46	72.27	77.39	76.68	106.66
糖果 (公斤)Candy (kg)	0.53	0.33	0.43	0.48	0.81	0.61	74.65
糕点 (公斤)Cake (kg)	5.05	3.91	4.88	4.85	6.03	5.88	83.61
鲜奶 (公斤)Fresh Milk (kg)	15.87	12.13	14.91	14.74	19.04	19.67	100.57
棉布 (米)Cotton Cloth (m)	1.14	0.81	0.95	0.93	1.71	1.37	122.57
棉化纤布 (米)Cotton/Chemical Fabric Blend Cloth (m)	0.24	0.18	0.27	0.21	0.24	0.29	102.17
化纤布 (米)Chemical Fabric Cloth (m)	0.64	0.37	0.76	0.64	0.63	0.87	79.02
呢绒 (米)Woolen Fabric (m)	0.24	0.07	0.15	0.17	0.36	0.53	77.95
绸缎 (米)Silk and Stains(m)	0.15	0.05	0.10	0.17	0.16	0.29	53.90
毛皮大衣 (件)Fur Coat	0.03	0.01	0.03	0.02	0.02	0.06	73.47
呢大衣 (件)Woolen Coat	0.05	0.01	0.05	0.04	0.09	0.08	137.31
风雨衣 (件)Raincoat	0.04	0.01	0.04	0.04	0.03	1.00	71.43
西服 (件)Western-style Clothes	0.08	0.03	0.09	0.09	0.08	0.12	103.44
毛线衣 (件)Sweater	0.48	0.25	0.41	0.44	0.59	0.80	84.41
各式童装 (件)Children Wear	0.94	0.85	1.11	0.85	0.93	0.98	88.55
毛线 (公斤)Knitting Wool(kg)	0.14	0.08	0.19	0.11	0.13	0.23	65.24
皮鞋 (双)Leather Shoes (pair)	0.78	0.54	0.70	0.74	0.94	1.05	83.13
旅游鞋 (双)Travel Shoes(pair)	0.16	0.14	0.17	0.18	0.17	0.16	96.57

18-9 1000户居民家庭平均每百户耐用消费品年购买量
PER 100 HOUSEHOLDS ANNUAL PURCHASES OF DURABLE CONSUMER GOODS OF THE 1000 URBAN HOUSEHOLDS

项目 Item	总平均 Average	低收入户 Low Income	中等偏下收入户 Medium-Low InCome	中等收入户 Medium Income	中等偏上收入户 Medium-High InCome	高收入户 High Income	1997年为1996年% 1997 as % of 1996
毛皮大衣 (件) Fur coats (unit)	8.80	5.00	8.00	7.00	6.00	18.00	73.33
呢大衣 (件) Woolen Coats (unit)	16.20	5.00	16.00	12.00	26.00	22.00	137.29
地毯(平方米) Carpets (sq.m)	2.80	...	...	...	2.00	12.00	33.33
组合家具 (套) Combined Furniture(set)	1.00	...	1.00	...	1.00	3.00	62.50
沙发床 (个) Bed with Matress(unit)	4.80	...	4.00	4.00	1.00	15.00	141.18
沙发 (个) Sofas (unit)	5.20	3.00	1.00	2.00	5.00	15.00	123.81
自行车 (辆) Bicycles (unit)	12.00	12.00	14.00	13.00	12.00	9.00	82.19
电风扇 (台) Electric Fans (set)	10.60	5.00	10.00	11.00	13.00	14.00	189.29
电冰箱 (台) Refrigerators (set)	4.80	4.00	3.00	2.00	2.00	13.00	171.43
冰柜 (台) Freezers (set)	0.80	2.00	1.00	...	...	1.00	133.33
洗衣机 (台) Washing Machines (set)	5.60	3.00	4.00	5.00	3.00	13.00	147.37
彩电 (台) Color TV Sets (set)	7.20	5.00	2.00	13.00	4.00	12.00	150.00
录放像机 (台) Videorecorders (set)	1.20	...	1.00	2.00	2.00	1.00	120.00
家用电脑 (台) Game-Computers (set)	3.00	2.00	1.00	3.00	5.00	4.00	...
组合音响 (套) Hi-Fi Systems (set)	1.60	...	2.00	2.00	...	4.00	160.00
收录机 (台) Recorders (set)	6.20	5.00	7.00	5.00	9.00	5.00	86.11
照相机 (架) Cameras (set)	2.00	3.00	1.00	1.00	3.00	2.00	71.43
微波炉 (台) Microwave Stove (set)	9.20	2.00	9.00	8.00	7.00	20.00	...
空调器 (台) Air-Conditioners (set)	6.20	1.00	3.00	6.00	5.00	16.00	387.50
淋浴热水器(个) Showers (set)	3.80	5.00	4.00	1.00	3.00	6.00	82.61
排油烟机 (台) Range Hoods (set)	2.20	...	1.00	1.00	3.00	6.00	61.11
吸尘器 (台) Dust Catcher (set)	0.40	...	...	...	1.00	1.00	66.67
电炊具 (台) Electric Cooking Appliances (set)	8.40	...	15.00	7.80	10.00	10.00	95.45

18-10 1000户居民家庭平均每百户耐用消费品年末拥有量
PER 100 HOUSEHOLDS YEAR-END POSSESSION OF DURABLE CONSUMER GOODS OF 1000 URBAN HOUSEHOLDS

项　　目 Item	总平均 Average	低收入户 Low Income	中等偏下收入户 Medium-Low InCome	中等收入户 Medium Income	中等偏上收入户 Medium-High InCome	高收入户 High Income	1997年为1996年% 1997 as % of 1996
毛皮大衣　（件）Fur coats　(unit)	78.40	75.00	85.00	52.00	78.00	105.00	91.16
呢大衣　（件）Woolen Coats　(unit)	214.80	182.00	211.00	201.00	218.00	265.00	89.87
地　毯（平方米）Carpets　(sq.m)	148.20	153.00	77.00	58.00	191.00	263.00	60.59
组合家具　（套）Combined Furniture(set)	69.40	59.00	61.00	61.00	75.00	92.00	108.10
沙发床　（个）Bed with Matress(unit)	65.80	51.00	58.00	62.00	65.00	92.00	94.27
沙　发　（个）Sofas　(unit)	148.40	125.00	121.00	107.00	187.00	205.00	70.67
自行车　（辆）Bicycles　(unit)	209.40	223.00	213.00	206.00	207.00	199.00	84.10
电风扇　（台）Electric Fans　(set)	137.60	128.00	132.00	130.00	137.00	162.00	99.14
电冰箱　（台）Refrigerators　(set)	104.20	104.00	102.00	101.00	103.00	111.00	98.86
冰　柜　（台）Freezers　(set)	16.60	15.00	14.00	12.00	21.00	22.00	122.06
洗衣机　（台）Washing Machines　(set)	100.60	104.00	89.00	96.00	99.00	115.00	99.21
彩　电　（台）Color TV Sets　(set)	123.80	120.00	111.00	128.00	124.00	137.00	103.86
录放像机　（台）Videorecorders　(set)	56.00	50.00	48.00	55.00	59.00	69.00	96.89
家用电脑　（台）Game-Computers　(set)	12.20	8.00	6.00	11.00	14.00	22.00	...
组合音响　（套）Hi-Fi Systems　(set)	19.40	10.00	16.00	19.00	21.00	30.00	116.87
收录机　（台）Recorders　(set)	65.00	64.00	69.00	58.00	68.00	67.00	57.12
照相机　（架）Cameras　(set)	88.20	76.00	84.00	87.00	94.00	101.00	101.15
微波炉　（台）Microwave Stove　(set)	25.80	6.00	21.00	22.00	26.00	54.00	...
空调器　（台）Air-Conditioners (set)	27.20	19.00	16.00	24.00	27.00	51.00	191.55
淋浴热水器（个）Showers　(set)	58.40	45.00	44.00	61.00	63.00	79.00	112.31
排油烟机　（台）Range Hoods　(set)	56.40	37.00	41.00	59.00	64.00	81.00	119.49
吸尘器　（台）Dust Catcher　(set)	24.00	23.00	11.00	20.00	27.00	40.00	117.65
电炊具　（台）Electric Cooking Appliance　(set)	54.00	34.00	53.00	39.00	65.00	79.00	115.88
摩托车　（辆）Motorcyles　(unit)	4.20	5.00	3.00	...	8.00	5.00	123.53

18-11 2200户农民家庭基本情况
SAMPLING STATISTICS FOR 2200 RURAL HOUSEHOLDS

项　目 Item	总平均 Average	按人均年纯收入水平分组 Grouped by Annual Net Income Per Capita				1997年为1996年% 1997 as % of 1996
		2000元以下 Below 2000 yuan	2000～3500	3500－5000	5000元以上 Above 5000 yuan	
调查户数 (户)Households Surveyed (household)	2200	396	763	529	512	100.0
常住人口 (人)Permanent Residents (person)	8084	1589	2940	1862	1693	99.0
平均每户 (人) Average Per Household (person)	3.67	4.01	3.85	3.52	3.31	98.9
整半劳动力 (个)Full-Time and Part-Time Labors (person)	5478	1016	1935	1309	1218	97.5
平均每户 (个) Average Per Houshold(person)	2.49	2.57	2.54	2.47	2.38	97.7
平均每一劳动力负担人口 (人) Dependents Per Labor Force (perosn)	1.48	1.56	1.52	1.42	1.39	102.1
学龄前儿童人数 (人) Number of Preschool Children (person)	238	50	94	54	40	94.8
6～11岁人口 (人)Persons at Age 6-11 (perosn)	673	139	251	140	143	89.5
# 在校人口 (人) at School (person)	631	133	226	134	138	91.6
12～14岁人口 (人)Persons at Age 12-14(person)	498	108	208	100	82	91.7
# 在校人口 (人) at School (person)	494	106	206	100	82	91.8
15～17岁人口 (人)Persons at Age 15-17(person)	405	72	153	100	80	125.0
# 在校人口 (人) at School (person)	399	70	151	99	79	125.5
家庭经营耕地面积 (公顷) Cultivated Land Area Runned by Households (hectare)	547.89	90.45	165.89	94.78	196.77	116.1
家庭经营山地面积 (公顷) Mountain Land Area Runned by Households (hectare)	71.47	16.09	39.39	13.07	2.92	97.5
人均生产性固定资产原值 (元) Original Value of Productive Fixed Assets Per Capita (yuan)	767.13	758.02	774.15	670.77	869.49	118.9
人均住房面积 (平方米) Per Capita Living Space (sq. m)	27.39	24.02	25.66	28.38	32.47	106.4
人均总收入 (元)Per Capita Total Revenue (yuan)	4217.32	1779.26	3163.62	4583.09	7933.15	105.4
# 现金收入 (元) Cash Income (yuan)	3895.79	1582.72	2860.08	4281.51	7441.11	113.3
人均纯收入 (元)Net Income Per Capita (yuan)	3762.37	1448.22	2714.99	4192.77	7279.82	105.6
人均生活消费支出 (元) Per Capita Annual Living Expenditures (yuan)	2795.36	1547.00	2164.84	3171.82	4647.94	105.3
# 现金支出 (元) Cash Expenditures (yuan)	2644.25	1405.06	2003.80	3007.54	4519.95	106.9
职工人数 (人)Staff and Workers (person)	684	66	181	204	233	97.6
乡村企业从业人数 (人) Employees of Village Enterprises (person)	1222	173	393	302	354	93.3
平均每个劳动力创造纯收入 (元) Average Net Income Per Labor Force (yuan)	5269.86	2166.51	3978.00	5654.29	9498.45	109.0

18-12 2200户农民家庭平均每人年纯收入

ANNUAL NET INCOME PER CAPITA OF THE 2200 RURAL HOUSEHOLDS

单位：元 (yuan)

项目	Item	总平均 Average	按人均年纯收入水平分组 Grouped by Annual Net Income Per Capita				1997年为1996年% 1997 as % of 1996
			2000元以下 Below 2000 yuan	2000～3500	3500－5000	5000元以上 Above 5000 yuan	
合计	**Total**	**3762.37**	**1448.22**	**2714.99**	**4192.77**	**7279.82**	**105.6**
基本收入	**Basic Income**	**3571.05**	**1385.26**	**2618.18**	**3974.53**	**6833.50**	**107.4**
劳动者的报酬收入	Remuneration of Labors	2586.51	926.10	1799.33	2969.34	5090.86	111.6
在集体组织中劳动的报酬	from Collective Units	918.90	338.96	738.76	1070.36	1609.44	109.5
在企业劳动得到的报酬	from Enterprises	1654.39	567.00	1049.18	1884.63	3472.75	113.1
在集体企业的劳动所得	Collective-owened	966.81	369.39	641.39	1034.62	2018.04	115.7
在个体企业的劳动所得	Individuals	93.47	20.32	62.02	93.88	216.31	134.9
在其他企业的劳动所得	Others	594.11	177.29	345.77	756.13	1238.40	106.5
在其他单位劳动得到的报酬	from Other Units	13.22	20.13	11.39	14.34	8.67	83.2
家庭经营纯收入	Net Income from Family Business	984.54	459.16	818.85	1005.19	1742.64	97.7
从第一产业得到	Primary Industry	766.00	394.19	664.72	819.36	1232.11	93.0
从第二产业得到	Secondary Industry	20.55	3.08	17.14	4.68	60.32	216.1
从第三产业得到	Tertiary Industry	197.99	61.89	136.99	181.15	450.21	113.1
转移性和财产性收入	**Transfer and Property Income**	**191.32**	**62.96**	**96.81**	**218.24**	**446.32**	**80.8**
在外人口寄、带回	Transfering from Family Members	10.18	2.71	6.56	13.30	20.05	113.7
农村外部亲友赠送	Gifts from Relatives and Friends	12.59	7.81	7.97	17.85	19.30	50.6
奖励收入	Rewards	31.79	6.78	12.42	35.11	85.26	75.5
财产性收入	Property Income	62.78	9.49	23.77	69.45	173.23	73.7

18-13 2200户农民家庭平均每人年生活费支出

ANNUAL LIVING EXPENDITURES PER CAPITA OF THE 2200 RURAL HOUSEHOLDS

单位：元 (yuan)

项目	Item	总平均 Average	按人均年纯收入水平分组 Grouped by Annual Net Income Per Capita				1997年为1996年% 1997 as % of 1996
			2000元以下 Below 2000 yuan	2000～3500	3500～5000	5000元以上 Above 5000 yuan	
合　　计	Total	2795.36	1547.00	2164.84	3171.82	4647.94	105.3
食品支出	Food Expenditure	1248.42	826.83	1061.55	1442.78	1754.88	101.2
#主　食	Staple Food	291.07	258.37	285.47	314.45	305.77	87.9
副　食	Non-Staple Food	538.08	347.67	451.46	628.64	767.61	103.9
其他食品	Others	318.81	177.23	251.12	379.87	502.10	109.2
衣着支出	Clothing Expenditure	276.01	115.46	199.57	311.33	520.58	96.3
#服装支出	Garments	129.43	48.51	87.43	144.28	261.97	96.4
居住支出	Residence	324.66	151.03	231.76	344.24	627.42	98.6
#住　房	Housing	152.32	61.01	87.40	152.28	350.81	81.2
燃　料	Fuel	106.05	62.25	94.64	128.33	142.47	123.2
家庭设备用品及服务支出	Household Facilities, Articles and Services	219.34	82.09	149.50	245.55	440.62	114.4
#耐用消费品	Durable Consumer Goods	116.51	34.00	72.07	132.24	253.83	125.5
家庭日用杂品	Daily Use Household Articles	79.62	39.20	60.65	89.49	139.63	100.7
医疗保健支出	Medicines and Medical Services	163.87	91.02	126.36	162.69	298.67	117.0
交通和通讯支出	Transportation and Communications	145.83	61.76	74.82	201.79	286.53	124.3
#交通工具	Transportation Means	77.22	38.05	34.76	112.96	148.42	111.5
交通费	Transportation	15.34	7.51	9.19	19.13	29.19	138.1
邮电费	Posts and Telecomunications	20.64	3.35	13.13	30.99	38.55	282.7
文教娱乐用品及服务支出	Cultural, Education and Recreation Articles and Services	307.89	180.76	256.02	361.96	457.80	113.1
#文娱用机电消费品	Mechanical and Electric Consumer Goods of Culture and Recreation	50.68	10.23	27.92	69.02	108.00	94.0
书报杂志	Books, Newspapers and Magazines	4.30	1.94	2.98	4.62	8.46	128.7
学杂费	Tuition and Incidentals	206.91	154.66	196.83	234.92	242.67	122.1
文娱费	Recreation	12.43	1.76	3.94	13.06	36.47	101.8
其他商品及服务支出	Other Commodity and Services	109.34	38.05	65.26	101.48	261.44	128.7
#商品性支出	Commodity Expenditures	18.36	4.46	9.03	22.85	42.69	98.8

18-14 2200户农民家庭平均每人年粮食收支存情况
BROUGHT IN, SENT OUT AND INVENTORY OF GRAIN PER CAPITA OF THE 2200 HOUSEHOLDS

单位：公斤　　　　(kg)

项　目 Item	总平均 Average	按人均年纯收入水平分组 Grouped by Annual Net Income Per Capita 2000元以下 Below 2000 yuan	2000～3500	3500～5000	5000元以上 Above 5000 yuan	1997年为1996年% 1997 as % of 1996
年末粮食结存　Grain Inventory (year-end)	**245.07**	**271.68**	**249.49**	**260.91**	**194.98**	**125.7**
年内粮食收入　Brought in within this Year	**468.04**	**385.03**	**442.13**	**482.18**	**575.39**	**102.2**
从集体得到　From Collective	1.04	0.31	0.83	1.86	1.17	73.8
家庭经营生产　Household Production	384.60	320.26	366.04	388.62	472.81	103.1
购　入　Purchasing	80.40	63.46	75.01	87.96	97.37	98.7
# 从集市购入　From Free Market	34.19	28.55	30.91	37.70	41.30	94.6
其　他　Others	2.00	1.00	0.25	3.74	4.04	96.6
年内粮食支出　Sent oot within this Year	**365.27**	**321.31**	**335.60**	**385.53**	**435.79**	**116.6**
生活用粮　Living Consumption	162.68	148.61	166.10	176.81	154.42	100.0
# 稻　谷　Rice	33.44	30.95	33.29	33.61	35.84	103.4
小　麦　Wheat	105.46	97.49	105.89	118.64	97.73	97.0
出售粮食　Selling	192.12	168.47	162.56	194.31	263.22	138.1
# 出售给国家　to Government	118.68	107.22	98.99	125.25	156.41	248.1
其　他　Others	10.47	4.23	6.94	14.41	18.15	92.3
年末粮食结存　Grain Inventory (year-end)	**347.84**	**335.40**	**356.02**	**357.56**	**334.58**	**102.4**
# 口　粮　Grain Ration	194.61	195.72	203.69	203.80	167.71	91.3
饲　料　Forage	3.60	1.39	3.91	4.30	4.35	49.3
种　籽　Seed	4.80	4.58	4.88	4.12	5.63	92.8

18-15 2200户农民家庭主要生活消费品平均每人消费量
CONSUMPTION OF MAJOR LIVING CONSUMER GOODS PER CAPITA OF THE 2200 RURAL HOUSEHOLDS

项　　目 Item			总平均 Average	按人均年纯收入水平分组 Grouped by Annual Net Income Per Capita				1997年为1996年% 1997 as % of 1996
				2000元以下 Below 2000 yuan	2000～3500	3500⁻5000	5000元以上 Above 5000 yuan	
粮　食	(公斤)Grains	(kg)	162.68	148.61	166.10	176.81	154.42	100.0
豆制品	(公斤)Bean Products	(kg)	3.01	1.84	2.49	4.10	3.80	114.9
蔬　菜	(公斤)Vegetables	(kg)	113.24	87.86	110.29	124.05	130.27	106.5
植物油	(公斤)Vegetable Oil	(kg)	7.87	6.45	7.57	8.87	8.64	109.6
动物油	(公斤)Animal Oil	(kg)	0.54	0.67	0.56	0.44	0.49	68.4
猪牛羊肉	(公斤)Pork,Beef,Mutton	(kg)	12.55	8.31	10.39	14.78	17.82	95.2
家　禽	(公斤)Poultry	(kg)	1.54	0.80	1.14	1.86	2.57	127.3
蛋　类	(公斤)Eggs	(kg)	7.98	5.18	7.34	9.21	10.34	144.6
奶及奶制品	(公斤)Milk and Diary Products	(kg)	1.93	0.68	1.88	1.82	3.30	125.3
水产品	(公斤)Aquatic Products	(kg)	3.48	2.02	2.58	4.07	5.74	100.9
食　糖	(公斤)Sugar	(kg)	1.20	0.94	1.21	1.18	1.46	102.6
糖　果	(公斤)Candy	(kg)	0.28	0.13	0.19	0.43	0.42	84.6
酒　类	(公斤)Liquor	(kg)	17.02	12.01	14.58	21.46	21.04	107.3
茶　叶	(公斤)Tea	(kg)	0.47	0.27	0.51	0.44	0.61	102.2
糕　点	(公斤)Cake	(kg)	2.32	1.58	2.01	2.71	3.12	97.1
瓜　果	(公斤)Melons and Fruits	(kg)	32.10	18.91	28.40	35.73	46.90	122.6
棉布及其服装	(米)Cotton Cloth and Related Clothing	(m)	0.81	0.54	0.78	0.92	1.00	100.0
化纤布及其服装	(米)Chemical Fiber Cloth and Related Clothing	(m)	1.77	0.95	1.47	2.35	2.40	101.7
呢绒、绸缎及其服装	(米)Woolen Febric,Silk and Stains and Related Clothing		0.09	0.04	0.08	0.12	0.16	81.8
毛线及其织品	(公斤)Knitting Wool and Related Products	(kg)	0.25	0.12	0.17	0.30	0.44	96.2
针织衣裤	(件)Knitwear	(piece)	0.64	0.27	0.48	0.74	1.15	100.0
# 尼龙衫裤	(件) Nylonwear	(piece)	0.05	0.03	0.05	0.05	0.06	71.4
棉毛衫裤	(件) Cotton/Woolen Wear	(unit)	0.28	0.14	0.21	0.33	0.47	96.6
卫生衫裤	(件) Sweater	(piece)	0.32	0.10	0.23	0.36	0.63	114.3
皮　鞋	(双)Leather Shoes	(pair)	0.57	0.26	0.48	0.65	0.91	96.6
胶球鞋	(双)Rubber Overshoes	(pair)	0.21	0.15	0.22	0.21	0.21	95.5
肥　皂	(块)Soup	(unit)	0.96	0.86	0.83	1.24	0.97	117.1
洗衣粉	(公斤)Washing Powder	(kg)	1.36	1.91	1.54	0.88	1.08	147.8

18-16 2200户农民家庭平均每百户耐用消费品拥有量
DURABLE CONSUMER GOODS POSSESSION PER 100 HOUSEHOLDS OF THE 2200 HOUSEHOLDS

项目 Item		总平均 Average	按人均年纯收入水平分组 Grouped by Annual Net Income Per Capita				1997年为1996年% 1997 as % of 1996
			2000元以下 Below 2000 yuan	2000～3500	3500-5000	5000元以上 Above 5000 yuan	
自行车 (辆) Bicycles	(unit)	248	216	247	262	261	99.2
缝纫机 (架) Sewing Machines	(unit)	68	68	68	69	67	100.0
钟 (只) Clocks	(unit)	110	97	110	111	121	104.8
手表 (只) Wristwatches	(unit)	221	194	212	231	246	101.8
电风扇 (台) Electric Fans	(set)	127	106	117	135	149	108.6
洗衣机 (台) Washing Machines	(set)	84	69	80	90	93	101.2
电冰箱 (台) Refrigerators	(set)	72	52	64	77	94	107.5
摩托车 (辆) Motorcycles	(unit)	25	14	22	26	37	131.6
收音机 (台) Radios	(set)	45	39	42	53	46	104.7
黑白电视机(台) Black and White TV Sets	(set)	43	52	48	38	33	97.7
彩色电视机(台) Color TV Sets	(set)	85	66	77	93	103	107.6
收录机 (台) Recorders	(set)	58	46	57	61	66	100.0
照相机 (架) Cameras	(set)	25	8	17	30	44	119.1
录相机 (台) Videorecorders	(set)	14	5	9	13	30	116.7
抽油烟机 (台) Range Hoods	(set)	13	6	9	12	23	130.0
吸尘器 (台) Vacuum Cleaners	(set)	4	2	2	3	9	100.0
组合家具 (套) Combined Furniture	(set)	46	37	42	47	59	112.2
沙发 (个) Sofas	(unit)	237	167	222	266	285	101.3
床 (个) Beds	(unit)	197	157	185	224	219	105.4
大衣柜 (个) Wardrobes	(unit)	100	91	98	101	107	102.0
写字台 (张) Writing Desks	(unit)	99	85	99	100	109	104.2

主要统计指标解释

城镇居民家庭就业人口　指城镇居民从事社会劳动并取得劳动报酬或经营收入的人口。就业人口包括通过国家统筹规划和指导由劳动部门介绍就业，自愿组织起来就业和自谋职业等方式，在国有制、集体所有制、中外合资、中外合作、外资在华独资的企事业单位和私营企业单位工作或从事个体劳动的有固定性职业或临时性职业的人口。被聘用和留用的离退休人员也计入就业人口。本指标可以反映城镇居民的就业情况，是计算就业面、负担系数的重要资料。

城镇居民家庭全部收入　指被调查城镇居民家庭全部的实际现金收入，包括经常或固定的收入和一次性收入。不包括周转性收入，如提取银行存款、向亲友借入款、收回借出款以及其他各种暂收款。

城镇居民家庭可支配收入　指居民家庭在支付个人所得税后，所余下的实际收入。计算公式为：

可支配收入＝实际收入－个人所得税－家庭副业生产支出－记帐补贴

城镇居民家庭消费性支出　指被调查的城镇居民家庭用于日常生活的全部支出，包括购买商品支出和文化生活、服务等非商品性支出。不包括罚没、丢失款和缴纳的各种税款（如个人所得税、牌照税、房产税等），也不包括个体劳动者经营过程中发生的各项费用。

农村居民家庭纯收入　指农村居民家庭总收入中，扣除从事生产和非生产经营费用支出、缴纳税款和上交承包集体任务金额以后剩余的，可直接用于进行生产性、非生产性建设投资、生活消费和积蓄的那一部分收入。它是反映农民家庭实际收入水平的综合性的主要指标。农民家庭纯收入，既包括从事生产性和非生产性的经营收入，又包括取自在外人口寄回带回和国家财政救济、各种补贴等非经营性收入；既包括货币收入，又包括自产自用的实物收入。但不包括向银行、信用社和向亲友借款等属于借贷性的收入。

农村居民家庭整半劳动力　指农村常住居民家庭成员中有劳动能力并经常参加实际劳动的人员。是生产的基本要素指标之一，是发展生产增加农民家庭收入的重要源泉。按规定，农村男18周岁至50周岁、女18周岁至45周岁为整劳动力；男16周岁至17周岁、51周岁到60周岁，女16周岁到17周岁、46周岁至55周岁为半劳动力。农民家庭整半劳动力既包括在上述规定劳动年龄内和在劳动年龄以外有劳动能力并经常参加实际劳动的男女整半劳动力；也包括农民家庭常住人员中属于职工的劳动力。但不包括在劳动年龄内已丧失劳动能力的人员。

农村居民家庭生活消费支出　指农村常住居民家庭年内用于日常生活的全部开支。它是用来反映和研究农民家庭实际生活消费水平高低的重要指标。农民家庭生活消费支出，包括用于吃、穿、住、烧、用等生活消费品开支和文化、生活服务费用开支两大部分。

Explanatory Notes On Main Statistical Indicators

Employed Population in Urban Households refers to urban residents engaged in certain work and receiving payment for their labor or income from their business operation, including those who work in state - owned or collective units, joint ventures, foreign - owned units and private units with permanent or temporary jobs, self - employed individuals and re - employed retirees. The indicator reflects the situation of urban employment and is the basic data for calculating employment rate and dependency ratio.

Total Income of Urban Households refers to the total actual cash income of the sample households, including regular or fixed income and occasional income, excluding temporary transferred income, such as withdrawal from bank deposits, borrowed money from relatives or friends, repayment of loans received and various temporary receipts of money.

Discretionary Income of urban Households refers to actual incme of household after individual income tax turned over. The formula:

Discretionary Income = Actual Income - Individual Income Tax - Expenditure of Sideline Production - Subsidies of Account

Expenditure on Consumption of Urban Households refers to total expenditure of the sample households on consumption in daily life, including expenditure on various commodities and non - commodity items, such as culture and service, etc., but excluding fines and confiscation, loss, tax payments (such as income tax, license tax, real estates tax, etc.) or various operating expenses in individual business.

Net Income of Rural Households refers to the total income of the permanent residents of the rural households with deduction of the operating expenses in productive and non – productive business, the tax payment and the payment to collective units for their contracted tasks. The net income can be used for investments in productive and non – productive construction, for consumption in daily life and for savings deposit. It is a comprehensive indicator to show the actual income level of the peasants' household, which includes not only the income from the productive and non – productive work, but also the transferred income, such as the money remitted or brought back by household members who are in other places, the government relief and various subsidies, not only the money income, but also the income in kind. But the money borrowed from banks, friends and relatives is excluded.

Full and half Labors of Rural Households refer to permanent residents of rural households who are able to work and actually engaged in social labor, which are factors of production and sources of rural household income. According to the relevant regulations, male aged 18 – 50 and female aged 18 – 45 are considered as full labors; male aged 16 – 17 and 51 – 60, female aged 16 – 17 and 46 – 55 are considered as half labors. Those who are not in the above age range but able to work and actually engaged in social labor are also considered as full or half labors.

Expenditure on Consumption of Rural Households refers to total expenditure of rural households on daily life, including expenses on food, clothing, housing, fuel, articles for daily use, and expenses on cultural life and services. This indicator is used to show the actual consumption level of peasants.

19

SOCIAL WELFARE, LAW AND OTHERS

社会福利、政法及其他

19-1 离休、退休职工人数
NUMBER OF RETIRED AND VCSR

单位：人 (person)

行业	Sector	1997 合计 Total	1997 # 退休职工 Retired	1997 # 离休干部 VCSR	1996 合计 Total	1996 # 退休职工 Retired	1996 # 离休干部 VCSR
总计	**Total**	**1442812**	**1304759**	**95708**	**1329894**	**1199202**	**96990**
中央单位	Central Units	292771	235681	51467	274118	216378	52132
地方单位	Local Units	1150041	1069078	44241	1055776	982824	44858
国有经济	State-Owned	1131925	1023917	89607	1034830	924756	91772
集体经济	Collective-Owned	285849	257037	5392	271180	252014	4549
其他经济类型	Others	25038	23805	709	23884	22432	669
在国有经济中：	**Of State-Owned Economy**						
农、林、牧、渔业	Farming,Forestry,Animal Husbandry and Fishery	31975	29554	2035	23799	22332	1162
采掘业	Excavation	23732	22828	650	40922	39533	1101
制造业	Manufacturing	448249	426415	14977	393310	371817	17378
电力、煤气及水的生产和供应业	Electricity,Gas and Water Production and Supply	21261	19771	1030	4394	4004	326
建筑业	Construction	93755	88598	3623	88515	84025	3548
地质勘查业、水利管理业	Geological Prospecting and Water Conservancy	4125	2987	1089	4077	2940	1085
交通运输、仓储及邮电通信业	Transportation,Storage, Posts and Telecommunications	87713	78279	8023	80299	71395	7560
批发、零售贸易、餐饮业	Wholesale,Retail and Catering	101668	92625	7089	92167	84291	5960
金融、保险业	Banking and Insurance	6818	5882	920	1607	1192	412
房地产业	Real Estate	9421	8779	494	9037	8540	372
社会服务业	Social Services	59613	53958	5003	57031	51074	4936
卫生、体育和社会福利业	Health Care,Sports and Social Welfare	26630	22360	3376	26568	22687	3680
教育、文化艺术和广播电影电视业	Education,Culture,Arts, Radio,Film and Television	102306	85291	14415	95794	78653	14503
科学研究和综合技术服务业	Scientific Research and Polytechnical Services	53222	41875	11111	46084	34933	10927
国家机关、政党机关和社会团体	Government Organs,Party Organs and Social Bodies	53506	37931	14691	61581	38833	17786
其他行业	Others	7931	6784	1081	9645	8507	1036

19-2 职　工　劳　保　福　利　费　用

单位：万元

项　目	Item	全市 Total	国有单位合计 State-Owned	农、林牧、渔业 Farming, Forestry, Animal Husbandry and Fishery	采掘业 Excavation	制造业 Manufacturing	电力煤气及水生产和供应业 Electricity, Gas and Water Production and Supply	建筑业 Construction	地质勘查业、水利管理业 Geological Prospecting and Water Conservancy
在职职工劳保福利费用	**Labour Insurance and Welfare Funds for Staff and Workers at Posts**	480960	416493	9286	4288	78053	13225	30311	1510
医疗卫生费	Medical Fare	319502	280365	5387	2223	56228	9536	20059	33604
丧葬、抚恤救济费	Funeral Expenses and Pensions for Family of the Deceased	3885	3581	62	311	903	52	454	259
生活困难补助	Living Allowances	5018	4554	136	64	869	78	376	392
文体宣传费	Expenses for Cultural Activities, Sports and Propaganda	16579	15011	258	365	2588	478	1025	2518
集体福利设施费	Collective Welfare Facilities	52414	44372	626	401	6160	1927	1833	4365
计划生育补贴	Subsidies for Family Planning	6985	6055	169	50	1130	84	496	663
冬季取暖补贴	Heating Allowances	17949	15005	526	191	3553	380	1949	1712
其　他	Others	58629	47551	2122	684	6622	691	4119	6289
非在职职工保险福利费用	**Insurance and Welfare Funds for Staff and Workers off Posts**	1182771	991645	26085	19051	345030	23065	88728	68687
离休工资	Wages for VCSR	97290	91763	1878	574	12338	1098	3528	6785
退休金	Pensions for Retired	753516	621134	14881	12384	253117	13326	53162	48014
退职生活费	Resignation Allowance	11989	6340	112	53	1970	157	500	904
医疗卫生费	Medical Care	222249	192826	5825	4340	56432	7600	23897	7033
护理费	Nursery Fee	8771	8252	158	88	801	45	285	214
交通费补贴	Transportation Allowances	4559	4208	98	27	895	161	216	141
丧葬、抚恤救济金	Funeral Expenses and Pensions for Family of the Deceased	5830	5120	147	602	1282	158	600	403
冬季取暖补贴	Heating Allowances	17964	6229	241	109	1794	58	2142	323
其　他	Others	60603	55773	2745	875	16402	462	4398	4870

LABOUR INSURANCE AND WELFARE FUNDS FOR STAFF AND WORKERS

(10000 yuan)

交通运输仓储及邮电通信业 Transportation, Storage Post and Telecommunications	批发和零售贸易、餐饮业 Wholesale, Retail and Catering	金融、保险业 Banking and Insurance	房地产业 Real Estate	社会服务业 Social Services	卫生、体育和社会福利业 Health, Sports and Social Welfare	教育、文化艺术及广播电影电视业 Education, Culture, Arts, Radio Film and Television	科学研究和综合技术服务业 Scientific Research and Polytechnical Services	国家机关政党机关社会团体 Government Organs, Party Organs, and Social Bodies	其他行业 Others	集体所有制单位 Collective Owned	其他所有制单位 Others
49802	46431	15663	8602	34119	11134	28289	40627	39965	5189	27693	36773
35234	8966	5887	22907	7267	15797	25307	27874	2957	18686	20452	1132
229	27	30	175	86	304	260	367	39	155	149	25
494	80	46	244	94	411	675	541	42	308	156	13
745	507	284	1079	790	946	1835	1328	212	751	817	53
2583	809	1070	4127	919	5999	8642	3961	822	2782	5260	128
577	305	113	448	172	316	734	726	60	515	415	15
1957	303	274	1052	449	979	233	1263	148	1714	1230	36
4612	4666	899	4088	1357	3538	2942	3906	909	2782	8296	109
86154	8560	9657	47609	26505	88364	70154	66106	12918	173134	17992	4974
7390	785	565	4498	3127	13174	15706	18543	801	4918	610	972
47132	3034	5414	27980	14259	53629	38404	30239	3853	119549	12833	2306
564	10	29	167	406	720	131	587	13	5500	149	17
26277	3152	3007	11978	5252	11417	10834	10953	3572	25842	3581	1257
395	37	35	152	163	522	531	740	3902	488	31	186
341	129	19	159	174	427	553	760	85	312	39	23
379	74	55	145	106	577	248	262	60	620	91	21
647	37	71	200	106	225	81	156	26	11611	124	14
3029	1301	461	2331	2911	7674	3666	3866	606	4295	535	178

19-3 优抚、救济对象得到抚恤、补助、救济情况
STATISTICS FOR SPECIAL PENSIONS,ALLOWANCES AND RELIEF FUNDS

项目	Item	人数（人）Number of Persons (person)	抚恤、补助、救济金额（千元）Amount of Pensions, Subsidies and Relief Funds (1000 yuan)
烈属牺牲病故军人家属抚恤	Pensions for Members of Revolutionary Martyr's Family,Armymen Sacrificed and Died of Illness	3742	8117
革命伤残人员抚恤	Pensions for Disabled Veterans	13120	5100
复退军人生活补助	Living Allowances for Demobilized Soldiers	15597	47829
农村五保户定期救济补助	Regisdar Relief for Rural Households with Five-guarantees	4558	7998
农村贫困户救济	Relief for Rural Poor Households	14391	3913
城镇散居孤老残幼救济	Relief for Urban Scattered Orphans and Widows,Disabled,the Old and the Youth	1134	1076
城镇贫困户定期救济	Regisdar Relief for Urban Poor Households	2082	593
精简退职老职工救济	Relief for Old Staff and Workers Reduced and Discharged	8434	11931
自然灾害救济（人次）	Relief for Natural Calamity(persontime)	15	13677
临时救济困难户（人次）	Temporary Relieves for Households with Living Difficulties (person.time)	99454	6092
离退休人员	VCSR and RRSW	31852	200285
# 离 休	VCSR	2852	30761

19-4 优抚及主要救济对象情况
STATISTICS FOR PERSONS RECEIVING SPECIAL PENSIONS AND RELIEF

单位：人 (person)

项目	Item	人数 Number of Persons 1997	1996	1997年为1996年% 1997 as % of 1996
优抚对象合计	**Persons Receiving Special Pensions**	**292640**	**298675**	**98.0**
烈 属	Members of A Revolutionary Martyr's Family	16265	16654	97.7
牺牲、病故军人家属	Families of Soldiers Sacrificed or Died of Illness	1664	2086	79.8
现役军人家属	Servicemen's Families	144010	150066	96.0
革命伤残人员	Revolutionary Disabled	13120	13324	98.5
在乡复员军人	Demobilized Soliders in Hometown	15408	16064	95.9
在乡退伍军人	Veterans in Hometown	102169	100476	101.7
在乡退伍军红军老战士	Demobilized Old Red Army Men in Hometown	4	5	80.0
主要救济对象	**Major Persons Receiving Special Relief**	**78773**	**103286**	**76.3**
社会困难户人数	Households with Living Difficulties	64548	89011	72.5
社会散居孤老、残、幼	Scattered Orphans and Widows,Disabled, the Old and the Youth	5791	5333	108.6
精简退职老职工	Old Staff and Workers Reduced and Discharged	8434	8942	94.3

19-5 社会福利事业情况
BASIC STATISTICS FOR SOCIAL WELFARE PROJECTS

项目 Item		1997	1996	1997年为1996年% 1997 as % of 1996
建立社会保障网络的乡镇 (个)	Town and Townships with Social Security Network (unit)	199	210	94.8
社会福利企业 (个)	Social Welfare Enterprises (unit)	2322	2433	95.4
# 民政部门办	Under the Civil Administration Department	179	94	190.4
职工人数 (人)	Staff and Workers (person)	65302	69247	94.3
# 残疾职工	Disabled Persons	28278	28499	99.2
全年增加值 (万元)	Total Value Added (10000 yuan)	78061.6	78825.9	99.0
城镇社区服务设施(个)	Urban Welfare Facilities (unit)	1328	497	91.5

19-6 城乡各种福利院情况
STATISTICS FOR URBAN AND RURAL WELFARE HOMES

项目 Item	合计 Total	光荣院 Homes for Disabled Veterans	社会福利院 Social Welfare Homes	儿童福利院 Welfare Homes for Children	精神病院 Mental Homes	敬老院 Homes for Old People
社会收养单位(个)Adoption Units (unit)	290	10	5	1	2	272
福利院单位数(个)Welfare Homes (unit)	290	10	5	1	2	272
职工人数 (人)Staff and Workers(person)	3007	228	601	326	271	1581
床位数 (张)Beds (bed)	11697	621	1120	500	634	8822
收养人数 (人)Persons Adopted (person)	8181	496	973	434	596	5682
# 自费 (人) at One's Own Expense (person)	967	15	598	22	332	
国家拨款 (千元)Financial Allocation (1000 yuan)	47922	8668	18785	9875	6096	4498
集体资助 (千元)Collective Donation (1000 yuan)	10690					10690

19-7 社会保险基金统筹情况
SOCIAL BLANKET INSURANCE FUNDS

项目 Item		退休(养老)基金统筹 Retirement Funds(Old-age)			失业保险基金统筹 Unemployment Insruance Funds		
		单位个数 (个) Number of Units (unit)	人数 (人) Number of Persons (person)	提取金额 (万元) Amount Darwn (10000 yuan)	单位个数 (个) Number of Units (unit)	人数 (人) Number of Persons (person)	提取金额 (万元) Amount Darwn (10000 yuan)
合计	Total	17866	2643754	396065	17278	2140482	26992
按经济类型划分	Grouped by Ownership						
国有经济	State-Owned Economy	7113	1960942	297693	6294	1542403	20613
集体经济	Collective-Owned Economy	5509	454759	41705	6196	286415	2786
其他经济	Other Ownership	5244	228053	56667	4788	311664	3593
按隶属关系划分	Grouped by Administrative Relationship						
# 中央单位	Central Units	2633	277591	49781	1443	380979	5435
地方单位	Local Units	15233	2366163	346284	15835	1759503	21557

19-8 婚姻登记情况
BASIC STATISTICS FOR MARRIAGE REGISTRATIONS

项目 Item				1997	1996	1997年为1996年% 1997 as % of 1996
登记结婚对数	**(对)**	**Registered Marriages**	**(couple)**	**83425**	**85924**	**97.1**
初婚人数	(人)	First Marriages	(person)	144040	146666	98.2
城市	(人)	Urban	(person)	99093	97874	101.2
男初婚人数	(人)	Male	(person)	51394	50607	101.6
# 22-24岁	(人)	Age 22-24	(person)	7450	8353	89.2
25岁以上	(人)	Age 25 and above	(person)	43944	42254	104.0
女初婚人数	(人)	Female	(person)	47699	47267	100.9
# 20-22岁	(人)	Age 20-22	(person)	5010	5599	89.5
23岁以上	(人)	Age 23 and above	(person)	42689	41668	102.5
农村	(人)	Rural	(person)	44947	48792	92.1
男初婚人数	(人)	Male	(person)	20393	22253	92.3
# 22-24岁	(人)	Age 22-24	(person)	11614	14313	81.1
25岁以上	(人)	Age 25 and above	(person)	8779	7940	113.0
女初婚人数	(人)	Female	(person)	24554	26539	91.9
# 20-22岁	(人)	Age 20-22	(person)	8847	10387	85.2
23岁以上	(人)	Age 23 and above	(person)	15707	16152	96.2
再婚人数	(人)	Remarriages	(person)	22810	25218	90.5
男性	(人)	Male	(person)	11638	13252	87.8
女性	(人)	Female	(person)	11172	11966	93.4
登记离婚对数	**(对)**	**Registered Divorces**	**(couple)**	**22257**	**20708**	**107.5**

19-9 律师工作
STATISTICS FOR LAWYERS

项目 Item				1997	1996	1997年为1996年% 1997 as % of 1996
律师事务所	(个)	Law Offices	(unit)	280	263	106.5
律师工作人员(注册)	(人)	Lawyers(registered)	(person)	4480	3799	117.9
专职律师		Full-Time Lawyers		2022	1569	125.7
兼职律师		Part-Time Lawyers		1287	1140	112.9
特邀律师		Lawyers Specially Invited		463	449	102.9
其他		Others		708	600	118.0
聘请常年法律顾问的单位	(个)	Units with Permanent Legal Advisers	(unit)	3703	4700	78.8
民事代理	(件)	Civil Case	(case)	5063	5433	93.2
经济案件	(件)	Economic CAse	(case)	5354	6018	89.0
行政案件	(件)	Administrative Case	(case)	134	169	79.3
刑事辩护	(件)	Criminal Defense	(case)	4141	5202	79.6
非诉讼法律事务	(件)	Off-court Case	(case)	12589	9805	128.4
解答法律咨询	(件)	Legal Advisory Services	(case)	14825	20085	73.8
代写法律事务文书	(件)	Legal Documents Written on Behalf of Clients	(case)	7617	12255	62.2

19-10 部分市属律师事务所主要业务情况(前十名)
STATISTICS FOR TOP-TEN MUNICIPAL LAW OFFICES

律师事务所 Law Office	担任常年法律顾问(家) Acted as Permanent Legal Advisers (unit)	律师事务所 Law Office	律协诉讼案件(件) Lawsuit Cases(case)			律师事务所 Law Office	办理非诉讼法律事务(件) Off-court Case (case)
			刑 事 Criminal	民 事 Civil	经 济 Economic		
经济	81	经济	210	110	150	地石	384
逢时	62	正大	162	228	41	开来	238
法大	50	青山	126	174	81	海问	228
北方	49	天宁	110	98	30	时代	226
陆通	47	法大	122	80	32	通商	217
城乡	45	光大	76	82	51	经济	210
中伦	45	中孚	10	46	133	江山	195
正大	42	逢时	32	57	74	嘉和	179
大成	40	江川	27	70	31	希望	171
地平线	40	万象	28	42	45	炜衡	125

19-11 部分基层法律服务所主要业务情况(前十名)
STATISTICS FOR TOP-TEN LAW SERVICE OFFICES AT BASIC-LEVEL

基层法律服务所 Basic-Level Law Service Office	担任常年法律顾问(家) Acted as Permanent Legal Advisers (unit)	民事代理(件) Civil Case (case)	代写法律文书(件) Legal Document Written on Behalf of Client (case)	协办公证(件) Deal Notarization Jointly (case)	解答法律咨询(件) Legal Advisory Services (case)
	1997	1997	1996	1996	1996
包诚所	5	7	145		23565
昌平所	11	77	433	2	501
双隆所	...	14	223	18	1958
华诚所	10	13	12		276
卢沟桥乡所	7	52	37	2	125
中关村所	12	10			25
青龙桥所	20	22	62	26	527
三信所	15	...	3427		13562
燕园所	15	103	56	628	755
和信所	19	156	79	7	293

19-12 历 届 律 师 资 格 考 试 情 况
STATISTICS FOR LAWYER QUALIFICATION EXAMINATION

项 目 Item	报考人数(人) Number of Persons Registered (person)	实考人数(人) Number of Persons Scattered (person)	录取人数(人) Number of Persons Passed (person)	录取人数占实考人数比例(%) Percentage of Passed in Persons Attened (%)
1988	4280	2782	1329	47.8
1990	3735	2549	46	1.8
1992	2732	1882	510	27.1
1993	4769	3400	1068	31.4
1994	5653	4480	533	11.9
1995	5842	4661	1204	25.8
1996	5873	4445	317	7.1
1997	6350	4760	1126	23.7

19-13 乡镇(街道)法律服务情况
STATISTICS FOR TOWNSHIP(URBAN SUBDISTRICT) LAW SERVICES

项　　目 Item		1997	1996	1997年为1996年% 1997 as % of 1996
法律服务所　(个) Law Service Offices	(unit)	413	404	102.5
法律工作者　(人) Law Personnel	(person)	2377	2498	95.2
调解纠纷　(件) Disputes Mediated	(case)	9541	7915	120.5
法制宣传　(场次) Law Propaganda	(performance)	11274	9417	119.7
协办公证　(件) Deal Notarization Jointly	(case)	2583	3205	80.6
担任法律顾问(家) Act as Legal Advisers	(unit)	3575	3800	94.1
解答咨询　(人次) Legal Advisory Services	(person. time)	101797	105219	96.7
代写法律文书(份) Legal Documents Written on Behalf of Client	(case)	24863	19703	126.2
民事代理　(件) Civil Cases	(case)	13398	13138	102.0

19-14 法院行政案件收、结案情况
STATISTICS FOR ADMINISTRATIVE CASES ACCEPTED AND CLOSED BY COURT

单位：件　　(case)

项　目 Item	收案 Cases Accepted	结案 Cases Closed	维持 Affirm	撤销 Recall	变更 Change	撤诉 Withdraw	其他 Others
合　计　Total	532	535	159	46		197	
公　安　Security	78	81	28	11		23	
工　商　Industry and Commerce	38	34	4	1		20	
卫　生　Health Care	2	3	1				
土　地　Land	78	79	18	5		49	
税　务　Tax	1						
城　建　Urban Construction	222	224	83	15		72	
环　保　Environmental Protection	4	4	1	1		2	
林　业　Forestry							
专　利　Patent	1	3		2			
民　政　Civil Affairs	1	2					
其　他　Others	107	105	24	11		31	

19-15 刑事案件情况
STATISTICS FOR CRIMINAL CASES

单位：起　　(case)

项　　目 Item	1997	1996	1997年为1996年% 1997 as % of 1996
刑事案件　Criminal Cases			
立　案　Cases Registered	14068	13068	7.65
破　案　Cases Solved	11428	10737	6.43
破案率　Detection Rate	81.2	82.2	98.78
# 重大案件　Important Cases			
立　案　Cases Registered	8969	7743	15.83
破　案　Cases Solved	7013	6220	12.74
破案率(%)　Detection Rate (%)	78.2	80.3	97.38

19-16 法院刑事案件收、结案情况
STATISTICS FOR CRIMINAL CASES ACCEPTED AND CLOSED BY COURT

项目 Item		收案(件) Cases Accepted (case)	结案(件) Cases Closed (case)	判决发生法律效力 Judgement with Legal Force 件数(件) Number of Cases (case)	人数(人) Number of Persons (person)
合计	Total	8845	8908	8555	12942
危害公共安全罪	Offense against Public Security	367	369	359	406
破坏社会主义经济秩序罪	Offense against the Socialist Economic Order	195	205	187	297
侵犯公民人身权利、民主权利罪	Infringement of Civil Personal Rights and Democratic Rights	2152	2143	1805	2151
侵犯财产罪	Infringement Property	4834	4892	4974	8103
妨害社会管理秩序罪	Interference with Public Function	1146	1135	1081	1804
妨害婚姻、家庭罪	Interference with Marriage and Family	37	37	7	11
渎职罪	Malpraetice Duty	108	121	137	162
其他	Others	6	6	5	8

19-17 法院民事案件收、结案情况
STATISTICS FOR CIVIL CASES ACCEPTED AND CLOSED BY COURT

单位：件 (case)

项目 Item		收案 Cases Accepted	结案 Cases Closed	#调解 Mediation	#判决 Judgment
合计	Total	58347	58320	20166	20696
离婚	Divorce	23688	23699	10694	5692
抚育	Foster	2172	2171	925	726
继承	Inherit	446	438	133	196
房屋	House	6047	5989	1129	2841
相邻关系	Relation of Neighbourhood	958	967	197	444
赔偿	Compensation	6403	6383	1677	3146
债务	Debt	14342	14345	4254	5723
著作权	Copyright	141	164	21	87
人身权	Personal Right	155	156	19	74
其他	Others	3995	4008	1117	1767

19-18 法院经济纠纷案件收、结案情况
STATISTICS FOR ECONOMIC DISPUTE CASES ACCEPTED AND CLOSED BY COURT

单位：件 (case)

项目 Item		收案 Cases Accepted	结案 Cases Closed	#调解 Mediation	#判决 Judgment
合计	Total	16314	16661	4995	5573
购销合同	Purchases and Sales Contracts	6699	6822	2377	2139
加工承揽合同	Processing Contracts	1144	1161	366	372
借款合同	Debt Contracts	1499	1522	426	734
企业承包经营合同	Contracts of Enterprises	567	566	132	198
联营合同	Joint Business Contracts	299	321	51	135
财产租赁合同	Property Leases Contracts	487	486	158	155
建筑工程承包合同	Construction Project Contracts	92	103	39	25
交通运输纠纷	Transportation Dispute	184	178	76	45
涉外、港澳、台经济纠纷	Foreign,Hongkong,Macao and Taiwan Economic Dispute	106	98	7	36
其他	Others	5237	5404	1363	1734

19-19 检察机关办理各类案件情况
STATISTICS FOR CASES HANDLED BY PROCURATORIAL ORGAN

项目	Item	受案（受理） Cases Accepted		结案合计 Cases Closed		# 重特大案 Important Cases	
		件 Case	人 Person	件 Case	人 Person	件 Case	人 Person
审查批捕	Examine for Arrest	9222	13260				3805
# 批准逮捕	Approve			8740	12419		
不批准逮捕	Disapprove			286	464		
审查起、免诉	Examine for Sue	9455	14013				
# 起诉	Sue	9424	13971	8743	12729		3364
不起诉	Immunity from Suit	31	42	188	316		
自侦经济、法纪案件	Self-Investigate Economic,Law and Discipline Cases						
自侦经济案件	Economic Cases	1309					
# 移送起诉	Hand over to Suit			369	395		
移送免予起诉	Hand over with Immunity from Suit			27	28		
自侦法纪案件	Law and Discipline Cases	218					
# 移送起诉	Hand over to Suit			60	74		
移送免予起诉	Hand over with Immunity from Suit			7	18		
控告检举案件	Prosecution Cases	6604		4462			
申诉案件	Appeal Cases	696		898			

19-20 检察机关自侦经济、法纪案件情况
CASES SELF-INVESTIGATED OF ECONOMY,LAW AND DISCIPLINE BY PROCURATORIAL ORGAN

项目	Item	自侦经济案件 Self-Investigate Economic Cases						自侦法纪案件 Self-Investigate Law and Discipline Cases
		合计 Total	# 贪污 Corruption	# 受贿 Accepting Bribes	# 行贿 Bribe	#挪用公款 Misappropriate Public Funds	#偷税抗税 Evade Tax and Refuse Tax	
受案 (件)	Cases Accepted (case)	1309	405	250	18	227	8	218
立案 (件)	Cases Registered (case)	577	126	137	16	116	4	81
# 重特大案	Important Cases							
1万元以下	Below 10000 Yuan	59	13	32	1	3		
1至5万元	10000-50000 Yuan	219	55	74	6	24	1	
5至10万元	50000-100000 Yuan	88	15	15	3	15	1	
10至50万元	100000-500000 Yuan	120	27	12	5	30	2	
50至100万元	500000-1000000 Yuan	45	11	1		14		
100万元以上	Over 1000000 Yuan	46	5	3	1	30		
结案	Cases Closed							
件数 (件)	Number of Cases (case)	439	95	106	9	84	7	79
人数 (人)	Number of Persons(person	471	110	111	9	89	8	105
# 移送起诉	Hand over to Suit							
件数 (件)	Number of Cases (case)	369	86	92	7	71	3	60
人数 (人)	Number of Persons (person)	395	98	95	7	75	4	74
移送免予起诉	Hand over with Immunity from Suit							
件数 (件)	Number of Cases (case)	27	2	4		7	1	7
人数 (人)	Number of Persons (person)	28	2	5		7	1	18
挽回直接经济损失 (万元)	Retrieve Direct Pecuniary Losses (10000 yuan)	17897.56	1792.42	1193.37	9.00	6565.03	36.84	199.49

说明：移送免予起诉中包括移送不起诉数。

Note: Data of handing over with immunity from suit exclude that of handing over not to suit.

19-21 查处治安案件情况
STATISTICS FOR INVESTIGATING AND HANDLING PUBLIC ORDER CASES

项目 Item		查处（起） Investigating and Handling (case)	构成（%） Composition (%)
合计	**Total**	200660	100.0
扰乱工作、公共秩序	Disturb Working or Public Order	82493	41.1
结伙斗殴、寻衅滋事	Gang Fighting	665	0.33
侮辱妇女及其他流氓活动	Insult Woman and Other Immoral Behavior	904	0.45
阻碍国家工作人员执行公务	Interference with Government Function	561	0.28
违反枪支管理规定	Violate Regulatory Regime for Firearms	294	0.15
违反爆炸物品管理规定	Violate Regulatory Regime for Explosive Goods	531	0.26
殴打他人	Beat up Others	7820	3.90
偷窃财物	Steal	7061	3.52
骗取、抢夺、敲诈勒索财物	Cheat,Rob and Extort Property	1544	0.77
哄抢公私财物	Rob Public Property	136	0.07
故意损坏公私财物	Damage Public and Private Properties Intentionally	275	0.14
伪造倒卖票券、证件	Forge,Resell Bill,Ticket and Credentials	2312	1.15
利用迷信扰乱秩序或骗财	Disturb Public Order or Defraud sb. of His Belongings by Superstitions	74	0.04
卖淫、嫖娼	Prostitution,Visit Prostitution	1106	0.55
赌博	Gambling	1302	0.65
违反户口、居民身份证管理	Violate Regulations for Residence Cards or ID	23052	11.5
其他	Others	70530	35.1

19-22 调解工作
MEDIATION

项目 Item			1997	1996	1997年为1996年% 1997 as % of 1996
专职司法助理员 （人）	Full-Time Judicial Assistants	(person)	639	642	99.5
人民调解委员会 （个）	People's Mediation Committees	(unit)	13330	14014	95.1
调解人员 （万人）	Intermediators	(10000 persons)	19.2	21.4	89.7
调解委员 （万人）	Members of the Mediation Institution	(10000 persons)	6.1	7.4	82.4
调解各类纠纷 （万件）	Disputes Mediated	(10000 cases)	12.3	12.3	100
防止民间纠纷激化（件）	Prevent Intensification of Civil Disputes	(case)	2212	1952	113.3
避免伤亡 （人）	Avoid Injuries and Deaths	(person)	4365	4356	100.2

19-23 公　证　工　作
NOTARIZATIONS

项　　目 Item			1997	1996	1997年为1996年% 1997 as % of 1996
公证处	(个) Notarial Offices	(unit)	24	24	100.0
公证人员	(人) Notarial Personnel	(person)	249	254	98.0
办理国内民事公证	(件) Notarized Domestic Civil Affairs	(case)	28610	29736	96.2
办理国内经济公证	(件) Notarized Domestic Economic Affirs	(case)	10074	10033	100.0
办理涉外公证	(件) Notarized Foreign Affairs	(case)	163495	155787	104.9

19-24 1997年全市公证处总办证量情况对比表
STATISTICS FOR WORK OF NOTARIAL OFFICES

单位：件　　(case)

公证处名称 Notarial Office	总办证量 Notarial Documents	国内民事 Domestic Civil Affairs	国内经济 Domestic Economic Affairs	涉外公证 Foreign Notary Affairs
市公证处 Municipal Notarial Office	72299	953	5415	64299
海　淀	33086	1564	101	31275
海　三	23240	1704	131	21366
东　城	15673	2009	569	12929
海　二	9127	988	60	8052
朝　阳	7018	2145	90	4779
宣　武	5038	2050	281	2690
崇　文	3746	1193	110	2376
丰　台	3598	1285	151	2162
石景山	3403	1075	76	2252

19-25 国内公证文书分类

CLASSIFIED STATISTICS FOR DOMESTIC NOTARIAL DOCUMENTS

单位：件 (case)

项目	Item	民事公证数 Civil Notarization	项目	Item	经济公证数 Economic Notarization
收养	Adoption	456	购销	Purchases and Sales	75
解除收养	Dissolution of Adoption	9	联营	Joint Business	20
继承权	Rights of Inheritance	2210	拍卖	Actions	4
遗嘱	Testaments	1038	贷款	Loans	615
产权	Property Rights	50	担保	Guarantees	115
亲属关系	Kinship	43	招标投标	Bidding	27
死亡	Death Certificates	19	科技协作	Scientific and Technological Cooperation	3
房屋买卖	House Purchase and Sale	1064	供用电	Electricity Supply or Use	
房屋租赁	House Leases	112	劳务合同	Labor Contracts	662
留学协议	Agreements on Studying Abroad	701	建筑工程承包	Construction Projects Contracts	40
遗赠扶养协议	Agreements on Bequeath and Fostering	156	工商服务业承包	Contracts of Industry,Commerce and Services	41
委托书	Certificate of Entrustment	4156	农林牧副渔业承包	Constract of Farming,Forestry,Animal Husbandry,Sideline and Fishery	206
赠与书	Deed of Gift	2555			
声明书	Declarations	980	乡镇企业承包	Contracts of Township Enterprises	200
现场监督	Spot Supervision	537			
签名印鉴属实	True Signature	27	财产租赁	Property Leases	443
文本相符	Confirmation of Copies to the Original	227	企业租赁	Enterprise Leases	76
宅基地使用权	Using House Site Rights	5	资产经营责任制	Asset Business Contracts	8
			还款协议	Agreements on Paying off Loans	94
			土地使用权出让转让	Selling and Transferring of Land Using Right	13
证据保全	Evidence Preservation	264	其他经济合同	Other Economic Contracts	1972
拆迁协议	Dismantle,Move Agreements	730	法人（代表人）资格	Identification of Institutional Units(Agent)	26
计划生育	Family Planning Agreement	3312			
赡养协议	Support Agreements	110	法人委托书	Trust Deeds of Institutional Units	89
合伙协议	Partnership Agreements	3			
夫妻财产协议	Agreements on Estates by the Entirety	15	公司章程	Corporation Constitutions	3
其他民事协议	Other Civil Agreements	5666	执行许可证明	Operating Permits	53
其他	Others	4165	提存	Drawings	9
合计	Total	28610	抵押登记	Mortgage Registration	98
			公司会议记录	Records of Corporation Conference	
			其他	Others	5182
			合计	Total	10074

19-26 消 防 建 设 情 况
STATISTICS FOR FIRE FIGHTING

项 目 Item	1997	1996	1995	1994	1993	1992
消防队数 （队）Number of Fire Brigades	38	36	35	35	34	34
消防车辆 （辆）Number of Fire Engines (unit)	190	180	180	180	180	180
义务消防团(个) Voluntary Fire Brigades(unit)		20	20	20	20	20
队数 （万个） Fire Bridges (10000)		3.9	3.9	3.9	3.9	3.9
人数 （万人） Persons (10000 persons)		77	77	77	77	77

19-27 火 灾 及 损 失
FIRE AND LOSSES

项 目	Item	数 量 Amount		直接经济损失(万 元) Direct Pecuniary Loss (10000 yuan)	
		1997	1996	1997	1996
总 计 （起）	**Total** (unit)	4324	750	13137.2	727.2
# 特大火灾	Extraordinarily Serious	2	1	11730.5	79.6
重大火灾	Heavy	3	20	38.8	209.9
起火原因	Cause of Fire				
# 电 器	Electric Appliances	1190	239	12195.4	280.5
违反安全规定	Violate Safety Regulation	159	111	765.7	91.5
吸 烟	Smoking	684	84	86	39.2
生活用火不慎	Careless	1061	147	182	119
玩 火	Play with Fire	181	18	17.2	11
伤人 （人）	Injuries (person)	153	57		
死人 （人）	Deaths (person)	63	41		

注：1997年火灾标准进行调整，与1996年不可比。

Note: As Standard of fire is regulated, data of 1997 can' t be compared with that of 1996.

19-28 交通事故及损失
STATISTICS FOR TRAFFIC ACCIDENTS AND LOSSES

项目 Item			1997	1996	1997年为1996年% 1997 as % of 1996
总　　计	**(起)Total**	**(case)**	**25144**	**14687**	**71.20**
伤　人	(人) Injuries	(person)	5674	4237	33.92
死　亡	(人) Deaths	(person)	927	851	8.93
在总计中：机动车事故	**(起)Of Total:Motor Vehicle Accident**	**(case)**	**23615**	**13399**	**76.24**
伤　人	(人) Injuries	(person)	4403	3171	38.85
死　亡	(人) Deaths	(person)	705	621	13.53
直接经济损失	(万元)Direct Pecuniary Losses	(10000 yuan)	1450.7	9079.3	15.98
每万辆机动车死亡	(人) Deaths Per 10000 Motor Vehicles	(persons)	7.51	8.04	93.41

19-29 妇联组织状况
STATISTICS FOR WOMAN FEDERATION ORGANIZATIONS

单位：个，人　　(unit,person)

项目	Item	1997	1996
区妇联数	Number of District Women Organizations	11	10
区妇联干部数	Cadres in District Women Organization Cadres	157	154
县妇联数	Number of County Women Organizations	7	8
县妇联干部数	Cadres in County Women Organization Cadres	64	71
乡妇联组织数	Number of Township Women Organizations	273	272
街妇联组织数	Number of Street Women Organizations	107	112
乡、街妇联干部数	Cadres of Township and Street Women Organization	466	579
城市基层妇代会组织数	Number of Urban Basic Women Congress	4682	4452
农村基层妇代会组织数	Number of Rural Basic Women Congress	4278	4200
机关及事业单位妇委会组织数	Number of Women Committees in Organs and Institutions	402	377
厂矿企业女职工委员会数	Number of Female Staff and Workers Committees in Industrial Enterprises	849	19
乡、镇企业妇委会组织数	Number of Women Committees in Township and Village Enterprises	1044	1063
各类妇女联谊组织数	Women Connection Organizations	24	14

19-30 工会组织及会员
LABOR UNIONS AND MEMBERS

项目 Item		基层工会委员会（个）Basic-level Labor Union(unit) 1997	1996	会员人数（人）Members(person) 1997	1996
总计	**Total**	10942	10409	2551396	2754297
按经济类型分	**Grouped by Ownership**				
国有单位	State-Owned Units	8081	8026	2131463	2382846
集体单位	Collective-Owned Units	2056	1956	233230	252972
私营经济	Private Business	67	6	3158	829
个体经济	Individuals Business				
联营经济	Joint Owned Business	10	24	2130	14693
股份制经济	Share Holding Business	269	205	71528	28344
外商投资经济	Foreign Funded Business	411	170	102288	70669
港澳台投资经济	HongKong,Macao and Taiwan Funded Business	44	22	6968	3944
其他	Others	4		631	
按国民经济部门分	**Grouped by Sector**				
农、林、牧、渔业	Farming,Forestry,Animal Husbandry and Fishery	398	365	40995	43549
采掘业	Excavation	43	38	40329	44489
制造业	Manufacturing	2127	2203	873069	998057
电力、煤气及水的生产和供应业	Electricity,Gas and Water Production and Supply	62	74	64783	100546
建筑业	Construction	556	442	211108	249984
地质勘探业、水利管理业	Geological Prospecting and Water Conservancy	68	127	13887	21683
交通运输业、仓储及邮电通信业	Transportion,Storage and Posts and Telecommucations	418	464	195751	177327
批发和零售贸易及	Wholesale,Retail and Catering	2097	2119	272135	317720
金融、保险业	Banking and Insurance	271	232	48664	54376
房地产管理业	Real Estate	227	184	43668	38045
社会服务业	Social Services	900	742	213927	163370
卫生、体育和社会福利事业	Health Care,Sports and Social Welfares	555	514	92612	99533
教育、文化艺术和广播电影电视事业	Education,Culture,Arts,Radio,Film and Television	2256	2195	281217	292231
科学研究和综合技术服务事业	Scientific Research and Polytechnical Services	171	199	27158	34185
国家机关、政党机关和社会团体	Government Organs,Party Organs and Social Bodies	479	399	68788	70298
其他	Others	314	112	63305	48904

19-31 已建工会企业签定集体合同情况
STATISTICS FOR COLLECTIVE CONTRACTS SIGNED OF ENTERPRISES WITH LABOR UNION

项目 Item		已签企业（家）Enterprises Signed Contracts (unit) 1997	1996	覆盖职工（万人）Staff and Workers Concerned (10000 persons) 1997	1996
总计	**Total**	6827	3627	183	129.6
公有制企业	Public Ownership	5568	2953	164	118.6
三资企业	Foreign Enterprises	1102	641	17.5	10.7
私营企业	Private Owned	101	33	0.5	0.3
其他企业	Other Enterprises	56		1	

19-32 职工民主管理情况
STATISTICS FOR WORKERS DEMOCRACY MANAGEMENT

项目 Item		建立职工代表大会制的单位（个） Units with Workers Congress System (unit)	召开职工代表大会情况 Workers Congress		
			召开职代会的单位（个） Units Holded Workers Congress (unit)	提出提案（项） Motions Put forward (item)	实现提案（项） Motions Fulfiled (item)
总计	**Total**	7163	6537	86492	50228
国有单位	State-Owned Units	5672	5224	74393	43644
集体单位	Collective-Owned Units	1183	1048	8374	5032
乡(镇)企业	Township Enterprises	10	7	50	43
股份制经济	Share Holding Business	10	9	156	52
私营经济	Private Owned Business	6	6	14	9
联营经济	Joint Owned Business	115	102	2112	794
外商投资	Foreign Funded Business	156	131	1332	647
港澳台投资经济	HongKong,Macao and Taiwan Funded Business	10	9	58	4
其他经济	Others	1	1	2	3

19-33 职工民主参与情况
STATISTICS FOR WORKERS DEMOCRATIC PARTICIPATION

项目 Item		1997	1996
本年度与同级政府、行政开过联席会议的单位（个）	Units Holded Joint Meeting with the Same Level Government in this Year (unit)	205	177
全年议题提案（件）	Motions Put forward (item)	2059	1233
解决处理提案（件）	Motions Solved and Handled (item)	1366	649
参加政府涉及职工利益的工作机构（个）	Joined Government Institutions Concerned Worker' s Interests (unit)	87	18
机构中参加工作的工会干部（人）	Union Cadres Worked in Institutions (person)	89	19

19-34 工会参与处理劳动争议情况
STATISTICS FOR LABOR UNION PARTICIPATION AND HANDLED IN SETTLEMENT OF LABOR DISPUTE

项目 Item	1997	1996
已建立劳动争议调解委员会(个)Labor Dispute Mediation Committee (unit)	4212	6762
劳动争议调解委员会人数 (人)Persons of Labor Dispute Mediation Committe (person)	29771	36713
职工代表 (人) Workers Representatives (person)	12906	15076
企业行政代表 (人) Administrative Deputy for Enterprise(person)	8730	10975
工会代表 (人) Deputy for Labor Union (person)	8135	10662
受理劳动争议件数 (件)Labor Dispute Cases Accepted (case)	1641	2191
# 集体劳动争议 (件) Collective Labor Dispute Cases (case)	196	251
受理劳动争议人数 (人)Persons in Labor Dispute Accepted (person)	6280	5851
# 集体劳动争议涉及人数(人) Persons Concerned Collective Labor Dispute (person)	4162	3480
经调解达成协议件数 (件)Agreements Reached by Mediation (case)	1121	1338
经调解达成协议涉及职工 (人)Workers Concerned Agreements Reached by Mediation (person)	5380	4681

19-35 群众性技术活动和评先评模情况
STATISTICS FOR MASS TECHNICAL ACTIVITIES AND MODEL WORKERS

项目 Item	1997	1996
劳动竞赛： Labor Emulation		
开展单位 (个) Units Involved (unit)	4007	7522
参加人数 (人) Participants (person)	2553981	2826206
合理化建议： Rationalization Proposal		
开展单位 (个) Units Involved (unit)	4339	7667
提建议职工(人) Workers Who Proposed (person)	535477	651560
提出建议 (件) Proposals Presented (item)	531821	664702
已采纳建议(件) Proposals Accepted (item)	203914	161855
已实施建议(件) Proposals Carried Out (item)	120417	36529

19-36 《九十年代中国儿童发展规划纲要》监测统计资料(目标指标)
SUPERVISORY STATISTICS FOR 《PROGRAM OUTLINE OF CHINESE CHILDREN DEVELOPMENT IN 1990S》(OBJECT INDICATORS)

项　目	Item	1990	1996	1997
婴儿死亡率 (‰)	Infant Death Rate (‰)	11.66	10.05	9.45
城　市	Urban	11.15	11.57	10.49
农　村	Rural	12.27	8.13	8.05
五岁以下儿童死亡率(‰)	Death Rate of Children below 5-year-old (‰)	13.72	12.00	11.15
城　市	Urban	13.06	13.61	12.00
农　村	Rural	14.51	9.98	10.00
孕产妇死亡率 (1/10万)	Death Rate of Pregnant Woman and Lying-in Woman (1/10 ten thousand)	24.99	15.32	23.69
城　市	Urban	20.92	11.45	25.25
农　村	Rural	29.89	20.19	21.60
五岁以下儿童中重度营养不良患病率 (%)	Rate of Heavy Malnutrition of Childrea below 5-year-old (%)	2.44	1.32	1.06
城　市	Urban	1.04	1.25	0.85
农　村	Rural	3.49	1.43	1.41
年龄别体重		2.44	1.32	1.06
年龄别身高			1.83	1.37
身高别体重			0.83	0.53
缺水地区农村饮用水受益人口 (万人)	Population Benefited from Drinking Water in Rural Water Deficient Area (10000 persons)	62.00	73.46	74
城市污水处理率 (%)	Disposal Rate of Urban Sewage (%)	6.60	21.10	22.59
垃圾粪便无害化处理率 (%)	Harmless Disposal Rate of Rubbish and Night Soil (%)			
城市卫生厕所覆盖率(%)	Covering Rate of Urban Toilet (%)	99.50	99.89	99.9
农村享有卫生厕所的人口比重 (%)	Rate of Rural Population Use Toilet (%)	8.54	57.60	62.6
学龄儿童入学率 (%)	Enrollment Rate of Children at School-age (%)	99.50	99.93	99.95
城　市	Urban	99.70	99.94	99.98
农　村	Rural	99.60	99.90	99.89
小学毕业率 (%)	Graduate Rate of Primary School (%)	99.20	99.70	99.87
小学巩固率 (%)	Stronging Rate of Primary School (%)	100.23	99.76	99.94
小学辍学率 (%)	Rate of Leaving off Study of Primary School (%)	-0.17	0.30	0.07
男 (%)	Male (%)		0.38	0.11
女 (%)	Female (%)		0.20	0.03
初中入学率 (%)	Enrollment Rate of Junior Middle School (%)	99.24	98.00	97.13
初中毕业率 (%)	Graduate Rate of Junior Middle School (%)	91.43	95.95	96.35
初中巩固率 (%)	Stronging Rate of Junior Middle School (%)	93.69	97.23	98.07
小学专任教师学历合格率 (%)	Qualified Rate of Educational Background of Full-time Teacher of Primary School (%)	89.00	95.83	96.42
3-6岁儿童入园率 (%)	Enrollment Rate of Kindergarten of Children at Age 3-6 (%)	71.20	76.70	
其中:女	Female			
城　市	Urban	94.10	95.40	
农　村	Rural	50.80	60.90	
青壮年文盲率 (%)	Illiteracy Rate of Young People (%)	1.60		
男	Male (%)			
女	Female (%)			
校外教育活动场所数(个)	Number of Locations of After-school Education (unit)	1434.00	1596.00	1782
家长受教育率 (%)	Educationed Rate of Parents (%)		90.00	
科学育儿知识普及率(%)	Spreading Rate of Raising Children with Scientific Method (%)	59.40	92.66	93.46
出生缺陷儿发生率 (‰)	Rate of Defect New-borns (‰)	7.36	8.81	8.56
城　市	Urban	5.34		8.14
农　村	Rural	6.34		9.25
婚前检查率 (%)	Rate of Pre-martial Check-up (%)	54.70	99.40	98.89
城　市	Urban	77.00		102.08
农　村	Rural	23.30		91.15
残疾儿童入学率 (%)	Enrollment Rate of Deformed Children (%)	64.15	95.18	95.18

19-37 《九十年代中国儿童发展规划纲要》监测统计资料(措施指标)

SUPERVISORY STATISTICS FOR 《PROGRAM OUTLINE OF CHINESE CHILDREN DEVELOPMENT IN 1990S》(MEASURE INDICATORS)

项目	Item	1990	1996	1997
人口自然增长率 (‰)	Natural Growth Rate of Population (‰)	6.62	2.68	1.89
节育手术并发症发生率 (1/万)	Rate of Complication from Birth Control Operation (1/ten thousand)	2.50	2.76	1.75
城市	Urban	3.50	3.17	1.93
农村	Rural	2.70	1.73	1.28
预算内卫生事业经费增长速度(%)	Growth Rate of Budgetary Health Fund(%)		27.90	
妇幼保健费增长速度(卫生局系统) (%)	Growth Rate of Maternal and Child Hygiene Subsidies(Health Bureau System)(%)		30.00	3.00
卫生防疫费增长速度(卫生局系统) (%)	Growth Rate of Epedemic Prevention Subsidies(Health Bureau System) (%)		8.00	37.00
新法接生率 (%)	Rate of Delivering Children with New Method (%)	99.70	100.00	100.00
城市	Urban	99.90	100.00	100.00
农村	Rural	99.60	100.00	100.00
孕产妇住院分娩率 (%)	Childbirth Rate of Pregnant Woman and Lying-in Woman in Hospital (%)	83.79	97.84	98.46
城市	Urban	99.90	98.88	98.98
农村	Rural	67.30	96.36	97.64
产后出血死亡率 (1/10万)	Death Rate of Birth Hemorrhage (10/million)	9.28	1.28	5.26
孕妇缺铁性贫血患病率 (%)	Rate of Iron-deficiency Anemia of Pregnant Woman (%)		4.39	4.99
城市	Urban		5.62	6.13
农村	Rural		1.38	2.81
母乳喂养率(0-4个月) (%)	Rate of Feeding on Mother Milk (0-4 months) (%)		75.23	74.86
城市	Urban	13.60	69.07	68.91
农村	Rural	67.00	83.03	82.77
七岁以下儿童保健复盖率 (%)	Health Protection Rate of Children below 7-year-old (%)	59.40	92.66	93.46
城市	Urban		94.03	93.83
农村	Rural	82.73	90.81	92.94
孕产妇保健复盖率 (%)	Covering Rate of Health Protection for Pregnant Woman and Lying-in Woman (%)		94.63	94.77
城市	Urban		94.25	94.86
农村	Rural		95.15	94.63
一岁以内儿童计划免疫"四苗"接种率 (%)	Inoculation Rate of Immunity Four-Vaccine of Children within 1-year-old (%)	98.73	99.37	99.50
卡介苗	BCG Vaccine	99.50	99.94	99.94
麻疹疫苗	Measles Vaccine	99.20	99.63	99.84
百白破三联制剂	Pertussis,Diphtheria and Tetanus Vaccine	99.10	99.76	99.79
脊髓灰质炎疫苗	Poliomyelitis Polio Vaccine	99.30	99.89	99.81
小儿脊髓灰质炎发病率 (1/10万)	Rate of Poliomyelitis Polio of Children (10/million)	0.04	0.00	0.00
新生儿破伤风发病率 (‰)	Rate of Tetanus of New-borns (‰)	0.04	0.01	0.035
新生儿破伤风死亡专率 (‰)	Death Rate of Tetanus of Newborns (‰)	0.50	0.00	1.51
麻疹死亡专率 (1/10万)	Death Rate of Measles (10/million)	0.00	0.00	0.00
麻疹发病率 (1/10万)	Rate of Measles (10/million)	0.51	0.03	1.38
儿童腹泄发病率 (‰)	Rate of Diarrhea of Children (‰)		1.37	1.36
五岁以下儿童因腹泻死亡的人数比例 (%)	Proportion of Children below 5-year-old Died of Diarrhea (%)	0.19		
急性呼吸道感染标准病例管理率 (%)	Managing Rate of Standard Case of Acute Infection of Respiratory Tract (%)		64.56	78.76
急性呼吸道感染临床管理率 (%)	Clinical Managing Rate of Acute Infection of Respiratory Tract (%)		60.00	70.00
五岁以下儿童因急性呼吸道感染死亡的人数 (人)	Number of Children below 5-year-old Died of Infection of Respiratory Tract (person)	92.00	93.00	77.00
地方性甲状腺肿大率 (%)	Rate of Local Goitre (%)	1.90		4.40
城市三岁以上儿童入园率 (%)	Enrollment Rate in Kindergarten of Urban Children over 3-year-old (%)		95.40	
农村学前一年幼儿入园(班)率达60% (%)	Enrollment Rate in Kindergarten of Rural Children at Age Preschool a Year Reaching 60% (%)		94.20	

主要统计指标解释

社会福利事业单位　指集中收养社会孤老、残、幼的机构。包括由民政部门管理的社会福利院、儿童福利院、精神病人福利院和城镇集体办的福利院，以及农村集体举办的敬老院。

社会福利事业单位收养人数　包括民政部门管理的和城镇及农村集体举办的社会福利事业单位中收养的老人、少年儿童、缺乏生活自理能力的残疾人员和精神病人。

社会福利企业单位　指以安置城镇有一定劳动能力的盲、聋、哑和肢体残疾人员就业为目的，享受国家减免税待遇的国有或集体经济性质的企业。包括福利工厂、福利商业服务业、假肢厂和安置农场等单位。

律师　指受聘参加法律顾问处工作，担任法律顾问、刑(民)事代理人、刑事辩护人，办理非诉讼事件、解答法律询问，代写法律事务文书等主要从事律师业务的专职法律工作者和兼职律师。

公证人员　指在国家公证机关依法办理公证事务的司法人员。包括公证员、助理公证员和在公证处工作的其他人员。

办理公证文书　指公证处在一定时期内办结的公证文书件数。公证文书系按司法部规定或批准的格式制作。包括国内公证和涉外公证两部分。其中国内公证分为经济合同公证和民事法律关系公证两大类。

调解人员　指人民调解委员会担负调解民间一般民事纠纷和轻微违法行为所引起的纠纷的工作人员。包括调解委员会的委员和调解小组调解员。

调解民间纠纷　指调解委员会依照法律规定，根据自愿原则，用说服教育的方法调解民间发生的有关民事权利和义务的争执，促成当事双方达到协议和谅解，解决纠纷。包括婚姻家庭纠纷，财产权益纠纷等。不包括法院受理调解的民事案件数。

离休、退休、退职人员　指正式办理了离休、退休、退职手续，并享受相应的离休、退休、退职待遇的人员。

保险福利费用　指企业、事业、机关单位在工作以外实际支付给职工和离休、退休、退职人员个人以及用于集体的劳动保险和福利费用。

1. 职工保险福利费用具体包括：

(1)医疗卫生费　指实行公费医疗企业的职工及其供养的直系亲属的医疗费、医务经费、职工因工伤就医路费以及住院伙食补助费等；卫生部门开支的事业及机关单位职工的公费医疗经费；未参加公费医疗的企业、事业和机关单位职工的医疗费。

(2)丧葬抚恤救济费　指职工死亡的丧葬费、丧葬补助费和所遗供养直系亲属的抚恤费、救济费、生活补助费以及职工供养直系亲属死亡时的丧葬补助费等。

(3)生活困难补助　指对生活困难的职工实际支付的定期补助和临时性补助。

(4)文体宣传费　指企业、事业和机关单位实际支付的文体宣传费。不包括学习费。

(5)集体福利事业补贴费　指对职工浴室、理发室、洗衣房、哺乳室、托儿所等集体福利设施各项支出与收入相抵后的差额补助费。

(6)集体福利设施费　指按照国家规定开支的集体福利设施费用。如职工食堂炊事用具的购置费、修理费、职工宿舍的修缮费用。不包括由企业、事业和机关单位自筹经费开支的职工福利设施的基本建设费用。

(7)计划生育补贴　指发给职工独生子女的补贴费和保健费。

(8)其他　指上述费用以外，单位支付给职工的保险福利费。

2. 离休、退休、退职人员保险福利费用具体包括：

(1)离休金　指发给离休人员的工资和按1982年国务院发布的“关于老干部离职休养制度的几项规定”发给符合规定的离休干部相当于12个月标准工资的生活补贴和国务院 [1989] 82、83号文件规定提高离休人员的待遇所增加的费用及粮油价格补贴等。

(2)退休金　指按照国家有关规定发给退休人员的退休费和国务院 [1989] 82、83号文件规定提高退休人员的待遇所增加的费用及粮油价格补贴等。

(3)职工生活费　指按照1978年国务院《关于工人退休、退职的暂行办法》规定定期发给退职人员的生活费用和国务院 [1989] 82、83号文件规定提高退职人员的待遇所增加的费用及粮油价格补贴等。

(4)医疗卫生费　指离休、退休、退职人员的医疗费、住院费以及住院伙食补助等费用。

(5)护理费　指因工致残、饮食起居需人扶助的离休、退休人员的护理费以及因病不能自理的离休人员的护理费。

(6)生活补贴　指按照1985年国务院«关于发给离退休人员生活补贴费的通知»规定，发给离休、退休人员的生活补贴费。

(7)交通费补贴　指按月发给离休人员的交通费补贴。

(8)丧葬抚恤救济费　指离休、退休、退职人员死亡的丧葬费、丧葬补助费和所遗供养直系亲属的抚养费、救济费、生活补助费以及供养直系亲属死亡时的丧葬补助费等。

(9)其他　包括易地安置的离休、退休、退职人员的安家补助费；离休、退休、退职人员的生活困难补助费、书报费、洗理费、副食品价格补贴、房租价格补贴、水电补贴、少数民族补贴以及老干部活动经费开支的旅游费用等。

Explanatory Notes On Main Statistical Indicators

Social Welfare Institutions refer to institutions taking care of those who have no kith and kin and can not support themselves, including social welfare institutions run by civil affairs departments, children's welfare institutions, social welfare institutions for mental patients, collective - owned welfare institutions in urban areas and collective - owned old people's homes in rural areas.

Number of People Adopted by Social Welfare Institutions refers to the number of old people, children, totally dependent handicapped people and mental patients taken in by social welfare institutions run by civil affairs departments and those run by collective units in urban and rural areas.

Social Welfare Enterprises are state owned or collective - owned enterprises which employ the blind, deaf - mute, and other handicapped people with ability to work in cities and towns and enjoy exemption from state taxes, including welfare plants, welfare commercial services, artificial limb plants and welfare farms, etc.

Lawyers include full or part - time lawyers and full - time legal workers employed by law office to act as law advisers, agents in criminal or civil lawsuits, defenders in criminal lawsuits, or to handle non - litigious legal affairs, to advise on legal matters, or to write legal papers for others.

Notary Personnel refer to judicial officials of the state notary offices handling notarization work according to law. They include notaries, assistant notaries, and other people working for notary offices.

Notarized Documents refer to the notary documents finished by notary offices in a year. The notary documents are drawn up in accordance with the regulations of the Ministry of Justice, including domestic documents and foreign - related documents.

Domestic documents are divided into two major categories: documents on economic contracts and documents on civil legal relations.

Mediators refer to workers in people's mediation committees responsible for mediating in civil disputes and cases of slight infraction of the law, including members of the mediation committees and mediators in mediation groups.

Mediation of Civil Disputes refers to mediation committees' work in mediating of civil disputes concerning civil rights and responsibilities through persuasion and education in accordance with the provisions of law on a voluntary basis, so as to solve disputes by helping the parties involved come to an agreement and understanding. The disputes include divorce cases and disputes over property ownership, but exclude the civil cases to be handled by the court.

Retired or Resigned Personnel refers to the persons who have formally gone through the formalities for their retirement or quitting work and enjoy the corresponding treatments.

Insurance and Welfare Funds refers to labor insurance and welfare fund paid by enterprises, organizations and institutions to their staff and workers as well as retired and quitted persons in addition to their wages and salaries.

1. Insurance and Welfare Funds for Staff and Workers include:

(1) Medical Care Allowance includes cost of medical care of staff and workers and their dependent family members covered by the medical care system of enterprises, traveling expenses of injured employees to hospital and their food subsidies during hospitalization; the cost of medical care of employees covered by the medical care system of institutions

and organizations; the cost of medicine of employees in enterprises, institutions and organizations not covered by the medical care system.

(2) Funeral Expenses and Pensions for Family of the Deceased refer to funeral expenses of staff and workers, pensions and allowance for their dependent family members, as well as subsidies to funeral expenses of staff and workers' dependent family members.

(3) Allowance for Living refers to regular or temporary allowance to staff and workers with difficulties in making living.

(4) Expenses on Recreation, Sports and Publicity Activities refer to actual payment made by enterprises and institutions in recreational , sports and publicity activities, excluding training cost .

(5) Subsidies to Collective Welfare refer to the expenditures on making up the loss of welfare operations, such as public bathrooms, barber shops, laundries, nurseries and kindergartens.

(6) Expenses on Collective Welfare Facilities refer to expenditures on collective welfare facilities in line with state regulations, such as the purchase and repair of cooking utensils for canteens, and repair of living quarters of staff and workers, but excluding the expenses on welfare projects financed with self - raised funds.

(7) Family Planning Subsidy refers to subsidy of health allowance paid to staff and workers in one - child family.

(8) Others refer to other insurance and welfare funds paid to staff and workers.

2. Insurance and Welfare Funds for Retired and quitted Staff and Workers include:

(1) Merit Retirement Pensions refer to pensions and other subsidies paid to merit retired in line with relevant government documents.

(2) Retirement Pensions refer to pensions and other subsidies paid to retired staff and workers in line with the relevant government documents.

(3) Quitted Allowances for Living refer to living allowances and subsidies paid to quitted staff and workers in line with relevant government instructions.

(4) Expenses for Medical Care refer to the costs for medical treatment, hospitalization and food subsidies in hospitals for merit retired, retired and quitted staff and workers.

(5) Nursing Cost refers to cost for nursing retired or quitted staff and workers without ability to take care of themselves and need the help of nurses.

(6) Living Subsidy refers to living subsidy paid to merit retired and retired employees in line with the instructions in a 1985 State Council document.

(7) Traffic Subsidy refers to the traffic subsidy paid monthly to merit retired staff.

(8) Funeral Expenses and Pensions for Family of the Deceased refer to the funeral expenses of merit retired, retired and quitted staff and workers, pensions and allowances for their dependent family members, as well as subsidies to funeral expenses of their dependent family members.

(9) Others refer to other expenses, including moving and settlement allowance, living allowance for difficult families, book and newspaper allowance, subsidy for non - staple foods, allowance for bath and haircut, housing subsidy, water and electricity subsidy, special allowance for staff and workers of national minorities, travelling cost for senior retired staff, etc.

20

GENERAL SURVEY OF DISTRICTS AND COUNTIES
区县资料

20-1 东城区、西城区国民经济主要指标
MAIN NATIONAL ECONOMIC INDICATORS FOR DONGCHENG AND XICHENG DISTRICTS

项目 Item		东城区 Dongcheng 1997	1996	1997年为1996年% 1997 as % of 1996	西城区 Xicheng 1997	1996	1997年为1996年% 1997 as % of 1996
综合	**General Survey**						
国内生产总值	(万元)Gross Domestic Product (10000 yuan)	224988	208479	7.92	324662	285768	113.6
第一产业	Primary Industry						
第二产业	Secondary Industry	28858	32044	-9.94	31484	22276	141.3
第三产业	Tertiary Industry	196130	176435	11.16	293178	263492	111.3
财政收入	(万元)Fiscal Revenue (10000 yuan)	82016	65491	25.23	110106	86422	127.4
#各项税收	Taxes	59026	59221	-0.33	90225	67686	133.3
财政支出	(万元)Fiscal Expenditure (10000 yuan)	98765	76230	29.56	136377	94470	144.4
#基本建设支出	Capital Construction	7684	4490	71.14	14090	7430	189.6
支援农业生产支出	Supporting Agriculture						
文教卫生事业费	Culture,Education and Health	37477	30618	22.40	49726	35322	141.0
人口和劳动力	**Population and Labor Force**						
总人口	(人)Total Population(person)	717317	719474	-0.30	877837	860753	102.0
常住户籍人口	(人)Permanent Registered Population (person)	642212	640726	0.23	804088	797570	100.8
#非农业人口	Non-agriculture	642212	640726	0.23	804088	797570	100.8
男	Male	320894	320249	0.20	804086	400001	101.0
女	Female	321318	320477	0.26	403826	397568	100.7
出生率	(‰)Birth Rate (‰)	4.61	4.20		4.97	4.77	
死亡率	(‰)Death Rate (‰)	6.13	6.22		6.29	5.85	
自然增长率	(‰)Natural Growth Rate(‰)	-1.52	-2.02		-1.32	-1.08	
从业人员	(人)Employment (person)	120346	122798	-2.00	123251	122110	100.9
按职工非职工分	Grouped by Staff and Workers or Non-staff-and-worker						
职工人数	(人) Staff and Worker(person)	110796	116073	-4.55	115839	115488	100.3
#国有单位	State-owned	59699	61455	-2.86	61300	63032	97.3
集体单位	Collective-owned	27966	34894	-19.85	27944	29526	94.6
城镇个体劳动者	Urban and Rural Individuals	22973	22269	3.16	14317	14270	100.3
劳动工资	**Wages**						
工资总额	(万元)Total Wages(10000 yuan)	110143.7	99250.4	10.98	23794	108316	114.3
#国有单位	State-owned	64981.1	59978.5	8.34	71531	66046	108.3
集体单位	Collective-owned	21097.7	22079.8	-4.45	21627	21360	101.3
职工平均工资	(元)Average Wage (yuan)	10099	8893	13.56	11006	9713	133.1
固定资产投资	**Investment in Fixed Assets**						
全社会固定资产投资	(万元)Total Investment in Fixed Assets (10000 yuan)	240738	288129	-16.45	51575	321921	109.2
按建设性质分	Grouped by Type of Construction						
#基本建设投资	Capital Construction	10408	18747	-44.48	29774	27824	107.1
更新改造投资	Innovation and Replacement	6993	9049	-22.72	36557	20741	176.3

续表 1 continued

项　目 Item		东城区 Dongcheng 1997	1996	1997年为1996年% 1997 as % of 1996	西城区 Xicheng 1997	1996	1997年为1996年% 1997 as % of 1996
按经济类型分	Grouped by Ownership						
国有单位（万元）	State-owned(10000 yuan)	101747	109865	92.61	153542	166719	92.1
集体单位（万元）	Collective-owned (10000 yuan)					107	
新增固定资产（万元）	Incremental Fixed Assets (10000 yuan)	98281	140406	70.00	260494	228310	114.1
#国有单位	State-owned	48793	58171	83.88	140697	40816	344.7
集体单位	Collective-owned					166	
房屋施工面积（万平方米）	Floor Space of Buildings Under Construction (10000 sq. m)	215.4	216.7	99.40	239.3	225.3	106.2
#国有单位	State-owned	89	119.4	74.54	239.3	113.1	211.6
集体单位	Collective-owned					0.2	
房屋竣工面积（万平方米）	Floor Space of Buildings Completed (10000 sq. m)	23.9	36.8	64.95	81.3	50.4	161.3
#国有单位	State-owned	21.5	27.8	77.34	81.3	19.1	425.7
#住宅	Residence	13	13.5	96.30	42.0	10.6	396.2
#集体单位	Collective-owned					0.2	
#住宅	Residence						
工业	Industry						
全部工业企业单位数（个）	Number of Enterprises (unit)	240	271	88.56	265	251	105.6
#国有	State-owned	70	84	83.33	86	73	117.8
集体	Collective-owned	108	131	82.44	98	99	98.9
私营	Private Owned	5	7	71.43		3	
工业增加值（万元）	Added Value(10000 yuan)	15349.5	17390.1	88.27	23900.3	13467.8	177.5
全部工业总产值（现价，万元）	Gross Output Value of Industry (at current prices,10000 yuan)	55957	59606.3	93.88	68297.9	52212.4	130.8
#国有	State-owned	10631.9	10756.3	98.84	16843.1	14404.3	116.9
集体	Collective-owned	24427.5	21754.6	112.29	8880.1	14836.9	59.9
私营	Private Owned	128	168.3	76.05		613.0	
乡及乡以上轻工业总产值（现价，万元）	Gross Output Value of Light Industry at Township Level and Above (at current price,10000yuan)	44295.1	47960.9	92.36	47593.5	32741.3	145.4
以农产品为原料	Using Farm Products as Raw Materials	36433	37131.7	98.12	32558.2	20839.6	156.2
以非农产品为原料	Using Non-farm Products as Raw Materials	7862.1	10829.2	72.60	15035.3	11901.7	126.3
乡及乡以上重工业总产值（现价，万元）	Gross Output Value of Heavy Industry at Township Level and Above (at current price,10000yuan)	11533.9	11477.1	100.49	20704.4	19471.1	106.3
采掘工业	Excavation						
原料工业	Raw Materials Industry	25	48.3	51.76	2475.0	2589.9	95.5
制造工业	Manufacturing Industry	11508.9	11428.8	100.70	18229.4	16881.2	107.9
独立核算工业企业平均职工人数（人）	Average Number of Staff and Workers in Enterprises with Independent Accounting System (person)	7771	8989	86.45	9076	9729	93.3

续表 2 continued

项目	Item	东城区 Dongcheng 1997	东城区 Dongcheng 1996	1997年为1996年% 1997 as % of 1996	西城区 Xicheng 1997	西城区 Xicheng 1996	1997年为1996年% 1997 as % of 1996
#国有	State-owned	1876	1773	105.81	3216	3592	89.5
集体	Collective-owned	4362	5399	80.79	3502	3791	92.4
独立核算工业企业总产值（现价，万元）	Gross Output Value of Enterprises with Independent Accounting System(at current prices, 10000 yuan)	43230.1	49061.6	88.11	68297.9	52212.4	130.8
#国有	State-owned	10039.1	9513.9	105.52	16843.1	14404.3	116.9
集体	Collective-owned	12421.4	12620.6	98.42	8880.1	14836.9	59.9
独立核算工业企业财务指标	Financial Indicators for Enterprises with Independent Accounting System						
产品销售收入（万元）	Sales Revenue(10000yuan)	43098.8	54082.4	79.69	75128.5	65658.1	114.4
#国有	State-owned	9724.8	9590.2	101.40	16367.3	16132.6	101.5
产品销售成本（万元）	Cost of Sales(10000yuan)	32028	39464.9	81.16	56675.9	51258.5	110.5
#国有	State-owned	6574.5	6080.6	108.12	13029.2	12481.7	104.4
固定资产原价（万元）	Original Value of Fixed Assets (10000 yuan)	19274.1	19498.1	98.85	27903.6	23391.7	119.2
#国有	State-owned	3614.3	3271.8	110.47	8926.8	8475.2	105.3
固定资产净值（万元）	Net Value of Fixed Assets (10000 yuan)	13319.9	14678.3	90.75	17564.4	16871.6	104.1
#国有	State-owned	2329.2	2044.6	113.92	6033.3	6076.4	99.2
全部流动资金年平均余额（万元）	Annual Average Balance of Circulating Funds (10000 yuan)	44791.1	51095.1	87.66	74213.5	58362.5	127.2
#国有	State-owned	9623.2	9139.7	105.29	14921.7	11215.1	133.1
利润总额（万元）	Total Profits(10000yuan)	2034	3604.2	56.43	2255.2	-302.2	
#国有	State-owned	2017.4	2022.0	99.77	1396.7	1574.5	88.7
资金利税率（%）	Ratio of Pre-tax Profits to Total Capital (%)	7.2	9.4		6.2	3.2	
产品销售率（%）	Ratio of Sales Value to Gross Output Value (%)	95	99.3		95.4	99.2	
增加值率（%）	Ratio of Added Value to Gross Output Value(%)	35.5	35.4		35.0	11.4	
独立核算工业企业全员劳动生产率（元/人）	Overall Labor Productivity of Enterprises with Independent Accounting System (yuan/person)	19752	19347	102.09	26290	13843	189.9
#国有	State-owned	28276	28970	97.60	13030	15274	85.3
集体	Collective-owned	9971	7458	133.70	97200	12936	751.4
商业	**Commerce**						
社会消费品零售额（万元）	Retail Sales of Consumer Goods (10000 yuan)	501210	397025	126.24	586320.6	537316	109.1
按经济类型分	Grouped by Ownership						
#国有	State-owned	174113	153180	113.67	357086.2	313551	138.8
集体	Collective-owned	70570	62921	112.16	73940.4	82923	89.2
私营	Private Owned	3956	10549	37.50	6306.3	4834	130.5
个体	Individuals	143572	130416	110.09	65000.0	85655	75.9
按类别分	Grouped by Type of Goods						
吃的商品（万元）	Food (10000 yuan)	252679	237379	106.45	168447.9	170204	98.9

续表 3 continued

项目 Item	东城区 Dongcheng 1997	1996	1997年为1996年% 1997 as % of 1996	西城区 Xicheng 1997	1996	1997年为1996年% 1997 as % of 1996
穿的商品 (万元) Clothing (10000 yuan)	70188	42713	164.32	126865.3	131549	96.4
用的商品 (万元) Daily Used Articles (10000 yuan)	175220	114462	153.08	291007.4	235563	123.5
烧的商品 (万元) Fuel (10000 yuan)	3123	2471	126.39			
网点数 (个) Number of Outlets (unit)	14172	13933	101.72	11970	12927	92.6
#商业 Wholesale and Retail	9871	9826	100.46	8167	8964	91.1
饮食业 Catering	2390	2386	100.17	2117	2356	89.9
服务业 Services	1911	1721	111.04	1686	1607	104.9
#宾馆、饭店 Hotels	213	235	90.64	47	51	92.2
营业人员 (人) Personnel (person)	70211	66190	106.07	52579	55123	95.4
#商业 Wholesale and Retail	43145	42158	102.34	33871	38390	88.2
饮食业 Catering Service	15495	12158	127.45	13639	11779	115.8
服务业 Services	11571	11874	97.45	5069	4954	102.3
#宾馆、饭店 Hotels	3631	3753	96.75	1408	1553	90.7
外经、外贸 Foreign Economy and Trade						
出口商品交货额 (万元) Delivery Value of Exports (10000 yuan)		93.6		2024.9	3588.5	56.4
利用外资签订协议(合同)数 (个) Number of Signed Agreements and Contracts of Foreign Capital to be Utilized (unit)	49	33	148.48	51	65	78.5
利用外资签订协议(合同)金额 (万美元) Amount of Foreign Capital to be Utilized through Agreements and Contracts (USD 10000)	8681	4115.5	110.93	4441	3476	127.8
实际利用外资 (万美元) Amount of Foreign Capital Actually Used (USD 10000)	16147	9441	171.03	19658	3987	493.1
旅游人数 (人) Number of Tourist (person)	29967	36180	82.83	1000	1803	55.5
教育 Education						
学校数 (个) Number of Schools (unit)						
小学 Primary Schools	66	67	98.51	87	91	95.6
普通中学 Regular Secondary School	30	30		42	42	100.0
中等专业教育 Specialized Secondary Schools	12	12		16	16	100.0
招生数 (人) New Student Enrollment (person)				23850	27646	86.3
小学 Primary Schools	5387	6670	80.76	5731	7608	75.3
初级中等学校 Junior Secondary Schools	9518	10487	90.76	9998	11643	85.9
高级中等学校 Senior Secondary Schools	4710	4110	114.60	4203	4644	90.5
中等专业教育 Specialized Secondary Schools	3628	3424	105.96	3928	3751	104.7
在校学生 (人) Student Enrollment (person)				112194	118866	94.4
小学 Primary Schools	44803	47369	94.58	51652	56061	92.1
初级中等学校 Junior Secondary Schools	32277	34668	93.10	35332	39085	90.4
高级中等学校 Senior Secondary Schools	12864	11738	109.59	14701	13617	108.0
中等专业教育 Specialized Secondary Schools	10913	10023	108.88	10509	10103	104.2
毕业生 (人) Graduates (person)				30792	28944	106.4
小学 Primary Schools	8388	9739	86.13	10166	11582	87.8

续表 4 continued

项目 Item		东城区 Dongcheng			西城区 Xicheng		
		1997	1996	1997年为1996年% 1997 as % of 1996	1997	1996	1997年为1996年% 1997 as % of 1996
初级中等学校	Junior Secondary Schools	11378	9315	122.15	13140	11081	118.6
高级中等学校	Senior Secondary Schools	3470	2230	155.61	4203	3432	122.5
中等专业教育	Specialized Secondary Schools	2636	2257	116.79	3283	2849	115.2
达到"国家体育标准"学生数 (人)	Number of Students Come to the Standard for State Physical Training (person)	88970	45327	196.28	114789	105989	108.3
幼儿园、托儿所个数 (个)	Number of Kindergardens (unit)	84	93	90.32	103	105	98.1
幼儿入托数 (人)	New Enrollment(person)	11528	12618	91.36	14274	16164	88.3
文化	**Culture**						
文化馆、站 (个)	Cultural Centers (unit)	11	11		11	11	100.0
公共图书馆 (个)	Public Libraries (unit)	1	1		1	1	100.0
公共图书馆藏书 (万册)	Collection(10000 volume)	33	32	103.13	33.1	32.5	101.8
电影放映单位 (个)	Film Projection Units (unit)	6	6		15	17	88.2
区级以上重点文物保护单位 (个)	Cultural Relics Preserved at District Level and above (unit)	130	130		108	108	100.0
卫生	**Health**						
卫生机构数 (个)	Number of Health Institutions (unit)	70	72	97.22	747	752	99.3
#医院	Hospitals	20	21	95.24	26	21	123.8
卫生院	Clinics						
床位数 (张)	Number of Beds (unit)	6754	6746	100.12	7613	7480	103.7
#医院	Hospitals	6754	6746	100.12	7610	7360	103.4
卫生院	Clinics						
平均每千人拥有床位数 (张)	Average Number of Beds Per 1000 Persons(unit)	10.52	10.52		9.66	9.40	102.8
卫生技术人员 (人)	Medical Technical Personnel (person)	13915	13988	99.48	15323	14921	102.7
#医生	Doctors (person)	5948	5866	101.40	6703	6568	102.1
城市公用	**Urban Public Utilities**						
区级以上公园 (个)	Parks at District Level and Above (unit)	7	7		10	10	100.0
体育场馆 (个)	Stadiums and Gymnasiums (unit)	9	9		217	217	100.0
道路长度 (公里)	Length of Roads (km)	184	184.3	99.84	243.1	244.6	99.4

注：1. 国内生产总值：为区县及以下单位创造的国内生产总值，不包括民航、铁路。(下同)
国内生产总值增速按可比价计算。(下同)
2. 工业：为区县及以下各单位进行的工业经济活动。(下同)
工业总产值增速按不变价计算。(下同)
3. 商业：为区县及以下各商业活动单位进行的经营活动。(下同)
4. 中等专业教育：包括区县属中等专业学校、职业高中和师范学校。(下同)
5. 卫生：为各区县地域内卫生事业数据。(下同)

a) Gross Domestic Product: refers to that created by units at district and county level and below,exclude units of civil aviation and railway.(the following are the same)
Indices of Gross Domestic Product are calculated at constant prices.(the following are the same)

b) Industry: refers to units at district and county level and below.(the following are the same)
Indices of Gross Output Value of Industry are calculated at constant prices.(the following are the same)

c) Commerce: refers to units at district and county level and below.(the following are the same)

d) Specialized Secondary Education: include specialized secondary schools,vocational schools and teacher training schools at district and county level.(the following are the same)

e) Health: include units within region of districts and counties.(the following are the same)

20-2 崇文区、宣武区国民经济主要指标

MAIN NATIONAL ECONOMIC INDICATORS FOR CHONGWEN AND XUANWU DISTRICTS

项目	Item	崇文区 Chongwen 1997	1996	1997年为1996年% 1997 as % of 1996	宣武区 Xuanwu 1997	1996	1997年为1996年% 1997 as % of 1996
综合	**General Survey**						
国内生产总值 (万元)	Gross Domestic Product (10000 yuan)	105574.0	96942.7	108.9	133981.7	119874	111.8
第一产业	Primary Industry						
第二产业	Secondary Industry	12471.8	10793.9	115.5	29662.2	25483	116.4
第三产业	Tertiary Industry	93102.2	86148.8	108.1	104319.5	94391	110.5
财政收入 (万元)	Fiscal Revenue (10000 yuan)	35060.9	29128.5	120.4	60539	49019	123.5
#各项税收	Taxes	28346.9	25336.9	111.9	47684	40888	116.6
财政支出 (万元)	Fiscal Expenditure (10000 yuan)	38925.3	33066.2	117.7	67601	54586	123.8
#基本建设支出	Capital Construction	430	455	94.5	6168	4423	139.5
支援农业生产支出	Supporting Agriculture						
文教卫生事业费	Culture,Education and Health	17518	14853	117.9	22097	18712	118.1
人口和劳动力	**Population and Labor Force**						
总人口 (人)	Total Population (person)	469948	486431	96.6	598507	595125	100.6
常住户籍人口 (人)	Permanent Registered Population (person)	430431	430734	99.9	543667	544076	99.9
#非农业人口	Non-agriculture	430367	430671	99.9	543650	544057	99.9
男	Male	215626	215912	99.9	274870	275328	99.8
女	Female	214741	214822	100.0	268780	268729	100.0
出生率 (‰)	Birth Rate (‰)	4	3.95		4.1	4.3	
死亡率 (‰)	Death Rate (‰)	5.56	6.28		6.6	7.6	
自然增长率 (‰)	Natural Growth Rate(‰)	-1.5	-2.33		-2.6	-3.3	
从业人员 (人)	Employment (person)	67826	72118	94.0	66217	70107	94.5
按职工非职工分	Grouped by Staff and Workers or Non-staff-and-worker						
职工人数 (人)	Staff and Worker(person)	64978	68252	95.2	60605	63001	96.2
#国有单位	State-owned	38817	41971	92.5	38457	39507	97.3
集体单位	Collective-owned	18968	20675	91.7	18891	20699	91.3
城镇个体劳动者	Urban and Rural Individuals						
劳动工资	**Wages**						
工资总额 (万元)	Total Wages(10000 yuan)	56080.1	55020.9	101.9	57597.0	52899.7	108.9
#国有单位	State-owned	37459.6	36424.3	102.8	40024.5	36317.3	110.2
集体单位	Collective-owned	12253.7	12837.3	95.5	12960.8	12948.9	100.1
职工平均工资 (元)	Average Wage (yuan)	8592	8016.0	107.2	9492	8384	113.2
固定资产投资	**Investment in Fixed Assets**						
全社会固定资产投资 (万元)	Total Investment in Fixed Assets (10000 yuan)	179049	123511	145.0	288553	258730	111.5
按建设性质分	Grouped by Type of Construction						

续表 1 continued

项目	Item	崇文区 Chongwen 1997	1996	1997年为1996年% 1997 as % of 1996	宣武区 Xuanwu 1997	1996	1997年为1996年% 1997 as % of 1996
#基本建设投资	Capital Construction	14354	71203	20.2	81760	41065	199.1
更新改造投资	Innovation and Replacement	24747	45124	54.8	7050	11458	61.5
按经济类型分	Grouped by Ownership						
国有单位 (万元)	State-owned (10000 yuan)	48294	59730	80.9	204228	125928	162.2
集体单位 (万元)	Collective-owned (10000 yuan)	1642	1666	98.6	9257	15505	59.7
新增固定资产 (万元)	Incremental Fixed Assets (10000 yuan)	160730	57357	280.2	104789	99259	105.6
#国有单位	State-owned	84907	29318	289.6	52653	74698	70.5
集体单位	Collective-owned	90	...	...			
房屋施工面积 (万平方米)	Floor Space of Buildings Under Construction (10000 sq.m)	71.8	59.8	120.1	271.8	270	100.7
#国有单位	State-owned	41.9	26.9	155.8	180	186	96.8
集体单位	Collective-owned	6.6	3.9	169.2	34.4	38	90.5
房屋竣工面积 (万平方米)	Floor Space of Buildings Completed (10000 sq.m)	7.6	13.7	55.5	47.4	58	81.7
#国有单位	State-owned	7.4	8.3	89.2	27.5	47	58.5
#住宅	Residence	0.5	4.5	11.1	23.8	34	70.0
#集体单位	Collective-owned						
#住宅	Residence						
工业	**Industry**						
全部工业企业单位数 (个)	Number of Enterprises (unit)	191	212	90.1	212	192	110.4
#国有	State-owned	40	44	90.9	57	47	121.3
集体	Collective-owned	112	128	87.5	105	116	90.5
私营	Private Owned	8	4	200.0	9	5	180.0
工业增加值 (万元)	Added Value(10000 yuan)	12663	9338.4	135.6	4438.0	5156.6	86.1
全部工业总产值 (现价,万元)	Gross Output Value of Industry (at current prices,10000 yuan)	32276.5	34659.4	93.1	1099.1	24583.6	126.5
#国有	State-owned	3414.4	9739.5	35.1	4986.5	4396.4	113.4
集体	Collective-owned	16218.7	19107.5	84.9	1007.3	10965.5	100.4
私营	Private Owned	665.7	182.1	365.6	1246.2	1281.0	97.3
乡及乡以上轻工业总产值 (现价,万元)	Gross Output Value of Light Industry at Township Level and Above (at current price,10000yuan)	22710.6	24313.6	93.4	2444.5	16377.6	137.0
以农产品为原料	Using Farm Products as Raw Materials	15590.4	16219.6	96.1	6058.4	11558.6	138.9
以非农产品为原料	Using Non-farm Products as Raw Materials	7120.2	8094	88.0	6386.1	4819.0	132.5
乡及乡以上重工业总产值 (现价,万元)	Gross Output Value of Heavy Industry at Township Level and Above (at current price,10000yuan)	9565.9	10345.8	92.5	8654.6	8206.0	105.5
采掘工业	Excavation						
原料工业	Raw Materials Industry	338.2	353.2	95.8	175.3	144.2	121.6
制造工业	Manufacturing Industry	9227.7	9992.6	92.3	8479.3	8061.8	105.2

续表 2 continued

项目	Item	崇文区 Chongwen 1997	1996	1997年为1996年% 1997 as % of 1996	宣武区 Xuanwu 1997	1996	1997年为1996年% 1997 as % of 1996
独立核算工业企业平均职工人数(人)	Average Number of Staff and Workers in Enterprises with Independent Accounting System (person)	6325	7247	87.3	5647	5755	98.1
#国有	State-owned	723	1012	71.4	1046	1160	90.2
集体	Collective-owned	4232	4824	87.7	3307	3875	85.3
独立核算工业企业总产值(现价,万元)	Gross Output Value of Enterprises with Independent Accounting System(at current prices, 10000 yuan)	32276.5	34569.4	93.4	30975.8	24420.2	126.8
#国有	State-owned	3414.4	9739.0	35.1	4895.2	4396.4	111.3
集体	Collective-owned	16218.7	19107.5	84.9	10975.3	10965.5	100.1
独立核算工业企业财务指标	Financial Indicators for Enterprises with Independent Accounting System						
产品销售收入 (万元)	Sales Revenue(10000yuan)	40299.6	37839.6	106.5	37863.7	28533.2	132.7
#国有	State-owned	5010.2	5970.6	83.9	4913.0	4471.7	109.9
产品销售成本 (万元)	Cost of Sales(10000yuan)	31284.8	30170.3	103.7	28871.0	22960.2	125.7
#国有	State-owned	4039.5	4612.7	87.6	3958.5	3516.4	112.6
固定资产原价 (万元)	Original Value of Fixed Assets (10000 yuan)	14972.7	13311.4	112.5	13886.2	10790.2	128.7
#国有	State-owned	732.0	728.6	100.5	1759.9	2457.9	71.6
固定资产净值 (万元)	Net Value of Fixed Assets (10000 yuan)	8853.0	7799.0	113.5	8980.9	7525.2	119.3
#国有	State-owned	383.2	434.9	88.1	1071.2	1789.0	59.9
全部流动资金年平均余额 (万元)	Annual Average Balance of Circulating Funds (10000 yuan)	36589.5	33343.7	109.7	41369.2	25502.0	162.2
#国有	State-owned	3278.9	3332.5	98.4	3937.2	3780.2	104.2
利润总额 (万元)	Total Profits(10000yuan)	746.2	142.5	523.6	-473.8	-1285.1	...
#国有	State-owned	432.7	419.7	103.1	406.8	339.9	119.7
资金利税率 (%)	Ratio of Pre-tax Profits to Total Capital (%)	2.1	1.18				
产品销售率 (%)	Ratio of Sales Value to Gross Output Value (%)	98.2	100.3		100.0	100.0	
增加值率 (%)	Ratio of Added Value to Gross Output Value (%)	39.2	26.9		14.3	21.1	
独立核算工业企业全员劳动生产率 (元/人)	Overall Labor Productivity in Enterprises with Independent Accounting System (yuan/person)	51030	12886	396.0	7859	8960	87.7
#国有	State-owned	47225	29375	160.8	18881.5	12910.0	146.8
集体	Collective-owned	38324	19358	198.0	8890.0	8143.0	109.2
商业	**Commerce**						
社会消费品零售额 (万元)	Retail Sales of Consumer Goods (10000 yuan)	324253	294809	110.0	381211	364230	104.7

续表 3 continued

项目 Item		崇文区 Chongwen			宣武区 Xuanwu		
		1997	1996	1997年为1996年% 1997 as % of 1996	1997	1996	1997年为1996年% 1997 as % of 1996
按经济类型分	Grouped by Ownership						
#国有	State-owned	81898	146039	56.1	168292	169324	99.4
集体	Collective-owned	40294	69746	57.8	76897	76826	100.1
私营	Private Owned				5283	12268	43.1
个体	Individuals	86182	79024	109.1	14437	8922	161.8
按类别分	Grouped by Type of Goods						
吃的商品 (万元)	Food (10000 yuan)	162773	142508	114.2	171875	128045	134.2
穿的商品 (万元)	Clothing (10000 yuan)	61985	57949	107.0	24710	24168	102.2
用的商品 (万元)	Daily Used Articles (10000 yuan)	97148	74668	130.1	181902	209568	86.8
烧的商品 (万元)	Fuel (10000 yuan)	2347	1792	131.0	2724	2449	111.2
网点数 (个)	Number of Outlets (unit)	9562	8577	111.5	10368	9544	108.6
#商业	Wholesale and Retail	7090	6469	109.6	7817	7021	111.3
饮食业	Catering	755	1180	64.0	1446	1173	123.3
服务业	Services	1717	928	185.0	1105	1350	81.9
#宾馆、饭店	Hotels	11	11	100.0			
营业人员 (人)	Personnel (person)	56916	48937	116.3	68927	52313	131.8
#商业	Wholesale and Retail	39546	33587	117.7	42415	35737	118.7
饮食业	Catering	3966	5705	69.5	8570	6521	131.4
服务业	Services	13404	9645	139.0	17942	10055	178.4
#宾馆、饭店	Hotels	1771	901	196.6			
外经、外贸	**Foreign Economy and Trade**						
出口商品交货额 (万元)	Delivery Value of Exports (10000 yuan)	5.5	136.8	4.0	222.7	215.4	103.4
利用外资签订协议(合同)数 (个)	Number of Signed Agreements and Contracts of Foreign Capital to be Utilized (unit)	15	13	115.4	17	25	68.0
利用外资签订协议(合同)金额 (万美元)	Amount of Foreign Capital to be Utilized through Agreements and Contracts (USD 10000)	1807.2	547.9	329.8	7387.2	2614.8	282.5
实际利用外资 (万美元)	Amount of Foreign Capital Actually Used(USD 10000)	14133.7	13649.7	103.5	367.3	149	246.5
旅游人数 (人)	Number of Tourist(person)	31726	31815	99.7	43024	39124	110.0
教育	**Education**						
学校数 (个)	Number of Schools(unit)						
小学	Primary Schools	46	49	93.9	63	63	100.0
普通中学	Regular Secondary School	25	22	113.6	30	31	96.8
中等专业教育	Specialized Secondary Schools	9	9	100.0	11	10	110.0
招生数 (人)	New Student Enrollment (person)						
小学	Primary Schools	3256	4478	72.7	3854	5463	70.5
初级中等学校	Junior Secondary Schools	5949	7269	81.8	6926	8352	82.9
高级中等学校	Senior Secondary Schools	2441	2001	122.0	2638	2050	128.7
中等专业教育	Specialized Secondary Schools	2451	2532	96.8	2707	2386	113.5

续表 4 continued

项目 Item		崇文区 Chongwen 1997	1996	1997年为1996年% 1997 as % of 1996	宣武区 Xuanwu 1997	1996	1997年为1996年% 1997 as % of 1996
在校学生	(人)Student Enrollment (person)						
小学	Primary Schools	30815	33945	90.8	36606	40004	91.5
初级中等学校	Junior Secondary Schools	21876	24412	89.6	25425	28643	88.8
高级中等学校	Senior Secondary Schools	6667	5741	116.1	6416	5497	116.7
中等专业教育	Specialized Secondary Schools	7679	7192	106.8	8077	6788	119.0
毕业生	(人)Graduates (person)						
小学	Primary Schools	6009	7234	83.1	6934	8421	82.3
初级中等学校	Junior Secondary Schools	8014	6561	122.1	9586	7810	122.7
高级中等学校	Senior Secondary Schools	1500	1046	143.4	1587	1283	123.7
中等专业教育	Specialized Secondary Schools	1913	1575	121.5	1401	1121	125.0
达到"国家体育标准"学生数 (人)	Number of Students Come to the Standard for State Physical Training (person)	54861	49499	110.8	74076	76024	97.4
幼儿园、托儿所个数	(个)Number of Kindergardens (unit)	63	93	67.7	56	67	83.5
幼儿入托数	(人) New Enrollment(person)	8319	8593	96.8	8792	9344	94.1
文化	**Culture**						
文化馆、站	(个)Cultural Centers (unit)	9	9	100.0	9	9	100.0
公共图书馆	(个)Public Libraries (unit)	1	1	100.0	1	1	100.0
公共图书馆藏书	(万册)Collection (10000 volume)	36.5	36	101.4	23	21.4	107.5
电影放映单位	(个)Film Projection Units (unit)	3	5	60.0	6	6	100.0
区级以上重点文物保护单位 (个)	Cultural Relics Preserved at District Level and above (unit)	21	21	100.0	38	38	100.0
卫生	**Health**						
卫生机构数	(个)Number of Health Institutions (unit)	16	16	100.0	350	412	85.0
#医院	Hospitals	9	9	100.0	21	20	105.0
卫生院	Clinics						
床位数	(张)Number of Beds (unit)	830	803	103.4	3854	3831	100.6
#医院	Hospitals	830	803	103.4	3759	3831	98.1
卫生院	Clinics						
平均每千人拥有床位数	(张)Average Number of Beds Per 1000 Persons(unit)	1.9	1.9	100.0	7.09	7.04	100.7
卫生技术人员	(人)Medical Technical Personnel (person)	1190	2078	57.3	7840	7204	108.8
#医生	Doctors (person)	784	958	81.8	3641	3015	120.8
城市公用	**Urban Public Utilities**						
区级以上公园	(个)Parks at District Level and Above (unit)	4	4	100.0	4	4	100.0
体育场馆	(个)Stadiums and Gymnasiums (unit)	6	6	100.0	2	2	100.0
道路长度	(公里)Length of Roads (km)	176.37	164	107.5	118.3	115.8	102.2

20-3 朝阳区、丰台区国民经济主要指标
MAIN NATIONAL ECONOMIC INDICATORS FOR CHAOYANG AND FENGTAI DISTRICTS

项目	Item	朝阳区 Chaoyang 1997	1996	1997年为1996年% 1997 as % of 1996	丰台区 Fengtai 1997	1996	1997年为1996年% 1997 as % of 1996
综合	**General Survey**						
国内生产总值	(万元)Gross Domestic Product (10000 yuan)	625746.8	507146.3	123.4	300444	265456	113.1
第一产业	Primary Industry	30660	34574.8	88.7	19435	21281	91.3
第二产业	Secondary Industry	162729.8	173811.6	93.6	113501	110479	102.7
第三产业	Tertiary Industry	432357	298759.9	144.7	167508	133696	125.3
财政收入	(万元)Fiscal Revenue (10000 yuan)	142396	110167	129.3	55773	49092	113.6
#各项税收	Taxes	132195	101148	130.7	49949	45441	109.9
财政支出	(万元)Fiscal Expenditure (10000 yuan)	161925	110861	146.1	77141	67134	114.9
#基本建设支出	Capital Construction	9966	7740	128.8	7805	6729	116
支援农业生产支出	Supporting Agriculture	5868	2891	203.0	1126	1988	56.6
文教卫生事业费	Culture,Education and Health	41927	33776	124.1	24773	21173	117
人口和劳动力	**Population and Labor Force**						
总人口	(人)Total Population (person)	1974507	1655967	119.2	982898	948046	103.7
常住户籍人口	(人)Permanent Registered Population (person)	1437509	1413614	101.7	777433	766393	101.4
#非农业人口	Non-agriculture	1233389	1200638	102.7	626231	614293	101.9
男	Male	733509	722527	101.5	395473	389658	101.5
女	Female	704000	691087	101.9	381960	376735	101.4
出生率	(‰)Birth Rate (‰)	5.16	6.19		6.94	7.11	
死亡率	(‰)Death Rate (‰)	5.6	5.24		5.51	5.76	
自然增长率	(‰)Natural Growth Rate(‰)	0.06	0.95		1.43	1.35	
从业人员	(人)Employment (person)	120956	125315	96.5	80262	73566	109.1
按产业分	Grouped by Industry						
第一产业	Primary Industry	234	244	95.9	294	291	101
第二产业	Secondary Industry	32511	33682	96.5	27005	21504	125.6
第三产业	Tertiary Industry	88211	91389	96.5	52963	51771	102.3
按职工非职工分	Grouped by Staff and Workers or Non-staff-and-worker						
职工人数	Staff and Worker	114777	121562	94.4	77469	70509	109.9
#国有单位	State-owned	74028	72010	102.8	43566	41309	105.5
集体单位	Collective-owned	5575	43109	82.5	22843	18567	123
城镇个体劳动者	Urban and Rural Individuals	43615	45289	96.3	34105	15759	216.4
劳动工资	**Wages**						
工资总额	(万元)Total Wages(10000 yuan)	122572.5	111344.4	110.1	69232.8	59378.4	116.6
#国有单位	State-owned	87798.1	75210.4	116.7	42834.4	37251	115
集体单位	Collective-owned	27767.3	29308.0	94.7	14677.1	12250.3	119.8
职工平均工资	(元)Average Wage (yuan)	10512	9306	113.0	9303	8584	108.4
固定资产投资	**Investment in Fixed Assets**						
全社会固定资产投资	(万元)Total Investment in Fixed Assets (10000 yuan)	290412	285294	101.8	71212	94431	75.4
按建设性质分	Grouped by Type of Construction						
#基本建设投资	Capital Construction	283974	276639	102.7	71212	94431	75.4
更新改造投资	Innovation and Replacement	1788	2383	74.9			

续表 1 continued

项目 Item	朝阳区 Chaoyang 1997	朝阳区 Chaoyang 1996	1997年为1996年% 1997 as % of 1996	丰台区 Fengtai 1997	丰台区 Fengtai 1996	1997年为1996年% 1997 as % of 1996
按经济类型分 Grouped by Ownership						
国有单位 (万元) State-owned (10000 yuan)	168331	117524	143.2	48005	84771	56.6
集体单位 (万元) Collective-owned (10000 yuan)	4650	6272	74.1	1500		
新增固定资产 (万元) Incremental Fixed Assets (10000 yuan)	310229	111247	278.9	67204	48429	138.8
#国有单位 State-owned	169949	56243	302.2	26661	37968	70.2
集体单位 Collective-owned		5768		1500		
房屋施工面积 (万平方米) Floor Space of Buildings Under Construction (10000 sq.m)	273.8	231.8	118.1	143.7	136.5	105.3
#国有单位 State-owned	133.7	120.5	111.0	117.4	120.6	97.3
集体单位 Collective-owned	7.9	8.6	91.9	0.8		
房屋竣工面积 (万平方米) Floor Space of Buildings Completed (10000 sq.m)	65.1	51.6	126.2	34	25.8	131.8
#国有单位 State-owned	46.4	34.4	134.9	18.7	21.9	85.4
#住宅 Residence	31.3	22	142.3	10.7	9.3	115.1
#集体单位 Collective-owned	0.2	3	0.07	0.8		
#住宅 Residence						
农村经济 Rural Economy						
农村劳动力 (人) Labor Force (person)	87641	95945	91.3	70855	71517	99
种植业 Planting	15600	17421	89.5	15742	16968	92.8
林业 Forestry	553	606	91.3	1567	1590	98.6
牧业 Animal Husbandry	1563	1642	95.2	1006	1043	96.5
渔业 Fishery	947	809	117.1	236	226	104.4
农村工业 Rural Industry	33404	40697	82.1	30688	32003	95.9
农村建筑业 Rural Construction	3588	3658	98.1	1722	2121	81.2
农村运输业 Rural Transportation	5766	5605	102.9	4413	3863	114.2
农村商、饮食业、服务业 Commerce, Catering and Services	5443	4571	119.1	4823	4771	101.1
耕地面积 (公顷) Area under Cultivation (hectare)	13720	13464	101.1	6823.4	6823.4	100
农业机械总动力 (千瓦) Total Power of Agricultural Machinery (kw)	328364	374000	87.8	174921	375633	46.6
化肥施用实物量 (吨) Consumption of Chemical Fertilizers (ton)	15975	15956	100.1	5480	5480	100
化肥施用折纯量 (吨) Consumption of Chemical Fertilizers(100%) (ton)	5308	5135	103.4	1740	1866	93.2
农村用电量 (万千瓦时) Consumption of Electricity (10000 kwh)	28664.2	27851.1	102.9	27646	16901	163.6
农村国内生产总值 (万元) Rural Gross Domestic Product (10000 yuan)	234867.3	219510.3	107.0	161119.2	159941.3	100.7
第一产业 Primary Industry	36738.8	31671.5	116.1	19434.5	21281.4	91.3
第二产业 Secondary Industry	112893.1	103492.8	109.1	66316.2	69535.2	95.4
第三产业 Tertiary Industry	85235.4	84346	101.1	75368.5	69124.7	109
农业总产值 (万元) Gross Output Value of Agriculture (10000 yuan)	36975.8	35338.9	104.6	29034.6	27976	103.8
种植业 Planting	18328.4	14591.9	125.6	16695.3	16353.1	102.1
林业 Forestry	338.8	193.8	174.8	189.1	158	119.7
牧业 Animal Husbandry	15041.9	16623.6	90.5	11815.5	10963	107.8
渔业 Fishery	3266.7	3929.6	83.1	334.7	501.9	66.7
农作物总播种面积 (万公顷) Sown Area of Farm Crops (10000 hectare)	1.9	1.9	100	0.84	0.98	85.7
粮食作物 Grain	1.3	1.3	100	0.36	0.4	90
经济作物 Industrial Crops				0.48	0.58	82.8
其他作物 Other Crops	0.6	0.6	100			

续表 2 continued

项目	Item	朝阳区 Chaoyang 1997	1996	1997年为1996年% 1997 as % of 1996	丰台区 Fengtai 1997	1996	1997年为1996年% 1997 as % of 1996
农副产品产量	Yield of Farm and Side-line Crops						
粮食（万吨）	Grain (10000 tons)	8	8	100.0	1.44	1.53	94.1
蔬菜（吨）	Vegetable (ton)	216313	193329	111.9	188793	217103	87
干鲜果（吨）	Dry and Fresh Fruits(ton	1241	2613	47.5	5505	6495	84.8
畜产品产量	Output of Livestock Products						
生猪出栏（头）	Slaughtered Hogs(head)	254312	266399	95.5	130980	139659	93.8
商品猪（头）	Commodity Hogs (head)	254235	266270	95.5	130869	139601	93.7
猪牛羊肉（吨）	Pork,Beef and Mutton(ton	16331	17329	94.2	8366	8938	93.6
#猪肉	Pork	15875	16746	94.8	8324	8896	93.6
禽肉	Meat of Poultry (ton)	1510	817	184.8	2842	2659	106.9
禽蛋	Poultry Eggs (ton)	7995	11382	70.2	13693	11568	118.4
牲畜年底头数（头）	Number of Livestock (year-end) (head)	200468	208496	96.1			
大牲畜	Large Animals	9930	9919	100.1	1692	1923	88
猪	Hogs	167136	184796	90.4	85186	91287	93.3
羊	Goats and Sheep	14500	13781	105.4	3832	2475	154.8
水产品产量（吨）	Output of Aquatic Product (ton)	8220	8266	99.4	812	1187.6	68.4
农村集体经济收入（万元）	Rural Collective Economic Revenue (10000 yuan)	1104330	1029947	107.2	800057.1	704052	113.6
农村集体经济利润总额（万元）	Total Profits of Rural Collective Economy (10000 yuan)	73590	69964	105.2	68054.9	60468	112.5
国家税金	State Taxes	37404	27454	136.2		19401	
集体积累	Collective Accumulation	53744	65123	82.5		5030	
劳动所得	Income from Work	109708	104847	104.6		63557	
乡镇企业单位数（个）	Number of Township and Village Enterprise(unit)	1986	2070	95.9		1780	
乡镇企业人数（人）	Number of Persons of Township and Village Enterprises (person)	98319	111446	88.2		65656	
乡镇企业纯利润（万元）	Net Profit of Township and Village Enterprises (10000 yuan)	17007.4	19640	86.6		37409	
乡镇企业固定资产原价（万元）	Original Value of Fixed Assets of Township and Village Enterprises (10000 yuan)	226488	222059	102.0		248560	
乡镇企业固定资产净值（万元）	Net Value of Fixed Assets of Township and Village Enterprises (10000 yuan)	164558.1	159975	102.9		175929	
工业	Industry						
全部工业企业单位数（个）	Number of Enterprises (unit)	3561	3487	102.1	319	345	92.46
#国有	State-owned	216	158	136.7	73	98	74.49
集体	Collective-owned	1793	2465	72.7	118	134	88.06
私营	Private Owned	1122	864	129.9			
工业增加值（万元）	Added Value(10000 yuan)	179301	196030	91.5	73329.3	74409.4	98.55
全部工业总产值（现价，万元）	Gross Output Value of Industry (at current prices,10000 yuan)	561116	569519	98.5	237106.5	214929.1	110.32
#国有	State-owned	21016	21927	95.8	32744.1	33189.4	98.66
集体	Collective-owned	498096	503812	98.9	72410.6	69292.9	104.5
私营	Private Owned	42004	43780	95.9			

续表 3 continued

项目	Item	朝阳区 Chaoyang 1997	1996	1997年为1996年% 1997 as % of 1996	丰台区 Fengtai 1997	1996	1997年为1996年% 1997 as % of 1996
全部工业总产值(90不变价,万元)	Gross Output Value of Industry (at constant price of 1990,10000yuan)	506008	524909.3	96.4	214988.5	198809.8	108.14
#国有	State-owned	17458	17583.2	99.3	28440.3	30236.7	94.06
集体	Collective-owned	446546	463546.1	96.3	65458.8	63306.8	103.4
私营	Private Owned	42004	43780	95.9			
乡及乡以上轻工业总产值(现价,万元)	Gross Output Value of Light Industry at Township Level and Above (at current price,10000yuan)		105256.9		93568.1	93202.5	100.39
以农产品为原料	Using Farm Products as Raw Materials		81889.9		63077.9	74879.4	84.24
以非农产品为原料	Using Non-farm Products as Raw Materials		23367		30490.2	18323.1	166.4
乡及乡以上重工业总产值(现价,万元)	Gross Output Value of Heavy Industry at Township Level and Above (at current price,10000yuan)		185354.8		121420.4	121726.6	99.75
采掘工业	Mining and Quarrying				260	182.5	142.47
原料工业	Raw Materials Industry				22267.4	33218.9	67.03
制造工业	Manufacturing Industry				98893	88325.2	111.96
独立核算工业企业平均职工人数(人)	Average Number of Staff and Workers in Enterprises with Independent Accounting System (person)	63931	44363	144.1	27138	25154	107.89
#国有	State-owned	3613	3191	113.2	3753	4133	90.81
集体	Collective-owned	60318	41172	146.5	12234	12034	101.66
独立核算工业企业总产值(现价,万元)	Gross Output Value of Enterprises with Independent Accounting System(at current prices, 10000 yuan)	495198.4	525739.2	94.2	237106.5	214440.7	110.57
#国有	State-owned	21016	21927	95.8	32744.1	33189.1	98.66
集体	Collective-owned	295236.4	259259.3	113.9	72410.6	69110.8	104.77
独立核算工业企业财务指标	Financial Indicators for Enterprises with Independent Accounting System						
产品销售收入 (万元)	Sales Revenue(10000yuan)	472232	515064.4	91.7	215389.7	215758.8	99.83
#国有	State-owned	18102	19646.1	92.1	33119.4	31950.8	103.66
产品销售成本 (万元)	Cost of Sales(10000yuan)	385358	209796.6	183.7	166484.5	164755.8	101.05
#国有	State-owned	143888	15508.8	927.8	27140.2	26384.9	102.86
固定资产原价 (万元)	Original Value of Fixed Assets (10000 yuan)	225181	120689.8	186.6	140539.2	112538.5	124.88
#国有	State-owned	7669	6396.1	119.9	9255.7	9636.5	96.05
固定资产净值 (万元)	Net Value of Fixed Assets (10000 yuan)	153696	86540.4	177.6	112407.8	94129.8	119.42
#国有	State-owned	5361	4875.4	110.0	8688.5	8197.3	105.99
全部流动资金年平均余额 (万元)	Annual Average Balance of Circulating Funds (10000 yuan)	360432	224083.7	160.8	222666.1	187617.8	112.68
#国有	State-owned	13971	10750.1	130.0	35358.1	32294.2	109.49
利润总额 (万元)	Total Profits(10000yuan)	8215	8693.8	94.5	3374.1	4484.7	75.24
#国有	State-owned	1345	1462.3	92.0	1913.2	1545.8	123.77

续表 4 continued

项目 Item	朝阳区 Chaoyang 1997	朝阳区 Chaoyang 1996	朝阳区 Chaoyang 1997年为1996年% 1997 as % of 1996	丰台区 Fengtai 1997	丰台区 Fengtai 1996	丰台区 Fengtai 1997年为1996年% 1997 as % of 1996
资金利税率 (%) Ratio of Pre-tax Profits to Total of Capital(%)		7.65		5.8	6.4	
产品销售率 (%) Ratio of Sales Value to Gross Output Value (%)	93.98	96.24		89.1	93.1	
增加值率 (%) Ratio of Added Value to Gross Output Value (%)	34.54	35.11		30.9	34.7	
独立核算工业企业全员劳动生产率 (元/人) Overall Labor Productivity of Enterprises with Independent Accounting System (yuan/person)	20124	20821	96.7	27021	29582	91.34
#国有 State-owned	27124	26774	101.3	28048	13546	207.06
集体 Collective-owned	25095	23766	105.6	11593	22695	51.08
商业 Commerce						
社会消费品零售额 (万元) Retail Sales of Consumer Goods (10000 yuan)	91270	915513	10.0	426135	325215	131
按经济类型分 Grouped by Ownership						
#国有 State-owned	403733	434932	92.8	121420	112006	108.4
集体 Collective-owned	211479	163531	129.3	80129	64926	123.4
私营 Private Owned	68250	37982	179.7			
个体 Individuals	221092	228203	96.9	69669	74929	93
按类别分 Grouped by Type of Goods						
吃的商品 (万元) Food (10000 yuan)	269156	283808	94.8	191195	141707	134.9
穿的商品 (万元) Clothing (10000 yuan)	211479	161130	131.2	57091	33931	168.3
用的商品 (万元) Daily Used Articles (10000 yuan)	451797	256934	175.8	159432	132190	120.6
烧的商品 (万元) Fuel (10000 yuan)	28838	62249	46.3	18597	17387	107
网点数 (个) Number of Outlets (unit)	39158	40469	96.8		28626	
#商业 Wholesale and Retail	33610	39449	85.2		22386	
饮食业 Catering	2737	3885	70.5		3136	
服务业 Services	2811	5362	52.4		3104	
#宾馆、饭店 Hotels						
营业人员 (人) Personnel (person)	117133	115466	101.4		84310	
#商业 Wholesale and Retail	78962	73180	107.9		64589	
饮食业 Catering	12337	24533	50.3		11623	
服务业 Services	25834	17753	145.5		8098	
#宾馆、饭店 Hotels						
外经、外贸 Foreign Economy and Trade						
出口商品交货额 (万元) Delivery Value of Exports (10000 yuan)	20653	12613.5	163.7	2722.4	5690.9	47.8
利用外资签订协议(合同)数 (个) Number of Signed Agreements and Contracts of Foreign Capital to be Utilized (unit)	105	105	100.0	50	52	96.2
利用外资签订协议(合同)金额 (万美元) Amount of Foreign Capital to be Utilized through Agreements and Contracts (USD 10000)	6634	12843.5	51.7	5396.1	5690.9	94.8
实际利用外资 (万美元) Amount of Foreign Capital Actually Used(USD 10000)	7460	9351.4	79.8	598.9	5710.0	10.5
旅游人数 (人) Number of Tourist(person)		83829			8077	
教育 Education						
学校数 (个) Number of Schools (unit)	355	336	105.7	184	191	96.3
小学 Primary Schools	229	231	99.1	125	130	96.2

续表 5 continued

项目	Item	朝阳区 Chaoyang 1997	1996	1997年为1996年% 1997 as % of 1996	丰台区 Fengtai 1997	1996	1997年为1996年% 1997 as % of 1996
普通中学	Regular Secondary School	98	76	128.9	58	60	96.7
中等专业教育	Specialized Secondary Schools	28	29	96.6	1	1	100
招生数 (人)	New Student Enrollment (person)	39166	40597	96.5	19404	21759	89.2
小学	Primary Schools	13213	15314	86.3	8100	9771	82.9
初级中等学校	Junior Secondary Schools	15180	16405	92.5	8364	9557	87.5
高级中等学校	Senior Secondary Schools	5085	4189	120.7	2830	2230	126.9
中等专业教育	Specialized Secondary Schools	5688	4689	120.7	110	201	54.7
在校学生 (人)	Student Enrollment (person)	173965	180487	121.3			
小学	Primary Schools	95819	99867	95.9	60837	62421	97.5
初级中等学校	Junior Secondary Schools	50631	56147	90.2	29067	32268	90.1
高级中等学校	Senior Secondary Schools	12470	10859	114.8	6686	5499	121.6
中等专业教育	Specialized Secondary Schools	15045	13614	110.5	523	665	78.6
毕业生 (人)	Graduates (person)	42510	35653	119.2	22472	21604	104
小学	Primary Schools	15180	17359	87.4	9432	8855	106.5
初级中等学校	Junior Secondary Schools	19418	16101	120.6	11019	11088	99.4
高级中等学校	Senior Secondary Schools	3051	2193	139.1	1774	1437	123.5
中等专业教育	Specialized Secondary Schools	4661	2945	158.3	247	224	110.3
达到"国家体育标准"学生数 (人)	Number of Students Come to the Standard for State Physical Training (person)	128514	115579	111.2	81492	77384	105.3
幼儿园、托儿所个数 (个)	Number of Kindergardens (unit)				144		
幼儿入托数 (人)	New Enrollment (person)				333		
文化	**Culture**						
文化馆、站 (个)	Cultural Centers (unit)	43	43	100.0	17	19	89.5
公共图书馆 (个)	Public Libraries (unit)	1	1	100.0	1	1	100
公共图书馆藏书 (万册)	Collection (10000 volume)	41.3	39.1	106.1	20	19.8	101
电影放映单位 (个)	Film Projection Units (unit)	10	16	62.5	2	2	100
区级以上重点文物保护单位 (个)	Cultural Relics Preserved at District Level and above (unit)	13	13	100.0	22	21	104.8
卫生	**Health**						
卫生机构数 (个)	Number of Health Institutions (unit)	161	130	123.8	307	302	101.7
#医院	Hospitals	105	104	101.0	55	50	110
卫生院	Clinics						
床位数 (张)	Number of Beds (unit)	9040	8861	102.0	5679	5299	107.2
#医院	Hospitals	8730	8805	99.1	5544	5164	107.2
卫生院	Clinics						
平均每千人拥有床位数 (张)	Average Number of Beds Per 1000 Persons (unit)	6.30	6.30	100.0	7.30	6.96	104.9
卫生技术人员 (人)	Medical Technical Personnel (person)	14796	16085	92.0	8989	8801	104.5
#医生	Doctors (person)	6321	7466	84.7	4158	4061	102.4
城市公用	**Urban Public Utilities**						
区级以上公园 (个)	Parks at District Level and Above (unit)	20	20	100.0	6	6	100
体育场馆 (个)	Stadiums and Gymnasiums (unit)	10	10	100.0	6	5	120
道路长度 (公里)	Length of Roads (km)	259	258	100.4	2	2	100

20-4 石景山区、海淀区国民经济主要指标
MAIN NATIONAL ECONOMIC INDICATORS FOR SHIJINGSHAN AND HAIDIAN DISTRICTS

项目	Item	石景山区 Shijingshan 1997	1996	1997年为1996年% 1997 as % of 1996	海淀区 Haidian 1997	1996	1997年为1996年% 1997 as % of 1996
综合	**General Survey**						
国内生产总值 (万元)	Gross Domestic Product (10000 yuan)	84407.2	76449.1	110.4	1590962	1261995	126.1
第一产业	Primary Industry	1928.2	2065.8	93.3	18160.7	19041	95.4
第二产业	Secondary Industry	17158.9	17863.7	96.1	868783	608550	142.8
第三产业	Tertiary Industry	65320.1	56519.6	115.6	704019	634404	111.0
财政收入 (万元)	Financial Revenue (10000 yuan)	22239	17704	125.6	138507	112529	123.1
#各项税收	Taxes	21716	16454	132.0	134089	103758	129.2
财政支出 (万元)	Financial Expenditure (10000 yuan)	42118	30039	140.2	191410	141887	134.9
#基本建设支出	Capital Construction	2040	470	434.0	32551	18009	180.7
支援农业生产支出	Supporting Agriculture	545	465	117.2	4304	2466	174.5
文教卫生事业费	Culture,Education and Health	10626	9210	115.4	47410	36549	129.7
人口和劳动力	**Population and Labor Force**						
总人口 (人)	Total Population (person)	390498	369252	105.8			
常住户籍人口 (人)	Permanent Registered Population (person)	318300	315473	100.9	1493280	1462839	102.0
#非农业人口	Non-agriculture	302495	299788	100.9	1358430	1325204	103.0
男	Male	161210	159906	100.8	768319	753693	102.0
女	Female	141285	139882	101.0	724961	709146	102.0
出生率 (‰)	Birth Rate (‰)	5.8	5.9		5.76	6.25	
死亡率 (‰)	Death Rate (‰)	5.2	4.9		4.37	4.38	
自然增长率 (‰)	Natural Growth Rate (‰)	0.6	1.0		1.36	1.86	
从业人员 (人)	Employment (person)	36339	35826	101.4			
按产业分	Grouped by Industry						
第一产业	Primary Industry				13220	13407	99.0
第二产业	Secondary Industry	9015	8722	103.4	69131	55325	125.0
第三产业	Tertiary Industry	27324	27104	100.8	212915	198340	107.0
按职工非职工分	Grouped by Staff and Workers or Non-staff-and worker						
职工人数	Staff and Worker	34676	34370	100.9	244006	199325	122.4
#国有单位	State-owned	24477	24536	99.8	104698	87282	120.0
集体单位	Collective-owned	6429	6926	92.8	62961	42870	146.9
城镇个体劳动者	Urban and Rural Individuals				33767	49908	68.0
劳动工资	**Wages**						
工资总额 (万元)	Total Wages (10000 yuan)	33919	29978	113.1	285229	202017.1	141.2
#国有单位	State-owned	25967	22801	113.9	124843.2	95644.8	130.5
集体单位	Collective-owned	4409	4585	96.2	45700.1	34898.2	131.0
职工平均工资 (元)	Average Wage (yuan)	10106	8591	117.6	12530	10044	124.8
固定资产投资	Investment in Fixed Assets						
全社会固定资产投资 (万元)	Total Investment in Fixed Assets (10000 yuan)	49089	59449	82.6	124026	107610	115.3
按建设性质分	Grouped by Type of Construction						
#基本建设投资	Capital Construction	13901	11860	117.2	91917	86310	106.5
更新改造投资	Innovation	834	1663	50.2	16500	21300	77.5

续表 1 continued

项目 Item	石景山区 Shijingshan 1997	1996	1997年为1996年% 1997 as % of 1996	海淀区 Haidian 1997	1996	1997年为1996年% 1997 as % of 1996
按经济类型分 Grouped by Ownership						
国有单位 (万元) State-owned (10000 yuan)	38405	49339	77.8	59017	81216	72.7
集体单位 (万元) Collective-owned (10000 yuan)	3723	4380	85.0	15609	3996	378.6
新增固定资产 (万元) Newly-increased Fixed Assets (10000 yuan)	41967	47142	89.0	44786	58060	77,1
#国有单位 State-owned	33527	43551	77.0	18227	54665	33.3
集体单位 Collective-owned	3306	1375	240.4	38	1400	2.7
房屋施工面积 (万平方米) Floor Space of Buildings Under Construction (10000 sq.m)	75.0	92.6	81.0	82.6	81.5	101.3
#国有单位 State-owned	62.9	78.6	80.0	45.5	48.7	93.4
集体单位 Collective-owned	5.1	5.9	86.4	17.5	14.2	109.9
房屋竣工面积 (万平方米) Floor Space of Buildings Completed (10000 sq.m)	25.5	32.1	79.4	11.8	19.8	59.6
#国有单位 State-owned	21.2	30.6	69.3	6.2	17.1	36.3
#住宅 Residence	16.3	24.5	66.5	0.9	8.2	11.0
#集体单位 Collective-owned	2.4	0.8	300.0	0.0	0.6	
#住宅 Residence	2.2					
农村经济 Rural Economy						
农村劳动力 (人) Labor Force (person)	8212	8271	99.3	56277	52612	107.0
种植业 Planting	627	790	79.4	9913	10672	93.0
林业 Forestry	109			479	660	72.6
牧业 Animal Husbandry	301	332	90.7	1771	1770	100.1
渔业 Fishery	9	13	69.2	218	305	71.5
农村工业 Rural Industry	3663	3809	96.2	24654	26030	94.7
农村建筑业 Rural Construction	111	122	91.0	2607	2036	128.1
农村运输业 Rural Transportation	444	468	94.9	1609	1177	136.7
农村商、饮食业、服务业 Commerce,Catering and Services	788	560	140.7	4949	3246	152.5
耕地面积 (公顷) Area under Cultivation (hectare)	424.7	459	92.5	8736	8781.5	99.5
农业机械总动力 (千瓦) Total Power of Agricultural Machinery (kw)	49392	51170	96.5	125000	211050	59.2
化肥施用实物量 (吨) Consumption of Chemical Fertilizers (ton)	181	212	85.4	8960.7	9084	98.7
化肥施用折纯量 (吨) Consumption of Chemical Fertilizers(100%) (ton)	59.5	78	76.3	2922.9	4102	71.3
农村用电量 (万千瓦时) Consumption of Electricity (10000 kwh)	1805.6	1418.5	127.3	15464.7	13575	113.9
农村国内生产总值 (万元) Rural Gross Domestic Product (10000 yuan)	18033.2	20810.5	86.7	36758.9	130211.9	105.0
第一产业 Primary Industry	1461.4	2065.8	70.7	18160.7	19041.5	95.4
第二产业 Secondary Industry	7358.4	7468.6	98.5	54004.6	53485.1	101.0
第三产业 Tertiary Industry	9213.4	11276.1	81.7	64593.6	59485.1	108.6
农业总产值 (万元) Gross Output Value of Agriculture (10000 yuan)	6397.4	8292.9	77.1	55509	62287.4	89.1
种植业 Planting	953.8	1196.2	79.7	22934	25107.4	91.4
林业 Forestry	1.5	2.8	53.6	477.2	302.6	157.7
牧业 Animal Husbandry	5416.1	7066.9	76.6	30450.2	35032.4	86.9
渔业 Fishery	26	27.0	96.3	1647.1	1845	89.3
农作物总播种面积 (万公顷) Sown Area of Farm Crops (10000 hectare)	0.1	0.1	100.0	1	1	100.0
粮食作物 Grain				0.6	0.6	100.0
经济作物 Industrial Crops	0.1	0.1	100.0			
其他作物 Other Crops				0	0.1	

续表 2 continued

项目	Item	石景山区 Shijingshan 1997	1996	1997年为1996年% 1997 as % of 1996	海淀区 Haidian 1997	1996	1997年为1996年% 1997 as % of 1996
农副产品产量	Yield of Farm and Side-line Crops						
粮食 (万吨)	Grain (10000 tons)				3.8	3.9	97.4
蔬菜 (吨)	Vegetable (ton)	10068	10990	91.6	178349	192949	92.4
干鲜果 (吨)	Dry and Fresh Fruits(ton	1002	1015	98.7	17812	21391	83.3
畜产品产量	Output of Livestock Products						
生猪出栏 (头)	Slaughtered Hogs (head)	29811	30470	97.8	207587	223036	93.1
商品猪 (头)	Commodity Hogs (head)	29811	30470	97.8	207309	222722	93.1
猪牛羊肉 (吨)	Pork,Beef and Mutton(ton	1875.8	2289.4	81.9	11134	13142	84.7
#猪肉	Pork	1837.5	1986.6	92.5	11069	13096	84.5
禽肉	Meat of Poultry (ton)	462	298.9	154.6	2264	2066	109.6
禽蛋	Poultry Eggs (ton)	4738	5087.9	93.1	12460	16744	74.4
牲畜年底头数 (头)	Number of Livestock (year-end) (head)	16337	15466	105.6			
大牲畜	Large Animals	563	781	72.1	4431	4828	91.8
猪	Hogs	15774	14685	107.4	112657	117823	95.6
羊	Goats and Sheep				2849	2505	113.7
水产品产量 (吨)	Output of Aquatic Product (ton)	40	40	100.0	2901.5	3261.9	89.0
农村集体经济收入 (万元)	Rural Collective Economic Revenue (10000 yuan)						
农村集体经济利润总额 (万元)	Total Profits of Rural Collective Economy (10000 yuan)						
国家税金	State Taxes						
集体积累	Collective Accumulation						
劳动所得	Income from Work						
乡镇企业单位数 (个)	Number of Township and Village Enterprise(unit)	295	294	100.3	1327	1258	105.5
乡镇企业人数 (人)	Number of Persons of Township and Village Enterprises (person)	10132	12174	83.2	53117	54000	101.7
乡镇企业纯利润 (万元)	Net Profit of Township and Village Enterprises (10000 yuan)	1488	-183	813.1	17397	12207	142.5
乡镇企业固定资产原价 (万元)	Original Value of Fixed Assets of Township and Village Enterprises (10000 yuan)	53879	46905	114.9		211272	
乡镇企业固定资产净值 (万元)	Net Value of Fixed Assets of Township and Village Enterprises (10000 yuan)	37658	36226	104.0		142573	
工业	Industry						
全部工业企业单位数 (个)	Number of Enterprises (unit)	289	332	87.0	831	786	105.7
#国有	State-owned	51	52	98.1	218	220	99.1
集体	Collective-owned	153	163	93.9	366	318	115.1
私营	Private Owned	11	14	78.6	7	7	
工业增加值 (万元)	Added Value (10000 yuan)	11021.8	13558.3	81.3	827716	608550	139.2
全部工业总产值 (现价,万元)	Gross Output Value of Industry (at current prices,10000 yuan)	61211.1	61937.7	98.8	2166837	1559911	138.9
#国有	State-owned	2696.5	3971.3	67.9	11413698	715827	159.5
集体	Collective-owned	34005.8	36237.3	93.8	243395.4	289857	84.0
私营	Private Owned	267.1	194.0	137.7	1055.1	2898	36.4

续表 3 continued

项目	Item	石景山区 Shijingshan 1997	1996	1997年为1996年% 1997 as % of 1996	海淀区 Haidian 1997	1996	1997年为1996年% 1997 as % of 1996
全部工业总产值(90不变价,万元)	Gross Output Value of Industry (at constant price of 1990,10000yuan)	58082	56613.3	102.6	2642195	1851988	146.9
#国有	State-owned	2589.9	3522.0	73.5	1691398	1092751	154.8
集体	Collective-owned	33648.1	34091.7	98.7	231720.9	273935.7	84.6
私营	Private Owned	290.8	191.0	152.3	1006.1	2153.9	46.7
乡及乡以上轻工业总产值(现价,万元)	Gross Output Value of Light Industry at Township Level and Above (at current price,10000yuan)	26155.9	23285.4	112.3	518821.6	388191.9	133.7
以农产品为原料	Using Farm Products as Raw Materials	22066.7	20954.8	105.3	356445.1	263462.4	135.3
以非农产品为原料	Using Non-farm Products as Raw Materials	4089.2	2330.6	175.5	162376.5	124729.5	130.1
乡及乡以上重工业总产值(现价,万元)	Gross Output Value of Heavy Industry at Township Level and Above (at current price,10000yuan)	19026.9	19263.1	98.8	1648015	1171719	140.7
采掘工业	Mining and Quarrying		72.6		44		
原料工业	Raw Materials Industry	1819.4	1458.9	124.7	106742.8	85648.4	124.6
制造工业	Manufacturing Industry	17207.5	17731.6	97.0	1541228	1086070	141.9
独立核算工业企业平均职工人数(人)	Average Number of Staff and Workers of Enterprises with Independent Accounting System (person)	6854	6749	101.6	69488	68592.0	101.3
#国有	State-owned	875	2583	33.9	24540	20395	120.3
集体	Collective-owned	3320	3809	87.2	26692	28385	94.0
独立核算工业企业总产值(现价,万元)	Gross Output Value of Enterprises with Independent Accounting System(at current prices, 10000 yuan)	37359.8	37584.3	99.4	2166837	1559911	138.9
#国有	State-owned	2696.5	3868.0	69.7	1141369	715827.4	159.5
集体	Collective-owned	10396.3	12217.0	85.1	243395.4	289857.1	84.0
独立核算工业企业财务指标	Financial Indicators for Enterprises with Independent Accounting System						
产品销售收入 (万元)	Sales Revenue(10000yuan)	38267.5	39179.9	97.7	2163643	1453173	149.0
#国有	State-owned	2972.1	4204.4	70.7	1128367	631717.7	178.6
产品销售成本 (万元)	Cost of Sales(10000yuan)	31382.2	31960.4	98.2	1698061	1126232	150.8
#国有	State-owned	2462.8	3516.3	70.0	920704.8	500477.7	184.0
固定资产原价 (万元)	Original Value of Fixed Assets (10000 yuan)	27706.3	28725.1	96.5	481163.8	467806.3	102.9
#国有	State-owned	1915.8	1971.3	97.2	200853.6	159701.1	125.8
固定资产净值 (万元)	Net Value of Fixed Assets (10000 yuan)	18854.2	19594.6	96.2	321923.6	347526.8	92.6
#国有	State-owned	1551.7	1486.4	104.4	130922.8	110214.8	118.8
全部流动资金年平均余额 (万元)	Annual Average Balance of Circulating Funds (10000 yuan)	42144.2	38395.2	109.8	1991909	1092664	182.3
#国有	State-owned	2507.8	1523.8	164.6	749451.9	438808.7	170.8
利润总额 (万元)	Total Profits(10000yuan)	-2019.2	-1712.1	117.9	139357.2	103902.7	134.1
#国有	State-owned	66.7	377.7	17.7	78239.9	54735.6	142.9

续表 4 continued

项目	Item	石景山区 Shijingshan 1997	1996	1997年为1996年% 1997 as % of 1996	海淀区 Haidian 1997	1996	1997年为1996年% 1997 as % of 1996
资金利税率 (%)	Ratio of Pre-tax Profits to Total (%)	-3	-2.7		6.9	7.8	
产品销售率 (%)	Ratio of Sales Value to Gross Output Value (%)	95.3	104.0		98.2	92.9	
增加值率 (%)	Ratio of Added Value to Gross Output Value (%)	29.5	36.0		38.2	39	
独立核算工业企业全员劳动生产率 (元/人)	Overall Labor Productivity of Enterprises with Independent Accounting System (yuan/person)	54501	43978	123.9	119039	88720	
#国有	State-owned		14975		179189	157101	
集体	Collective-owned		30565		43803	32597	
商业	**Commerce**						
社会消费品零售额 (万元)	Retail Sales of Consumer Goods (10000 yuan)	241451	237262	101.8	2060421	1657000	124.4
按经济类型分	Grouped by Ownership						
#国有	State-owned	76301	74581	102.3	877423	638525	137.4
集体	Collective-owned	8976	18894	47.5	477577	341927	139.7
私营	Private Owned	11149	9099	122.5	6585	13886	47.5
个体	Individuals	28020	25328	110.6	160452	159274	100.7
按类别分	Grouped by Type of Goods						
吃的商品 (万元)	Food (10000 yuan)	143414	144637	99.2	496730	506867	98.0
穿的商品 (万元)	Clothing (10000 yuan)	8961	11787	76.0	165858	124746	133.0
用的商品 (万元)	Daily Used Articles (10000 yuan)	86880	77633	111.9	1388482	1016438	136.6
烧的商品 (万元)	Fuel (10000 yuan)	2196	3205	68.5	9351	8949	104.5
网点数 (个)	Number of Outlets (unit)	10593	13345	79.4		37746	
#商业	Wholesale and Retail Sales Trades	7388	9444	78.2	30745	29251	105.1
饮食业	Catering Service	959	1262	76.0	3386	3333	101.6
服务业	Services	2246	2639	85.1	6529	5162	126.5
#宾馆、饭店	Hotels				40	40	100
营业人员 (人)	Personnel (person)	37748	43229	87.3	123374	108167	114.1
#商业	Wholesale and Retail Sales Trades	16990	21138	80.4	74245	73086	101.6
饮食业	Catering Service	4431	4855	91.3	14062	16770	83.9
服务业	Services	16327	17236	94.7	35077	25311	138.6
#宾馆、饭店	Hotels				15039	14609	102.9
外经、外贸	**Foreign Trade**						
出口商品交货额 (万元)	Delivery Value of Exports (10000 yuan)	5591.4	8007.9	69.8	74031.8	78027.7	95
利用外资签订协议(合同)数 (个)	Number of Signed Agreements and Contracts of Foreign Capital to be Utilized (unit)	10	21	47.6	133	184	72.3
利用外资签订协议(合同)金额 (万美元)	Amount of Foreign Capital to be Utilized through Agreements and Contracts (USD 10000)	458.5	1253.2	36.6	165639	15078.3	58.4
实际利用外资 (万美元)	Amount of Foreign Capital Actually Used(USD 10000)	778.0	776.2	100.2	697.4	5321	137.2
旅游人数 (人)	Number of Tourist(person)	393	209	188.0			
教育	**Education**						
学校数 (个)	Number of Schools (unit)				275	256	107.4
小学	Primary Schools	48	48	100.0	169	163	103.7

续表 5 continued

项目 Item	石景山区 Shijingshan 1997	1996	1997年为1996年% 1997 as % of 1996	海淀区 Haidian 1997	1996	1997年为1996年% 1997 as % of 1996
普通中学 Regular Secondary School	27	26	103.8	84	74	113.5
中等专业教育 Specialized Secondary Schools	5	5	100.0		19	
招生数 (人) New Student Enrollment (person)						
小学 Primary Schools	2736	3431	79.7	14374	17267	83.3
初级中等学校 Junior Secondary Schools	3518	4187	84.0	16488	18140	90.9
高级中等学校 Senior Secondary Schools	1082	1053	102.8	11243	8883	126.6
中等专业教育 Specialized Secondary Schools	1861	1630	114.2		3977	
在校学生 (人) Student Enrollment (person)						
小学 Primary Schools	22501	23346	96.4	104599	105280	99.4
初级中等学校 Junior Secondary Schools	13251	15246	86.9	2022		
高级中等学校 Senior Secondary Schools	3281	2949	111.3	28862		
中等专业教育 Specialized Secondary Schools	4884	4165	117.3		10450	
毕业生 (人) Graduates (person)						
小学 Primary Schools	3609	4197	86.0	15886	15804	100.5
初级中等学校 Junior Secondary Schools	5434	4401	123.5	20021	15953	125.5
高级中等学校 Senior Secondary Schools	791	675	117.2	7049	8056	87.5
中等专业教育 Specialized Secondary Schools	1033	635	162.7			
达到"国家体育标准"学生数 (人) Number of Students Come to the State Physical Training Standard (person)						
幼儿园、托儿所个数 (个) Number of Kindergardens (unit)	75	82	91.5	243	245	99.3
幼儿入托数 (人) New Enrollment (person)	3114	3350	93.0	36538	44743	81.7
文化 Culture						
文化馆、站 (个) Cultural Centers (unit)	7	6	116.7	27	27	100
公共图书馆 (个) Public Libraries (unit)	2	2	100.0	1	1	100
公共图书馆藏书 (万册) Collection (10000 volume)	30	29	103.4	36	22	163.6
电影放映单位 (个) Film Projection Units (unit)	1	1	100.0		50	
区级以上重点文物保护单位 (个) Projection and Management Agencies at District Level and Above (unit)	2	2	100.0	39	39	100
卫生 Health						
卫生机构数 (个) Number of Health Institutions (unit)	199	201	99.0	874	825	105.9
#医院 Hospitals	20	22	90.9	90	89	101.1
卫生院 Clinics	1	1	100.0	8	8	100.0
床位数 (张) Number of Beds (unit)	3948	3994	98.8	9954	9608	103.6
#医院 Hospitals	3258	3974	82.0	9304	9168	101.5
卫生院 Clinics	20	20	100.0	518	505	102.6
平均每千人拥有床位数 (张) Average Number of Beds Per 1000 Persons (unit)	10.3	12.7	81.1	6.7	6.6	101.5
卫生技术人员 (人) Medical Technical Personnel (person)	5444	5527	98.5	16005	15801	101.3
#医生 Doctors (person)	2376	2458	96.7	7095	7204	101.3
城市公用 Urban Public Utilities						
区级以上公园 (个) Parks at District Level and Above (unit)	10	10	100.0	3	3	100.0
体育场馆 (个) Stadiums and Gymnasiums (unit)	4	4	100.0	2	2	100.0
道路长度 (公里) Length of Roads (km)	177.9	165	107.8			

20-5 门头沟区、房山区国民经济主要指标
MAIN NATIONAL ECONOMIC INDICATORS FOR MENTOUGOU AND FANGSHAN DISTRICTS

项目	Item	门头沟区 Mentougou 1997	1996	1997年为1996年% 1997 as % of 1996	房山区 Fangshan 1997	1996	1997年为1996年% 1997 as % of 1996
综合	**General Survey**						
国内生产总值（万元）	Gross Domestic Product (10000 yuan)	117246.2	100405.4	116.8	580491.8	549967.1	105.6
第一产业	Primary Industry	5161.2	5266.3	98.0	65006.0	62080.9	104.7
第二产业	Secondary Industry	52225.5	48899.4	106.8	273496.8	288986.2	94.6
第三产业	Tertiary Industry	59859.5	46239.7	129.5	241989.0	198900.0	121.7
财政收入（万元）	Fiscal Revenue (10000 yuan)	20189.0	14158.0	142.6	43913.0	42791.0	102.6
#各项税收	Taxes	21867.0	15790.0	138.5	54663.0	54498.0	124.4
财政支出（万元）	Fiscal Expenditure (10000 yuan)	36973.0	25682.0	144.0	52185.0	40137.0	130.0
#基本建设支出	Capital Construction	1050			991.0		
支援农业生产支出	Supporting Agriculture	2669	1883	141.7	4811.0	3164.0	152.1
文教卫生事业费	Culture, Education and Health	10712	9432	113.6	20353.0	17894.0	113.7
人口和劳动力	**Population and Labor Force**						
总人口（人）	Total Population (person)	267426	258570	103.4	752213	746357	100.8
常住户籍人口（人）	Permanent Registered Population (person)	238109	240857	98.9	752213	746357	100.8
#非农业人口	Non-agriculture	151234	151626	99.7	258431	250668	103.1
男	Male	124720	126170	98.9	379581	376971	100.7
女	Female	113389	114687	98.9	372632	369386	100.9
出生率（‰）	Birth Rate (‰)	8.09	8.00		7.8	7.5	
死亡率（‰）	Death Rate (‰)	8.23	7.42		6.9	7.0	
自然增长率（‰）	Natural Growth Rate (‰)	-0.14	0.58		0.9	0.6	
从业人员（人）	Employment (person)	93138	93279	99.8	272676	289947	94.0
按产业分	Grouped by Industry						
第一产业	Primary Industry	13375	15063	88.8	82451	80392	102.6
第二产业	Secondary Industry	27446	27904	98.4	91932	99701	92.2
第三产业	Tertiary Industry	52317	50312	104.0	98293	109854	89.5
按职工非职工分	Grouped by Staff and Workers or Non-staff-and worker						
职工人数	Staff and Worker	44398	45327	98.0	49183	51895	94.8
#国有单位	State-owned	22873	23153	98.8	36147	35888	100.7
集体单位	Collective-owned	9280	9817	94.5	12339	14036	87.9
城镇个体劳动者	Urban and Rural Individuals	4147	3118	133.0	13583	13436	101.1
劳动工资	**Wages**						
工资总额（万元）	Total Wages (10000 yuan)	34914.6	28342.1	123.2	38667.7	34718.5	111.4
#国有单位	State-owned	19815.4	17054.3	116.2	30835.2	25804.2	119.5
集体单位	Collective-owned	5952.2	5440.9	109.4	7334.8	7602.3	96.5
职工平均工资（元）	Average Wage (yuan)	7873	7038	118.6	7698.0	6654.0	115.0
固定资产投资	**Investment in Fixed Assets**						
全社会固定资产投资（万元）	Total Investment in Fixed Assets (10000 yuan)	16141	37324	43.2	39483.0	35273.0	111.9
按建设性质分	Grouped by Type of Construction						
#基本建设投资	Capital Construction	12378	32107	38.6	20280.0	9683.0	209.4
更新改造投资	Innovation and Replacement	483	5217	9.3	4294.0	5444.0	78.9

续表 1 continued

项目 Item	门头沟区 Mentougou 1997	1996	1997年为1996年% 1997 as % of 1996	房山区 Fangshan 1997	1996	1997年为1996年% 1997 as % of 1996
按经济类型分 Grouped by Ownership						
国有单位 (万元) State-owned (10000 yuan)	13598	33557	40.5	24574.0	12558.0	195.7
集体单位 (万元) Collective-owned (10000 yuan)	3280	3767	87.1	12189.0	20255.0	60.2
新增固定资产 (万元) Incremental Fixed Assets (10000 yuan)	7514	45920	16.4	23863.0	34697.0	68.8
#国有单位 State-owned				10016.0	7424.0	134.9
集体单位 Collective-owned				11477.0	27273.0	42.1
房屋施工面积 (万平方米) Floor Space of Buildings Under Construction (10000 sq.m)	19.14	26.0	73.5	43.1	50.5	85.3
#国有单位 State-owned				20.7	12.4	166.9
集体单位 Collective-owned				19.8	35.8	55.3
房屋竣工面积 (万平方米) Floor Space of Buildings Completed (10000 sq.m)	7.13	16.9	42.2	25.8	32.3	79.9
#国有单位 State-owned				8.2	4.6	178.3
#住宅 Residence				5.9	3.3	178.8
#集体单位 Collective-owned				15.1	27.1	55.7
#住宅 Residence				6.7	7.0	95.7
农村经济 Rural Economy						
农村劳动力 (人) Labor Force (person)	44593	44834	99.5	223286	224335	99.5
种植业 Planting	10468	12322	85.0	69481	69495	100.0
林业 Forestry	1334	1532	87.1	5523	4501	122.7
牧业 Animal Husbandry	1547	1187	130.3	6312	5865	107.6
渔业 Fishery	26	22	118.2	584	531	110.0
农村工业 Rural Industry	9711	9998	97.1	51344	55121	93.1
农村建筑业 Rural Construction	1556	1721	90.4	27937	26392	105.9
农村运输业 Rural Transportation	5267	4644	113.4	21102	18233	115.7
农村商、饮食业、服务业 Commerce,Catering and Services	2551	2253	113.2	41003	44197	92.8
耕地面积 (公顷) Area under Cultivation (hectare)	2830.5	2848.4	99.4	39792.6	41427.0	96.1
农业机械总动力 (千瓦) Total Power of Agricultural Machinery (kw)	118627	113947	104.1	666806.0	669439.0	99.6
化肥施用实物量 (吨) Consumption of Chemical Fertilizers (ton)	1376.6	1424	96.7	48003.0	50504.0	95.0
化肥施用折纯量 (吨) Consumption of Chemical Fertilizers(100%) (ton)	429.8	524.5	81.9	14727.5	16990.1	86.7
农村用电量 (万千瓦时) Consumption of Electricity (10000 kwh)	5365.9	3932.8	136.4	22717.6	19595.5	115.9
农村国内生产总值 (万元) Rural Gross Domestic Product (10000 yuan)	46709.4	36968.3	126.3	456006.0	423149.6	107.8
第一产业 Primary Industry	5180.0	4089.5	126.7	65006.0	61580.9	105.6
第二产业 Secondary Industry	22106.9	19569.3	113.0	220000.0	224936.8	97.8
第三产业 Tertiary Industry	19422.5	13309.5	145.9	171000.0	136631.9	125.2
农业总产值 (万元) Gross Output Value of Agriculture (10000 yuan)	6220.6	6911.0	90.0	65606.9	65420.6	100.3
种植业 Planting	2081.6	2502.3	83.2	39928.2	38893.0	102.7
林业 Forestry	413.1	466.4	88.6	1276.6	969.2	131.7
牧业 Animal Husbandry	3572.0	3854.2	92.7	23639.1	24838.6	95.2
渔业 Fishery	153.9	88.1	174.7	763.0	719.8	106.0
农作物总播种面积 (万公顷) Sown Area of Farm Crops (10000 hectare)	0.482	0.495	97.4	5.9	6.0	98.3
粮食作物 Grain	0.391	0.407	96.1	5.4	5.4	100.0
经济作物 Industrial Crops				0.1	0.5	20.0
其他作物 Other Crops	0.091	0.088	103.4	0.5	0.1	500.0

续表 2 continued

项目	Item	门头沟区 Mentougou 1997	1996	1997年为1996年% 1997 as % of 1996	房山区 Fangshan 1997	1996	1997年为1996年% 1997 as % of 1996
农副产品产量	Yield of Farm and Sideline Crops						
粮食 (万吨)	Grain (10000 tons)	0.5	0.9	55.6	29.1	28.9	100.7
蔬菜 (吨)	Vegetable (ton)	28412	22667	125.3	200103.0	178548.0	112.1
干鲜果 (吨)	Dry and Fresh Fruits(ton	3040	2507	121.3	41281.0	34099.0	121.1
畜产品产量	Output of Livestock Products						
生猪出栏 (头)	Slaughtered Hogs (head)	47864	46763	102.4	228212	237253	96.2
商品猪 (头)	Commodity Hogs (head)	46854	46644	102.4	224911	233846	96.2
猪牛羊肉 (吨)	Pork,Beef and Mutton(ton	3492	3994	87.4	21658.0	20890.0	103.7
#猪肉	Pork	3123	3615	86.4	15879.0	16470.0	96.4
禽肉	Meat of Poultry (ton)	127	140	90.7	3302.0	2174.0	151.9
禽蛋	Poultry Eggs (ton)	2866	3139	91.3	14163.0	16108.0	87.9
牲畜年底头数 (头)	Number of Livestock (year-end) (head)	98521	96201	102.4	341905	345988	98.8
大牲畜	Large Animals	2753	2811	97.9	13042	13909	93.8
猪	Hogs	30706	33237	92.4	160772	168916	95.2
羊	Goats and Sheep	65062	60153	108.2	168091	163163	103.0
水产品产量 (吨)	Output of Aquatic Product (ton)	343.0	183.5	186.9	1951.6	1900.0	102.7
农村集体经济收入 (万元)	Rural Collective Economic Revenue (10000 yuan)	104344	94414	110.5	794688	781417	101.7
农村集体经济利润总额 (万元)	Total Profits of Rural Collective Economy (10000 yuan)	5786	4160	139.1	43980	36167	121.6
国家税金	State Taxes	4189	4578	91.5	27533	24563.0	112.1
集体积累	Collective Accumulation	1898	1262	150.4	12158	11436.0	106.3
劳动所得	Income from Work	9398	9467	99.3	166695	127593.0	130.6
乡镇企业单位数 (个)	Number of Township and Village Enterprise(unit)	5868	5401	108.6	24015	24258	99.0
乡镇企业人数 (人)	Number of Persons of Township and Village Enterprises (person)	30944	32479	95.3	170320	182829	93.2
乡镇企业纯利润 (万元)	Net Profit of Township and Village Enterprises (10000 yuan)	10660	7161	148.9	57637.0	55879.0	103.1
乡镇企业固定资产原价 (万元)	Original Value of Fixed Assets of Township and Village Enterprises (10000 yuan)	44988	39922	112.7	230119.0	238139.0	96.6
乡镇企业固定资产净值 (万元)	Net Value of Fixed Assets of Township and Village Enterprises (10000 yuan)		25969		172647.0	182007.0	94.9
工业	Industry						
全部工业企业单位数 (个)	Number of Enterprises (unit)	1042	918	113.5	3106	3228	96.2
#国有	State-owned	40	48	83.3	23	33	69.7
集体	Collective-owned	498	544	91.5	1450	1564	92.7
私营	Private Owned	476	322	147.8	1633	1631	100.1
工业增加值 (万元)	Added Value (10000 yuan)	41615.3	40427.7	102.9	143000.0	142400.0	100.4
全部工业总产值 (现价,万元)	Gross Output Value of Industry (at current prices,10000 yuan)	143501.0	140467.8	102.2	534138.8	496573.7	107.6
#国有	State-owned	17065.2	27774.7	61.4	22332.3	28288.0	78.9
集体	Collective-owned	72830.2	64918.4	112.2	423501.5	389706.7	108.7
私营	Private Owned	8693	9404	92.4	88305.0	78579.0	112.4

续表 3 continued

项目	Item	门头沟区 Mentougou 1997	1996	1997年为1996年% 1997 as % of 1996	房山区 Fangshan 1997	1996	1997年为1996年% 1997 as % of 1996
全部工业总产值(90不变价,万元)	Gross Output Value of Industry (at constant price of 1990,10000yuan)	133033.6	115471.8	115.2	470336.7	428846.9	109.7
#国有	State-owned	20367.8	24006.1	84.8	16693.4	26930.7	62.0
集体	Collective-owned	57652.6	61733.3	93.4	365338.3	330366.0	110.6
私营	Private Owned	8374.0	8398.0	99.7	88305.0	71550.2	123.4
乡及乡以上轻工业总产值(现价,万元)	Gross Output Value of Light Industry at Township Level and Above (at current price,10000yuan)	48047.0	48858.2	98.3	63730.9	84138.1	75.7
以农产品为原料	Using Farm Products as Raw Materials				46882.0	36107.2	129.8
以非农产品为原料	Using Non-farm Products as Raw Materials				16848.9	48030.9	35.1
乡及乡以上重工业总产值(现价,万元)	Gross Output Value of Heavy Industry at Township Level and Above (at current price,10000yuan)	51101.9	48511.9	105.3	120510.7	90911.2	132.6
采掘工业	Excavation				11144.0	17121.0	65.1
原料工业	Raw Materials Industry				28204.0	29319.9	96.2
制造工业	Manufacturing Industry				81162.7	44470.3	182.5
独立核算工业企业平均职工人数(人)	Average Number of Staff and Workers in Enterprises with Independent Accounting System (person)	16328	17663	92.4	33980	33217	102.3
#国有	State-owned	4244	5013	84.7	6134	5223	117.4
集体	Collective-owned	7018	9342	75.1	27846	25088	230.6
独立核算工业企业总产值(现价,万元)	Gross Output Value of Enterprises with Independent Accounting System(at current prices, 10000 yuan)	99735.0	82135.4	121.4	164177.7	171120.9	95.9
#国有	State-owned	17991.6	25949.4	69.3	22333.3	24116.9	92.6
集体	Collective-owned	22844.2	26013.4	87.8	120596.1	114871.9	105.0
独立核算工业企业财务指标	Financial Indicators for Enterprises with Independent Accounting System						
产品销售收入 (万元)	Sales Revenue(10000yuan)	81353.2	81809.2	99.4	136920.0	155236.6	88.2
#国有	State-owned	14702.9	27077.6	54.3	21133.4	21626.6	97.7
产品销售成本 (万元)	Cost of Sales(10000yuan)	65570.8	67564.8	97.0	116364.2	131364.8	88.6
#国有	State-owned	11778.6	23246.6	50.7	18893.7	18745.8	100.8
固定资产原价 (万元)	Original Value of Fixed Assets (10000 yuan)	100458.0	96155.3	104.5	122310.2	117317.3	104.3
#国有	State-owned	21167.9	23072.6	91.7	24001.5	23878.3	100.5
固定资产净值 (万元)	Net Value of Fixed Assets (10000 yuan)	76614.9	84419.5	90.8	97826.7	96274.0	101.6
#国有	State-owned	14275.0	18578.3	76.8	17433.4	17703.6	98.5
全部流动资金年平均余额 (万元)	Annual Average Balance of Circulating Funds (10000 yuan)	88117.6	100109.1	80.2	105584.2	110455.2	95.6
#国有	State-owned	22559.5	41705.6	54.1	13367.4	12255.6	109.1
利润总额 (万元)	Total Profits(10000yuan)	-5696.3	-5898.7		-2858.5	-464.0	...
#国有	State-owned	-1366.0	-273.0		-455.9	-633.1	...

续表 4 continued

项目 Item	门头沟区 Mentougou 1997	1996	1997年为1996年% 1997 as % of 1996	房山区 Fangshan 1997	1996	1997年为1996年% 1997 as % of 1996
资金利税率 (%) Ratio of Pre-tax Profits to Total Capital (%)	-2.0	0.1		6.5	5.1	
产品销售率 (%) Ratio of Sales Value to Gross Output Value (%)	90.8	97.2		92.9	90.4	
增加值率 (%) Ratio of Added Value to Gross Output Value (%)	40.1	28.7		32.8	29.3	
独立核算工业企业全员劳动生产率 (元/人) Overall Labor Productivity of Enterprises with Independent Accounting System (yuan/person)	13533	13324	101.6	13416.0	12849.0	104.4
#国有 State-owned	9745	14198	68.6	11136.8	7243.0	153.8
集体 Collective-owned	9710	9884	98.2	15785.2	12540.0	125.9
商业 Commerce						
社会消费品零售额 (万元) Retail Sales of Consumer Goods (10000 yuan)	113953.0	96644.2	117.9	380199.5	361740.9	105.1
按经济类型分 Grouped by Ownership						
#国有 State-owned	48986	54998.6	89.1	134493.0	127963.4	105.1
集体 Collective-owned	28201.4	22405.3	125.9	93178.3	88654.5	105.1
私营 Private Owned				9146.5	8702.4	105.1
个体 Individuals	36765.6	22662.2	162.2	128958.1	122697.2	105.1
按类别分 Grouped by Type of Goods						
吃的商品 (万元) Food (10000 yuan)	42548.6	33930.8	125.4	92491.5	81036.1	114.1
穿的商品 (万元) Clothing (10000 yuan)	8469.9	7573.5	111.8	61441.2	51985.6	118.2
用的商品 (万元) Daily Used Articles (10000 yuan)	58090.2	52267.0	111.1	191912.5	197182.5	97.3
烧的商品 (万元) Fuel (10000 yuan)	4844.3	2872.9	168.6	34354.3	31536.7	108.9
网点数 (个) Number of Outlets (unit)	6832	6107	111.9	11538	17389	66.4
#商业 Wholesale and Retail	5108	4745	107.7	7978	12582	63.4
饮食业 Catering	671	598	112.2	1804	3074	58.7
服务业 Services	674	438	153.9	1756	1733	101.3
#宾馆、饭店 Hotels						
营业人员 (人) Personnel (person)	31960	35818	89.2	35916	45330	79.2
#商业 Wholesale and Retail	20200	21724	93.0	29365	34688	84.7
饮食业 Catering	2551	2499	102.1	5353	6200	86.3
服务业 Services	8562	11213	76.4	4498	4442	101.2
#宾馆、饭店 Hotels						
外经、外贸 Foreign Economy and Trade						
出口商品交货额 (万元) Delivery Value of Exports (10000 yuan)	7662.2	6630.5	115.6	25735.7	27811.4	92.5
利用外资签订协议(合同)数 (个) Number of Signed Agreements and Contracts of Foreign Capital to be Utilized (unit)	22	14	157.1	16	12	133.3
利用外资签订协议(合同)金额 (万美元) Amount of Foreign Capital to be Utilized through Agreements and Contracts (USD 10000)	1134.6	1278.9	88.7	489.2	581.3	84.2
实际利用外资 (万美元) Amount of Foreign Capital Actually Used (USD 10000)	1313.3	889.6	147.6	1688.0	2080.5	81.1
旅游人数 (人) Number of Tourist (person)	279	335	83.2	252.3	202.1	124.8
教育 Education						
学校数 (个) Number of Schools (unit)				420	431	97.4
小学 Primary Schools	92	93	98.9	347	357	97.2

续表 5 continued

项目 Item	门头沟区 Mentougou 1997	1996	1997年为1996年% 1997 as % of 1996	房山区 Fangshan 1997	1996	1997年为1996年% 1997 as % of 1996
普通中学 Regular Secondary School	22	22	100.0	64	65	98.5
中等专业教育 Specialized Secondary Schools	6	6	100.0	9	9	100.0
招生数 (人) New Student Enrollment (person)						
小学 Primary Schools	2429	2833	85.7	11004	14677	75.0
初级中等学校 Junior Secondary Schools	3352	3565	94.0	12131	13013	93.2
高级中等学校 Senior Secondary Schools	663	583	113.7	3842	2170	177.1
中等专业教育 Specialized Secondary Schools	698	610	114.4	1742	1718	104.4
在校学生 (人) Student Enrollment (person)						
小学 Primary Schools	20285	21339	95.1	90445	91720	98.6
初级中等学校 Junior Secondary Schools	11357	12362	91.9	41006	43298	94.7
高级中等学校 Senior Secondary Schools	1819	1649	110.3	10814	10106	107.0
中等专业教育 Specialized Secondary Schools	1830	1655	110.6	4309	3856	111.7
毕业生 (人) Graduates (person)						
小学 Primary Schools	3333	3570	93.4	12561	12974	96.8
初级中等学校 Junior Secondary Schools	4103	3901	105.2	13019	11565	112.6
高级中等学校 Senior Secondary Schools	449	345	130.1	2903	1167	248.8
中等专业教育 Specialized Secondary Schools	476	345	138.0	1199	1052	114.0
达到"国家体育标准"学生数 (人) Number of Students Come to the Standard for State Physical Training (person)	27201	26685	101.9	116787	134965	86.5
幼儿园、托儿所个数 (个) Number of Kindergardens (unit)	23	21	109.5	334	373	89.5
幼儿入托数 (人) New Enrollment (person)				8542	16464	51.9
文化 Culture						
文化馆、站 (个) Cultural Centers (unit)	15	15	100.0	15	7	214.3
公共图书馆 (个) Public Libraries (unit)	1	1	100.0	1	1	100.0
公共图书馆藏书 (万册) Collection (10000 volume)	21.6	20.3	106.1	6	11	54.5
电影放映单位 (个) Film Projection Units (unit)	5	5	100.0	21	8	262.5
区级以上重点文物保护单位 (个) Cultural Relics Preserved at District Level and above (unit)	59	59	100.0	68	68	100.0
卫生 Health						
卫生机构数 (个) Number of Health Institutions (unit)	28	28	100.0	44	44	100.0
#医院 Hospitals	5	5	100.0	6	6	100.0
卫生院 Clinics	15	15	100.0	26	26	100.0
床位数 (张) Number of Beds (unit)	726	733	99.0	1500	1533	97.8
#医院 Hospitals	621	601	103.3	1002	1010	99.2
卫生院 Clinics	105	132	79.5	498	503	99.0
平均每千人拥有床位数 (张) Average Number of Beds Per 1000 Persons (unit)	3	3	100.0	2.1	2.7	77.8
卫生技术人员 (人) Medical Technical Personnel (person)	1187	1215	97.7	2425	2360	102.8
#医生 Doctors (person)	622	656	94.8	1190	1221	97.5
城市公用 Urban Public Utilities						
区级以上公园 (个) Parks at District Level and Above (unit)	4	4	100.0	6	9	66.7
体育场馆 (个) Stadiums and Gymnasiums (unit)	2	2	100.0	9	9	100.0
道路长度 (公里) Length of Roads (km)	364.1	362.4	100.5	1649.5	1538.7	107.2

20-6 昌平县、顺义县国民经济主要指标
MAIN NATIONAL ECONOMIC INDICATORS FOR CHANGPING AND SHUNYI COUNTIES

项目 Item	昌平县 Changping 1997	1996	1997年为1996年% 1997 as % of 1996	顺义县 Shunyi 1997	1996	1997年为1996年% 1997 as% of 1996
综合 General Survey						
国内生产总值 (万元) Gross Domestic Product (10000 yuan)	402583.8	359982.6	111.8	594108.8	517289.7	114.9
第一产业 Primary Industry	44816.4	43540.6	102.9	141426.7	122882.6	115.1
第二产业 Secondary Industry	148306.6	131369.2	112.9	250869.6	226970.9	110.5
第三产业 Tertiary Industry	209460.8	185072.8	113.2	201812.5	167436.2	120.5
财政收入 (万元) Fiscal Revenue (10000 yuan)	16769.0	13547.0	123.8	24102.6	19454.0	123.9
#各项税收 Taxes	11875.0	13129.0	119.9	22832.2	18367.1	124.3
财政支出 (万元) Fiscal Expenditure (10000 yuan)	37748.0	31932.0	118.2	52013.3	36356.0	143.1
#基本建设支出 Capital Construction	740.0	0.0		2072.0	151.0	1372.2
支援农业生产支出 Supporting Agriculture	3414.0	2437.0	140.1	4708.0	3033.0	155.2
文教卫生事业费 Culture,Education and Health	12437.0	11584.0	107.4	18042.2	13827.0	130.5
人口和劳动力 Population and Labor Force						
总人口 (人) Total Population (person)	422518.0	420221.0	100.5	540394	538582	100.3
常住户籍人口 (人) Permanent Registered Population (person)	419739.0	418163.0	100.4	536330	534664	100.3
#非农业人口 Non-agriculture	163338.0	159629.0	102.3	98995	93533	105.8
男 Male	209908.0	209348.0	100.3	266675	265888	100.3
女 Female	209831.0	208815.0	100.5	273719	272350	100.5
出生率 (‰) Birth Rate (‰)	8.4	8.2		7.55	7.65	
死亡率 (‰) Death Rate (‰)	7.1	7.2		7.49	8.35	
自然增长率 (‰) Natural Growth Rate (‰)	1.3	1.0		0.06	-0.66	
从业人员 (人) Employment (person)	169162.0	171753.0	98.5	262933	258353	101.8
按产业分 Grouped by Industry						
第一产业 Primary Industry	37608.0	38631.0	97.4	59373	61500	96.5
第二产业 Secondary Industry	51447.0	60586.0	84.9	105176	94384	111.4
第三产业 Tertiary Industry	80107.0	72536.0	110.4	98384	102469	96.0
按职工非职工分 Grouped by Staff and Workers or Non-staff-and worker						
职工人数 Staff and Workers	64029.0	62095.0	103.1	62729	65605	95.6
#国有单位 State-owned	36424.0	34674.0	105.0	42504	41505	102.4
集体单位 Collective-owned	21071.0	21620.0	97.5	16060	18132	88.6
城镇个体劳动者 Urban and Rural Individuals	2382.0	1845.0	129.1	9081	4700	193.2
劳动工资 Wages						
工资总额 (万元) Total Wages (10000 yuan)	47823.0	43177.1	110.8	49382.5	45857.7	107.7
#国有单位 State-owned	28553.1	24742.9	115.4	35276.4	30767.8	114.7
集体单位 Collective-owned	13472.0	13934.3	103.4	11061.5	11326.5	97.7
职工平均工资 (元) Average Wage (yuan)	7550.0	7006.0	107.8	7823.0	6990.0	112.1
固定资产投资 Investment in Fixed Assets						
全社会固定资产投资 (万元) Total Investment in Fixed Assets (10000 yuan)	74147.4	155465.6	47.7	161000.0	170068.0	94.7
按建设性质分 Grouped by Type of Construction						
#基本建设投资 Capital Construction	62599.9	131454.9	47.6	73000.0	126371.3	57.8
更新改造投资 Innovation and Replacement	11547.5	7910.2	146.0	88000.0	43696.7	201.4

续表 1 continued

项目 Item	昌平县 Changping 1997	1996	1997年为1996年% 1997 as % of 1996	顺义县 Shunyi 1997	1996	1997年为1996年% 1997 as% of 1996
按经济类型分 Grouped by Ownership						
国有单位 (万元) State-owned (10000 yuan)	9458.0	5738.0	164.8	120750.0	93542.0	129.1
集体单位 (万元) Collective-owned (10000 yuan)	64689.4	133627.1	48.4	33810.0	71153.8	47.5
新增固定资产 (万元) Incremental Fixed Assets (10000 yuan)	55777.0	83667.6	66.7	112700.0	52225.0	215.8
#国有单位 State-owned	8476.0	5507.0	153.9	84525.0	16056.6	526.4
集体单位 Collective-owned	47301.4	78160.6	60.5	23670.0	36168.4	65.4
房屋施工面积 (万平方米) Floor Space of Buildings Under Construction (10000 sq.m)	102.1	176.7	57.8	191.0	43.3	441.1
#国有单位 State-owned	24.8	8.6	288.4	130.0	23.4	555.6
集体单位 Collective-owned	77.3	119.5	64.7	44.0	19.9	221.1
房屋竣工面积 (万平方米) Floor Space of Buildings Completed (10000 sq.m)	36.0	108.9	33.1	102.2	25.8	396.1
#国有单位 State-owned	7.7	3.7	208.1	68.0	10.7	635.5
#住宅 Residence	4.3	3.4	126.5	40.6	1.2	3383.3
#集体单位 Collective-owned	28.3	56.6	50.0	17.0	8.9	191.0
#住宅 Residence	6.1	19.7	31.0	10.0	7.9	126.6
农村经济 Rural Economy						
农村劳动力 (人) Labor Force (person)	104089.0	105836.0	98.3	191123	188048	101.6
种植业 Planting	28873.0	29967.0	96.3	45958	48396	95.0
林业 Forestry	4341.0	4286.0	101.3	2560	3017	84.9
牧业 Animal Husbandry	3222.0	3130.0	102.9	7970	7260	109.8
渔业 Fishery	595.0	617.0	96.4	1994	2011	99.2
农村工业 Rural Industry	24025.0	25406.0	94.6	63224	64803	97.6
农村建筑业 Rural Construction	6102.0	5862.0	104.1	14773	14122	104.6
农村运输业 Rural Transportation	7808.0	7375.0	105.9	10325	9302	111.0
农村商、饮食业、服务业 Commerce,Catering and Services	5210.0	4695.0	111.0	7911	6802	116.3
耕地面积 (公顷) Area under Cultivation (hectare)	24656.9	24665.0	100.0	50963.0	51264.4	99.4
农业机械总动力 (千瓦) Total Power of Agricultural Machinery (kw)	271142.0	359980.0	75.3	567473.0	566723	100.1
化肥施用实物量 (吨) Consumption of Chemical Fertilizers (ton)	30468.5	27822.7	109.5	95791.0	96513.8	99.3
化肥施用折纯量 (吨) Consumption of Chemical Fertilizers(100%) (ton)	11287.9	9500.2	118.8	35155.0	33333.2	105.5
农村用电量 (万千瓦时) Consumption of Electricity (10000 kwh)	21726.9	18862.3	115.2	30697.0	21173.6	145.5
农村国内生产总值 (万元) Rural Gross Domestic Product (10000 yuan)	218557.9	195787.8	111.6	365869.4	326993.9	111.9
第一产业 Primary Industry	44816.4	43540.6	102.9	139020.2	122959.3	113.1
第二产业 Secondary Industry	71680.3	69380.9	103.3	135611.0	124457.5	109.0
第三产业 Tertiary Industry	102061.2	82866.3	123.2	91238.2	79577.1	114.7
农业总产值 (万元) Gross Output Value of Agriculture (10000 yuan)	109731.2	103403.3	106.1	165189.0	160681	102.8
种植业 Planting	44618.1	43457.5	102.7	62968.2	65465.6	96.2
林业 Forestry	2554.5	2327.5	109.8	1149.1	1198.8	95.9
牧业 Animal Husbandry	56089.5	51792.4	108.3	94310.5	86996.8	108.4
渔业 Fishery	6469.1	5825.9	111.0	6761.2	7019.8	96.3
农作物总播种面积 (万公顷) Sown Area of Farm Crops (10000 hectare)	3.8	3.7	102.7	9.3	9.1	102.2
粮食作物 Grain	3.4	3.3	103.0	7.8	7.8	100.0
经济作物 Industrial Crops	...	...	...		0.1	
其他作物 Other Crops	...	...	...	1.5	1.2	125.0

续表 2 continued

项目 Item		昌平县 Changping 1997	1996	1997年为1996年% 1997 as % of 1996	顺义县 Shunyi 1997	1996	1997年为1996年% 1997 as % of 1996
农副产品产量	Yield of Farm and Sideline Crops						
粮食 (万吨)	Grain (10000 tons)	16.4	16.7	98.2	43.8	42.7	102.6
蔬菜 (吨)	Vegetable (ton)	124237.0	77454.5	160.4	830444.0	831084.0	99.9
干鲜果 (吨)	Dry and Fresh Fruits(ton	53963.0	50014.0	107.9	40683.0	35603.0	114.3
畜产品产量	Output of Livestock Products						
生猪出栏 (头)	Slaughtered Hogs (head)	276459.0	276264.0	100.1	1026138	966693	106.1
商品猪 (头)	Commodity Hogs (head)	272653.0	275463.0	99.0	1025707	963979	106.4
猪牛羊肉 (吨)	Pork,Beef and Mutton(ton	17059.2	17462.0	97.7	80856	76518.3	105.7
#猪肉	Pork	15238.5	15732.0	96.9	69457	67701.4	102.6
禽肉	Meat of Poultry (ton)	10861.8	8473.0	128.2	57841	53423.5	108.3
禽蛋	Poultry Eggs (ton)	17377.8	20651.0	84.1	24633	26748	92.1
牲畜年底头数 (头)	Number of Livestock (year-end) (head)	241557.0	238041.0	101.5	780833	709952	110.0
大牲畜	Large Animals	23527.0	23632.0	99.6	22712	25720	88.3
猪	Hogs	166464.0	162067.0	102.7	679550	586430	115.9
羊	Goats and Sheep	51566.0	52342.0	98.5	78571	97802	80.3
水产品产量 (吨)	Output of Aquatic Product (ton)	8226.6	8129.1	101.2	16008	16279	98.3
农村集体经济收入 (万元)	Rural Collective Economic Revenue (10000 yuan)	324633.0	293058.0	110.8	964803	841959	114.6
农村集体经济利润总额 (万元)	Total Profits of Rural Collective Economy (10000 yuan)	25399.3	20127.0	126.2	248669	207761	119.7
国家税金	State Taxes	17311.0	16298.0	106.2	13031	21411	60.9
集体积累	Collective Accumulation	11325.0	20936.0	54.1	25124	19453	129.2
劳动所得	Income from Work	82034.0	73355.0	111.8	176626	158859	111.2
乡镇企业单位数 (个)	Number of Township and Village Enterprise(unit)	1232.0	1358.0	90.7	1092	1225	89.1
乡镇企业人数 (人)	Number of Persons of Township and Village Enterprises (person)	49015.0	52957.0	92.6	90370	94972	95.2
乡镇企业纯利润 (万元)	Net Profit of Township and Village Enterprises (10000 yuan)	11474.0	7715.0	148.0	20536	17889	114.8
乡镇企业固定资产原值 (万元)	Original Value of Fixed Assets of Township and Village Enterprises (10000 yuan)	140727.0	117031.0	120.2	297593	285136	104.4
乡镇企业固定资产净值 (万元)	Net Value of Fixed Assets of Township and Village Enterprises (10000 yuan)	102622.0	86156.0	119.1	225033	224261	100.3
工业	Industry						
全部工业企业单位数 (个)	Number of Enterprises (unit)	1509.0	1419.0	106.3	1956	1907	102.6
#国有	State-owned	60.0	34.0	176.5	122	130	93.8
集体	Collective-owned	1108.0	997.0	111.1	894	907	98.6
私营	Private Owned	46.0	257.0	17.9	7	1	700.0
工业增加值 (万元)	Added Value (10000 yuan)	124679.4	112892.4	110.4	214906.9	190329.9	112.9
全部工业总产值 (现价,万元)	Gross Output Value of Industry (at current prices,10000 yuan)	360223.6	357192.9	100.8	975508.8	825721.5	118.1
#国有	State-owned	25518.2	27279.0	93.5	313872.0	258198.1	121.6
集体	Collective-owned	239495.7	219853.5	108.9	358072.2	398097.1	89.9
私营	Private Owned	9605.3	12149.8	79.1	2678.7	14.0	191.3

续表 3 continued

项 目	Item	昌平县 Changping 1997	1996	1997年为1996年% 1997 as % of 1996	顺义县 Shunyi 1997	1996	1997年为1996年% 1997 as % of 1996
全部工业总产值（90不变价，万元）	Gross Output Value of Industry (at constant price of 1990, 10000yuan)	345654.7	333072.3	103.8	812676.1	666710.5	121.9
#国有	State-owned	22860.4	20446.4	111.8	198553.8	167384.3	118.6
集体	Collective-owned	229083.4	205787.3	111.3	330750.3	404166.2	81.8
私营	Private Owned	9577.3	12134.4	78.9	2826.7		
乡及乡以上轻工业总产值（现价，万元）	Gross Output Value of Light Industry at Township Level and Above (at current price, 10000yuan)	127706.7	114658.0	111.4	583294.4	467430.7	124.8
以农产品为原料	Using Farm Products as Raw Materials	82701.4	73208.2	113.0	449587.6	385189.0	116.7
以非农产品为原料	Using Non-farm Products as Raw Materials	45005.3	50870.9	88.5	133706.8	82241.7	162.6
乡及乡以上重工业总产值（现价，万元）	Gross Output Value of Heavy Industry at Township Level and Above (at current price, 10000yuan)	117156.3	102285.9	114.5	193557.5	175725.5	110.1
采掘工业	Excavation	2898.8	1536.6	188.7	2705.4	2397.4	112.8
原料工业	Raw Materials Industry	7427.5	8089.7	91.8	54626.8	41984.2	130.1
制造工业	Manufacturing Industry	106830.0	92659.6	115.3	136225.3	131343.9	103.7
独立核算工业企业平均职工人数（人）	Average Number of Staff and Workers in Enterprises with Independent Accounting System (person)	38697.0	39626.0	97.7	77605.0	74532.0	104.1
#国有	State-owned	3206.0	3476.0	92.2	14984.0	15832.0	94.6
集体	Collective-owned	24935.0	25826.0	96.5	38010.0	40298.0	94.3
独立核算工业企业总产值（现价，万元）	Gross Output Value of Enterprises with Independent Accounting System(at current prices, 10000 yuan)	230624.0	231468.2	99.6	776851.9	643156.2	120.8
#国有	State-owned	25337.8	27279.0	92.9	306785.2	258198.1	118.8
集体	Collective-owned	111329.5	110432.2	100.8	218469.0	227964.9	95.8
独立核算工业企业财务指标	Financial Indicators for Enterprises with Independent Accounting System						
产品销售收入（万元）	Sales Revenue(10000yuan)	211296.0	215101.2	98.2	723284.0	564227.9	128.2
#国有	State-owned	27538.8	31076.0	88.6	292791.4	222970.8	131.3
产品销售成本（万元）	Cost of Sales(10000yuan)	166386.2	170652.1	97.5	567690.6	454378.1	124.9
#国有	State-owned	22886.7	25502.8	89.7	209690.9	171330.4	122.4
固定资产原价（万元）	Original Value of Fixed Assets (10000 yuan)	191815.5	164611.0	116.5	520506.2	428237.8	121.5
#国有	State-owned	21592.8	16854.4	128.1	179169.8	141682.0	126.5
固定资产净值（万元）	Net Value of Fixed Assets (10000 yuan)	136367.6	122679.0	111.2	394428.2	328451.3	120.1
#国有	State-owned	16241.6	12373.0	131.3	120344.9	96561.2	124.6
全部流动资金年平均余额（万元）	Annual Average Balance of Circulating Funds (10000 yuan)	229007.4	210218.3	108.9	446846.5	361770.8	123.5
#国有	State-owned	21750.6	24098.5	90.3	128261.8	100208.2	128.0
利润总额（万元）	Total Profits(10000yuan)	2004.9	2517.5	79.6	27914.2	25253.9	110.5
#国有	State-owned	-574.4	-32.6	1762.0	30214.8	23878.9	126.5

续表 4 continued

项目 Item		昌平县 Changping 1997	1996	1997年为1996年% 1997 as % of 1996	顺义县 Shunyi 1997	1996	1997年为1996年% 1997 as % of 1996
资金利税率 (%)	Ratio of Pre-tax Profits to Total Capital (%)	4.5	5.0		10.2	9.1	
产品销售率 (%)	Ratio of Sales Value to Gross Output Value (%)	93.9	90.9		96.0	94.9	
增加值率 (%)	Ratio of Added Value to Gross Output Value (%)	24.2	27.2		25.6	22.8	
独立核算工业企业全员劳动生产率 (元/人)	Overall Labor Productivity of Enterprises with Independent Accounting System (yuan/person)	14420.0	15774.0	91.4	25588.7	19867.9	128.8
#国有	State-owned	15547.0	14712.0	105.7	67166.4	43256.6	155.3
集体	Collective-owned	11754.0	11769.0	99.9	15185.9	14393.0	105.5
商业	**Commerce**						
社会消费品零售额 (万元)	Retail Sales of Consumer Goods (10000 yuan)	149757.0	150794.0	99.3	272369.0	280251.0	97.2
按经济类型分	Grouped by Ownership						
#国有	State-owned	32946.0	34350.0	95.9	65617.0	70407.0	93.2
集体	Collective-owned	54007.0	50228.0	107.5	87644.0	92743.0	94.5
私营	Private Owned						
个体	Individuals	54655.0	54064.0	101.1	119108.0	117101.0	101.7
按类别分	Grouped by Type of Goods						
吃的商品 (万元)	Food (10000 yuan)	46070.0	67656.0	68.1	98753.0	118405.0	83.4
穿的商品 (万元)	Clothing (10000 yuan)	16311.0	17776.0	91.8	41289.0	46862.0	88.1
用的商品 (万元)	Daily Used Articles (10000 yuan)	76844.0	53862.0	142.7	104955.0	90276.0	116.2
烧的商品 (万元)	Fuel (10000 yuan)	10532.0	11500.0	91.6	14073.0	12142.0	115.9
网点数 (个)	Number of Outlets (unit)	8375.0	7063.0	118.6	16011	15714	101.9
#商业	Wholesale and Retail	6773.0	5607.0	120.8	12035	11799	102.0
饮食业	Catering	731.0	862.0	84.8	1699	1683	101.0
服务业	Services	867.0	594.0	146.0	2277	2232	102.0
#宾馆、饭店	Hotels	4.0	5.0	80.0	14	14	100.0
营业人员 (人)	Personnel (person)	23369.0	23234.0	100.6	36695	35846	102.4
#商业	Wholesale and Retail	19033.0	18199.0	104.6	23850	23364	102.0
饮食业	Catering	3175.0	4155.0	76.4	3390	3357	101.0
服务业	Services	1161.0	880.0	131.9	9455	9125	103.6
#宾馆、饭店	Hotels	379.0	808.0	46.9	1000	943	106.0
外经、外贸	**Foreign Economy and Trade**						
出口商品交货额 (万元)	Delivery Value of Exports (10000 yuan)	26219.1	27283.1		158985.7	139696.7	113.8
利用外资签订协议(合同)数 (个)	Number of Signed Agreements and Contracts of Foreign Capital to be Utilized (unit)	27.0	35.0	77.1	39	41	95.1
利用外资签订协议(合同)金额 (万美元)	Amount of Foreign Capital to be Utilized through Agreements and Contracts (USD 10000)	1136.9	4455.4	25.5	6751.5	9510.3	71.0
实际利用外资 (万美元)	Amount of Foreign Capital Actually Used(USD 10000)	2052.4	2541.0	80.8	10307.0	8651.6	119.1
旅游人数 (人)	Number of Tourist(person)	9059000	7512000	120.6	596402	508000	117.0
教育	**Education**						
学校数 (个)	Number of Schools (unit)	199.0	211.0	94.3	207	228	90.8
小学	Primary Schools	156.0	169.0	92.3	166	173	96.0

续表 5 continued

项目	Item	昌平县 Changping 1997	1996	1997年为1996年% 1997 as % of 1996	顺义县 Shunyi 1997	1996	1997年为1996年% 1997 as % of 1996
普通中学	Regular Secondary School	42.0	32.0	102.4	38	39	97.4
中等专业教育	Specialized Secondary Schools	1.0	1.0	100.0	3	3	100.0
招生数 (人)	New Student Enrollment (person)	13577.0	13325.0	101.9	22795	26779	85.1
小学	Primary Schools	4073.0	4981.0	81.8	9742	13694	71.1
初级中等学校	Junior Secondary Schools	6094.0	6727.0	90.6	8911	9609	92.7
高级中等学校	Senior Secondary Schools	3205.0	1327.0	241.5	2375	2177	109.1
中等专业教育	Specialized Secondary Schools	205.0	290.0	70.7	1767	1299	136.2
在校学生 (人)	Student Enrollment (person)	66759.0	68604.0	97.3	117433	116244	101.0
小学	Primary Schools	36723.0	38808.0	94.6	78185	77751	100.6
初级中等学校	Junior Secondary Schools	20221.0		96.5	35146		
高级中等学校	Senior Secondary Schools	8979.0		114.1	6639		
中等专业教育	Specialized Secondary Schools	836.0	969.0	96.3	4102	3263	125.7
毕业生 (人)	Graduates (person)	15032.0	14574.0	103.1	21324	20440	104.3
小学	Primary Schools	6233.0	6741.0	92.5	9073	9609	94.4
初级中等学校	Junior Secondary Schools	6484.0	6648.0	97.5	9214	8450	109.0
高级中等学校	Senior Secondary Schools	1974.0	936.0	210.9	1593	1252	127.2
中等专业教育	Specialized Secondary Schools	341.0	249.0	136.9	1444	1129	127.9
达到"国家体育标准"学生数 (人)	Number of Students Come to the State Physical Training Standard (person)	65264	62546.0	104.3	113384	90350	125.5
幼儿园、托儿所个数 (个)	Number of Kindergardens (unit)	173.0	203.0	85.2	166	258	64.3
幼儿入托数 (人)	New Enrollment (person)	8954.0	9478.0	94.5	9996	14627	68.3
文化	**Culture**						
文化馆、站 (个)	Cultural Centers (unit)	31.0	35.0	88.6	22	28	78.6
公共图书馆 (个)	Public Libraries (unit)	1.0	1.0	100.0	1	1	100.0
公共图书馆藏书 (万册)	Collection (10000 volume)	15.3	14.0	109.3	12.6	12	105.0
电影放映单位 (个)	Film Projection Units (unit)	52.0	40.0	130.0	22	12	183.3
区级以上重点文物保护单位 (个)	Projection and Management Agencies at District Level and Above (unit)	65.0	65.0	100.0	10	10	100.0
卫生	**Health**						
卫生机构数 (个)	Number of Health Institutions (unit)	121.0	121.0	100.0	44	83	53.0
#医院	Hospitals	11.0	11.0	100.0	10	10	100.0
卫生院	Clinics	26.0	26.0	100.0	26	27	96.3
床位数 (张)	Number of Beds (unit)	4082.0	4333.0	94.2	1628	1777	91.6
#医院	Hospitals	3559.0	3758.0	94.7	1210	1324	91.4
卫生院	Clinics	344.0	331.0	103.9	418	423	98.8
平均每千人拥有床位数 (张)	Average Number of Beds Per 1000 Persons (unit)	9.7	10.4	93.3	3	3.3	90.9
卫生技术人员 (人)	Medical Technical Personnel (person)	3741.0	3594.0	104.1	2554	2832	90.2
#医生	Doctors (person)	1665.0	1612.0	103.3	1229	1463	84.0
城市公用	**Urban Public Utilities**						
区级以上公园 (个)	Parks at District Level and Above (unit)	7.0	6.0	116.7	3	4	75.0
体育场馆 (个)	Stadiums and Gymnasiums (unit)	2.0	2.0	100.0	3	3	100.0
道路长度 (公里)	Length of Roads (km)	1412.4	1134.6	124.5	92	59	155.9

20-7 通县、大兴县国民经济主要指标
MAIN NATIONAL ECONOMIC INDICATORS FOR TONGXIAN AND DAXING COUNTIES

项　目 Item		通　县　Tongxian			大　兴　县　Daxing		
		1997	1996	1997年为1996年% 1997 as % of 1996	1997	1996	1997年为1996年% 1997 as % of 1996
综合	**General Survey**						
国内生产总值	(万元)Gross Domestic Product (10000 yuan)	403282.2	478649.4		344244	296892	115.9
第一产业	Primary Industry	80818	81364		106072	103697	102.3
第二产业	Secondary Industry	124676.7	182010.7		100525	90881	110.6
第三产业	Tertiary Industry	197787.5	215274.7		137627	102314	134.5
财政收入	(万元)Fiscal Revenue (10000 yuan)	19051	17876	106.7	15036	13172	114.2
#各项税收	Taxes	12830	11724	109.4	13839	12635	109.5
财政支出	(万元)Fiscal Expenditure (10000 yuan)	37089	29477	125.8	41287	30973	133.3
#基本建设支出	Capital Construction	808	100	808.0	2049		
支援农业生产支出	Supporting Agriculture	2623	2072	126.6	5538	3980	139.1
文教卫生事业费	Culture,Education and Health	11265	10577	106.5	14727	12872	114.4
人口和劳动力	**Population and Labor Force**						
总人口	(人)Total Population (person)	628326	625117	100.5	602278	587615	102.5
常住户籍人口	(人)Permanent Registered Population (person)	596562	597923	99.8	521939	517615	100.8
#非农业人口	Non-agriculture	166938	162774	102.6	139637	131395	106.3
男	Male	294777	295928	99.6	261674	259711	100.8
女	Female	301245	301995	99.8	260265	257904	100.9
出生率	(‰)Birth Rate (‰)	6.87	8.33		7.6	7.9	
死亡率	(‰)Death Rate (‰)	6.86	7.2		6.9	6.67	
自然增长率	(‰)Natural Growth Rate (‰)	0.01	1.13		0.7	1.24	
从业人员	(人)Employment (person)	235025	241568	97.3	225425	228797	98.5
按产业分	Grouped by Industry						
第一产业	Primary Industry	76768	75427	101.8	122302	123046	99.4
第二产业	Secondary Industry	71678	77839	92.1	43690	48993	89.2
第三产业	Tertiary Industry	86579	88302	98.0	59433	56758	104.7
按职工非职工分	Grouped by Staff and Workers or Non-staff-and worker						
职工人数	Staff and Workers	49617	51429	94.5	64440	68101	94.6
#国有单位	State-owned	35429	34979	101.3	30823	31493	97.9
集体单位	Collective-owned	10312	12867	80.1	23420	28816	81.3
城镇个体劳动者	Urban and Rural Individuals	4016	3876	103.6	1206	1821	66.2
劳动工资	**Wages**						
工资总额	(万元)Total Wages (10000 yuan)	39387.5	33780.8	116.6	49170	43920.6	112.0
#国有单位	State-owned	29339.7	24751.6	118.5	25376.8	22375.8	113.4
集体单位	Collective-owned	6804.1	6757.3	100.7	14831.9	15673.7	94.6
职工平均工资	(元)Average Wage (yuan)	7862.2	6688	117.6	7773	6510	119.4
固定资产投资	Investment in Fixed Assets						
全社会固定资产投资	(万元)Total Investment in Fixed Assets (10000 yuan)	39416.2	40799.1	96.6	64568.3	78549	82.2
按建设性质分	Grouped by Type of Construction						
#基本建设投资	Capital Construction	30280	17813	170.0	62721.3	76301	82.2
更新改造投资	Innovation and Replacement	9136.2	7171.1	127.4	1847	2248	82.2

续表 1 continued

项　目 Item	通县 Tongxian 1997	1996	1997年为1996年% 1997 as % of 1996	大兴县 Daxing 1997	1996	1997年为1996年% 1997 as % of 1996
按经济类型分 Grouped by Ownership						
国有单位 (万元) State-owned (10000 yuan)	19591	22137	85.0	17556	27466	63.9
集体单位 (万元) Collective-owned (10000 yuan)	9431.2	6628.1	142.3	35028.3	17569	199.4
新增固定资产 (万元) Incremental Fixed Assets (10000 yuan)	27953.2	57291.5	48.8	50749.8	38582	131.5
#国有单位 State-owned	13525	37564	36.0	11147	14840	75.1
集体单位 Collective-owned	3778.2	5499.5	68.7	32563.8	23742	137.2
房屋施工面积 (万平方米) Floor Space of Buildings Under Construction (10000 sq. m)	46.8	50.5	92.7	55.5	94.2	58.9
#国有单位 State-owned	27.9	28.5	97.9	26.2	62.1	42.2
集体单位 Collective-owned	6.7	16.4	40.9	17.1	8.3	206.0
房屋竣工面积 (万平方米) Floor Space of Buildings Completed (10000 sq. m)	30.0	44.6	67.3	27.6	30	92.0
#国有单位 State-owned	13.6	16.2	83.9	12.2	16.4	74.4
#住宅 Residence	7.8	11.2	69.6	9.4	15.8	59.5
#集体单位 Collective-owned	5.7	25.9	22.0	11.9	3.6	330.6
#住宅 Residence	...	0.33		5.6	3.6	155.6
农村经济 Rural Economy						
农村劳动力 (人) Labor Force (person)	181392	186232	97.4	179723	180134	99.8
种植业 Planting	68448	67086	102.0	112059	112258	99.8
林业 Forestry	2000	1991	100.5	5382	6121	87.9
牧业 Animal Husbandry	3538	3447	102.6	3872	3644	106.3
渔业 Fishery	1950	2053	95.6	494	502	98.4
农村工业 Rural Industry	52920	74577	71.0	21875	24011	91.1
农村建筑业 Rural Construction	11544	11629	99.3	5152	5459	94.4
农村运输业 Rural Transportation	9213	8220	112.1	5461	4753	114.9
农村商、饮食业、服务业 Commerce, Catering and Services	31779	32986	96.3	5014	4453	112.6
耕地面积 (公顷) Area under Cultivation (hectare)	51003.2	58023.7	87.9	52801.2	52764.5	100.1
农业机械总动力 (千瓦) Total Power of Agricultural Machinery (kw)	431000	510855	84.4	452000	400000	113.0
化肥施用实物量 (吨) Consumption of Chemical Fertilizers (ton)	117600.7	119532	98.4	112544	107116.4	105.1
化肥施用折纯量 (吨) Consumption of Chemical Fertilizers(100%) (ton)	40146.6	40135	100.03	35092.7	33177.8	105.8
农村用电量 (万千瓦时) Consumption of Electricity (10000 kwh)	27659.2	21313.8	129.8	22739.1	20836	109.1
农村国内生产总值 (万元) Rural Gross Domestic Product (10000 yuan)	258975.1	292938.6		57589.9	231160.1	111.4
第一产业 Primary Industry	80818	81364		105987.8	103425	102.5
第二产业 Secondary Industry	103095.1	132389.1		77924.2	69229.8	112.6
第三产业 Tertiary Industry	75062	79184.9		73677.9	58505.3	125.9
农业总产值 (万元) Gross Output Value of Agriculture (10000 yuan)	99991	97927	102.1	139217.3	135070.2	103.1
种植业 Planting	67059	65075	103.0	95819.4	93333.5	102.7
林业 Forestry	542	577	93.9	1364.2	1215.9	112.2
牧业 Animal Husbandry	26737	27680	96.6	39850.1	38385.9	103.8
渔业 Fishery	5641	4595	122.8	2183.6	2134.9	102.3
农作物总播种面积 (万公顷) Sown Area of Farm Crops (10000 hectare)	9.4	9.6	97.9	8.64	8.58	100.7
粮食作物 Grain	7.8	7.9	98.7	5.7	5.7	100.0
经济作物 Industrial Crops	0.2	0.2	100.0	0.4	0.45	88.9
其他作物 Other Crops	1.4	1.5	93.3	2.54	2.42	105.0

续表 2 continued

项目 Item	通县 Tongxian 1997	1996	1997年为1996年% 1997 as % of 1996	大兴县 Daxing 1997	1996	1997年为1996年% 1997 as % of 1996
农副产品产量 Yield of Farm and Sideline Crops						
粮食 (万吨) Grain (10000 tons)	50.2	50	100.4	33.3	32.9	101.2
蔬菜 (吨) Vegetable (ton)	749612	699745	107.1	896028	859198	104.3
干鲜果 (吨) Dry and Fresh Fruits(ton	24360	23026	105.8	82363	72810	113.1
畜产品产量 Output of Livestock Products						
生猪出栏 (头) Slaughtered Hogs (head)	363053	389190	93.3	343539	320180	107.3
商品猪 (头) Commodity Hogs (head)	361946	387291	93.5	342462	319370	107.2
猪牛羊肉 (吨) Pork,Beef and Mutton(ton	27298	31214	87.5	24392	23648	103.1
#猪肉 Pork	23897	26810	89.1	21543	20315	106.0
禽肉 Meat of Poultry (ton)	5168	5269	98.1	7579	7233	104.8
禽蛋 Poultry Eggs (ton)	15356	16092	95.4	40606	40221	101.0
牲畜年底头数 (头) Number of Livestock (year-end) (head)	339631	408218	83.2	373556	370230	100.9
大牲畜 Large Animals	22566	23970	94.1	20692	22491	92.0
猪 Hogs	225395	268721	83.9	229679	223931	102.6
羊 Goats and Sheep	91670	103353	88.7	123185	123808	99.5
水产品产量 (吨) Output of Aquatic Product (ton)	11200	12174	92.0	5279	5288	99.8
农村集体经济收入 (万元) Rural Collective Economic Revenue (10000 yuan)	405408			459094	540606	84.9
农村集体经济利润总额 (万元) Total Profits of Rural Collective Economy (10000 yuan)	24472			38379	142637	26.9
国家税金 State Taxes	16714			14719	12050	122.1
集体积累 Collective Accumulation	14576			18014	3877	464.6
劳动所得 Income from Work	1139.2			36912		
乡镇企业单位数 (个) Number of Township and Village Enterprise(unit)	2100	2355	89.2	2900	8706	33.3
乡镇企业人数 (人) Number of Persons of Township and Village Enterprises (person)	80022	100883	79.3	59627	69700	85.5
乡镇企业纯利润 (万元) Net Profit of Township and Village Enterprises (10000 yuan)	17745	30473	58.2	24940	19748	126.3
乡镇企业固定资产原价 (万元) Original Value of Fixed Assets of Township and Village Enterprises (10000 yuan)	299301	283219	105.7	168234	160221	105.0
乡镇企业固定资产净值 (万元) Net Value of Fixed Assets of Township and Village Enterprises (10000 yuan)	227222	215516	105.4	129943	126349	102.8
工业 Industry						
全部工业企业单位数 (个) Number of Enterprises (unit)	2412	2700	89.3	2023	1934	104.6
#国有 State-owned	46	48	95.8	186	208	89.4
集体 Collective-owned	1790	1883	95.1	1200	1214	98.8
私营 Private Owned	576	769	74.9	348	301	115.6
工业增加值 (万元) Added Value (10000 yuan)	99931.7	136622.3		83701	67853	123.4
全部工业总产值 (现价,万元) Gross Output Value of Industry (at current prices,10000 yuan)	483631.1	625800	77.3	486706.8	413572.5	117.7
#国有 State-owned	48132.1	52724.3	91.3	81506.9	85843.8	94.9
集体 Collective-owned	420006.3	557220.7	75.4	253476.8	245763.2	103.1
私营 Private Owned	15492.7	15855	97.7	31477.1	20736.4	151.8

续表 3 continued

项目	Item	通县 Tongxian 1997	通县 Tongxian 1996	通县 Tongxian 1997年为1996年% 1997 as % of 1996	大兴县 Daxing 1997	大兴县 Daxing 1996	大兴县 Daxing 1997年为1996年% 1997 as % of 1996
全部工业总产值(90不变价,万元)	Gross Output Value of Industry (at constant price of 1990,10000yuan)	482737.4	581275.4	77.9	452221.4	382770.7	118.1
#国有	State-owned	32837.6	35669.5	92.1	65739.8	73571	89.4
集体	Collective-owned	404407.1	529894.9	76.3	238920.2	236722.9	100.9
私营	Private Owned	15492.7	15711	98.6	27332.3	17722.9	154.2
乡及乡以上轻工业总产值(现价,万元)	Gross Output Value of Light Industry at Township Level and Above (at current price,10000yuan)	104933.6	151065.6	69.5	164000.5	161846.6	101.3
以农产品为原料	Using Farm Products as Raw Materials	71797.3	104990.8	68.4	107707.2	105200.3	102.4
以非农产品为原料	Using Non-farm Products as Raw Materials	33136.3	46074.8	71.9	56293.3	56646.3	99.4
乡及乡以上重工业总产值(现价,万元)	Gross Output Value of Heavy Industry at Township Level and Above (at current price,10000yuan)	92293.2	119801.6	77.0	135749.9	86871.4	156.3
采掘工业	Mining and Quarrying						
原料工业	Raw Materials Industry	12585.7	22489.1	56.0	26642.3	17374.3	153.3
制造工业	Manufacturing Industry	79707.5	97312.5	77.8	109107.6	69497.1	157.0
独立核算工业企业平均职工人数(人)	Average Number of Staff and Workers in Enterprises with Independent Accounting System (person)	35208	48330	72.8	33580	35357	95.0
#国有	State-owned	9550	10679	89.4	9069	12494	72.6
集体	Collective-owned	17084	29680	57.6	15178	14641	103.7
独立核算工业企业总产值(现价,万元)	Gross Output Value of Enterprises with Independent Accounting System(at current prices, 10000 yuan)	197226.8	257006.2	76.7	285048.1	248718	114.6
#国有	State-owned	48132.1	52724.3	91.3	71191	83289.5	85.5
集体	Collective-owned	87960.3	129055.8	68.2	80887.5	83089.3	97.4
独立核算工业企业财务指标	Financial Indicators for Enterprises with Independent Accounting System						
产品销售收入 (万元)	Sales Revenue(10000yuan)	158363.8	209039.5	75.8	260010.1	207261.1	125.5
#国有	State-owned	39523.5	41227.9	95.9	66343.1	74036.1	89.6
产品销售成本 (万元)	Cost of Sales(10000yuan)	129310.9	172738.4	74.9	207806.4	163736.3	126.9
#国有	State-owned	31831.1	35479.6	89.7	54370	42574	127.7
固定资产原价 (万元)	Original Value of Fixed Assets (10000 yuan)	183874.2	183558	100.2	218363	194440.1	112.3
#国有	State-owned	72831.3	63998.8	113.8	90900.8	88418.7	102.8
固定资产净值 (万元)	Net Value of Fixed Assets (10000 yuan)	128203.2	131393.2	97.6	164368.7	146478.9	112.2
#国有	State-owned	46868.6	44949.6	104.3	72439.5	73239.5	98.9
全部流动资金年平均余额 (万元)	Annual Average Balance of Circulating Funds (10000 yuan)	186764.6	191018.1	97.8	206474.3	186744.8	110.6
#国有	State-owned	40399.4	41125.5	98.2	67820.1	74036.1	91.6
利润总额 (万元)	Total Profits(10000yuan)	1214.7	4563.6	26.6	-8136.2	-7195.6	
#国有	State-owned	-109.9	-668.7		-13748.7	-9330.4	

续表 4 continued

项目 Item	通县 Tongxian 1997	1996	1997年为1996年% 1997 as % of 1996	大兴县 Daxing 1997	1996	1997年为1996年% 1997 as % of 1996
资金利税率 (%) Ratio of Pre-tax Profits to Total Capital (%)	2.86	1.8		0.64	0.55	
产品销售率 (%) Ratio of Sales Value to Gross Output Value (%)	93.26	92.6		91.2	83.3	
增加值率 (%) Ratio of Added Value to Gross Output Value (%)	27.92	21.83		15.7		
独立核算工业企业全员劳动生产率 (元/人) Overall Labor Productivity of Enterprises with Independent Accounting System (yuan/person)	15151	15110	100.3	13303		
#国有 State-owned	14074	14812	95.0			
集体 Collective-owned	16080	13835	116.2			
商业 Commerce						
社会消费品零售额 (万元) Retail Sales of Consumer Goods (10000 yuan)	306255	284440	107.7	224128	211715	105.9
按经济类型分 Grouped by Ownership						
#国有 State-owned	34204	58057	58.9	68924	65290	105.6
集体 Collective-owned	114387	109044	104.9	57438	52940	108.5
私营 Private Owned						
个体 Individuals	20600	20320	101.4	97766	93485	104.6
按类别分 Grouped by Type of Goods						
吃的商品 (万元) Food (10000 yuan)	139382	137870	101.1	120588	111303	108.3
穿的商品 (万元) Clothing (10000 yuan)	26073	35771	72.9	24560	23807	103.2
用的商品 (万元) Daily Used Articles (10000 yuan)	136419	85073	160.4	68312	66821	102.2
烧的商品 (万元) Fuel (10000 yuan)	4831	6074	79.5	10668	9784	109.0
网点数 (个) Number of Outlets (unit)	11537	14528	79.4	11411	15892	71.8
#商业 Wholesale and Retail	8632	11187	77.2	8657	11235	77.1
饮食业 Catering	1478	1770	83.5	1550	1943	79.8
服务业 Services	1407	1543	91.2	1204	2289	52.6
#宾馆、饭店 Hotels	2	27	7.4	1	1	100.0
营业人员 (人) Personnel (person)	27195	32075	84.8	23547	30675	76.8
#商业 Wholesale and Retail	21141	24818	85.2	18159	28973	62.7
饮食业 Catering	3523	4430	79.5	3683	4283	86.0
服务业 Services	2435	2600	93.7	1705	2557	66.7
#宾馆、饭店 Hotels	651	1140	57.1	231	272	84.9
外经、外贸 Foreign Economy and Trade						
出口商品交货额 (万元) Delivery Value of Exports (10000 yuan)	47417.8	45977.1	103.1	46117.2	34542.6	133.5
利用外资签订协议(合同)数 (个) Number of Signed Agreements and Contracts of Foreign Capital to be Utilized (unit)	31	32	96.8	39	40	97.5
利用外资签订协议(合同)金额 (万美元) Amount of Foreign Capital to be Utilized through Agreements and Contracts (USD 10000)	2042.9	4611.5	44.3	3361.3	3807.6	88.3
实际利用外资 (万美元) Amount of Foreign Capital Actually Used (USD 10000)	3706.7	3986.9	93.0	2489.3	825	301.7
旅游人数 (人) Number of Tourist (person)				2050000	401000	511.2
教育 Education						
学校数 (个) Number of Schools (unit)	238	241	98.8	265	275	96.4
小学 Primary Schools	190	197	96.4	213	221	96.4

续表 5 continued

项目	Item	通县 Tongxian 1997	1996	1997年为1996年% 1997 as % of 1996	大兴县 Daxing 1997	1996	1997年为1996年% 1997 as % of 1996
普通中学	Regular Secondary School	44	44	100	46	47	97.9
中等专业教育	Specialized Secondary Schools	4	5	80	6	7	85.7
招生数 (人)	New Student Enrollment (person)						
小学	Primary Schools	10321	12436	83.0	9092	11465	79.3
初级中等学校	Junior Secondary Schools	8340	10408	80.1	8896	8971	99.2
高级中等学校	Senior Secondary Schools	1630	1530	106.5	1608	1183	135.9
中等专业教育	Specialized Secondary Schools	1032	971	106.3	438	2752	15.9
在校学生 (人)	Student Enrollment (person)						
小学	Primary Schools	68354	66714	102.5	70422	70439	99.9
初级中等学校	Junior Secondary Schools	35832	33842	105.9	22748	27776	81.9
高级中等学校	Senior Secondary Schools	4701	4370	107.6	3866	2954	130.9
中等专业教育	Specialized Secondary Schools	2574	2331	110.4	1588	7702	20.6
毕业生 (人)	Graduates (person)						
小学	Primary Schools	8646	10784	80.2	9104	9142	99.6
初级中等学校	Junior Secondary Schools	10741	9719	110.5	7796	6265	124.4
高级中等学校	Senior Secondary Schools	1221	1007	121.3	634	643	98.6
中等专业教育	Specialized Secondary Schools	762	680	112.1	400	1350	29.6
达到"国家体育标准"学生数 (人)	Number of Students Come to the Standard for State Physical Training (person)	105594	103261	102.3			
幼儿园、托儿所个数 (个)	Number of Kindergardens (unit)	217	232	93.5	207	228	90.8
幼儿入托数 (人)	New Enrollment (person)	24865	24717	100.6	7008	15351	45.7
文化	**Culture**						
文化馆、站 (个)	Cultural Centers (unit)	19	18	105.6	22	24	91.7
公共图书馆 (个)	Public Libraries (unit)	1	1	100	1	1	100.0
公共图书馆藏书 (万册)	Collection (10000 volume)	13.9	13.7	101.5	11	10.2	107.8
电影放映单位 (个)	Film Projection Units (unit)	17	9	188.9	21	21	100.0
区级以上重点文物保护单位 (个)	Cultural Relics Preserved at District Level and above (unit)	25	23	108.7	15	15	100.0
卫生	**Health**						
卫生机构数 (个)	Number of Health Institutions (unit)	147	146	100.7	45	97	46.4
#医院	Hospitals	11	10	110	11	3	366.7
卫生院	Clinics	16	16	100	28	19	147.4
床位数 (张)	Number of Beds (unit)	2037	1952	104.4	1838	1520	120.9
#医院	Hospitals	1634	1564	104.5	494	459	107.6
卫生院	Clinics	383	370	103.5	624	437	142.8
平均每千人拥有床位数 (张)	Average Number of Beds Per 1000 Persons (unit)	3.41	3.26	104.6	3.5	3	116.7
卫生技术人员 (人)	Medical Technical Personnel (person)	3131	3199	97.9	2400	3210	74.8
#医生	Doctors (person)	1510	1542	97.9	1162	1222	95.1
城市公用	**Urban Public Utilities**						
区级以上公园 (个)	Parks at District Level and above (unit)	1	1	100	2	2	100.0
体育场馆 (个)	Stadiums and Gymnasiums (unit)	1	1	100	2	2	100.0
道路长度 (公里)	Length of Roads (km)	1930.82	1598.1	120.8	1350	1330	101.5

20-8 平谷县、怀柔县国民经济主要指标
MAIN NATIONAL ECONOMIC INDICATORS FOR PINGGU AND HUAIROU COUNTIES

项目 Item	平谷县 Pinggu			怀柔县 Huairou		
	1997	1996	1997年为1996年% 1997 as % of 1996	1997	1996	1997年为1996年% 1997 as % of 1996
综合 General Survey						
国内生产总值 (万元)Gross Domestic Product (10000 yuan)	246040.8	218340.3	112.7	269322.5	245327	109.8
第一产业 Primary Industry	73453.7	70712.7	103.9	35770.4	35410.7	101.0
第二产业 Secondary Industry	87083.8	69319.2	125.6	142733.9	126487.7	112.8
第三产业 Tertiary Industry	85503.3	78308.4	109.2	90818.2	83428.6	108.9
财政收入 (万元)Fiscal Revenue (10000 yuan)	9753	5879	165.9	41997	30849	136.1
#各项税收 Taxes	10507	6880	152.7	41298	30081	137.3
财政支出 (万元)Fiscal Expenditure (10000 yuan)	38339	28237	135.8	56413	41003	137.6
#基本建设支出 Capital Construction	1385	101	1371.3	1415	...	...
支援农业生产支出 Supporting Agriculture	4680	1815	257.9	6042	4882	123.8
文教卫生事业费 Culture,Education and Health	11542	10787	107	11942	10331	115.6
人口和劳动力 Population and Labor Force						
总人口 (人)Total Population (person)	396746	395734	100.3	264101	262708	100.5
常住户籍人口 (人)Permanent Registered Population (person)	388720	387734	100.3	260762	259318	100.6
#非农业人口 Non-agriculture	83125	77129	107.8	71755	68039	105.5
男 Male	44159	41334	106.8	133051	132463	100.4
女 Female	38966	35795	108.9	127711	126855	100.7
出生率 (‰)Birth Rate (‰)	7.41	7.84		9.97		
死亡率 (‰)Death Rate (‰)	6.65	6.84		6.54		
自然增长率 (‰)Natural Growth Rate (‰)	0.75	1		3.43		
从业人员 (人)Employment (person)	202124	202668	99.7	135643	138374	98.0
按产业分 Grouped by Industry						
第一产业 Primary Industry	68568	70470	97.3	31129	34158	91.1
第二产业 Secondary Industry	70906	67488	105.1	51683	54532	94.8
第三产业 Tertiary Industry	62650	64710	96.8	52831	49684	106.3
按职工非职工分 Grouped by Staff and Workers or Non-staff-and worker						
职工人数 Staff and Workers	51171	46533	110	42985	42429	101.3
#国有单位 State-owned	40668	37793	107.6	30158	23047	130.9
集体单位 Collective-owned	3944	4094	96.3	9294	9569	97.1
城镇个体劳动者 Urban and Rural Individuals	11616	13200	88	13197	13091	100.8
劳动工资 Wages						
工资总额 (万元)Total Wages (10000 yuan)	38071	27542.5	138.2	39615.7	35431.2	111.8
#国有单位 State-owned	31642.2	23066.6	137.2	27304.8	24249.1	112.6
集体单位 Collective-owned	1967.9	1817.3	108.3	6826.5	6794.7	100.5
职工平均工资 (元)Average Wage (yuan)	7285	5922	123	9177	8067	113.8
固定资产投资 Investment in Fixed Assets						
全社会固定资产投资 (万元)Total Investment in Fixed Assets (10000 yuan)	42167	68301.2	61.7	87020	95687	90.9
按建设性质分 Grouped by Type of Construction						
#基本建设投资 Capital Construction	35094	60058.7	58.4	46401	52625	88.2
更新改造投资 Innovation and Replacement	1920	7987.5	24	20260	4125	491.2

续表 1 continued

项目 Item		平谷县 Pinggu 1997	1996	1997年为1996年% 1997 as % of 1996	怀柔县 Huairou 1997	1996	1997年为1996年% 1997 as % of 1996
按经济类型分	Grouped by Ownership						
国有单位 (万元)	State-owned (10000 yuan)	10939	14597	74.9	22592	28003	80.7
集体单位 (万元)	Collective-owned (10000 yuan)	5333	9108	58.6	50814	58344	87.1
新增固定资产 (万元)	Incremental Fixed Assets (10000 yuan)	86997	34913	249.2	74359	162814	45.7
#国有单位	State-owned	9700	12000	80.8	16425	20250	81.1
集体单位	Collective-owned	195	6999	2.8	54408	84070	64.7
房屋施工面积 (万平方米)	Floor Space of Buildings Under Construction (10000 sq.m)	47.3	57.4	82.4	62	62	100
#国有单位	State-owned	25	35	71.4	15	13	115.4
集体单位	Collective-owned	4	12	33.3	47	49	95.9
房屋竣工面积 (万平方米)	Floor Space of Buildings Completed (10000 sq.m)	32	43.4	73.7	48.3	41.7	115.8
#国有单位	State-owned	11	18	61.1	13.4	11.3	118.9
#住宅	Residence	8	10	80	5.7	4.0	142.5
#集体单位	Collective-owned	4	12	33.3	34.9	30.4	114.8
#住宅	Residence	3.5	7	50	15.0	11.7	128.2
农村经济	**Rural Economy**						
农村劳动力 (人)	Labor Force (person)	139337	142935	97.5	79461	82854	95.9
种植业	Planting	59648	61155	97.5	21967	23889	92
林业	Forestry	1950	1898	102.7	6279	6270	100.1
牧业	Animal Husbandry	4093	3687	111.0	2021	1795	112.6
渔业	Fishery	1970	2146	91.8	353	321	110
农村工业	Rural Industry	33444	36202	92.4	13734	15824	86.8
农村建筑业	Rural Construction	11869	12332	96.2	4250	4023	105.6
农村运输业	Rural Transportation	5478	5067	108.1	4258	3635	117.1
农村商、饮食业、服务业	Commerce, Catering and Services	4553	4329	105.2	3829	3633	105.4
耕地面积 (公顷)	Area under Cultivation (hectare)	19120.4	26748	71.5	15418.4	15508.3	99.4
农业机械总动力 (千瓦)	Total Power of Agricultural Machinery (kw)	326996	330540	98.9	212722	198261	107.3
化肥施用实物量 (吨)	Consumption of Chemical Fertilizers (ton)	57228	56103.4	102.0	21119.7	20403.8	103.5
化肥施用折纯量 (吨)	Consumption of Chemical Fertilizers(100%) (ton)	17375	16921.5	102.7	9984.8	7460.2	133.8
农村用电量 (万千瓦时)	Consumption of Electricity (10000 kwh)	17996.2	14157.8	127.1	12414.1	10361.1	119.8
农村国内生产总值 (万元)	Rural Gross Domestic Product (10000 yuan)	157155.4	135295.4	116.2	160157.2	139733.6	114.6
第一产业	Primary Industry	66055.3	50729.2	130.2	35692.8	35006.8	102.0
第二产业	Secondary Industry	53356.4	49301.1	108.2	74287.3	66848.4	111.1
第三产业	Tertiary Industry	37743.7	35265.1	107.0	50177.1	37878.4	132.5
农业总产值 (万元)	Gross Output Value of Agriculture (10000 yuan)	77460.7	71621	108.2	43385.6	42991.8	100.9
种植业	Planting	41700.4	39176	106.4	17439.9	18340.3	95.1
林业	Forestry	1319.8	1156	114.2	3699.8	3483.3	106.2
牧业	Animal Husbandry	28031.7	24940	112.4	21666.3	20608	105.1
渔业	Fishery	6408.8	6349	100.9	579.6	560.2	103.5
农作物总播种面积 (万公顷)	Sown Area of Farm Crops (10000 hectare)	3.5	3.6	97.2	2.38	2.4	99.2
粮食作物	Grain	2.7	2.8	96.4	2.09	2.09	100.0
经济作物	Industrial Crops	0.1	0.1	100	0.08	0.08	100.0
其他作物	Other Crops	0.7	0.7	100	0.21	0.22	95.5

续表 2 continued

项目 Item	平谷县 Pinggu 1997	1996	1997年为1996年% 1997 as % of 1996	怀柔县 Huairou 1997	1996	1997年为1996年% 1997 as % of 1996
农副产品产量 Yield of Farm and Sideline Crops						
粮食（万吨）Grain (10000 tons)	15.8	15.9	99.4	12.5	13.4	93.3
蔬菜（吨）Vegetable (ton)	268606	239011	112.4	57649	58771	98.1
干鲜果（吨）Dry and Fresh Fruits(ton	137294	127500	107.7	43674	41162	106.1
畜产品产量 Output of Livestock Products						
生猪出栏（头）Slaughtered Hogs (head)	201581	197265	102.2	181487	178722	101.5
商品猪（头）Commodity Hogs (head)	198287	193419	102.5	176406	173409	101.7
猪牛羊肉（吨）Pork,Beef and Mutton(ton	17859	16330	109.4	15330	13444	114.0
#猪肉 Pork	14428	12767	113.0	13908	11396	122.0
禽肉 Meat of Poultry (ton)	5222	4081	128.0	9016	5200	173.4
禽蛋 Poultry Eggs (ton)	33179	28934	114.7	19907	20395	97.6
牲畜年底头数（头）Number of Livestock (year-end) (head)	212804	217966	97.6	175675	172536	101.8
大牲畜 Large Animals	12966	13640	95.1	15338	16585	92.5
猪 Hogs	150519	153060	98.3	123172	121317	101.5
羊 Goats and Sheep	49319	51266	96.2	37165	34634	107.3
水产品产量（吨）Output of Aquatic Product (ton)	14417.3	14120	102.1	1451	1334	108.8
农村集体经济收入（万元）Rural Collective Economic Revenue (10000 yuan)	282625.1	246477	114.7	457155	405561	112.7
农村集体经济利润总额（万元）Total Profits of Rural Collective Economy (10000 yuan)	11798.7	9534	123.8	27142	24899	109.0
国家税金 State Taxes	11378.2	11897	95.6	14471	13617	106.3
集体积累 Collective Accumulation	5181.2	2923	177.3	11271	10326	109.2
劳动所得 Income from Work	23428.5	20254	115.7	14371	14152	101.5
乡镇企业单位数（个）Number of Township and Village Enterprise(unit)	835	754	110.7	734	773	95.0
乡镇企业人数（人）Number of Persons of Township and Village Enterprises (person)	54135	54776	98.8	35363	41852	84.5
乡镇企业纯利润（万元）Net Profit of Township and Village Enterprises (10000 yuan)	7706	8039	95.9	21381	19194	111.4
乡镇企业固定资产原价（万元）Original Value of Fixed Assets of Township and Village Enterprises (10000 yuan)	141230	86899	162.5	152338	129929	117.2
乡镇企业固定资产净值（万元）Net Value of Fixed Assets of Township and Village Enterprises (10000 yuan)	110542	64205	172.2	124603	106746	116.7
工业 Industry						
全部工业企业单位数（个）Number of Enterprises (unit)	260	245	106.1	773	745	103.8
#国有 State-owned	68	56	121.4	29	29	100.0
集体 Collective-owned	123	117	105.1	689	663	104.0
私营 Private Owned						
工业增加值（万元）Added Value (10000 yuan)	56111.9	51219.5	109.6	112011.9	91018.3	123.1
全部工业总产值（现价，万元）Gross Output Value of Industry (at current prices,10000 yuan)	236706.1	198839.1	119.0	679452.6	605784.3	112
#国有 State-owned	69003.9	46180.4	149.4	88942	67912.6	131
集体 Collective-owned	55793.3	49242.1	113.3	406753.6	373800.4	109
私营 Private Owned						

续表 3 continued

项目	Item	平谷县 Pinggu 1997	1996	1997年为1996年% 1997 as % of 1996	怀柔县 Huairou 1997	1996	1997年为1996年% 1997 as % of 1996
全部工业总产值（90不变价，万元）	Gross Output Value of Industry (at constant price of 1990,10000yuan)	218407.7	172955.9	126.3	697570	590394.6	118
#国有	State-owned	62722.8	40960.7	153.1	85447.6	67566.3	126.5
集体	Collective-owned	51098.6	45181.6	113.1	376407.1	364988.9	103.1
私营	Private Owned						
乡及乡以上轻工业总产值（现价，万元）	Gross Output Value of Light Industry at Township Level and Above (at current price,10000yuan)	165652.7	153559.7	107.9	275148.5	243226.5	113.1
以农产品为原料	Using Farm Products as Raw Materials	123165.1	133897.6	92.0	185650.1	212740	87.3
以非农产品为原料	Using Non-farm Products as Raw Materials	42487.6	19662.1	216.1	89498.4	30486.5	293.4
乡及乡以上重工业总产值（现价，万元）	Gross Output Value of Heavy Industry at Township Level and Above (at current price,10000yuan)	71053.4	45279.4	156.9	159396.5	171769.1	92.8
采掘工业	Mining and Quarrying	3400.7	352.7	964.2	3690.6	9896.2	37.3
原料工业	Raw Materials Industry	6916.1	7871.4	87.9	43249.9	40533.9	106.7
制造工业	Manufacturing Industry	60736.6	37055.3	163.9	112456	121339	92.7
独立核算工业企业平均职工人数（人）	Average Number of Staff and Workers in Enterprises with Independent Accounting System (person)	36545	35659	102.5	41645	36465	114.2
#国有	State-owned	9073	7711	117.7	6374	6075	104.9
集体	Collective-owned	10533	11086	95.0	18778	21911	85.7
独立核算工业企业总产值（现价，万元）	Gross Output Value of Enterprises with Independent Accounting System(at current prices, 10000 yuan)	233710.3	184819.6	126.5	473237.3	414995.6	114
#国有	State-owned	66340.4	32614	203.4	88942	67912.6	131
集体	Collective-owned	55461	48789	113.7	196954.1	191028.6	103.1
独立核算工业企业财务指标	Financial Indicators for Enterprises with Independent Accounting System						
产品销售收入（万元）	Sales Revenue(10000yuan)	196359.2	149717.1	131.2	425256.4	294993.5	144.2
#国有	State-owned	48239.9	36556.6	132.0	75341.3	62653.9	120.3
产品销售成本（万元）	Cost of Sales(10000yuan)	159904.5	125618.9	127.3	343924.6	254961.7	134.9
#国有	State-owned	39824.1	31813.9	125.2	63712.7	54126	117.7
固定资产原价（万元）	Original Value of Fixed Assets (10000 yuan)	222708	113475.5	196.3	276933.3	166934	165.9
#国有	State-owned	37722.4	32409.9	116.4	48503.2	33855	143.3
固定资产净值（万元）	Net Value of Fixed Assets (10000 yuan)	168208.8	88251.3	190.6	243464.6	152721.7	159.4
#国有	State-owned	28300.1	24182.9	117.0	42102.1	26402.2	159.5
全部流动资金年平均余额（万元）	Annual Average Balance of Circulating Funds (10000 yuan)	188719.2	135877.2	138.9	267368.4	139542.8	191.6
#国有	State-owned	37863.3	31145.4	121.6	42760.9	28975.7	147.6
利润总额（万元）	Total Profits(10000yuan)	-1712.5	-1994.3	...	-3447.6	8174	...
#国有	State-owned	-131.4	-872.1	...	2303.3	1787	128.9

续表 4 continued

项目	Item	平谷县 Pinggu 1997	1996	1997年为1996年% 1997 as % of 1996	怀柔县 Huairou 1997	1996	1997年为1996年% 1997 as % of 1996
资金利税率 (%)	Ratio of Pre-tax Profits to Total Capital (%)	2.7	2.7		5.90	5.82	
产品销售率 (%)	Ratio of Sales Value to Gross Output Value (%)	92.5	90.2		93.21	92.16	
增加值率 (%)	Ratio of Added Value to Gross Output Value (%)	23.7	26.9		15.6	15.0	
独立核算工业企业全员劳动生产率 (元/人)	Overall Labor Productivity of Enterprises with Independent Accounting System (yuan/person)	15354	14364	106.9	109634	111785	98.1
#国有	State-owned	22411	19877	112.7	134056	111220.2	120.5
集体	Collective-owned	10767	11286	95.4	89868	83162	108.1
商业	**Commerce**						
社会消费品零售额 (万元)	Retail Sales of Consumer Goods (10000 yuan)	113770	104368	109.0	126635	120116	105.4
按经济类型分	Grouped by Ownership						
#国有	State-owned	35542	36508	97.4	34601	44988	76.9
集体	Collective-owned	21740	25486	85.3	65010	46341	140.3
私营	Private Owned	...	330	–			
个体	Individuals	25514	42044	60.7	27024	28787	93.9
按类别分	Grouped by Type of Goods						
吃的商品 (万元)	Food (10000 yuan)	41046	43458	94.4	42116	34581	121.8
穿的商品 (万元)	Clothing (10000 yuan)	28685	12367	231.9	18809	21025	89.5
用的商品 (万元)	Daily Used Articles (10000 yuan)	43209	46776	92.4	57019	54164	105.3
烧的商品 (万元)	Fuel (10000 yuan)	830	1767	47.0	2184	4401	49.6
网点数 (个)	Number of Outlets (unit)	13486	13434	100.4	7326	7693	95.2
#商业	Wholesale and Retail	7785	7743	100.5	5398	5565	97.0
饮食业	Catering	2935	2925	100.3	691	672	102.8
服务业	Services	1571	1572	99.9	1237	1456	85.0
#宾馆、饭店	Hotels	8	7	114.3	6	6	100.0
营业人员 (人)	Personnel (person)	19681	19714	99.8	19220	16305	117.9
#商业	Wholesale and Retail	12138	12151	99.9	14539	11635	125.0
饮食业	Catering	3560	3623	98.3	2425	2056	117.9
服务业	Services	1998	1965	101.7	2256	2614	86.3
#宾馆、饭店	Hotels	390	340	114.7	719	732	98.2
外经、外贸	**Foreign Economy and Trade**						
出口商品交货额 (万元)	Delivery Value of Exports (10000 yuan)	71143.9	68317	104.1	28970.5	23818.3	121.6
利用外资签订协议(合同)数 (个)	Number of Signed Agreements and Contracts of Foreign Capital to be Utilized (unit)	17	20	85.0	26	32	81.3
利用外资签订协议(合同)金额 (万美元)	Amount of Foreign Capital to be Utilized through Agreements and Contracts (USD 10000)	1020	6235.7	16.4	3072.5	4772	64.4
实际利用外资 (万美元)	Amount of Foreign Capital Actually Used(USD 10000)	2080	3017	68.9	3715.5	9929.2	37.4
旅游人数 (人)	Number of Tourist(person)	2201931	2010215	109.5	4670000	3710000	125.9
教育	**Education**						
学校数 (个)	Number of Schools (unit)	233	238	97.9	166	176	94.3
小学	Primary Schools	198	206	96.1	130	139	93.5

续表 5 continued

项目 Item	平谷县 Pinggu 1997	1996	1997年为1996年% 1997 as % of 1996	怀柔县 Huairou 1997	1996	1997年为1996年% 1997 as % of 1996
普通中学 Regular Secondary School	30	30	100.0	28	26	107.7
中等专业教育 Specialized Secondary Schools	3	3	100.0	3	5	60.0
招生数 (人) New Student Enrollment (person)				10585	11591	91.3
小学 Primary Schools	8187	8472	96.6	3616	4173	86.7
初级中等学校 Junior Secondary Schools	6754	7242	93.3	4069	4274	95.2
高级中等学校 Senior Secondary Schools	1714	1607	106.7	2203	1945	113.3
中等专业教育 Specialized Secondary Schools	788	1231	64.0	227	799	28.4
在校学生 (人) Student Enrollment (person)				48250	49203	98.1
小学 Primary Schools	57660	56602	101.9	27244	27059	100.7
初级中等学校 Junior Secondary Schools	21789	27528	95.5	13392	13911	96.3
高级中等学校 Senior Secondary Schools	5170		109.7	5946	4695	126.6
中等专业教育 Specialized Secondary Schools	1629	3023	53.9	718	2727	26.3
毕业生 (人) Graduates (person)				10368	10221	101.4
小学 Primary Schools	6925	7420	93.3	4237	4294	98.7
初级中等学校 Junior Secondary Schools	7379	6465	114.1	4641	4025	115.3
高级中等学校 Senior Secondary Schools	1146	679	168.8	540	390	138.5
中等专业教育 Specialized Secondary Schools	391	713	54.8	52	688	7.6
达到"国家体育标准"学生数 (人) Number of Students Come to the State Physical Training Standard (person)	68572	79949	85.8	41325	33446	123.6
幼儿园、托儿所个数 (个) Number of Kindergardens (unit)	320	253	126.5	132	148	89.2
幼儿入托数 (人) New Enrollment (person)	11870	14133	84.0	5513	5655	97.5
文化 Culture						
文化馆、站 (个) Cultural Centers (unit)	22	22	100.0	21	21	100.0
公共图书馆 (个) Public Libraries (unit)	1	1	100.0	1	1	100.0
公共图书馆藏书 (万册) Collection (10000 volume)	13.5	12.6	107.1	11	11	100.0
电影放映单位 (个) Film Projection Units (unit)	12	8	150.0	55	55	100.0
区级以上重点文物保护单位 (个) Projection and Management Agencies at District Level and Above (unit)	18	17	105.9	16	16	100.0
卫生 Health						
卫生机构数 (个) Number of Health Institutions (unit)	100	126	79.4	417	409	102.0
#医院 Hospitals	6	5	120.0	8	8	100.0
卫生院 Clinics	20	21	95.2	17	17	100.0
床位数 (张) Number of Beds (unit)	999	992	100.7	882	884	99.8
#医院 Hospitals	660	607	108.7	824	824	100.0
卫生院 Clinics	294	340	86.5	58	60	96.7
平均每千人拥有床位数 (张) Average Number of Beds Per 1000 Persons (unit)	2.6	2.6	100.0	3.4	3.4	100.0
卫生技术人员 (人) Medical Technical Personnel (person)	1862	1921	96.9	1323	1586	83.4
#医生 Doctors (person)	925	889	104.0	718	744	96.5
城市公用 Urban Public Utilities						
区级以上公园 (个) Parks at District Level and Above (unit)	1	1	100.0	7	7	100.0
体育场馆 (个) Stadiums and Gymnasiums (unit)	1	1	100.0	4	4	100.0
道路长度 (公里) Length of Roads (km)	824	780.2	105.6	79.38	79.38	100.0

20-9 密云县、延庆县国民经济主要指标
MAIN NATIONAL ECONOMIC INDICATORS FOR MIYUN AND YANQING COUNTIES

项目	Item	密云县 Miyun			延庆县 Yanqing		
		1997	1996	1997年为1996年% 1997 as % of 1996	1997	1996	1997年为1996年% 1997 as % of 1996
综合	**General Survey**						
国内生产总值	(万元)Gross Domestic Product (10000 yuan)	253656.5	270604.6	93.7	154964.9	144722.9	105.2
第一产业	Primary Industry	57136.3	63593.6	89.8	57578.3	53230.6	108.6
第二产业	Secondary Industry	104471.9	138504.4	75.4	42723.3	44527.3	96.1
第三产业	Tertiary Industry	92048.3	68506.5	134.4	54393.3	46965	111.6
财政收入	(万元)Fiscal Revenue (10000 yuan)	24788.0	18914	131.1	10947	8068	135.7
#各项税收	Taxes	8099.0	6519	124.2	6172	4665	132.3
财政支出	(万元)Fiscal Expenditure (10000 yuan)	45498.0	34846	130.6	35371	27969	126.5
#基本建设支出	Capital Construction				698		
支援农业生产支出	Supporting Agriculture	5747.0	4388	130.9	3245	3043	106.6
文教卫生事业费	Culture,Education and Health	14196.0	12847	110.5	10763	8923	120.6
人口和劳动力	**Population and Labor Force**						
总人口	(人)Total Population (person)	429676.0	428008	100.4	271487	271556	99.9
常住户籍人口	(人)Permanent Registered Population (person)	424263.0	424056	100.1	268957	269116	99.9
#非农业人口	Non-agriculture	85924.0	80483	106.8	54256	51453	105.4
男	Male	214288.0	214725	99.8	137260	137466	99.9
女	Female	209975.0	209331	100.3	131697	131650	100.0
出生率	(‰)Birth Rate (‰)	10.5	10.8		8.55	8.41	
死亡率	(‰)Death Rate (‰)	6.9	6.98		6.74	7.34	
自然增长率	(‰)Natural Growth Rate (‰)	3.61	3.82		1.81	1.07	
从业人员	(人)Employment (person)	213071.0	225797.0	94.4	122861	99857	123.0
按产业分	Grouped by Industry						
第一产业	Primary Industry	68775.0	72669	94.6	47094	49536	95.1
第二产业	Secondary Industry	62730.0	70008	89.6	27118	26540	102.2
第三产业	Tertiary Industry	81566.0	83120	98.1	48649	23781	204.6
按职工非职工分	Grouped by Staff and Workers or Non-staff-and worker						
职工人数	Staff and Workers	41633.0	42059	99.0	32321	35600	90.8
#国有单位	State-owned	30594.0	29435	103.9	24633	24337	101.1
集体单位	Collective-owned	4151.0	4943	83.9	6593	9870	66.8
城镇个体劳动者	Urban and Rural Individuals	12842.0	14695	87.4	8740	7995	109.3
劳动工资	**Wages**						
工资总额	(万元)Total Wages (10000 yuan)	33061.0	28557	115.8	25048.4	22912.6	109.3
#国有单位	State-owned	25285	20917	120.9	19897.8	17813.1	111.7
集体单位	Collective-owned	2527	2641	95.7	4351.4	4236.4	102.7
职工平均工资	(元)Average Wage (yuan)	7807	6817	114.5	7696.9	6470	119.0
固定资产投资	Investment in Fixed Assets						
全社会固定资产投资	(万元)Total Investment in Fixed Assets (10000 yuan)	42997	32768	131.2	11986	14766	81.2
按建设性质分	Grouped by Type of Construction						
#基本建设投资	Capital Construction	41348	29637	139.5	11471	12273	93.5
更新改造投资	Innovation and Replacement	1649	3131	52.7	515	2493	20.7

续表 1 continued

项目	Item	密云县 Miyun 1997	1996	1997年为1996年% 1997 as % of 1996	延庆县 Yanqing 1997	1996	1997年为1996年% 1997 as % of 1996
按经济类型分	Grouped by Ownership						
国有单位 (万元)	State-owned (10000 yuan)	36315	30324	119.8	8546	5093	167.8
集体单位 (万元)	Collective-owned (10000 yuan)	6682	2444	273.4	2410	9673	24.9
新增固定资产 (万元)	Incremental Fixed Assets (10000 yuan)	42928	31434	136.6	27157	7056	384.9
#国有单位	State-owned	36813	28502	129.2	8704	7056	123.4
集体单位	Collective-owned	6115.0	2932	208.6	1803		
房屋施工面积 (万平方米)	Floor Space of Buildings Under Construction (10000 sq.m)	61.4	40.9	150.1	18.8	11.4	164.9
#国有单位	State-owned	50.2	37.1	135.3	11.9	7.9	150.6
集体单位	Collective-owned	11.2	3.8	294.7	5.7	3.5	162.9
房屋竣工面积 (万平方米)	Floor Space of Buildings Completed (10000 sq.m)	40.5	31.6	128.2	13.6	5.8	234.5
#国有单位	State-owned	30.7	27.9	110.0	7.4	4.7	157.4
#住宅	Residence	24.3	19.1	127.2	2.9	3.8	76.3
#集体单位	Collective-owned	9.8	3.8	257.9	5.7	1.1	518.2
#住宅	Residence	9.4	3.6	261.1	5.3	1.1	481.8
农村经济	**Rural Economy**						
农村劳动力 (人)	Labor Force (person)	155867	162864	95.7	89857	72804	123.4
种植业	Planting	55955	59640	93.8	41696	44942	92.8
林业	Forestry	7169	7420	96.6	2780	2320	119.8
牧业	Animal Husbandry	4589	4561	100.6	2251	1947	115.6
渔业	Fishery	1062	1048	101.3	367	327	112.2
农村工业	Rural Industry	21712	24855	87.4	10022	10423	96.2
农村建筑业	Rural Construction	9164	9037	101.4	7390	6852	107.9
农村运输业	Rural Transportation	7084	6446	109.9	4190	3187	131.5
农村商、饮食业、服务业	Commerce, Catering and Services	5929	5190	114.2	2950	2806	105.1
耕地面积 (公顷)	Area under Cultivation (hectare)	23489.6	23947	98.1	32591.3	33002	98.8
农业机械总动力 (千瓦)	Total Power of Agricultural Machinery (kw)	314834	291000	108.2	187311	185979	100.7
化肥施用实物量 (吨)	Consumption of Chemical Fertilizers (ton)	45247	42643	106.1	35976	32470	110.8
化肥施用折纯量 (吨)	Consumption of Chemical Fertilizers(100%) (ton)	11344	10781	105.2	10954.6	8898	123.1
农村用电量 (万千瓦时)	Consumption of Electricity (10000 kwh)	8765.8	8174.4	107.2	7706.4	6707	114.9
农村国内生产总值 (万元)	Rural Gross Domestic Product (10000 yuan)	147302.6	140411.9	104.9	109582.4	105275.4	104.1
第一产业	Primary Industry	50251.6	53043.9	94.7	61771.1	53230.6	116.0
第二产业	Secondary Industry	51698.5	47821.7	108.1	23560	31131	75.7
第三产业	Tertiary Industry	45352.5	39546.3	114.9	24251.3	20913.8	116.0
农业总产值 (万元)	Gross Output Value of Agriculture (10000 yuan)	53603.4	56048.2	95.6	52215.4	43505.7	120.0
种植业	Planting	23169.9	25818.7	89.7	27452.9	23706	115.8
林业	Forestry	1785.0	2718.9	65.7	2180.9	1208.6	180.4
牧业	Animal Husbandry	27306.3	25882.2	105.5	15458.4	13034.2	118.6
渔业	Fishery	1342.2	1628.4	82.4	1304.7	803.6	162.4
农作物总播种面积 (万公顷)	Sown Area of Farm Crops (10000 hectare)	3.3	3.3	100.0	2.5	3.1	80.6
粮食作物	Grain	2.5	2.5	100.0	2.5	2.5	100.0
经济作物	Industrial Crops	0.4	0.4	100.0		0.01	
其他作物	Other Crops	0.4	0.4	100.0		0.6	

续表 2 continued

项目	Item	密云县 Miyun 1997	1996	1997年为1996年% 1997 as % of 1996	延庆县 Yanqing 1997	1996	1997年为1996年% 1997 as % of 1996
农副产品产量	Yield of Farm and Sideline Crops						
粮食 (万吨)	Grain (10000 tons)	11.1	13.6	81.6	13.7	16.7	82.0
蔬菜 (吨)	Vegetable (ton)	166298	140414	118.4	355579		118.5
干鲜果 (吨)	Dry and Fresh Fruits(ton	43100	60000	71.8	33455	35000	95.6
畜产品产量	Output of Livestock Products						
生猪出栏 (头)	Slaughtered Hogs (head)	282477	253969	111.2	122552	126966	96.5
商品猪 (头)	Commodity Hogs (head)	275355	245921	111.9	119340	123484	96.6
猪牛羊肉 (吨)	Pork,Beef and Mutton(ton	21817	19024.0	114.7	22717	13905	163.4
#猪肉	Pork	19291	17029	113.3	20314	12914	157.3
禽肉	Meat of Poultry (ton)	12248	11865	103.2	4503	1621	277.8
禽蛋	Poultry Eggs (ton)	17363	17586	98.7	11845	10998	107.7
牲畜年底头数 (头)	Number of Livestock (year-end) (head)	309150	303754	101.8	127043	126701	100.3
大牲畜	Large Animals	25840	24452	105.7	20992	20741	101.2
猪	Hogs	185157	192100	96.4	78167	81825	95.5
羊	Goats and Sheep	94950	87202	108.9	27884	24135	115.5
水产品产量 (吨)	Output of Aquatic Product (ton)	3203	3820	83.8	2513	232.3	108.2
农村集体经济收入 (万元)	Rural Collective Economic Revenue (10000 yuan)	400065	430383	92.9	120183	210842	108.7
农村集体经济利润总额 (万元)	Total Profits of Rural Collective Economy (10000 yuan)	49721	88991	55.9	6314	101365	129.8
国家税金	State Taxes	10454.1	9714	107.6	7595	5226	145.3
集体积累	Collective Accumulation	-661.6	831.1		2461	596	153.9
劳动所得	Income from Work	85501.6	78445.9	109.0	60495	0.2305	115.1
乡镇企业单位数 (个)	Number of Township and Village Enterprise(unit)	7841	7914	99.1	1015	2922	34.7
乡镇企业人数 (人)	Number of Persons of Township and Village Enterprises (person)	54776	57116	95.9	30229	33291	90.8
乡镇企业纯利润 (万元)	Net Profit of Township and Village Enterprises (10000 yuan)	11042.3	7976	138.4	3373	4632	72.8
乡镇企业固定资产原价 (万元)	Original Value of Fixed Assets of Township and Village Enterprises (10000 yuan)	115912.4	105563	109.8	48619	54101	89.9
乡镇企业固定资产净值 (万元)	Net Value of Fixed Assets of Township and Village Enterprises (10000 yuan)	86111.8	80408	107.1	36863	42168	87.4
工业	Industry						
全部工业企业单位数 (个)	Number of Enterprises (unit)	1418	1509	94.0	190	183	103.8
#国有	State-owned	24	25	96.0	31	32	96.9
集体	Collective-owned	378	507	74.6	124	119	104.2
私营	Private Owned	963	977	98.6	1		
工业增加值 (万元)	Added Value (10000 yuan)	89498.1	91987.1	97.0	20473.2	8994.8	82.7
全部工业总产值 (现价,万元)	Gross Output Value of Industry (at current prices,10000 yuan)	322024	374464.0	86.0	118575.9	120266.5	104.9
#国有	State-owned	44738.8	48909.1	91.5	20386.8	32216.9	81.0
集体	Collective-owned	115105.9	168556.1	68.3	32750.2	38919.2	84.1
私营	Private Owned	66691.9	57155.7	116.7	900		

续表 3 continued

项目 Item		密云县 Miyun			延庆县 Yanqing		
		1997	1996	1997年为1996年% 1997 as % of 1996	1997	1996	1997年为1996年% 1997 as % of 1996
全部工业总产值(90不变价,万元)	Gross Output Value of Industry (at constant price of 1990,10000yuan)	274213.7	322064.5	85.1	109541	106349.1	110.5
#国有	State-owned	28716.8	27359.2	104.9	14526.2	21627.9	94.5
集体	Collective-owned	115105.9	168556.1	68.3	30695.4	37289.7	82.3
私营	Private Owned	66691.9	57155.7	116.7	900		
乡及乡以上轻工业总产值(现价,万元)	Gross Output Value of Light Industry at Township Level and Above (at current price,10000yuan)	133811.7	133518.9	100.2	42859.9	54090.7	79.2
以农产品为原料	Using Farm Products as Raw Materials	122026.5	118855	102.7	28144.9	32645.9	86.2
以非农产品为原料	Using Non-farm Products as Raw Materials	11785.2	14663.9	80.4	14715	21444.8	68.6
乡及乡以上重工业总产值(现价,万元)	Gross Output Value of Heavy Industry at Township Level and Above (at current price,10000yuan)	54039.3	89012.6	60.7	21899.6	25675.8	85.3
采掘工业	Mining and Quarrying	18891.2	14747.2	128.1	1472.1	1217.3	20.9
原料工业	Raw Materials Industry	7984.1	7336.8	108.8	7622.5	6051	126.0
制造工业	Manufacturing Industry	27164.0	66928.6	40.6	12805	18407.5	69.6
独立核算工业企业平均职工人数(人)	Average Number of Staff and Workers in Enterprises with Independent Accounting System (person)	61035	58282	104.7	14377	17013	84.5
#国有	State-owned	8237	8527	96.6	4429	5222	91.1
集体	Collective-owned	35909	27315	131.5	6478	7942	79.2
独立核算工业企业总产值(现价,万元)	Gross Output Value of Enterprises with Independent Accounting System(at current prices, 10000 yuan)	317070.5	356850.9	88.9	53773.3	59471.4	102.6
#国有	State-owned	44738.8	48909.1	91.5	17639.2	25218.3	97.1
集体	Collective-owned	114028.7	156009	73.1	21557.2	18715.3	115.2
独立核算工业企业财务指标	Financial Indicators for Enterprises with Independent Accounting System						
产品销售收入 (万元)	Sales Revenue(10000yuan)	162565.7	187550.5	86.7	49481.8	57135.3	91.2
#国有	State-owned	42483.7	47446.2	89.5	16070.1	24411	74.6
产品销售成本 (万元)	Cost of Sales(10000yuan)	135107.2	169480.1	79.7	43008.0	47854.5	93.5
#国有	State-owned	35495.4	40164.2	88.4	13943.4	20529.7	74.5
固定资产原价 (万元)	Original Value of Fixed Assets (10000 yuan)	168622.4	143768.3	117.3	53283.4	44427.8	136.6
#国有	State-owned	42856.7	40587.4	105.6	18253.5	17418.7	152.0
固定资产净值 (万元)	Net Value of Fixed Assets (10000 yuan)	123325	122707.5	100.5	36644.1	31506.3	132.0
#国有	State-owned	29162.2	28516.4	102.3	11602.3	12366.2	134.6
全部流动资金年平均余额 (万元)	Annual Average Balance of Circulating Funds (10000 yuan)	173979.4	162963.9	106.8	53874.8	55708.1	104.1
#国有	State-owned	45865.4	50112.2	91.5	16163.1	21687.2	91.3
利润总额 (万元)	Total Profits(10000yuan)	-8403.5	-8238.2		-4489.7	-2420.8	
#国有	State-owned	-1451.7	-593.1		-2237.5	-810.1	

续表 4 continued

项目 Item		密云县 Miyun 1997	1996	1997年为1996年% 1997 as % of 1996	延庆县 Yanqing 1997	1996	1997年为1996年% 1997 as % of 1996
资金利税率 (%)	Ratio of Pre-tax Profits to Total Capital (%)	4.3	-1.23			2.4	
产品销售率 (%)	Ratio of Sales Value to Gross Output Value (%)	96.9	102.8		91.4	97.5	
增加值率 (%)	Ratio of Added Value to Gross Output Value (%)	27.8	26.8		16.9	26.3	
独立核算工业企业全员劳动生产率 (元/人)	Overall Labor Productivity of Enterprises with Independent Accounting System (yuan/person)	17498.1	16497.8	106.1	37402	5287	121.4
#国有	State-owned	10658.2	10005.2	106.5	39826	4616	106.5
集体	Collective-owned	20472.8	13504.4	151.6	33277	3669	145.5
商业	**Commerce**						
社会消费品零售额 (万元)	Retail Sales of Consumer Goods (10000 yuan)	122703.0	116213	105.6	147143	132216	111.3
按经济类型分	Grouped by Ownership						
#国有	State-owned	26069	38305	68.1	47416	50842	93.3
集体	Collective-owned	10930	13309	82.1	41287	29649	139.3
私营	Private Owned	7642	8908	85.8			
个体	Individuals	32000	28914	110.7	58440	51725	113.0
按类别分	Grouped by Type of Goods						
吃的商品 (万元)	Food (10000 yuan)	75311	57997	129.9	55576	44354	117.5
穿的商品 (万元)	Clothing (10000 yuan)	14995	15401	97.4	33755	25582	121.5
用的商品 (万元)	Daily Used Articles (10000 yuan)	27558	8532	323.0	52149	51274	102.7
烧的商品 (万元)	Fuel (10000 yuan)	4839	5173	93.5	5663	6478	88.9
网点数 (个)	Number of Outlets (unit)	8779	8928	98.3			
#商业	Wholesale and Retail	6441	6559	98.2			
饮食业	Catering	793	890	89.1			
服务业	Services	1545	1479	104.5			
#宾馆、饭店	Hotels						
营业人员 (人)	Personnel (person)	19081	19234	99.2			
#商业	Wholesale and Retail	13874	14294	97.1			
饮食业	Catering	1602	1744	91.9			
服务业	Services	3605	3196	112.8			
#宾馆、饭店	Hotels						
外经、外贸	**Foreign Economy and Trade**						
出口商品交货额 (万元)	Delivery Value of Exports (10000 yuan)	57170	61197.4	93.4	11069.5	8984.2	123.2
利用外资签订协议(合同)数 (个)	Number of Signed Agreements and Contracts of Foreign Capital to be Utilized (unit)	12	10	120.0	11	5	220
利用外资签订协议(合同)金额 (万美元)	Amount of Foreign Capital to be Utilized through Agreements and Contracts (USD 10000)	864.5	393.6	219.6	1497.83	3128.8	47.9
实际利用外资 (万美元)	Amount of Foreign Capital Actually Used(USD 10000)	2025	505	401.0	113	39	61.2
旅游人数 (人)	Number of Tourist(person)	3120000	2600000	120.0	5764308	5444317	105.9
教育	**Education**						
学校数 (个)	Number of Schools (unit)	237	237	100.0			
小学	Primary Schools	185	191	96.9	192	196	98.0

续表 5 continued

项 目	Item	密云县 Miyun 1997	密云县 Miyun 1996	1997年为1996年% 1997 as % of 1996	延庆县 Yanqing 1997	延庆县 Yanqing 1996	1997年为1996年% 1997 as % of 1996
普通中学	Regular Secondary School	40	41	97.6	34	35	97.1
中等专业教育	Specialized Secondary Schools	2	2	100.0	9	1	100.0
招生数 (人)	New Student Enrollment (person)						
小学	Primary Schools	6530	7563	86.3	3811	6353	60.0
初级中等学校	Junior Secondary Schools	5932	7006	84.7	4487	3845	116.7
高级中等学校	Senior Secondary Schools	1069	1097	97.4	1820	856	212.6
中等专业教育	Specialized Secondary Schools	494	293	168.6	1028	120	140.8
在校学生 (人)	Student Enrollment (person)	71507	73393	97.4			
小学	Primary Schools	45741	45464	100.6	34314	85179	97.5
初级中等学校	Junior Secondary Schools	21001	23785	88.3	12713		103.0
高级中等学校	Senior Secondary Schools	3091	2949	104.8	2633		99.7
中等专业教育	Specialized Secondary Schools	1674	1195	140.1	2662	471	121.5
毕业生 (人)	Graduates (person)						
小学	Primary Schools	6017	7058	85.3	4496	4535	116.7
初级中等学校	Junior Secondary Schools	7767	6762	114.9	3880	4075	103.6
高级中等学校	Senior Secondary Schools	916	602	152.1	974	895	171.2
中等专业教育	Specialized Secondary Schools	549	269	204.1	705		137.7
达到"国家体育标准"学生数 (人)	Number of Students Come to the Standard for State Physical Training (person)	70820	70981	99.8	35979	34405	104.5
幼儿园、托儿所个数 (个)	Number of Kindergardens (unit)	235	238	98.7	61	61	100.0
幼儿入托数 (人)	New Enrollment (person)	9642	11144	86.5	5188	3989	130.1
文化	**Culture**						
文化馆、站 (个)	Cultural Centers (unit)	20	20	100.0	19	26	73.1
公共图书馆 (个)	Public Libraries (unit)	1	1	100.0	1	1	100.0
公共图书馆藏书 (万册)	Collection (10000 volume)	13	11	118.2	12.8	12.3	104.1
电影放映单位 (个)	Film Projection Units (unit)	22	22	100.0	15	14	107.1
区级以上重点文物保护单位 (个)	Cultural Relics Preserved at District Level and above (unit)	30	13	230.8	92	82	112.2
卫生	**Health**						
卫生机构数 (个)	Number of Health Institutions (unit)	89	89	100.0	54	54	100.0
#医院	Hospitals	11	11	100.0	4	4	100.0
卫生院	Clinics	21	21	100.0	24	24	100.0
床位数 (张)	Number of Beds (unit)	963	965	99.8	765	699	109.4
#医院	Hospitals	775	768	100.9	675	609	110.8
卫生院	Clinics	188	197	95.4	90	90	100.0
平均每千人拥有床位数 (张)	Average Number of Beds Per 1000 Persons (unit)	2.3	2.3	100.0	2.8	2.6	107.7
卫生技术人员 (人)	Medical Technical Personnel (person)	1772	1609	110.1	1514	1121	135.1
#医生	Doctors (person)	1571	1119	140.4	625	473	132.1
城市公用	**Urban Public Utilities**						
区级以上公园 (个)	Parks at District Level and Above (unit)	1	1	100.0			
体育场馆 (个)	Stadiums and Gymnasiums (unit)	1	1	100.0	1	2	100.0
道路长度 (公里)	Length of Roads (km)	1173	1169.4	100.3	986	984.4	100.2

APPENDIX
附　录

C

附录 1：历史资料
APPENDIX 1：HISTORICAL STATISTICS
附1-1 人　口　状　况
POPULATION

年　份 Year	年　底 总人口 (万人) Total Population (10000 persons)	按性别分 By Sex		按农业、非农业分 By Agriculture and Non-agriculture		人口 出生率 (‰) Birth Rate (‰)	人口 死亡率 (‰) Death Rate (‰)	人口自然 增长率 (‰) Natural Growth Rate (‰)
		男 Male	女 Female	农业人口 Agriculture	非农业人口 Non-agriculture			
1978	872	443	429	393	479	12.93	6.12	6.81
1979	897	455	442	387	510	13.67	5.92	7.75
1980	904	458	446	383	521	15.56	6.30	9.26
1981	919	466	453	386	533	16.93	6.02	10.91
1982	935	474	461	391	544	20.04	5.68	14.36
1983	950	483	467	393	557	15.63	5.49	10.14
1984	965	491	474	395	570	16.74	5.53	11.21
1985	981	500	481	395	586	15.45	5.75	9.70
1986	1028	524	504	407	621	15.82	4.47	11.35
1987	1047	525	522	410	637	17.29	5.40	11.89
1988	1061	534	527	411	650	14.43	5.08	9.35
1989	1075	538	537	431	664	12.84	5.53	7.49
1990	1086	545	541	413	673	13.04	5.75	7.23
1991	1094	547	547	411	683	8.03	5.82	2.21
1992	1102	554	548	410	692	9.22	6.11	3.11
1993	1112	559	553	405	707	9.35	6.16	3.19
1994	1125	564	561	400	725	8.96	5.76	3.20
1995	1251	627	624	436	815	7.92	5.12	2.80
1996	1259	639	620	430	829	8.02	5.34	2.68
1997	1240	629	611	414	826	7.91	6.02	1.89

注：1982-1989年数据是根据1982、1990年两年人口普查数据调整的，1990年以后数据是人口变动抽样调查数，其余年份数据为户籍统计数。

Note：Data from 1982 to 1989 were obtained from adjustment of cencus of 1982 and 1990,data after 1990 were those from sample survey of population changes,and data of other years were those of registered permanent population.

附1-2 按城乡分从业人员（年底数）
EMPLOYEE BY URBAN AND RURAL AREA(YEAR-END)

单位：万人 (10000 persons)

年份 Year	合计 Total	城镇 Urban	#国有经济单位 State-Owned	# 集体经济单位 Collective-Owned	#联营经济单位 Joint Owned	#股份制经济单位 Share Holding	#外商投资经济单位 Foreign Funded	# 港澳台投资经济单位 Hongkong, Macao and Taiwan Funded	# 个体 Individuals	乡村 Rural
1978	291.6	291.6	240.9	50.7						
1979	312.0	312.0	254.2	57.8						
1980	484.2	326.8	269.4	57.1					0.3	157.4
1981	511.7	345.2	283.1	61.3					0.8	166.5
1982	535.2	361.1	293.0	67.1					1.0	174.1
1983	552.0	373.8	303.4	68.5					1.9	178.2
1984	556.2	377.6	302.5	71.6			1.3		2.2	178.6
1985	558.7	384.8	308.1	72.6			1.6		2.5	173.9
1986	572.7	400.5	324.4	71.1			2.4		2.6	172.2
1987	580.3	408.4	331.8	70.7			2.8		3.1	171.9
1988	603.1	413.9	336.4	69.9	0.2		3.4		3.5	189.2
1989	593.9	424.0	343.8	67.4	3.4		3.7		5.6	169.9
1990	627.1	461.2	357.9	86.8	5.1		4.6		6.3	165.9
1991	634.0	477.2	367.8	89.0	0.5		7.7	0.2	7.2	156.8
1992	649.3	490.6	371.5	90.5	0.4		11.4	0.2	14.0	158.7
1993	627.8	481.4	362.3	79.7	2.8		11.0	6.4	14.0	146.4
1994	664.3	492.7	363.5	73.3	3.5	6.3	15.0	9.4	20.9	171.6
1995	665.3	492.7	358.1	72.1	3.7	8.0	17.4	10.4	21.9	172.6
1996	660.2	495.7	355.1	68.6	3.4	14.8	20.7	10.1	22.9	164.5
1997	655.4	498.8	354.7	68.5	3.2	19.3	21.2	10.2	21.2	157.1

附1-3 从业人员和职工人数（年底数）
NUMBER OF EMPLOYEE,STAFF AND WORKERS(YEAR-END)

单位：万人 (10000 persons)

年份 Year	从业人员 Employee	第一产业 Primary Industry	第二产业 Secondary Industry	第三产业 Tertiary Industry	职工人数 Staff and Workers	国有经济单位 State-Owned	城镇集体经济单位 Urban Collective Owned	其他经济单位 Others
1978	291.6	75.9	127.4	87.8	291.6	240.9	50.7	
1979	312.0	71.4	145.2	95.4	311.9	254.2	57.7	
1980	484.2	118.0	207.3	158.9	326.5	269.4	57.1	
1981	511.7	117.2	220.4	174.1	344.4	283.1	61.3	
1982	535.2	115.1	228.6	191.5	360.1	293.0	67.1	
1983	552.0	117.1	240.2	194.7	371.9	303.4	68.5	
1984	556.2	106.7	236.2	213.3	375.4	302.5	71.6	1.3
1985	558.7	97.1	238.2	223.4	382.3	308.1	72.6	1.6
1986	572.7	93.3	260.8	235.9	397.9	324.4	71.1	2.4
1987	580.3	91.8	264.1	242.3	405.2	331.8	70.7	2.7
1988	603.1	88.4	267.6	247.1	410.4	336.4	69.9	4.1
1989	593.9	91.0	266.3	236.6	418.4	343.8	67.4	7.2
1990	627.1	90.7	281.6	254.8	454.9	357.9	86.8	10.2
1991	634.0	90.8	279.7	263.5	470.0	367.8	89.0	13.2
1992	649.3	84.5	281.6	283.2	476.6	371.5	90.5	14.6
1993	627.8	65.1	279.4	283.3	467.3	362.3	79.6	25.4
1994	664.3	73.2	272.2	318.9	471.8	363.5	73.4	34.9
1995	665.3	70.6	271.0	323.7	470.9	358.2	72.1	40.6
1996	660.2	72.5	260.1	327.6	460.6	349.0	64.8	46.8
1997	655.8	71.0	257.6	328.1	465.3	348.7	65.0	48.7

附1-4 国民生产总值
GROSS NATIONAL PRODUCT

单位：亿元 (100 million yuan)

年份 Year	国民生产总值 Gross National Product	国内生产总值 Gross Domestic Product	第一产业 Primary Industry	第二产业 Secondary Industry	# 工业 Industry	# 建筑业 Construction	第三产业 Tertiary Industry	#运输邮电业 Transportation,Post and Telecommunication	# 商业 Commerce	人均国内生产总值（元） Per Capita Gross Domestic Product (yuan)
1978	108.84	108.84	5.63	77.43	70.22	7.21	25.78	7.00	8.28	1290
1979	120.11	120.11	5.17	85.18	77.37	7.81	29.76	6.55	8.79	1391
1980	139.07	139.07	6.07	95.79	86.94	8.85	37.21	6.96	11.01	1582
1981—1985	950.95	950.95	62.46	589.30	515.41	73.89	299.19	48.08	80.80	
1981	139.15	139.15	6.61	92.52	82.71	9.81	40.02	7.60	11.86	1558
1982	154.94	154.94	10.34	99.79	89.30	10.49	44.81	8.25	11.05	1704
1983	183.13	183.13	12.85	112.65	98.76	13.89	57.63	9.06	13.63	1977
1984	216.61	216.61	14.85	130.68	113.99	16.69	71.08	10.43	18.37	2308
1985	257.12	257.12	17.81	153.66	130.65	23.01	85.65	12.74	25.89	2704
1986—1990	1978.58	1978.68	162.93	1084.23	917.29	166.94	731.52	94.39	172.89	
1986	284.86	284.86	19.14	165.75	141.17	24.58	99.97	14.98	27.99	2955
1987	326.82	326.82	24.31	182.59	154.54	28.05	119.92	17.70	27.21	3338
1988	410.22	410.22	37.07	221.27	189.48	31.79	151.88	19.03	39.07	4125
1989	455.96	455.96	38.53	252.23	212.83	39.40	165.20	18.72	34.77	4499
1990	500.72	500.82	43.88	262.39	219.27	43.12	194.55	23.96	43.85	4881
1991—1995	4650.47	4650.44	303.97	2167.24	1791.38	375.86	2179.23	247.74	586.26	
1991	598.79	598.89	45.52	291.53	255.59	35.94	261.84	29.61	65.65	5781
1992	709.00	709.10	48.67	345.91	292.97	52.94	314.52	35.49	85.41	6805
1993	863.23	863.53	53.57	414.79	334.00	80.79	395.17	37.58	113.88	8240
1994	1084.33	1084.03	74.77	499.84	405.11	94.73	509.42	61.51	146.62	10265
1995	1395.12	1394.89	81.44	615.17	503.71	111.46	698.28	83.55	174.70	13073
1996	1616.03	1615.73	83.46	683.14	541.41	141.73	849.13	113.78	187.59	15044
1997	1810.49	1810.09	84.85	738.56	588.36	150.20	986.68	135.79	202.45	16735

注：本表按当年价格计算。

Note：Data of this table is calculated at current prices.

附1-5 国民生产总值指数(1978=100)

INDEX OF GROSS NATIONAL PRODUCT(1978=100)

年 份 Year	国民生产总值 Gross National Product	国内生产总值 Gross Domestic Product	第一产业 Primary Industry	第二产业 Secondary Industry	# 工 业 Industry	# 建筑业 Construction	第三产业 Tertiary Industry	#运输邮电业 Transportation,Post and Telecommunication	# 商业 Commerce	人均国内生产总值(元) Per Capita Gross Domestic Product (yuan)
1978	100.0	100.0	100.0	100.0	100.0	100.0	100.0	100.0	100.0	100.0
1979	109.7	109.7	86.8	110.0	110.1	108.4	113.2	93.5	104.3	107.2
1980	122.6	122.6	93.7	121.1	121.2	119.6	134.1	96.7	124.5	117.7
1981	120.7	120.7	129.7	113.5	111.9	130.8	142.3	104.1	132.3	113.9
1982	128.9	128.9	192.9	126.3	112.1	145.3	167.5	117.5	151.7	119.8
1983	149.3	149.3	239.4	143.6	125.0	192.3	199.3	113.9	159.1	135.9
1984	175.5	175.5	277.2	166.6	144.6	228.4	242.4	130.1	210.5	158.3
1985	190.6	190.6	279.2	185.3	158.1	284.8	252.8	149.2	249.7	168.9
1986	207.6	207.6	278.9	189.9	162.5	286.0	320.3	152.1	255.4	181.5
1987	227.5	227.5	317.4	199.0	169.8	304.0	379.3	168.2	227.8	195.9
1988	256.6	256.6	402.5	223.1	191.9	323.7	423.6	166.7	268.9	217.6
1989	267.9	267.9	356.2	242.9	208.0	363.3	421.5	227.2	204.6	222.7
1990	282.4	282.4	368.3	245.4	211.9	347.3	480.5	241.3	244.9	231.8
1991	309.2	309.2	381.5	264.3	238.7	283.4	543.0	313.4	239.0	246.9
1992	345.1	345.1	393.0	296.3	263.3	356.2	610.9	344.5	286.5	273.8
1993	386.8	386.8	405.2	334.5	290.9	457.7	688.5	379.2	328.0	305.0
1994	439.0	439.0	415.7	383.3	330.2	552.9	782.8	470.2	359.5	343.4
1995	493.9	493.4	381.2	412.4	355.6	594.9	946.4	657.8	422.1	381.9
1996	539.3	538.8	369.8	442.9	377.3	677.6	1062.8	782.1	444.9	414.4
1997	591.1	590.5	373.5	478.8	410.1	712.2	1188.2	882.2	468.0	450.8

注：本表按可比价格计算。

Note: Data of this table are calculated at constant prices.

附1-6 国民生产总值指数(上年=100)
INDEX OF GROSS NATIONAL PRODUCT(PRECEDING YEAR=100)

年 份 Year	国民生产总值 Gross National Product	国内生产总值 Gross Domestic Product	第一产业 Primary Industry	第二产业 Secondary Industry	# 工业 Industry	# 建筑业 Construction	第三产业 Tertiary Industry	#运输邮电业 Transportation, Post and Telecommunication	# 商业 Commerce	人均国内生产总值(元) Per Capita Gross Domestic Product (yuan)
1979	109.7	109.7	86.8	110.0	110.1	108.4	113.2	93.5	104.3	107.2
1980	111.8	111.8	108.0	110.1	110.1	110.3	118.5	103.4	119.4	109.8
1981	98.4	98.4	138.4	93.7	92.3	109.4	106.1	107.7	106.2	96.8
1982	106.8	106.8	148.7	101.2	100.2	111.1	117.7	112.8	114.7	105.2
1983	115.8	115.8	124.1	113.7	111.5	132.3	119.0	97.0	104.9	113.4
1984	117.6	117.6	115.8	116.0	115.7	118.8	121.6	114.2	132.3	116.5
1985	108.6	108.6	100.7	111.2	109.3	124.7	104.3	114.7	118.6	106.7
1986	108.9	108.9	99.9	102.5	102.8	100.4	126.7	101.9	102.3	107.4
1987	109.6	109.6	113.8	104.8	104.5	106.3	118.4	110.6	89.2	107.7
1988	112.8	112.8	126.8	112.1	113.0	106.5	111.7	98.1	118.0	111.1
1989	104.4	104.4	88.5	108.9	108.4	112.2	99.5	136.3	76.1	102.4
1990	105.4	105.4	103.4	101.0	101.9	95.6	114.0	106.2	119.7	104.1
1991	109.5	109.5	103.6	107.7	112.6	81.6	113.0	129.9	97.6	106.5
1992	111.6	111.6	103.0	112.1	110.3	125.7	112.5	109.9	118.6	110.9
1993	112.1	112.1	103.1	112.9	110.5	128.5	112.7	110.1	115.7	111.4
1994	113.5	113.5	102.6	114.6	113.5	120.8	113.7	124.0	109.6	112.6
1995	112.5	112.4	91.7	107.6	107.7	107.6	120.9	139.9	117.4	111.2
1996	109.2	109.2	97.0	107.4	106.1	113.9	112.3	118.9	105.4	108.5
1997	109.6	109.6	101.0	108.1	108.7	105.1	111.8	112.8	105.2	108.8

注：本表按可比价格计算。
Note: Data of this table are calculated at constant prices.

附1-7 国 内 支 出 总 额
GROSS DOMESTIC EXPENDITURE

单位：亿元 (100 million yuan)

年 份 Year	国内支出总额 Gross Domestic Expenditure	总消费 Total Consumption	居民消费 Residential Consumptiom	农民 Peasant	非农业居民 Non-Peasant	社会消费 Social Consumption	总投资 Total Investment	固定资产 Fixed Assets	存货 Stock
1978	108.84	40.98	30.47	7.32	23.15	10.51	31.67	24.84	6.83
1979	102.11	49.34	36.24	8.63	27.61	13.10	37.40	29.76	7.64
1980	139.07	57.44	44.35	10.53	33.82	13.09	43.69	35.63	8.06
1981—1985	950.95	424.69	306.14	87.83	218.31	118.55	398.04	271.97	126.07
1981	139.15	63.72	47.66	11.98	35.68	16.06	38.85	29.53	9.32
1982	154.94	71.22	51.24	13.64	37.60	19.98	34.43	26.10	8.33
1983	183.13	81.31	56.45	16.57	39.88	24.86	54.76	49.04	5.72
1984	216.61	96.14	67.65	21.05	46.60	28.49	78.57	68.60	9.97
1985	257.12	112.30	83.14	24.59	58.55	29.16	191.43	98.70	92.73
1986—1990	1988.68	880.15	640.93	188.47	452.46	239.22	1218.96	925.87	293.59
1986	284.86	125.16	92.40	26.10	66.30	32.76	156.33	129.75	26.58
1987	326.82	147.87	107.73	29.12	78.61	40.14	208.33	170.12	38.71
1988	410.22	178.49	131.98	37.25	94.73	46.51	250.01	197.79	52.22
1989	455.96	197.67	138.99	46.78	92.21	58.68	297.00	200.26	96.74
1990	500.82	230.96	169.83	49.22	120.61	61.13	307.29	227.95	79.34
1991—1995	4650.45	1701.59	1177.92	276.13	901.79	523.87	3530.54	2119.49	1411.05
1991	598.90	225.47	153.62	37.59	116.03	71.85	322.77	184.37	138.40
1992	709.10	262.97	177.08	40.11	136.97	85.89	423.71	200.98	222.73
1993	863.53	310.28	207.21	52.95	154.26	103.07	625.15	326.82	298.33
1994	1084.03	396.29	264.55	66.95	197.60	131.74	902.63	519.01	383.62
1995	1394.89	506.58	375.46	78.53	296.93	131.32	1256.28	888.31	367.97
1996	1678.52	617.85	451.96	92.89	359.07	165.89	1107.06	922.48	184.58
1997	1870.93	703.36	492.88	97.25	395.63	210.48	1228.65	1001.73	226.92

注：本表按当年价格计算。
Note: Data of this table are calculated at current prices.

附1-8 全社会固定资产投资
TOTAL INVESTMENT IN FIXED ASSETS

单位：亿元 (100 million yuan)

年 份 Year	固定资产投资总额 Total Investment in Fixed Assets	国有经济单位 State-Owned	#基本建设 Capital Construction	#更新改造 Innovation	集体经济单位 Collective Owned	#农村 Rural	其他经济单位 Others	个体经济 Individuals	#农村 Rural
1985	94.0	73.6	50.7	21.7	16.2	10.8		4.2	3.8
1986—1990	724.1	609.6	378.3	201.3	83.1	49.1		31.4	27.5
1986	106.2	88.7	54.2	33.4	13.3	6.4		4.2	4.0
1987	136.2	115.8	71.7	43.1	15.2	8.3		5.2	4.5
1988	163.0	133.2	87.7	43.6	21.4	13.7		8.4	7.6
1989	139.5	117.7	79.8	36.5	15.1	9.0		6.7	5.7
1990	179.2	154.2	84.8	44.7	18.1	11.7		6.9	5.7
1991—1995	2175.0	1748.7	808.7	567.9	186.2	134.7	215.3	24.8	19.3
1991	192.0	165.0	86.8	52.4	20.2	14.6		6.8	6.4
1992	266.0	230.1	114.9	79.2	27.3	19.8		8.6	7.4
1993	410.4	340.1	157.1	116.1	37.4	28.8	30.9	2.0	1.2
1994	648.8	514.8	229.2	179.2	44.6	33.6	86.3	3.1	2.0
1995	657.8	498.7	220.7	141.0	56.7	37.9	98.1	4.3	2.3
1996	876.9	545.7	241.8	156.4	57.6	41.1	268.8	4.8	2.5
1997	961.2	605.7	294.1	174.4	54.7	38.5	296.8	4.0	2.1

年份 Year	固定资产投资来源 Source of Investment in Fixed Assets: 国家预算内投资 State Budgetary Investment	国内贷款 Domestic Loan	利用外资 Foreign Capital	自筹投资 Self-raised investment	其他投资 Other Investment	固定资产投资 Investment in Fixed Assets: 第一产业 Primary Industry	第二产业 Secondary Industry	#工业 Industry	#能源工业 Energy	第三产业 Tertiary Industry	#运输邮电业 Transportation, Post and Telecommunications
1985	30.4	11.5	5.1	26.4	4.4	1.6	32.4	28.8	4.4	43.8	5.3
1986—1990	184.9	90.3	69.1	245.6	39.5	9.4	218.8	209.1	43.1	384.2	47.7
1986	33.0	17.0	4.6	37.4	2.5	1.5	41.4	8.8	5.5	51.6	6.6
1987	43.1	19.5	8.8	49.1	5.7	1.6	46.9	44.3	10.0	72.9	9.7
1988	37.4	18.2	22.3	62.3	9.2	2.0	48.8	47.2	9.9	87.9	7.8
1989	35.6	12.8	18.2	44.5	12.0	1.9	38.4	37.0	8.5	81.9	10.0
1990	35.8	22.8	15.2	52.3	10.1	2.4	43.3	41.8	9.2	89.9	13.6
1991—1995	254.5	274.8	189.6	888.4	127.3	15.5	624.1	585.1	154.8	973.5	256.2
1991	35.5	28.2	13.9	65.5	8.0	2.7	51.3	49.3	11.8	90.4	13.0
1992	42.2	40.1	14.9	109.9	9.6	3.9	82.9	80.2	22.0	114.2	28.4
1993	46.4	71.0	28.0	168.9	35.9	2.1	150.4	134.6	28.2	165.7	51.7
1994	62.5	70.9	87.8	283.7	44.8	3.7	185.8	175.9	40.2	318.4	81.2
1995	67.9	64.6	45.0	260.4	29.0	3.1	153.7	145.1	52.6	284.8	81.9
1996	73.1	71.1	53.8	265.7	39.8	2.8	174.9	167.3	69.8	319.7	99.5
1997	82.8	89.7	51.3	322.4	41.3	0.9	201.1	192.1	93.3	380.1	113.4

注：1.全社会固定资产投资来源中，1985和1986年为固定资产投资完成额资金来源分组。

2.按资金来源和三次产业划分的固定资产投资不含房地产。

a) In source of total investment of fixed assets, data of 1985 and 1986 are grouped by source of investment completed.

b) Data of investment grouped by source of funds and three industry excluded real estate development.

附1-9 基本建设投资额
INVESTMENT IN CAPITAL CONSTRUCTION

年份 Year	基本建设投资额 (万元) Investment (10000 yuan)	按隶属关系分 Grouped by Administrative Relationship		按建设性质分 Grouped by Type of Construction			新增固定资产 (万元) Incremental Fixed Assets (10000 yuan)	固定资产交付使用率 (%) Rate of Fixed Assets Put into Operation (%)
		中央 Central	地方 Local	新建 Newly-built	扩建、改建 Expanding, Replacement	其他 Others		
1978	198908	108410	90498				169148	85.0
1979	234741	124132	110609	107611	105561	21569	212111	90.4
1980	265185	139843	125342	123520	135064	6601	231715	87.4
1981—1985	1672352	926161	746191	670739	827830	173783	1421535	85.0
1981	238693	130589	108104	111150	121431	6112	309203	129.5
1982	259866	121116	138750	119196	130002	10668	199313	76.7
1983	271126	141087	130039	93471	172287	5368	236816	87.3
1984	360756	210516	150240	136480	161372	62904	360997	100.1
1985	541911	322853	219058	210442	242738	88731	315206	58.2
1986—1990	4000931	2506444	1494487	1888490	1641503	470938	2662712	66.6
1986	587030	358562	228468	249512	254774	82744	354264	60.3
1987	763286	494817	268469	297042	359192	107052	463887	60.8
1988	926549	590549	336000	454766	365721	106062	455230	49.1
1989	835661	521340	314321	419002	323336	93323	512484	61.3
1990	888405	541176	347229	468168	338480	81757	876847	98.7
1991—1995	9314619	5081070	4233549	3940498	4651510	722611	5263959	56.5
1991	902052	481844	420208	390091	412787	99174	779764	86.4
1992	1185313	646031	539282	458089	618029	109195	726984	61.3
1993	1726260	934439	791821	640690	962772	122798	805405	46.7
1994	2851219	1329286	1521933	1340373	1306164	204682	1386866	48.6
1995	2649775	1689470	960305	1111255	1351758	186762	1564940	59.1
1996	3138456	1892321	1246135	1213019	1675846	249591	2625211	83.6
1997	3743212	2233708	1509504	1250778	2124370	368064	2639688	70.5

附1-10 国有单位基本建设投资额
INVESTMENT IN CAPITAL CONSTRUCTION OF STATE-OWNED UNITS

年份 Year	基本建设投资额 (万元) Investment (10000 yuan)	按隶属关系分 Grouped by Administrative Relationship		按建设性质分 Grouped by Type of Construction			新增固定资产 (万元) Incremental Fixed Assets (10000 yuan)	固定资产交付使用率 (%) Rate of Fixed Assets Put into Operation (%)
		中央 Central	地方 Local	新建 Newly-built	扩建、改建 Expanding, Replacement	其他 Others		
1981—1985	160.2						132.6	82.8
1981	23.4						24.9	106.4
1982	25.0	12.1	12.9				19.4	77.6
1983	26.4	14.1	12.3				23.2	87.9
1984	34.7	21.0	13.7	13.0	15.9	5.8	35.0	100.9
1985	50.7	32.3	18.4	18.8	23.9	8.0	30.1	59.4
1986—1990	378.2	250.4	127.8	177.6	160.6	40.0	251.2	66.4
1986	54.2	35.8	18.4	22.7	24.6	6.9	32.9	60.7
1987	71.7	49.5	22.2	26.8	35.5	9.4	43.7	60.9
1988	87.7	58.9	28.8	42.4	36.0	9.3	42.3	48.2
1989	79.8	52.1	27.7	40.1	31.7	8.0	48.3	60.5
1990	84.8	54.1	30.7	45.6	32.8	6.4	84.0	99.1
1991—1995	808.7	480.8	327.9				457.9	56.6
1991	86.8	48.2	38.6	38.1	40.4	8.3	75.6	87.1
1992	114.9	64.6	50.3	45.2	60.1	9.6	67.4	58.7
1993	157.1	89.7	67.4				53.5	34.1
1994	229.2	125.6	103.6				124.3	54.2
1995	220.7	152.7	68.0				137.1	62.1
1996	241.8	165.8	76.0				229.8	95.0
1997	294.1	193.0	101.1	64.5	194.0	35.6	221.0	75.1

附1-11 更新改造投资额
INVESTMENT IN INNOVATIONS

年份 Year	基本建设投资额（万元）Investment (10000 yuan)	按隶属关系分 Grouped by Administrative Relationship		按建设性质分 Grouped by Type of Construction			新增固定资产（万元）Incremental Fixed Assets (10000 yuan)	固定资产交付使用率（%）Rate of Fixed Assets Put into Operation (%)
		中央 Central	地方 Local	新建 Newly-built	扩建、改建 Expanding, Replacement	其他 Others		
1980	66542						48089	72.3
1981—1985	671784						479560	71.4
1981	75545						56527	74.8
1982	84818	16044	68774				63785	75.2
1983	114327	26087	88240				88582	77.5
1984	161276	35069	126207	3354	138963	18959	110265	68.4
1985	235818	44706	191112	14281	208010	13527	160401	68.0
1986—1990	2123897	331964	1791933	133715	1710681	279501	1511075	71.1
1986	358357	57582	300775	26619	289075	42663	230940	64.4
1987	450629	79105	371524	11550	386744	52335	335159	74.4
1988	460025	66340	393685	29480	366311	64234	317796	69.1
1989	386827	58418	328409	26969	307067	52791	283194	73.2
1990	468059	70519	397540	39097	361484	67478	343986	52.1
1991—1995	6178916	1888982	4289934	237180	5256320	685416	4378783	70.9
1991	541624	86149	455475	11578	460759	69287	448861	82.9
1992	824518	169979	654539	17901	564200	242417	600487	72.8
1993	1218170	367869	850301	33269	1092674	92227	687026	56.4
1994	2022193	669408	1352785	36723	1855312	130158	1625303	80.4
1995	1572441	595577	976834	137709	1283375	151327	1017106	64.7
1996	1680479	636918	1043561	222645	1318904	138930	1553521	92.4
1997	1911525	894052	1017473	180134	1550027	181364	1301241	68.1

附1-12 国有单位更新改造投资额
INVESTMENT IN INNOVATIONS OF STATE-OWNED UNITS

年份 Year	基本建设投资额（万元）Investment (10000 yuan)	按隶属关系分 Grouped by Administrative Relationship		按建设性质分 Grouped by Type of Construction			新增固定资产（万元）Incremental Fixed Assets (10000 yuan)	固定资产交付使用率（%）Rate of Fixed Assets Put into Operation (%)
		中央 Central	地方 Local	新建 Newly-built	扩建、改建 Expanding, Replacement	其他 Others		
1981—1985	62.5						44.7	71.5
1981	6.8						5.3	77.9
1982	7.9	1.6	6.3				5.9	74.7
1983	10.8	2.6	8.2				8.1	75.0
1984	15.3	3.5	11.8	0.3	13.2	1.8	10.3	67.3
1985	21.7	4.5	17.2	1.3	19.3	1.1	15.1	69.6
1986—1990	201.3	33.2	168.1	12.8	163.1	25.4	143.2	71.1
1986	33.4	5.7	27.7	2.4	27.1	3.9	21.9	65.6
1987	43.1	7.9	35.2	1.1	37.1	4.9	32.1	74.5
1988	43.6	6.6	37.0	2.8	34.9	5.9	29.5	67.7
1989	36.5	5.9	30.6	2.6	29.2	4.7	26.8	73.4
1990	44.7	7.1	37.6	3.9	34.8	6.0	32.9	73.6
1991—1995	567.9	185.1	382.8				418.3	73.7
1991	52.4	8.6	43.8	1.2	44.9	6.3	43.1	82.3
1992	79.2	17.0	62.2	1.8	70.5	6.9	57.8	73.0
1993	116.1	36.3	79.8				66.7	57.5
1994	179.2	65.9	113.3				154.9	86.4
1995	141.0	57.3	83.7				95.8	67.9
1996	156.4	61.8	94.6				138.4	88.5
1997	174.4	87.8	86.6	10.1	112.8	51.5	123.6	70.9

附1-13 房地产投资额
INVESTMENT IN REAL ESTATE DEVELOPMENT

年份 Year	投资总额 (亿元) Total Investment (100million yuan)	商品房屋施工面积 (万平方米) Floor Space of Commodity Buildings under Construction (10000 sq.m)	#本年新开工面积 Construction of this Year	商品房屋竣工面积 (万平方米) Floor Space of Commodity Buildings under Construction (10000 sq.m)	商品房销售建筑面积 (万平方米) Floor Space of Commodity Buildings Sales (10000 sq.m)
1990	22.54				
1991—1995	568.38	7575.7	3095.6	2057.5	998.1
1991	23.95	802.7	302.5	270.9	153.1
1992	33.70	1012.1	486.7	321.4	319.1
1993	58.39	1263.4	524.8	356.5	165.4
1994	99.54	1687.3	769.4	455.7	168.6
1995	352.8	2810.2	1012.2	653.0	191.9
1996	328.2	2824.6	578.7	663.4	215.3
1997	330.3	2869.6	848.4	682.3	290.9

附1-14 地方财政收支额
LOCAL FINANCIAL REVENUE AND EXPENDITURE

单位：亿元 (100 million yuan)

年份 Year	地方财政收入 Local Financial Revenue	#各项税收 Taxes	地方财政支出 Local Financial Expenditure	#基本建设 Capital Construction	#农业生产和农业事业费 Agricultural Production and Operating Expenses	#文教科卫事业费 Culture, Education, Science and Health Expenses	#教育事业费 Education	#科学事业费 Scientific Research
1978	50.46	18.25	20.38	10.89	0.84	2.43	1.46	0.22
1979	47.75	19.41	20.06	10.07	0.86	2.94	1.77	0.24
1980	51.29	21.22	14.87	5.65	0.75	3.22	1.93	0.26
1981—1985	234.28	149.21	111.39	39.75	4.68	24.82	14.04	1.64
1981	49.12	22.47	14.85	5.95	0.71	3.65	2.15	0.29
1982	47.25	24.40	16.80	6.44	0.80	4.17	2.37	0.27
1983	39.84	26.45	19.61	6.47	0.83	4.63	2.65	0.36
1984	45.62	31.49	27.15	10.06	1.12	5.53	3.00	0.37
1985	52.44	44.40	32.99	10.83	1.23	6.84	3.87	0.37
1986—1990	337.75	335.42	273.53	55.78	12.72	59.37	30.49	2.99
1986	60.34	49.82	44.27	11.22	1.57	8.20	4.45	0.49
1987	63.62	55.16	49.67	10.47	1.91	9.21	4.79	0.58
1988	68.11	67.27	52.93	10.53	2.88	11.46	6.04	0.58
1989	71.05	79.30	59.50	11.70	3.15	13.67	7.00	0.57
1990	74.54	83.87	67.15	11.86	3.21	16.82	8.20	0.76
1991—1995	461.28	586.35	477.82	51.06	22.73	131.96	73.30	7.36
1991	78.32	92.03	69.28	9.35	3.67	17.58	9.41	1.01
1992	81.65	104.14	72.80	8.57	3.98	19.72	10.56	1.10
1993	86.20	134.77	82.81	10.35	4.33	24.08	13.10	1.30
1994	99.85	107.48	98.53	9.37	4.93	29.81	17.22	1.62
1995	115.26	145.94	154.40	13.43	5.83	40.67	23.01	2.34
1996	150.90	179.29	187.45	21.66	7.42	51.66	29.57	2.94
1997	209.91	216.97	262.20	24.89	9.85	63.83	35.97	3.74

附1-15 国家银行各项存款年末余额
YEAR-END BALANCE OF DEPOSITS OF BANKS

单位：万元

(10000 yuan)

年份 Year	合计 Total	企业存款 Enterprises	财政存款 Financial	机关团体存款 Government Organs and Bodies	城镇储蓄存款 Urban Saving Deposits	农村存款 Rural
1978	1146580	527922	40273	53236	389409	88991
1979	1390517	649013	49342	66682	463723	104400
1980	1679891	834102	71486	566547	133710	67679
1981	2204737	1131870	65544	750606	157369	89070
1982	2792318	1432034	87904	974105	191882	105168
1983	3212851	1660027	85297	1087862	251065	128364
1984	3855220	2254153	129052	927955	321447	122081
1985	4109535	2454797	182064	890667	422447	137390
1986	5087562	3116297	165906	1027730	556249	179889
1987	6107619	3555956	150093	1335385	751854	205995
1988	6099142	3328559	97147	1180338	905519	295712
1989	7176132	3709770	259761	1218831	1337629	317000
1990	8689227	4293690	290365	1503878	1879081	297212
1991	11060952	5484293	333025	1879611	2498786	367665
1992	13095965	7005468	112779	1422621	3282099	534536
1993	16492164	8351199	142235	1551093	4824810	804791
1994	23111169	10377956	227561	2004247	7414350	932779
1995	30541198	16074288	359667	2116841	11034549	184283
1996	37818707	19705705	483317	2364532	15060889	199136
1997	49567563	29211539	381438	1562975	17709062	252358

附1-16 国家银行各项贷款年末余额
YEAR-END BALANCE OF LOANS OF BANKS

单位：万元

(10000 yuan)

年份 Year	合计 Total	工业生产企业贷款 Industrial Production	商业企业贷款 Commerce	建筑企业贷款 Construction	农业贷款 Agriculture	固定资产贷款 Fixed Assets	短期贷款 Short-term	中长期贷款 Mid, Long-term
1978	539078	214352	319239		5484	3		
1979	742332	216791	475507		6133	43907		
1980	873420	252528	495423	2198	7442	110685		
1981	912591	265718	517190	3624	9642	102540		
1982	1090686	346081	522596	10508	9479	178107		
1983	1494770	687371	552268	21486	14350	189486		
1984	1933724	774286	646218	76085	55606	304220		
1985	2534647	926420	697008	90789	61870	428020		
1986	3127010	1126873	814253	109423	96030	528287		
1987	3623937	1237457	896170	120812	126462	608207		
1988	4157237	1401628	1133718	162539	72292	753177		
1989	4870606	1740436	1407018	175324	99980	776477		
1990	5526782	2113813	1613340		147878	946906	4159282	946906
1991	6326887	2407065	1810436		193636	1159300	4724335	1159301
1992	7304636	2662278	2091350		232829	1473004	5325684	1473004
1993	9715379	3372431	2519224		271067	2344437	6713712	2344437
1994	10703251	3887403	1954192		274209	3124624	7155394	3124624
1995	15605875	4643921	3592487		339788	3563697	10159790	3563697
1996	18096848	5747916	4327060	483578	386784	3918864	12463119	3918864
1997	25444738	7412815	5632541	1000396	477519	5524730	18353500	5524730

附1-17 各种物价总指数
AGGREGATE PRICE INDICES

年 份 Year	商 品 零售价格 总指数 (上年=100) Aggregate Retail Price Index (preceding year=100)	居 民 消费价格 总指数 (上年=100) Aggregate Consumer Price Index (preceding year=100)	农副产品 收购价格 总指数 (上年=100) Purchasing Price Index of Farm and Sideline Products (preceding year=100)	农 业 生产资料 价格指数 (上年=100) Price Index of Agricultural Capital Goods (preceding year=100)	商 品 零售价格 总指数 (1978=100) Aggregate Retail Price Index (1978=100)	居 民 消费价格 总指数 (1978=100) Aggregate Consumer Price Index (1978=100)	农副产品 收购价格 总指数 (1978=100) Purchasing Price Index of Farm and Sideline Products (1978=100)	农 业 生产资料 价格指数 (1978=100) Price Index of Agricultural Capital Goods (1978=100)
1978					100.0	100.0	100.0	100.0
1979	101.8	101.8	109.5	100.0	101.5	101.4	109.5	100.0
1980	106.7	106.0	105.5	100.2	108.6	107.9	115.5	100.3
1981	101.4	101.3	109.4	100.1	110.2	109.2	126.4	100.3
1982	102.0	101.8	101.9	100.1	112.3	111.2	128.7	100.4
1983	100.6	100.5	101.8	101.6	113.0	111.8	131.0	102.0
1984	102.1	102.2	102.3	109.7	115.4	114.2	133.9	111.9
1985	118.6	117.6	117.6	100.9	136.8	134.4	157.5	112.9
1986	106.7	106.8	108.1	102.7	145.9	143.5	170.3	115.9
1987	108.7	108.6	116.1	110.8	158.6	155.8	197.6	128.4
1988	121.9	120.4	123.2	117.6	193.3	187.6	243.4	151.0
1989	118.5	117.2	106.8	121.5	229.1	219.9	260.0	183.5
1990	104.1	105.4	101.9	102.1	238.5	231.8	264.9	187.4
1991	108.5	111.9	101.7	102.5	258.8	259.4	269.4	192.1
1992	108.3	109.9	102.4	103.6	280.3	285.1	275.9	199.0
1993	116.9	119.0	107.0	109.1	327.7	339.3	295.2	217.1
1994	117.9	124.9	133.4	120.1	386.4	423.8	393.8	260.7
1995	112.6	117.3	130.6	133.2	435.1	497.1	514.3	347.3
1996	107.3	111.6	101.5	106.8	466.9	554.8	522.0	370.9
1997	103.8	105.3	92.8	100.4	484.6	584.2	484.4	372.2

附1-18 职工工资总额和保险福利费
TOTAL WAGES, INSURANCE AND WELFARES OF STAFF AND WORKERS

年份 Year	职工工资总额（亿元） Total Wages (100 million yuan)	国有经济单位 State-Owned	城镇集体经济单位 Urban Collective Owned	其他经济单位 Others	职工保险福利费用总额（亿元） Total Insurance and Welfares (100 million yuan)	国有经济单位 State-Owned	城镇集体经济单位 Urban Collective Owned	其他经济单位 Others
1978	18.7	16.2	2.5		2.6	2.6		
1979	22.4	19.4	3.0		3.1	3.1		
1980	26.9	23.3	3.6		4.3	4.3		
1981—1985	183.7	153.7	29.6	0.4	39.5	39.5		
1981	28.3	24.2	4.1		5.2	5.2		
1982	30.5	25.9	4.6		5.8	5.8		
1983	33.8	28.5	5.3		7.7	7.7		
1984	40.4	33.7	6.6	0.1	9.3	9.3		
1985	50.7	41.4	9.0	0.3	11.5	11.5		
1986—1990	421.1	349.7	64.4	7.0	95.7	91.5	3.6	0.6
1986	58.0	48.5	9.1	0.4	13.9	13.9		
1987	66.7	56.0	10.1	0.6	17.0	17.0		
1988	81.2	68.1	12.1	1.0	24.3	24.3		
1989	96.3	81.0	13.4	1.9	19.5	17.4	1.8	0.3
1990	118.9	96.1	19.7	3.1	21.0	18.9	1.8	0.3
1991—1995	1198.1	950.3	156.6	91.2	156.0	138.9	10.9	6.2
1991	132.2	106.1	21.5	4.6	25.3	22.6	2.1	0.6
1992	158.5	128.6	23.9	6.0	30.6	27.4	2.4	0.8
1993	218.9	176.6	28.5	13.8	36.0	32.2	2.5	1.3
1994	306.5	243.4	36.2	26.9	30.4	27.0	1.9	1.5
1995	382.0	295.6	46.5	39.9	33.7	29.7	2.0	2.0
1996	442.4	339.4	46.2	56.8	37.3	31.7	2.8	2.8
1997	514.8	383.6	53.8	77.4	48.1	41.6	2.8	3.7

附1-19 职工平均工资及指数
AVERAGE WAGE AND INDEX OF STAFF AND WORKERS

年份 Year	职工平均工资（元） Average Wage (yuan)	国有经济单位 State-Owned	城镇集体经济单位 Urban Collective Owned	其他经济单位 Others	职工实际工资指数 (1978=100) Index of Actual Wage	国有经济单位 State-Owned	城镇集体经济单位 Urban Collective Owned	其他经济单位 Others
1978	673	703	471		100	100	100	100
1979	742	778	556		108.3	108.7	116.0	
1980	848	889	635		116.8	117.3	125.0	
1981	837	880	685		113.9	114.6	133.1	
1982	863	896	715		115.3	114.6	136.5	
1983	931	964	785		123.7	122.6	149.0	
1984	1086	1127	946	1170	141.3	140.3	175.8	
1985	1343	1367	1231	1768	148.5	144.7	194.5	112.5
1986	1488	1530	1287	2080	154.1	151.7	190.4	123.9
1987	1670	1712	1449	2267	159.3	156.3	197.5	124.4
1988	2000	2048	1738	2661	158.4	155.3	196.7	121.2
1989	2312	2366	1992	2761	156.2	153.1	192.3	107.3
1990	2653	2713	2334	3243	170.1	166.5	213.8	119.6
1991	2877	2937	2504	3713	164.8	161.1	205.0	122.3
1992	3402	3500	2828	4289	177.3	174.6	210.6	128.6
1993	4780	4920	3834	5469	209.3	206.3	239.9	137.8
1994	6540	6695	5009	8179	229.3	224.7	250.9	165.0
1995	8144	8237	6516	10278	243.4	235.7	278.3	176.7
1996	9579	9645	7133	13851	256.5	247.3	273.0	213.4
1997	11019	10917	8259	15370	280.2	265.6	300.2	224.9

附1-20 居 民 生 活
PEOPLE'S LIVELIHOOD

年 份 Year	城镇居民家庭平均每人每年（元） Annual Per Capita of Urban Households (yuan)					农村居民家庭平均每人每年（元） Annual Per Capita of Rural Households (yuan)				
	全部收入 Total Income	可支配收入 Discretionary Income	可支配收入指数 (1978=100) Index of Discretionary Income (1978=100)	生活消费支出 Living Expenditures	#食品 Food	纯收入 Net Income	纯收入指数 (1978=100) Index of Net Income (1978=100)	总支出 Total Expenditures	生活消费支出 Living Expenditures	#食品 Food
1978	450.18	365.40	100.00	359.86	211.19	225	100.0	219	185	117
1979	491.54	414.95	111.57	408.66	236.73	250	110.9	235	205	131
1980	599.40	501.36	127.21	490.44	270.96	308	135.4	290	257	139
1981	619.57	514.14	128.79	511.43	295.05	361	158.5	351	307	159
1982	668.06	561.05	138.04	534.82	317.57	430	186.1	411	346	180
1983	716.60	590.47	144.48	574.06	337.74	519	225.1	499	384	193
1984	837.65	693.70	166.13	666.75	379.12	664	282.9	559	435	222
1985	1158.84	907.72	134.83	923.32	466.92	775	324.0	726	510	240
1986	1317.33	1067.52	203.52	1067.38	543.36	823	335.6	857	645	292
1987	1413.24	1181.87	207.47	1147.60	605.04	916	357.4	943	706	341
1988	1767.67	1436.97	209.33	1455.55	743.37	1063	368.8	1246	883	408
1989	1899.57	1787.08	198.51	1520.41	841.30	1231	376.8	1356	976	484
1990	2067.33	1787.08	210.82	1646.05	892.17	1297	384.8	1372	981	497
1991	2359.88	2040.43	215.25	1860.17	1016.80	1422	391.3	1585	1100	537
1992	2813.10	2363.68	226.87	2134.65	1126.27	1569	399.4	1684	1179	574
1993	3935.39	3296.04	265.89	2939.60	1404.66	1855	419.8	1714	1309	612
1994	5585.88	4731.24	305.51	4134.12	1919.04	2422	457.8	2175	1676	825
1995	6748.68	5868.36	322.92	5019.76	2436.48	3224	486.9	3080	2433	1206
1996	7945.78	6885.48	378.89	5729.45	2671.49	3580	540.7		2656	1233
1997	8741.71	7813.11	365.86	6531.81	2854.35	3762			2795	1248

年 份 Year	每一城镇就业者负担人数（人） Dependents Per Urban Employee (person)	每一农村劳动力负担人数（人） Dependents Per Rural Labor Force (person)	城市人均居住面积（平方米） Urban Per Capita Living Space (sq. m)	农村人均住房面积（平方米） Rural Per Capita Living Space (sq. m)	城乡储蓄存款余额（亿元） Balance of Saving Deposits (100 million yuan)	城镇储蓄 Urban	农户储蓄 Rural	人均储蓄（元） Per Capita Saving Deposits (yuan)
1978	1.86	2.15	4.55	9.25	9.33	8.90	0.43	107.09
1979	1.83	2.16	4.57	9.67	11.07	10.44	0.63	123.04
1980	1.80	2.13	4.79	10.09	14.39	13.33	1.06	159.20
1981	1.72	2.13	5.08	12.35	17.39	15.74	1.65	189.23
1982	1.66	1.97	5.38	13.01	21.77	19.19	2.58	232.55
1983	1.65	1.82	5.68	14.09	29.81	25.11	4.70	312.49
1984	1.63	1.79	5.92	14.08	38.82	32.14	6.67	401.42
1985	1.66	1.64	6.17	16.37	51.70	42.24	9.45	522.70
1986	1.66	1.66	6.46	17.17	68.58	55.62	12.95	664.52
1987	1.65	1.64	6.82	18.38	92.98	75.19	17.79	871.38
1988	1.71	1.63	7.17	19.23	111.64	90.55	21.09	1032.98
1989	1.52	1.62	7.45	20.09	162.01	133.75	28.26	1597.76
1990	1.52	1.61	7.72	20.62	226.62	188.03	38.59	2208.73
1991	1.43	1.59	8.01	21.92	298.18	249.88	48.30	2878.21
1992	1.42	1.58	8.31	22.67	387.82	328.21	59.61	3721.93
1993	1.42	1.51	8.51	23.70	560.66	482.48	78.18	5349.78
1994	1.41	1.49	8.73	24.42	853.21	745.88	107.33	8079.62
1995	1.41	1.47	8.87	24.74	1253.95	1111.50	142.46	11757.61
1996	1.41	1.45	9.17	25.74	1706.98	1528.41	178.56	15839.09
1997	1.43	1.48	9.49	27.39	1975.23	1770.90	204.36	18196.80

附1-21 城镇居民家庭平均每百户主要耐用消费品拥有量
POSSESSION OF MAIN DURABLE CONSUMER GOODS OF PER 100 URBAN HOUSEHOLDS

年份 Year	自行车 (辆) Bicycles (unit)	录放像机 (台) Videocorders (set)	淋浴热水器 (台) Showers (unit)	洗衣机 (台) Washing Machines (unit)	彩色电视机 (台) Color TV Sets (set)	黑白电视机 (台) Black and White (set)	收录机 (台) Recorders (set)	电冰箱 (台) Refrige-rators (unit)	照相机 (架) Cameras (set)
1978	135.8					19.2	0.6		7.5
1979	145.7			0.1		41.8	2.4		9.8
1980	150.9			1.9		65.8	9.5	0.3	11.4
1981	153.8			12.3	1.7	80.0	20.0	1.7	13.3
1982	166.5			18.8	1.7	84.8	28.0	2.7	17.2
1983	175.8			28.7	4.3	86.6	40.5	7.0	20.6
1984	183.0			42.3	8.0	86.5	51.5	15.3	29.1
1985	177.0			57.5	32.2	80.7	70.3	41.9	34.6
1986	193.9			75.9	50.9	69.2	80.1	61.5	47.4
1987	210.2			82.6	57.5	70.5	87.0	71.8	55.5
1988	193.7			86.0	69.7	57.8	91.8	81.2	59.6
1989	233.0	10.1		89.7	80.5	55.4	95.5	89.4	62.2
1990	228.3	19.9		93.2	90.9	51.2	99.6	96.4	66.5
1991	233.8	28.4		93.0	97.1	44.0	100.0	101.7	72.7
1992	229.2	41.7	17.0	96.1	101.4	39.5	104.1	101.3	77.2
1993	243.2	45.6	23.2	99.8	107.2	39.2	113.0	100.8	82.4
1994	246.8	49.8	38.8	102.8	111.8	37.4	107.8	104.4	85.4
1995	243.6	54.2	45.4	100.4	113.6	33.8	110.2	104.4	86.8
1996	249.0	57.8	52.0	101.4	119.2		113.8	105.4	87.2
1997	209.4	56.0	58.4	100.6	123.8		65.0	104.2	88.2

附1-22 农民家庭平均每百户主要耐用消费品拥有量
POSSESSION OF MAIN DURABLE CONSUMER GOODS OF PER 100 RURAL HOUSEHOLDS

年份 Year	自行车 (辆) Bicycles (unit)	缝纫机 (架) Sewing Machines (set)	手表 (只) Watches (unit)	黑白电视机 (台) Black and White TV Sets (set)	彩色电视机 (台) Color TV Sets (set)	录音机 (台) Recorders (set)	照相机 (架) Cameras (set)	电风扇 (台) Electric Fans (unit)	洗衣机 (台) Washing Machines (unit)	电冰箱 (台) Refrige-rators (unit)
1978	109	36	46							
1979	98	32	67	1						
1980	123	39	103	5						
1981	135	46	136	14						
1982	141	50	169	33		2		11	2	
1983	167	55	192	41		7		17	6	
1984	187	58	211	57		14		28	15	1
1985	182	57	201	53	7	21	2	32	23	2
1986	191	56	211	59	12	28	4	42	39	5
1987	204	60	226	63	15	34	5	52	48	9
1988	218	61	231	66	20	41	7	61	56	14
1989	224	63	232	66	25	47	8	67	61	19
1990	235	65	243	65	29	47	8	73	63	23
1991	232	63	217	58	42	48	11	84	69	36
1992	245	64	229	60	46	50	14	92	73	40
1993	249	68	223	56	56	53	15	98	76	47
1994	254	69	239	54	65	59	17	109	80	53
1995	251	67	214	46	74	56	21	115	81	63
1996	250	68	217	44	79	58	21	117	83	67
1997	248	68	221	43	85	58	25	127	84	72

附1-23 农 业 基 本 情 况
BASIC STATISTICS FOR AGRICULTURE

年 份 Year	农林牧渔业劳动力（万人） Labors Force of Farming,Freostry Animal Husbandry and Fishery (10000 persons)	年末实有耕地面积（万公顷） Cultivated Area (year-end) (10000 hectare)	当年减少耕地面积（万公顷） Decresae of Cultivated Area of this Year (10000 hectare)	播种面积（万公顷） Sown Area (10000 hectare)	# 粮食作物 Grain Crops	# 经济作物 Cash Crops	造林面积（万公顷） Afforestation Area (10000 hectare)	受灾面积（万公顷） Disaster Area (10000 hectare)	成灾面积（万公顷） Infested Area (10000 hectare)
1978	117.7	42.9	0.3	69.1	56.1	4.9	1.4		
1979	115.5	42.7	0.2	67.7	56.0	3.7	1.6		
1980	113.3	42.6	0.1	65.7	54.9	3.3	2.4		
1981	112.6	42.5	0.1	64.3	53.0	3.2	2.7		
1982	110.1	42.4	0.1	64.2	52.7	2.9	2.8		
1983	112.2	42.3	0.1	63.8	53.0	2.8	3.3	16.2	8.9
1984	101.1	42.2	0.1	63.3	52.3	2.7	3.2	18.0	14.0
1985	90.3	42.1	0.1	61.8	51.1	2.9	3.0	14.0	8.0
1986	86.1	41.9	0.2	60.5	49.9	2.4	1.4	7.0	3.0
1987	84.6	41.8	0.1	59.8	49.5	2.0	2.0	3.0	1.0
1988	80.9	41.6	0.2	59.5	48.8	1.9	1.6	11.0	5.0
1989	83.4	41.4	0.2	58.9	48.3	1.6	0.8	21.0	9.0
1990	82.5	41.3	0.1	59.0	48.4	1.6	4.1	17.8	8.7
1991	80.3	41.1	0.2	59.0	48.3	1.7	1.5	16.9	7.7
1992	74.6	40.9	0.2	58.6	47.7	1.7	1.5	3.8	0.8
1993	72.5	40.6	0.3	56.5	45.6	1.8	4.8	11.9	5.3
1994	68.7	40.2	0.4	55.1	43.0	1.7	5.5	19.3	4.6
1995	65.5	39.9	0.3	55.3	43.4	1.5	4.7	12.1	3.7
1996	66.9	39.9	0.3	53.8	42.7	1.4	4.0	12.3	5.0
1997	65.3	34.2	0.3	53.6	42.5	1.2	3.8		

注：1995、1996、1997年耕地面积由市土地局提供。
Note：Data of cultivated area of 1995 and 1996 are provided by Municipal Land Bureau.

附1-24 农业生产条件
PRODUCTIVE CONDITIONS OF AGRICULTURE

年份 Year	农用机械总动力（万千瓦）Total Power of Agricultural Machinery (10000kw)	农用大中型拖拉机（台）Large Medium Tractors (unit)	小型拖拉机（台）Mini-Tractors (unit)	灌溉面积（千公顷）Irrigated Area (1000 hectare)	化肥施用量（万吨）Consumption of Chemical Fertilizers (10000 tons)	农村用电量（万千瓦小时）Rural Electricity Consumption (10000 kwh)	农村居民家庭每户生产性固定资产（元）Productive Fixed Assets Per Rural Households (yuan)	每公顷面积产量（公斤）Yield Per Hectare (kg)		
								粮食 Grain	棉花 Cotton	油料 Oilbearing Crops
1978	127.7	5568	23412	341.7	1.4	58802	5.0	3315	255	788
1979	212.2	6496	24724	340.8	1.3	59531	6.5	3090	278	855
1980	234.6	7705	24912	340.3	1.2	76753	8.0	3390	443	1118
1981	244.8	8284	23465	341.3	1.1	91843	10.9	3413	338	810
1982	242.2	9032	22843	339.3	1.2	96960	22.3	3518	503	953
1983	262.1	9855	22652	343.3	1.2	104608	95.3	3803	593	1065
1984	291.3	10859	26563	342.7	1.1	119287	163.0	4155	900	1500
1985	320.4	11319	32036	338.4	8.2	126830	394.3	4298	848	1928
1986	345.5	11664	34016	337.9	9.1	180640	419.2	4335	735	1530
1987	388.4	12170	37319	329.9	10.0	159450	444.0	4590	908	2085
1988	399.7	12596	38873	328.2	10.6	163986	549.7	4800	810	2055
1989	423.9	12344	39519	326.9	11.8	128414	543.3	4950	960	2220
1990	416.2	12844	37654	328.6	14.4	122711	595.6	5460	1035	2565
1991	384.8	12906	44610	328.7	14.4	111347	700.4	5787	885	2685
1992	399.8	12752	44525	331.1	14.4	143963	844.9	5907	1051	2760
1993	450.5	12701	44200	314.7	14.9	169911	951.6	6236	1043	3009
1994	459.2	12475	44500	323.4	19.8	172042	2194.6	6420	910	3051
1995	468.1	12228	42100	292.4	18.8	201731	2776.5	5985	825	2794
1996	468.4	12272	38200	323.2	18.9	275871	2394.2	5659	924	2741
1997	433.2	12088	30000	323.3	19.7	301655	2818.9	5594	1040	2736

注：1.化肥施用量为折纯量。

2.农村居民家庭每户生产性固定资产为抽样调查数。

a) Consumption of chemical fertilizers are those converted into pure.

b) Data of productive fixed assets per rural household refers to those from sample survey.

附1-25 农林牧渔业总产值和指数

GROSS OUTPUT VALUE OF FARMING,FORESTRY,ANIMAL HUSBANDRY, FISHERY AND INDEX

年 份 Year	农林牧渔 业总产值 (亿元) Gross Output Value of Farming,Forestry, Animal Husbandry and Fishery (100 million yuan)	农 业 Farming	林 业 Forestry	牧 业 Animal Husbandry	渔 业 Fishery	农林牧渔业 总产值指数 (1978=100) Index of Gross Output Value of FFAF (1978=100)	农 业 Farming	林 业 Forestry	牧 业 Animal Husbandry	渔 业 Fishery
1978	11.5	8.9	0.2	2.4	0.01	100.0	100.0	100.0	100.0	100.0
1979	12.3	8.8	0.2	3.3	0.02	99.1	95.8	87.5	108.5	200.0
1980	14.2	9.7	0.5	3.9	0.05	101.2	92.9	137.5	122.0	200.0
1981—1985	98.2	63.0	4.2	30.1	0.80					
1981	14.9	9.7	1.0	4.1	0.05	100.6	92.1	137.5	120.7	200.0
1982	16.7	11.2	0.7	4.7	0.05	108.5	96.3	137.5	140.2	200.0
1983	19.4	12.5	0.8	6.0	0.10	123.6	107.1	150.0	168.3	400.0
1984	21.7	13.9	0.9	6.7	0.20	137.6	120.0	150.0	182.9	600.0
1985	25.5	15.7	0.8	8.6	0.40	146.4	126.3	137.5	198.8	1200.0
1986—1990	242.4	138.8	4.1	91.6	7.90					
1986	27.8	16.9	0.8	9.4	0.70	147.0	125.0	125.0	202.4	1464.4
1987	33.8	19.7	0.8	12.3	1.00	160.0	134.2	137.5	224.4	2185.4
1988	51.9	30.7	0.9	18.6	1.70	179.4	140.8	125.0	278.0	2907.4
1989	59.6	33.4	0.7	23.3	2.20	198.2	151.3	112.5	324.4	3236.8
1990	69.3	38.1	0.9	28.0	2.30	210.3	154.2	125.0	348.8	3622.8
1991—1995	567.9	291.0	11.2	244.6	21.10					
1991	75.5	38.6	1.5	32.8	2.60	229.1	164.6	162.5	395.1	4211.4
1992	83.3	42.0	1.6	36.3	3.40	244.5	172.5	150.0	431.7	5092.8
1993	100.4	51.1	2.3	42.7	4.30	257.3	183.3	162.5	443.9	5887.7
1994	144.3	72.5	3.1	64.0	4.70	276.7	193.8	187.5	487.8	6131.4
1995	164.4	86.8	2.7	68.8	6.10	273.9	195.4	200.0	462.2	7500.8
1996	168.9	86.9	2.8	71.1	5.84	271.5	190.0	212.5	473.2	7000.0
1997	170.9	87.0	2.9	74.8	6.21	273.8	199.7	226.9	466.2	6522.4

注：绝对数按现价计算，指数按可比价计算。

Note: Value are calculated at current prices and index are calculated at constant prices.

附1-26 主要农业产品产量
OUTPUT OF MAJOR AGRICULTURAL PRODUCTS

年份 Year	粮食 (万吨) Grain (10000 tons)	# 谷物 Cereal	棉花 (万吨) Cotton (10000 tons)	油料 (万吨) Oilbearing Crops (10000 tons)	猪牛羊肉 (万吨) Pork, Beef and Mutton (10000 tons)	禽蛋 (万吨) Poultry Eggs (10000 tons)	水产品 (万吨) Aquatic Products (10000 tons)	大牲畜 年底头数 (万头) Large Animals (year-end) (10000 heads)	# 役畜 Draught Animals	猪 年底头数 (万头) Hogs (year-end) (10000 heads)
1978	186.0	180.4	0.3	2.6	11.9	0.5	0.2	30.4	21.5	248.3
1979	172.8	168.4	0.1	2.6	13.2	1.0	0.3	29.2	20.4	246.7
1980	186.0	182.2	0.1	3.1	15.1	3.4	0.4	27.9	19.3	232.5
1981—1985	1004.8	984.1	1.4	13.1	70.7	44.3	4.0	119.5	89.7	927.0
1981	180.7	177.7	0.1	2.2	14.3	3.7	0.4	26.3	19.2	210.9
1982	185.5	182.5	0.1	2.3	14.1	5.4	0.4	24.9	18.2	206.4
1983	201.5	198.3	0.2	2.1	14.9	8.9	0.6	24.3	18.1	190.3
1984	217.4	211.5	0.6	2.6	13.9	12.2	1.0	22.8	17.6	161.8
1985	219.7	214.1	0.4	3.9	13.5	14.1	1.6	21.2	16.6	157.6
1986—1990	1181.9	1154.1	1.4	15.2	77.3	103.8	18.8	115.2	82.7	805.0
1986	216.5	211.2	0.2	3.0	13.3	14.7	2.2	21.9	16.6	145.6
1987	227.0	220.9	0.3	3.3	13.0	16.8	3.0	23.1	16.9	120.4
1988	234.6	229.2	0.3	3.0	13.4	21.8	3.9	23.1	16.3	145.3
1989	239.2	233.7	0.3	2.8	17.2	24.7	4.6	23.8	16.6	187.7
1990	264.6	259.1	0.3	3.1	20.4	25.8	5.1	23.3	16.3	206.0
1991—1995	1381.6	1349.3	1.9	17.6	138.0	139.3	34.7	130.6	61.3	1276.5
1991	279.7	274.7	0.3	3.3	24.8	25.0	5.6	27.9	15.0	241.7
1992	281.9	276.7	0.5	3.4	27.3	26.5	6.4	26.9	13.6	269.1
1993	284.1	278.2	0.4	3.8	28.2	28.1	7.0	26.2	12.8	252.2
1994	276.1	267.0	0.4	3.8	30.7	31.2	7.6	26.7	10.9	260.1
1995	259.8	252.7	0.3	3.3	27.0	28.5	8.1	22.9	9.0	253.4
1996	237.4	231.8	0.3	3.0	27.6	24.7	7.8	20.5	7.4	240.0
1997	237.5	232.3	0.2	2.7	27.9	23.8	7.7	19.7	6.0	241.0

附1-27 每一农林牧渔业从业者农业生产量
PRODUCTION VOLUME PER EMPLOYEE OF FARMING, FORESTRY, ANIMAL HUSBANDRY AND FISHERY

年份 Year	农林牧渔业总产值（元）Gross Output Value of Farming, Forestry, Animal Husbandry and Fishery (yuan)	粮食（公斤）Grain (kg)	#谷物 Cereal	棉花（公斤）Cotton (kg)	油料（公斤）Oilbearing Crops (kg)	猪牛羊肉（公斤）Pork, Beef and Mutton (kg)	禽蛋（公斤）Poultry Eggs (kg)	水产品（公斤）Aquatic Products (kg)
1978	977.9	1580.1	1529.3	2.9	22.2	101.1	4.6	1.5
1979	1066.7	1496.2	1458.3	0.6	22.2	114.0	8.5	2.4
1980	1248.9	1641.7	1608.1	0.8	27.3	133.2	29.6	3.6
1981	1318.8	1604.4	1577.7	0.6	19.8	127.1	32.7	3.8
1982	1512.3	1684.6	1657.5	0.9	20.7	128.3	51.1	3.4
1983	1729.1	1795.8	1767.1	1.8	18.3	132.6	79.2	4.9
1984	2146.4	2150.0	2092.4	5.6	26.2	137.5	120.9	10.0
1985	2823.9	2432.5	2370.5	4.8	43.6	149.3	156.1	17.6
1986	3228.8	2514.2	2453.3	2.5	35.4	155.0	170.6	25.6
1987	3995.3	2683.3	2610.9	3.1	38.7	153.1	198.4	35.5
1988	6415.3	2900.0	2833.6	3.4	37.0	166.0	269.1	48.2
1989	7146.3	2868.5	2801.6	3.1	34.1	205.8	296.3	55.2
1990	8400.0	3207.5	3140.5	4.2	37.5	247.0	312.4	61.9
1991	9402.2	3483.3	3421.0	4.3	40.9	309.1	311.5	69.4
1992	11166.2	3779.2	3708.9	6.5	45.6	366.5	355.1	86.0
1993	13848.3	3917.4	3837.8	5.9	52.2	389.1	387.7	96.9
1994	21004.4	4019.6	3886.2	5.4	55.2	447.4	453.8	111.1
1995	25099.2	3965.8	3858.3	4.2	50.2	412.0	435.7	122.9
1996	25232.6	3545.7	3465.4	3.8	44.0	411.6	368.8	117.0
1997	26152.0	3634.8	3556.1	3.4	41.8	426.8	363.9	117.3

附1-28 工业总产值
GROSS OUTPUT VALUE OF INDUSTRY

单位：亿元 (100 million yuan)

年份 Year	工业						
	总产值 Gross Output Value	# 国有工业 State-owned	# 集体工业 Collective-owned	# 乡及乡以上 at Township Level and above	轻工业 Light Industry	重工业 Heavy Industry	# 大中型工业 Large and Medium Industry
1984	276.20	217.27	54.14	276.20	117.99	158.22	178.66
1985	324.19	248.48	69.43	324.19	135.75	188.44	213.73
1986—1990	2618.45	1491.40	516.39	2521.45	1070.73	1450.73	1741.65
1986	344.95	268.20	68.80	344.95	144.34	200.61	237.43
1987	399.09	305.99	81.08	399.09	164.80	234.29	280.16
1988	508.69		104.06	508.69	218.16	290.53	354.45
1989	622.37	450.88	134.46	622.37	272.66	349.71	421.68
1990	743.35	466.33	127.99	646.35	270.77	375.59	447.93
1991—1995	7139.52	3885.77	1026.49	6254.50	2111.52	4142.97	3957.25
1991	880.79	527.78	146.53	757.05	309.08	447.96	526.02
1992	1085.37	627.84	170.07	915.50	326.31	589.19	625.27
1993	1513.59	797.13	227.78	1242.56	385.44	857.12	796.27
1994	1721.13	906.56	243.61	1605.41	541.09	1064.32	915.45
1995	1938.64	1026.46	238.50	1733.98	549.60	1184.38	1094.24
1996	1853.34	887.0	277.38	1632.17	522.43	1109.74	987.48
1997	1963.83	960.04	179.76	1744.98	554.07	1190.91	958.61

注：总产值按现价计算。

Note: Gross output value are calculated at currrent prices.

附1-29 工业总产值指数(1978=100)
INDEX OF GROSS OUTPUT VALUE OF INDUSTRY(1978=100)

年份 Year	工业						
	总产值 Gross Output Value	# 国有工业 State-owned	# 集体工业 Collective-owned	# 乡及乡以上 at Township Level and above	轻工业 Light Industry	重工业 Heavy Industry	# 大中型工业 Large and Medium Industry
1978	100.0	100.0	100.0	100.0	100.0	100.0	100.0
1979	110.5	110.1	112.1	110.9	113.1	109.1	110.9
1980	121.3	118.6	134.3	122.0	134.9	113.9	118.5
1981—1985							
1981	112.1	109.2	124.8	123.8	149.0	92.1	108.8
1982	118.4	115.1	132.0	130.7	153.9	99.1	120.9
1983	129.7	124.6	152.1	143.2	165.8	110.2	135.9
1984	145.9	135.9	182.3	161.0	181.7	126.4	157.3
1985	159.2	144.8	214.3	175.8	197.4	138.4	178.7
1986—1990							
1986	166.6	152.7	216.3	183.9	207.2	144.6	190.3
1987	184.9	166.9	248.1	204.2	225.2	163.1	214.6
1988	216.6	189.2	301.6	239.1	270.5	187.3	246.6
1989	232.2	197.2	333.0	256.3	290.4	200.5	257.0
1990	257.0	310.0	421.4	394.2	423.9	320.7	419.7
1991—1995							
1991	398.1	331.1	475.6	439.5	462.8	362.9	464.8
1992	454.8	362.5	547.1	502.2	480.3	441.0	514.7
1993	516.1	399.5	651.4	608.0	568.1	541.3	491.4
1994	532.2	386.7	657.1	653.3	705.9	621.9	554.5
1995	569.5	417.4	665.9	726.0	586.9	696.0	666.3
1996	624.7	433.1	840.0	792.7	634.3	763.5	682.8
1997	694.0	481.6	529.0	881.5	707.2	849.3	642.5

注：指数按可比价计算。

Note: Index are calculated at constant prices.(the following table is the same)

附1-30 工业总产值指数(上年=100)

INDEX OF GROSS OUTPUT VALUE OF INDUSTRY(PRECEDING YEAR=100)

年 份 Year	工 业 总产值 Gross Output Value	# 国有工业 State-owned	# 集体工业 Collective-owned	# 乡及乡以上 at Township Level and above	轻工业 Light Industry	重工业 Heavy Industry	# 大中型工业 Large and Medium Industry
1978	111.5	114.5	112.5	111.5	110.7	116.1	100.0
1979	111.2	110.1	112.1	110.9	113.1	109.1	110.9
1980	110.4	107.6	119.7	110.0	119.3	104.5	106.9
1981—1985							
1981	101.8	101.7	104.1	101.5	114.5	93.4	102.7
1982	106.1	105.6	105.8	105.6	103.3	107.6	111.2
1983	111.0	108.3	115.2	109.6	107.7	111.2	112.4
1984	113.8	109.1	119.9	112.4	109.6	114.7	115.7
1985	110.8	106.5	117.6	109.1	108.6	109.5	113.6
1986—1990							
1986	105.9	105.5	100.9	104.6	104.9	104.4	106.5
1987	113.4	109.3	114.7	111.0	108.7	112.8	112.7
1988	121.1	113.3	121.6	117.1	120.1	114.8	114.9
1989	109.0	197.2	110.4	107.2	107.4	107.1	104.2
1990	106.1	100.0	106.2	105.1	103.7	106.2	104.0
1991—1995							
1991	113.5	106.8	112.9	111.5	109.2	113.2	110.7
1992	118.0	109.5	115.0	114.3	103.8	121.5	110.7
1993	122.3	110.2	126.6	121.1	118.3	122.7	104.4
1994	104.2	96.8	100.9	107.4	107.0	107.7	103.2
1995	107.0	107.9	101.3	111.1	96.5	119.4	120.2
1996	109.9	103.8	126.1	109.2	108.1	109.7	102.5
1997	111.1	112.1	63.0	112.1	111.5	112.4	94.1

附1-31 独立核算工业企业主要指标
MAIN INDICATORS FOR INDUSTRIAL ENTERPRISES WITH INDEPENDENT ACCOUNTIING SYSTEM

年份 Year	平均职工人数（万人）Average Number of Staff and Workers (10000 persons)	总产值（万元）Gross Output Value (10000 yuan)	固定资产原价（万元）Original Value of Fixed Assets (10000 yuan)	产品销售收入（万元）Sales Revenue (10000 yuan)	利税总额（万元）Total Pre-tax Profits (10000 yuan)	国有工业 State-owned 平均职工人数（万人）Average Number of Staff and Workers (10000 persons)	总产值（万元）Gross Output Value (10000 yuan)	固定资产原价（万元）Original Value of Fixed Assets (10000 yuan)	产品销售收入（万元）Sales Revenue (10000 yuan)	利税总额（万元）Total Pre-tax Profits (10000 yuan)
1978	114.79	1654593	1305271	1098279		89.09	1397086	1211739	919313	435095
1979	116.79	1843056	1371335	1186497		92.30	1543621	1262408	984888	
1980	140.91	2061664	1495083	1987967	604241	95.36	1394298	1366890	1647908	520978
1981—1985		12511777	9642045	12561630	3383077		9940322	8614039	10117128	2852798
1981	152.90	2105591	1622035	2054862	599452	103.70	1716072	1474519	1693086	518716
1982	158.70	2205469	1750727	2183458	604372	107.61	1794192	1581902	1796342	521452
1983	161.98	2389253	1886857	2408893	642437	109.35	1918673	1693586	1961803	545140
1984	165.50	2702857	2045344	2728866	707360	109.48	2117273	1812660	2179349	589607
1985	165.63	3108607	2337082	3185551	829456	110.19	2394112	2051372	2486548	677883
1986—1990		24483553	17321757	24054442	4825016		17108076	14798805	18384654	3925489
1986	169.85	3365481	2627346	3385055	813979	111.54	2601751	2281006	2659067	676895
1987	170.52	3875977	3008917	3935004	885303	112.63	1970928	2604582	3065446	732447
1988	170.54	4956478	3412765	5032042	1081370	112.84	3695388	2949027	3835082	882479
1989		6026646	3890267	5597829	1087017		4352862	3294245	4258859	885038
1990	173.46	6258971	4382462	6104512	957347	115.45	4487147	3669945	4566200	748630
1991—1995		57607603	44341698	57731437	8051832		35547109	35600600	37861701	5876833
1991	172.39	7302060	5052285	7271529	1106009	112.20	5080426	4210383	5274088	837566
1992	175.48	8600195	5754181	8526860	1347058	116.32	5834134	4757957	6054470	1027279
1993	167.90	11666047	9986886	12822058	1811556	114.59	7598865	8471018	8977254	1379167
1994	179.50	15536585	9648050	13207344	1857476	109.90	8599364	7493956	7815491	1224709
1995	176.16	14502716	13900296	15903646	1929733	107.27	8434320	10667286	9740398	1408112
1996	166.63	15222854	16319878	15801389	1225314	97.72	8366714	12273744	9303959	762024
1997	157.52	17161951	18503218	17070867	1405499	91.16	9355501	14106270	9570024	878170

注：利税总额包括增值税。

Note：Total pre-tax profits included added value tax.

附1-32 独立核算工业企业效益指标

BENEFICIAL INDICATORS FOR INDUSTRIAL ENTERPRISES WITH INDEPENDENT ACCOUNTING SYSTEM

年 份 Year	百元固定资产实现利税（元）Pre-tax Profits/ Fixed Assets (yuan)	资金利税率（%）Pre-tax Profits/ Total Assets (%)	产值利税率（%）Pre-tax Profits/ Gross Output Value (%)	百元销售收入实现利润（元）After-tax Profits/ Sales Revenue (yuan)	全员劳动生产率（元／人）Overall Labor Productivity (yuan/ person)	国有工业 State-owned 百元固定资产实现利税（元）Pre-tax Profits/ Fixed Assets (yuan)	国有工业 State-owned 资金利税率（%）Pre-tax Profits/ Total Assets (%)	国有工业 State-owned 产值利税率（%）Pre-tax Profits/ Gross Output Value (%)	国有工业 State-owned 百元销售收入实现利润（元）After-tax Profits/ Sales Revenue (yuan)	国有工业 State-owned 全员劳动生产率（元／人）Overall Labor Productivity (yuan/ person)
1978				33.76		35.91		31.14	34.71	
1979				34.92					36.24	
1980	40.42	38.5	29.31	22.79		38.11	38.00	20.75	23.65	
1981	36.96	34.7	28.47	21.45		35.18	34.40	30.23	22.53	
1982	34.52	32.6	27.40	20.15		32.96	32.50	29.06	21.16	
1983	34.05	34.8	26.89	19.48		32.19	34.70	28.41	20.27	
1984	34.58	35.3	26.17	18.51		32.53	35.33	27.85	19.24	
1985	35.49	35.47	26.68	17.30		33.05	35.34	28.31	17.68	
1986	30.98	28.13	24.19	15.48		29.68	30.79	26.02	16.11	
1987	29.42	29.98	22.84	14.50		28.12	28.85	24.65	15.21	
1988	31.69		21.82	13.94		29.92	30.38	23.88	14.64	
1989	27.94	25.03	18.04	11.40		26.87	25.95	20.33	11.79	
1990	21.84	19.21	15.30	8.02		20.40	19.33	16.68	7.72	
1991	21.89	19.50	15.15	8.02		19.89	19.07	16.49	7.70	
1992	23.41	16.46	15.66	8.77		21.59	16.98	17.61	8.92	
1993	18.14	12.37	15.53	8.54	24364	16.28	12.10	18.15	9.26	20198
1994	19.25	13.05	11.96	7.28	31294	16.34	12.78	14.24	7.73	25144
1995	13.89	9.92	13.31	5.37	26068	13.20	10.95	16.70	6.32	27241
1996	9.30	5.41	8.05	2.09	23445	7.88	5.19	9.11	1.82	19571
1997	9.36	5.44	8.19	2.37	28277	7.80	5.39	9.39	2.40	27590

注：全员劳动生产率按工业增加值计算。

Note: Overall labor productivity is calculated by value added of industry.

附1-33 工业产品产量
OUTPUT OF INDUSTRIAL PRODUCTS

年份 Year	布 (万米) Cloth (10000 m)	纱 (万吨) Yarn (10000 m)	机制纸及纸板 (万吨) Machine-made Paper and Paperboard (10000 tons)	合成洗涤剂 (万吨) Synthetic Detergents (10000 tons)	饮料酒 (万吨) Soft Drinking (10000 tons)	家用电冰箱 (万台) Household Refrigerators (10000)	家用洗衣机 (万台) Household Washing Machines (10000)	电视机 (万台) TV Sets (10000)	# 彩色 Color TV Sets
1978	25436	5.35	12.10	2.07	8.44			3.87	0.02
1979	27297	5.78	13.90	2.23	9.86	2.01	0.70	12.52	0.30
1980	28940	6.45	14.00	2.43	11.62	2.58	5.83	27.97	1.16
1981—1985	142080	34.54	86.90	18.94	87.27	41.55	211.73	262.28	79.47
1981	28635	6.83	14.50	2.38	13.35	3.10	18.70	43.01	7.23
1982	29758	6.89	15.80	2.95	14.88	4.46	32.12	43.39	8.00
1983	30068	6.90	17.10	3.69	17.44	6.36	44.30	41.38	10.26
1984	27621	7.05	18.90	4.79	20.31	10.30	51.43	59.13	15.52
1985	25998	6.87	20.60	5.13	21.29	17.33	65.18	75.37	38.46
1986—1990	153032	38.75	120.49	29.61	131.42	96.43	237.35	410.45	248.84
1986	27503	7.37	21.90	5.75	21.51	18.11	70.00	67.51	34.20
1987	29738	7.71	24.10	5.43	22.72	19.38	57.69	85.13	48.45
1988	32262	8.13	23.30	5.66	23.93	23.57	58.03	92.88	57.91
1989	32271	7.87	25.78	6.37	28.70	24.70	31.90	88.86	57.55
1990	31258	7.67	25.41	6.40	34.56	10.67	19.73	76.07	50.73
1991—1995	133994	38.61	116.45	38.06	347.26	27.02	81.69	369.89	299.38
1991	31497	7.66	27.20	5.65	43.81	7.05	21.91	91.55	58.23
1992	29717	8.01	22.63	6.55	56.59	9.13	14.70	64.05	64.05
1993	26816	8.72	19.05	7.86	72.61	4.20	14.11	56.90	56.90
1994	21440	6.87	21.02	7.33	83.05	6.64	20.02	90.04	70.04
1995	24524	7.35	26.55	10.67	91.20		10.95	67.35	50.16
1996	22585	6.75	15.25		102.22	6.27	13.14	37.20	31.24
1997	25185	6.42	18.12	9.49		…	11.95	40.82	38.19

年份 Year	原煤 (万吨) Coal (10000 tons)	发电量 (万千瓦时) Electricity (10000 kwh)	钢 (万吨) Steel (10000 tons)	成品钢材 (万吨) Rolled-steel (10000 tons)	水泥 (万吨) Cement (10000 tons)	硫酸 (万吨) Sulphuric Acid (10000 tons)	烧碱 (万吨) Caustic Soda (10000 tons)	化肥 (万吨) Chemical Fertilizer (10000 tons)	化学农药 (万吨) Chemical Pesticide
1978	818.7	990750	191.0	116.8	191.5	14.95	5.47	10.70	1.28
1979	711.1	1042870	196.5	137.5	196.9	14.05	6.68	12.01	1.08
1980	791.0	1065060	200.9	152.1	217.4	13.01	8.13	12.41	0.93
1981—1985	4269.1	5101356	1114.2	907.9	1355.7	61.85	42.56	57.68	2.32
1981	788.7	993071	190.3	149.5	225.7	13.02	7.81	12.19	0.76
1982	811.3	1003446	200.4	159.4	249.1	12.64	8.24	12.00	0.60
1983	840.5	1028826	214.1	177.9	270.8	15.20	8.41	13.04	0.41
1984	884.3	1038842	241.7	200.1	291.6	13.24	8.92	12.36	0.42
1985	944.3	1037171	267.7	221.0	318.5	7.75	9.18	8.09	0.13
1986—1990	4745.3	5655581	1837.8	1556.7	1649.3	50.49	51.89	133.76	0.10
1986	917.2	1043000	303.6	255.5	310.5	7.87	9.25	8.26	0.04
1987	899.8	1057000	335.5	283.4	319.6	11.86	9.61	9.02	
1988	906.0	1110758	369.0	314.9	334.3	13.07	11.04	9.53	0.02
1989	1016.8	1191269	386.0	327.9	345.9	10.64	11.26	56.86	0.02
1990	1005.5	1253554	443.7	375.0	339.0	7.05	10.73	50.09	0.02
1991—1995	4851.0	6647888	3411.0	2613.9	2307.7	102.66	55.69	76.47	0.43
1991	996.5	1318000	499.7	402.9	377.6	71.21	11.00	37.00	0.05
1992	1015.2	1423000	575.0	438.3	403.0	8.23	11.38	9.70	0.11
1993	835.4	1286056	702.7	525.3	421.2	3.96	11.23	9.61	0.14
1994	1008.5	1298718	828.7	617.6	531.7	9.29	10.76	9.57	0.10
1995	995.4	1322114	804.9	629.8	574.2	9.97	11.32	10.59	0.03
1996	1013.7	1415555	794.7	654.3	666.0	10.85		12.72	0.14
1997	1011.7	1464302	801.7	652.4	700.9	9.26	11.36	11.92	

附1-34 建筑业企业基本情况

BASIC STATSTICS FOR CONSTRUCTION ENTERPRISES

年 份 Year	建筑施工企业单位数（个） Construction Enterprises (unit)	建筑施工企业从业人员（万人） Employee (10000 persons)	建筑施工企业总产值（亿元） Gross Output Value (100 million yuan)	建筑施工企业全员劳动生产率（元／人） Overall Labor Productivity (yuan/person)	建筑施工企业工程优良品率（%） Rate of High Quality Projects (%)	建筑施工企业利润总额（万元） Total Profits (10000 yuan)
1978	64	25.4	10.5	4397	72.9	7017
1979	70	26.4	12.7	4680	67.9	9256
1980	71	27.8	14.7	5249	65.5	14543
1981	71	27.0	14.5	5264	65.9	15778
1982	91	30.7	17.3	5404	81.2	17169
1983	116	37.2	22.6	6128	68.3	25489
1984	2765	53.0	33.4	6345	45.3	32342
1985	2549	62.8	43.9	7197	31.8	39277
1986	2361	61.3	51.3	8702	56.3	33084
1987	2292	64.4	67.0	10832	61.3	41202
1988	1659	64.2	81.6	12992	58.2	38679
1989	1545	60.0	89.0	14539	53.8	38189
1990	994	60.2	94.7	16340	54.5	33762
1991	922	60.3	99.6	17031	47.7	27690
1992	976	62.7	122.6	19786	25.0	30984
1993	1191	73.7	212.6	27673	21.9	61432
1994	1544	79.6	326.9	41069	26.7	94385
1995	1587	89.4	409.3	45520	23.3	77857
1996	1364	83.3	472.1	56705	17.5	88896
1997	1358	81.1	523.8	64376	19.8	104320

注：1994年以后期末职工人数为年平均人数；1996年以后全部指标不包括建筑业活动单位及四级以下施工企业。

Note: Data of number of staff and workers after 1994 refers to annual average number; indicators after 1996 exclude construction units and enterprises below fourth grade.

附1-35 运输邮电业基本情况
TRANSPORTATON,POSTS AND TELECOMMUNICATIONS

年 份 Year	铁路里程 （公里） Raiway Operating Length (km)	公路里程 （公里） Highway Operating Length (km)	客运量 （万人） Passenger Traffic (10000 persons)	#铁 路 Railway	#公 路 Highway	# 民 航 Civil Aviation	货运量 （万吨） Freight Traffic	# 铁 路 Railway	# 公 路 Highway
1978	699	6562		2264		46.5	7394.4	3370	4023
1979	700	7278		2504		53.2	7763.7	3485	4277
1980	707	7339		2762		58.4	7571.0	3356	4213
1981—1985				17688		544.0	37500.1	15425	22061
1981	858	7427		2982		70.7	6895.1	3046	3847
1982	858	7543		3205		78.8	7379.2	3065	4312
1983	860	2906		3546		78.3	7639.6	3152	4485
1984	864	8131		3877		169.1	7897.2	3133	4761
1985	876	8487		4078		147.1	7689.0	3029	4656
1986—1990			38861.7	21290	16560	1011.7	74886.0	15522	59324
1986	876	8849	7336.7	4106	3059	171.7	7994.3	3030	4958
1987	876	8956	7763.4	4418	3117	228.4	7985.0	3125	4852
1988	876	9124	8491.4	4782	3460	249.4	7598.1	3168	4421
1989	876	9218	7834.1	4214	3434	186.1	24918.8	3144	21767
1990	876	9648	7436.1	3770	3490	176.1	26389.8	3055	23326
1991—1995			41315.9	21787	17370	2158.9	118991.4	15062	103852
1991	876	10259	7649.2	4036	3378	235.2	26391.4	3051	23326
1992	875	10827	8158.0	4196	3593	369.0	26733.2	2983	23739
1993	875	11242	6887.2	4374	2141	372.2	3063.7	3048	
1994	875	11532	8537.5	3993	4008	536.5	30725.1	3006	27700
1995	875	11532	10084.0	5188	4250	646.0	32078.0	2974	29087
1996	922	11682	9798.9	4736	4395	668.0	32905.6	2851	29960
1997	923.5	12306	10383.8	4828.8	4902	653.0	32349.7	2883	29360

续表 1 continued

年 份 Year	# 民 航 Civil Aviation	旅 客 周转量 （万人公里） Passenger-Kilometers (10000 passenger-km)	# 铁 路 Railway	# 公路 Highway	# 民 航 Civil Aviation	货 物 周转量 （万吨公里） Freight Ton-Kilometers (10000 ton-km)	# 铁 路 Railway	# 公 路 Highway	# 民 航 Civil Aviation
1978	1.4			59367				92247	
1979	1.7			64033				97616	
1980	2.0			73692				93899	
1981—1985	14.1							437318	
1981	2.1			81879				93254	
1982	2.2			90092				106767	24173
1983	2.6			103742				110118	26713
1984	3.2			113871				113871	20896
1985	4.0	1187072	473328	109184	604560	2128868	1992247	109184	27437
1986—1990	40.0	6333894	2608550	629210	3076133	13732367	1007906	2496086	191715
1986	6.3	1133620	496288	119065	518267	2579647	2133836	405645	28281
1987	8.0	1281763	534720	113735	613308	2802099	2282106	471393	37966
1988	9.1	1503508	588947	141625	772936	2896715	2344684	498391	42612
1989	7.8	1216981	521263	122435	573283	2765660	2179878	546022	38194
1990	8.8	1198022	467332	132350	598339	2688246	2067402	574635	44662
1991—1995	77.4	8690002	2645880	842807	5201313	14180124	1382191	2797933	346841
1991	14.4	1383465	506431	139041	737993	2938658	2230406	642200	65614
1992	11.2	1666810	531574	161735	973501	2799742	2153176	591187	54929
1993	15.7	1656130	551392	127461	977277	2458751	2303265		73216
1994	19.1	1906718	547488	180030	1179199	3107722	2301941	725740	78142
1995	17.0	2076879	508995	234540	1333343	3231034	2393403	762027	74940
1996	17.0	2107834	459514	250488	1397832	3174846	2311011	784888	78595
1997	19.0	2154186	477538	261204	1415444	3127394	2263274	769190	94500

续表 2 continued

年 份 Year	民用汽车 拥有量 (辆) Possession of Civil Motor Vehicles (unit)	# 公路部门 Highway Department	# 私人 Individuals	邮电局所 (处) Post and Telecommunications Offices (unit)	邮电业务总量 (不变价格) (万元) Revenue of Post and Telecommunications (at constant prices, 10000 yuan)	市话交换机容量 (万门) City Switchboards Capacity (10000)	电话机 拥有量 (部) Possession of Telephones (unit)	城 市 Urban	农 村 Rural
1978	77059			415	59050.6	26.2	87428	75597	11831
1979	89447			418	9986.8	31.5	93012	80365	12647
1980	103826			427	11403.7	35.0	99104	86057	13047
1981—1985									
1981	116360			427	12781.7	39.0	107310	94415	12895
1982	130332			437	13986.5	43.3	114908	101163	13745
1983	139756			450	15724.0	46.4	124907	111048	13859
1984	167028			472	18357.4	53.1	136481	123137	13344
1985	224272			479	22413.3	62.1	151861	138130	13731
1986—1990									
1986	266706			476	25347.7	69.6	178527	163377	15150
1987	272290	5983	7148	478	29282.3	83.8	209294	193865	15929
1988	312174			475	35478.5	101.6	238122	236389	1733
1989	353315	6195	24029	470	43922.3	119.9	277967	276234	1733
1990	384451			479	77205.6	136.2	332946	331188	1758
1991—1995									
1991				484	157417.7	165.0	394837	393046	1791
1992	341015	5813	48643	494	215768.9	193.9	479937	478024	1913
1993	416047	5298	66883	507	311251.3	226.2	664676	662449	2227
1994	481279	5280	85474	536	418773.9	303.5	1890224		
1995	577214	5237	127568	633	561296.4	369.3	2417207		
1996	614021		351835	681	729022.4	442.0	2923042		
1997	775946		540564	701	930136.7	546.4	3577825		

注：1.邮电业务总量按不同时期不变价格计算。

2.公路货运量1988年以前和1993年为交通运输部门数据。

3.铁路是北京市辖范围。

a) Revenue of post and telecommunications are calculated at constant prices of diffrent period.

b) Data of freight traffic of highway before 1988 and 1993 were provided by transport department.

c) Railway refers to that within the jurisdiction of Beijing.

附1-36 社会消费品零售额
TOTAL RETAIL SALES OF CONSUMER GOODS

单位：亿元 (100 million yuan)

年份 Year	社会消费品零售额 Retail Sales of Consumer Goods	按地区分 By Region			按经济类型分 By Ownership				
		市 City	县 County	县以下 Below County Level	国有经济 State-Owned	集体经济 Collec-tive Owned	合营经济 Joint Owned	个体经济 Indivi-duals	其他经济 Others
1978	44.17	34.51	5.31	4.35	37.15	7.01			
1979	52.20	41.60	5.83	4.77	44.14	7.94		0.12	
1980	61.32	49.27	6.63	5.42	49.06	11.83		0.43	
1981—1985	455.26	363.97	48.29	43.00	301.80	143.47	1.02	8.98	
1981	68.82	55.57	7.28	5.96	48.74	19.17	0.20	0.71	
1982	73.31	58.55	8.12	6.64	51.06	21.20	0.17	0.88	
1983	83.57	66.61	9.33	7.63	55.98	26.09	0.14	1.36	
1984	101.66	81.12	10.39	10.16	67.69	32.10	0.20	1.67	
1985	127.90	102.12	13.17	12.61	78.33	44.90	0.31	4.35	
1986—1990	1131.74	942.94	103.35	85.45	617.66	401.04	6.44	106.60	
1986	146.46	121.72	12.07	12.67	84.52	50.95	0.44	10.55	
1987	176.59	145.68	16.15	14.76	97.06	64.49	0.58	14.45	
1988	234.30	195.00	21.22	18.08	129.43	84.51	0.63	19.73	
1989	266.73	221.49	24.99	20.26	143.75	92.24	2.57	28.18	
1990	307.66	259.05	28.93	19.68	162.90	108.85	2.21	33.70	
1991—1995	2813.51	2215.79	373.55	224.18	1332.69	792.61	154.00	530.30	3.91
1991	357.75	301.18	33.40	23.18	191.80	122.88	2.63	40.44	
1992	430.01	360.23	41.06	28.72	230.61	139.58	3.33	56.48	
1993	531.79	430.88	60.55	40.37	272.97	162.50	8.10	88.23	
1994	666.98	525.05	90.61	51.31	299.32	171.24	41.44	152.32	2.65
1995	826.98	598.45	147.92	80.61	337.98	196.41	98.51	192.82	1.26
1996	923.66	664.49	95.64	163.53	314.82	217.28	145.34	241.76	4.46
1997	1051.53	808.33	88.18	155.02	368.81	247.86	184.07	236.45	14.34

年份 Year	按行业分 By Sector				按类别分 By Category				农业生产资料零售额 Retail Sales of Agricul-tural Capi-tal Goods	集市贸易成交额 Value of Country Fair Trade
	批发零售贸易业 Wholesale and Retail Sale Trade	餐饮业 Catering Trade	制造业 Manufac-turing	其他行业 Others	食品类 Food	衣着类 Clothing	日用品类 Daily Use Articles	燃料类 Fuels		
1978	40.67	1.73	1.24	0.52	18.03	8.86	12.41	1.34	3.52	
1979	47.34	2.11	2.10	0.53	20.38	11.08	15.67	1.46	3.61	0.18
1980	53.48	2.73	3.52	1.15	24.36	12.94	18.78	1.59	3.64	0.65
1981—1985	381.72	21.99	33.87	11.77	174.22	81.95	161.21	10.28	27.61	8.15
1981	57.83	3.53	5.10	1.70	27.19	14.08	21.86	1.72	3.97	0.94
1982	61.41	3.72	5.45	1.98	28.94	13.29	24.21	1.70	5.17	1.08
1983	70.40	4.01	5.98	2.33	32.89	15.17	27.89	1.85	5.78	1.25
1984	85.61	4.72	7.76	2.68	38.05	18.00	36.96	2.18	6.46	1.47
1985	106.47	6.00	9.58	3.08	47.15	21.40	50.30	2.82	6.23	3.41
1986—1990	906.66	70.69	64.47	35.74	451.81	152.37	447.80	24.10	55.66	71.13
1986	119.28	8.11	8.90	3.90	57.38	21.59	57.06	3.32	7.10	6.42
1987	140.24	10.68	11.96	5.46	72.37	25.59	67.32	3.68	7.63	8.54
1988	186.36	16.10	13.87	7.16	92.04	32.99	93.88	4.11	11.29	14.13
1989	213.06	16.50	15.43	9.04	108.06	31.58	106.27	5.81	15.01	18.42
1990	247.72	19.30	14.31	10.19	121.96	40.62	123.27	7.18	14.63	23.62
1991—1995	2079.27	215.58	19.71	71.16	1095.45	418.13	1194.99	64.86	83.53	514.92
1991	286.21	22.89	16.75	11.91	138.51	47.06	146.62	7.72	17.84	31.04
1992	333.71	30.82	19.41	17.07	165.49	57.19	174.81	10.28	22.24	55.30
1993	393.00	44.62	28.65	22.29	192.01	84.00	241.50	14.28	17.63	83.41
1994	481.49	54.20	25.33	11.79	246.42	108.99	294.58	16.99	12.42	150.05
1995	584.86	63.04	29.57	8.09	353.01	120.90	337.48	15.59	13.40	195.12
1996	657.05	68.38	38.09	20.98	371.98	132.66	401.76	17.26	11.59	250.81
1997	709.44	72.49	56.32	73.96	389.68	140.58	492.15	29.12	9.45	285.31

注：1993年以前是社会商品零售总额，1993年以后是社会消费品零售总额。
Note: Data before 1993 refers to total retail sales of commodity and data after 1993 refers to total retail sales of consumer goods.

附1-37 北京市对外经济贸易和国际旅游
FOREIGN ECONOMICS, TRADE AND TOURISM

年份 Year	外贸部门进出口总额（万美元） Total Value of Imports and Exports (USD 10000)	#出口 Exports	签订利用外资协议项目（个） Contracts Signed of Foreign Capital Utilization (unit)	#对外借款 Foreign Loans	#外商直接投资 Direct Foreign Investment	签订利用外资协议金额（万美元） Contracted Foreign Capital (USD10000)	对外借款 Foreign Loans	外商直接投资 Direct Foreign Investment	外商其他投资 Other Foreign Investment
1978	29751	28524							
1979	45036	41757							
1980	66280	59277							
1981—1985	382296	308285							
1981	70091	63230							
1982	68921	61339							
1983	69621	59009							
1984	76303	62632	55	2	31	13826	1600	11660	566
1985	97360	62075	108	1	83	40788	130	39649	1009
1986—1990	720538	511400	853	58	709	171046	26952	138628	5467
1986	108492	72485	85	2	63	55888	9700	41952	4236
1987	119575	88236	97	6	72	66515	3322	62414	779
1988	140652	102232	193	21	148	18533	4144	142	187
1989	177093	116157	209	10	185	14252	5731	8372	149
1990	174720	132290	269	19	241	15859	4055	11688	116
1991—1995	1496510	731401	10987	67	10911	1699801	168840	1530412	549
1991	194154	137053	735	8	724	47995	19431	28488	76
1992	223236	153198	2231	23	2208	177274	30079	147195	
1993	308263	169961	3765	13	3752	664911	36987	627924	
1994	407414	216197	2688	13	2675	505300	52000	453300	
1995	439043	254992	1568	10	1552	304321	30344	273505	472
1996	395510	235321	868		868	179029		179029	
1997			809	8	790	185032	3429	168103	13500

年份 Year	实际利用外资金额（万美元） Foreign Capital Actually Used (USD10000)	对外借款 Foreign Loans	外商直接投资 Direct Foreign Investment	外商其他投资 Other Foreign Investment	对外承包工程和劳务合作 Constructed Projects and Labor Services Cooperation with Foreign Countries：合同数（份） Contracts (unit)	合同金额（万美元） Contracted (USD 10000)	完成营业额（万美元） Fulfiled Value (USD 10000)	旅游外汇收入总额（万美元） Tourism Foreign Exchange Earnings (USD 10000)
1978								10000
1979								9000
1980								12000
1981—1985								94000
1981								12000
1982								13000
1983					9	218.5	837.1	14000
1984					9	2801.5	1843.2	23000
1985					14	852.8	2083.1	32000
1986—1990					331	7733.7	5108.9	280901
1986					30	445.3	1535.5	46000
1987	17725.4	7146.6	9534.0	1044.8	37	548.6	697.6	55000
1988	61943.8	11524.4	50277.9	141.5	46	884.9	802.4	67000
1989	49506.8	17491.0	31845.9	169.9	113	2099.4	1017.5	47195
1990	40641.4	12743.5	27695.5	202.4	105	3755.5	1055.9	65706
1991—1995	579524.3	168401.4	410896.0	226.9	580	79207.0	48081.0	735510
1991	36798.1	12303.8	24481.8	12.5	114	3202.2	1896.8	85001
1992	52711.9	17710.8	34984.2	16.9	130	8887.6	3299.6	107286
1993	97619.8	30729.3	66693.0	197.5	117	36854.0	11442.0	124128
1994	194740.2	50280.2	144460.0		109	15521.0	18671.0	200904
1995	197654.3	57377.3	140277.0		116	15613.0	12789.0	218200
1996	225842.3	70552.3	155290.0		116	67688.0	43057.0	225200
1997	259161.8	73330.4	159286.4	26545	107	35640.0	29629.0	224800

附1-38 教育基本情况
BASIC STATISTICS FOR EDUCATION

年份 Year	在校学生数（万人） Students Enrollment(100 persons)				升学率(%) Rate of Enetring Higher Grade Schools (%)		学龄儿童入学率(%) Enroll-ment Rate of Children at School-Age (%)	平均每一专任教师负担学生数(人) Average Number of Students Instructed by a Professional Teacher(person)		
	合计 Total	高等学校 Institu-tions of Higher Education	普通中学 Regular Secondary Schools	小学 Primary Schools	初中毕业生 Graduates of Junior Middle Schools	小学毕业生 Graduates of Primary Schools		高等学校 Institu-tions of Higher Education	普通中学 Regular Secondary Schools	小学 Primary Schools
1978	208.1	4.9	109.5	93.7	79.7	102.6	99.00	2.4	19.9	20.7
1979	186.1	5.5	83.7	96.9	63.0	99.6	98.40	2.3	16.1	21.3
1980	173.5	6.4	71.9	95.2	80.3	99.5	98.70	2.6	14.5	21.7
1981	157.5	7.7	59.8	90.0	57.3	98.8	98.90	3.8	13.4	19.7
1982	144.6	7.2	51.9	85.5	58.6	97.0	98.90	3.2	12.3	19.5
1983	139.1	8.1	47.2	83.8	60.1	97.8	99.00	3.0	11.5	19.6
1984	137.4	9.1	52.0	76.3	61.2	98.7	99.30	3.3	13.2	18.2
1985	139.6	12.0	54.2	73.4	72.6	98.3	99.10	3.6	13.9	17.4
1986	156.0	13.0	56.5	74.9	77.1	97.8	99.49	3.6	13.9	17.4
1987	157.2	13.6	52.3	77.8	65.1	98.6	99.46	3.7	12.8	16.8
1988	160.3	14.5	46.9	85.1	64.3	98.5	99.50	4.0	11.4	17.6
1989	166.0	14.1	43.4	93.5	80.5	99.1	98.97	3.8	11.0	19.1
1990	168.7	14.0	40.9	99.6	81.8	99.2	99.47	3.9	10.1	18.6
1991	171.8	13.7	43.2	101.3	86.4	98.8	99.72	3.1	10.2	18.0
1992	176.2	14.0	47.6	100.2	88.5	99.6	99.65	4.0	11.3	17.4
1993	186.3	15.9	52.3	102.2	93.5	98.7	99.88	4.6	12.1	17.4
1994	196.1	17.5	58.4	102.4	86.7	99.4	99.92	4.9	13.1	16.9
1995	202.8	18.2	62.8	100.7	87.3	99.5	99.93	5.0	13.6	16.5
1996	207.9	19.0	64.9	100.0	88.1	99.3	99.93	5.2	13.7	16.1
1997	207.3	19.6	62.6	97.7	92.3	98.6	99.95	5.4	13.2	15.7

附1-39 卫生情况和离退休退职人数
HEALTH AND NUMBER OF VCSR AND RRSW

年份 Year	医院数（个） Hospital (unit)	医生数（人） Doctors (person)	医院床位数（万张） Beds (10000)	每千人拥有医生数（人） Doctors Per 1000 Persons (person)	每千人拥有医院床位（张） Beds Per 1000 Persons (bed)	退职人数（万人） Number of VCSR and RRSW(10000 persons)	离退休、 国有单位 State-Owned	城镇集体单位 Urban Collective Owned	其他单位 Others	在职职工与离退休退职人员之比 Ratio of Staff and Workers on Their Posts to VCSR and RRSW
1978	389	28435	26432	3.35	3.11					
1979	387	31842	26808	3.66	3.08					
1980	393	34365	28495	3.88	3.22					
1981	406	37886	29783	4.21	3.31					
1982	413	39385	30940	4.29	3.37					
1983	412	41216	32242	4.42	3.46					
1984	423	42112	34602	4.46	3.66					
1985	376	42498	38180	4.44	3.99					
1986	371	43403	40903	4.47	4.21					
1987	398	46007	44407	4.66	4.49					
1988	445	48216	48711	4.82	4.87					
1989	470	49361	51877	4.83	5.08	79.4	61.9	17.3	0.2	5.3
1990	512	50934	55474	4.93	5.37	85.4	67.7	17.9	0.2	5.3
1991	525	52309	58747	5.03	5.65	91.1	73.3	17.6	0.2	5.2
1992	535	53254	59833	5.10	5.73	94.1	75.8	18.1	0.2	5.1
1993	548	53906	62340	5.13	5.93	104.0	85.3	17.9	0.8	4.5
1994	629	53865	64416	5.07	6.07	110.5	86.6	23.0	0.9	4.3
1995	629	54114	64211	5.06	6.00	120.7	93.6	25.2	1.9	3.9
1996	405	54091	60997	5.02	6.02	133.0	103.5	27.1	2.4	3.5
1997	435	54909	61865	5.06	6.06	144.3	113.2	28.6	2.5	3.2

注：1.最后一列以离退休、退职人数为1。

2.按卫生部指标解释，1996年医院数仅指县及县以上医院和其他医院，乡镇卫生院不再做为医院统计。

a) Data of last line are caculated according to number of VCSR and RRSW=1.

b) According to explanatory notes of health department,number of hospitals of 1996 included hospitals at county level and above and other hospitals,township hospitals were not calculated as hospitals any more.

附录2：各类开发区资料
APPENDIX 2：VARIOUS DEVELOPMENT ZONES
附2-1 各类开发区基本情况
BASIC STATISTICS FOR DEVELOPMENT ZONES

项目	Item	合计 Total	市属 Of City	区县属 Of Districts and Counties
开发区个数 (个)	Number of Development Zones (unit)	29	3	26
累计完成土地规划面积(平方公里)	Accumulative Programmed Area (sq.km)	256.58	21.76	234.82
# 工业用地 (平方公里)	For Industrial Use(sq.km)	103.09	8.08	95.01
累计完成征用土地面积(平方公里)	Accumulative Area of Requisitions Realized(sq.km)	52.51	8.19	44.32
累计"七通一平"土地开发面积 (平方公里)	Accumulative Area of Began Seven-through-One-Flat (sq.km)	34.12	7.81	26.31
累计完成"七通一平"土地开发面积 (平方公里)	Accumulative Area of Seven-through-One-Flat Realized (sq.km)	29.56	7.81	21.75
累计招商占用土地面积(平方公里)	Accumulative Area Spared for Business (sq.km)	20.07	1.77	18.30
# 三资企业占用 (平方公里)	Foreign Funed Enterprises (sq.km)	8.31	1.35	6.96
累计招商个数 (个)	Accumulative Number of Hirer Leaseholder (unit)	3656	229	3427
累计项目总投资 (万元)	Accumulative Investment (10000 yuan)	5807071	2541547	3265524
累计注册资本 (万元)	Accumulative Registered Capital (10000 yuan)	3077983	1143752	1934231
# 外方 (万元)	Foreign Partner (10000 yuan)	1861928	992993	868935
累计协议外资金额 (万美元)	Accumulative Contracted Foreign Capital(USD 10000)	323837	224410	99427
外商累计入资 (万美元)	Accumulative Foreign Capital Inflow (USD 10000)	226768	143122	83646

说明：1.累计完成征用土地面积中包括原建成区面积。

2.表内"七通"指：上水、下水、煤气、热力、电力、通讯和道路通；"一平"指：场地自然平整。

3.表内"累计"指自开始至1997年末的累计数。

a) Accumulative requisition area of included original completed area.

b) Seven-through refers to water,drainage,gas,heat,electricity,communications and transportation,and one-flat refers to flat ground.

c) Accumulative data of this table refers to that from the beginning to the end of 1997.

附2-2 各类开发区主要指标完成情况
STATISTICS FOR FULLFILLMENT OF MAJOR INDICATORS OF DEVELOPMENT ZONES

项 目	Item	1997	1996	1997年为1996年% 1997 as % of 1996
自年初累计完成固定资产投资 (万元)	Accumulative Investment in Fixed Assets from Year-beginning (10000 yuan)	597190	611190	98
自年初累计新增固定资产(万元)	Accumulative Incremental Fixed Assets from Year-beginning (10000 yuan)	188928	180005	105
自年初累计房屋建筑施工面积 (万平方米)	Accumulative Floor Space of Buildings under Construction from Year-beginning (10000 sq. m)	458.7	404.1	114
自年初累计房屋建筑竣工面积 (万平方米)	Accumulative Floor Space of Buildings Completed from Year-beginning (10000 sq. m)	64.4	87.8	73
自年初累计完成总产值 (万元)	Accumulative Gross Output Value Completed from Year-beginning (10000 yuan)	855493	644430	133
自年初累计实现销售收入(万元)	Accumulative Sales Revenue Completed from Year-beginning (10000 yuan)	1358821	1036129	131
自年初累计实现利润总额(万元)	Accumulative Total Profits Completed from Year-beginning (10000 yuan)	18410	7980	231
自年初累计上缴税金总额(万元)	Accumulative Total Taxes Turned Over from Year-beginning (10000 yuan)	61621	36001	171

附2-3 各类开发区一览表
DEVELOPMENT ZONES LIST

名称 Name	通讯地址 Address	主要负责人 Chairman	邮编 Post Code	电话 Telephone
北京经济技术开发区	北京经济技术开发区万源街4号	依锡群	100076	67681207
北京市王府井地区开发建设办公室	王府井大街99号世纪大厦A608	刘晓晨	100006	65129999
北京西三旗高新建材城	海淀区德外西三旗东	刘国安	100085	62913561
北京市朝阳望京工业区	朝阳区南湖渠东湖大队甲3号	张中原	100015	64374723
朝阳东部旅游经济开发区	朝阳区家展南路9号	陈业银	100026	65016837
北京市新技术产业开发试验区海淀园区	海淀大街1号	王思红	100080	62569636
北京市新技术产业开发试验区丰台园区	丰台区丰台北大街甲13号	陈家林	100071	63825608
北京八大处高科技园区	石景山区科技馆三楼	马鸿俊	100043	68863653
北京市门头沟区石龙工业区	门头沟区石龙工业区	韩立宝	102300	69843664
北京良乡卫星城工业城开发区	房山区良乡北关东路19号	曹　磊	102401	39351867
北京市燕山东流水工业区	北京市燕山东流水工业区管委会	康振有	102500	69347332
北京大兴工业开发区	大兴县黄村康庄路口东	蔡连军	102600	69244179
北京埝坛工业区	大兴县黄村镇念坛村	刘中铁	102600	69245165
通州张家湾工业开发区	通州区张家湾镇	唐　钰	101113	69541700
北京永乐工业经济区	通州区永乐店小甸屯村南	赵桂栋	101105	69544479
北京次渠工业区	通州区次渠镇	杨　顺	101111	69502049
北京市新技术产业开发试验区昌平园区	昌平县自行车赛场内	赵　仁	102200	69744530
北京雁栖工业开发区	怀柔县雁栖工业开发区	崔玉明	101407	69641124
北京凤翔科技开发区	怀柔县杨宋镇	钱继文	101400	69644488
北京怀柔农业经济开发区	怀柔县西大街环岛东	唐爱民	101400	69643427
北京中国乡镇企业城	怀柔县龙山路	李舒泉	101400	69644753
怀柔民营经济开发区	北京东四十条保利大厦二层	潘石屹	100027	65011273
平谷县滨河工业开发区	平谷县府前西大街22号	赵志强	101200	69963791
平谷县兴谷经济开发区	平谷县城关镇府前街7号	张文勒	101200	69964071
北京市密云县工业开发区	密云县鼓楼西大街21号	陈伯伦	101500	69944661
北京林河工业开发区	顺义县林河工业区	陈国瑞	101300	69442488
北京天竺空港工业区	顺义县天竺镇	李友生	101312	64565745
北京市延庆县经济技术开发区	延庆县城东外大街15号	李荣宣	102100	69142562
北京八达岭经济开发区	延庆县城西大街2号	李志民	102100	69141563

附2-4 各类开发区招商、入资情况
STATISTICS ON HIRER LEASEHOLDER AND CAPITAL INFLOW OF DEVELOPMENT ZONES

名称 Name	自开始至报告期累计 Accumulative Number from Beginning					
	招商个数（个） Number of Hirer Leaseholder (unit)	项目总投资（万元） Total Investment (10000 yuan)	注册资本（万元） Registered Capital (10000 yuan)	# 外方 Foreign Partner	协议外资金额（万美元） Contracted Foreign Capital(USD 10000)	外商实际投资（万美元） Foreign Actual Investment (USD 10000)
北京经济技术开发区	191	1079689	737870	637548	98656	64877
北京市王府井地区开发建设办公室	25	1384269	354780	321531	118770	71655
北京西三旗高新建材城	13	77589	51102	33914	6984	6590
北京市朝阳望京工业区	18	203989	43970	15546	1465	1465
朝阳东部旅游经济开发区	6	210903	75023	47065	6191	4121
北京市新技术产业开发试验区(上地)	29	40169	19800	7751	795	714
北京市新技术产业开发试验区丰台园区	40	78000	29033	12899	4084	3832
北京八大处高科技园区	444	148719	145687	22936	2698	2698
北京市门头沟区石龙工业区	1470	328068	292048	79936	6133	5918
北京良乡卫星城工业城开发区	12	13041	11619	1936	317	322
北京市燕山东流水工业区	12	4319	2150	936	100	99
北京大兴工业开发区	90	134210	55326	31955	1945	1945
北京埝坛工业区	17	8000	10200	0	0	0
通州张家湾工业开发区	25	78180	53514	30809	6086	3238
北京永乐工业经济区	1	24608	9843	9843	2895	588
北京次渠工业区	6	94200	66813	5344	644	193
北京市新技术产业开发试验区昌平园区	439	488972	244304	120612	9140	6572
北京雁栖工业开发区	61	90270	90120	45720	3462	3642
北京凤翔科技开发区	126	52409	21579	8480	2198	2198
北京怀柔农业经济开发区	27	8784	8554	4026	110	70
北京中国乡镇企业城	45	71348	46558	20667	5300	3500
怀柔民营经济开发区	68	24291	24291	581	0	0
平谷县滨河工业开发区	145	97420	64044	22857	1793	1793
平谷县兴谷经济开发区	54	192260	175815	55893	13443	12443
北京市密云县工业开发区	43	43520	30492	12033	1587	1498
北京林河工业开发区	21	86154	31806	23092	2107	2107
北京天竺空港工业区	66	622981	314778	260313	23963	23963
北京市延庆县经济技术开发区	46	62916	41628	21316	2224	627
北京八达岭经济开发区	116	56753	25227	6389	747	100

附2-5 各类开发区投资、生产情况
INVESTMENT AND PRODUCTION OF DEVELOPMENT ZONES

单位：平方米、万元 (10000 yuan, sq. m)

名称 Name	自年初累计 Accumulative Number from Year-beginning					
	完成固定资产投资 Investment in Fixed Assets	新增固定资产 Incremental Fixed Assets	房屋建筑施工面积 Floor Space of Buildings under Construction	房屋建筑竣工面积 Floor Space of Buildings Completed	完成产值 Gross Output Value Completed	完成销售收入 Sales Revenue Completed
北京经济技术开发区	120998	2538	578794	97253	198753	211662
北京市王府井地区开发建设办公室	131654		1347782			30901
北京西三旗高新建材城	36282	8745	129028	30325	4897	7815
北京市朝阳望京工业区	78925	14738	810056	127643	1010	2497
朝阳东部旅游经济开发区	3039		36040			35
北京市新技术产业开发试验区(上地)	78669	45199	502378	139610		
北京市新技术产业开发试验区丰台园区	15083	11501	442343	103305	96819	188893
北京八大处高科技园区	5600	2410	109848	16853	24700	62847
北京市门头沟区石龙工业区	11327		134855		137073	373028
北京良乡卫星城工业城开发区					4969	43138
北京市燕山东流水工业区	366	432	10678	10678	2182	2043
北京大兴工业开发区	17384	462	160928	23527	21643	23562
北京埝坛工业区						
通州张家湾工业开发区	3319	3819	37060	17060	173	173
北京永乐工业经济区						
北京次渠工业区	9179		28000	3000	10717	10198
北京市新技术产业开发试验区昌平园区	8555	663	100939	17920	107448	136346
北京雁栖工业开发区					130	62
北京凤翔科技开发区	200		1800	1800	3940	3900
北京怀柔农业经济开发区					2710	2361
北京中国乡镇企业城	6200	5950			31802	22794
怀柔民营经济开发区	552	535	4500			
平谷县滨河工业开发区	49	49	400	400	19209	15307
平谷县兴谷经济开发区	36750	36750	17500	17500	29121	29510
北京市密云县工业开发区	2370	2149	11500	7000	7837	7642
北京林河工业开发区	1478	838	21100	4900	3035	3126
北京天竺空港工业区	26443	52000	52190	25225	116589	120309
北京市延庆县经济技术开发区	2020	150	16065		23527	21896
北京八达岭经济开发区	748		33700		7209	38776

附录 3：各类市场情况　APPENDIX 3：VARIOUS MARKETS

附3-1 房产交易情况
HOUSE PROPERTY BUSINESS

项目 Item		合计 Total 起 Case	间 Room	其中：楼房 Storied Building	建筑面积 (万平方米) Floor Space (10000 sq. m)	立契价 (万元) Contracted Price (10000 yuan)
合计	Total	82256	279995	274333	722.13	1075456.64
市房屋交易所	Municipal Transaction Department of Houses	1691	21856	21229	35.73	310003.45
区县交易所	Transaction Department of District and County	80565	258139	253104	686.40	765453.19
东城区	Dongcheng	3366	19289	18610	24.11	17747.07
西城区	Xicheng	1162	2689	2376	7.45	4044.78
崇文区	Chongwen	936	3623	3219	11.59	54909.26
宣武区	Xuanwu	1857	5326	5180	10.69	2576.29
朝阳区	Chaoyang	18662	61595	61595	182.06	243809.31
丰台区	Fengtai	7352	30587	30448	76.33	117308.84
石景山区	Shijingshan	3968	14968	14834	28.15	29805.19
海淀区	Haidian	19937	53116	52949	153.31	131340.48
门头沟区	Mentougou	3198	10131	9685	19.49	7216.64
房山区	Fangshan	5373	12608	12608	32.89	18012.77
昌平县	Changping	740	3862	3755	13.52	11546.85
顺义县	Shunyi	2047	6552	6552	22.24	26028.40
通　县	Tongxian	3508	8286	8161	29.00	24668.32
大兴县	Daxing	3439	8884	8856	26.82	38708.99
平谷县	Pinggu	1755	5101	5008	17.21	9890.86
怀柔县	Huairou	1515	4640	4256	14.41	16283.39
密云县	Miyun	1197	3877	3500	9.83	7493.71
延庆县	Yanqing	553	3005	1512	7.30	4062.04

附3-2 城乡集贸市场基本情况
URBAN AND RURAL FREE MARKET

单位：个 (unit)

项目	Item	全市 Total	城市 Urban	农村 Rural
集贸市场总数	**Number of Free Market**	**986**	**745**	**241**
消费品综合市场	Mixed Markets of Consumer Goods	424	307	117
农副产品市场	Markets of Farm and Sideline Products	418	312	106
农副产品综合市场	Multiple Markets	380	282	98
农副产品专业市场	Specialized Markets	38	30	8
工业消费品市场	Markets of Industrial Consumer Goods	108	102	6
工业消费品综合市场	Multiple Markets	79	75	4
工业消费品专业市场	Specialized Markets	29	27	2
其他	Others	36	24	12

附3-3 集市贸易成交额(按商品类别分)
TRANSACTION VALUE OF FREE MARKET(BY CATEGORY OF COMMODITY)

单位：万元 (10000 yuan)

项目	Item	全市 Total	城市 Urban	农村 Rural
成交总额	**Total Transaction Value**	**2853092**	**2370555**	**482537**
粮食类	Grain	168209	145723	22486
油脂油料类	Edible Vegetable Oil	158099	136071	22028
棉烟麻类	Cotton,Tobacco and Hemp Crops	1728	235	1493
肉食禽蛋类	Meat,Poultry and Eggs	488426	389468	98958
水产品类	Aquatic Products	261713	233631	28082
蔬菜类	Vegetables	815264	697564	117700
干鲜果类	Dried and Fresh Fruits	297017	218974	78043
大牲畜类	Large Domestic Animals	5306	19	5287
家禽幼禽类	Young Poultry	2072	359	1713
工业品类	Industrial Products	472839	401060	71779
其他	Others	182419	147451	34968

附3-4 集市贸易成交额(按市场类型分)

TRANSACTION VALUE OF FREE MARKET(BY TYPE OF MARKET)

单位：万元　　(10000 yuan)

项目 Item		全市 Total	城市 Urban	农村 Rural
成交总额	**Total Transaction Value**	**2853092**	**2370555**	**482537**
综合市场	Mixed Markets	503997	390954	113043
农副产品市场	Markets of Farm and Sideline Products	1950973	1609965	341008
工业消费品市场	Markets of Industrial Consumer Goods	343808	319740	24068
其　他	Others	54314	49896	4418

附3-5 集市贸易成交量

TRANSACTION VOLUME OF FREE MARKET

单位：吨　　(ton)

项目 Item		全市 Total	城市 Urban	农村 Rural
粮　食	Grain	626723	538958	87765
#大　米	Rice	349889	311225	38664
玉　米	Corn	31075	27336	3739
油脂油料类	Edible Vegetable Oil	153547	120147	33400
棉烟麻	Cotton,Tobacco and Hemp Crops	692	129	563
猪　肉	Pork	149030	118752	30278
牛　肉	Beef	48707	39951	8756
羊　肉	Mutton	48794	41530	7264
鲜　蛋	Poultry Eggs	94433	66118	28315
家　禽	Poultry	30845	26594	4251
水产品	Aquatic Products	205566	175859	29707
鲜　菜	Vegetables	4363607	3593800	769807
干鲜果	Dried and Fresh Fruits	1080870	801323	279547
家禽幼禽	Young Poultry	1321		1321

附3-6 集市贸易成交量占社会销售量比重

THE PROPORTION OF FREE MARKET VOLUME IN TOTAL SOCIAL SALES

单位：吨　　(ton)

项目 Item		成交量 Transaction Volume	社会销售量 Total Sales Volume	成交量占社会销售量比重(%) Proportion(%)
粮　食	Grain	626723	3426928	18.3
油脂油料类	Edible Vegetable Oil	153547	432471	35.5
猪　肉	Pork	149030	329522	45.2
牛　肉	Beef	48707	76911	63.3
羊　肉	Mutton	48794	73853	66.1
鲜　蛋	Poultry Eggs	94433	124640	75.8
家　禽	Poultry	30845	61662	50.0
水产品	Aquatic Products	205566	261518	78.6
鲜　菜	Vegetables	4363607	4833348	90.3

附3-7 生产资料市场成交情况
STATISTICS FOR TRANSACTION IN CAPITAL GOODS MARKETS

项目 Item	1997	1996	1997年为1996年% 1997 as % of 1996
成交额 (亿元)Transaction Value (100 million yuan)	108.4	68.1	159.2
成交量 Transaction Volume			
新、旧汽车（辆）New and Old Automobiles(unit)	90084	79800	112.9
钢材（吨）Rolled Steel (ton)	117493	47769	246.0
木材（立方米）Timber (cu.m)	247955	212732	116.6
煤炭（吨）Coal (ton)	21083	66880	31.5

附3-8 消费者投诉与处理
CONSUMER'S LAWSUITS AND HANDLING

单位：件 (case)

项目	Item	1997		1996	
		受理投诉件数 Cases Accepted	构成（%） Composition(%)	受理投诉件数 Cases Accepted	构成（%） Composition(%)
总计	**Total**	13782	100.0	11255	100.0
按行业分	**By Sector**				
家用电器类	Household Appliances	1181	8.6	957	8.5
# 电视机	TV Sets	237	20.1	211	22.0
电冰箱	Refrigerators	125	10.6	129	13.5
洗衣机	Washing Machines	55	4.6	41	4.3
收录机	Recorders	77	6.5	73	7.6
家用机械类	Household Machines	947	6.9	814	7.2
# 照相机	Cameras	58	6.1	52	6.4
自行车	Bicycles	131	13.8	125	15.4
摩托车	Motorcycles	276	29.1	173	21.3
钟表	Clocks and Watches	173	18.3	193	23.7
日用百货类	Articles of Daily Use	4841	35.1	5120	45.5
# 家具	Furniture	853	17.6	1037	20.3
服装	Garments	1131	23.4	1241	24.2
鞋	Shoes	2219	45.8	2330	45.5
化妆品	Cosmetics	91	1.9	56	1.1
食品	Food	2430	17.6	1116	9.9
药品	Medicine	154	1.1	91	0.8
服务	Services	2316	16.8	1462	13.0
农用资料	Materials for Agricultural Use	142	1.0	151	1.4
邮购	Mail-order	592	4.3	589	5.2
其他	Others	1179	8.6	955	8.5
按内容分	**By Content**				
质量	Quality	9880	71.7	9013	80.1
价格	Price	572	4.2	231	2.1
虚假广告	False Advertisements	95	0.7	114	1.0
假冒伪劣商品	Counterfeit Goods	142	1.0	105	0.9
计量	Measure	1274	9.2	465	4.1
欺诈骗销	Cheating Sales	172	1.2	125	1.1
其他	Others	1647	12.0	1202	10.7

注：总解决率为98.6%。

Note: Total rate of settlement is 98.6%.

附3-9 私 营 企 业 户 数
NUMBER OF PRIVATE ENTERPRISES

单位:户 (unit)

项 目 Item	年末企业数合计 Total (year-end)		盈利企业 Profit-making Enterprises		亏损企业中减免税企业 Tax-Reduce Enterprise of Loss-making Enterprises	
	1997	1996	1997	1996	1997	1996
合 计 Total	18533	8534	4293	1674	104	42
农业企业 Agriculture						
工业企业 Industry	2053	1189	496	263	15	
施工房地产开发企业 Real Estate Development	241	86	62	21		
运输企业 Transportation	35	28	13	6		
商品流通企业 Commerce	10748	4849	2427	937	18	1
旅游服务企业 Tourism Service	4754	2167	1140	386	19	9
金融企业 Banking						
其他企业 Others	702	205	155	61	52	32

注：本资料由市地税局提供。(下表同)
Note: Data of this table is provided by Municipal Local Tax Bureau.(the following is the same)

附3-10 盈利私营企业主要指标
MAIN INDICATORS FOR PROFIT-MAKING PRIVATE ENTERPRISES

单位：千元 (1000 yuan)

项 目 Item	销售或营业收入 Sales Revenue		成本及费用 Cost and Expenses		利润总额 Total Profits		实缴所得税 Income Taxes	
	1997	1996	1997	1996	1997	1996	1997	1996
合 计 Total	8338315	4320224	8760588	3807562	261630	112745	49631	22743
农业企业 Agriculture								
工业企业 Industry	923237	687220	833521	653960	48684	21393	13483	5787
施工房地产开发企业 Real Estate Development	124128	56072	114879	53826	7474	1984	2057	244
运输企业 Transportation	8409	9740	7173	7779	124	903	186	573
商品流通企业 Commerce	5983356	2572176	5731746	2509488	92646	32674	22758	9664
旅游服务企业 Tourism Service	694012	648065	1580254	324533	32438	16350	6798	3716
金融企业 Banking								
其他企业 Others	605173	346951	493015	257976	80264	39441	4349	2759

附录 4：世界主要国家和地区统计资料

APPENDIX 4：STATISTICS OF MAJOR COUNTRIES AND TERRITORIES

附4-1 世界主要国家生命统计

VITAL STATISTICS OF MAJOR COUNTRIES

单位：‰ (‰)

国家和地区 Country or Territory		1995			1996		
		出生率 Birth Rate	死亡率 Death Rate	自然增长率 Natural Grouth Rate	出生率 Birth Rate	死亡率 Death Rate	自然增长率 Natural Grouth Rate
美国	United States	14.8	8.8	6	14.8	8.8	6
日本	Japan	9.6	7.4	2.2	10.2	7.7	2.5
德国	Germany	9.3	10.7	-1.4	9.7	11.2	-1.5
英国	United Kingdom	12.6	11	1.6	13.1	11.2	1.9
法国	France	12.5	9.1	3.4	10.9	9	1.9
意大利	Italy	10.9	9.8	1.1	9.9	9.8	0.1
加拿大	Canada	13.7	7.4	6.3	13.3	7.2	6.1
澳大利亚	Australia	14.2	6.9	7.3	14	6.9	7.1
波兰	Poland	11.5	10	1.5	11.9	10.1	1.8
俄罗斯	Russian Fed.	9.3	14.7	-5.4	10.2	16.3	-6.1
匈牙利	Hungary	11	14.2	-3.2	10.7	15.1	-4.4
罗马尼亚	Romania	10.4	12	-1.6	9.8	12.3	-2.5
保加利亚	Bulgaria	8.1	13.4	-5.3	8.3	13.6	-5.3
印度	India	27.8	10.1	17.7	25.9	9.6	16.3
印度尼西亚	Indonesia	24.1	8.5	15.6	23.7	8.4	15.3
巴基斯坦	Pakistan	41.8	12.1	29.7	36.2	11.2	25
泰国	Thailand	18.9	6.5	12.4	17.3	7	10.3
菲律宾	Philippines	30.4	7	23.4	29.5	6.7	22.8
马来西亚	Malaysia	28	5.6	22.4	26.2	5.5	20.7
韩国	Korea Rep.	15.6	6.2	9.4	16.2	5.7	10.5
新加坡	Singapore	16.3	5.2	11.1			
伊朗	Iran	34.9	6.9	28	33.7	6.6	27.1
土耳其	Turkey	25.3	5.6	19.7	22.3	5.5	16.8
尼日利亚	Nigeria	43.3	12	31.3	42.9	12.7	30.2
埃及	Egypt	28.7	8.9	19.8	28.2	8.7	19.5
埃塞俄比亚	Ethiopia	46.7	15.8	31.9	46.1	17.5	28.6
坦桑尼亚	Tanzania	45.3	19.8	25.5	41.3	19.5	21.8
肯尼亚	Kenya	41.7	12	29.7	33.4	10.3	23.1
巴西	Brazil	21.2	9	12.2	20.8	9.2	11.6
墨西哥	Mexico	26.6	4.6	22	26.2	4.6	21.6
阿根廷	Argentina	19.5	8.6	10.9	19.4	8.6	10.8
哥伦比亚	Colombia	21.9	4.7	17.2	21.3	4.7	16.6

资料来源：《联合国统计月报》

Source:Monthly Statistics Bulletin,United Nations

附4-2 世界主要国家人口年龄构成
POPULATION AGE COMPOSITION OF MAJOR COUNTRIES

单位：%　　　　(%)

国家和地区 Country or Territory		1995 0-14岁 Age 0-14	1995 15-64岁 Age 15-64	1995 65岁及以上 Age 65 and above	1996 0-14岁 Age 0-14	1996 15-64岁 Age 15-64	1996 65岁及以上 Age 65 and above
美国	United States	22	65.2	12.8	21.9	65.4	12.8
日本	Japan	16.4	69.5	14.2	15.7	69.3	14.9
德国	Germany	16.5	68	15.6	16.2	68.5	15.3
英国	United Kingdom	19.6	64.6	15.8	19.5	64.7	15.8
法国	France	19.1	65.2	15.6	19	65.6	15.4
意大利	Italy	15.4	68.4	16.2	14.9	68.4	16.7
加拿大	Canada	20.7	67	12.3	20.5	67.1	12.4
澳大利亚	Australia	21.7	66.6	11.8	21.5	66.3	12.2
波兰	Poland	23	65.9	11.2	22.2	66.5	11.3
匈牙利	Hungary	18.2	67.6	14.2	17.7	67.9	14.4
罗马尼亚	Romania	21.3	66.7	12	19.7	67.7	12.6
印度	India	35.1	60.9	4	34.4	61.6	4.1
印度尼西亚	Indonesia	32.4	64	3.6	31.8	64.5	3.7
巴基斯坦	Pakistan	43.9	52.1	3.9	42.5	53.5	4
泰国	Thailand	28.8	66.2	4.9	25.4	68.9	5.6
菲律宾	Philippines	38.3	58	3.7	38.2	58.2	3.5
马来西亚	Malaysia	36.7	59.4	3.8	35.9	60.2	3.9
韩国	Korea Rep.	24	70.6	5.4	23.1	71	5.9
伊朗	Iran	45	51.1	3.8	44.6	51.5	3.9
土耳其	Turkey	34.7	60.1	5.2	32	62.5	5.5
尼日利亚	Nigeria	45	52.2	2.9	45	52.2	2.9
埃及	Egypt	37.3	59.2	3.9	36.9	59.6	3.6
埃塞俄比亚	Ethiopia	45.7	51.6	2.7	45.9	51.4	2.7
坦桑尼亚	Tanzania	46.6	50.5	2.8	45.1	52	2.9
肯尼亚	Kenya	47.9	49.8	2.3	44.6	52.7	2.6
巴西	Brazil	31.2	64.2	4.6	30.5	64.8	4.7
墨西哥	Mexico	36.8	58.8	[illegible]	[illegible]	[illegible]	[illegible]
阿根廷	Argentina	28	62.3	9.7	27.7	62.5	9.7
哥伦比亚	Colombia	32.3	63.2	4.4	32	63.5	4.5

资料来源：《联合国统计月报》

Source:Monthly Statistics Bulletin,United Nations

附4-3 世界主要国家和地区平均期望寿命
AVERAGE LIFE EXPECTANCY OF MAJOR COUNTRIES AND TERRITORIES

单位：岁 (Age)

国家和地区 Country or Territory		1990		1991		1993		1994	1995
		男 Male	女 Female	男 Male	女 Female	男 Male	女 Female		
美国	United States	73	80	72	79	73	79	77	77
日本	Japan	76	82	76	82	76	83	79	80
德国	Germany	73	80	73	79	73	79	76	76
英国	United Kingdom	73	78	72	79	74	79	76	77
法国	France	73	81	73	81	73	81	78	78
意大利	Italy	75	80	74	81	74	81	78	78
加拿大	Canada	74	81	74	81	74	81	78	78
澳大利亚	Australia	74	80	73	80	75	81	77	77
波兰	Poland	67	75	67	75	67	76	72	70
匈牙利	Hungary	67	75	66	74	65	74	70	70
罗马尼亚	Romania	67	73	67	73	67	73	70	70
保加利亚	Bulgaria	69	76	70	76	68	75	71	71
印度	India	60	58	60	60	61	61	62	62
印度尼西亚	Indonesia	60	64	58	61	61	65	63	64
巴基斯坦	Pakistan	56	55	59	59	61	63	60	60
泰国	Thailand	63	68	66	72	66	72	69	69
菲律宾	Philippines	62	66	63	67	65	69	65	66
马来西亚	Malaysia	68	72	68	73	69	73	71	71
韩国	Korea Rep.	67	73	67	73	68	75	71	72
新加坡	Singapore	71	77	72	77	73	78	75	76
伊朗	Iran	63	63	65	65	67	68	68	68
土耳其	Turkey	64	69	64	70	65	69	67	67
尼日利亚	Nigeria	49	54	50	53	49	52	52	53
埃及	Egypt	59	62	60	62				63
埃塞俄比亚	Ethiopia	46	50	47	50	46	50	49	49
坦桑尼亚	Tanzania	46	49	46	49	50	53	51	51
肯尼亚	Kenya	57	61	57	61	57	60	59	58
巴西	Brazil	63	69	63	69	64	69	67	67
墨西哥	Mexico	66	73	67	73	68	74	71	72
阿根廷	Argentina	68	75	68	75	69	70	72	73
哥伦比亚	Colombia	66	72	66	72	67	73	70	70

资料来源：世界银行《世界发展报告》1993-1996年
Source：World Development Report of World Bank(1993-1996)

附4-4 世界主要国家和地区平均每人每年食物供应量（1992-1994年）
PER CAPITA ANNUAL FOOD SUPPLY OF MAJOR COUNTRIES AND TERRITORIES (1992-1994)

单位：公斤/年 (kg/year)

国家和地区	Country or Territory	谷物 Corn	蔬菜 Vegetable	水果 Fruit	肉类 Meat	蛋类 Eggs	鱼和海产品 Fish and Marine Products	奶类 Milk
中国	China	224.2	85.7	28.5	34.8	9.5	17.2	5.9
美国	United States	115	106.4	150.4	121.6	13.4	22	254.7
日本	Japan	146.1	106.5	58.7	43	19.9	68.8	68.2
德国	Germany	94	88.8	122	90.5	12.4	12.3	227.9
英国	United Kingdom	92.9	91.3	80.4	70.8	10.2	18.6	218.2
法国	France	111.5	118.2	87.4	108.6	14.8	28.4	281.2
意大利	Italy	154.1	162.7	145.7	90.1	12.1	21.6	247.4
加拿大	Canada	93.8	109.1	120.5	97.1	10.5	22.9	203.9
澳大利亚	Australia	86.9	75.2	105.3	116.2	7.5	18	272.6
波兰	Poland	154.6	119.5	41	74.6	8.9	9.9	204.3
匈牙利	Hungary	132.5	89.1	75.8	89.1	20.1	4	159
罗马尼亚	Romania	196.5	108.8	66.6	56.4	10.3	2.2	170.8
保加利亚	Bulgaria	165.1	96.2	83.5	66.5	9.6	2.6	165.3
南斯拉夫	Yugoslavia F.R.	213.9	77.7	63.2	68.8	9.1	3.6	172.1
印度	India	178.5	64.2	35.7	4.9	1.3	4	57.7
印度尼西亚	Indonesia	204.8	23.6	32.7	9.4	2.4	15.8	5.7
菲律宾	Philippines	156.7	63.3	67.7	24.5	4.7	34.8	18.3
泰国	Thailand	157.7	30.3	92.3	22.1	6.8	26.2	16.7
马来西亚	Malaysia	147.1	28.9	51.9	49.7	14.3	28.6	25.9
巴基斯坦	Pakistan	155.6	21	37.2	13.8	1.6	2.3	103.4
缅甸	Burma	248.4	44.9	21.2	7.4	0.9	15.7	12.4
孟加拉国	Bangladesh	195.8	11.1	11.7	3.4	0.7	8.5	14.1
土耳其	Turkey	229.8	164.3	154.4	20.8	6.9	7.3	144.1
蒙古	Mongolia	120.1	5.4	2.1	92.5	0.3	0.7	92
韩国	Korea Rep.	187.1	186.6	83.6	36.5	9	65.9	21
埃及	Egypt	251.5	126	91.3	19.2	2	7	37.6
尼日利亚	Nigeria	132.9	45.5	64.1	9.5	3.1	7.4	4.5
墨西哥	Mexico	170.9	34.6	105.4	47.6	11.7	11.4	105.3
巴西	Brazil	116.5	32.2	86.5	54.5	7.5	5.7	95.6
阿根廷	Argentina	120.2	70.8	92.6	97.4	6.2	8	194.1

资料来源：联合国粮农组织《食物平衡表》
Source:FAO Balance Table of Food

附4-5 世界主要国家和地区平均每人每天食物热值(1992-1994年)
PER CAPITA DAILY CALORIFIC VALUE OF FOOD IN MAJOR COUNTRIES AND TERRITORIES (1992-1994)

单位：大卡 (calorie)

国家和地区	Country or Territory	总计 Total	谷物 Corn	蔬菜 Vegetable	肉类 Meat	蛋类 Eggs	鱼和海产品 Fish and Marine Products	奶类 Milk
中国	China	2757	1758	61	289	39	25	12
美国	United States	3610	833	66	455	51	29	366
日本	Japan	2890	1186	75	164	79	187	111
德国	Germany	3382	720	62	437	48	26	288
英国	United Kingdom	3216	716	62	428	39	29	332
法国	France	3543	833	83	573	57	41	405
意大利	Italy	3464	1096	99	412	47	40	261
澳大利亚	Australia	3080	646	54	494	29	27	410
波兰	Poland	3347	1178	76	366	34	26	290
匈牙利	Hungary	3400	978	65	381	78	8	248
罗马尼亚	Romania	3191	1505	72	240	40	5	298
保加利亚	Bulgaria	2915	1184	60	293	37	5	248
印度	India	2397	1511	40	20	5	7	101
印度尼西亚	Indonesia	2609	1657	22	56	10	34	8
菲律宾	Philippines	2371	1260	48	174	19	80	23
泰国	Thailand	2365	1326	25	124	27	49	24
马来西亚	Malaysia	2782	1172	28	254	57	45	109
巴基斯坦	Pakistan	2400	1399	17	60	6	4	177
缅甸	Burma	2620	2066	31	44	3	25	20
孟加拉国	Bangladesh	2022	1669	8	14	3	16	25
土耳其	Turkey	3527	1742	112	91	28	14	231
蒙古	Mongolia	1916	874	3	526	1	2	159
韩国	Korea Rep.	3229	1558	148	246	36	106	28
埃及	Egypt	3228	2146	86	83	8	13	53
尼日利亚	Nigeria	2588	1097	35	45	11	11	6
墨西哥	Mexico	3053	1388	26	224	42	20	151
巴西	Brazil	2797	938	24	229	27	9	160
阿根廷	Argentina	3076	926	52	558	22	12	257

资料来源：联合国粮农组织《食物平衡表》

Source:FAO Balance Table of Food

附4-6 世界主要国家和地区平均每人每天食物脂肪含量(1992-1994年)
PER CAPITA DAILY FATS OF FOOD IN MAJOR COUNTRIES AND TERRITORIES (1992-1994)

单位：克 (g)

国家和地区 Country or Territory		总计 Total	谷物 Corn	蔬菜 Vegetable	肉类 Meat	蛋类 Eggs	鱼和海产品 Fish and Marine Products	奶类 Milk
中国	China	58.1	5.5	0.5	26.7	2.7	0.7	0.7
美国	United States	142.3	3.4	0.6	30.3	3.6	0.9	21.4
日本	Japan	78.9	3.5	0.7	11	5.6	8.4	5.6
德国	Germany	143.4	3.1	0.6	33.6	3.4	1.1	16
英国	United Kingdom	139.1	3.1	0.5	35.6	2.8	0.9	19.7
法国	France	163.8	3.8	0.6	44.9	4	1.5	25.8
意大利	Italy	145.4	3.7	0.9	30	3.3	1.4	16.8
加拿大	Canada	126.1	2.8	0.8	25.1	2.8	1.4	14.5
澳大利亚	Australia	119.9	2	0.5	35.4	2	0.9	21.6
波兰	Poland	112.1	4.1	0.6	27.9	2.4	0.8	17.7
匈牙利	Hungary	142.8	3.8	0.5	30.1	5.5	0.3	15.6
罗马尼亚	Romania	87.3	5.9	0.6	17.7	2.8	0.2	17.3
保加利亚	Bulgaria	101	4.1	0.5	21.7	2.6	0.2	16.2
印度	India	41.8	6.6	0.4	1.4	0.3	0.2	5.4
印度尼西亚	Indonesia	50.8	5.1	0.2	4.6	0.7	1	0.4
菲律宾	Philippines	44.2	3.1	0.4	15.3	1.4	2.6	0.7
泰国	Thailand	43.9	3	0.2	10	1.9	1.7	0.5
马来西亚	Malaysia	88.3	3	0.2	20	4	1.4	3.2
巴基斯坦	Pakistan	62	7	0.1	4.2	0.4	0.1	8.9
缅甸	Burma	44.6	9.4	0.2	3.7	0.2	0.8	1
孟加拉国	Bangladesh	20.6	4.1	0.1	0.9	0.2	0.5	1.4
土耳其	Turkey	93.6	6.7	1.2	6.3	1.9	0.6	12.6
蒙古	Mongolia	68.2	3.7	0	42.4	0.1	0.1	8.9
韩国	Korea Rep.	74.4	4.3	1.5	21.3	2.5	3.4	1
埃及	Egypt	58.5	15.3	0.6	5.7	0.6	0.5	3.4
尼日利亚	Nigeria	57.6	9	0.4	3.3	0.7	0.4	0.2
墨西哥	Mexico	83.6	12.6	0.2	16.6	2.8	0.7	7.7
巴西	Brazil	81	2.5	0.2	16.5	1.8	0.3	8.5
阿根廷	Argentina	113.9	2.5	0.5	39.1	1.5	0.4	16.3

资料来源：联合国粮农组织《食物平衡表》
Source:FAO Balance Table of Food

附4-7 世界主要国家和地区平均每人每天食物蛋白质含量(1992-1994年)
PER CAPITA DAILY PROTEIN IN FOOD OF MAJOR COUNTRIES AND TERRITORIES (1992-1994)

单位：克　　(g)

国家和地区 Country or Territory		总计 Total	谷物 Corn	蔬菜 Vegetable	肉类 Meat	蛋类 Eggs	鱼和海产品 Fish and Marine Products	奶类 Milk
中国	China	69.7	39.4	3.6	11.3	3	3.8	0.7
美国	United States	112.5	24.8	3.1	42.1	3.9	4.9	21.7
日本	Japan	95	22.5	4	14.8	6.3	24.6	6.7
德国	Germany	98.3	21.9	3.2	30.9	3.9	3.8	19.9
英国	United Kingdom	90.5	22.8	3.1	24.7	3.2	4.6	18.4
法国	France	115.7	25.4	4.4	39.2	4.6	6.2	26.2
意大利	Italy	108.5	33.8	2.2	33	3.8	6.1	16.1
加拿大	Canada	96.2	20.5	3.6	33.2	3.1	5.6	15.1
澳大利亚	Australia	101.6	18.4	2.5	40.7	2.2	4.4	23.5
波兰	Poland	99.8	35.4	3.8	26.5	2.8	4.2	16.9
匈牙利	Hungary	89.3	31	3.3	25.5	6.3	1.1	14.1
罗马尼亚	Romania	94.5	44.8	1	18.9	3.2	0.8	16.5
保加利亚	Bulgaria	86.9	36.9	1.2	22.5	3	0.8	13.7
印度	India	58	35.6	2.5	1.9	0.4	1.2	5.7
印度尼西亚	Indonesia	60.3	31.8	1	3.3	0.8	5.7	0.5
菲律宾	Philippines	56.5	24.8	2.6	8.3	1.5	12.9	1.8
泰国	Thailand	52.7	24.1	1.2	7.8	2.1	7.7	1.6
马来西亚	Malaysia	64.1	23.2	1.2	17	4.5	7.4	4.1
巴基斯坦	Pakistan	58.9	35.4	0.8	5.2	0.5	0.7	10.9
缅甸	Burma	64.9	48.5	1.8	2.6	0.3	3.9	1.5
孟加拉国	Bangladesh	43.3	33.2	0.4	1.4	0.2	2.5	1.3
土耳其	Turkey	101.4	54.7	5.5	7.9	2.2	2.2	13.7
蒙古	Mongolia	65.7	21.5	0.2	33.8	0.1	0.2	8.4
韩国	Korea Rep.	85.5	31	8.2	12.5	2.8	15	2
埃及	Egypt	85.1	58.6	4.2	7.4	0.6	2	3.3
尼日利亚	Nigeria	55.6	29.1	1.8	3.6	0.9	1.9	0.4
墨西哥	Mexico	80.7	35.8	1.6	17.2	3.2	3.1	9.3
巴西	Brazil	67.9	21.3	1.1	18.8	2.1	1.5	8.4
阿根廷	Argentina	96.7	24.2	2.1	43.7	1.7	2.1	15.1

资料来源：联合国粮农组织《食物平衡表》

Source:FAO Balance Table of Food

附4-8 世界主要国家和地区基尼系数
GINI COEFFICIENT IN MAJOR COUNTRIES AND TERRITORIES

国家和地区 Country or Territory		调查年份 Year	基尼系数 Gini Coefficient	国家和地区 Country or Territory		调查年份 Year	基尼系数 Gini Coefficient
阿尔及利亚	Algeria	1988	38.7	摩洛哥	Morocco	1990-1991	39.2
孟加拉国	Bangladesh	1992	28.3	尼泊尔	Nepal	1995-1996	36.7
玻利维亚	Bolivia	1990	42	尼加拉瓜	Nicaragua	1993	50.3
巴西	Brazil	1989	63.4	尼日利亚	Nigeria	1992-1993	37.5
保加利亚	Bulgaria	1992	30.8	巴基斯坦	Pakistar	1991	31.2
智利	Chile	1994	56.5	巴拿马	Panama	1989	56.6
中国	China	1995	41.5	秘鲁	Peru	1994	44.9
哥伦比亚	Colombia	1991	51.3	菲律宾	Philippines	1988	40.7
厄瓜多尔	Ecuador	1994	46.6	波兰	Poland	1992	27.2
埃及	Egypt	1991	32	罗马尼亚	Romania	1992	25.5
加纳	Ghana	1992	33.9	俄罗斯	Russian Fed.	1993	49.6
几内亚	Guinea	1991	46.8	塞内加尔	Senegal	1991	54.1
几内亚比绍	Guinea-Bissau	1991	56.2	南非	South Africa	1993	58.4
洪都拉斯	Honduras	1992	52.7	斯里兰卡	Sri Lanka	1990	30.1
匈牙利	Hungary	1993	27	坦桑尼亚	Tanzania	1993	38.1
印度	India	1992	33.8	泰国	Thailand	1992	46.2
印度尼西亚	Indonesia	1993	31.7	突尼斯	Tunisia	1990	40.2
牙买加	Jamaica	1991	41.1	乌干达	Uganda	1992-1993	40.8
约旦	Jordan	1991	43.4	委内瑞拉	Venezuela	1990	53.8
肯尼亚	Kenya	1992	57.5	越南	Viet Nam	1993	35.7
老挝	Laos	1992	30.4	赞比亚	Zambia	1993	46.3
莱索托	Lesotho	1986-1987	56	津巴布韦	Zimabwe	1990	56.8
马来西亚	Malaysia	1989	48.4	马达加斯加	Madagascar	1993	43.4
墨西哥	Mexico	1992	50.3				

资料来源：世界银行《1997年世界发展指标》
Source：1997 World Development Indicator of World Bank

附4-9 世界各国健康支出占国内生产总值的比重
PERCENTAGE OF EXPENDITURE ON HEALTH IN GROSS DOMESTIC PRODUCT IN MAJOR COUNTRIES AND TERRITORIES

国家和地区 Country or Territory		1990-1995年健康支出占GDP比重（%） Percentage of Expenditure on Health in GDP (1990-1996)（%）			1993年平均每个医护人员服务的人口数（人） Population Per Doctor or Nurse of 1993 (person)	
		公共支出 Public Expenditure	私人支出 Personal Expenditure	总计支出 Total Expenditure	医生 Doctor	护士 Nurse
孟加拉国	Bangladesh	1.2	1.3	2.4	12884	11549
印度	India	0.7	2.8	3.5	2459	3323
印度尼西亚	Indonesia	0.7	0.8	1.5	7028	2732
伊朗	Iran	2.8	2	4.8	3142	
日本	Japan	5.5	1.5	7	608	
马来西亚	Malaysia		1.4		2441	480
蒙古	Mongolia	4.4	0.4	4.7	371	219
缅甸	Burma	0.5	0.4	0.9	12528	1227
韩国	Korea Rep.	1.8	3.6	5.4	951	454
巴基斯坦	Pakistan	0.8			1923	3330
菲律宾	Philippines	1.3	1	2.4	8273	
新加坡	Singapore	1.1	2.4	3.5	714	
斯里兰卡	Sri Lanka	1.4	0.4	1.9	6843	1745
泰国	Thailand	1.4	3.9	5.3	4416	1067
土耳其	Turkey	2.7	1.5	4.2	976	1098
越南	Viet Nam	1.1	4.1	5.2	2279	1149
埃及	Egypt			4.9	1316	489
尼日利亚	Nigeria				5208	1450
南非	South Africa	3.6	4.3	7.9		
加拿大	Canada	7	2.7	9.8	464	107
墨西哥	Mexico	2.8	2.6	5.3	615	
美国	United States	6.3	7.9	14.3	421	121
阿根廷	Argentina	4.3	6.3	10.6	330	1783
巴西	Brazil	2.7	4.7	7.4	844	3379
委内瑞拉	Venezuela	2.3	4.8	7.1	633	329
保加利亚	Bulgaria	4			306	162
法国	France	7.6	2.1	9.7	334	
德国	Germany	7	2.5	9.5	367	
意大利	Italy	5.9	2.5	8.3	207	333
荷兰	Netherlands	6.9	2	8.8	399	123
波兰	Poland	4.6			451	189
罗马尼亚	Romania	3.3			538	
俄罗斯	Russian Fed.	4.1	0.6	4.8	222	90
西班牙	Spain	5.8	1.6	7.4	261	262
英国	United Kingdom	5.8	1.1	6.9		202
南斯拉夫	Yugoslavia F.R.				232	810
澳大利亚	Australia	5.8	2.7	8.4		
新西兰	New Zealand	5.7	1.7	7.5	518	

资料来源：世界银行《1997世界发展指标》

Source: 1997 World Development Indicator of World Bank

附4-10 世界主要国家和地区贫困人口比重
PERCENTAGE OF POOR POPULATION IN TOTAL IN MAJOR COUNTRIES AND TERRITORIES

单位：%　　　　　　　　　　　　　　　　　　　　　　　　　　　　　　　　　(%)

国家和地区 Country or Territory		调查年份 Year	贫困人口占全国人口比重 Percentage of Poor Population in Total		
			农村 Rural	城市 Urban	全国 Total
孟加拉国	Bangladesh	1991-1992	47.6	46.7	47.5
巴西	Brazil	1990	32.6	13.1	17.4
喀麦隆	Cameroon	1984	32.4	44.4	40
中国	China	1990	11.5	0.4	8.6
哥伦比亚	Colombia	1992	31.2	9.9	18.8
厄瓜多尔	Ecuador	1994	47	25	35
萨尔瓦多	El Salvador	1992	55.7	43.1	48.3
加纳	Ghana	1992	34.3	26.7	31.4
几内亚比绍	Guinea-Bissau	1991	60.9	24.1	48.8
洪都拉斯	Honduras	1992	46	56	50
印度尼西亚	Indonesia	1990	14.3	16.8	15.1
肯尼亚	Kenya	1992	46.4	29.3	42
老挝	Laos	1993	53	24	46.1
莱索托	Lesotho	1993	53.9	27.8	49.2
蒙古	Mongolia	1995	33.1	38.5	36.3
摩洛哥	Morocco	1990-1991	18	7.6	13.1
尼泊尔	Nepal	1995-1996	44	23	42
尼加拉瓜	Nicaragua	1993	76.1	31.9	50.3
尼日利亚	Nigeria	1992-1993	36.4	30.4	34.1
巴基斯坦	Pakistar	1991	36.9	28	34
巴拉圭	Paraguay	1991	28.5	19.7	21.8
秘鲁	Peru	1991	68	50.3	54
菲律宾	Philippines	1991	71	39	54
罗马尼亚	Romania	1994	28	15.6	21.5
斯里兰卡	Sri Lanka	1991	24.4	18.3	22.4
泰国	Thailand	1992	15.5	10.2	13.1
越南	Viet Nam	1993	57.2	25.9	50.9
也门	Yemen	1992	19.2	18.6	19.1

资料来源：世界银行<<1997年世界发展指标>>
Source：1997 World Development Indicator of World Bank

附4-11 世界主要国家和地区森林覆盖率
FOREST-COVERAGE RATE IN MAJOR COUNTRIES AND TERRITORIES

单位：%　　　　(%)

国家和地区 Country or Territory		1990	1992	1993	1994
世界总计	**World**	**30.8**		**38.1**	**31.7**
中国	China	13	13.4	14	14
美国	United States	32	29.9	29.9	32.3
日本	Japan	66.7	67	66.7	66.4
德国	Germany		29.8	30.6	30.6
英国	United Kingdom	9.9	10	10.1	10.3
法国	France	26.9	27	27.1	27.3
意大利	Italy	22.9	23	23	23
加拿大	Canada	38.9	39.1	53.6	53.6
澳大利亚	Australia	13.9	13.9	19	19
波兰	Poland	28.8	28.8	28.9	28.9
匈牙利	Hungary	18.4	18.5	19.1	19.1
罗马尼亚	Romania	27.8	29	29	29
保加利亚	Bulgaria	35	35	35.1	35.1
印度	India	22.4	23	23	23
印度尼西亚	Indonesia	62.6	59.9	61.7	61.7
菲律宾	Philippines	34.7	33.5	45.6	45.6
泰国	Thailand	27.6	26.4	26.4	26.4
马来西亚	Malaysia	58.8	58.9	67.9	67.9
巴基斯坦	Pakistan	4.6	5.3	4.5	4.5
缅甸	Burma	49.3	49.3	49.3	49.3
孟加拉国	Bangladesh	14.3	14.5	14.6	14.6
土耳其	Turkey	26.2	26.2	26.2	26.2
蒙古	Mongolia	8.9	8.9	8.8	8.8
韩国	Korea Rep.		65.5	65.4	65.4
越南	Viet Nam	30.3	29.6	29.6	29.6
尼日利亚	Nigeria	13.1	12.4	12.4	12
墨西哥	Mexico	22.2	21.5	25.5	25.5
巴西	Brazil	58.3	57.7	57.7	57.7
阿根廷	Argentina	21.6	21.6	18.6	18.6

资料来源：联合国粮农组织《生产年鉴》1995年
Source:FAO Yearbook of Production in 1995

附4-12 世界主要国家环境状况比较
ENVIRONMENT CONDITION COMPARISONS OF MAJOR COUNTRIES

国家 Country		年用水量 Annual Water Consumption		森林面积 Forest Area			人均能源消耗（公斤标准油） Energy Consumption Per Capita (1994) (kg. standard oil)	人均二氧化碳排放量（吨） Carbon Dioxide Emission Per Capita (1992) (ton)
		年用水量占水资源总量的% Percentage of Water Consumption in Water Reserve Consumption (1980-1995) (%)	人均用水量（立方米） Per Capita Water Consumption (1980-1995) (cu. m)	总面积（千平方公里） Total (1990) (1000 sq. km)	占国土面积的比重（%） Percentage in Land Area (1990) (%)	年毁林率（%） Rate of Forest Damaged (%) (1980-1990)		
美国	United States	18.9	1870	2960	32	0.1	7819	19.1
日本	Japan	16.6	735	238	63	0	3856	8.8
英国	United Kingdom	16.6	205	24	10	-1.1	3772	9.8
澳大利亚	Australia	4.3	933	1456	19	0	5341	15.3
法国	France	19.1	665	135	25	-0.1	4042	6.3
德国	Germany	27.1	579	107	31	-0.4	4128	10.9
加拿大	Canada	1.6	1602	4533	49	-0.1	7854	14.4
意大利	Italy	33.7	986	86	29		2707	7.2
俄罗斯	Russian Fed.	2.7	790	7681		0.2	4014	14.1
匈牙利	Hungary	5.7	661	17	18	-0.5	2383	5.8
罗马尼亚	Romania	12.5	1134	63	27	0	1733	5.4
波兰	Poland	21.9	321	87	28	-0.1	2401	8.9
埃及	Egypt	97.1	956	0	0	0	600	1.5
尼日利亚	Nigeria	1.3	41	156	17	0.7	162	0.9
巴西	Brazil	0.5	246	5611	66	0.6	718	2.8
墨西哥	Mexico	21.7	899	486	25	1.3	1561	3.8
韩国	Korea Rep.	41.8	632	65	66	0.1	2982	6.6
新加坡	Singapore	31.7	84	0	7	2.3	8103	17.7
中国	China	16.4	461	1247	13	0.7	664	2.3
土耳其	Turkey	17.3	585	202	26	0	957	2.5
巴基斯坦	Pakistan	32.8	2053	19	2	3.5	254	0.6
印度	India	18.2	612	517	17	0.6	248	0.9
印度尼西亚	Indonesia	0.7	96	1095	60	1.1	366	1
伊朗	Iran	38.6	1362	180	11	0	1505	4
马来西亚	Malaysia	2.1	768	176	54	2.1	1699	3.8
菲律宾	Philippines	9.1	686	78	26	3.4	316	0.8

资料来源：《1997年世界银行图表集》

Source：1997 World Bank Collection of Charts

附录 5：香港社会经济统计资料
APPENDIX 5：SOCIAL AND ECONOMIC STATISTICS OF HONGKONG

指标 Indicator			1994	1995	1996
年中人口数 （万人）Mid-year Population		（10000 persons）	603.54	615.61	631.1
出生率	（‰）Birth Rate	（‰）	11.9	11.2	10
死亡率	（‰）Death Rate	（‰）	5	5.1	5.1
自然增长率	（‰）Natural Grouth Rate	（‰）	6.9	6.1	4.9
平均期望寿命	（岁）Average Life Expectancy at Birth	（age）			
男	Male		75.7	76	76.3
女	Female		81.5	81.5	81.8
劳动力总人数 （万人）Total Labor Force		（10000 persons）	292.9	300.07	309.38
男	Male		181.88	184.05	188.69
女	Female		111.02	116.02	120.7
失业人数	（万人）Unemployed	（10000 persons）	5.62	9.56	8.61
失业率	（%）Unemployment Rate	（%）	1.9	3.2	2.8
国内生产总值（亿港元）Gross Domestic Product		（HKD 100 million）			
以当时市价计算	at Current Market Prices		10109	10782	11939
以固定市价计算 （1990=100）	at Constant Market Prices		7275	7560	7932
人均国内生产总值（港元）Per Capita GDP		（HKD）			
以当时市价计算	at Current Market Prices		167493	175148	189182
以固定市价计算 （1990=100）	at Constant Market Prices		120540	122811	125688
国内生产总值部门构成 Composition of GDP by Sector （亿港元）		（HKD 100 million）			
农业和渔业	Agriculture and Fishery		15.96	14.53	
采矿业	Mining and Quarrying		2.49	3.17	
制造业	Mannufacturing		873.54	847.7	
电、煤气、水	Electricity,Gas and Water		221.75	235.78	
建筑业	Construction		463.25	547.61	
商业、饭店、旅馆	Commerce,Restaurants and Hotels		2491.7	2705.2	
运输、仓储、通信	Transportation,Storage and Communications		921.1	1013.6	
金融、保险、不动产和产业服务	Banking,Insurance, Real Estate and Business Services		2543.5	2493.9	
房屋所有权	Ownership of Premises		1156.6	1344.2	
社会团体和个人服务	Social Organization and Personal Services		1512.9	1768	
制造业生产指数	**Indices of Manufacturing Production**		125	126.2	121.5
制造业主要指标	**Main Indicators of Manufacturing Industry**				
企业数	（个）Number of Enterprises	（unit）	33863	30761	27412
从业人员数	（人）Number of Employment	（person）	423015	375766	325068
商品进出口贸易总额 （亿港元）	**Total Imports and Exports of Commodity**	（HKD 100 million）			
商品进口额	Imports		12507.1	14911.2	15355.8
其中：中国	from China		4708.8	5394.8	5704.4
商品出口额	Exports		2220.9	2316.6	2121.6
其中：中国	to China		610.1	635.6	616.2

续表 continued

指标 Indicator		1994	1995	1996
商品转口额	Re-exports	9479.2	11124.7	11857.6
其中：来自中国	from China	5458.3	6363.9	6835.1
转口到中国	to China	3228.3	3840.4	4177.5
政府财政收支（百万港元）	**Government Revenue and Expenditure** (HKD 1 million)			
总收入	Total Revenue	151052	153194	173857
总支出	Total Expenditure	147261	155857	151932
消费者物价指数	**Consumer Price Indices**		101.8	107.9
货币汇率（一外币兑港元）	**Exchange Rate (HKD per unit of foreign currency)**			
人民币	CNY	0.8969	0.9264	0.9303
新台币	TWD	0.283	0.284	0.274
美元	USD	7.728	7.736	7.734
电力耗用　（兆焦耳）	**Electricity Consumption　(terajoules)**	111382	112817	115790
煤气耗用　（兆焦耳）	**Gas Consumption　(terajoules)**	20727	21972	22989
耗水量　（百万立方米）	**Water Consumption　(million cu. m)**	922.7	919	927.9
电话服务　（千条线路）	**Telephone Services　(1000 lines)**			
有效交换量	Effective Exchange Capacity	3277	3339	3508
图文传真	Fax Lines	252	273	308
电话线路	Telephone Lines	3114	3254	3402
教育机构数　（所）	**Number of Educational Institutions　(unit)**			
幼儿园	Kindergartens	739	731	734
小学	Primary Schools	884	860	856
中学	Secondary Schools	488	507	498
大学	Institutions of Higher Education	7	7	8
学生人数　（人）	**Number of Students　(person)**			
幼儿园	Kindergartens	180109	180317	180771
小学	Primary Schools	476847	467718	466507
中学	Secondary Schools	471121	470997	477608
大学	Institutions of Higher Education	72154	75444	87411
教育公共开支（财政年度，当年四月至翌年三月）	**Public Expenditure on Education(Financial Year, April of current year to next March)**			
开支总额（百万港元）	Total Expenditure (HKD 1 million)	28878	33781	
相对政府财政预算的百分比　（%）	as Percentage of Government Financial Budget (%)	17.4	17.3	
相对本地生产总值的百分比　（%）	as Percentage of GDP (%)	2.8	3	
用于小学教育的百分比　（%）	Percentage of Expenditure on Primary Education (%)	23.1	22.4	
用于中学教育的百分比　（%）	Percentage of Expenditure on Secondary Education (%)	34.3	33.2	
用于高等教育的百分比　（%）	Percentage of Expenditure on Higher Education (%)	34.8	36.3	
平均每日固体废物数量（公吨）	**Average Daily Solid Waste** (tonnes)	28200	26300	19300
城市固体废物	Urban Solid Waste	8500	7800	8200
建筑废物	Construction Waste	15500	14100	7500
特别废物	Special Waste	400	400	500
回收废物	Recovered Waste	3800	4000	3100

附录 6：澳门地区主要社会经济指标

APPENDIX 6：MAIN SOCIAL AND ECONOMIC INDICATORS OF MACAU

指标	Indicator	1993	1994	1995	1996
人口总数 (万人)	**Total Population (10000 persons)**	**39.53**	**40.36**	**41.5**	**41.59**
出生率 (‰)	Birth Rate (‰)	16.2	15.4	14.4	13.2
死亡率 (‰)	Death Rate (‰)	4	3.4	3.3	3.4
自然增长率 (‰)	Natural Growth Rate (‰)	12.2	12.1	11.1	9.8
劳动力总人数 (万人)	**Total Labor Force (10000 persons)**			**18.71**	**20.62**
就业人数	Employed			18.03	19.75
失业人数	Unemployed			0.67	0.87
失业率 (%)	Unemployment Rate (%)		2.5	3.6	4.3
国内生产总值(百万澳门元)	**Gross Domestic Product (1 million MOP)**	**47595**	**53429**	**59407**	**59337**
本地需求	Domestic Demand	32765	37609	39025	37752
外地需求	External Demand	34136	36568	41011	41695
GDP增长率(%)	**Growth Rate of GDP (%)**	**5.2**	**4.6**	**3.8**	**-0.3**
工业生产值 (百万澳门元)	**Industry Product (1 million MOP)**		**14753**	**14787**	
采矿业	Mining and Quarrying		37.5	23.4	
制造业	Mannufacturing		13279	13147	
电、煤气、水	Electricity,Gas and Water		1226	1617	
能源指标 (百万澳门元)	**Energy Indicators (1 million MOP)**				
生产额	Output	1170.3	1226.2	1387.2	
消耗额	Input	39133	41040	44335	
固定资产增减总额	Gross Fixed Capital Formation	203.3	161.4	668.1	
商品进出口额(百万澳门元)	**Imports and Exports (1 million MOP)**				
商品进口额	Imports	16138	16925	16267	15931
其中：中国	from China	3429	3186	3539	3818
商品出口额	Exports	14236	14854	15913	15899
其中：中国	to China	1886	1887	1562	1267
旅游人数 (万人)	**Visitors (10000 persons)**		**6058**	**5989**	**6041**
旅馆数 (家)	**Number of Hotels (unit)**	**101**	**103**	**106**	**105**
消费物价总指数 (%)	**Consumer Price All-Item Index (%)**	**135.94**	**144.44**	**156.81**	**164.37**
政府预算收支(百万澳门元)	**Central Government Budget of Revenue and Expenditure (1 million MOP)**				
总收入	Total Revenue	9358	11048	13502	11946
总支出	Total Expenditure	9358	11048	16840	11946
金融总资产 (百万澳门元)	**Monetary Total Assets (1 million MOP)**				
澳门货币及汇兑监理署	Monetary Authority	13114	17406	20131	20422
其它金融团体	OMI	106779	112577	122827	153866
综合机构	Consolidated	110400	116730	125150	158556
储备(其它金融团体)	Reserves(OMI)	1058	1208	1455	1483
对外资产	**Foreign Assets**	**65050**	**64117**	**71942**	**105626**
对外负债	**Foreign Liabilities**	**36787**	**31534**	**32685**	**62420**
货币汇率(每百外币兑澳门元)	**Exchange Rate (Patacas to 100 unit of foreign currency)**				
港元	HKD	103	103	103	103
美元	USD	796.79	796.02	796.79	796.64
人民币	CNY		92.36	95.43	95.82
小学生在校人数 (人)	Students at Primary Schools (person)	40037	42823	45153	46478
中学生在校人数 (人)	Students at Secondary Schools (person)	19461	20195	20624	23355
大学生在校人数 (人)	Students at Institutions of Higher Education (person)	6803	6045	5655	6418
医院数 (所)	Number of Hospitals (unit)	43	36		
床位数 (床)	Number of Beds (unit)	892	887	880	865
医生数 (人)	Number of Doctors (person)	319	233	237	321
护士数 (人)	Number of Nurses (person)	720	624		662

资料来源：《澳门统计年鉴》1996年

Source：Macau Yearbook of Statistics in 1996

附录 7：全国小康标准及1997年北京市实现程度
APPENDIX 7：NATIONAL WELL-TO-DO STANDARD AND THE SITUATION OF BEIJING IN 1997

指标 Item	初值 Initial Value	小康值 Standard Value	权数 Weight	1997	实现程度(%) Percentage of Achievement(%)
经济水平 **Level of Economy**					
人均国民生产总值(1990年价)(元) Per Capita Gross National Product (at 1990 Prices,yuan)	2523	2500	14	10356.6	100
物质生活 **Material Life**					
收入 Income					
人均收入水平（1990年价）(元) Per Capita Income (at 1990 Prices)(yuan)					
城镇人均可支配收入 Urban Per Capita Discretionary Income	1078.33	2400	6	3101.63	100
农民人均纯收入 Rural Per Capita Net Income	456.38	1200	10	1800	100
居住 Residence					
人均居住水平 Per Capita Living Condition					
城市人均居住面积(平方米) Urban Per Capita Living Space (sq.m)	4.79	8	5	9.49	100
农村人均钢木结构住房面积(平方米) Rural Per Capita Structured Housing Space (sq.m)	10.09	15	7	26.2	100
营养 Nutrition					
人均蛋白摄入量(克) Per Capita Protein Absorption (g)	74.16	75	8	83.2	100
交通 Transportation					
城乡交通状况 Urban and Rural Transportation Conditions					
城市平均每人拥有铺装道路(平方米) Urban Paved Roads Per Capita (sq.m)	3.3	8	3	6.02	57.87
通公路的行政村比重(%) Proportion of Village with Highway (%)		85	5	100	100
人口素质 Population Quality					
文化 Culture					
成人识字率 (%) Adult Literacy Rate (%)	87.57	85	10	92.72	100
健康 Health					
婴儿死亡率 (‰) Infant Death Rate (‰)	14.8	31	8	9.45	100
精神文明 **Spiritual Civilization**					
文教娱乐支出比重 (%) Proportion of Expenditure on Culture,Education and Recreation (%)	3.68	11	10	14.13	100
生活环境 **Living Environment**					
环境 Environment					
森林覆盖率 (%) Forest Coverage Rate (%)	16.6	15	7	38.26	100
卫生 Sanitation					
农村初级卫生保健基本合格以上县比重 (%) Percentage Qualified of Counties on Primary Sanitation (%)		100	7	100	100
总计 **Total**		100	100		98.74

注：1、实现程度=（实际值-初值）/（小康值-初值）*100%，若实际值达到或超过小康值，则该指标的实现程度为100%。
2、表中“初值”栏中除“人均蛋白质摄入量”为1978年数据，“成人识字率”为1982年数据外，其余数据均为1980年数据。

a) Percentage of achievement=(actual value-initial value)/(standard value-initial value)*100%,If actual value equals or exceeds the standard value,the percentage of achievement attained 100%.

b) In this table all "initial values" are data of 1980 except that data of per capita protein absorption refers to 1978 and adult literacy rate refers to 1982.

中国统计出版社最新资料书简目

(京）新登字041号

图书在版编目（CIP)数据
北京统计年鉴 1998：中英文对照/北京市统计局编.
北京：中国统计出版社，1998.7
ISBN 7-5037-2706-3/C·1508

Ⅰ.北… Ⅱ.北… Ⅲ.统计资料-北京-1998-年鉴-汉、英 Ⅳ.C832.1-54

中国版本图书馆 CIP 数据核字（98）第10988号

中国统计出版社出版
Published by China Statistical Publishing House
（中国·北京三里河月坛南街75号 100826）
(75 Yuetan Nanjie, Sanlihe, Beijing 100826, P.R.Ching)
国家统计局印刷厂印刷
*
787×1092毫米 16开本 44.5印张 48彩页 150万字
1998年6月第1版 1998年6月第1次印刷
印数：1-2000
*
定价：280元

北京市水利局

——开放的北京市水利局

建国40多年来，根据《海河流域综合治理规划纲要》和《北京城市总体规划》的具体部署，北京市加强了水利建设，取得了巨大的成就。截止1997年末，全市共建成大中小型水库84座，总库容93亿立方米；大型输水干渠两条135公里；大中型水闸58座，橡胶坝50座，新建和修复堤防970公里，疏竣河道800公里，建设扬水站4856处，开凿机井44268万眼，建设万亩以上灌区39处，节水农田352万亩，小水电站113处，总装机50618万千瓦；解决山区人畜引水困难地区74，03万人，20.75万头牲畜。治理水土流失面积5043.6平方公里。全市水利形成40多亿元的固定资产，基本形成了比较完善和具有一定标准的防洪、除涝、供水和灌溉体系，为首都的经济发展和社会稳定发挥了重要作用。

一、防洪

官厅、密云两大水库分别拦蓄了37次和16次1000立方米每秒以上的洪峰，保护了下游京、津、冀地区2000多万亩土地和重要城镇，工矿企业，交通干线及广大人民群众的安全。其他大中小型水库也都在不同程度上发挥了滞洪削峰作用。郊区平原排涝减淹面积达 680多万亩，市区排水河道、雨水管道系统，基本解决了市区的排水问题。

二、供水

官厅、密云两大供水系统投入使用以来，为京津冀供水594多亿立方米，其中为北京供水463亿立方米，用于工业供水227亿立方米，城市环境供水17亿立方米，城市生活供水31亿立方米，农业用水188亿立方米，促进了首都工业、农业的发展，改善了城市环镜和人民生活条件。

三、 农田水利

到97年末，全市有效灌溉面积达到485万亩，占耕地面积的80%以上，易涝易渍农田治理面积238万亩，占全市易涝易渍面积的95%。盐碱地改良面积64.35万亩，占全市盐碱地面积的92%，在北京水资源紧张的情况下，通过大搞喷滴灌等节水工程，使吨水产粮由0.5公斤增长为2公斤。山区水土流失总面积的75%已得到治理，拦沙效益在60%~70%以上，土地利用指数提高30%~35%，土壤肥力有较大改善，林草覆盖率提高到20%~30%，大大改善了山区的生产、生活条件和生态环境。

四、水利经济

改革开放，拓宽了水利经济发展的视野，使水利综合经营从无到有。能够充分利用水利工程，河道及湖泊等水土资源优势，发展了水、农、工、商、游等门类较多的经营项目，形成了农、工、商、贸、旅游、信息咨询等行业比较齐全的多种经营格局。到97年末，经营收入达到13.2亿元，利润总额0.64亿元，资产总额达到48.1亿元，形成了一业为主，多种经营并举的水利经济体系，使水利经济实力不断加强。

北京信息工程学院

院长 甘圣予

北京信息工程学院是电子工业部部署的一所主要培养信息科技专门人才的高等学校。其前身是1997年8月创建的北京大学分校，位于北京市北郊亚运村西侧。

北京信息工程学院校园占地98000平方米，规划建筑总面积80931平方米，现有教职工500余名，其中教学、教研人员240多名，在校本专科生1400余名。

学院现有计算机科学与工程系、信息管理系、笛子技术与通信系、基础部、社会科学部、体育教研室、计算中心等全日制教育、教学机构。学院的夜大学和电子工业继续教育发展中心，承担成人教育和电子行业大学后的继续教育任务。

学院图书馆建筑面积7000多平方米，藏书10余万册，中外期刊近千种。

北京信息工程学院建有联合国开发署资助的中文信息处理研究中心和软件工程研究开发中心，并设有传感器电子学研究所、应用数学研究室、应用电子技术研究室、计算机识别与应用研究室等研究、开发机构以及多个科、工、贸一体化的经济、科技实体。

近年来学院面向经济主战场，共承担和完成200多项纵向和横向科研课题，取得50多项重大成果，并获多项国家级、部委级成果奖。

学院积极开展国际学术交流和科技合作，日本、美国、英国、加拿大、意大利、澳大利亚和香港10多个国家和地区的300余名专家、学者先后来院讲学、访问；同时派出教师500余人次去国外学习、工作或参加国际会议。

十五年来，学院适应经济和社会发展需要，为国家培养了2千余名信息科技专门人才。

矗立京西——“西城房管局”

——访北京市西城房地局

随着社会经济发展和城市建设步伐的加快，房地产作为国民经济发展的支柱产业，在社会政治生活中越来越显示出发展的勃勃生机和旺盛活力。西城区房管局在区委、区政府和市房地局领导下，紧紧围绕经济建设着个中心，解放思想，转变观念，拓宽思路，负重奋进，紧抓机遇，把握产业发展的客观规律，使产业机构从管理的单一型和简单的再生产型向管理经营服务综合型和效益规模型迈进，综合经济实力明显提高。

《房地产法》、《土地法》咨询宣传活动。

西城房地局在加强社会主义物质文明建设的同时，始综坚持两手都要抓，两手都要硬的方针，大力加强精神文明的建设。逐步形成了“心系百姓，服务社会，负重奋进，争创一流”的西城房地精神。1995年被建设部评为精神文明先进单位。在1996年被北京市评为北京市精神文明先进单位。力争在“九五”计划内把我局建成具有自我保障体系、自我发展能力、自我约束机制，具有现代化管理特征的房地产单位。

北京市农林科学院

北京市农林科学院建于1958年，经过近四十年的努力和建设，现已发展成为一个农业研究学科齐全、设备先进、具有较强科研实力的省级农业综合科学研究机构。

全院现设有作物研究所、林业果树研究所、畜牧兽医研究所、植物保护环境保护研究所、植物营养与资源研究所、农业综合发展研究所、北京市植物细胞工程实验室、农业科技信息研究所、北京蔬菜研究中心、玉米研究中心和北京市农林牧科技开发中心等11个研究单位。现有职工1079人，其中科研和科技管理人员588人，高级研究人员134人，具有硕士或博士学位的科技人员130人。

北京市农林科学院的主要任务是：认真贯彻中央科技体制改革方针，按照市政府要求完成科技示范推广任务，走科技富民之路。为此，该院事业发展以应用研究为主，重视应用基础研究，加强开发研究，重点解决首都郊区粮食和副食品基地建设中关键性的重大技术问题，为首都郊区农业生产提供强大、持久的科技支撑；大力加强科技示范推广和科技靠发工作，通过示范基地、科技生产联合体、自办经济实体，技术服务等形式把科学技术和科研成果转化为生产力；为北京市人民政府提供农业发展战略决策提供科学研究依据。

北京市农林科学院自建院以来，共取得科研成果699项，其中国家级科研成果24项，部市级科研成果308项。在一些研究项目上取得农业科研领域的突破性进展，达到国际先进水平。甘兰、大白菜系列新品种；“京欣”西瓜系列品种及甜瓜品种；精品果树苗木；优良玉米；小麦种子；名、特、优蔬菜品种；系列畜禽疫苗；新型缓释肥等均获各类重大奖励，并在京郊农业生产中推广应用。

近年来，全院科技开发工作正向产业化趋势发展。现有开发实体29个，其中科技实体15个。这些开发实体取得了显著的社会效益和一定的自身经济效益。经过努力，相继建成畜禽疫苗、名特优新蔬菜品种、天敌昆虫工厂化生产、新型缓释肥料和精品果园等五个科研中试基地，使全院科技开发步入科技成果产业化之路。

近年来，该院与全国各省、市、自治区农业科研院所建立了广泛的联系，同时积极开展国际农业科技交流与合作。先后与美国、日本、加拿大、澳大利亚、以色列等30多个国家或地区的农业科研、教学、生产、部门建立了友好关系，其中同14个国家或地区建立了长期的合作研究关系，开展了多项研究与学术交流活动。

北京市农业发展银行

为了更好地贯彻落实国家产业政策和区域发展政策，促进京郊农业和农村经济的进一步发展。遵照国务院1994年4月发出的关于组建中国农业发展银行的通知，经人民银行批准，北京市农业发展银行于1995年2月22日正式成立。1997年3月依照《国务院关于农村金融体制改革的决定》北京市农业发展银行增设了十二个县支行及一个分行营业部。

北京市农业发展银行现任行长姚钿，副行长孔宪勇、蔡淑英。分行内设十一个职能处室。

北京市农业发展银行是国家政策性金融机构。其主要任务是：按照国家的法律、法规和方针、政策，以国家信用为基础，筹集农业政策性贷资金，承担国家规定的农业政策性金融业务，代理财政性支农资金的划拨，为京郊农业和农村经济发展服务。其业务范围是：

（一）办理由国务院确定、中国人民银行安排资金并由财政予以贴息的粮食、棉花油料、猪肉、食糖等主要农副产品的国家专项储备贷款；

（二）办理粮、棉、油、肉等农副产品的收购贷款及粮油调销、批发贷款；办理承担国家粮、油等产品政策性加工任务企业的贷款和绵麻系统棉花加工企业的贷款；

（三）办理国务院确定的扶贫贴息贷款、老少边穷地区发展经济贷款、贫困县县办工业贷款、农业综合开发贷款以及其他财政贴息的农业方面的贷款；

（四）办理国家确定的小型农、林、牧、水利基本建设和技术改造贷款；

（五）办理中央和省级政府的财政支农资金的代理拨付，为各级政府设立的粮食风险基金开立专户并代理拨付；

（六）发行金融债券；

（七）办理业务范围内开户企事业单位的存款；

（八）办理开户企事业单位的结算；

（九）境外筹资；

（十）办理经国务院和中国人民银行批准的其它业务；

北京市花卉服务公司

总经理　杨春起

北京花卉服务公司是北京农工商联合总公司的直属企业。成立于1991年，公司下设两个研究所，两个子公司，两个直属生产基地，及六个协作生产基地，两家大型花卉交易市场，八家花店。形成了以科技为先导，市场为龙头，集科、工、贸、产、供、销为一体的花卉产业格局。

公司隶属的园林绿化工程公司，是专业化的绿化公司，主要是绿化，美化城市，承担各单位的家庭绿化，室内布置植物租摆等工作。公司自成立以来已完成：中央电视台彩电中心，光明公寓、国家科委培训中心、花冠乳品公司、水源九厂、交通科研所、创业大厦、亚洲大酒店、昌平供电站、东苑公寓、亚运村等绿化工程。公司下设的种苗公司是为了满足自身基地的花卉生产，及全国各地花卉生产单位的种苗需要，解决北京及周边地区的花卉种苗的引进，扩繁和更新换代问题而建立。

花卉交易市场自1994年4月16日正式开业，目前鲜花成交量已达到25万支。新花园艺场是，公司的重要的鲜切花生产基地，由于有良好的地理条件，完善的生产设施，吸引了荷兰、德国、以色列及东南亚一些花卉者前来参观并洽谈业务。

短暂的六年过去了，公司在杨春起总经理的领导和上级领导的支持以及公司全体员工的努力下，公司规模不断扩大，取得了良好的经济效益。

在改革开放二十年之际，杨总充满信心地说："为美化绿化首都，我们花卉公司一定会做得更出色！"

日坛宾馆

★ ★ ★

宽敞豪华的宾馆大厅

北京日坛宾馆系中华全国总工会所属三星级涉外饭店。宾馆座落于北京市朝阳区建国门外日坛路。邻靠绿树成荫的日坛公园和使馆区，环境幽静，设备完善，交通便利，距北京站仅4公里，距首都机场25公里，是旅游商务度假的好处所。

宾馆集酒店、公寓、写字楼、购物、娱乐于一体。主楼拥有标准客房、甲级客房和高级套房151套，配有彩色卫星闭路系统、国际直拨电话、立体音响、中央空调冰箱、小酒吧和个人保险柜，陈设舒适、典雅、别致。同时还有代客洗衣、送餐等配套服务。北楼有7套公寓、44套写字间出租，是中外商务旅馆宾客下榻的理想之处。

宾馆内设有中、西餐厅、咖啡厅和宴会厅，可承办大、中、小型宴会，自助餐、冷餐招待会等服务。“今日世界”餐厅为你提供潮粤大菜，“神逸轩”餐厅烹调的川、鲁佳肴，能使你享受到美食家的乐趣。

宾馆前厅设有总服务台，外币兑换和结帐处昼夜服务。豪华宁静的大堂酒吧、一流音响设备的卡拉OK歌舞厅、健身房、桑拿浴、美容美发、商务中心、购物、出租汽车等配套服务项目，随时为你提供服务。

日坛宾馆始终以“宾客致上，信誉第一”为宗旨，竭诚为你提供尽善尽美的服务，欢迎您下榻日坛宾馆，并忠心祝福你旅途愉快。

日　　坛—太阳的家

日坛宾馆—宾客的家

咖啡厅

地　　址：中国北京日坛
电　　话：(010)651251
邮政编码：100020

日坛宾馆外景楼

北京同仁堂

经理：李广辉

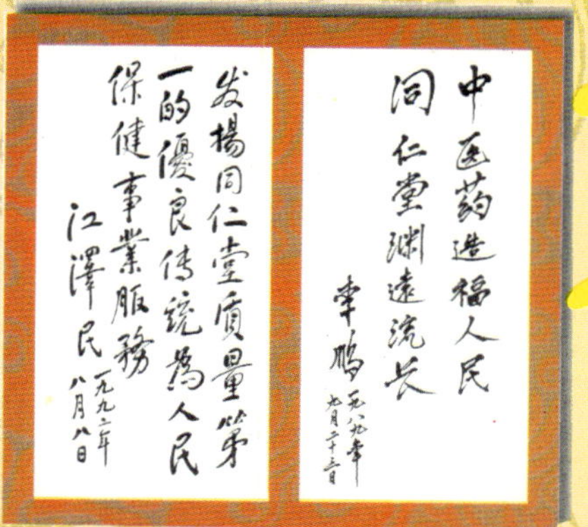

坐落于前门大栅栏 24号的同仁堂药店，创始于清康熙八年（公元1669 年） 是驰名中外的老字号，也是全国最大的药店之一，至今已由 32 8年的历史。早在清代雍正元年就供奉御药。所经营的药品素以“配方独特、选料上乘、工艺精湛、疗效显著”而享誉海内外，是旅游局首批认定的涉外旅游定点商店。

96年药店新楼落成后，营业面积由900多平方米发展到4600平方米，品种由过去的4000多种增至近万种。经营的品种有：同仁堂传统丸、散、膏、丹及全国各地名特优新中成药；人参、鹿茸、汤剂饮片、药酒、高档滋补品及附有参茸鉴定专家贾贵琛签名的名贵野山参系列 ，为满足患者需求 ，引进千余种普药、进口药品、医疗器械、健身器材、卫生材料等，并增加了保健药品、保健食品等。药店所售饮片均系优质地道药材，依法炮炙，所售药品均经严格检验。

同仁堂以“同修仁德、济世养生”为经营宗旨，以顾客需求为经营指南，开设问药咨询、外配加工、代客邮寄、代煎汤药、夜间售药外币兑换、电话咨询、缺货登记等业务。96年药店重张开业后，创办了同仁堂医馆，聘请全国及北京市老中医坐堂应诊，走出一条名店、名药、名医相结合的发展之路。百年老店将以更完善的服务，满足各阶层人士的需求。

诚挚欢迎海内外宾客光临。

朝阳区物价局

办理价格投诉是物价部门的主要职能之一，是维护消费者合法权益，保持社会稳定，密切政府同群众关系的一项十分重要的工作。朝阳区物价局把价格投诉工作当作为群众办实事、办好事的日常性工作很抓落实，确定了由党政一把手亲自主管信访工作，至今已办理群众来信、来访和电话举报等价格投诉1900余件，凡要求答复的信访件，办复率达到100%，退还消费者100余万元。受到群众的好评。

价格管理工作是我局物价工作的重要职能，在管住管好国家管理的商品和收费价格的同时，积极贯彻执行国家的重大价格改革措施，确保了粮食、肉、蛋等商品价格和收费价格改革的平稳出台。同时，狠抓了以下价格管理工作：一、加强行政事业性收费管理。二、认真贯彻《收费监督卡》管理办法。三、加强旅店业、饮食业价格管理。价格监督检查是物价部门依法对价格违法行为实施行政处罚的重要职能之一。朝阳区物价局成立10年来，在区委区政府和北京市物价局、物价检查所的领导下，通过日常检查、专项检查、集中检查、联合执法检查等形式，严厉打击各种乱涨价、乱收费行为，为整顿市场价格秩序，维护消费者合法权益，保持社会稳定，作出了积极努力。

一、“物价、计量信得过”二、朝阳区的“双信”活动从1987年开始至今，历今十一个年头。共有五个单位荣获“北京市执行物价、计量政策法规最佳单位”十一年来，我区的“双信”企业，带头执行国家的物价、计量政策和法规，积极维护广大消费者的合法权益，充分发挥国有企业在社会主义市场经济中的主导地位和作用，带头平抑物价使企业的经济效益和社会效益多年来稳定增长，促进了我区的经济建设的健康发展。朝阳区价格事务所是区 物价局下属的全民所有制事业单位，具有物品、资产价格评估机构。自96年建立朝阳区价格事物所以来，坚持全天24小时为公、检、法部门提出服务，对严厉打击刑事违法犯罪斗争作出了积极贡献。朝阳区价格事务所承担的价格评估任务在数量价格总值方面居全市各区县首位。

市场价格信息检测工作是物价工作的三大职能之一，在为市、区作用：一、出刊《朝阳价格信息》二、积极开展价格信息咨询服务。三、加强市场价格信息监测，建立健全信息监测网络。四、开展信息、调研工作，保质保量完成农本调查任务。97年，被区委确定为市委信息直报单位。

北京住总集团

设备物资部

EQUIPMENTS AND MATERTALS DEPT

北京住总集团设备物资部是住总集团核心层企业之一，代表集团总公司专门从事设备物资的生产、供应、经营及销售工作，是具有配送服务及多元化经营雄厚实力的国有物资供应流通企业。

设备物资部有职工2800人，固定资产1.2亿元人民币.下设金属、水泥、木材、建材、建筑工具租赁、能源、建筑机械经营、金属结构加工等十四个公司和生产工厂，有1.8公里铁路专用线和5万平方米的库房、厂地、有1.5万吨水泥筒仓等大型基础设施。年销售额4亿人民币，年经营钢材5万吨，水泥20余万吨，木材1.5万立方米，建材6000万元人民币，建筑工具租赁额3000万元人民币。

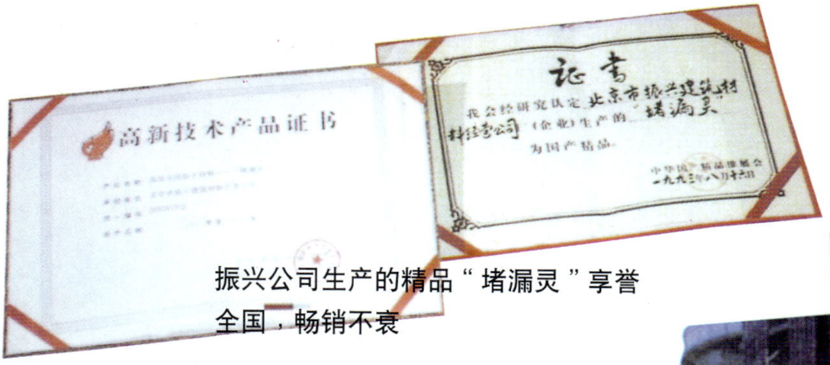

振兴公司生产的精品"堵漏灵"享誉全国，畅销不衰

总储量达1.5万吨的水泥散灰筒仓

近年来，设备物资部发挥自身优势，突出主业发展，为第十一届亚运会工程、第六届“远南”运动会工程，供应了全部所需的国内外设备物资；承担了北京市恩济里、青塔、德宝等住宅、危旧房改造小区建设的设备和物资供应工作；负责了住总集团海外承包工程项目的设备物资供应。

设备物资部愿意在设备物资生产、流通领域及一切双方感兴趣的领域，为各界朋友提供全方位的服务，进行多层次的合作，来共同营建繁荣昌盛的未来。

安全、可靠、方便的碗式脚架

经销的建筑施工用砼搅拌机

年吞吐量10万吨的钢材储料现场

中国南方

中国南方证券有限公司北京分公司是经中国人民银行批准设立的专业证券公司，是中国南方证券有限公司设在北京市地区的分支机构。公司成立于1993年5月，目前公司拥有资产规模20亿元，员工队伍近200人，其中具有高等学历和中高级专业技术职称的占员工总数的75%，平均年龄29岁，公司下设债券部、交易管理部、资产经营部等十个部室和五家证券交易营业部，（分别处在：学院南路、翠微路、亚运村、方庄、承德）。公司的业务经营范围包括：承销有价证券；自营和代理买卖有价证券；发行和代理发行债券；有价证券抵押贴现；基金业务；与证券业务有关的投资业务；有价券的代保管、过户、见证、代理还本付息和分红派息；经中国人民银行批准经营的其他业务。是一家综合性的、业务范围较宽的专业证券公司。

公司成立四年多来始终本着“高起点、高标准、高效率”的原则和要求，坚持“安全性创造性、效益性”的经营方针，积极倡导“诚诚服务、客户至上、团结友爱、开拓进取”的企业精神，为众多企业和投资者提供了多品种全方位的一流服务。在

证券有限公司

一级市场业务上，我公司先后承销国债、企业债券、企业法人股和社会公众股总金额约50亿元，先后完成了包括北京中燕、北京比特、西安达尔曼、北京双鹤药业、北新建材、京西旅游、中技贸易等14家企业A股主承销及北京东方电子的B股主承销和20家企业的的副主承销及分销业务，并为23家企业担当了上市推荐人，为企业的股份制改造、股票的承销、发行、上市、产权重组、财务顾问等方面做了大量的工作。在二级市场业务上，公司一方面积极开拓新的营业网点，另一方面加强优质服务，不断改善营业部经营的软硬件环镜，为客户和投资者提供良好的信息咨询服务，目前公司拥有客户两万七千多户，累计实现有价证券代理交易额1035亿元，已在广大投资者中树立起了“南方证券”良好的企业形象。四年多来，公司在积极开拓各项业务工作的同时，加强内部的各项规范管理，建立、健全和完善各项业务管理和内部管理制度，防范和控制经营风险，使公司的各项管理工作有章可循、有规可依，保证了公司各项业务工作的安全、稳定发展。

公司成立四年来，受到了社会各界朋友和投资者的关怀和大力支持，在此我们深表感谢！展望未来，我们对中国证券市场和公司的发展前景充满信心。我们愿继续为企业和广大投资者提供更优质、高效的服务，愿与社会各界朋友竭诚合作，共创中国证券市场的辉煌明天！